*Pages de garde : La ville de Pontoise est reprise aux Anglais en septembre 1441. Une miniature des « Chroniques de France » de Jean Chartier rappelle l'une des phases de la bataille : après que le roi Charles VII eut lancé l'ordre de donner l'assaut, une vaste brèche est ouverte par l'artillerie. Il n'en faut pas plus pour que les Français pénètrent à l'intérieur de la ville où ils massacrent plus de cinq cents Anglais. (Cabinet des manuscrits. Bibliothèque nationale. Photo B.N.)*

# HISTOIRE DE LA FRANCE ET DES FRANÇAIS AU JOUR LE JOUR

# HISTOIRE D
# ET DES F
# AU JOUR

Tome III : 1408-1547, du

UNE RÉALISATION DE LA

# E LA FRANCE
# RANÇAIS
# LE JOUR

## Moyen Age à la Renaissance

LIBRAIRIE ACADÉMIQUE PERRIN

# ANDRÉ ALAIN

# MARCEL JACQUES

# CASTELOT
# DECAUX

JULLIAN
LEVRON

| | |
|---|---|
| Direction de l'image | Hubert et Christiane Decaux |
| Maquette | Élisabeth Kozma, Martine Chenault et Martine Soulié |
| Rédactrice des légendes | Claude Picard |
| Documentalistes | Christine Janet, Michel Levron et Marie-Martine Sartiaux |
| Cartes | Gilbert Martin |
| Tableaux généalogiques | Claude Pradelle |

RÉALISATEUR HENRI FROSSARD



ISBN 2-262-00169-3

*L'HISTOIRE DE LA FRANCE ET DES FRANÇAIS AU JOUR LE JOUR se présente sous une forme strictement chronologique. C'est, année après année, mois après mois, jour après jour, le récit des événements qui se sont produits dans ce pays, des origines à notre temps. Ce texte courant est composé en caractères romains et le lecteur trouvera en haut de chaque page l'indication des années qu'y s'y rapportent. De nombreuses anecdotes s'intercaleront au cours du récit. Celles-ci seront présentées sous forme d'encadrés composés en italique. Mais l'Histoire ne peut pas toujours s'insérer dans un cadre chronologique, quand elle concerne, par exemple, les institutions, les faits économiques et sociaux, l'histoire de l'art ou de la littérature. Il est bien évident que certains faits exigent un plus long développement. Les auteurs ouvrent donc de GRANDS ÉCRANS. Ces derniers, composés en caractères romains, se différencient du texte ordinaire par un cadre brun et des filets verticaux de même couleur. Enfin, une HISTOIRE DE FRANCE ne peut être racontée seule. Elle appartient aussi à l'histoire du monde. A la fin de certains chapitres, une rubrique ET PENDANT CE TEMPS..., composée en caractères gras, rappelle au lecteur les principaux faits qui se sont, à la même époque, déroulés dans d'autres pays.*

# SOMMAIRE

# ARMAGNACS CONTRE BOURGUIGNONS

## 1408

L'assassinat de Louis d'Orléans, le 23 novembre 1407, a, pour le royaume, de terribles conséquences. Le responsable du crime est incontestablement le duc de Bourgogne. Le comte d'Armagnac, beau-père du nouveau duc d'Orléans, se met à la tête de ses adversaires. Ainsi s'engage la lutte entre Armagnacs et Bourguignons.

## 20 février

Pour se justifier, Jean sans Peur regagne Paris, où il est accueilli aux cris de *Noël ! Noël !*

## 8 mars

Une grande réunion a lieu à l'hôtel Saint-Pol. Le dauphin Louis, le duc d'Anjou, roi de Sicile, les ducs de Berry et de Bretagne sont présents. Jehan Petit, docteur en théologie, lit une véritable apologie du crime commis par le Bourguignon. Selon l'orateur, Jean a « grande douleur » en sachant le roi en « indignation » contre lui. Il demande que Charles ne garde dans son cœur « aucune desplaisance à cause du fait advenu en la personne du feu duc d'Orléans trépassé, lequel fait a esté perpétré pour le très grant bien de la personne du roy, de ses enfans et de tout le royaume... ».

Le roi fol n'assiste pas à la réunion. S'il s'était trouvé lucide ce jour-là, aurait-il pu écouter sans frémir cette apologie du meurtre de son frère ? Il faut croire que son cerveau devait être bien obscurci puisque, quelques jours plus tard, le duc de Bourgogne obtenait du roi des lettres de pardon.

*Jean sans Peur, duc de Bourgogne (peinture anonyme). Il semble que l'on puisse tenir pour fidèle ce portrait du Bourguignon dont les traits, profondément marqués, révèlent le caractère difficile, dur et même cruel. Un nez fort et proéminent, une bouche aux lèvres trop minces, des paupières dissimulant à demi un regard sournois et méchant, un menton volontaire reflètent l'ambition démesurée et la rapacité du duc Jean qui ne savait donner sans espoir de retour. Pourtant, sur ce visage hostile, se lit aussi l'angoisse du meurtrier de Louis d'Orléans. Après l'assassinat perpétré en son nom contre son cousin, les dernières années de Jean de Bourgogne ne seront plus, dans l'appréhension de la vengeance, qu'un long calvaire. (Musée de Versailles. Photo Giraudon.)*

## 25 mai

L'Église de France ne reconnaît aucun des deux papes Grégoire XII et Benoît XIII et décide de rester dans la neutralité jusqu'à nouvel ordre.

## 29 juin

Des cardinaux des deux obédiences, réunis à Livourne, convoquent un concile général.

Sans doute cette réunion n'est-elle pas légale — seul le pape peut, selon la loi canonique, réunir un concile — mais la convocation n'en répond pas moins aux vœux de toute la chrétienté. Prenant peur, Benoît et Grégoire s'empressent de convoquer chacun leur concile, l'un à Perpignan, l'autre à Aquilée.

## juillet

Le duc de Bourgogne doit quitter Paris pour aller réprimer une rébellion des Liégeois, qui se dressent contre leur prince-évêque, beau-frère du Bourguignon.

## 11 août-7 novembre

Une nouvelle assemblée de l'Église rédige une constitution nationale du clergé.

## 11 septembre

Le parti Orléans passe à l'attaque contre les Bourguignons et organise une séance publique aussi solennelle que celle du 8 mars. On en appelle une nouvelle fois à la justice royale. Le gouvernement, ballotté entre les deux partis, prend des mesures énergiques contre Jean de Bourgogne lorsque, brusquement, on annonce son prochain retour. Vainqueur des Liégeois, sa popularité redouble.

### *ODINETTE*

*Jean sans Peur a l'idée de placer près du roi fol une présence bourguignonne en la personne d'Odinette de Champdivers. Blonde, douce, mieux que jolie, elle semblait descendue d'une de ces enluminures ornant ces* Riches heures du duc de Berry, *que l'on peut toujours voir au musée Condé à Chantilly.*

*Le duc de Bourgogne pensait que le clair visage de la jeune fille apporterait un peu de lumière et de fraîcheur dans les ténèbres étouffantes où Charles le sixième demeurait plongé plusieurs mois par an. Odinette accepte l'étrange mission. Lui a-t-on expliqué qu'elle remplacerait sans doute la reine dans* toutes *ses attributions — et cela d'accord avec Isabeau ? Le duc de Bourgogne avait-il osé lui dire que le pauvre fol « aux joutes amoureuses » apportait « une ardeur excessive » ? On ne sait.*

*Toujours est-il que l'étrange garde-malade fit, dès la première rencontre, la conquête de Charles.*

*Dans l'atroce chaos qu'est sa vie, le clair visage d'Odinette — au nom de chanson — est un havre. Elle est si bonne, si douce, si caressante que le fol s'apaise dès qu'il la voit entrer dans sa chambre. Bientôt, il ressent de l'amour pour elle et Odinette, émue, attendrie, pleine de pitié pour le délaissé, éprouve pour son cher malade un sentiment très tendre. C'est ainsi que va commencer le plus étonnant des amours de rois... Car, bien entendu, la jolie Bourguignonne est devenue la maîtresse de Charles. Elle lui apporte, pour le distraire, les jeux de cartes que l'on vient d'inventer. Et Charles demeure de longues heures à regarder les enluminures de Jacquemin Gringonneur. Puis, avec une patience angélique, Odinette lui apprend à jouer. Elle essaye aussi de l'empêcher, lors de ses crises, de manger « gloutonnement et loupvissement » et de le convaincre qu'il n'est point de verre. C'est là l'idée fixe de son cerveau fêlé. Il se prétend fragile et prêt à se rompre au premier choc. Il défend même que la jeune femme le touche et « se barde d'attelles de fer », car il craint, affirme-t-il, de se briser en tombant.*

*Veut-on savoir comment Odinette fait soigner Charles VI ? Les Archives nationales conservent des factures d'apothicaires qui nous éclairent à ce sujet : « Au dit Nicolas Alexandre pour une aulne de toile de Bruxelles délivrée à Marle apothicaire du roy, notre dit seigneur, pour confectionner coiffes et enveloppes où il a mis médecines pour être posées sur la teste de nostredit seigneur. »*

*Cependant on ne se contente pas de lui envelopper la tête de bandages, on soigne aussi le roi par un remède affreux : la purgation par la tête. On lui incise le cuir chevelu avec l'espoir de faire sortir ainsi les humeurs du malade...*

*On comprend sa prière :*

*— Au nom de Jésus-Christ, s'il en est parmi vous qui soient complices du mal que j'endure, je les supplie de ne point me torturer plus longtemps et de me faire promptement mourir.*

*Seule, Odinette réussit à l'apaiser un peu, sans parvenir toutefois à obtenir qu'il veuille bien se changer de vêtements et être « despouillé ». Les vêtements du roi tombent en lambeaux car ses crises durent plusieurs mois. La jeune femme, pour venir à bout de la résistance de Charles, imagine alors un étrange procédé. Elle ordonne à une dizaine de serviteurs de se noircir tout le corps « et aucunement garnis dessous ». Puis l'on ouvre brusquement la porte de la chambre du roi qui, voyant entrer chez lui cette horde hurlante de nègres nus, se trouve tellement « esbahi » qu'il se laisse déshabiller, laver, rhabiller de neuf.*

*On essaye toujours de l'amuser. Lorsque les cartes ont perdu leur nouveauté, on met près du roi un bouffon, fou qui se livre devant son maître fou à des excentricités aussi variées que bruyantes. Imitant le dément, il déchire ses vêtements, lacère ses chaussures. Les comptes des Archives nous prouvent qu'en une année le bouffon usa ainsi quarante-sept paires de souliers...*

*Odinette traîne aussi Charles à la représentation d'un mystère qui semble l'intéresser et l'apaiser... « Triste acteur, a dit Michelet. Pauvre jongleur du grand mystère historique, il allait voir ses confrères, saints, anges et diables, bouffonner tristement la France. Il n'était pas seulement spectateur, il était spectacle. Le peuple venait voir en lui la passion de la royauté... » Une immense pitié envahit alors le cœur d'Odinette en regardant celui qu'elle aime rire « tristement, du rire des fols... »*

*Il n'a qu'elle et il le sait. Alors que ses excès l'entraînent parfois à être dangereux pour son entourage et à lancer à la tête des siens tous les objets à portée de sa main, jamais il ne fera mal à sa caressante et affectueuse compagne. Il sera tout ému lorsqu'elle lui donnera une petite fille un an après son arrivée près de lui.*

*Odinette serait cependant bien à plaindre si nous ne savions pas, grâce aux comptes royaux, que Charles demeurait, durant plusieurs mois, parfaitement conscient.*

*Durant ces périodes, il chasse, tire, monte à cheval... et reconnaît sa fille qu'il fera appeler Marguerite de Valois.*

## 10 novembre

L'effroi monte encore. Le nouveau duc d'Orléans n'a que dix-huit ans et se sent bien faible devant son cousin. On embarque le roi sur la Seine, tandis que la reine et les princes sortent de Paris par la porte Saint-Jacques. La cour va s'installer à Tours — et l'on attend.

## 28 novembre

Jean sans Peur revient à Paris et veut se réconcilier avec le roi.

## 1409

A Paris, la prévôté des marchands a retrouvé sa puissance.

## 9 mars

Orléanais et Bourguignons n'osent encore commencer la lutte; aussi, à Chartres, a lieu une première réconciliation — aussi peu sincère d'une part que de l'autre.

## 25 mars

Le concile des cardinaux se réunit à Pise. Il s'agit de commencer un véritable procès des deux papes. L'Avignonnais comme le Romain, accusés de crimes et même de sorcellerie, sont déclarés hérétiques et déposés.

## 26 juin

Un nouveau pape est élu par un conclave de vingt-quatre cardinaux : le cardinal de Milan, qui devient Alexandre V.

En apprenant la nouvelle, les Parisiens exultent, croient le schisme terminé et commencent une série de fêtes bruyantes.

Mais l'Eglise a désormais à sa

tête trois papes au lieu de deux — car, bien entendu, Benoît XIII et Grégoire XII ne s'inclinent nullement devant la nouvelle élection.

## été

Une insurrection populaire chasse le maréchal Boucicaut de Gênes. En Italie, il ne reste plus à la France que le comté d'Asti.

## 1410

Notre première femme de lettres de langue française — bien que

*Bien que très postérieure à l'événement que constituait l'élection du nouveau pape Alexandre V, cette miniature du début du XVI^e^ siècle permet de se représenter l'ambiance d'un conclave. Le costume ecclésiastique ayant peu évolué au cours du Moyen Age, la silhouette du pape élu en 1409 était certainement bien proche de celle évoquée ici. (Bibliothèque Sainte-Geneviève. Photo François Garnier.)*

d'origine italienne — Christine de Pisan, termine ses œuvres en prose, commencées dix années auparavant. En 1400, alors âgée de trente-six ans, elle avait achevé ses ouvrages poétiques dont elle avait écrit le premier vers en 1390. Par ses *Lamentations sur la guerre civile*, ou son livre sur les *Bonnes mœurs du roi Charles V*, ou encore son *Livre de paix* — 1412-1413 — Christine de Pisan peut être, à juste titre, considérée comme la première historienne. Telle un jour sa consœur, Mme de Genlis, elle fut un bourreau de travail et toucha souvent, avec bonheur, à tous les genres.

Ses poèmes sont alors fort prisés. La « cour amoureuse » subsiste en dépit de la folie du roi. Des grands seigneurs, des ministres présentent des ballades et des poésies.

## 23 mai

Le pape « numéro trois » : Alexandre V, meurt, et les cardinaux élisent un aventurier napolitain, Balthasar Cossa, devenu Jean XXIII. Le choix est si décevant que la réunion d'un concile — véritable assemblée générale de l'Eglise — va pouvoir enfin être décidée.

## 2 novembre

Les deux partis s'épient. Nouvelle réconciliation, à Bicêtre, cette fois. Le jeune duc d'Orléans prépare ses alliances : il rallie à sa cause les ducs de Berry, de Bourbon, de Bretagne, et principalement le comte d'Armagnac dont, devenu veuf de la petite Isabelle de France, il épouse la fille. Les Gascons marcheront avec lui et leur aide sera si efficace que le parti d'Orléans deviendra le parti d'Armagnac.

Bourgogne ne demeure pas inactif et groupe autour de lui ses frères Brabant et Nevers, le duc de Lorraine, les comtes de Hainaut, de Namur, de Penthièvre et toute la noblesse de ses possessions. Bien plus, si le duc d'Orléans demande simplement aux Anglais leur neutralité, le duc de Bourgogne va obtenir des ennemis du royaume une véritable alliance. Durant neuf mois, les deux partis vont s'apprêter, nouer des alliances, préparer leurs armes.

## 1411

Jean sans Peur a appelé les Anglais à la rescousse. Une chevauchée venue d'outre-Manche menace l'Ile-de-France.

## 4 juillet

La guerre va commencer entre Bourguignons et Armagnacs. Charles d'Orléans envoie un défi à « toy, Jehan, qui te dis duc de Bourgogne, pour le très horrible meurtre par toy fait en grande trahison en la personne de notre très redoubté seigneur et père, monseigneur Loys, duc d'Orléans ». La lettre fustige ensuite « les grans trahisons, desloyautez, deshonneurs et mauvaisetiez que tu as perpétrés contre nostredit souverain seigneur le Roy et contre nous en plusieurs manières ». Pour terminer, Orléans fait savoir à Bourgogne « que de ceste heure en avant nous te nuirons de toute notre puissance et par toutes les manières que nous pourrons... »

## août

Le duc de Bourgogne répond à « Charles qui se dit duc d'Orléans » et lui reproche également « les très horribles trahisons machinées et faictes félonneusement à l'encontre de Monseigneur le Roy ».

Jean sans Peur affirme encore avoir fait son devoir envers le « redoubté souverain seigneur », en ne laissant pas davantage sur terre le « felon traistre » duc d'Orléans. Pour terminer, le Bourguignon précise : « Toi et tes frères avez menti et mentez faussement et déloyalement comme trahisseurs que vous êtes. »

Cette fois, la guerre civile est inévitable.

## septembre

Les Bourguignons s'entendent avec le roi d'Angleterre pour une action commune contre les Armagnacs. Bien plus : un mariage est négocié entre le prince de Galles et une fille du duc de Bourgogne.

## automne

La guerre commence à déchirer

*Agenouillée devant le roi Charles VI, Christine de Pisan lui offre le manuscrit de ses œuvres. Elle porte, ici, la tenue sobre et terne qui, au Moyen Age, était celle des veuves : robe de coupe très simple pour l'époque, au décolleté fermé par une guimpe qui enserre également le visage. Le roi a conservé les cheveux longs, alors que son entourage suit la mode en ayant opté pour les cheveux coupés « rondis » ou « à l'écuelle ». Cette coiffure, en effet, fit fureur dès le début du XVe siècle. Miniature d'un manuscrit anglais du début du XVe siècle.*
*(British Museum. Photo du musée.)*

le royaume. Jean sans Peur s'empare de Ham et de plusieurs villes de la Somme. Pendant ce temps, les partisans du duc d'Orléans essaient de conquérir Paris — ou plutôt la rive droite de la Seine et Saint-Cloud. Ils sont sur le point de parvenir à occuper toute la ville lorsqu'ils en sont chassés par Jean sans Peur, aidé d'une troupe anglaise. Celle-ci est d'ailleurs mal accueillie par les Parisiens, particulièrement par les bouchers de la capitale. Jean sans Peur n'en oblige pas moins le roi à donner une audience aux Anglais.

## 1412, janvier

Les Armagnacs envoient une ambassade en Angleterre pour solliciter à leur tour une alliance ou, pour être plus précis, une « confédération ».

A l'hôtel de ville, le prévôt des marchands parisiens est choisi sur une liste de candidats élus par les habitants.

## 6 avril

Le Conseil royal délibère en présence du duc de Bourgogne. Va-t-on reprendre la guerre contre le parti Orléans-Armagnac? L'indignation s'empare de tous lorsque le chancelier du dauphin Louis peut montrer plusieurs lettres adressées par les ducs d'Orléans, de Berry, de Bourbon et d'Alençon au roi d'Angleterre — et miraculeusement tombées entre ses mains.

*On croit voir, en contemplant cette amazone d'une miniature des « Très riches heures du duc de Berry » (mois de mai), l'incarnation même du frais et doux visage d'Odinette de Champdivers, tel qu'il apparut au roi Charles dans sa folie. En toile de fond, le château de Riom profile les toits élancés de ses tours rondes. (Musée Condé, Chantilly. Photo Giraudon.)*

## 8 mai

Les lettres produites au Conseil royal étaient bel et bien authentiques. Un traité d'alliance — de trahison, serait plus juste — est en effet conclu, non sans mal, entre les princes du parti armagnac et le roi d'Angleterre : les ducs de Berry, Orléans, Bourbon, Alençon s'engagent à aider le souverain britannique à recouvrer tout le duché d'Aquitaine. Poursuivant leur mise du royaume à l'encan, ils lui promettent en outre vingt forteresses royales. De son côté, le roi d'Angleterre garantit l'envoi aux princes de mille hommes d'armes et trois mille archers.

Après ce traité honteux, il est aisé au duc de Bourgogne de se poser en défenseur du royaume. Aussi se fait-il confier par le roi le soin de punir les rebelles. Bien plus, ce même mois de mai, le roi et son fils se joignent à l'armée de Jean sans Peur qui marche sur Bourges, capitale des domaines du duc de Berry.

## fin août

Le traité d'Auxerre est signé entre les deux partis. On renonce aux alliances conclues de part et d'autre — provisoirement, cela s'entend...

## 14 novembre

A Buzançais, à la suite de « la paix d'Auxerre », le duc d'Orléans achète très cher le départ des Anglais qui, en raison des accords du 8 mai précédent, se sont avancés du Cotentin à la Loire.

Cependant, à Paris, « il fait bien périlleux en icelle ville ». Marchands et artisans réclament des réformes et à la moindre nouvelle — fausse ou vraie — la population s'agite. Tout est prétexte à mouvements et

*Pour contrebalancer l'alliance conclue en 1411 entre Jean de Bourgogne et l'Angleterre, les Armagnacs vont, à leur tour, tenter d'entrer en contact avec le roi d'Angleterre Henri IV. En 1412, une ambassade est chargée de porter au souverain anglais une lettre par laquelle les ducs d'Orléans, de Berry, de Bourbon, les comtes d'Angoulême, d'Alençon et d'Armagnac demandent à Henri son appui moyennant la cession d'une partie du territoire français. Mais cette lettre, interceptée par le bailli de Caen, sera remise au Conseil du roi de France où elle soulèvera l'indignation du parti royaliste, représenté par Jean sans Peur. (Cabinet des manuscrits. Bibliothèque nationale. Photo B.N.)*

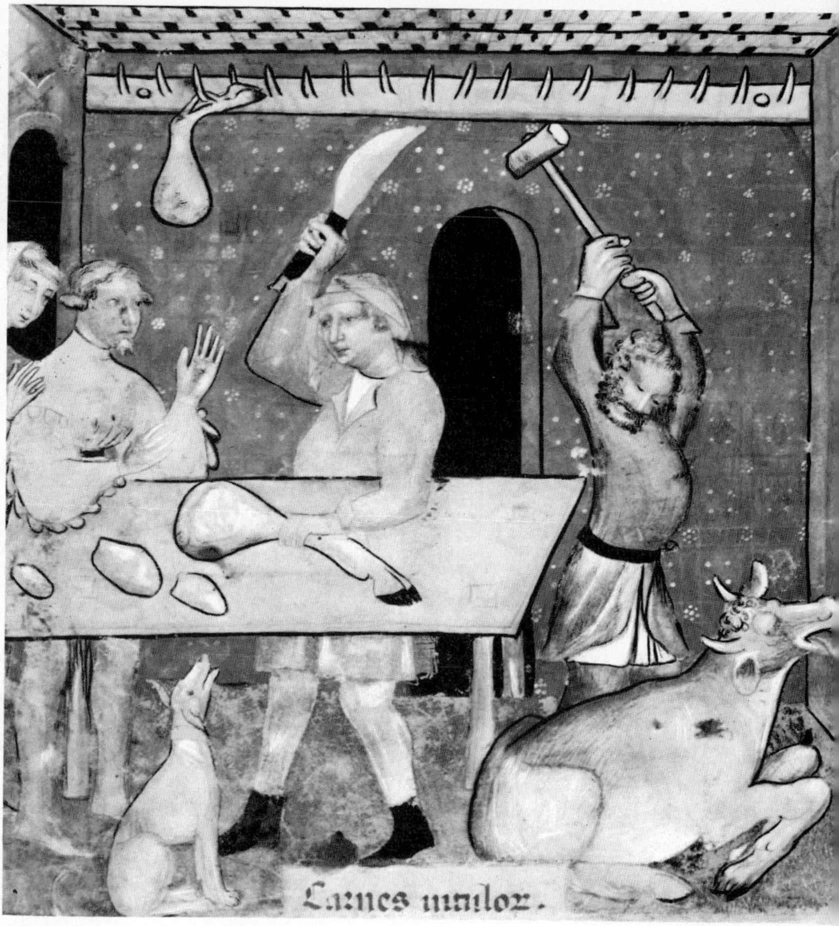


*A la vue de ces bouchers s'activant sur leurs étals dressés dans l'abattoir même, on évoque plus aisément Caboche et ses partisans semant, en 1412, la révolte et la terreur dans la ville de Paris. Miniature extraite du « Traité médical du maure espagnol Albucasis », XIVe et XVe siècles. (Cabinet des manuscrits. Bibliothèque nationale. Photo B.N.*

à troubles. Les plus turbulents sont assurément la vaste corporation des bouchers qui mène la ville — particulièrement la famille Legois. Les bouchers sont suivis par leurs commensaux : écorcheurs, tripiers, couteliers, tanneurs, « gens pauvres et méchants », nous dit Juvénal des Ursins. Jean sans Peur attache une grande importance à la corporation : il lui envoie ses meilleurs crus de Bourgogne et n'a pas hésité — l'année précédente — à suivre lui-même les obsèques d'un boucher, membre de la famille Legois.

Il avait peur souvent de subir le même sort que son cousin et ses nuits ne sont plus désormais que de longues veilles. Tel plus tard le Caïn de Victor Hugo, il ordonne de faire construire au milieu de son hôtel « une forte chambre de pierre de taille, en manière d'une tour dedans laquelle il se couchait par nuict ».

Elle est toujours là cette chambre du quatrième étage de la tour où Jean sans Peur claquait des dents. On l'imagine, le soir venu, gravissant les cent quarante marches de l'escalier à vis dont le fût de pierre se termine par le feuillage d'un chêne symbolisant la puissance de la maison de Bourgogne. Pour accéder à sa chambre, les frondaisons sculptées dépassées, il lui fallait gravir un escalier plus étroit, puis se faire ouvrir une grille en fer dont les butées existent encore. Enfin, le cœur battant à grands coups, il arrivait dans la chambre éclairée par deux fenêtres. Combien de fois s'y pencha-t-il pour écouter les bruits qui montaient de la nuit, tandis qu'au-dessus de lui les arbalétriers veillaient aux créneaux et qu'au-dessous le protégeaient ses armes parlantes sculptées dans la pierre, ce niveau de maçon « signifiant qu'il l'utiliserait pour aplanir le terrain où le gênait le duc d'Orléans », et ces deux rabots destinés à « supprimer les nœuds du gourdin que son cousin avait mis dans ses propres armes ». Toutes ces précautions — pas plus les deux grilles, les cent quarante marches et les arbalétriers que les deux rabots et le niveau — n'empêcheront le duc de Bourgogne de se faire assassiner dans sept années au pont de Montereau.

Mais, avant d'en arriver là, les deux clans vont conduire la France à l'abîme.

## 1413, fin janvier

Les affaires du royaume vont mal. L'invasion anglaise semble imminente, le trésor est à sec, aussi Jean sans Peur décide-t-il la convocation des états généraux de langue d'oïl. Les députés armagnacs se méfient, de peur d'un piège, et ne viennent guère nombreux.

## 3 février

Aux états, les députés des provinces commencent à présenter leurs requêtes. Selon l'abbé de Moutiers-Saint-Jean, conseiller du duc de Bourgogne, « l'argent est facile à trouver, il n'y a qu'à taxer les officiers du roi qui ont dilapidé les finances »; on peut demander aussi aux princes, « car ils sont issus du sang du roi; ils sont ses sujets, ils tiennent de lui tant et de si belles possessions, et il leur fait tant de bien, qu'il n'est pas doute que ce sont ceux qui premièrement au roi voudraient aider ». Et il ose encore préciser : « Et il ne suffit pas de réformer les petits, mais faut commencer aux grands et secouer la cour du Parlement tout premièrement, où il y en a plusieurs qui ne valent rien. »

## 7 février

Au tour des doléances de l'Université et de la ville de Paris. Elles remplissent à elles seules un rouleau de parchemin « gros comme le bras d'un homme ».

On accuse les officiers de finance du déficit actuel : Hémon Raguier a « tellement gouverné que, de l'argent de la reine, il a fait grandes acquisitions et édifices coûtageux aux champs et à la ville ». Quant à André Giffart, cousin du prévôt royal de Paris, ce qui lui a valu la charge de trésorier, il s'est « tellement rempli dudit trésor, qu'il est plein de rubis, de diamants, de saphirs et autres pierres ». « Si on veut savoir qui a mangé le lard, s'écrie un orateur, il faut rechercher quelle fortune, quels mariages, quelles dépenses ont faits tous ces officiers de finance ». L'argent ne tombe-t-il pas « en bourses trouées »? On demande que tous les officiers soient suspendus. Justice serait rendue aux innocents plus tard! Des mesures sont proposées : la déposition des officiers de finance, et du même coup la confiscation de leurs biens, dispenserait de recourir à de nouvelles impositions.

Le roi — l'esprit clair ou obscurci, on ne sait... — approuve ces requêtes.

## 24 février

Charles tient parole! Suspension de nombreux officiers royaux.

## 20 mars

Mort d'Henri IV de Lancastre, roi d'Angleterre. Son fils Henri V, âgé de vingt-six ans, lui succède. Intelligent, instruit, mais dur et dévoré d'ambition, il affecte, au surplus, une piété trop ostensible. Dès son avènement il n'a qu'une idée en tête : reprendre les prétentions anglaises sur le royaume de France, alors qu'il n'avait, personnellement, aucun droit. Ceux d'Edouard III — le droit d'hérédité par les femmes — étaient passés entre les mains de son second fils, Lionel, duc de Clarence, et de ses descendants, alors qu'Henri de Lancastre appartient à la branche issue du troisième fils du roi Edouard.

## avril

Le mécontentement gronde à Paris en dépit de l'assainissement trop tardif qui vient d'être opéré. Préparatifs de guerre du duc d'Orléans, aliénation de terres domaniales au profit de Louis de Bavière, frère de la reine, changements d'officiers en place. Aussi l'impopulaire prévôt Pierre des Essarts est-il révoqué. Le peuple lui reproche d'avoir abandonné le parti bourguignon. Le bruit court que l'on en veut à la vie du duc de Bourgogne. On dit aussi que le roi fol va être enlevé par son fils... L'insurrection est dans l'air.

## 27 avril

« Meschantes gens, trippiers, bouchers et escorcheurs, pelletiers, cousturiers et autres pauvres gens de bas estat, qui faisoient de très inhumaines, détestables et deshonnestes besongnes », nous dit Juvénal des Ursins, se révoltent. A leur tête se trouve l'écorcheur Simon Caboche.

*Cette tour quadrangulaire et fortifiée qui se dresse toujours, à Paris, au nº 20 de la rue Étienne-Marcel, flanquait l'hôtel construit par Jean de Bourgogne contre l'ancienne enceinte datant de Philippe Auguste. (Photo Jérôme da Cunha.)*

Ils parcourent les rues, se font remettre l'étendard de la ville et invitent les Parisiens à se rendre en armes, le lendemain, sur la place de Grève.

## 28 avril

Des Essarts, appelé deux années auparavant le père du peuple, s'empare de la Bastille sur l'ordre du dauphin Louis. La colère des cabochiens monte : assurément, le pouvoir prépare un coup d'État !

Les cabochiens veulent prendre la Bastille. Ils n'ont aucune chance de l'emporter. Cependant, dans un geste d'apaisement, des Essarts se rend le lendemain chez le duc de Bourgogne, qui lui affirme : « Mon ami, ne te soucie, car je te jure et assure, par ma foi, que tu n'auras d'autre garde que mon propre corps. » Ce qui ne l'empêchera pas de le laisser emmener, quelques jours plus tard, au Grand Châtelet.

Première journée *cabochienne*. Ce

même jour, de très bonne heure, trois mille hommes armés et une foule compacte se dirigent vers l'hôtel de Guyenne où demeure le dauphin de seize ans Louis, duc de Guyenne, qui remplace son père, alors en pleine crise de folie. A leur tête on voit tous les notables bourguignons et, bien entendu, Caboche. L'étendard de la ville est planté devant la porte de l'hôtel. Épouvanté, le fils du roi doit paraître à une fenêtre. Sur les cinquante noms exigés par l'émeute, la foule qui a envahi l'hôtel s'empare de quinze « traîtres » et en massacre trois. Les autres sont pris par Jean sans Peur sous sa protection, mais il les livrera quelques jours plus tard.

## 9 mai

Le moindre incident met le feu aux poudres, ainsi que Juvénal des Ursins nous le prouve en rapportant cette « chose vue » : « Lors estoit monseigneur le dauphin à une fenestre, tout droit, qui avoit son chepperon blanc sur sa teste, la patte du coté dextre, et la corenette du coté senestre et menoit ladite corenette en venant de sous le coté dextre, en forme de bande ; laquelle chose appareut à aucuns des bouchers et austres de leur ligne, dont y eut aucuns qui dirent alors : « Regardez ce bon enfant dauphin, « qui met sa corenette en forme que « les Armagnacs le font ; il nous « courroucera une fois. »

## 11 mai

Les cabochiens effectuent vingt nouvelles arrestations.

## 22 mai

Ils demandent qu'on leur livre Louis de Bavière, frère de la reine,

*Dans la ville d'Orléans, les Bourguignons se livrent à une affreuse et cruelle tuerie. Cette miniature extraite des « Vigiles de Charles VII » (fin du XV^e siècle) montre avec quel raffinement les partisans de Jean sans Peur supprimaient les Armagnacs. Cabinet des manuscrits. Bibliothèque nationale. Photo B.N.)*

plus un archevêque, quelques officiers royaux et quinze dames de la maison de la reine. On emmène les dames qui pleurent « à grande effusion de larmes ».

## 23 mai

Jean Courtecuisse parle devant le roi qui, quoique sorti de sa crise, accepte de se coiffer du chaperon blanc des Parisiens — comme un jour son lointain successeur Louis XVI portera le bonnet rouge. « Voyez le plat pays, lui dit Courtecuisse, il est pillé et rongé par les gens d'armes qui ont charge de le défendre, et par les gens de justice. Et comment vos finances sont-elles

gérées ? C'est à qui a pu en piller le plus. De tant d'impôts, de tant d'emprunts, tailles, aides, dixièmes, que vous est-il demeuré ? Rien... La misérable face du royaume a perdu son honneur et sa majesté ! »

## 26 et 27 mai

Deux séances se déroulent au Parlement en présence de Charles VI et de son fils. Le roi accepte ce que l'on a baptisé l'ordonnance cabochienne, et qui est une suite de réformes administratives, due à une commission bourguignonne. Le texte n'est pas plus révolutionnaire que novateur. L'ordonnance représente un idéal de monarchie tempérée. Mais, dans le désordre qui règne, elle est inapplicable. Ainsi que l'a dit Perroy : « Ce monument de sagesse administrative eut le sort lamentable des réformes qui arrivent trop tard. »

## juin

Les troubles continuent. On massacre de nouveau des prisonniers. La police de Paris est faite par des cabochiens — ce qui n'arrange pas les choses.

## juin

La terreur s'amplifie. Jean sans Peur est littéralement débordé par

*La fameuse Maison aux Piliers telle que la restitue une miniature du XVe siècle extraite du « Missel » de Juvénal des Ursins. C'est dans la Maison aux Piliers, sur la place de Grève, que, sous Charles V, s'installa la prévôté des marchands. Sur cette place eurent lieu les premières exécutions capitales. C'est là encore, que Caboche et ses partisans en révolte se réunirent, le 4 août 1413. Plus tard, en 1806, la place de Grève deviendra la place de l'Hôtel-de-Ville. (Bibliothèque historique de la ville de Paris. Photo Bulloz.)*

l'émeute. On massacre çà et là et l'on voit le dauphin donner, au cours d'un bal, trois coups de poignard, sans le blesser d'ailleurs, au capitaine de Paris — Jacqueville — qui avait porté l'effroi au milieu de la fête...

## 28 juillet

Le dauphin a appelé à son secours la ville d'Orléans et les Armagnacs. Des négociations aboutissent à la «paix de Pontoise ». Il s'agit d'une amnistie entière et de l'abolition de toutes les mesures extraordinaires qui ont été prises. C'est bien là le début de la ruine des cabochiens. Devant de nouveaux troubles, la haute bourgeoisie et l'Université décident de se débarrasser complètement de ces agités.

## 4 août

Les cabochiens se sont massés sur la place de Grève. Des inconnus crient : « La paix ! La paix ! et qui ne la veut si se traie en lieu senestre et qui la veut se traie au coté dextre. » Presque toute la foule se range à droite.

Le roi et le dauphin font leur entrée dans la ville, et arrivent à l'hôtel de ville. La révolution est finie. Les Parisiens semblent alors être tous devenus partisans du duc d'Orléans et se mettent à porter des casaques violettes avec la grande croix blanche des Armagnacs, et leur devise : « le droit chemin ».

## 29 août

Jean sans Peur s'est enfui et arrive à Lille. A Paris, c'est la réaction. En dépit des lettres d'abolition datées de ce jour, l'amnistie ne joue pas pour certains exaltés et meneurs cabochiens. Soixante-dix personnes sont exceptées de tout pardon.

## 1er septembre

Les princes armagnacs, le duc d'Orléans en tête, font leur entrée dans Paris.

## septembre

Lit de justice au Parlement. La grande ordonnance est déchirée. Puis la réaction anti-cabochienne se poursuit. Du 12 décembre 1413 au 28 juillet 1414, cent sept personnes seront bannies. Les excès des Armagnacs sont absolument comparables à ceux des Bourguignons.

## 1414, 7 février

Jean sans Peur est à Saint-Denis, bien que le roi lui ait interdit d'approcher de Paris.

## 16 février

Le duc de Bourgogne se retire mais n'en est pas moins déclaré rebelle et banni. On le considère en quelque sorte comme l'ennemi numéro un. On convoque le ban et l'arrière-ban pour le combattre.

## 23 mai

Convention préliminaire de Leicester : alliance offensive et défensive entre Jean sans Peur et Henri V d'Angleterre. Le Bourguignon promet d'aider l'Anglais à conquérir les terres appartenant aux Armagnacs.

Or, le duc de Bourgogne est en train de jouer un double jeu puisque, au même moment, en signant avec le roi de France la paix d'Arras, il assure au roi Charles qu'il n'est lié par aucun pacte avec les Anglais.

## 25 juin

A Trino, l'empereur Sigismond conclut un traité d'alliance avec le roi Charles, et promet de demeurer toujours « loyal et parfait ami ».

## août

Le roi d'Angleterre envoie une ambassade à Charles VI. Il demande qu'on lui restitue le royaume de France auquel, on le sait, il n'avait pas le moindre droit puisque la dynastie avait changé. Peut-être se serait-il contenté d'ailleurs de la seule Normandie. Mais le roi Henri demande encore autre chose : « L'évesque de Norwic, qui estoit un bien notable clerc, proposa un traité, lequel en effect et en substance disoit : faites-nous justice, nous offrons paix et alliance. Pour alliance, ils demandoient madame Catherine de France, le duché de Guyenne et le comté de Ponthieu sans foy, hommage ne ressort et autres demandes ».

## novembre

Le grand concile se réunit à Constance. La France envoie sur les bords du Bodensee ses plus fameux docteurs, ses maîtres les

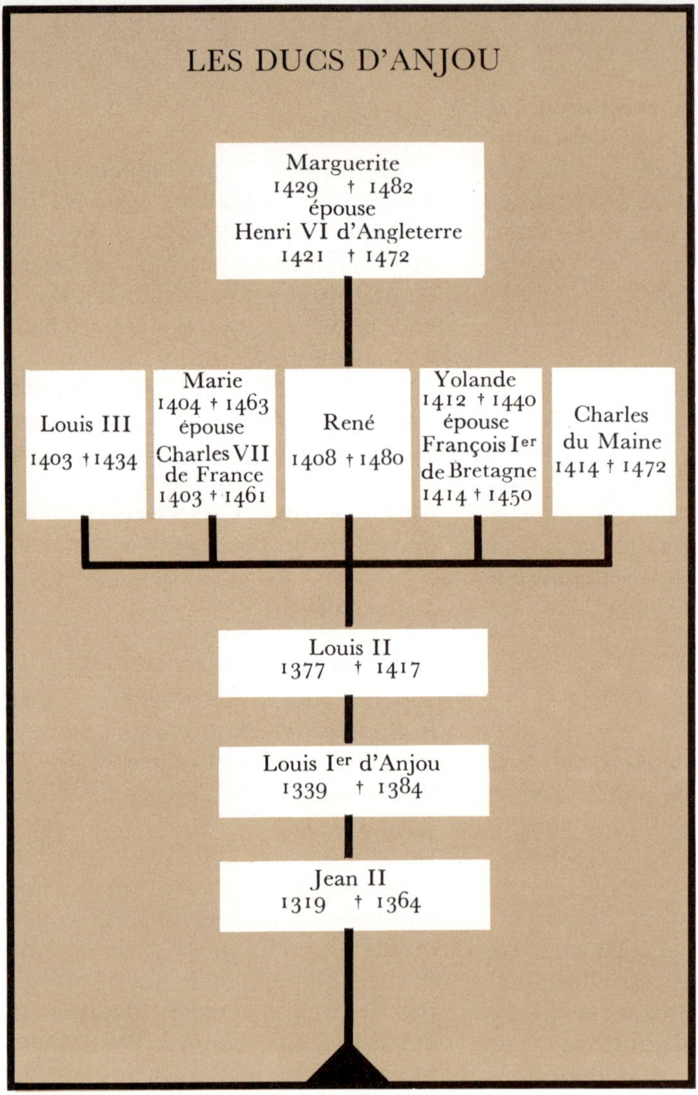

plus illustres — tels Gerson, Benoît Gentien et les cardinaux Pierre d'Ailli et Guillaume Fillastre. Certains sont du parti d'Armagnac, d'autres de celui de Bourgogne et l'importante participation française sera souvent divisée. Il ne s'agit pas seulement de trouver un chef à l'Église — un chef unique — mais aussi de condamner les hérésies — celles de Wyclif, de Jean Huss et de Jérôme de Prague.

## 1415, janvier

En réponse aux demandes formulées par Henri V, le roi Charles promet d'envoyer, lui aussi, une ambassade en Angleterre.

## 20 février

Après une courte campagne — l'armée royale s'est contentée de marcher de Compiègne à Arras — une nouvelle paix est signée entre les Armagnacs et les Bourguignons.

## fin juin

L'ambassade française, ayant à sa tête l'archevêque de Bourges, arrive en Angleterre. Elle est composée de six cents personnes — chiffre

*Comme le duc de Lancastre débarquant, avec ses gens, à Brest, le roi d'Angleterre va, avec toute sa flotte, jeter l'ancre devant Chef-de-Caux, non loin du Havre. La miniature, extraite des « Chroniques d'Angleterre » de Jean de Wavrin, date du XV^e siècle et donne une description fidèle d'un camp à une époque où l'usage des tentes, qui ont fait leur apparition en France vers le début du XIV^e siècle, commence à se généraliser. (Cabinet des manuscrits. Bibliothèque nationale. Photo B.N.)*

qu'Henri V trouve quelque peu excessif.

Les envoyés de France proposent la main de Catherine de France avec une belle dot — huit cent mille écus d'or, quinze villes et sept comtés aquitains — mais les garanties que demande Henri V sont si exorbitantes que l'entrevue tourne à l'aigre. Le ton monte. L'archevêque précise qu'il n'y a qu'un seul roi en France : son maître, Charles.

— Quant à vous, sire, vous êtes seulement roi d'Angleterre.

A quoi Henri, « mal content », lance « plusieurs paroles hautes bien orgueilleuses et leur dit qu'ils s'en allassent et qu'il les suivrait de près ». La guerre semble inévitable.

Henri V s'est d'ailleurs déjà préparé à la lutte depuis plusieurs mois, ainsi que le prouvent ses instructions, que l'on peut toujours lire dans ses « statuts et ordonnances », précisant jusqu'aux insignes devant être portés par les combattants anglais : « Que tout homme porte sur lui le signe de saint Georges suffisamment large, pour qu'il ne soit pas blessé ou tué ; qu'aucun ennemi ne le porte, s'il n'est prisonnier et à la garde de son maître. » Le sort des futurs prisonniers est également fixé : « Si un homme met un ennemi à terre, c'est à lui qu'il appartient ; mais si, une fois à terre, l'ennemi donne sa foi à un autre, celui qui l'a fait tomber l'aura pour moitié et celui qui a reçu la foi pour l'autre moitié ; ce dernier recevra en outre la garde du prisonnier. »

## 24 juillet

Henri V fait son testament.

A Southampton et à Calais s'entassent les approvisionnements en vue de la prochaine campagne.

## 28 juillet

Le roi anglais adresse à Charles VI un dernier appel à la paix. Ce texte ressemble plutôt à un défi.

## 13 août au soir

La *Trinité*, le navire du roi d'Angleterre — qui a quitté Portsmouth l'avant-veille — jette l'ancre à Chef-de-Caux, à la pointe de La Hève. Il est accompagné de quatorze cents navires portant deux mille hommes et six mille archers, disent certains. Tandis que d'autres affirment que l'armée anglaise compte trente mille hommes. Un seul chiffre est certain : à Azincourt, Henri n'aura avec lui que treize mille combattants.

Henri V déclare aux habitants du pays de Caux « qu'il était venu en sa terre, en son pays et en son royaume, pour les mettre en franchise et liberté ».

## 18 août

Henri d'Angleterre commence le siège d'Harfleur.

« Le port qui accueille des navires jusqu'au milieu de la ville, nous dit le chapelain du roi Henri, est protégé de part et d'autre par des courtines couronnées par des tours. A son entrée, deux belles tours, entre lesquelles passe la marée, l'une très haute et très grande, doublement armée, au sommet et au milieu, l'autre plus petite, armée seulement à son faîte, sont munies de chaînes qui, passant de l'une à l'autre, interdisent l'entrée ou la sortie des navires. »

La ville n'est défendue que par cent lances. Le siège commence.

## 19 août

Gaucourt et trois cents lances françaises parviennent à pénétrer dans Harfleur.

## 22 septembre

Le roi Charles n'a pas quitté Mantes, ni le dauphin Vernon. Harfleur capitule et envoie des députés vers le vainqueur : « On les amena dans une tente, raconte le chapelain ; ils se mirent à genoux, mais ne virent point le roi ; puis dans une autre tente où ils s'agenouillèrent longtemps, mais ils ne virent pas le roi. En troisième lieu, on les introduisit dans une tente intérieure, où le roi ne se montra pas encore. Enfin, on les conduisit là où siégeait le roi. Ils furent longtemps à genoux, et notre roi ne leur accorda pas un regard, sinon lorsqu'ils eurent été très longtemps à genoux. Alors le roi les regarda et fit signe au comte de Dorset de recevoir les clés de la ville. » Les habitants durent quitter la cité avec cinq sous et une partie de leurs vêtements. « C'était piteuse chose d'ouïr les regrets et lamentations que faisaient les habitants délaissant ainsi leur ville avec tous leurs biens. »

*La bataille d'Azincourt vue par les Anglais. Dans ce dessin à la plume appartenant à un manuscrit du XV^e siècle, l'artiste, non dépourvu de chauvinisme, met en valeur la brillante attaque des archers anglais forçant l'armée française à chercher son salut dans la fuite. (Département des manuscrits. British Museum. Photo du musée.)*

## 7 octobre

Henri V quitte Harfleur et traverse le pays de Caux pour se rendre vers Calais. Charles VI et son fils, qui se trouvent alors à Rouen, l'apprennent et vont essayer de lui barrer la route au-delà de la Somme — alors qu'ils auraient pu attaquer pendant le mois durant lequel s'est prolongé le siège d'Harfleur.

## 19 octobre

L'armée anglaise franchit la Somme à Voyenne et prend le chemin du nord.

## 24 octobre

Forte de treize mille hommes, elle traverse la Ternoise, petit affluent de la Canche. Les Français ont pris position au nord de la rivière, sur un petit plateau large seulement de cinq cents mètres, entre les petits bois de Tramecourt et d'Azincourt — alors Agincourt, où se trouvait un château.

Les quarante à cinquante mille hommes de l'armée française — ils sont trois fois plus nombreux que les Anglais — ne doutent pas de la victoire. Le duc de Berry, le duc d'Orléans, le duc de Bourbon, le connétable de Clisson les commandent. Se souvenant de la catastrophe de Poitiers, le roi et son fils n'assisteront pas à la journée. Quant à Jean sans Peur, le roi l'a prié de rester chez lui. N'a-t-il pas reçu les envoyés d'Henri V ?

La nuit tombe. Il pleut. Sur cette « place étroite », les Français restent à cheval, tandis que « pages et valets, en promenant leurs chevaux, avaient tout dérompu la place qui était molle et effondrée des chevaux, à telle manière qu'à grand'peine se pouvaient ravoir hors de la terre, tant était molle. Or d'autre part les Français étaient si chargés de harnois qu'ils ne pouvaient avancer. Premièrement étaient armés de cottes d'acier longues, passant les genoux et moult pesantes. Et pardessous harnois de jambes ; et pardessus blancs harnois ; et de plus bassinets de camail. Et tant pesamment étaient armés, avec la terre qui était molle, à grand'peine pouvaient-ils lever leurs bâtons... »

## 25 octobre

Afin que les lances soient « plus roides quand ce viendrait de combattre », les Français, selon leur habitude, les raccourcissent. Archers et arbalétriers veulent prendre position en avant de la « bataille », mais les hommes d'armes les écartent : la place est trop étroite, déclarent les chevaliers. Ces derniers sont descendus pesamment de leur monture et, « inertes et embourbés », attendent l'ennemi. Ne vaudrait-il pas mieux remonter à cheval et se lancer vers l'adversaire ? Mais, par un éclaireur, on apprend, dans le camp français, que les Anglais ont planté devant la « bataille » des pieux afin de briser la charge des Français.

Henri V attend cependant, ne pouvant imaginer que cette « multitude » impressionnante tarderait à foncer sur lui. Il a fait placer son charroi à l'abri, derrière son armée, dans les vergers. « Quant à nous, écrit le chapelain du roi Henri, assis à cheval, à l'abri de la bataille, avec les autres prêtres, nous courbions nos âmes devant Dieu... »

De là, les prêtres entendent les trompettes et clairons français « mener grand bruit ». C'est en voyant s'avancer le corps de bataille anglais en belle ordonnance que le connétable de Clisson a donné l'ordre de faire sonner haut et clair. Arbalétriers et archers anglais sont, eux, au premier rang et « hardiment » font pleuvoir leurs traits. Les Français « blessés et navrés » inclinent le chef.

Cependant, une ordonnance de mille à douze cents hommes d'armes a reçu la mission de s'avancer de chaque côté du plateau — par Azincourt et par Trémécourt — afin de rompre les ailes des archers anglais. Mais il n'y a là que cent soixante hommes d'armes anglais qui se chargent de faire de « grands empêchements, dérompirent les Français, ouvrirent en plusieurs lieux et les firent reculer en terre nouvellement semée, car leurs chevaux étaient tellement navrés du trait qu'ils ne les pouvaient tenir ni gouverner ».

Tandis que l'attaque sur les flancs échoue ainsi lamentablement, la lourde masse s'est décidée à combattre, mais, le contact pris, ils « étaient si près serrés l'un de l'autre qu'ils ne pouvaient lever leurs bras pour férir sur leurs ennemis, sinon aucuns qui étaient au front devant, lesquels les boutaient de leurs lances ».

C'est alors que les chevaux cabrés des deux ailes, les chevaux « navrés de traits », se rejettent en désordre sur cette première bataille, désorganisant complètement la ligne, « et commencèrent à choir hommes d'armes sans nombre », tandis que les autres rangs français ne peuvent ni combattre, ni reculer. C'est assez vite, pour ceux qui en ont le moyen, le sauve-qui-peut. Les autres demeurent là, comme à l'abattoir, plantés dans la boue, empêtrés dans leurs armures, alors que les archers anglais se sont allégés le plus possible. Ils ont jeté leurs arcs et ont pris épieux et haches. Ils abattent les hommes d'armes « à tas et semblait que ce fût enclume sur quoi ils frappaient ».

Lorsque les archers arrivent à la seconde bataille, c'est alors au tour du roi Henri et de ses hommes d'armes d'intervenir. « Lors les Anglais, nous dit ce chapelain, pressèrent de plus en plus les Français en dérompant les deux premières batailles, et en plusieurs lieux abattant et occisant cruellement sans merci. Entre temps, les aucuns se relevèrent par l'aide de leurs valets qui les menèrent hors de la bataille ; car les Anglais étaient moult occupés

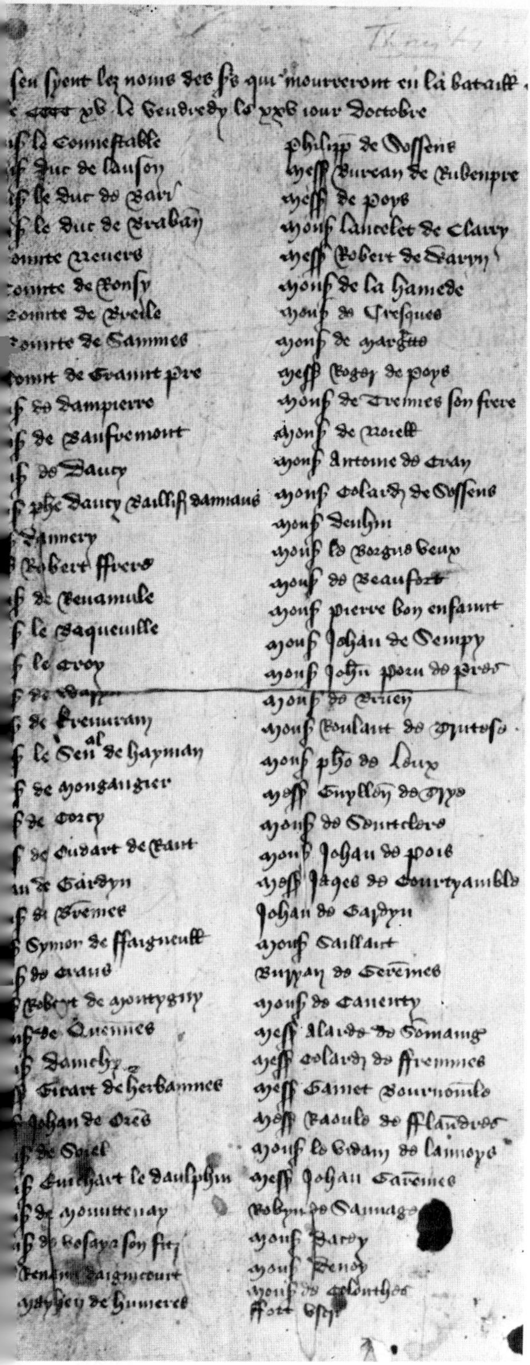

*Cette liste rappelle les noms des illustres combattants français et anglais morts à la bataille d'Azincourt. Trouvée parmi les papiers de Thoresby of Leeds, elle est extraite de l'« Histoire d'Angleterre » de John Harding. (Bodleian Library, Oxford. Photo de la bibliothèque.)*

à combattre, occire et prendre prisonniers ». L'arrière-garde française, qui se tient encore à cheval, voyant l'affreux massacre, fait honteusement demi-tour.

Pendant ce temps, les vainqueurs ne pensent maintenant plus qu'à faire des prisonniers. Cependant, le roi Henri voit que l'arrière-garde française, ayant avec elle « une grande foison d'étendards et d'enseignes », fait mine de revenir sur le champ de bataille. Aussi le roi donne-t-il l'ordre à deux cents archers, commandés par un gentilhomme, de massacrer les prisonniers. « Si accomplit cet écuyer le commandement du roi, qui fut moult pitoyable chose. Car, de sang-froid, toute cette noblesse française fut là tuée, et découpés têtes et visages, qui était une merveilleuse chose à voir », conclut le chapelain.

Le bilan : sept mille Français tués — pour la plupart chevaliers. Seize cents Anglais, nous dit le chapelain, dont les ducs d'York et d'Oxford. Du côté français, parmi les cadavres gisant dans la boue, les corps du duc de Brabant, du comte de Nevers, du duc d'Alençon, du duc de Bar, du connétable de Clisson. Quinze cents prisonniers eurent la vie sauve, parmi lesquels le duc d'Orléans, à qui Henri déclarera : « Beau cousin, faites bonne chère. Je connais que Dieu m'a donné la grâce d'avoir eu la victoire sur les Français, non pas que je le vaille ; mais je crois certainement que Dieu les a voulu punir, et, s'il est vrai ce que j'en ai ouï dire, ceci n'est merveille, car on dit que oncques plus grand desroi (désordre), ni désordonnance de volupté, de péchés et de mauvais vices ne furent vus, que règnent en France aujourd'hui.»

Charles d'Orléans, le doux poète, commençait ainsi une captivité qui se terminera seulement en 1440.

### *L'ARMURE AU XVe SIÈCLE*

*L'armure, composée d'un avant-bras et d'un garde-bras en fer, ainsi que de mailles et de plaques de métal, ou de cuir bouilli, recouverte de tissus, pèse vingt-cinq kilos auxquels il faut ajouter cinq kilos pour le bassinet et autant pour les armes. Par contre, la protection du cheval a presque complètement disparu afin de rendre l'animal plus mobile.*

*L'équipement de l'homme de pied ne pèse pas plus d'une vingtaine de kilos dont la moitié pour la brigandine — petite cotte de mailles.*

L'ARMEMENT

Le cavalier : *lance de plus de trois mètres de long — souvent quatre (peut être raccourcie). Epée, dague, masse d'armes ou hache.*

Le fantassin : *lance de deux mètres. Arc portant efficacement jusqu'à cent cinquante mètres.*

*L'arbalète lançait ses traits à deux cent cinquante mètres.*

*Ce bassinet de Bourgogne date de la fin du XIVe siècle ou du début du XVe. Son poids se situe aux alentours de cinq kilos! (Musée de l'Armée, Paris. Photo Jérôme da Cunha.)*

## 26 octobre

Henri V reprend sa marche vers Calais. Il semble que le vainqueur d'Azincourt n'ait même pas envisagé de foncer vers Paris et de s'emparer du pouvoir. Peut-être, ayant seulement avec lui dix mille hommes, a-t-il jugé l'opération hasardeuse.

## 16 novembre

Henri V s'embarque pour l'Angleterre.

## 22 novembre

Charles VI et le dauphin, qui ont quitté Rouen, où ils ont appris la catastrophe, regagnent Paris. Le pauvre roi fol, aux cheveux maintenant grisonnants et tombant jusqu'aux épaules, est toujours vêtu de la même robe qu'on lui voit porter depuis deux ans.

Si le duc de Bourgogne peut se réjouir de la captivité du duc d'Orléans, il a pleuré la mort de ses deux frères: Antoine, duc de Brabant, et Philippe, duc de Nevers, tués dans la boue d'Azincourt.

## 10 décembre

Jean sans Peur se trouve à Lagny. Il a réuni une armée et demande au roi de lui permettre de rentrer dans Paris. Charles répond que son cousin peut pénétrer dans la ville — mais seul. Aussi le Bourguignon préfère-t-il envoyer ses troupes ravager la Champagne, l'Ile-de-France et la Brie. Ce n'est assurément pas le meilleur moyen pour reconquérir le pouvoir! Tel est pourtant son but.

## 18 décembre

Mort du dauphin Louis, duc de Guyenne. Son frère Jean, duc de

*C'est ainsi qu'une miniature française évoque l'une des phases de la bataille d'Azincourt : un affrontement théorique au cours duquel les ennemis, face à face semblent privés de mouvement. Au centre, de l'autre côté de la rivière, l'artiste a représenté le blanc château d'« Agincourt ». (Cabinet des manuscrits. Bibliothèque nationale. Photo B.N.)*

*Le désastre d'Azincourt s'achève. On massacre la piétaille, tandis que l'on entraîne hors de la tuerie deux des plus précieux prisonniers : Charles, duc d'Orléans, et Jean Ier, duc de Bourbon. L'auteur de cette miniature des « Vigiles de Charles VII » a représenté les deux captifs, poings liés et vêtus d'une cotte aux armes de France. (Cabinet des manuscrits. Bibliothèque nationale. Photo B.N.) Puis l'ennemi, pour célébrer dignement sa victoire, met les tonneaux en perce, boit et chante selon les meilleures traditions (« The Windsor Carol Book, XVe siècle. Département des manuscrits. British Museum. Photo du musée.)*

Touraine, devient héritier de France. Ce n'est que le début d'une série de deuils dans la pauvre famille royale. Isabeau — devenue Isabeau la dévergondée — Isabeau la ventripotente vit avec ses amants, son bouffon, son singe *Goa*, ses cages d'oiselets.

Les témoins les plus prudes nous affirment : « Aucune renommée était qu'en l'hôtel de la reine se faisaient plusieurs choses déshonnêtes... »

Pauvre France, surtout! Le royaume des lis est « frappé au chef », soupire Froissart. Pauvre France, « lasse, chétive et égarée », ainsi que le dit le doux Eustache Deschamps, « pauvre d'amis, défaillante de seigneurs ». Pauvre France, « si pleine de pleurs »!

*Ces deux miniatures du « Traité médical du maure espagnol Albucasis » font songer au désolant comportement de la reine Isabeau, trop oublieuse de ses devoirs. Le peuple de France lui reprochait, non sans raison, en plus de sa détestable alliance avec le parti bourguignon, sa « déshonnête » conduite. (Cabinet des manuscrits. Bibliothèque nationale. Photo B.N.)*

## 30 décembre

Le beau-père du duc d'Orléans, Bernard VII d'Armagnac, est fait connétable et, désormais, gouverne au nom du roi et du dauphin. Défendant le royaume à la fois contre l'Anglais et les Bourguignons, il a levé une armée en Gascogne et les « bandes d'Armagnac » ravagent les provinces qui ne sont pas écumées par les Bourguignons.

## 1416, 22 janvier

Courtecuisse prêche à Notre-Dame : « Le royaume de France, dit-il, est une nef qui menace de sombrer. »

## 1er mars

L'empereur Sigismond arrive à Paris. Il vient, en principe, pour intervenir en faveur de la paix entre l'Angleterre et la France. En fait, il n'agit guère. Il assiste à une messe à Notre-Dame et — on le remarque sévèrement — ne donne rien à la quête. Il offre ensuite un souper, mais ne remet comme souvenir à ses invités qu'un minuscule couteau d'Allemagne, qui ne vaut pour ainsi dire rien.

### 15 avril

Sigismond quitte Paris et prend, sans se presser, le chemin de l'Angleterre.

### 7 mai

Sigismond arrive en Angleterre et est charmé par l'accueil d'Henri V, qui « savait les honneurs mondains autant que prince de son temps ». Les deux souverains proposent au roi Charles une trêve de trois ans, une rencontre en Normandie et la remise d'Harfleur à l'Angleterre — entre autres territoires. La France ne peut admettre semblable exigence.

### 15 juin

Mort de Jean, duc de Berry, dont le nom demeurera toujours associé à ses *Très riches heures*. Amateur éclairé, il fit travailler les meilleurs peintres et les enlumineurs de son temps — Jacquemard de Hesdin, Beauneveu et les frères de Limbourg. Il entreprit aussi la construction ou la transformation du château de Mehun-sur-Yèvre, de Bicêtre, de Concressault en Sologne, du palais de Poitiers, de la cathédrale de Bourges.

### 24 juin

Jean sans Peur signe un nouvel accord avec Henri V : désormais les sujets du duc de Bourgogne ne pourront plus répondre à l'appel du roi de France. Autrement dit, le lien de vassalité est rompu.

### août

Une flotte franco-génoise est battue par les Anglais dans l'estuaire de la Seine. Déjà, une tentative terrestre menée par Bernard d'Armagnac pour délivrer Harfleur a échoué.

### 15 août

Signature de la convention de Canterbury. Non seulement Sigismond abandonne Charles VI, mais il s'engage à aider Henri V à retrouver son royaume de France. L'empereur formule son point de vue en ces termes : « Mes parents sont en France, mais mes amis sont en Angleterre. »

### 6 octobre

Le duc de Bourgogne rend visite au roi d'Angleterre à Calais. Ils passent huit jours ensemble, au cours desquels un accord secret est conclu. Le duc de Bourgogne reconnaît Henri V « comme celui qui de droit est roi de France », et promet de l'aider, « par toutes voies et manières secrètes qu'il saura », à reconquérir son royaume. Précisons qu'on ne possède de cet accord qu'une minute non datée, mais tracée de la propre main du duc.

### 1417, 6 janvier

Isabeau rend une ordonnance transportant à Troyes le Parlement de Paris et la Chambre des comptes.

### 5 avril

Mort, d'une otite aiguë, du second dauphin, Jean, duc de Touraine. Le futur Charles VII devient dau-

*La statue funéraire d'Isabeau de Bavière conserve, de la reine exécrée, ce visage vieilli, aux traits alourdis où la beauté d'antan n'est plus qu'un souvenir. La bouche tombante, dédaigneuse même, donne à celle que le peuple de France, dans sa haine, a surnommée « la grande gaupe », une expression proche de la méchanceté. (Basilique de Saint-Denis. Photo Holzapfel.)*

phin, et il n'a que quatorze ans...

## avril

Charles se rend parfaitement compte de la vie menée par Isabeau. On peut être fol, vivre en concubinage et ne point aimer « cornes de coquage ». Aussi, l'un des nombreux amants d'Isabeau — Louis de Boisredon — ayant, au surplus, traité Charles sans respect, est arrêté et torturé. Il avoue avoir été l'amant d'Isabeau et est étranglé. Puis son corps est « mis en un sacq de cuir et jeté en Seine; sur lequel sacq était escrit : *Laissez passer la justice du Roy* ».

La leçon n'empêchera pas la reine, à l'instar « des courtisanes grecques et des impératrices romaines », d'agir comme jamais reine ne se comporta dans toute l'histoire de France. Le peuple n'a pas assez de mots pour flétrir Isabeau la dévergondée, qu'il a baptisée la *grande gaupe*, tandis qu'Odinette de Champdivers n'est

*Couronné à Westminster en 1413 roi d'Angleterre et de France sous le nom d'Henri V, le duc de Lancastre était le fils d'Henri IV et de Marie Bohun. (National Portrait Gallery, Londres. Photo du musée.)*

jamais nommée autrement que la *petite reine*. Elle a reçu deux beaux châteaux, l'un à Créteil, l'autre à Bagnolet, et le duc de Bourgogne, l'année suivante, lui fera attribuer par son amant les revenus du péage de Saint-Jean-de-Losne et ceux du rouage de Troyes.

Quant à Isabeau, cette même année, sur l'ordre du nouveau dauphin — elle le traitait aimablement de fils de fol — elle sera conduite à Tours.

## 29 avril

Jean sans Peur s'enfonce de plus en plus dans la trahison. Il contracte une alliance offensive et défensive avec l'empereur Sigismond qui, en dépit de ses promesses, n'en demeurera pas moins un allié quasi passif.

L'Anglais, allié du duc de Bourgogne et de l'Allemand — au surplus, ces deux derniers liés entre eux — peut préparer avec grand espoir sa prochaine campagne. Le royaume de France n'est-il pas déjà à genoux?

## été

Les Armagnacs font régner la terreur à Paris. Tous ceux qui sont suspects d'aimer les Bourguignons, tant à l'Université que parmi les bourgeois, sont arrêtés, emprisonnés ou chassés. A cette époque, on bannit huit cents personnes en trois semaines. « Il est défendu de garder des armes, d'avoir à sa fenêtre ni coffre, ni pot, ni hotte, ni « côte en jardin », ni bouteille à vinaigre, sous peine de perdre corps et biens, et de se baigner en la rivière sous peine d'être « pendu par la gorge. »

Et ce n'est pas tout! Les paysans fuient tantôt devant les Anglais, tantôt devant les Armagnacs, tantôt devant les Bourguignons. Aussi les terres demeurent-elles incultes.

## 1er août

Henri V arrive sur la plage de Trouville. Craignant, non sans raison, que les troupes françaises lui barrent la vallée de la Seine, chemin naturel vers Paris, il préfère marcher d'abord sur Caen et la basse Normandie. Il compte exécuter un ample mouvement tournant et attaquer la capitale par Argentan, Alençon et Falaise. C'est là l'itinéraire que suivront les alliés en 1944. Les Anglais ont mis au point un matériel « moderne » et mobile de franchissement des rivières — un vrai pont transportable composé de bateaux en cuir bouilli et d'un tablier démontable.

### 18 août

Le siège de Caen commence. Les deux grandes abbayes qui dominent la ville, Saint-Etienne et la Trinité, sont occupées sans coup férir.

### 4 septembre

Caen se rend à merci après dix-sept jours de lutte. Le sang « dévale parmi les rues ». Seul le château tient encore.

### 20 septembre

Le château de Caen tombe après une résistance héroïque. Vingt-cinq mille personnes doivent quitter la ville dont Henri V fait son quartier général.

### 21 septembre

Le duc de Bourgogne est à Montrouge et menace de nouveau Paris. Il ne parvient pas à prendre la ville, se replie sur Montlhéry puis pense mettre dans son jeu la reine Isabeau toujours gardée en Touraine.

### 12 octobre

Au tour d'Argentan de capituler.

### 22 octobre

Alençon se rend aux Anglais.

### novembre

Le duc de Bretagne, dont les États sont menacés par l'avance anglaise, conclut à Alençon une trêve d'un an avec Henri V.

### 2 novembre

A Tours, Isabeau souffre toujours de son incarcération dorée — d'autant plus qu'elle est condamnée à la chasteté. En ce jour des morts, tandis qu'elle prie à l'abbaye de Marmoutier, accompagnée seulement de trois gardiens, Jean sans Peur, qui a fait cerner l'église, vient la délivrer et s'incline respectueusement.

— Très cher cousin, lui annonce Isabeau en l'embrassant, vous m'êtes venu délivrer de prison, soyez assuré que jamais je ne vous manquerai.

Puis, instrument docile entre les mains du Bourguignon, elle partira, pour Chartres d'abord, pour Troyes ensuite, où elle essaiera — afin de diviser encore davantage le royaume — d'exercer le pouvoir avec le titre de régente. Elle aura un sceau : « le sceau des causes, souverainetés et appellations pour le Roy », et se dira, «par la grâce de Dieu, Royne de France, ayant, pour l'occupation de Monseigneur le Roy, le gouvernement et administration de ce royaume ».

### 6 novembre

A la demande du connétable d'Armagnac, le roi confie à son fils, le futur Charles VII, la lieutenance générale du royaume. Il y a maintenant en France, d'un côté le gouvernement de la reine avec Jean sans Peur, de l'autre celui du roi avec le dauphin et le comte d'Armagnac.

### 1417

Mort de Guillaume de Bavière, comte de Hainaut, de Hollande et de Zélande, beau-frère de Jean sans Peur puisqu'il a épousé Marguerite de Bourgogne. Deux personnes se disputent sa succession : son frère Jean de Bavière et sa fille unique Jacqueline, veuve du dauphin Jean, qui a épousé Jean de Brabant, cousin de Jean sans Peur.

# Quand les Anglais occupaient la France

« La guerre continuait donc furieusement. Rien ne pouvait résister aux archers anglais. Et les campagnes françaises eurent à souffrir des ravages de la guerre et d'innombrables sièges. » La qualité de l'auteur d'un tel jugement ajoute à sa signification : Winston Churchill.

Après Azincourt, après le débarquement d'Henri V sur la plage de Trouville, l'occupation anglaise a tissé sur les plus belles régions de la France un filet dont elles ne se sont plus dégagées. Après la prise de Caen, vingt-cinq mille habitants se sont vus forcés de quitter la ville. C'est là qu'Henri V s'est installé et a — surtout — fixé l'administration anglaise. Les châteaux de Normandie tombent les uns après les autres : Bayeux, Argentan, Alençon, Falaise. Partout la même procédure : les habitants doivent reconnaître Henri V pour leur roi. Dans ce cas, ils n'ont rien à redouter. Ils vivront en paix et conserveront leurs biens. S'ils ne veulent point se rallier, ils devront partir. Des actes précis fixent la date, les circonstances de leur départ, les biens qu'ils peuvent emporter. Ce qui démontre une opposition de la population, ce sont malgré tout les mesures extrêmes que, dans certains cas, a dû prendre le roi anglais. Ainsi la ville d'Harfleur est-elle entiè-

*Le sort de ceux qui refusent de se laisser « anglaiser » par les troupes d'Henri V n'est guère enviable, et ces deux miniatures du XVe siècle, extraites des « Commentaires de César » et des « Chroniques de Hainaut » permettent, grâce aux scènes qu'elles décrivent avec un extraordinaire réalisme, de se représenter ces malheureux que leur attachement au roi de France a transformés en proscrits. (En haut, Bodleian Library, Oxford. Photo de la bibliothèque. En bas, Cabinet des manuscrits. Bibliothèque royale de Bruxelles.)*

rement évacuée par ses habitants que remplace une colonie exclusivement anglaise. Les terres que l'on a confisquées à ceux qui refusaient le serment de fidélité sont confiées à d'autres « colons », lesquels s'interdisent de retourner jamais en Angleterre : ceci sous peine de mort. Mais les ordres sont précis : tout doit se passer dans la « correction ».

L'été de 1418, toute la basse Normandie est, comme on disait, « anglaisée », sauf Cherbourg et le Mont-Saint-Michel. Alors le roi Henri V, avec quarante-cinq mille hommes, vient mettre le siège devant Rouen. La ville résistera héroïquement, mais « la faim brisa les durs remparts de pierre ». En janvier, la ville se rend. Le 20, le roi y fait son entrée : « il montait un coursier brun et portait un pourpoint de damas noir et un long manteau qui tombait de ses épaules jusqu'à terre. A son cou était suspendu un pectoral ». C'est à Rouen que la noblesse normande, convoquée, devra prêter serment à Henri V. La majorité des nobles y consentent, pour ne pas perdre leurs biens. L'anglicisation de la Normandie est pour lors parachevée. On frappe une monnaie avec cette inscription : *Henricus rex Franciæ*. Et puis tomberont Cherbourg, Château-Gaillard, Mantes, Meulan, Pontoise.

A lire la liste des conquêtes d'Henri V dans les semaines qui suivront le traité de Troyes, on ressent l'impression que la France glisse entre ses mains comme un fruit mûr. Le 12 juin, Sens capitule; le 1er juillet, Montereau se donne au roi anglais. Henri V occupe Vincennes, le Louvre, la Bastille, l'hôtel de Nesle. Le 1er décembre, il entre dans Paris — aux côtés de Charles VI. Ce cortège de deux rois semble avoir donné bonne conscience aux Parisiens. Pourquoi travestir la réalité ? cette entrée fut presque triomphale. Rues encourtinées, bourgeois vêtus de rouge qui crient leur joie. On joue devant le palais un mystère de la Passion. Partout, allant à la rencontre du cortège, les prêtres, vêtus de leurs ornements, chantent le *Te Deum* et le *Benedictus qui venit*. Charles VI logera à l'hôtel Saint-Pol, le roi d'Angleterre au Louvre : choix encore symbolique. Ce jour-là — et les suivants — les Parisiens montreront bien qu'ils sont « de muable conseil et légère créance ». Au vrai, ils attendent tout des Anglais : la paix et aussi des vivres. L'Université affirme que l'union des couronnes française et anglaise fera de l'Angleterre une autre France. Le 6 décembre 1420, les députés des Trois États s'assemblent à Saint-Pol, peu nombreux à vrai dire. Quatre jours plus tard, ils approuveront la paix et se déclareront prêts à « faire tout ce qui plairait au roi ». En guise de joyeux avènement, Henri V répand désormais des pièces d'or qui portent un soleil sur lequel brille le mot *Ave*.

« Ce fut une position vraiment extraordinaire, note l'écrivain anglais Rank, qu'occupa le roi Henri V. Les deux grands royaumes appelés l'un et l'autre aussitôt ou plus tard à gouverner le monde se trouvaient à présent (mais sans une fusion unitive) mis ensemble sous le même sceptre, rassemblés à jamais pour ce monarque et ses héritiers... Quant à la Bourgogne, elle se voyait alliée à lui par des attaches semblables et l'union nécessaire contre un ennemi commun. » Henri V convaincra la reine de Naples, Jeanne II, de choisir l'aîné de ses frères comme fils et héritier. Le roi de Castille et l'héritier de la couronne du Portugal descendent des sœurs de son père. Peu après sa mort, son frère cadet, Humphrey de Gloucester, va s'unir par le mariage à Jacqueline, comtesse de Hainaut, de Hollande et de Zélande. « Les généalogies de l'Europe méridionale et de l'Europe occidentale convergent toutes sur la maison de Lancastre, dont le chef apparaît comme le chef et la tête unique de toutes. »

D'Henri V, Winston Churchill écrit : « Ce fut de tous les monarques d'Angleterre celui qui fut le plus profondément aimé de ses sujets et dans tous les compartiments du monde social; sous son règne, la gloire dont se couvrirent les armes anglaises et la renommée qu'elles gagnèrent pendant des siècles restèrent sans égales. »

Henri V a emmené sa jeune épouse en Angleterre. Apprenant que le dauphin consolide ses positions au sud de la Loire, le roi anglais reparaît en juin 1421, avec une armée de près de trente mille hommes. Il fait une nouvelle entrée dans Paris, s'empare de Dreux, Bonneval, Epernon, Nogent-le-Roi, met le siège devant Meaux, qu'il prendra en mai 1422. Il entre à Compiègne, à Senlis. Le dauphin, lui, va d'échec en défaite.

Mais Henri V est malade, une maladie qu'il a prise, dit-on, sur les champs de bataille : « un flux de ventre merveilleux avec hémorroïdes ». Il se sent si mal qu'il faut le ramener à Vincennes en litière. Il fait appeler auprès de lui le duc de Bedford son frère, le duc d'Exeter son oncle, et le comte de Warwick. Il confie à Bedford son fils, né de Catherine, le petit-fils de Charles VI le Fol, qui n'a pas dix mois. Si le duc de Bourgogne veut gouverner la France, dit-il à Bedford, il faut l'accepter. Sinon, nul mieux que Bedford ne peut remplir cette tâche. Il meurt en répétant que si Dieu l'avait voulu il aurait souhaité reconquérir Jérusalem et le tombeau du Christ. Il n'a que trente-cinq ans. Étrange destinée que celle de ses restes mortels : « Son corps fut mis par pièces et bouilli en une poële, tellement que la chair se sépara des os... Les os avec la chair furent mis en un corps de plomb avec plusieurs espèces d'épices. » Après un service à Saint-Denis, cette dépouille fut transférée à Londres où on l'inhuma à Westminster. Moins de deux mois plus tard, Charles VI mourait à son tour. Alors, le bébé, fils d'Henri V, fut officiellement proclamé roi de France et d'Angleterre. La régence devait être assurée par ses oncles : en Angleterre par le duc de Gloucester, en France par le duc de Bedford.

Nous avons peine à nous figurer de quelle façon une partie importante de notre pays a vécu sous l'occupation anglaise. Cette occupation s'est poursuivie longtemps, très longtemps. Paris a dépendu de l'occupant anglais pendant quinze ans, la Normandie pendant vingt-cinq ans. Peut-on comparer ce régime d'occupation aux expériences qu'ont pu vivre les hommes du XX^e^ siècle? Le traité de Troyes avait prévu que les deux royaumes conserveraient leurs « droits, liberté, coutumes, usages et lois ». Bedford va suivre pratiquement à la lettre le texte de ces conventions. La structure administrative du royaume de France demeure sans changement. On conserve le personnel en place — dont il faut rappeler d'ailleurs qu'il était tout acquis aux Bourguignons depuis 1418. Dans le Conseil de Bedford, on ne découvre que deux Anglais. En revanche, toutes les charges militaires importantes vont être réservées aux Anglais; ainsi en est-il pour les gouverneurs de toutes les villes de Normandie. Les « capitaines de la ville » à Paris sont les comtes de Clarence et d'Exeter.

Comment ne pas plaindre les malheureux Français de ce temps? Tout les invite — les lois et les faits — à admettre cette occupation anglaise que beaucoup doivent maudire dans

*Cette miniature d'un manuscrit anglais décrit avec une certaine naïveté le siège mis par les troupes d'Henri V devant Troyes occupé par le Dauphin et révèle la tactique employée par l'ennemi. (Département des manuscrits. British Museum. Photo du musée.)*

le secret de leur cœur. Comment oublier les luttes qui se sont poursuivies si longtemps? Comment oublier que l'Anglais est l'ennemi d'hier? Pourtant l'Université et le Parlement, à Paris, proclament leur attachement au roi anglais. Ils exigent que le peuple suive leur exemple, intiment l'ordre à tous les habitants, « c'est à savoir bourgeois, ménagers, charretiers, bergers, vachers, porchers des abbayes, et les chambrières, et les moines même [de prêter serment] d'être bons et loyaux au duc de Bedford, de lui obéir en tout et partout, et de nuire de tout leur pouvoir à Charles, qui se disait roi de France, et à tous ses alliés et complices ». Ce que commente le Bourgeois de Paris : « Les uns de bon cœur le firent, les autres de très mauvaise volonté. »

Des textes paraissent, très violents, proclamant immorale l'occupation anglaise : la *Complainte des bons Français* écrite vers 1420 par un Normand, Robert Blondel; la *Réponse d'un bon et loyal Français au peuple de France de tous états* qui dénonce le traité de Troyes; et surtout le *Quadrilogue invectif*, qu'Alain Chartier a composé en 1422. Chartier supplie les trois enfants de dame France, le Noble, le Clerc et le Paysan, de s'unir devant le péril : « Trêve de querelles, ce n'est pas lorsque la maison brûle qu'il faut chercher qui a allumé l'incendie, il faut travailler en commun à l'éteindre ».

Après la mort d'Henri V, le joug anglais s'appesantit de plus en plus visiblement. Bedford propose des mesures qu'il croit populaires, quant au commerce ou au ravitaillement de Paris. En vain. Les critiques des Français se font de plus en plus aiguës. En 1427, le Bourgeois remarque que Bedford « toujours enrichissait son pays d'aucunes choses de ce royaume, et n'y rapportait rien qu'une taille quand il revenait ». C'est l'adage éternel : *ils nous prennent tout.* Souvent des bagarres éclatent dans Paris entre les habitants et des soldats de la garnison anglaise.

Même ceux qui avaient accepté le nouveau régime changent peu à peu. Les victoires de Jeanne d'Arc aideront beaucoup à cette évolution, ainsi que le sacre de Charles VII à Reims qui frappe l'opinion. De la répugnance, on va passer maintenant à la rébellion. Suivant une fatalité millénaire, l'occupant sera contraint de réprimer ces activités qui atteignent son autorité. On confisque les maisons et les terres des partisans avoués du dauphin. On vend leurs biens au profit du trésor royal; les sommes encaissées récompenseront les « Français reniés », c'est-à-dire fidèles au souverain britannique. Alors la rébellion devient une véritable résistance. Entre 1422 et 1433, on ne découvre pas moins de huit conspirations à Paris contre les Anglais.

La Normandie se révèle un foyer actif d'insurrection et même les pays bourguignons. On voit des bandes de partisans se grouper en Normandie, dans le nord de l'Ile-de-France, dans le Perche. Il s'agit de véritables guérillas. On coupe les lignes de communication anglaises. Les administrateurs ne peuvent plus circuler que sous escorte, ainsi que les personnalités officielles. On verra les secrétaires de l'archevêque de Rouen et de l'évêque de Châlons enlevés sur la route de Paris. Le régent lui-même échappe de très peu à une embuscade. Réaction toujours plus logique : les Anglais doivent créer des colonnes mobiles — souvent très nombreuses — pour faire échec aux « brigands ». Mais ceux-ci occupent fortement les forêts, particulièrement entre Rouen, Vernon, Gisors et Aumale. Les commandos anglais n'osent guère s'écarter des chemins. D'ailleurs, la population aide de son mieux les partisans. Il y faut du courage, car les Anglais ont édicté des sanctions terribles : toute femme convaincue d'avoir secouru un partisan est enterrée vive sous le gibet où le « brigand » est lui-même pendu. Malgré ces dangers, les paysannes portent aux partisans de la nourriture, les « chirurgiens » viennent les soigner et les curés leur servent d'agents de liaison. Les Anglais essaieront de mettre sur pied une milice composée de Français ralliés qui se montrera fort inopérante. En certains lieux, cette milice fera d'ailleurs cause commune avec les partisans.

Le Normand Thomas Basin, plus tard évêque de Lisieux, a connu cet état de fait et en a laissé un récit très vivant. Cet homme d'ordre réprouve l'action des partisans mais il la dépeint éloquemment : « Ces hommes capables de tout, qu'on appelait communément les « brigands », faisaient merveille en Normandie, ainsi que dans les provinces voisines, et dans les terres occupées par les Anglais, mettant en coupe réglée les habitants et dévastant les campagnes... Ils s'attaquaient surtout à la vie des Anglais, les massacrant sans aucune pitié lorsque l'occasion s'en présentait. Ceux-ci les recherchaient constamment, fouillant les bois qu'ils entouraient, et parcouraient en tous sens avec des troupes d'hommes armés et des chiens, car il était alloué par édit public une somme sur le trésor royal à ceux qui tuaient des brigands ou qui les livraient à la justice, ce qui encourageait les soldats anglais à anéantir cette dangereuse engeance. Cependant, comme chez l'hydre, cette espèce de serpent dont parlent les poètes, à la place d'une tête coupée, trois autres repoussaient aussitôt. En une seule année, dit-on, en Normandie, en divers lieux et devant les tribunaux, on condamna à mort et l'on pendit plus de dix mille de ces brigands et de ceux qui leur donnaient asile (ceux-ci étant traités comme les premiers), chose facile à déduire de l'examen des comptes publics, puisque, comme nous l'avons dit, on payait une prime par tête de brigand livré à la justice ou tué au cours d'une battue. »

Ne nous leurrons point : tous les Français ne furent pas des résistants héroïques. Il y avait grand intérêt à « collaborer » avec les Anglais. Un certain Jean Marcel, banquier et armateur à Rouen, avait, par exemple, noué de fructueuses affaires avec les Anglais. En échange de ses bons services, les Anglais lui avaient fait don « de deux maisons près du Vieux Marché, confisquées par absence et rébellion », autrement dit appartenant à des Français qui avaient choisi la cause de Charles VII. Il n'en apparaît pas moins évident que les rancœurs, les amertumes, l'esprit de vengeance nés peu à peu de l'occupation anglaise ont remarquablement fortifié en France un sentiment de nationalité. « La domination des Anglais était fragile et artificielle, a dit André Maurois. Faite non d'une force réelle mais de la division des Français, elle allait tomber au premier choc. » L'action de Jeanne d'Arc se comprendrait mal sans l'existence d'un sentiment national. Quand elle dit à ses juges : « De l'amour ou de la haine que Dieu a pour les Anglais, je ne sais rien. Mais je sais qu'ils seront boutés hors de France, hors ceux qui y mourront... » — lorsqu'elle dit cela, c'est le sentiment français qu'elle exprime.

*C'est à Vincennes qu'Henri V, malade, va être ramené en août 1422. Pour la dernière fois, le roi mourant emprunte l'escalier à vis qui le conduira à cette chambre du donjon qui, naguère, fut celle de Charles V. Sans doute, malgré la saison, quelques bûches ont-elles été allumées dans la vaste cheminée, apportant leur chaleur à celui que la vie quitte peu à peu... (Photo Jérôme da Cunha.)*

### 11 novembre

Après trois années de travaux, le concile de Constance s'achève — enfin! La papauté va cesser d'être vacante. Le grand schisme n'est plus qu'un terrible souvenir. Jean XXIII et Benoît XIII sont définitivement déposés. Grégoire XII abandonne Rome et le cardinal Odone Colonna, qui a pris le nom de Martin V, devient le chef unique de l'Église, d'une Église que le Concile avait essayé de réformer «dans son chef et dans ses membres».

Et Dieu sait si l'Église en avait besoin! La discipline était devenue chose morte : la corruption et le trafic des bénéfices — la simonie — se retrouvaient à tous les échelons. En France, le travail d'unification et de réédification est d'autant plus ardu que Bourguignons et Armagnacs, on le devine, ne sont point d'accord. Les premiers veulent demeurer fidèles à l'absolutisme du concile de Constance, réglant le nombre des cardinaux, les annates, les jugements relevant de Rome, les dispenses; les seconds désirent suivre le régime gallican : conception de la vie de l'Eglise se gouvernant par elle-même et par nation : réaction contre le pouvoir pontifical.

Là aussi, la France se trouve divisée en deux clans.

### 1418, 16 février

Henri V poursuit sa route et Falaise se rend aux troupes anglaises qui, ce jour-là, font leur entrée dans la ville. Dans toute la basse Normandie, le régime anglais — coutumes et lois — prend la place des habitudes françaises. Les habitants qui ne veulent pas s'incliner sont bannis — et un règlement en détermine les conditions. Nombreux sont pourtant les Normands — clercs, bourgeois et nobles — qui acceptent l'occupation.

### printemps

Montlhéry et Étampes sont repris aux Bourguignons par le roi et le connétable d'Armagnac. Charles se porte sur Senlis, mais la place est secourue par un parti bourguignon. Ainsi, à tour de rôle, les deux adversaires mordent la poussière tandis que l'Anglais, petit à petit, après l'avoir grignoté, dévore le royaume.

A Paris, le mécontentement gronde contre les Armagnacs. L'argent a littéralement disparu et l'on est obligé de fondre une partie du trésor de Notre-Dame. La cour se trouve contrainte de manger, les jours maigres, des harengs salés. Quant au peuple, il ne peut même pas s'offrir ce luxe... Des bruits extravagants courent la ville. Sans rire — le cœur n'y est pas... — on affirme que les Armagnacs ont fait faire quatre mille haches au tranchant noirci, et autant de vêtements noirs — des *jacques* — afin qu'on ne les voie pas la nuit et qu'ils pourront ainsi, tout à loisir, égorger leurs ennemis.

### 26 mai

Un peu d'espoir naît à La Tombe, près de Montereau. En dépit du nom bien mal choisi pour le lieu de la rencontre, une entente paraît possible entre les deux partis qui tirent à hue et à dia et déchirent la France.

### 27 mai

Le connétable d'Armagnac s'oppose au retour de Jean sans Peur et de la reine à Paris — conséquence normale de l'accord. Le dauphin

*Extraite du « Livre des Miracles de Notre-Dame », cette miniature exécutée avec un réalisme intense laisse entrevoir l'existence affreusement tourmentée des habitants d'une France meurtrie, déchirée et écartelée entre Armagnacs, Bourguignons et Anglais. Partout, ce ne sont qu'embuscades, attaques ou pendaisons. (Bodleian Library, Oxford. Photo de la bibliothèque.)*

et les gens du roi sont impuissants à imposer leur volonté.

Paris, qui a commencé à se réjouir en apprenant le succès des premières transactions, tombe de haut. La déception fait place à l'indignation. Pourquoi n'appellerait-on pas les Bourguignons à Paris ?

## nuit du 28 au 29 mai

Le quartenier Pierre Leclerc avait la garde de la porte Saint-Germain-des-Prés. Son fils Perrinet, ayant été « vilainé et injurié » par les Armagnacs, leur a juré une haine éternelle. Aussi le jeune homme propose-t-il un soir à un des chefs de l'armée bourguignonne, le seigneur de L'Isle-Adam, alors à Pontoise, de lui ouvrir la porte Saint-Germain-des-Prés. Cette nuit-là, il prend donc la clef sous l'oreiller de son père et ouvre la porte. Huit cents hommes pénètrent dans la ville et atteignent le Châtelet où ils trouvent massés douze cents Parisiens en armes, dont la poitrine, afin de bien marquer leur opinion, est ornée de la croix bourguignonne de Saint-André. On crie : *Bourgogne ! Bourgogne !*

## 29 mai

A l'aube, une bande de Bourguignons se dirige vers l'hôtel du connétable d'Armagnac. Il s'est caché dans une maison voisine. On le découvre et il est emmené prisonnier vers le Palais. Le roi accueille l'émeute. Se rend-il compte de ce qui se passe ? Il est souriant et accorde tout ce qu'on lui demande. Il accepte même de se promener à cheval dans les rues, revêtu des insignes bourguignons. Pendant ce temps, le massacre des Armagnacs commence. Aussi Tanguy du Châtel se hâte-t-il vers l'hôtel des Tournelles, demeure du dauphin. « Ainsi que Dieu le voulut, il le prit entre ses bras, l'enveloppa de sa robe à relever et le porta à la Bastille Saint-Antoine. » De là, il l'entraîne jusqu'à Melun, puis on lui fera prendre le chemin de la Loire.

Il ne regagnera Paris que dans dix-neuf années.

## 30 et 31 mai

Le massacre continue. On dénombre cinq cent vingt-deux cadavres d'Armagnacs dépouillés « en tas comme porcs au milieu de la boue ».

Les bouchers de Paris reprennent le commandement.

## 12 juin

L'émeute gronde de nouveau et se déchaîne à travers la ville. Conduite par les bouchers, la foule se porte aux prisons pour massacrer les Armagnacs survivants. Les malheureux résistent, mais « par feu, fumée et autre assaut furent pris, et en firent plusieurs saillir du haut des tours aval, et les Parisiens les recevaient sur leurs piques et sur les pointes de leurs bâtons ferrés, et puis les meurtrissaient paillardement et inhumainement ». Le connétable Bernard d'Armagnac subit le même sort, et Jean de Villiers de L'Isle-Adam trace d'un coup d'épée la croix de Bourgogne sur le cadavre dénudé.

## 13 juin

Le carnage se poursuit. Les Armagnacs sont les maîtres de la Seine en amont, les Anglais en aval. Que va-t-il se passer ? Mais les Parisiens crient : « Plutôt les Anglais que les Armagnacs ! » Jean sans Peur, sans doute épouvanté, tarde à se mettre en route et à quitter Troyes, où il se trouve toujours près d'Isabeau. Quant au roi, il semble ignorer ce qui se passe à deux pas de lui... Veillé par Odinette, il hurle dans sa vermine.

## 8 juillet

Jean sans Peur quitte Troyes.

## 14 juillet

Jean sans Peur et la reine font leur entrée dans Paris où flotte une odeur de sang. Le charnier n'empêche pas la foule de crier : *Noël ! Noël ! Vive Bourgogne !* Isabeau s'en va contempler son pauvre fol qui, totalement inconscient, fait Villiers de L'Isle-Adam maréchal de France et approuve l'organisation d'un gouvernement bourguignon qui prend en main le Parlement, les Requêtes, la Chancellerie.

## 29 juillet

Menant avec lui quarante-cinq mille hommes, le roi d'Angleterre commence le siège de Rouen, alors peuplé, dit-on, de trois cent mille habitants. La ville, d'où les bouches inutiles ont été chassées, est défendue par cinq mille cinq cents hommes

*Rouen, épuisé par le dur siège que lui font subir les quarante-cinq mille soldats d'Henri V, est à bout de résistance. Aussi la ville décide-t-elle de déléguer auprès du monarque une ambassade afin d'implorer sa clémence. Une miniature des Chroniques d'Enguerrand de Monstrelet (XVe siècle) a immortalisé la scène navrante qui ne parviendra pas à émouvoir Henri puisqu'il exigera la reddition totale et sans condition de la ville. Le roi, inconfortablement assis devant sa tente, porte, par-dessus son armure, la cotte armoriée. On remarquera que, contrairement à l'usage en vigueur depuis Édouard III, le prince blasonne aux 1 et 4 de France et aux 2 et 3 d'Angleterre. Lis et léopards ont échangé leurs places ! (Cabinet des manuscrits. Bibliothèque nationale. Photo B.N.)*

u nom du
pere et du
filz et du
saint espe
de la glorieuse vierge
re de monseigneur
t denis patron de fra
Roy Charles de fran
de ce nom. faicte et
pilee par moy Jeh
chantre de le
monseigneur sain
en france et
dudit Royaulme

d'armes et une milice urbaine de seize mille hommes. Les assiégés possèdent, en outre, une artillerie d'une centaine de canons.

Une résistance acharnée commence.

## 20 août

Monté sur son cheval noir, le sinistre bourreau Capeluche, à la tête d'une bande, massacre ce qu'il reste encore d'Armagnacs dans la prison du Grand Châtelet. C'est au tour des femmes, qui sont « mises sur les carreaux sans robe que leur chemise ».

## 22 août

Cherbourg se rend aux Anglais.

## 28 août

A Paris, des femmes enceintes sont massacrées. Cette fois, Jean sans Peur se fâche. Il fait arrêter Capeluche et le fait condamner à avoir la tête tranchée. Avant l'exécution, ce dernier donne des conseils à son aide afin que tout se passe selon les règles. « Après ce, cria merci à Dieu et fut décollé par son varlet. »

*Charles VI va suivre de peu son gendre anglais dans le trépas. Veillé par la douce Odinette de Champdivers, le roi fol est mort à l'aube du 21 octobre 1422. Comme le montre cette miniature du XVe siècle des « Chroniques de Charles VII » de Jean Chartier, point de cortège princier pour accompagner la dépouille de Charles. Le dauphin, que l'artiste, peu soucieux d'authenticité dans sa reconstitution de la scène, a placé tout de rouge vêtu et à cheval derrière le cercueil, n'assistait pas à la cérémonie. Seul notable présent, le duc de Bedford, qui conduira le roi en sa dernière demeure de Saint-Denis. Mais l'humble peuple de Paris saura, lui, pleurer son « roy bien aymé » que tant de malheurs lui avaient rendu cher. (Département des manuscrits. British Museum. Photo du musée.)*

## septembre

L'ordre est à peu près rétabli dans Paris, mais une épidémie se déclare. Quatre-vingt mille personnes sont, dit-on, emportées. « On mourait tant et si vite, nous dit un témoin, qu'il fallait faire dans les cimetières de grandes fosses où on mettait les morts par trente et quarante, arrangés comme lard, et puis un peu poudrés de terre par-dessus. On ne rencontrait dans les rues que prestres qui portaient Notre-Seigneur. »

## automne

Les Rouennais, toujours assiégés, espèrent être délivrés par le duc de Bourgogne, bien que celui-ci soit l'allié d'Henri V. Ils parviennent à dépêcher vers lui une ambassade pour lui demander d'intervenir. « Et vous mandent, dit leur envoyé, et font savoir par moi, que si, par faute de votre secours, il convient qu'ils soient sujets au roi d'Angleterre, vous n'aurez par tout le monde pire ennemi qu'eux, et s'ils peuvent, ils détruiront vous et votre génération. »

— J'y pourvoirai au plus bref que faire se pourra, répond le duc.

## octobre

Le dauphin, devenu le chef des Armagnacs depuis la mort du connétable, prend le titre de régent du royaume, puisque le roi demeure quasi prisonnier des Bourguignons. En fait, le futur Charles VII — « si enclos que personne ne parle à lui » — ne règne que sur les pays de Loire, le Poitou, l'Auvergne, le Limousin, la Saintonge, l'Angoumois, le Languedoc et sur le Dauphiné.

Les états de ces provinces lui votent des subsides.

## 24 novembre

Jean sans Peur s'avance sur la route de Rouen, mais ne dépasse pas Pontoise — et se replie même vers Beauvais.

A Rouen, on mange les chiens, les chats et les souris ; on fait du pain avec du son.

## 1419, 2 janvier

Les « durs remparts de pierre » de Rouen sont brisés par la faim. Une ambassade sort de la ville et s'en va trouver Henri. « Rouen, leur répond le roi d'Angleterre, est mon propre héritage ; je l'aurai, tenez ceci pour certain, malgré tous ceux qui s'y opposent, malgré ceux qui sont dedans, et je traiterai ceux-ci de telle sorte qu'ils se souviendront de moi jusqu'au jour du jugement dernier. »

Les Rouennais, après cette menace, vont essayer de tenir encore.

## 20 janvier

Rouen n'a plus rien à manger, la ville a capitulé la veille et devra payer au vainqueur trois cent mille écus d'or. Henri V fait son entrée dans la cité et se dirige vers la cathédrale pour entendre la messe. Il ordonne l'exécution d'Alain Blanchard dont le seul crime est d'avoir dirigé la défense de Rouen.

Henri convoque ensuite dans sa capitale la noblesse normande, dont la plus grande partie accepte de prêter serment de fidélité. Le roi d'Angleterre commande de frapper une monnaie portant l'inscription : *Henricus rex Franciæ.*

## janvier

On fait signer au roi fol un violent manifeste contre son fils Charles.

## avril

Le duc de Bourgogne négocie une trêve avec les Anglais qui occupent alors Vernon et Mantes. Pour signer la paix, Henri V, revenant au traité de 1360, exige, outre ses possessions de Guyenne et de Gascogne, toute la Normandie. Il est convenu que les deux rois, la reine, sa fille Catherine destinée à Henri V et le duc de Bourgogne se rencontreront à mi-chemin de Mantes et de Pontoise, au sein d'un camp entouré de palissades.

*Cette représentation réaliste des émeutes soulevées, en 1413, par Caboche en compagnie de ses « bouchiers, tueurs et escorcheurs » appartient aux « Vigiles de Charles VII ». Les victimes de prédilection du bourreau (imité en 1418 par Capeluche) sont les femmes enceintes qu'il se complaît à transpercer de part en part. (Cabinet des manuscrits. Bibliothèque nationale. Photo B.N.)*

## 5 mai

La guerre fait un mal infini à la pauvre terre de France.

Les « manants et habitants » de Châtillon-sur-Loing reçoivent une indemnité de quatre mille livres tournois parce que « leur ville est entourée de forteresses pour quoi ils ne peuvent labourer leurs terres et vignes ni récolter ni mettre à sauveté leurs biens », et aussi parce que « l'an dernier, par fortune de temps, jusqu'à deux ou trois lieues environ la grêle a tout foudroyé et tempêté ce qu'ils pouvaient avoir aux champs ; enfin que naguère le dauphin avait envoyé son ost à grande puissance devant leur ville et l'avait tenue huit jours assiégée et avait tellement battu les murs qu'une porte de la ville était tombée avec trente-six à quarante toises de l'enceinte... »

### 30 mai

La rencontre a lieu sans le roi, qu'une nouvelle crise a retenu à Pontoise. Les deux parties semblent être d'accord, mais on fait remarquer aux Anglais que rien ne peut être conclu sans l'accord du dauphin Charles qui détient des provinces revendiquées par le roi Henri, tels le Poitou, la Saintonge, le Périgord, l'Agenais, l'Angoumois, le Rouergue.

### juin

L'accord se fait d'autant moins entre les deux parties que le dauphin envoie à Pontoise une ambassade venue proposer une alliance générale contre les Anglais. Dans le camp français, tandis que croît la mauvaise humeur d'Henri V, on commence à palabrer et à confronter les différents points de vue. Finalement, le Conseil décide de traiter plutôt avec les Anglais. Mais Henri V émet alors de nouvelles prétentions, et l'on se sépare fort mécontents. Il y eut entre Jean sans Peur et Henri V un échange de paroles amères.

— Beau cousin, lance le roi d'Angleterre au duc de Bourgogne en partant, sachez que nous aurons la fille de votre roi et le reste, ou que nous vous mettrons, lui et vous, hors de ce royaume !

Et la guerre continue. Jean sans Peur n'a plus qu'une seule ressource : se rapprocher du dauphin.

### 8 juillet

Non loin de Melun, à Pouilli, le duc de Bourgogne rencontre le dauphin, mais l'entrevue, qui se prolonge jusqu'à onze heures du soir, n'apporte aucune solution pour ressouder la France morcelée. Jean sans Peur « allait toujours à cavillations. Tant valait parler à un âne sourd comme à lui ».

### 11 juillet

Nouvelle entrevue. Cette fois, tout se passe à merveille. Bourgogne et Charles se jurent amitié sur la Vraie Croix et décident de « travailler à la répulsion des Anglais ».

### 19 juillet

Le roi Charles ratifie l'accord entre son fils et Jean sans Peur. A Paris, les cloches sonnent à toute volée. On va bouter l'Anglais hors de France !

### 31 juillet

Les Anglais entrent à Pontoise et à Gisors. Le roi Charles, toujours sous la tutelle du duc de Bourgogne, se réfugie à Lagny.

### 9 août

Les avant-gardes anglaises sont en vue de Paris. Jean sans Peur, qui semble avoir quelque peu changé d'avis et s'être rapproché de l'Angleterre, n'en accepte pas moins de rencontrer le dauphin le 26 août.

### 11 août

Jean sans Peur installe le roi fol à Troyes.

### 26 août

Jean sans Peur ne se présente pas au rendez-vous pris avec le dauphin.

## 10 septembre

A cinq heures de l'après-midi, sur les bords de l'Yonne, à Montereau, le duc de Bourgogne et le dauphin se rencontrent, chacun avec dix chevaliers, dans une manière de parc en bois élevé au milieu du pont de pierre fortifié. On est loin de l'atmosphère de Pouilli. La méfiance règne : sur chaque rive, sur chaque culée du pont, des canons sont braqués. La discussion commence et tourne vite à l'aigre. Charles accuse, par « rigoureuses paroles», le duc de Bourgogne d'avoir manqué à ses engagements. Ne se rapproche-t-il pas de nouveau des Anglais ? Soudain le duc — du moins certains l'affirment — met la main à la garde de son épée. Dans les deux camps, on dégaine et Jean sans Peur tombe, frappé de plusieurs coups.

Ce n'est pas seulement l'ambitieux et médiocre meurtrier du duc d'Orléans qui, ce jour-là, mord la poussière, c'est la France qui va maintenant toucher terre de ses deux épaules.

## 12 septembre

Les bourgeois de Paris jurent « de poursuivre de tout leur pouvoir la vengeance et réparation de la mort et homicide de feu le duc de Bourgogne », tandis que l'Université fustige le « très énorme et cruel meurtre ».

Le nouveau duc de Bourgogne se nomme Philippe — Philippe le Bon — et repousse aussitôt les avances que lui fait le dauphin ; c'est avec l'Anglais qu'il veut traiter.

## 2 décembre

A Arras, l'ambassadeur du roi d'Angleterre signe avec le nouveau duc de Bourgogne un accord préliminaire.

Les terribles conditions de paix posées par Henri V sont acceptées et seront imposées à Charles VI.

## 9 décembre

Château-Gaillard, forteresse qui domine le Petit-Andely, n'a plus de corde pour tirer l'eau de son puits et se rend aux Anglais.

## 25 décembre

Affreux Noël ! A Arras, Henri V et Philippe de Bourgogne établissent les bases d'un traité d'alliance contre le dauphin. Henri V épousera Catherine, et une trêve est conclue jusqu'au printemps.

### *LES MONNAIES*

*Dessin stylisé du denier parisis (Photothèque Presses de la Cité)*

**MONNAIES RÉELLES**

*La livre tournois et la livre parisis valent vingt sous tournois ou parisis. Le sou tournois ou parisis vaut douze deniers tournois ou parisis. Mais le système dit de Paris vaut un quart de plus que la monnaie née à Tours. Huit deniers parisis valent dix deniers tournois.*

**MONNAIE DE COMPTE**

*Le franc or (3,88 grammes d'or pur) vaut vingt sous tournois.*

## 1420, 1er mars

Le dauphin fait son entrée à Toulouse, étape la plus au sud d'un vaste périple qu'il vient d'accomplir à travers le royaume, du Bourbonnais au Dauphiné, de l'Auvergne à l'Albigeois. Partout, il est acclamé.

## 20 mars

Le dauphin, toujours à Toulouse, y fonde un parlement.

## 29 avril

Le chancelier Eustache de Laitre communique au Parlement le texte des accords qui deviendront l'ignominieux traité de Troyes. Il ne s'élève aucune protestation — et pourtant, nous le verrons, le 21 mai, jour de l'échange des signatures entre les deux rois — la France, par cet accord, sera littéralement supprimée.

## 9 mai

Sept mille Anglais défilent devant la porte Saint-Martin. Depuis la veille, Henri V est à Saint-Denis.

## 20 mai

Henri V arrive à Troyes. On met aussitôt la main au traité, dit de Troyes, on parachève ce traité de honte qu'Isabeau et le duc de Bourgogne feront signer le lendemain au roi Charles le Fol.

## 21 mai

Dans le texte même, le dauphin est qualifié par ses parents de «soi-disant dauphin du Viennois » et accusé d'horribles et énormes crimes. Il n'est plus leur héritier. C'est Henri V d'Angleterre qui « est devenu leur fils ». Il devra aimer et honorer le roi Charles et « notre chère et très aimée compagne la reine » comme « père et mère ». Charles VI devient un roi viager. Il pourra, en effet, conserver sa vie durant « la couronne et dignité royale de France », mais c'est désormais le roi d'Angleterre, en attendant de succéder à son « père », qui aura « la faculté et exercice de gouverner et ordonner la chose publique ». Il réglera même « l'état du roi », fixera les impôts et pourvoira aux offices. Isabeau, après avoir retiré à son fils le titre d'héritier du trône, vend ainsi la monarchie !

Seule concession : le roi d'Angleterre accepte d'abandonner pour l'instant son titre de roi de France et de prendre celui d'*héritier* du roi de France. La Normandie et les territoires conquis par lui seront son apanage. L'article 24 du traité est à citer : « Notre dit fils (Henri V) travaillera de tout son pouvoir à ce que de l'avis et du consentement des trois États de chaque royaume soit ordonné et pourvu que dès le temps où notre cher fils sera venu à la couronne de France, les deux couronnes de France et d'Angleterre demeurent toujours ensemble et réunies sur la même personne, et à ce que les deux royaumes soient gouvernés, non divisément sous divers rois, mais sous une même personne qui sera roi et souverain seigneur de l'un et de l'autre, gardant en toutes choses toutes les lois de chacun et ne soumettant en aucune manière un des royaumes à l'autre, ni aux lois, coutumes et usages de l'autre. »

Voici pourquoi, jusqu'en 1802, les rois d'Angleterre porteront le titre de roi de France et d'Angleterre. Après la paix d'Amiens, les

*Après douze années passées dans l'angoisse d'une vengeance de la maison d'Orléans, Jean sans Peur va tomber, à son tour, sous les coups de ses assassins. En effet, l'entrevue fixée sur le pont de Montereau entre le Dauphin et le duc de Bourgogne tourne peu à peu à l'aigre, Bientôt, les armes jaillissent du fourreau et le duc tombe, frappé à la tête d'un coup de hache. L'homme qui brandit son arme au centre de la composition semble être un officier breton, prévôt de Paris : Tanneguy Duchâtel, dévoué corps et âme au Dauphin. (Miniature extraite des Chroniques d'Enguerrand de Monstrelet. Cabinet des manuscrits. Bibliothèque nationale. Photo B.N.)*

rois britanniques ne seront plus que rois d'Angleterre, et c'est à Bonaparte que nous devons cette « mise au point ».

## 2 juin

Toujours à Troyes, Henri épouse Catherine de France.

## 3 juin

« Je prie Monseigneur le roi, de qui j'ai épousé la fille, déclare le roi d'Angleterre, et tous ses serviteurs, et à mes serviteurs je commande que, demain au matin, soyons tous prêts pour aller mettre le siège devant la cité de Sens. »

## 12 juin

Sens, occupé par les Armagnacs, capitule.

## 1er juillet

Chute de Montereau.

## 7 juillet

Les deux rois, les deux reines et le duc de Bourgogne se trouvent devant Melun, qui résistera durant quatre mois, et capitulera après avoir mangé jusqu'au dernier chat « et autres vermines ».

## 1er décembre

Les deux rois font leur entrée dans Paris, tout encourtiné. Ils sont acclamés par les bourgeois, vêtus de rouge pour montrer leur allégresse. Les Parisiens acclament l'étranger, l'ennemi devenu leur nouveau maître, semblant féliciter les Valois d'avoir abandonné leurs droits au profit de ceux, fort discutables, des Plantagenêts. Ces Parisiens — et avec eux bien des Français de l'époque — peuvent ainsi nous paraître frappés de folie à l'instar de leur roi. Il faut expliquer cette attitude par la misère, la lassitude, l'ardent désir de voir enfin la paix succéder à cette lutte fratricide menée depuis tant d'années entre les deux partis qui déchirent la France. La paix qui, on l'espère, parviendra à estomper le souvenir de tant de tueries et de meurtres ! Pour obtenir cette paix, rien ne paraît alors à rejeter. Même la honte ! Et puis le sentiment national est encore en gestation ! Devenir Anglais ne paraît pas un sort dégradant !

Quant au dauphin, créature des Armagnacs honnis, pourquoi s'apitoyer sur son sort ? Peut-être le « soi-disant dauphin » est-il fils du duc d'Orléans dont, à Paris, on ne célèbre plus la mémoire ?

Aussi, ce jour-là, les Parisiens, tandis qu'Henri V s'installe au Louvre, s'associent-ils aux nombreuses processions qui parcourent la ville en chantant le *Benedictus qui venit*.

## 2 décembre

Les deux reines font à leur tour leur entrée dans la capitale.

## 6 décembre

A Saint-Pol, Charles VI déclare qu'il a librement accepté le traité qu'il considère « comme agréable à Dieu ».

## 10 décembre

Les états approuvent la paix et votent les subsides demandés.

## 23 décembre

A Paris, les meurtriers de Jean sans Peur sont déclarés criminels et « inhabiles à toutes successions ».

## 25 décembre

Henri V donne une grande fête pour tenir sa cour. Ainsi que le dit Chastellain, « Paris, siège ancien de la royale majesté française, est devenu un nouveau Londres ». Seul, le clergé fait encore la grimace. Les prêtres ont demandé à leur nouveau maître des exemptions ; comme ils insistent, Henri leur a commandé de se taire, « car autrement on les eût logés en prison ».

## 27 décembre

Henri V quitte Paris pour regagner l'Angleterre avec la nouvelle reine. La guerre n'en continue pas moins, en France, entre les franco-anglo-bourguignons et les troupes fidèles au dauphin, régent de France.

## 1421, 3 janvier

Le dauphin est cité à comparaître, dans un délai de trois jours, pour se justifier du meurtre de Jean sans Peur.

### 6 janvier

Charles, ne s'étant pas présenté, est banni du royaume.

### 24 février

Catherine de France est couronnée reine à Westminster.

### 22 mars

En Anjou, au Vieil-Baugé, cinq mille Écossais commandés par Jean Stuart et par un vaillant capitaine angevin et faisant partie de l'armée du dauphin — on disait maintenant les Dauphinois — battent les Anglais du duc de Clarence et mettent ainsi l'Anjou de Yolande, mère du roi René, protectrice du dauphin bientôt son gendre, à l'abri des incursions anglaises. L'envahisseur ne dépassera jamais la vallée du Loir.

### avril

Jacqueline de Bavière, nièce de Jean sans Peur, quitte son mari — Jean de Brabant — « homme de povre complection » — et se réfugie en Angleterre. Elle demande au vieux Benoît XIII l'annulation de son mariage pour la raison de non-consommation. Elle va pouvoir épouser — deux ans plus tard — le jeune frère d'Henri V, Humphrey, duc de Gloucester. Celui-ci trouve sa future femme bien plaisante à contempler — d'autant plus que son héritage continental est, lui aussi, fort séduisant.

### 8 mai

Le duc de Bretagne change de camp. A Sablé, il conclut avec le régent Charles « alliance et confédération ».

*Faite de plaques imbriquées à la manière d'une carapace d'écrevisse, l'« anime » était l'armure des soldats de l'époque de Charles VI. (Miniature extraite du « Roman de Tristan ». Musée Condé, Chantilly. Photo François Garnier.)*

### 18 mai

A Clermont, les états du Languedoc accordent une aide de huit cent mille livres tournois au dauphin.

### juin

Les succès du dauphin font revenir Henri V en France. Il mène avec lui une armée forte de trente mille hommes.

## ET PENDANT CE TEMPS...

**1373-1419**
**Wenceslas devient roi de Bohême.**
**1377-1434**
**Jagellon de Lituanie devient roi de Pologne.**
**1380**
**Les Russes battent les Tartares à Koulikovo.**
**1386**
**Union de la Lituanie et de la Pologne.**
**1386-1389**
**Les huit cantons suisses confédérés battent, à Sempach et à Noefels, les ducs d'Autriche Léopold III et Léopold IV.**
**1389**
**Les Turcs sont vainqueurs des Serbes à Kossovo.**
**1394**
**Le duc d'Autriche, Léopold IV, reconnaît l'indépendance des huit premiers cantons suisses.**
**1396**
**La Serbie devient vassale des Turcs.**
**1396**
**A Nicopolis, les Croisés, venus de France, d'Allemagne et d'Angleterre, sont écrasés par le sultan turc Bajazet.**
**1397**
**Union de Kalmar : Norvège, Suède, Danemark sont un moment réunis sous le sceptre d'une même reine, Marguerite.**
**1398-1399**
**Le fondateur du second empire mongol, Timour-Leng ou Tamerlan, détruit le sultanat de Delhi.**
**1400**
**Tamerlan envahit l'Empire ottoman.**
**1402**
**L'Empire turc s'effondre à Ankara (Angora), sous les coups des Mongols commandés par Tamerlan, appelé maintenant le Grand Khan. Le sultan des Turcs, Bajazet, est prisonnier.**
**1403-1405**
**A la suite de la révolte de la noblesse dans le nord de l'Angleterre, Henry Percy est nommé Hotspur.**
**1405**
**Mort de Tamerlan, alors qu'il s'apprêtait à marcher sur la Chine. Son empire se disloque.**
**1406**
**Mort d'Eustache Deschamps.**
**1409**
**En Bohême, Jean Hus commence à prêcher la Réforme.**
**1410**
**Sigismond de Luxembourg, devenu empereur, vend le margraviat de Brandebourg à Frédéric de Hohenzollern.**

### 15 juin

Les vainqueurs du Vieil-Baugé, ayant le dauphin à leur tête, commencent le siège de Chartres. Paris est inquiet.

### 4 juillet

Henri V entre à Paris. Au cours de l'été, il s'emparera, nous l'avons vu, de Dreux, Bonneval, Épernon, Nogent-le-Roi. Devant ces succès, le dauphin préfère lever le siège de Chartres.

### septembre

Henri V est à Beaugency. Il commence le siège de Meaux.

### 1421-1422, hiver

Henri est à Paris et agit en triomphateur. « Il tint cour pleinière et table royale avec la jeune reine. Le peuple de Paris alla voir Leurs Majestés siégeant couronne en tête, et autour, dans un bel ordre, les évêques, les princes, les barons et chevaliers anglais. La foule affamée vint repaître ses yeux du somptueux banquet, du riche service... » Devenus pour ainsi dire Anglais, les Parisiens ne connaissent pas pour cela l'opulence. « Quand venoient huit heures, peut-on lire dans le *Journal d'un bourgeois de Paris*, il y avoit si grande presse à la porte des boulangers qu'il faut l'avoir vu pour le croire... On voyoit sur un fumier vingt, trente enfants, garçons et filles, qui mouroient de faim et de froid... »

Et ce n'est pas tout : « En ces temps estoient les loups si affamés qu'ils entroient de nuit ès bonnes villes et passoient souvent la rivière de Seine ; et aux cimetières qui estoient aux champs, aussitost qu'on avoit enterré les corps, ils venoient par nuit et les deterroient et mangeoient. »

### 1422, avril

A Bourges, le dauphin épouse Marie d'Anjou, fille de Yolande et sœur du roi René. Toute la noblesse fidèle au futur roi s'est rassemblée à cette occasion.

### mai

Meaux, qui résiste depuis sept mois, est obligé de se rendre.

### juin

Henri V marche maintenant vers le Nivernais, mais il est malade et il reprend le chemin de Vincennes.

### 7 juillet

Henri V s'alite à Vincennes et, sentant que sa fin est proche, fait venir son frère Bedford et son oncle Exeter. Il leur confie le sort de son fils que Catherine a mis au monde six mois auparavant — ce fils qui

*Cette miniature représentant le siège de Rouen est quelque peu postérieure à la scène qu'elle évoque. Elle permet toutefois d'évaluer les progrès réalisés par l'artillerie depuis les premières bombardes employées à Crécy par les Anglais. (Cabinet des manuscrits. Bibliothèque nationale. Photo B.N.)*

va devenir roi de France et d'Angleterre.

### 31 août

Le roi d'Angleterre rend le dernier soupir.

Sur le cercueil, on dépose une effigie du souverain en cuir bouilli, la couronne sur la tête, le sceptre en une main, le globe d'or dans l'autre.

Puis on place le tout sur un chariot tiré par quatre chevaux qui prend le chemin de l'Angleterre.

### 1er septembre

Le duc de Bedford prend la charge de régent de France.

### fin septembre

Charles VI, qui n'est plus qu'un vieux fol, et Isabeau, devenue monstrueuse de grosseur, regagnent Paris.

### 11 octobre

A La Rochelle, le dauphin manque périr. Le plancher de la pièce où il

**ET PENDANT CE TEMPS...**

**1410**
**Les Polonais et les Lituaniens battent les chevaliers teutoniques à Tannenberg. C'est là le commencement de la fin de l'Ordre teutonique qui régnait de la Vistule au golfe de Finlande, et avait Marienbourg comme capitale.**

**1412**
**En Aragon, arbitrage de Caspe ; la noblesse donne le trône à Ferdinand de Castille.**

**1415**
**Les Portugais s'emparent de Ceuta.**
**Frédéric de Hohenzollern devient prince-électeur d'empire en qualité de souverain du margraviat, ou Marche de Brandebourg, qu'il a acheté à Sigismond de Luxembourg, alors roi d'Allemagne.**
**Jan Hus, le réformateur tchèque, condamné par le concile de Constance, est brûlé pour hérésie.**

**1416**
**Alphonse V le Magnanime, roi d'Aragon et de Sicile, commence son règne qu'il achèvera en 1458, après s'être rendu maître de Naples.**

**1419**
**Début de la guerre contre les Hussites de Bohême. Elle se prolongera jusqu'en 1436.**
**Sigismond, déjà roi d'Allemagne en 1410 et élu roi de Bohême en 1419, sera empereur en 1433.**
**En Bohême, révolte des Hussites contre les Allemands. Première défenestration de Prague.**

**1421**
**Avènement du sultan Amurat II qui va réussir à relever l'Empire ottoman, mis à genoux à la suite de la bataille d'Angora.**

**1422**
**Premier siège de Constantinople par les Turcs.**

**1431**
**Ouverture du concile de Bâle.**
**Date de la naissance présumée de François Villon.**
**Les troupes siamoises envahissent Angkor. C'est la fin de l'Empire khmer.**

se tenait s'écroule accidentellement.

## 21 octobre

Puisqu'il n'y a plus de roi en France, Charles VI le Fol n'a plus qu'à mourir. Odinette est à son chevet dans sa chambre de l'hôtel Saint-Pol, lorsque, ce 21 octobre 1422, entre cinq et six heures du matin, le roi, après un règne de près de quarante-trois années, rend son âme à Dieu.

« En son temps, écrira un chroniqueur, il fut pieux, doux, bénin à son peuple, servant et aimant Dieu et grand aumosnier. »

Le duc de Bedford était retenu à Rouen. On attendra son retour pour célébrer les funérailles. Le corps du oir « fut ensépulturé par l'evesque de Paris, nous dit Juvénal des Ursins. Quoy fait, les François-Anglois commencèrent à crier : Vive le roy Henri de France et d'Angleterre, et crioient Noël comme si Dieu fût descendu du ciel... Quand le roy Charles, septième de ce nom, son vrai fils et héritier, le sceut, il en fut moult courroucé et desplaisant et non sans cause si qu'à peine le pouvait on appaiser : c'estoit pitié des regrets qu'il faisoit comme pareillement ceux de son sang... et des lors, comme il lui appartenoit bien, se nomma et porta roy de France ; aussi l'estoit-il sans nul doute. »

## 11 novembre

Ce jour-là ont lieu les funérailles du roi Charles. Un seul prince accompagne la dépouille : le duc de Bedford.

Odinette pleure en voyant partir le corps de son compagnon pour Saint-Denis. Elle pleure comme le fait le peuple de Paris « dans les rues et aux fenestres, comme si chacun

*C'est un visage empreint d'une grande douceur que l'auteur de cette miniature des « Vigiles de Charles VII » a donné au roi Charles VI mort. Le monarque, revêtu des ornements royaux, est conduit à Saint-Denis sur un catafalque porté à dos d'hommes. (Cabinet des manuscrits. Bibliothèque nationale. Photo du musée.)*

eût vu mourir ce qu'il aimoit le plus ». Comme « les humbles », la compagne de Charles pourra s'exclamer :

— Tu vas en repos, nous demeurons en tribulations et en douleur.

Odinette tomba, dit-on, dans une affreuse misère. Ses châteaux, ses rentes lui furent-ils repris ? On ne sait ! Tout n'était plus que confusion au clair royaume de France. Elle mourut trois années plus tard, dans le Dauphiné, où elle s'était retirée.

Quant à la France, elle avait deux rois à sa tête : un enfant qui n'avait pas un an, Henri VI, reconnu par l'Université et le Parlement de Paris, et le onzième enfant d'un père fou, le chétif et lugubre Charles VII, « le gentil dauphin » : un pauvre être au visage blême, aux yeux vairons, aux membres grêles, aux jambes cagneuses. Il se trouvait près de Bourges, en son charmant château de Mehun-sur-Yèvre, construit par le duc de Berry.

Comment les nouuelles de
mort du roy charles le bien ay
e furent apportees au duc de tou
me daulphin son seul filz et aul
s plusieurs matieres. Ch. I.

N lan mil quatre
cens. xxij. au mois
doctobre dessusdit
furent portez les
nouuelles du trespas
roy charles le bien ayme au

seul filz lequel est
en auuergne en v
nomme espally
que du puy. Lequ
les nouuelles des
au cueur grant t
tres habondamme
ment par lordonn
seil fut vestu de n
miere iournee. et l
messe fut vestu d

# CHARLES VII OU L'HEURE DE JEANNE

## 1422, novembre

Tandis que la chancellerie du roi d'Angleterre expédie, de France, des ordonnances commençant par ces mots : *Henry par la grâce de Dieu roi de France et d'Angleterre*, celui que l'on appellera le roi de Bourges signe ses ordonnances en s'intitulant : *Charles, par la grâce de Dieu, roi de France*. Il possède, en effet, un personnel de gouvernement venu de Paris puisque Jean sans Peur a commis, en 1418, l'erreur de destituer la plupart des officiers de justice et d'administration de Charles VI. Tandis que le Grand Conseil siège d'abord à Poitiers, puis à Bourges, le Parlement, lui, s'installe dans la capitale poitevine. Charles VII peut encore gérer et même disposer de certains grands fiefs dont les titulaires sont morts dans la boue d'Azincourt, ou sont encore prisonniers des Anglais, tels le duc d'Orléans, le duc de Bourbon, les comtes d'Angoulême et de Vendôme. Pour certains, la rançon trop élevée ne pourra jamais être réunie; ainsi celle du duc de Bourbon, deux cent cinquante-quatre mille écus d'or, et ce dernier mourra captif. La duchesse de Bourbon avait d'ailleurs promis au duc de Bourgogne d'observer la neutralité.

Charles semble frappé d'apathie et ne se réveille que pour être en proie à de véritables terreurs, que l'on traite quelquefois de maladives. Il n'a pas de maîtresses, aime sa femme, la douce Marie d'Anjou, mais, durant toute la première partie de son règne, il va se laisser mener par ses favoris, dont la plupart sont d'exécrable conseil. Parfois même assez malhonnêtes, tel le maître des finances Jean Louvet, qui trouvera tout naturel de frapper de la mauvaise monnaie et d'engager les bijoux de la couronne en retenant pour lui-même une dîme importante au passage. Parmi les parasites, il faut encore citer le sire de Giac, le premier chambellan, et le bailli Guillaume d'Avaugour. Plus tard, nous le verrons, Arthur de Bretagne, comte de Richemont, régnera sur l'esprit du

*En son château d'Espaly, non loin du Puy, en Auvergne, Charles, duc de Touraine, apprend la mort de son père, le roi Charles VI le Fol. Cette miniature de la fin du XVe siècle, extraite des Chroniques d'Enguerrand de Monstrelet, montre un prince éploré, dans une attitude que n'auraient certainement pas désavouée nos artistes romantiques. (Cabinet des manuscrits. Bibliothèque nationale. Photo B.N.)*

roi, puis ce sera le tour de La Trémoille.

### 12 novembre

Voici Jean de Lancastre, duc de Bedford, et les Anglais maîtres de Paris. « Les Angloys furent moult longtemps gouverneurs de Paris, écrira plus tard un « Bourgeois de Paris », mais je cuide (je crois) en ma conscience que oncques nulz (jamais aucun) ne fist semer ne blé ne advoyne, ne faire une cheminée en hostel qui y fust, ce ne fut (excepté) le régent duc de Bedford, lequel faisait toujours maçonner, en quelque païs qu'il fust; et estoit sa nature tout contraire aux Angloys, car il ne vouloit avoir guerre à quelque personne; et les Angloys, de leur droicte nature, veullent touzjours guerreer leurs voisins sans cause. »

Bedford fait peut-être « maçonner », mais il pille aussi sans vergogne, n'hésitant pas à faire expédier vers l'Angleterre les vitraux de Coucy et l'admirable collection de tapisseries du feu roi.

### 19 novembre

Le duc de Bedford, régent de France, tient séance au Parlement de Paris. Le chancelier prend la parole et rappelle que le « soi-disant dauphin Charles » a été privé de ses droits à la couronne de France « pour l'occasion de l'horrible et détestable crime commis et perpétré en sa présence, de son consentement, commandement et adveu » au pont de Montereau. Après quoi, il demande à toute l'assistance de jurer sur les Evangiles l'observation du traité de Troyes. Tous prêtent serment sans hésiter, mais certains chroniqueurs notent qu'une tristesse pèse sur Paris — une tristesse qui ressemble peut-être à de la honte.

### 5 décembre

Le régent Bedford promulgue une ordonnance par laquelle est maintenu en place le personnel des officiers. S'il peut le faire, c'est qu'en 1418 le duc de Bourgogne avait peuplé les administrations de gens dévoués à la cause anglo-bourguignonne. Pour les quelques emplois vacants on désigna des Anglais lorsqu'il s'agissait de postes militaires. Pour les charges civiles, on prit des « Français reniés ». On vit alors de modestes et anciens officiers de Charles VI obtenir des fonctions auxquelles ils n'auraient jamais dû prétendre.

### 1423, janvier

A Amiens, se réunissent le duc de Bretagne, le duc de Bourgogne et Bedford, « lesquels princes firent l'un à l'autre grande révérence et semblant de tout amour... Et après ces choses traitèrent l'un avec l'autre et firent alliance par la forme et manière contenue en une lettre scellée de leurs sceaux et signée de leurs seings manuels ». On convient que Bedford épousera Anne de Bourgogne, et Arthur de Bretagne, comte de Richemont, convolera avec Marguerite de Bourgogne.

En fait, ce traité d'Amiens sera vite caduc, le refroidissement anglo-bourguignon commence à ruiner tous ces projets matrimoniaux.

### février

Jacqueline de Bavière — une gaillarde « gaye, fort vigoureuse de

*John, duc de Bedford, régent de France, est représenté ici à genoux par une miniature du livre d'heures « The Bedford's Hours » spécialement exécuté pour le duc et sa femme, fille du duc de Bourgogne. (Département des manuscrits. Photo British Museum.)*

corps », épouse le duc de Gloucester et le pousse à se rendre sur le continent afin d'aller reconquérir ses terres. Fureur du duc de Bourgogne, qui ne veut pas voir les Anglais aux Pays-Bas. De plus, Jean de Brabant était cousin de Philippe de Bourgogne. D'où le refroidissement qui s'accroît entre Bourguignons et Anglais.

### 31 juillet

Pour essayer de rétablir les communications entre Bourges et la Champagne, Charles VII envoie une armée qui, après avoir passé la Loire, va assiéger la place de Cravant-sur-Yonne, tenue par les troupes anglo-bourguignonnes. La duchesse de Bourgogne envoie des renforts qui, après avoir piétiné durant trois heures devant l'Yonne qui les sépare de leurs adversaires, parviennent à trouver un pont et attaquent les Français. « Et d'autre part, ceux qui étaient dans la ville les assaillirent par derrière moult raidement ». Ce fut un désastre. Près de trois mille Ecossais, mercenaires de Charles, sont écrasés.

### 26 septembre

Petite victoire française près de La Gravelle. Sur les landes de la Brécinière, le comte d'Aumale bat le comte de Suffolk. Mais ce modeste succès ne peut, on s'en doute, compenser la gravité du désastre de Cravant.

*Cette charmante pastourelle assise, avec son chien, au bord d'une source, s'occupant à tresser une couronne de fleurs tandis qu'elle garde ses moutons, n'est-elle pas la meilleure évocation de Jeanne adolescente ? Cette délicieuse miniature, extraite des œuvres de Christine de Pisan, retrace l'un des nombreux tableaux de la vie aux champs au XV^e^ siècle. (Département des manuscrits. British Museum. Photo du musée.)*

### 30 novembre

La Hire avait coutume de dire :
— Si tu veulx te garder d'avoir jamaiz paour, prends garde que tu sois toujours à frapper les premiers coups.

Avec quatre cents hommes munis d'échelles, il va mettre cet axiome en pratique en parvenant à s'approcher de Compiègne, mal gardé ainsi que nous le raconte Monstrelet : « La ville de Compiègne fut eschellée, par faulte de guet, par les gens du roy Charles, lesquels sans délay prirent et emprisonnèrent tous ceux de la ville qui tenaient le parti des Anglais et des Bourguignons avec tous leurs biens. »

### 1424, mai

Charles a donné rendez-vous à ses forces sur les bords de la Loire. La noblesse des provinces fidèles arrive au rendez-vous et rejoint là les Bretons et les mercenaires royaux : Ecossais, Italiens, Espagnols. Une armée forte de quatorze mille hommes se trouve ainsi réunie. Les Anglais ne peuvent concentrer que dix mille hommes.

### 17 août

Sous les murs de Verneuil, la forte armée française rencontre les troupes de Bedford. Celui-ci a entouré son camp de pieux sur lesquels la cavalerie française viendra se briser, tandis que les archers anglais exécutent un tir précis et rapide. L'infanterie française, désorganisée par un double commandement, ne se voit pas soutenue par les troupes lombardes chargées d'opérer un mouvement tournant et qui ne penseront qu'à piller les bagages anglais.

C'est une catastrophe. Sept mille Français sont tués. Le duc d'Alençon est prisonnier. Charles VII perd là sa seule armée.

Au début de la bataille, on crut le roi victorieux et le contingent normand quitta le camp anglais. La nouvelle courut jusqu'à Pont-Audemer et les paysans se soulevèrent et massacrèrent les Anglais occupant des postes isolés.

### 28 septembre

Les Anglais commencent le siège, par mer et par terre, du Mont-Saint-Michel, qui va résister avec pour toute garnison une petite troupe de deux cents gentilshommes normands, commandés par Louis d'Estouteville. Mais les défenseurs du Mont parviennent, la nuit, à forcer le blocus du côté de la mer, et à se ravitailler.

### 28 septembre

Va-t-on voir un arrangement avec les Bourguignons? Philippe le Bon est sans doute toujours animé par le désir de venger l'assassinat de son père sur le pont de Montereau, mais, à la demande de la reine Yolande, il accepte, ce même jour, d'accorder à Charles VII une trêve qui va se prolonger durant quatre années.

### octobre

L'aimable duc de Gloucester, mari de la belle Jacqueline de Bavière, débarque avec cinq mille hommes et s'empare du Hainaut. Le duc de Bourgogne s'estime offensé, ne serait-ce que par la trahison de Jacqueline de Bavière, nouvelle duchesse de Gloucester, vis-à-vis de son cousin.

### décembre

Le mariage d'Agnès de Bourgogne et du comte de Clermont — du parti d'Armagnac — est décidé.

*C'est ainsi que le miniaturiste des « Vigiles de Charles VII » a vu la bataille de Verneuil. Pour lui, pas de cavalerie française ni d'archers anglais opposés dans une lutte inégale. L'image qu'il donne de la rencontre n'évoque qu'une mêlée confuse de fantassins armés de la courte lance ou de l'épée. (Cabinet des manuscrits. Bibliothèque nationale. Photo B.N.)*

### 1425

Gloucester tombe amoureux d'une suivante de sa femme — Eléonore Cobham — et repart avec elle pour l'Angleterre. Il l'épousera après avoir fait casser son mariage avec l'héritière du Hainaut. Les amours du duc de Gloucester vont donc permettre aux Anglais et aux Bourguignons de se réconcilier tandis que Jacqueline de Bavière poursuit seule la lutte.

### mars

Le duc de Bourgogne arrive en Hainaut et Jacqueline de Bavière est prise. Les relations anglo-bourguignonnes sont alors si refroidies qu'il faudra toute l'habileté du régent pour qu'elles ne se brisent pas définitivement.

### 7 mars

Charles nomme connétable de France le comte de Richemont, frère du duc de Bretagne Jean V, qui avait épousé la belle-sœur du roi Charles — la jeune Marguerite, veuve du dauphin duc de Guyenne. C'est là le résultat de plusieurs années d'intrigues adroitement menées par Yolande d'Aragon, veuve de Louis II, duc d'Anjou et roi de Sicile, et belle-mère de Charles VII. Elle parvint à détacher le duc de Bretagne de l'alliance anglaise. Richemont avait d'ailleurs l'habitude de changer de camp : prisonnier à Azincourt, ayant obtenu sa liberté provisoire, il avait trahi le dauphin, futur Charles VII, et servi les intérêts anglais jusqu'au jour où, parjure, il refusa de rentrer en captivité, ce qui, à l'époque, fut considéré presque comme un crime. Ambitieux et violent, mais homme de guerre « très vaillant et grand justiciable », aimant l'autorité et la discipline, Richemont vaut assurément mieux que les favoris armagnacs qui entourent le roi Charles; il va entrer en guerre contre eux et s'est juré — les biens de sa femme se trouvent en Bourgogne puisqu'elle est la sœur de Philippe le Bon — de rapprocher le roi du parti bourguignon.

## juin

Après une intrigue menée par les favoris en place, Louvet et Tanguy du Châtel à leur tête, Richemont retrouve la confiance du roi, tandis que les parasites sont exilés. A Bourges, devant une assemblée de seigneurs et de députés des « bonnes villes », Charles explique les raisons du coup de balai qu'il vient de donner, car « il coignoissoit bien le malvaix conseil que il avoit eu ou tems passé; que dorénavant il se voloit conduire par bon conseil et faire tout ce que son léal frère de Bretagne et son connestable lui voldroit conseiller ».

## 16 juin

Montés sur leurs barques pontées, les gars de Saint-Malo s'emparent des dix-neuf navires anglais qui assiégeaient le Mont-Saint-Michel. Voici Louis d'Estouteville et ses héroïques compagnons débloqués — ce qui ne veut pas dire que la place cessera d'être attaquée par l'ennemi.

## 2 août

Le Mans doit se rendre à Salisbury, qui, à coups de bombardes, a démantelé les murailles de la ville. Les Anglais achèvent ainsi de conquérir le Maine, mais ils vont y trouver une tout aussi grande résistance interne qu'en terre normande.

## 7 octobre

A Saumur, signature d'un traité rapprochant Charles VII et la Bretagne.

## décembre

Bedford est obligé de regagner l'Angleterre, afin d'apaiser une querelle opposant son frère Humphrey, duc de Gloucester, et son oncle Henry Beaufort, évêque de Winchester. Les opérations militaires vont, de ce fait, quelque peu se ralentir.

## 1426, 6 mars

Comme le roi Charles est de plus en plus passif, Richemont réunit une armée de quinze mille hommes, rassemble une artillerie puissante et décide d'aller attaquer la place de Saint-James-du-Beuvron, qui n'est défendue que par sept cents Anglais. Mais les assiégés font pleuvoir sur leurs agresseurs une grêle de flèches, et ceux-ci, en dépit des efforts de Richemont, refluent en désordre.

### 1427, 8 février

A Issoudun, Richemont vient arracher de son lit pour le faire juger Pierre de Giac, ancien conseiller du duc de Bourgogne, devenu premier chambellan et favori du roi. Giac avait en effet assassiné sa première femme, Jeanne de Naillac, pour épouser la très riche Catherine de L'Isle-Bouchard, comtesse de Tonnerre. Charles VII, entendant le bruit que l'on faisait dans la chambre de son chambellan aimé, s'inquiète. « C'est pour votre bien », affirme Richemont. Le roi n'en eut pas moins « courroux et déplaisance », surtout lorsqu'il apprit que Giac avait été hâtivement jugé et condamné à être noyé. Le vaniteux, débauché et brigand Georges de La Trémoille, allié alors avec Richemont et âme du complot tramé contre Giac, assiste à la noyade. Il épouse ensuite la veuve du condamné. Le connétable voulant avoir un homme près du roi lui impose La Trémoille. Le faible Charles accepte en déclarant :

— Beau cousin, vous me le baillez, mais vous vous en repentirez ; je le connais mieux que vous.

Et, en effet, La Trémoille, devenant le maître des finances royales, rançonnera et pillera à lui tout seul autant que les anciens favoris exilés.

### 1er juillet

Bedford décide de prendre Orléans. Pour commencer, les Anglais vont investir Montargis.

### août

Richemont s'aperçoit, mais un peu tard, que le roi avait eu raison : La Trémoille a pris la place du roi. Le connétable signe alors contre le nouveau favori un véritable pacte d'alliance avec les comtes d'Armagnac,

*LES CHATEAUX FORTS*

*Au début du XVe siècle — à l'époque où Charles VII parut sur les bords de la Loire — les donjons quadrangulaires de la fin du Xe et du XIe siècle, tels ceux de Montrichard, de Beaugency, de Montbazon, ne servaient plus d'habitation. Les demeures royales, le château de Chinon et surtout celui de Saumur, se présentaient sous un aspect qu'il nous est difficile aujourd'hui d'imaginer. On peut encore voir dans les* Riches heures *du duc de Berry le château de Saumur tel qu'il s'offrait à l'époque aux yeux du voyageur arrivant par les coteaux couverts de vigne. Derrière un système défensif puissant — tours d'angle en demi-cercle, basses tours s'élargissant vers les douves — se dressaient en un jaillissement de pierres les fines tourelles blanches d'un logis gothique. Les boulets étaient, à l'époque, absolument inoffensifs. Au-dessus d'une vingtaine de mètres de hauteur, on aurait pu les arrêter avec la main ! Il suffisait donc d'avoir les « pieds » bien protégés...*

*C'est vers la fin du XIVe siècle que Louis Ier, duc d'Anjou, décide la reconstruction du château de Saumur sur les ruines des diverses forteresses qui s'élevèrent successivement sur ce promontoire qui domine la Loire. Bien que remanié au XVIe siècle, c'est une vue bien proche de celle-ci qu'en eurent Charles VII et le duc de Bretagne lorsqu'ils se retrouvèrent dans la ville, en 1425, pour signer leur traité d'entente. (Photo Jérôme da Cunha.)*

*Une page du « Bedford's Hours » évoque, dans une exquise miniature, la duchesse de Bedford offrant, à la veille de Noël 1430, ce même livre d'heures au jeune Henri VI que l'on voit ici, debout entre la Vierge et l'Enfant Jésus. Au-dessus de la duchesse agenouillée, une tenture porte sa devise : « je suis contente », que l'on retrouve également brodée sur son prie-Dieu et sur le dossier du siège qu'elle vient de quitter. (Département des manuscrits. British Museum. Photo du musée.)*

de La Marche et de Clermont.

## 5 septembre

Montargis, toujours assiégé par les Anglais, est délivré par La Hire et Jean, bâtard d'Orléans, le futur comte de Dunois. Il est fils de Charles d'Orléans, toujours captif en Angleterre, et de Mariette d'Enghien.

## 8 septembre

Le duc de Bretagne quitte le camp français pour le camp anglais. L'intrigant La Trémoille persuade le roi que Richemont est coupable de la volte-face de son frère et le fait bannir de la cour. En Poitou, une véritable guerre civile va commencer entre le connétable et le favori — il a comme principal lieutenant un brigand, chef de bande : Jean de La Roche — Le conflit va se prolonger durant cinq années, jusqu'au mois de mars 1432. On peut se croire revenu aux temps d'autrefois. Le Poitou et les provinces voisines sont en proie au désordre total. On tue, on rançonne, on enlève des héritières, on viole, on fabrique de la fausse monnaie, on séquestre, on arrête et l'on espionne de sa propre autorité, on pille surtout, et toujours on massacre. Comme le disait un témoin du temps : « les pays champestres sont tournez a l'estat de la mer, où chascun a tant de seigneurie comme il a de force ».

C'est bien, en effet, le règne de la force, dans un pays où, seul, le roi n'en possède point...

## 1er novembre

A Loches, le roi Charles VII se réveille dans la nuit, une telle angoisse lui serrant la gorge, un tel soupçon chevillé au cœur qu'il se lève, et à *nuds genoux* et *larmes aux yeux*, il fait à Dieu une prière « dedans son cœur, sans prononciation de paroles, requérant très dévotement Notre-Seigneur que, si ainsi il estoit qu'il fût vrai hoir descendant de la noble Maison de France, qu'il lui plût le garder et le défendre ».

## 1428

La maison du roi est si pauvre, le budget si inexistant que les Tourangeaux, pris de pitié, font cadeau à la reine de pièces de lin pour y tailler des chemises : la pauvre Marie d'Anjou n'ayant plus rien pour se vêtir ! Le roi empruntait tout ce qu'il pouvait, jusqu'à la garniture en or de son casque, gageait et vendait même ses terres. Et puis, dès qu'un peu d'or rentrait dans les caisses royales, favoris et parasites aux dents longues se chargeaient de mettre de nouveau à sac le trésor.

De ce fait, la solde de la petite armée n'est presque pas payée et par ailleurs le brigandage des compagnies de routiers est devenu un état endémique.

On licencie les gens d'armes pour ne garder que les mercenaires écossais et italiens qui, pour subvenir, dépouillent l'habitant...

## 1428

Jacqueline de Bavière fait la paix avec son cousin Philippe le Bon et lui abandonnera un jour ses Etats. Voici, après onze années et deux divorces, l'affaire de la succession des comtés de Hainaut, de Hollande et de Zélande heureusement terminée.

## été

Réuni à Paris, le conseil de régence décide qu'il faut s'emparer d'Orléans, base indispensable pour la conquête de la vallée de la Loire et du sud de la France.

Bedford, mécontent de cette décision prise sans qu'il eût été consulté, s'installe à Chartres, et se contente d'organiser l'envoi des renforts et des vivres.

Le comte de Salisbury — il a amené avec lui d'Angleterre deux mille sept cents hommes, et en a trouvé trois cents sur place — descend vers la Loire.

*Ces deux miniatures du XV^e siècle montrent que tous les moyens, surtout le bâton, sont bons pour se faire respecter. Extraites d'une traduction allemande des Fables de Bidpay — brahmane légendaire. (Musée Condé, Chantilly. Photos François Garnier.)*

*Souverain tourné en ridicule du chétif « royaume de Bourges », le futur Charles VII est encore loin, à la mort de son père, d'avoir atteint toute sa maturité d'esprit. Cependant, si ses moyens intellectuels sont faibles, on ne peut en dire autant des conseillers qui forment son entourage. Choisis parmi les officiers ministériels destitués par le gouvernement anglo-bourguignon, les vieux serviteurs dont il s'entoure sont particulièrement compétents et vaudront au prince le surnom de « Bien Servi ». (Cabinet des manuscrits. Bibliothèque nationale. Photo B.N.)*

### 5 septembre

Salisbury est à Meung. Il a maintenant avec lui trois mille hommes.

### 25 septembre

Salisbury atteint Beaugency. Charles VII est toujours frappé d'apathie. La France est bien une nef sans gouvernail.

Il ne faut pas croire que les Anglais possèdent des forces importantes en France. Cherbourg n'a qu'une garnison de cent soixante hommes, Rouen de soixante-quinze, Evreux de douze! Les armées — telle celle qui se propose de prendre Orléans — comptent rarement plus de trois mille hommes. Mais discipline et organisation anglaises sont infiniment supérieures à celles qui règnent dans les troupes du roi de Bourges.

### 7 octobre

L'armée anglaise arrive devant Orléans. La place est puissamment protégée par soixante et onze canons, de solides remparts et de larges fossés. Un pont de dix-neuf arches réunit la ville à la rive gauche où a été construite une bastille entourée par les eaux de la Loire : les Tourelles. La ville est d'autant mieux défendue que, à la demande des bourgeois partis deux à deux à travers la France, renforts, vivres et munitions sont arrivés à Orléans. Le bâtard Jean de Dunois dirige la défense.

### 24 octobre

Les Anglais parviennent à prendre d'assaut la bastille des Tourelles afin de couper les communications d'Orléans avec le sud de la France.

Au cours de la bataille, Salisbury est blessé à la tête; il mourra trois jours plus tard.

### 30 décembre

Devant Orléans, les Anglais s'installent sur la rive droite de la Loire. Trois capitaines ont pris la direction des opérations : William de La Pole, comte de Suffolk, John Talbot et lord Scales. Ils élèvent bientôt des bastilles tout autour de la ville afin d'établir le blocus. En vain les Français s'emploient à rompre l'étau qui enserre la ville.

### 1429, 12 février

Sir John Falstaff, grand maître d'hôtel de Bedford, se dirige vers Orléans afin d'amener aux troupes anglaises assiégeant la ville un convoi de quatre à cinq cents chariots chargés de vivres. Les Français, ayant à leur tête le comte de Clermont, décident d'organiser un coup de main contre ce convoi qui serait providentiel aux défenseurs. Plus forts en nombre, ils attaquent Falstaff dans la plaine du Rouvray, à trente-cinq kilomètres au nord d'Orléans, non loin d'Angerville. L'Anglais forme aussitôt son convoi en carré; bien plus tard, le procédé sera repris par les pionniers de la marche vers l'Ouest luttant contre les Indiens! Mais « les Français ne se concordaient point bien ensemble, nous dit le chroniqueur, car uns, et par spécial les Ecossais, voulaient combattre et batailler à pied, et les autres voulaient demeurer à cheval... Si allèrent en assez bref terme, les uns à pied, les autres à cheval, envahir et combattre leurs adversaires et ennemis ». Profitant de ce manque de cohésion, les archers anglais, une fois de plus, tirent comme à l'exercice. Ils « firent rebouter arrière d'eux ceux de cheval avec les hommes d'armes ». Cinq ou six cents Français gisent dans la plaine et, de nouveau, le reste s'enfuit. « Si fut la journée dessus dite en langage commun appelée la *bataille des Harengs*, nous dit encore Monstrelet. Et la cause de ce nom, si fut pour ce que grand'partie du charroi desdits Anglais étaient chargés de harengs et autres vivres de carême. »

*A Domrémy, derrière une humble façade irrégulière, percée de trois fenêtres à meneau et d'une étroite porte au-dessus de laquelle seront gravées, plus tard, les armoiries concédées par Charles VII à la famille de la Pucelle, une paysanne va mettre au monde, le 6 janvier 1412, une petite fille prénommée Jehanne. Rien, semble-t-il, ne doit la distinguer des autres enfants du village. Pourtant, son destin exceptionnel fera d'elle l'héroïne de la plus belle des histoires et la libératrice du pays de France. (Photo Jean Roubier.)*

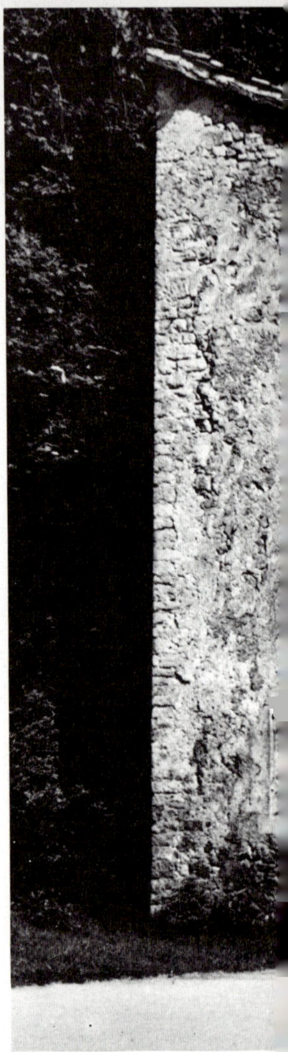

Et Jeanne vint...

### 4-8 mars

Le vendredi 4 mars 1429[1], alors que le soir tombait, l'aumônerie de

Sainte-Catherine-de-Fierbois, petit village situé sur le plateau de Sainte-Maure, à cinq cents mètres de la grand-route de Tours à Châtellerault, vit arriver un étrange groupe de pèlerins : six hommes d'armes entourant une jeune fille vêtue d'un habit d'homme. Ses cheveux étaient taillés en rond à la hauteur des oreilles, les tempes et le cou rasés « à l'écuelle » comme ceux d'un garçon. Elle portait un justaucorps noir et des chausses attachées par des aiguillettes. Des éperons brillaient à ses souliers lacés.

Qui est-elle? Une Lorraine née à Domrémy et fille de laboureurs. Elle se nomme Jeanne d'Arc. La Pucelle — on la désigne ainsi — s'était présentée au sire de Baudricourt, capitaine de la petite place de Vaucouleurs, en lui annonçant que des Voix — celles de l'archange saint Michel, de sainte Marguerite et de sainte Catherine — lui avaient ordonné de se porter au secours du dauphin. Baudricourt — et c'est là le plus étonnant de l'affaire — avait accepté de donner une escorte à la jeune fille. Et l'on s'était mis en route! Onze jours de randonnée! Que de rivières grossies par les pluies n'avaient-ils pas dû passer à gué!

1 D'autres disent le 20 juin.

*C'est par la poterne de la Tour de l'Horloge, à « haulte heure », que Jeanne, « souriante et calme », pénétra dans le château de Chinon. La Tour est toujours surmontée du lanternon dont la cloche, la « Marie-Javelle », sonne encore les heures.*

*Au « Grand Carroi » — le grand Carrefour — (à droite) Jeanne, pour descendre de son gros cheval lorrain qui avait coûté seize francs, mit le pied sur la margelle de ce puits. (Photos Jérôme da Cunha.)*

Que de nuits à la « paillade » dans quelque étable de rencontre ! Que de lieues au trot de ce mauvais cheval qui n'avait coûté que seize francs ! Mais la jeune fille était animée d'une étrange ardeur. Elle désirait aller à Chinon, dût-elle « y user ses jambes jusqu'aux genoux » ! Comment avait-elle fait pour traverser la France alors infestée d'Anglais et de Bourguignons ?...

— En nom Dieu, avait-elle déclaré en quittant Vaucouleurs, je ne crains pas les gens d'armes car ma voie est ouverte ! Et s'il y en a sur ma route, Messire Dieu me fraiera la voie jusqu'au gentil dauphin !

A peine arrivée dans sa chambre de l'aumônerie, la jeune fille, qui ne sait point écrire, dicte à l'un de ses compagnons une lettre destinée au roi. « Je lui disais, racontera-t-elle plus tard, que j'avais bien fait cent cinquante lieues pour arriver jusqu'à lui et que je venais à son secours. »

Et elle signe : *Jehanne Daye*.

Le lendemain matin, Jehanne va entendre trois messes à la vieille chapelle datant de l'époque de Charles Martel. Le dimanche 6, elle quitte Sainte-Catherine-de-Fierbois et, en évitant Saint-Epain occupé par les Bourguignons, arrive à l'entrée de L'Ile-Bouchard au confluent de la Vienne et de la Manse. Sur la rive droite, elle met pied à terre devant le portail roman de l'église Saint-Gilles et assiste à la grand-messe.

C'est sa dernière halte.

Peu avant midi la petite troupe est arrêtée par le pont-levis de la porte de Bessé. On parlemente... La Pucelle est attendue. Le bruit de sa venue l'a devancée. Les *porteaux* abaissent le pont et Jeanne, après avoir longé la collégiale de Saint-Mexme, franchit un nouveau pont-levis — celui de la porte de Verdun — et entre enfin dans Chinon.

Elle met pied à terre au centre de la cité, au Grand Carroi, autrement dit le Grand Carrefour. Au-dessus d'elle, Jeanne peut apercevoir la masse du château construit par Henri Plantagenêt et où, dit-on, était mort Richard Cœur de Lion.

C'est là, protégé par vingt hommes d'armes et trente arbalétriers, que réside le roi de France dit le roi de Bourges — le roi de Chinon serait presque plus juste ! Le trésor royal est en si grande détresse, le roitelet est si pauvre que le cordonnier ne lui livre son second soulier que le premier une fois payé! Pauvre roi qui règne sur une France divisée, dépecée, ruinée, et dont plus des trois quarts du territoire sont occupés par l'ennemi. Pauvre roi qui n'a même pas pu se faire sacrer! Pauvre roi dont le lancinant souci est de douter de sa filiation royale! La reine Isabeau n'avait-elle pas accumulé les aventures? Son fils était-il oui ou non le fils de Charles VI le Fol?

Midi — c'est-à-dire l'Angélus — sonne à tous les clochers de Chinon. Jeanne, tenant son cheval par la bride, passe devant les bourgeois qui, bouche bée, contemplent celle qu'ils nomment déjà l'Envoyée de Dieu. Tandis que l'un de ses compagnons, Jehan de Metz, monte au château, la Pucelle se retire dans une hostellerie, peut-être celle qui porte aujourd'hui le numéro 62 de la rue Voltaire et sur laquelle on lit cette inscription : *nulli clauditur honesto*, « ouverte à tous les honnêtes gens ». Jeanne ne reste là que quelques heures. Le roi ordonne qu'elle aille demeurer chez la dame de La Barre dans une maison située presque au *Grand Carroi*.

La Pucelle se met en prière et attend.

Le lendemain 7 mars, le conseil du roi se réunit. N'est-il pas ridicule de recevoir et de prendre au sérieux cette jeune fille de dix-sept ans qui prétend venir donner des leçons aux capitaines et sauver la France? Il est bientôt décidé qu'elle sera interrogée par des évêques et des secrétaires d'Etat. Aussitôt, « nobles conseillers et gens du roi » se transportent à l'hôtel Reygnier de la Barre.

— Pourquoi êtes-vous venue? demandent-ils à Jeanne.

— J'ai reçu du roi des Cieux le commandement de faire lever le siège d'Orléans et de conduire le roi à Reims pour son sacre et son couronnement.

A l'époque, personne ne met en

doute le merveilleux. Le ciel n'était-il pas tout près de la terre? Un vaste toit à peine un peu au-dessus des nuages! Copernic et Galilée n'ont pas encore démontré notre petitesse! Et Jeanne parle de saint Michel, de Madame Marguerite avec, à la fois, tant de déférence, tant d'humilité et même de familiarité que les « nobles conseillers » remontent au château parfaitement troublés.

Il ne reste de la salle d'audience où s'est jouée une des plus belles scènes de l'Histoire de France qu'un simple pan de mur : le pignon ouest de la pièce. Ces pierres, avec leur plafond de nuages, le doux ciel de Touraine qui les coiffe, émeuvent bien plus que si la pièce nous avait été conservée intacte, écrasée sous sa voûte « en bardeaux » et enserrée de tapisseries dont on ne voit plus, à six mètres du sol, que les crochets de fer destinés à les suspendre.

Le 8 mars « à haulte heure » — le jour déclinait — la Pucelle souriante et calme, toujours vêtue de son habit d'homme « noir et rude », monte la rue à pente rapide — l'actuelle rue

*De la résidence fortifiée construite, à Chinon, par Henri Plantagenêt, seules demeurent ces ruines. A l'est, faisant suite au fort Saint-Georges, se dresse, miraculeusement conservée, la Tour de l'Horloge donnant accès au château du Milieu. Là, adossé à l'enceinte, se trouvait le logis royal, résidence de Charles. De la salle d'audience où le dauphin reçut Jeanne, ne subsiste qu'un pan de mur et cette vaste cheminée. A l'ouest, enfin, un pont enjambant les fossés conduit au château du Coudray élevé par Étienne, comte de Blois, au XII*^e^ *siècle. C'est dans le donjon, au premier étage, que la Pucelle résida lors de son premier séjour à Chinon. (Photos Jérôme da Cunha.)*

Jeanne-d'Arc.

— Va hardiment, lui ont dit ses Voix. Quand tu seras devant le roi il te recevra et te croira!

Comme le visiteur d'aujourd'hui, Jeanne traverse le pont qui la conduit au pied du pavillon de l'Horloge, une tour étroite et rectangulaire construite deux cents ans auparavant, et qui abrite une horloge et sa cloche, la *Marie-Javelle*.

Louis de Bourbon, comte de Vendôme et de Chartres, grand maître de l'hôtel du roi, attend Jeanne. Ayant franchi la porte à doubles vantaux bardés de fer, celle-ci a devant elle, à moins de cent mètres, la longue façade du Grand Logis. Derrière son guide, elle monte les dix-huit degrés de pierre du perron monumental et soudain se trouve au seuil de la salle éclairée par cinquante torches « sans compter la lumière spirituelle », dira Jeanne plus tard. Dans cet espace de quatre-vingt-dix pieds sur cinquante, trois cents gentilshommes se pressent pour la regarder. Les huissiers, selon la coutume aulique encore en vigueur, donnent des coups de verge sur les têtes et fraient un passage à la jeune fille. L'acier poli des cuirasses des guerriers, les brocarts d'or et de soie des conseillers du roi étincellent aux lumières. Entre deux fenêtres, les dames de la cour entourent les reines : la belle-mère du roi, la reine Yolande d'Aragon et la reine Marie d'Anjou, femme de Charles VII; elles sont coiffées de hennins — ces étonnants cornets pointus dont les dames s'accommodaient alors le plus naturellement du monde.

Jeanne regarde... Elle ne se dirige pas vers le comte de Clermont qui se trouve devant l'estrade royale, mais vers un gentilhomme très simplement vêtu et qui, volontairement, se dissimule dans un groupe.

« Je reconnus le roi sans l'avoir jamais vu parmi ceux qui l'environnaient, au moyen d'une vision que j'eus à ce moment accompagnée d'une clarté. »

« A la distance d'une lance », elle s'agenouille :

— Dieu vous donne longue vie, gentil dauphin!

— Ce n'est pas moi, dit le roi en montrant le comte de Clermont.

— En nom Dieu, c'est vous qui l'êtes et non un autre.

Il y eut un silence. Un extraordinaire pouvoir émane de cette simple fille. La voix claire et douce de Jeanne s'élève de nouveau :

— Gentil dauphin, j'ai nom Jehanne la Pucelle et suis venue avec mission de donner secours à vous et au royaume et vous mande le roi des Cieux par moi, que vous serez sacré et couronné à Reims et que vous serez le lieutenant du roi des Cieux qui est roi de France. Mettez-moi en besogne et le pays sera bientôt soulagé. Vous recouvrerez votre royaume avec l'aide de Dieu et par mon labeur.

Charles, déjà ému, fait un signe. On s'écarte et il entraîne Jeanne vers l'encoignure d'une fenêtre. La conversation dura une heure. Nous n'en connaissons que la dernière phrase — Jeanne la répétera plus tard à son confesseur — mais elle suffit pour nous donner le sens de l'entretien :

*Une lettrine d'un manuscrit de la deuxième moitié du XVe siècle enserre cette effigie de Jeanne. La Pucelle, revêtue de l'armure spécialement confectionnée pour elle par Colas de Montbazon, tient dans sa main droite son épée et, dans la gauche, la bannière portant sa devise : I H S - Maria (Jésus-Marie). On ne peut croire à l'authenticité d'un tel portrait : très stylisé, il représente une jeune femme aux cheveux longs alors que Jeanne, ainsi que l'affirment les chroniqueurs de l'époque, avait fait couper les siens en rond à la hauteur des oreilles, les tempes et le cou rasés « à l'écuelle », comme ceux d'un garçon. (Photo Archives nationales.)*

*Une tapisserie du XV^e^ siècle représente Charles VII accueillant Jeanne dans son château de Chinon. La Pucelle, totalement recouverte de son armure, est à cheval. Derrière elle, un écuyer porte son étendard sur lequel figure Dieu entouré de deux anges, l'inscription « Jhesus Maria » et trois fleurs de lis. Cette tapisserie, actuellement conservée au musée historique d'Orléans, a été confectionnée en Suisse quelques années seulement après la mort de Jeanne et semble en donner une image assez ressemblante. (Musée d'Orléans. Photo Jérôme da Cunha.)*

— De la part de Dieu, je vous dis que vous êtes vrai héritier de France et fils du roi.

Jeanne a su apaiser le doute qui torturait le roi. Elle lui apporte la réponse qu'il avait implorée à Loches en cette nuit du 1er novembre 1427. Elle a donné au Prince son *signe* et pansé la blessure secrète du fils d'Isabeau de Bavière la dévergondée.

Le roi Charles se tourne vers ses gentilshommes. Son visage est bouleversé, des larmes coulent de ses yeux. Il regarde l'assistance qui depuis une heure attend et sent confusément que quelque chose de grand se joue entre ce pauvre être disgracié par la nature et cette claire jeune fille qui ressemble à un ange...

Jeanne prend la main de Charles et le conduit jusqu'au milieu de la pièce. Le roi « rayonne de joie », nous dit un assistant. La voix étranglée par l'émotion il avoue que « la Pucelle lui a confié un secret inconnu et ne pouvant être connu que de Dieu seul ».

Jeanne et le roi quittent Chinon en somptueux cortège. La foule crie :

— A Orléans!

La Vienne est franchie. Les prés sont blancs et jaunes de pâquerettes et de boutons-d'or. La jeune fille, tout heureuse, pense à la prochaine bataille. Elle a hâte d'aller délivrer Orléans assiégée par les Anglais. A la première halte, elle s'enquiert :

— Approche-t-on de Tours?

— On est à Richelieu! On vient de passer le château de Champigny-sur-Veude au confluent du Mable. On tourne le dos à Orléans! Le « dauphin » baisse les yeux, gêné. Ses conseillers, incrédules devant tout ce merveilleux, ont décidé de faire interroger Jeanne par le Parlement et l'Université de Paris transférés à Poitiers. La Lorraine sent sa gorge se serrer. Autour d'elle, elle devine des sourires ironiques.

— Messire Dieu m'aidera !

Chez Maître Jean Rabateau, conseiller du roi et avocat général au Parlement, se réunissent plusieurs « solennels docteurs et maîtres » pour interroger « la Pucelle ». Donnons la parole au professeur en théologie Seguin, doyen de la faculté de Poitiers et frère prêcheur. Il est âgé de soixante-dix ans : « Quand nous arrivâmes, nous posâmes à Jeanne plusieurs questions, et entre autres questions maître Jean Lombard lui demanda pourquoi elle était venue, et que le roi voudrait bien savoir ce qui l'avait poussée à venir vers lui. Et elle répondit de grande façon que, quand elle gardait les animaux, une voix s'était manifestée à elle, qui lui dit que Dieu avait grande pitié du peuple de France, et qu'il fallait que Jeanne vînt en France. En entendant cela, elle avait commencé à pleurer; alors la voix lui dit qu'elle aille à Vaucouleurs, et que là elle trouverait un capitaine qui la conduirait sûrement en France et auprès du roi, et qu'elle n'ait doute; et elle avait fait ainsi et était venue auprès du roi, sans aucun empêchement. Maître Guillaume Aymeri l'interrogea : « Tu as dit que la voix t'a dit que Dieu veut délivrer le peuple de France des calamités dans lesquelles il est. S'il veut le délivrer, il n'est pas nécessaire d'avoir des gens d'armes. » Et alors Jeanne répondit : « En nom Dieu, les gens d'armes batailleront et Dieu donnera victoire. » De cette réponse maître Guillaume se tint content... Je lui demandai quel langage parlait sa voix. Elle me répondit : « Meilleur que le vôtre »; moi, je parlais limousin. Et de nouveau je lui demandai si elle croyait en Dieu; elle me répondit : « Oui, mieux que vous[1]. »

1. Traduction de Régine Pernoud.

Le docteur en droit Jean Barbin de résumer en ces termes : « Finalement il fut conclu par les clercs, après les interrogatoires et les examens par eux faits, qu'il n'y avait en elle rien de mal, ni rien de contraire à la foi catholique, et qu'étant donné la nécessité dans laquelle étaient le roi et le royaume, puisque le roi et les habitants qui lui étaient fidèles étaient alors au désespoir et ne pouvaient espérer d'aide d'aucune sorte si elle ne leur venait de Dieu, que le roi pouvait bien s'aider d'elle. »

Désormais Jeanne n'est plus occupée que de la mission qu'elle veut accomplir.

## mardi, 22 mars

Jeanne dicte au maître Jean Erault cette lettre destinée au roi d'Angleterre et au duc de Bedford : « Rendez à la Pucelle, qui est ici envoyée de par Dieu, le Roi du Ciel, les clés de toutes les bonnes villes que vous avez prises et violées en France. Elle est ici venue de par Dieu pour réclamer le sang royal (l'héritier légitime). Elle est toute prête de faire la paix, si vous lui voulez faire raison, pourvu que la France vous rendiez, et payiez pour l'avoir tenue. Et entre vous, archers, compagnons de guerre, hommes d'armes et autres qui êtes devant la ville d'Orléans, allez-vous-en dans votre pays, de par Dieu; et si ainsi ne faites, attendez des nouvelles de la Pucelle qui vous ira voir brièvement, à vos bien grands dommages. Roi d'Angleterre, si ainsi ne faites, je suis chef de guerre et en quelque lieu que j'atteindrai vos gens en France, je les ferai en aller, veuillent ou ne veuillent (qu'ils le veuillent ou non). Et s'ils ne veulent obéir, je les ferai tous occire; je suis ici envoyée de par Dieu, le Roi du Ciel, corps pour corps, pour vous bouter hors de toute France... »

## 15 avril

Charles nomme la Lorraine chef de son armée.

Rentrée à Chinon, Jeanne demeure encore quelques jours dans son donjon du Coudray, puis elle prend le chemin de Tours où elle doit faire la connaissance de sa « maison militaire ». Au milieu de la journée, elle traverse Azay-le-Rideau appelé alors Azay-le-Brûlé, car, dix ans auparavant, le dauphin Charles, passant par là en se rendant à Chinon, avait été insulté par la garnison bourguignonne du château. La place, après avoir été prise d'assaut, avait été incendiée et les trois cent cinquante insulteurs massacrés.

Jeanne fit tout d'abord un bref séjour à la principale hôtellerie de Tours tenue par la dame Péan puis elle s'en fut loger chez le seigneur de La Roche-Saint-Quantin, conseiller de Yolande d'Anjou qu'on appelle habituellement la reine de Sicile.

Toute la ville veut contempler la Pucelle et Jeanne voit défiler devant elle ces célèbres bourgeoises tourangelles dont « la beauté est merveille » et dont « les yeux allument les passions ».

## 17 avril

Pendant ce temps, les Orléanais, qui n'ont plus guère d'espoir, offrent au duc de Bourgogne de se rendre à lui et de se mettre sous sa protection. Bedford ayant refusé cette solution, le duc de Bourgogne demande à tous les Bourguignons, Flamands et Picards, qui assiègent Orléans avec les troupes anglaises, de se retirer sur-le-champ.

## mi-avril

Pour Jeanne la première chose à faire est de commander une armure

*Ce croquis de Jeanne fut exécuté de son vivant dans la marge d'un registre du Parlement de Paris par le greffier Clément de Fauquenbergue... (Photo Archives nationales.)*

*C'est dans l'austère donjon du château du Coudray, au premier étage, que va demeurer Jeanne durant son double séjour à Chinon. (Photo J. da Cunha.)*

chez Colas de Montbazon, qui tient boutique dans la grand-rue. Le «maître» se met au travail et livre un harnais complet, pour la Pucelle, de cent livres tournois. Colas de Montbazon demande alors s'il lui faut également fabriquer une épée. Jeanne refuse et, toute souriante, lui fait ordonner de se rendre à Sainte-Catherine-de-Fierbois. Il trouverait là une épée enterrée dans le chœur et la lui rapporterait... Mais laissons la parole à Jeanne :

— L'épée était marquée de cinq croix, dira-t-elle plus tard à ses juges de Rouen. J'ai su qu'elle était là par mes Voix et je n'ai jamais vu l'homme qui l'alla chercher. J'ai écrit aux gens d'Église de ce lieu qu'il leur plût de me la faire avoir et ils me l'ont envoyée. Elle n'était pas très profondément dans la terre derrière l'autel.

Après qu'elle eut été trouvée, les «gens d'Eglise» la frottèrent et la rouille tomba sans difficulté. Légende ou histoire : cette épée serait celle que Charles Martel aurait déposée là en *ex-voto* après sa première victoire contre les Sarrasins. Emerveillé par le prodige, le clergé de Sainte-Catherine fit confectionner un fourreau de velours blanc et les habitants de Tours une ganse de drap d'or. Jeanne préféra un plus modeste fourreau de cuir. Le même jour, elle reçut son étendard dont on a retrouvé la facture : « A Haulves Poulvoir, peintre, demeurant à Tours, pour avoir peint et baillé étoffe pour un grand étendard et un petit pour la Pucelle : 25 livres tournois. » Le « petit » n'était qu'un pennon figurant une Annonciation. Et Jeanne ne se lasse pas de regarder avec émotion l'étendard qu'elle aime plus que son épée, « quarante fois plus ! » précisera-t-elle.

La maison militaire réunie, Jeanne monte sur le cheval noir que lui a offert le duc d'Alençon et prend la route de Blois en suivant la rive droite du fleuve. Elle s'arrête à Veuves, à Onzain et à Chouzy.

Blois regorge de troupes venues de tous côtés pour se joindre à l'armée de Jeanne. La piétaille et même les chevaliers sont loin d'être de petits saints, mais tous, dès qu'ils ont vu la jeune Lorraine, sont si subjugués que blasphèmes et jurons sont oubliés.

— Ni moi ni les autres, quand nous étions avec elle, n'eûmes jamais de mauvaises pensées : il y avait en elle quelque chose de divin, dira plus tard son compagnon Dunois, le bâtard d'Orléans.

— Quelquefois, à la guerre, ajoutera le duc d'Alençon, j'ai couché avec elle à la «paillade», moi et d'autres hommes d'armes : j'ai pu la voir quand elle mettait son armure et entrevoir sa poitrine, qui était fort belle; cependant je n'ai jamais senti pour elle de désirs mauvais.

## 26 avril

Jeanne reste à Blois deux jours. Le premier, elle poursuit et fait chasser les « fillettes » qui encombrent le camp. Elle déteste tant les ribaudes qu'elle cassera un jour une épée sur le dos de l'une d'elles...

— Vous auriez mieux fait de prendre un bâton, lui dira le roi à qui l'épée a coûté fort cher...

## 27 avril

Le second jour, elle fait bénir ses étendards et enjoint aux hommes de se confesser.

## 28 avril

Pour atteindre Orléans, la Pucelle veut prendre la rive droite afin de « briser par-devant la plus grande puissance des Anglais à force d'armes ». Mais les chefs, sans rien dire à Jeanne qui ne connaît pas la région, font passer à l'armée le vieux pont de Blois « chargé de tourelles et de maisons ». Les sept ou huit mille hommes s'engagent sur la rive gauche, suivent la route qui décrit un vaste arc de cercle et évitent ainsi les bastilles anglaises.

Cependant, ce chemin doit obliger l'armée, pour entrer dans la ville assiégée, à passer la Loire en bateau, non en face de la ville, mais en amont, hors de portée des terribles arbalétriers anglais qui occupent le pont des Tourelles.

## vendredi 29 avril

Lorsque, sous une pluie diluvienne, ce matin-là, Jeanne arrive devant Orléans, et qu'elle aperçoit la Loire s'étendant entre elle et la ville, elle est indignée et apostrophe sans ménagement Jean d'Orléans, futur comte de Dunois, venu à sa rencontre :

— Est-ce vous qui êtes le bâtard d'Orléans?

— Oui, lui répond-il, et je suis bien heureux de votre arrivée !

— Est-ce vous qui avez dit que je vienne de ce côté et que je n'aille pas directement du côté où se trouvent Talbot et les Anglais?

— Oui, et de plus sages que moi sont du même avis...

— En nom Dieu, dit-elle alors, le conseil de mon Seigneur est plus sage et plus sûr que le vôtre!

Aussitôt, raconte Dunois, « le vent qui était contraire et présentait un grand obstacle à la montée des bateaux devint favorable ».

Le convoi de vivres et d'armes peut entrer dans la ville mais les bateaux ne reviennent pas et l'armée n'a plus qu'une ressource : suivre le plan de la Pucelle, c'est-à-dire rebrousser chemin, revenir à Blois et rejoindre Orléans par la rive droite. Sur les instances de Dunois, Jeanne consent à passer seule la Loire et à entrer dans la ville où elle est impatiemment attendue. A contrecœur, la Pucelle, suivie seulement de deux cents lances, s'embarque à trois lieues en amont, remonte la Loire jusqu'à Reuilly où elle touche terre. A huit heures, le vendredi 29, entre une double haie de torches, elle entre à Orléans par la porte de Bourgogne.

Après avoir traversé la moitié de la ville, elle s'arrête rue du Tabour, à l'hôtel de Jacques Boucher, trésorier du duc d'Orléans.

## 30 avril

En attendant l'arrivée de l'armée, Jeanne étudie la situation. A l'est, sur la rive droite, se trouvait la bastille Saint-Loup et, sur la rive gauche, celle de Saint-Jean-le-Blanc. Les assaillants, on s'en souvient, étaient parvenus à se rendre maîtres de l'important fort des Tourelles qui, sur la rive gauche, commandait le pont sur la Loire.

Afin d'empêcher les Anglais d'entrer dans la ville, les défenseurs s'étaient hâtés de faire sauter une arche et de construire, sur le pont même, un ouvrage en bois situé à quelques dizaines de mètres des Tourelles. De là, assiégés et assiégeants, chacun sur leurs positions, s'interpellaient grossièrement ou plaisantaient suivant leur humeur.

## 4 mai

L'armée venant de Blois et conduite par Dunois parvient sans dommage à passer à travers les bastilles ennemies et à pénétrer dans la ville. L'après-midi de ce même jour, Jeanne livre son premier combat. Les Anglais occupant la bastille Saint-Loup, non loin de la porte de Bourgogne, tentent une sortie et bientôt

*C'est dans le Vieux Logis du château de Loches que Jeanne fut reçue par le Dauphin, au mois de juin 1429, et qu'elle alla jusqu'à le persuader de se faire sacrer à Reims. (En haut, photo B.N. En bas, photo J. da Cunha.)*

les blessés affluent au poste de commandement de Jeanne qui blêmit :

— Jamais je n'ai vu sang de Français que mes cheveux ne se levassent droit!

La jeune fille, son étendard à la main, décide la contre-attaque et entraîne les hommes vers la bastille. Les Orléanais franchissent les palissades et, au soir, Saint-Loup est aux mains des Français.

## 5 mai

C'est l'Ascension, fête chômée, et l'on ne se bat point. Jeanne se contente de dicter une lettre aux Anglais leur ordonnant d'avoir à déguerpir :

« Vous, hommes d'Angleterre, qui n'avez aucun droit en ce royaume, le roi des Cieux vous mande et ordonne, par moi, Jeanne la Pucelle, que vous quittiez vos bastilles et retourniez en votre pays, ou sinon je ferai de vous un tel hahu qu'il y en aura éternelle mémoire... »

— Lisez, leur crie-t-elle du haut des remparts en accrochant la lettre à une flèche, ce sont des nouvelles.

— Des nouvelles de la p... des Armagnacs! s'exclament les Anglais.

Jeanne, les larmes aux yeux, riposte :

— J'irai demain vous visiter.

## 6 mai

Le lendemain Jeanne tient parole et réussit à faire franchir la Loire à ses quatre mille hommes. Les Anglais en fuite, « laids et honteux », ont évacué la bastille Saint-Jean, mais se sont solidement retranchés dans le couvent des Augustins et aux Tourelles.

Entraînant ses hommes, la Pucelle plante son étendard sur le rempart des Augustins, couvent en ruine transformé en forteresse. Les Français escaladent les murs, et la garnison, stupéfaite par cette furie, se laisse massacrer... C'est à peine si quelques survivants parviennent à se replier sur les Tourelles.

— J'aurai demain les tours de la bastille, s'exclame Jeanne, et je rentrerai à Orléans par le pont...

Mais six cents hommes bien armés occupent les Tourelles et, le soir venu, devant Jeanne qui a regagné Orléans par bateau, les capitaines sourient ironiquement. La Pucelle n'en donne pas moins ses ordres tout en ne mésestimant pas les difficultés qui l'attendent le lendemain.

— J'aurai beaucoup de besogne et, prédit-elle, le sang me sortira au-dessus du sein.

## 7 mai

Presque au début de l'attaque, un « trait de gros garriau » lui traverse l'épaule alors qu'elle dressait elle-même une échelle contre les remparts des Tourelles. Jeanne d'Arc a été transportée à quelque distance du combat. Avec courage, elle arrache la lourde flèche et applique sur la plaie de l'huile d'olive et du lard. Mais soudain elle bondit... Que se passe-t-il? Pourquoi Dunois fait-il sonner la retraite?

— En nom Dieu! Vous entrerez aux Tourelles!

Et elle ordonne :

— Faites manger vos hommes et boire!

Le repas est vite expédié.

— Dedans, mes enfants! crie la Pucelle. Ils sont vôtres! J'en suis sûre. Quand vous verrez flotter mon étendard vers la bastille, ruez-vous. Elle est à vous!

Un page a réussi à approcher l'oriflamme de la muraille.

— A mon étendard! crie Jeanne, tout est vôtre.

Les Français se précipitent sur les Tourelles « comme jamais nuée d'oiseaux sur un buisson ».

Un quart d'heure après, tous les Anglais sont pris ou noyés. La puissante bastille est aux mains des Français.

## 8 mai

Les Anglais lèvent le siège tandis que, dans la plaine, à une portée d'arbalète, toute l'armée de Jeanne, à genoux, assiste à une messe d'action de grâces.

## 9 mai

Jeanne quitte Orléans.

## 13 mai

A la porte de Tours, ce vendredi 13 mai, la Pucelle descend de cheval et s'incline profondément devant le « gentil dauphin » venu de Chinon à sa rencontre. Charles VII ôte son chapeau. Il est si ému « qu'on crut qu'il allait donner un baiser » à Jeanne.

Puis le roi et la *bonne Lorraine*, prenant la tête du cortège, se dirigent vers le château...

## 23 mai

Jeanne d'Arc quitte Loches. La campagne de la Loire va commencer.

## début juin

Jeanne déclare au roi :

— Gentil dauphin, partons pour Reims que vous y receviez votre digne sacre.

*JEANNE PAR LE DUC D'ALENÇON*[1]

*Certains ont cru voir, dans ce délicat visage, celui de Jeanne d'Arc. La sculpture apparaît le chef protégé par le casque porté par la piétaille au XV<sup>e</sup> siècle, la salade-à-queue, pourvue d'un couvre-nuque protecteur. (Musée d'Orléans. Photo François Garnier.)*

*Non contente de « bouter » l'Anglais hors de France, Jeanne, bientôt, s'attaque aux ribaudes qui infestent l'armée. Une miniature des « Vigiles de Charles VII » montre « comment la pucelle batit deux filles de joye et romppit (sur elles) son espée ». Il paraît que le roi, à qui l'épée avait coûté fort cher, aurait déclaré : « Vous auriez mieux fait de prendre un bâton. » (Cabinet des manuscrits. Bibliothèque nationale. Photo B.N.)*

*« J'ai entendu parfois Jeanne dire au roi qu'elle-même, Jeanne, durerait un an et guère plus, et qu'il leur fallait penser pendant cette année de bien œuvrer, car elle disait qu'elle avait quatre charges, à savoir : chasser les Anglais; faire couronner le roi et le faire sacrer à Reims; libérer le duc d'Orléans des mains des Anglais; et lever le siège mis par les Anglais devant la ville d'Orléans.*

*« Jeanne était chaste et elle détestait ces femmes qui suivent les soldats. Je l'ai vue une fois à Saint-Denis, en revenant du couronnement du roi, poursuivre, le glaive tiré, une fille qui était avec les soldats de telle sorte qu'en la poursuivant elle rompit son épée. Elle se courrouçait très fort quand elle entendait des soldats jurer et les grondait beaucoup, et moi surtout qui jurais de temps à autre. Quand je la voyais, je refrénais mes jurons.*

*« Autant que j'ai pu le voir, je l'ai toujours tenue pour bonne catholique et honnête femme, et je l'ai vue plusieurs fois recevoir le corps du Christ; et quand elle voyait le corps du Christ elle pleurait souvent avec beaucoup de larmes.*

*« Jeanne, dans tous ses faits, en dehors du fait de la guerre, était simple et jeune; mais sur le fait de guerre elle était très experte, tant dans le port de la lance que pour rassembler l'armée en ordre de bataille et pour préparer l'artillerie; de cela tous s'émerveillaient qu'elle agissait de façon si prudente et avisée sur le fait de guerre, comme l'eût fait un capitaine qui aurait pratiqué vingt ou trente années; surtout dans la préparation de l'artillerie, car c'est en cela qu'elle se comportait fort bien. »*

1 Adaptation de Régine Pernoud.

*Après la délivrance d'Orléans, Jeanne et son armée multiplient les victoires : Jargeau, Meung, Beaugency vont, en cinq jours, tomber aux mains des Français. Le 18 juin 1429, après la violente bataille évoquée par cette miniature des « Chroniques de France » de Jean Chartier, Patay, à son tour, succombe. (Cabinet des manuscrits. Bibliothèque nationale. Photo B.N.)*

Mais, pour cela, pour ouvrir la route, il faut libérer Meung, Beaugency et Jargeau. A plusieurs reprises, la Pucelle revient à la charge.

Enfin, elle l'emporte ! « De ce moment, nous dit Dunois, le roi fit toute diligence possible et il m'envoya, ainsi que le duc d'Alençon et les autres capitaines, avec Jeanne, pour récupérer lesdites villes et châteaux ».

## 11 juin

Jeanne d'Arc, avec douze cents lances et quelques milliers de fantassins, s'avance sur Jargeau.

## 12 juin

Jargeau est pris d'assaut. Suffolk est fait prisonnier.

## 17 juin

Beaugency capitule. Falstaff n'a plus qu'à battre en retraite.

## 18 juin

Voici la bataille de Patay racontée par Dunois : « Comme les Anglais ne purent alors porter secours à ceux d'entre eux qui étaient assiégés au château de Beaugency, lorsqu'il vint à leur connaissance que ce château avait été pris et ramené à l'obéissance royale, ces Anglais se réunirent en une seule armée, de telle façon que les Français croyaient que les Anglais voulaient se présenter en ordre pour combattre. Les Français mirent donc leur armée en bataille et s'apprêtèrent à attendre l'assaut des Anglais. Alors le seigneur duc d'Alençon, en présence du seigneur connétable (Richemont), de moi-même et de plusieurs autres, demanda à Jeanne ce qu'il devait faire. Elle lui répondit à haute voix en lui disant :

« — Ayez tous de bons éperons !

« Ce qu'entendant, les assistants demandèrent à Jeanne :

« — Que dites-vous ? Est-ce que nous allons leur tourner le dos ?

« Alors Jeanne répondit :

« — Non ; mais ce seront les Anglais qui ne se défendront pas et seront vaincus, et il vous faudra avoir de bons éperons pour leur courir après.

« Et il en fut ainsi car ils prirent la fuite et il y en eut, tant morts que captifs, plus de quatre mille. »

## 29 juin

C'est le départ pour Reims. Jeanne commande douze mille hommes.

## 30 juin

L'Italien Giovanni da Molino écrit ce jour-là : « Par cette jeune fille pure et sans tache, Dieu a sauvé la plus belle partie de la chrétienté, ce qui est bien une grande preuve de notre foi ; et si me semble-t-il que ce fait soit le plus solennel qui ait été depuis cinq cents ans et sera jamais, tel que tous viendront l'adorer avec tous les miracles. Voyez comment les Anglais pourront résister ! Autant il en viendra devant elle pour la menacer, autant tomberont morts à terre. »

## 1er juillet

D'habiles négociations aboutissent à la neutralité de la garnison bourguignonne d'Auxerre.

## 10 juillet

L'armée, le roi et Jeanne, en marche sur Reims, s'arrêtent devant Troyes occupé par une garnison anglaise.

Faut-il passer outre et laisser Troyes derrière soi ?

— Noble dauphin, déclare Jeanne, ordonnez que votre gent vienne et assiège la ville de Troyes, et ne traînez pas en plus longs conseils, car, en nom Dieu, avant trois jours je vous introduirai dans la cité de Troyes, par amour, ou par force, ou par courage, et la fausse Bourgogne en sera toute stupéfaite.

« Et alors, la Pucelle traversa aussitôt avec l'armée du roi, et fixa le campement le long des fossés, et prit d'admirables dispositions, comme ne l'auraient pas fait deux ou trois des plus fameux et expérimentés hommes d'armes ; et elle travailla si bien cette nuit-là que le lendemain l'évêque et les citoyens de la cité firent leur obéissance au roi. »

## 16 juillet

Charles VII entre à Reims.

## 17 juillet

Charles VII cesse d'être « le dauphin », ainsi que Jeanne continuait à l'appeler : il est sacré roi de France. « Et qui eut veu ladicte Pucelle accoler le roy a genoulx par les jambes et baiser le pied, pleurant à chaudes larmes, en eust pitié, et elle provoquoit plusieurs à pleurer en disant : « Gentil roy, ores est exécuté
« le plaisir de Dieu, qui vouloït que
« vinssiez à Rheims recevoir vostre
« digne sacre, en monstrant que vous
« estes vray roy, et celuy auquel le
« royaume doit appartenir. »

## 21 juillet

A l'annonce du sacre, Laon envoie à Charles VII les clefs de la ville.

## *DUNOIS DÉPOSE...*

*Jean d'Orléans, comte de Dunois, dit le bâtard d'Orléans, était le fils naturel de Louis Ier d'Orléans et de Mariette d'Enghien. École française du XVe siècle Coll. Heugel. (Photo J.-L. Charmet.)*

« *Je me souviens bien, racontera Dunois, que quand le roi était au château de Loches j'allai avec la Pucelle après la levée du siège d'Orléans; tandis que le roi était dans sa chambre dans laquelle étaient avec lui le seigneur Christophe de Harcourt, l'évêque de Castres, confesseur du roi (Gérard Machet), et le seigneur de Trèves (Robert le Maçon), qui fut chancelier de France, la Pucelle, avant d'entrer dans la chambre, frappa à la porte et, sitôt entrée, se mit à genoux et embrassa les jambes du roi, disant ces paroles ou d'autres semblables:*

« — *Noble dauphin, ne tenez plus tant et si longuement conseil, mais venez le plus tôt possible à Reims pour y recevoir une digne couronne.*

« *Alors le sire Christophe de Harcourt, s'entretenant avec elle, lui demanda si c'était son conseil qui lui disait cela, et Jeanne lui répondit oui et qu'elle en recevait pressants avis à ce sujet. Alors Christophe dit à Jeanne:*

« — *Ne voulez-vous pas dire ici, en présence du roi, comment fait votre conseil quand il vous parle?*

« *Elle répondit en rougissant;*

« — *Je vois assez ce que vous voulez savoir et vous le dirai volontiers.*

« *Le roi dit à Jeanne:*

« — *Jeanne, vous plaise bien dire ce qu'ils demandent en présence de ceux qui sont ici.*

« *Elle répondit au roi que oui et dit au roi ces paroles ou autres semblables:*

« — *Que quand quelque chose n'allait pas, parce qu'on ne voulait pas facilement s'en remettre à elle de ce qui lui était dit de la part de Dieu, se plaignait à Lui que ceux à qui elle parlait ne la croyaient pas facilement. Et sa prière faite à Dieu, elle entendait une voix qui lui disait:* « *Fille Dieu, va, va, va, je serai à ton aide, va.* » *Et quand elle entendait cette voix, elle ressentait une grande joie et désirait toujours être en cet état. Et, ce qui est plus fort, en répétant ainsi les paroles de ses voix, elle-même exultait de merveilleuse façon, levant ses yeux vers le ciel.* »

« *Et derechef le roi fut bien joyeux* », *ajoute le* Journal du siège d'Orléans, *après le récit de cette scène. C'est la troisième fois que l'on note sur le visage fermé du souverain un éclair de joie: à Chinon, lors de l'arrivée de Jeanne, à l'issue de l'entrevue secrète, le 13 mai, à Tours où il parut si ému et en cette occasion où il se décide à prendre la route du sacre.* »

*Après le sacre de Charles de Valois, la France va, peu à peu, sortir du chaos. C'est le dimanche 17 juillet que le Dauphin recevait, à Reims, l'onction sainte des mains de l'évêque Regnault de Chartres. (Cabinet des manuscrits. Bibliothèque nationale. Photo B.N.)*

## 23 juillet

Charles VII, toujours accompagné de Jeanne, fait son entrée à Soissons. On trouve là les délégués de Crécy-en-Brie, Coulommiers, Provins, Château-Thierry, venus faire acte d'allégeance. C'est la moisson du sacre.

## 3 août

Les possessions de Charles continuent à s'arrondir.

Le roi est à Provins depuis la veille et, avec Jeanne, va entendre la messe à l'église Saint-Quiriace.

*JUILLET 1429*

*Je, Christine, qui ai plouré*
*Onze ans, en abbaye close*
*A rire bonnement de joie*
*Me prends...*
*L'an mil quatre cent vingt-neuf*
*Reprit à luire li soleil.*

*Et toi Charles... vois ton renom*
*Haut élevé par la Pucelle*
*Qui a soumis sous ton pennon*
*Tes ennemis. Chose est nouvelle !*

*CHRISTINE DE PISAN*

*Ce curieux dessin extrait du roman de Martin le Franc, « Le Champion des Dames », montre, de gauche à droite, Judith, Holopherne et... Jeanne d'Arc. C'est une des plus anciennes reproductions que l'on connaisse de la Pucelle. Elle date, en effet, de 1451. Le poème de Martin le Franc, dédié au duc de Bourgogne, rapporte une discussion entre Malebouche et Franc-Vouloir. Le premier rend les femmes responsables des maux du genre humain, tandis que le second prend leur défense. (Cabinet des manuscrits. Bibliothèque nationale. Photo Giraudon.)*

## 10 août

L'armée royale est à La Ferté-Milon. On marche maintenant sur Crépy-en-Valois. Le peuple continue à se masser le long des chemins en criant: *Noël!* Jeanne chevauche entre Dunois et l'archevêque de Reims.

— Voilà un bon peuple, leur dit-elle; je n'ai jamais vu un autre peuple qui tant se réjouît de l'arrivée d'un si noble roi; puissé-je être assez

*Sans grande difficulté, le Dauphin et la Pucelle se sont emparés de Troyes. Cette victoire atténue quelque peu l'amertume causée par le honteux traité qui, signé dans cette même ville neuf années auparavant, livrait la France à l'Angleterre. Une miniature des « Vigiles de Charles VII » représente le Dauphin et Jeanne, assis côte à côte, recevant des Troyens vaincus les clefs de la cité. (Cabinet des manuscrits. Bibliothèque nationale. Photo B.N.)*

heureuse lorsque je finirai mes jours pour pouvoir être inhumée en cette terre.

— O Jeanne, demande l'archevêque de Reims, en quel lieu avez-vous espoir de mourir?

— Où il plaira à Dieu, répond-elle, car pour moi je ne suis sûre ni du temps ni du lieu, pas plus que vous ne le savez. Et plaise à Dieu mon créateur que je puisse maintenant me retirer, laisser les armes et m'en aller servir mon père et ma mère en gardant mes brebis, avec ma sœur et mes frères qui se réjouiraient tant de me revoir.

Peut-être est-elle un peu déçue d'apprendre que, sans le lui dire, le roi — premier revirement de Charles — a conclu une trêve de quinze jours avec le duc de Bourgogne. Celui-ci a promis, la trêve écoulée, de rendre Paris. Jeanne est sceptique et prend ses précautions : « *Je* tiendrai et maintiendrai réunie l'armée du roi pour qu'elle soit toute prête au bout desdits quinze jours, s'ils ne font la paix... »

## 13 août

Bedford, qui campe à Mitry, envoie un cartel à Charles « qui se disait dauphin et ose maintenant se dire roi », à cause de cette « femme désordonnée et diffamée, vivant en habit d'homme, et de comportement dissolu ». L'Anglais propose une vraie bataille, et non plus des escarmouches ou de petites rencontres. On se garde bien d'accepter. C'est en les usant que l'on « boutera les Anglais hors de France », et non en se lançant dans un nouvel Azincourt.

## 15 août

Une grande bataille devant Senlis manque de peu de se trouver engagée. Jeanne a même planté son étendard sur les retranchements de Bedford, à l'abbaye de la Victoire. Il n'y a, en fait, qu'une simple échauffourée et les Anglais abandonnent leur camp et regagnent Paris.

## 18 août

Charles et Jeanne font leur entrée dans Compiègne. On apprend là que Beauvais s'est donné au roi de France, que l'évêque Pierre Cauchon s'est enfui. Jeanne le retrouvera...

### *JEANNE PAR SON PAGE, LOUIS DE COUTES, DIT MUGOT.*

*« J'étais, je l'ai dit, le page de Jeanne et j'étais toujours avec elle. Et je suis resté avec elle jusqu'au moment où Jeanne est venue devant Paris.*

*« Autant que j'en aie pu avoir connaissance, Jeanne était bonne et honnête femme, vivant de façon catholique ; elle entendait la messe très volontiers et jamais ne manquait d'aller l'entendre si cela lui était possible. Elle était très courroucée quand elle entendait blasphémer le nom de Dieu ou qu'elle entendait quelqu'un jurer ; plusieurs fois j'ai entendu quand le seigneur d'Alençon jurait ou disait quelque blasphème, qu'elle le réprimandait. Et généralement personne dans l'armée n'aurait osé devant elle jurer ou blasphémer, de peur d'être par elle réprimandé.*

*« Elle ne voulait pas que dans l'armée il y eût des femmes ; une fois, près de la ville de Château-Thierry, comme elle avait vu la maîtresse d'un des soldats, un chevalier, elle la poursuivit, le glaive nu ; elle ne frappa cependant pas cette femme, mais l'avertit doucement et charitablement de ne plus se trouver dans la compagnie des soldats, autrement elle lui ferait quelque chose qui lui déplairait. »*

*Cette poignante statuette de pierre peinte représente Jeanne prisonnière, les mains liées, entourée de deux hommes. Ces deux êtres, accablés, semblent vouloir demander pardon de l'horrible forfait dont ils se sentent coupables en se faisant les geôliers d'une sainte. Mais leur attitude est en contradiction avec celle de la plupart de leurs semblables, brutes cruelles dont la Pucelle eut tant à souffrir. (Collection particulière, château du Plessis-Bourré. Photo Jérôme da Cunha.)*

*Le matin du mercredi 30 mai 1431, le long martyre de Jeanne va prendre fin. Une miniature des « Vigiles de Charles VII », de Martial de Paris, en évoque l'atroce épilogue : le bourreau liant brutalement la Pucelle sur le bûcher qui la consumera tout entière à l'exception, dit-on, de son cœur — du moins la légende l'affirme. Autour d'elle, les juges qui l'ont condamnée et, au premier plan, l'évêque Cauchon. Ce dernier, espérant entendre la « Relapse » renier ses « voix », voulut assister au supplice. (Cabinet des manuscrits. Bibliothèque nationale. Photo B.N.)*

*A l'instant où Charles VII va essayer de se réconcilier avec le parti bourguignon, son chef en est le duc Philippe, surnommé le Bon, fils de Jean sans Peur et beau-frère du roi de France dont il a épousé la sœur Michelle. Le duc, représenté ici vers 1445 par le Flamand Van der Weyden dont il fut le protecteur, est décoré de l'ordre célèbre de la Toison d'Or qu'il a fondé à Bruges en 1429. (Musée des Beaux-Arts, Dijon. Photo Lauros-Giraudon.)*

Bedford vient de quitter Paris pour se diriger vers Rouen et la Normandie.

Deux cents Anglais occupent encore la capitale.

### 26 août

Jeanne d'Arc part loger à Saint-Denis.

### 28 août

Charles VII signe avec le duc de Bourgogne une trêve de quatre mois. Durant cette période, on ne se battra pas dans tous les pays situés à droite de la Seine, sauf à Paris. Bien plus — et là, on croit rêver — Charles reconnaît au duc le droit « d'employer lui et ses gens à la défense de la ville de Paris et résister à ceux qui voudroient faire guerre ou porter dommage à icelle ».

Autrement dit, vous avez licence de vous défendre par tous les moyens contre les attaques que Jeanne pourrait vous porter. La gloire de la Pucelle et la reconnaissance qu'il est obligé de lui porter gênent-elles le roi? On peut le penser.

*Au mois de septembre 1429, après de nouveaux succès, Jeanne décide de s'attaquer à Paris. Mais une flèche reçue dans la cuisse devant la porte Saint-Honoré la mettra hors de combat. Extraite des « Vigiles de Charles VII », la miniature montre, au premier plan, Jeanne entourée des soldats dont certains, munis d'une planche ou de fagots de bois, vont tenter de franchir les fossés remplis d'eau qui entourent les remparts de la ville. (Cabinet des manuscrits. Bibliothèque nationale. Photo B.N.)*

## 7 septembre

A Senlis, le duc d'Alençon fait honte au roi de son attitude qui frise la couardise. Finalement, Charles accepte de rejoindre Jeanne à Saint-Denis et d'y attendre l'attaque de la place.

Celle-ci est munie de solides remparts et d'une bonne garnison.

## 8 septembre

L'assaut est donné aux murs de Paris. Devant la porte Saint-Honoré, Jeanne est blessée à la cuisse. En dépit de ses protestations, on arrête le combat et, le lendemain, le roi

interdit qu'il soit repris. Charles semble avoir trouvé l'excuse qu'il cherchait pour ne pas s'emparer de Paris.

Il est bon de répéter les termes de l'accord du 28 août si l'on veut expliquer l'attitude du pauvre roi. Et puis, comme l'a écrit le Bourguignon Georges Chastellain : « Il y eut fréquentes et diverses mutations autour de sa personne, car c'était l'habitude qu'en terme de temps, quand on s'était bien haut élevé auprès de lui jusqu'au sommet de la roue, *lors commençait à s'en ennuyer et, à la première occasion qui pouvait donner quelque apparence, volontiers la renversait de haut en bas.* » Du moins, c'est ce qui se répétait à la cour du duc bourguignon.

## 13 septembre

L'envieux et défiant Charles entraîne Jeanne et l'armée du sacre sur les chemins de la Loire. On tourne le dos aux victoires. On se refuse même, en passant, à attaquer Sens : on contourne la ville et l'on franchit l'Yonne.

## 21 septembre

A Gien, Charles licencie son armée : vassaux et arrière-vassaux sont déliés du « service d'ost ». On devine le désespoir de Jeanne. A son grand déplaisir, la Pucelle va commencer une existence de cour et sera comblée d'honneurs — qu'elle ne demande pas. L'inaction va se prolonger ainsi pendant près de deux mois.

## 13 octobre

Philippe le Bon reçoit du roi d'Angleterre le titre de lieutenant général pour le royaume de France.

## 6 novembre

Henri VI est sacré roi d'Angleterre à Westminster.

## mi-novembre

Jeanne, avec les maigres ressources royales, a mis le siège devant La Charité-sur-Loire, tenue par le Bourguignon Perrinet Gressart. L'hiver est là, et Jeanne est laissée sans vivres et sans argent ; aussi, à son grand déplaisir, doit-elle abandonner — et revenir au château de Mehun-sur-Yèvre où séjourne le roi.

## 29 décembre

A Mehun-sur-Yèvre, Charles, « par la grâce de Dieu roi de France », signe cette lettre : « Afin de célébrer les très abondantes et très éclatantes faveurs du Très Haut dont la largesse nous a comblé par l'illustre service de la Pucelle notre chère et bien-aimée Jeanne Darques de Domremy... avons anobli ladite Pucelle... ses père et mère... ses frères et toute sa parenté et son lignage... voulant qu'eux-mêmes et leur lignage et toute leur postérité née et à naître puissent compter en tout comme nobles quant aux privilèges, franchises, prérogatives et autres droits dont les autres dits nobles de notre royaume, nés de noble lignée, ont l'habitude d'user et dont ils usent, pour en jouir en paix et en bénéficier... »

## 1430, 8 mars

Bedford, pour renforcer son alliance avec Bourgogne, lui donne la Champagne et la Brie.

## mars

Jeanne a retrouvé Charles au château de Sully-sur-Loire. C'est là qu'elle prend la décision de « bouter définitivement les Anglais hors de France ». Par une pluvieuse journée de la fin du mois de mars, en compagnie du duc d'Alençon, la Pucelle, « fort mal contente de la manière que le roi et son conseil tenaient pour le recouvrement du royaume », quitte brusquement Sully-sur-Loire, sans même vouloir prendre congé du roi. Elle ne se retourne pas vers la haute masse du château féodal où Charles, écœuré de gloire, doit pousser un soupir de soulagement. Jeanne marche vers Lagny-sur-Marne « où ceux de la place faisoient bonne guerre aux Anglois de Paris et ailleurs ». Elle traverse le pont, ce pont où l'on percevait alors un droit de péage pour « le juif vif, la juive grosse, le juiveau, le juif mort et la juive morte ».

*L'extraordinaire épopée de Jeanne aura son épilogue devant Compiègne. C'est au cours du siège de la ville que la Pucelle sera capturée par des soldats bourguignons avant d'être vendue aux Anglais. La miniature des « Vigiles de Charles VII » qui rapporte le tragique instant en adoucit cependant le côté dramatique. (Cabinet des manuscrits. Bibliothèque nationale. Photo B.N.)*

## avril

Jeanne participe à quelques coups de main : à Melun, à Lagny, à Senlis.

Sa seule présence ne réussit pas à décider du succès.

Cependant, les Anglais doivent prendre des mesures « contre les capitaines et les soldats retardataires terrifiés par les enchantements de la Pucelle ».

## 20 mai

Philippe le Bon charge un de ses capitaines, Jean de Luxembourg, de mettre le siège devant Compiègne qui, au lendemain du sacre de Charles VII, a chassé sa garnison bourguignonne. La ville tient la clef du passage entre la Picardie et Paris, et les deux partis se disputent sans cesse sa possession.

## 23 mai

Jeanne d'Arc décide de se porter au secours de Compiègne. Avec ses forces très réduites elle réussit à entrer dans la ville. Ce même jour, vers cinq ou six heures du soir, elle franchit le pont et s'engage sur la chaussée de Noyon.

Tandis que Jeanne presse les troupes bourguignonnes de Jean de Luxembourg, les Anglais de Montgomery accourent. Voilà la Pucelle prise entre deux feux. Elle espère que ceux de Compiègne, bien à l'abri derrière leurs remparts, vont venir à la rescousse. Mais ils s'en gardent. Les troupes de Jeanne fléchissent, elle met alors « beaucoup de peine à sauver sa compagnie de perte, demourant derrière comme chief et comme la plus vaillante du troupeau ». Toujours assaillie, Jeanne recule vers le pont-levis, mais celui-ci se lève et Jeanne est acculée à l'angle du chemin de Noyon. Les Bourguignons l'entourent. Un archer du bâtard de Wandomme, lieutenant de Jean de Luxembourg, fait tomber la Pucelle de son cheval.

Le poids de sa cuirasse l'empêche de se relever.

— Rendez-vous à moi et me baillez la foi! crie l'archer.

— J'ai baillé ma foi à un autre que vous, réplique-t-elle, et lui tiendrai mon serment.

*Cette muraille éventrée et béante est tout ce qui subsiste de la tour de Beauregard, ancien donjon royal du château fortifié de Compiègne édifié, en 1374, par Charles V. C'est là, semble-t-il, que Jeanne aurait été enfermée le jour de sa capture par les soldats bourguignons. (Photo J. da Cunha.)*

Voici Jeanne prisonnière des Bourguignons.

Philippe le Bon, « plus joyeux que s'il eût eu un roi entre les mains », accourt pour voir sa prisonnière et la fait d'abord incarcérer au château de Beaulieu-en-Vermandois, puis, près de Cambrai, au château de Beaurevoir, appartenant à Jean de Luxembourg, enfin au château du Crotoy.

## 26 mai

Les Anglais veulent mettre au point une forme légale pour faire disparaître Jeanne.

L'Université de Paris est alors à leur service.

Aussi ce jour-là, trois jours après la capture de Jeanne, le greffier de l'Université demande-t-il au duc de Bourgogne de leur envoyer la Pucelle afin qu'elle réponde aux questions des docteurs de l'Université.

Mais les Anglais trouvent dangereux de faire un tel procès à Paris, trop près des possessions des Armagnacs. C'est Rouen qui sera choisi.

## début juin

On installe à Rouen le petit Henri VI, âgé de neuf ans. Il est, en effet, urgent de le montrer à ses sujets français afin de contrebalancer l'effet du sacre de Charles VII. Officiellement, la régence de Bedford prend fin et l'on décide de couronner l'enfant roi de France. Il le sera le 17 décembre 1431, à Paris.

## 12 juin

A Authon, les troupes royales battent Louis de Châlons qui, sur l'ordre du duc de Bourgogne, voulait conquérir le Dauphiné.

## 22 juillet

Frédéric, duc d'Autriche, conclut un traité avec Charles VII et s'engage à faire la guerre à Philippe le Bon.

## 4 novembre

La ville de Liège, soudoyée par Charles VII, s'est soulevée contre Philippe le Bon. Jean de Luxembourg essaye de mettre les révoltés à la raison, mais, mal secondé par les Anglais, il doit rétrograder et laisser sur place toute l'artillerie bourguignonne. Ce 4 novembre, Philippe le Bon se plaint amèrement auprès du roi Henri d'Angleterre. Va-t-il abandonner la cause anglaise?

## mi-novembre

Pierre Cauchon, évêque de Beauvais, agissant en qualité de conseiller du roi d'Angleterre, propose à Jean de Luxembourg d'acheter Jeanne d'Arc pour dix mille livres, la somme devant être prise sur les subsides votés par les états de Normandie.

## 24 décembre

Luxembourg ayant accepté le marché, Jeanne d'Arc est conduite à Rouen. Destinée à être jugée par un tribunal ecclésiastique, elle ne devait pas être incarcérée dans une pièce laïque. Il n'en fut rien. «Jeanne, nous dit un témoin, était dans le château de Rouen, dans une chambre, au milieu, à laquelle on montait par huit degrés; il y avait là un lit sur lequel elle couchait; et il y avait là une grosse pièce de bois sur laquelle était une chaîne de fer, avec laquelle Jeanne était liée en des fers de pied et qui était fermée avec une serrure mise à la pièce de bois; et il y avait là cinq Anglais de la plus basse condition, ceux qu'on appelle en français houcepailliers, qui la gardaient; et ils désiraient beaucoup la mort de Jeanne, et souvent se moquaient d'elle; et elle le leur reprochait. »

## 1431, 21 février

Jeanne comparaît devant ses juges. Qui est-elle? Elle répond avec simplicité « qu'on la nommait chez elle Jeannette; Jeanne après qu'elle vint en France... Elle est née au village de Domrémy qui fait tout un avec Greux, fut baptisée audit lieu par maître Jean Minet... et se trouve aujourd'hui âgée de dix-neuf ans, lui semble-t-il ».

Les interrogatoires se prolongeront durant deux semaines. « Quand on interrogeait Jeanne, nous dit Jean Massieu, il y avait six assesseurs avec les juges, qui lui posaient des questions, et au moment où l'un interrogeait et où elle répondait à sa question, un autre interrompait sa réponse, si bien que plusieurs fois elle dit à ceux qui l'interrogeaient : « Beaux seigneurs, faites l'un après l'autre »...

Quant à un autre témoin, il précisera : « Elle était seule, assise sur un siège; et je l'ai entendue répondre sans être conseillée. »

## 16 mars

Les interrogatoires de Jeanne se terminent. Les juges français vont-ils obéir aux directives de leurs maîtres, les Anglais?

Mais les Anglais ne veulent qu'une chose — et peu importent les moyens : la mort de Jeanne. Tous les témoins du procès de réhabilitation le répéteront : « Les Anglais, nous dit André Marguerie, détestaient Jeanne et voulaient sa mort... Certains se sont attiré des reproches pour n'avoir pas parlé selon le vouloir des Anglais. » Pierre Bouchier dépose de son côté : « Les Anglais en avaient peur, ils voulaient qu'elle meure. » Et Isambart de La Pierre le précise : « Ils ne cherchaient qu'à la faire mourir. »

## 27 et 28 mars

Jeanne écoute la lecture de l'acte d'accusation prétendument fondé sur les aveux de l'inculpée. Elle avait refusé non seulement de quitter l'habit d'homme, puisqu'elle l'avait revêtu sur le conseil de ses Voix, mais encore, au sujet de son orthodoxie, elle n'avait pas voulu se rapporter à la « détermination de l'Eglise ». Une déclaration avait perdu Jeanne : celle où elle semblait ne pas reconnaître l'autorité de l'Eglise : « Je suis venue au roi de France de la part de Dieu, de la Sainte Vierge Marie, et de tous les Saints du Para-

*A Rouen, cette tour, dite tour de Jeanne d'Arc, dans laquelle la jeune Lorraine fut enfermée en 1431, est un imposant vestige de l'ancien château de Bouvreuil construit par Philippe Auguste en 1204. Un dessin du XV<sup>e</sup> siècle, fait sur place, restitue l'ensemble des vastes bâtiments tels qu'ils se dressaient au moment du procès de Jeanne. (Ci-dessus, bibliothèque de Rouen. Photo Ellebé. Ci-dessous, photo Jérôme da Cunha.)*

dis, et de l'Eglise victorieuse de là-haut, et par leur commandement; et à cette Eglise-là, je soumets tous mes bons faits et tout ce que j'ai fait ou ferai. »

## 23 mai

Les débats sont clos. Pour que Jeanne puisse être condamnée, il faut qu'elle abjure ses « erreurs ». Il faut obtenir d'elle un désaveu public de sa mission. Aussi Cauchon va-t-il imaginer la fameuse mise en scène du cimetière de Saint-Ouen. Devant une multitude de peuple, on somme Jeanne, mais en vain, de « révoquer ses faits » et d'abjurer. Après la troisième sommation, Cauchon commence la lecture de la sentence. Jeanne sait qu'à la fin du texte elle sera livrée aux Anglais et brûlée vive. D'ailleurs, le bourreau se trouve déjà là et le bûcher est prêt. Pendant la lecture de la cédule d'abjuration, nous dit Jean Massieu, « j'avertissais

Jeanne du péril qui la menaçait au sujet de la signature de cette cédule; et je voyais bien que Jeanne ne comprenait pas cette cédule, ni le péril qui la menaçait. Alors Jeanne, pressée de la signer, répondit : « Que « cette cédule soit vue par les clercs et « par l'Eglise, entre les mains desquels « je dois être mise; s'ils me donnent « conseil que je la doive signer, et de « faire ce qui m'est dit, je le ferai vo- « lontiers. » Alors maître Guillaume Erard lui dit : « Fais-le maintenant, « sinon aujourd'hui tu finiras tes jours « par le feu. » Alors Jeanne répondit qu'elle aimait mieux signer que d'être brûlée. Et à ce moment-là il y eut un grand tumulte dans la foule qui était là, et des pierres furent jetées; par qui, je n'en sais rien... »

Il ne reste plus à Jeanne qu'à lire la formule d'abjuration et déclarer qu'elle ne retournera plus « à ses erreurs ». L'évêque de Beauvais peut alors prononcer la sentence définitive : « Nous te condamnons finalement à la prison perpétuelle, avec le pain de douleur et d'angoisse, de telle sorte que là tu pleures tes fautes et n'en commettes plus qui soient à pleurer. »

— Jeanne, déclare Loiseleur, vous avez fait une bonne journée s'il plaît à Dieu, et vous avez sauvé votre âme.

— Or çà, demande la Pucelle, entre vous gens d'Église, menez-moi en vos prisons, et que je ne sois plus en la main de ces Anglais.

Elle est ensuite ramenée au château, à la grande fureur des Anglais qui veulent toujours la mort de leur ennemie.

## 28 mai

On a déposé dans la prison de Jeanne ses habits d'homme — et ce matin-là la Pucelle s'en revêt. Pourquoi? Martin Ladvenu nous rapporte qu'il avait « entendu de la bouche de Jeanne qu'un grand seigneur anglais entra dans la prison de Jeanne et tenta de la prendre par force; cela était cause, disait-elle, qu'elle avait repris l'habit d'homme... »

Cauchon entre alors dans la prison et Jeanne lui annonce que « Dieu lui avait mandé par sainte Catherine et sainte Marguerite la grande pitié de la trayson que elle consentit en faisant l'abjuracion pour sauver sa vie ». Elle le répète, son abjuration est un mensonge. Jeanne peut donc être désormais considérée comme relapse. En sortant de la prison, Cauchon éclate de joie. « *Farewell! Farewell!* » dit-il à Warwick, « il en est faict; faictes bonne chière ».

## 30 mai

On vient annoncer à Jeanne que l'assemblée de docteurs réunis la veille l'a déclarée relapse. En conséquence, elle va être livrée au bras séculier et brûlée vive.

— Hélas, s'exclame-t-elle, me traite-t-on ainsi horriblement et cruellement, qu'il faille que mon corps net et entier, qui ne fut jamais corrompu, soit aujourd'hui consumé et réduit en cendres! Ah! j'aimerais mieux être décapitée sept fois que d'être ainsi brûlée. Hélas, si j'eusse été en la prison ecclésiastique à laquelle je m'étais soumise et que j'eusse été gardée par des gens d'Église, non pas par mes ennemis et adversaires, il ne me fût pas si misérablement méchu comme il est. Oh! j'en appelle devant Dieu, le grand juge, des grands torts et ingravances qu'on me fait.

« Et elle se complaignait merveilleusement en ce lieu des oppressions et violences qu'on lui avait faites en la prison par les geôliers et par les autres qu'on avait fait entrer contre elle. »

## *21 FÉVRIER 1431, JEANNE RÉPOND :*

*A l'évêque qui exige un nouveau serment :*

— *J'ai assez juré, vous devez être content!... Vous qui vous dites mon juge, prenez garde à ce que vous faites... Vous vous mettez en grand danger.*

*Une autre fois :*

— *Je vous en avertis. Si Notre-Seigneur vous punit, j'aurai fait mon devoir en vous prévenant.*

*Quel pape selon vous est le bon?*

— *Est-ce qu'il y en a deux?*

*Les saintes dont elle parle et qui lui apparaissent haïssent-elles les Anglais?*

— *Elles aiment ce que Notre-Seigneur aime, haïssent ce qu'Il hait.*

*Dieu hait-Il les Anglais?*

— *Ce que je sais, c'est qu'ils seront chassés de France, excepté ceux qui y mourront.*

*Sainte Marguerite s'exprime-t-elle en anglais?*

— *Pourquoi parlerait-elle anglais puisqu'elle n'est pas du parti des Anglais?*

*Le vêtement masculin qu'elle porte?*

— *Donnez-moi un habit de femme. Je le prendrai si on me laisse partir.*

*Ne s'est-elle pas trouvée présente en des combats où on a tué des Anglais?*

— *En nom Dieu, et comment j'y étais? Comme vous parlez gentiment! Mais aussi pourquoi s'obstinent-ils à rester en France au lieu de retourner dans leur pays?*

*Saint Michel était-il nu?*

— *Croyez-vous que le Bon Dieu n'ait pas de quoi l'habiller?*

*Etes-vous sûre de ne pas être damnée?*

— *Je crois fermement que je serai sauvée, aussi fermement que si c'était fait.*

*Vous ne pouvez donc pas faire de péché mortel?*

*Cette lettrine ornée d'un manuscrit rapportant le procès de Jeanne, la montre, frêle et seule, livrée aux questions d'un évêque. (Cabinet des manuscrits. Bibliothèque nationale. Photo Ina Bandy.)*

— *Je n'en sais rien : je mets ma confiance en Notre-Seigneur.*

*Etes-vous en état de grâce?*

— *Si je n'y suis Dieu veuille m'y mettre, et si j'y suis Dieu veuille m'y tenir!*

*Frère Isambart de La Pierre conseille à Jeanne de se soumettre au concile général qui vient de se réunir à Bâle, « l'évêque, rapportera-t-il, me cria rudement : « Taisez-vous, de par le diable! » Sur quoi, maître Manchon demanda s'il devait enregistrer la soumission de Jeanne au concile de Bâle. L'évêque, qui n'ignorait point que les Anglais contestaient ledit concile, répondit que non, ce n'était pas nécessaire. Alors Jeanne lui dit : « Ah, vous écrivez bien ce qui est contre moi, mais vous ne voulez pas écrire ce qui est pour moi. »*

Cauchon entre alors dans le cachot.

— Evêque, s'exclame Jeanne, je meurs par vous.

— Ah! Jeanne, répond le prélat, prenez-en patience, vous mourrez pour ce que vous n'avez tenu ce que vous nous aviez promis et que vous êtes retournée à votre premier maléfice.

Coiffée d'une mitre sur laquelle se trouvent ces mots : *Hérétique*, *relapse*, *apostate* et *idolâtre*, Jeanne, entourée par sept ou huit hommes d'armes, est conduite place du Vieux-Marché où le bûcher l'attendait.

## début juin

Au mois de mai 1429, en apprenant la capture de la Pucelle, Charles VII sembla se désintéresser totalement de son sort, et cette attitude vient déposer contre ceux qui prétendent que Jeanne, fille d'Isabeau de Bavière et du duc d'Orléans, était la demi-sœur du roi. Sans doute cette thèse fournit-elle, pour ceux qui nient le merveilleux et ne croient pas au surnaturel, une réponse à tant de points demeurés inexplicables : cette escorte donnée à une paysanne pour aller voir le roi, cette traversée miraculeuse d'un pays infesté d'ennemis, le doute du roi sur sa filiation que Jeanne parvint à apaiser en quelques mots, le ton familier qu'elle employait pour parler au souverain et aux plus grands personnages, son affection pour le bâtard d'Orléans Dunois, son dévouement pour Charles d'Orléans, le vaincu d'Azincourt, sa science militaire enfin. « Le roi et tous ceux de son hostel et autres de quelque état qu'ils fussent, nous dit l'écuyer Perceval de Cagny, se donnèrent de très grandes merveilles de ce qu'elle parlait et devisait des ordonnances et du fait de la guerre, autant et en aussi bonne manière comme eussent pu et su faire les chevaliers et écuyers étant continuellement au fait de la guerre ».

Certes, tout ceci est troublant, mais, si Jeanne est princesse de France, l'attitude du roi en ce mois de mai 1429 l'est tout autant. Et puis n'oublions pas que la Pucelle avait à

### «*J'AI VU MOURIR JEANNE...*»

*MARTIN LADVENU : Le jour de la mort de Jeanne, au matin, par la permission et l'ordre des juges et avant que la sentence ait été portée, j'ai entendu Jeanne en confession, et je lui ai administré le corps du Christ, qu'elle a reçu humblement, très dévotement et avec beaucoup de larmes, comme je ne le saurais raconter. Et depuis cette heure je ne l'ai pas quittée jusqu'au moment où elle rendit l'esprit; et presque tous ceux qui étaient là pleuraient de pitié, et surtout l'évêque de Thérouanne (Louis de Luxembourg). Et je ne doute pas qu'elle ne soit morte catholiquement; je voudrais en effet que mon âme soit où je crois qu'est l'âme de Jeanne.*

*Après la sentence, elle est descendue de la chaire dans laquelle elle avait écouté le sermon et a été conduite par le bourreau sans autre sentence de juge laïque au lieu où le bois était préparé pour la brûler. Ce bois était sur un échafaud, et en dessous le bourreau mit le feu. Et quand Jeanne aperçut le feu, elle me dit de descendre et de lever la croix du Seigneur bien haut pour qu'elle puisse la voir, ce que je fis.*

*JEAN RIQUIER : Quand Jeanne vit mettre le feu au bois, elle commença à crier à haute voix : « Jésus! Jésus! »*

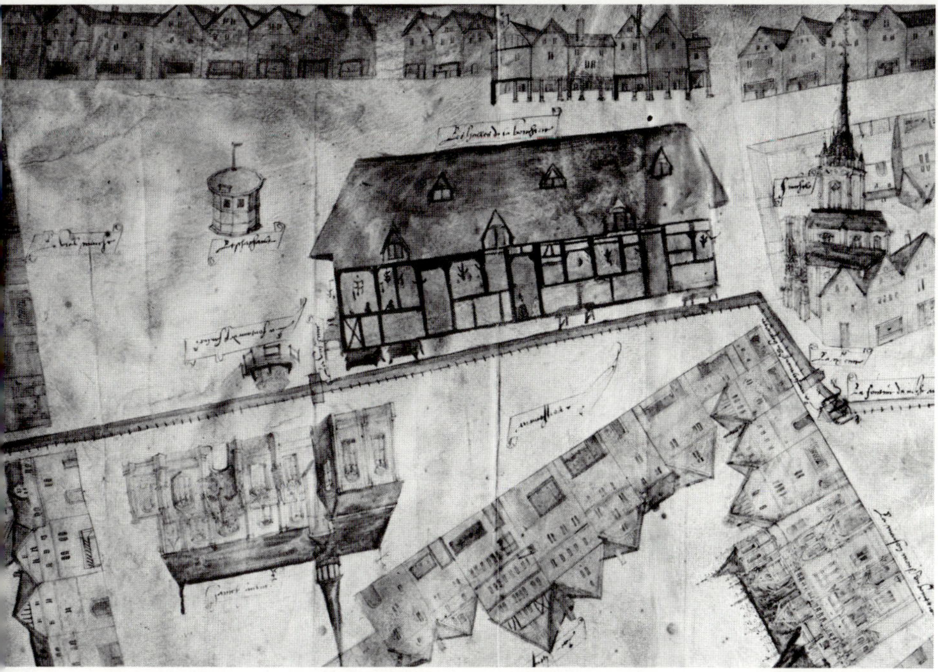

*Ce dessin du XVe siècle est un fragment du plan de la ville de Rouen. Il représente en particulier la place du Vieux-Marché sur laquelle fut dressé le bûcher de Jeanne. (Bibliothèque de Rouen. Photo Ellebé.)*

*Et toujours jusqu'à sa mort, elle cria « Jésus! » Et lorsqu'elle fut morte, comme les Anglais avaient peur qu'on ne dise qu'elle s'était évadée, ils dirent au bourreau de repousser un peu le feu en arrière pour que les assistants puissent la voir morte, afin qu'on ne dise pas qu'elle s'était évadée...*

*JEAN MASSIEU : J'ai entendu dire par Jean Fleury, clerc du bailli et greffier, que le bourreau lui avait rapporté qu'une fois le corps brûlé au feu et réduit en cendres, son cœur était demeuré intact et plein de sang. Et il lui fut dit de réunir les cendres et de les jeter dans la Seine; ce qu'il fit.*

peu près dix-sept ans en 1429. Or, puisque le duc d'Orléans, son père supposé, a été assassiné au mois de novembre 1407, et que la reine Isabeau venait alors d'accoucher d'un enfant mort, Jeanne, née, en ce cas, tout au début de 1407, aurait eu vingt-deux ans en arrivant à Chinon. Ce qui serait difficile à concilier avec les nombreuses dépositions qui permettent d'affirmer que Jeanne serait née probablement en 1412 — et non en 1407.

Gambetta avait raison lorsqu'il disait : « On ne touche pas à Jeanne d'Arc. » Jeanne est en effet la plus belle histoire — et une histoire vraie — de l'Histoire de France.

# DES ANNÉES DE DÉSARROI

## 1431, fin juin

Date devenue mémorable dans l'Histoire de France, la mort de Jeanne d'Arc sur le bûcher de Rouen est vraisemblablement passée inaperçue de la plupart des Français. Tant de sorcières étaient brûlées à travers le pays... Le sort de la Pucelle resta en outre ignoré dans bien des régions.

A la cour, Charles VII a été informé. Il ne manifeste ouvertement aucune compassion. Cependant, le chroniqueur vénitien Nicolas Morosini affirme qu'il a ressenti une très amère douleur et promis de tirer terrible vengeance des Anglais et des femmes anglaises. Mais que vaut ce témoignage?

En réalité, les mois qui suivent la mort de Jeanne sont parmi les plus désolants de notre histoire. La lutte d'influence entre le connétable de Richemont, allié des Angevins, et le gros Georges de La Trémoille se poursuit avec plus de violence que jamais.

## 2 juillet

Coup funeste pour le parti de Yolande d'Anjou. Afin de mettre un terme aux entreprises d'Antoine de Vaudémont qui réclame l'héritage de Lorraine, René d'Anjou, aidé d'un capitaine de fortune, Barbazan, attaque son adversaire dans la plaine de Bulgnéville, à quelques lieues de Neufchâteau. Il est battu. Barbazan est tué. René, fait prisonnier, est remis au duc de Bourgogne qui le tient captif à Dijon. Cette défaite du prince angevin renforce l'hostilité de La Trémoille contre Richemont.

## juillet-novembre

Le conseiller de Charles VII, pour tirer parti de son avantage, lance des bandes de routiers et d'écorcheurs commandés par Rodriguez de Vil-

*En réponse au sacre de Charles VII, le duc de Bedford fait couronner, six mois plus tard, celui qu'il estime être le successeur légitime de Charles VI le Fol : son petit-fils Henri. Le jeune Lancastre n'a que dix ans lorsque, le 16 décembre 1431, il reçoit, à Notre-Dame de Paris, les attributs de la royauté : le sceptre et la couronne. Une miniature des Chroniques de Jean de Wavrin montre l'enfant, entouré d'évêques, de cardinaux et des notables de sa cour, assis sur un trône surmonté d'un dais. Sous celui-ci, on distingue les armes du jeune souverain : l'écartelé de France et d'Angleterre. (Cabinet des manuscrits. Bibliothèque nationale. Photo B.N.)*

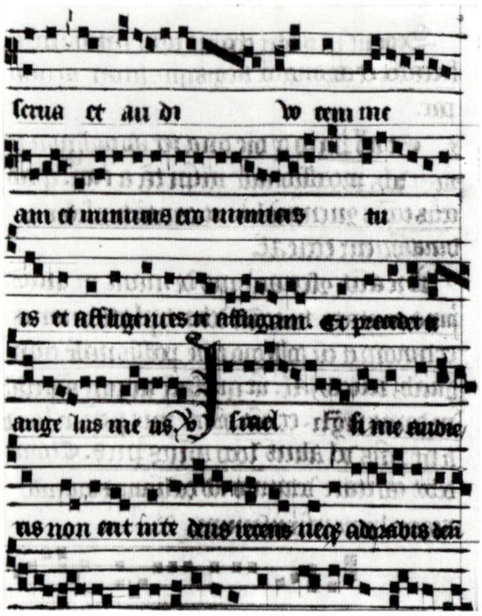

*Page de la musique écrite pour le sacre d'Henri VI à Paris. (Photo Archives nationales.)*

landrando contre le Poitou et l'Anjou qui sont dévastés et pillés.

## novembre

Cependant le duc de Bourgogne redoute une victoire nouvelle des Anglais. La mort de sa sœur, Anne, épouse du duc de Bedford, détend les liens familiaux entre le régent anglais et Philippe le Bon.

Les moyens financiers manquent toujours à Charles VII. Réunis à Amboise, les états généraux de langue d'oïl concèdent la levée d'une taxe sur les entrées et sorties de marchandises. Encore faut-il qu'elle soit perçue...

## décembre

Depuis le mois de février précédent, un concile se tient à Bâle pour travailler à la réforme de l'Église. Il s'est heurté au mauvais vouloir du pape Eugène IV. Finalement, le pape décide de dissoudre l'assemblée de Bâle en dépit des véhémentes protestations des prélats français.

## 16 décembre

Pour renforcer son autorité sur Paris et la France occupée par les Anglo-Bourguignons et pour riposter au couronnement de Reims, Bedford fait sacrer Henri VI à Notre-Dame de Paris. Mais on remarque l'absence du duc de Bourgogne.

## 1432, janvier

Bedford y a été sensible. Il cherche ailleurs des alliés et se rapproche du duc de Bretagne, Jean V. Mais celui-ci tire plus d'avantages à conserver une certaine neutralité entre le roi de France et le roi d'Angleterre. Il répond de façon très évasive aux avances de Bedford.

## 9 février

La lutte entre les pères conciliaires et le pape a une répercussion directe en France. L'Université de Paris regimbe devant la décision d'Eugène IV de dissoudre le concile.

## 14 février

Encouragés par cette attitude, les évêques refusent de se séparer et de quitter Bâle.

Charles VII cherche à tirer parti de la situation. Il invite les évêques français à se réunir en assemblée plénière à Bourges.

C'est le premier pas vers une Eglise gallicane.

*Debout sous un dais, le duc de Bourgogne Philippe le Bon reçoit de Jean Vauquelin, en 1446, sa traduction des « Chroniques de Hainaut » écrites par Jacques de Guise. Ainsi que le comte de Charolais, son fils, et les gentilshommes de son entourage, Philippe le Bon est vêtu d'un haincelain bordé de fourrure, et de chausses à la poulaine. Il porte l'ordre de la Toison d'Or qu'il a fondé en 1429. (Bibliothèque royale, Bruxelles. Photo de la bibliothèque.)*

## fin février

Les Français commencent à supporter malaisément l'occupation anglo-bourguignonne. Les seigneurs normands qu'indisposent les pillages des garnisons anglaises sont les premiers à donner le signal de la rébellion. Mais leurs tentatives sont prématurées. Le sire de Ricardville, qui a tenté un coup de main contre le château de Rouen, échoue. En revanche, Antoine de Loré obtient quelques succès en luttant aux confins du Maine et de l'Ile-de-France.

## 5 mars

Bedford, après sa tentative malheureuse près du duc de Bretagne, se retourne vers Richemont. Ne pourrait-il pas gagner le connétable à sa cause? « Il faut retraire le comte de Richemont », écrit-il. Prêt aux plus lourds sacrifices territoriaux, il lui fait offrir la Touraine, la Saintonge, le pays d'Aunis et La Rochelle.

Richemont reste sourd à cette offre. La Trémoille, qui en a eu connaissance, ressent une vive inquiétude. Il comprend qu'il est préférable de traiter avec son adversaire et avec le duc de Bretagne, son frère.

Un accord est conclu à Rennes entre Charles VII, La Trémoille, Jean V et Richemont. Ils s'engagent « à ne se faire aucune guerre, aucun dommage, non plus qu'à leurs serviteurs, sujets et alliés ».

C'est un échec pour Henri VI et Bedford. Mais le connétable ne retrouve aucun crédit à la cour où La Trémoille reste tout-puissant. Attendant son heure, il se retire en son château de Parthenay.

*De l'« Arbre des Batailles », ouvrage du XVe siècle, rédigé par Honoré Bonet, est extraite cette miniature qui évoque la cour au temps de Charles VII. Au centre, le roi, entouré de ses proches et de sa suite : à sa droite, le Dauphin revêtu de la cotte à ses armes. A gauche du roi, le connétable de Richemont, portant les armes de Bretagne (d'hermine plain). Au registre supérieur, l'Église, personnifiée par le pape entouré de cardinaux, d'évêques et de moines. Enfin, de part et d'autre du tronc de l'arbre, se trouvent bourgeois et paysans. (Bibliothèque de l'Arsenal. Photo B.N.)*

## avril

S'étant ainsi assuré de la neutralité (bienveillante) du duc de Bretagne, Charles VII cherche maintenant à se rapprocher du duc de Bourgogne. Il sait que Philippe le Bon commence à trouver l'alliance anglaise pesante.

Des ambassadeurs français et bourguignons entament discrètement des négociations.

## août

Comme les Normands, les Parisiens commencent à résister ouvertement à l'occupation anglaise. Ils n'ignorent pas que des bandes de routiers à la solde de Charles VII circulent en Ile-de-France et jusqu'aux abords de la capitale. Avec la complicité de religieux et de religieuses, un groupe cherche à leur ouvrir la porte Saint-Antoine. Là encore, la tentative échoue. L'abbesse de Saint-Antoine, convaincue de complicité, est mise en prison pendant quelques semaines.

## 1433, printemps

Partout les Anglais réagissent. Ils n'ont pas perdu l'espoir de conquérir l'Anjou. Le comte d'Arundel accompagné de quelques compagnies d'arbalétriers occupe le Maine. Il pousse jusqu'à Angers mais est battu aux environs de la ville et doit rebrousser chemin.

Pour sa part, La Trémoille continue à jouer le double jeu. Il s'est réconcilié avec le duc de Bretagne...

*Les troupes d'Henri VI continuent d'occuper la France, provoquant de continuelles révoltes. Ces soldats anglais passant au pied des remparts d'une ville laissent à penser les répressions qui s'ensuivaient. La miniature est extraite des « Chroniques de France » de Jean Chartier, XVe siècle (Cabinet des manuscrits. Bibliothèque nationale. Photo B.N.)*

Mais il laisse les Anglais reprendre Montargis.

## juin

Cette fois, la mesure est comble. Richemont est décidé à en finir. A Chinon, où le conseiller de Charles VII réside, un complot est ourdi par quatre seigneurs fidèles au connétable et à la maison d'Anjou, Jean de Bueil, Prigent de Coëtivy, Raoul de Gaucourt et Pierre de Brézé.

La Trémoille loge dans la partie du château appelée le Coudray. Il est surpris dans son lit. Les conspirateurs se précipitent sur lui. L'un d'eux lui assène un coup de dague dans le ventre. Bueil interdit qu'on le tue. Il suffit qu'il soit mis hors d'état de nuire. Transporté au château de Montrésor, le gros La Trémoille souscrit à toutes les conditions qu'on lui impose, payer rançon, rendre les places dont il s'est emparé, ne plus reparaître à la cour.

Charles VII, qui occupe une autre aile du château de Chinon, n'est pas intervenu. Il voit disparaître son favori sans protester. Le règne de La Trémoille est terminé.

Richemont s'est bien gardé de se montrer. Frère puîné du roi René, Charles d'Anjou remplace le gros

Georges près du roi. Les Angevins reprennent toute leur influence.

### juillet-août

Pour les défendre contre les compagnies de routiers, Bedford a accepté de donner des armes aux paysans de Normandie. Imprudente initiative : les paysans retournent ces armes contre les garnisons anglaises. Partout à travers la province, des groupes de « résistants » s'organisent.

### septembre

Réunis à Tours, les états généraux votent au roi l'octroi d'un subside de 40 000 livres et l'autorisent à lever un fouage (taxe sur chaque foyer). Les caisses de l'Etat se remplissent.

### octobre

Les bandes des capitaines français, Antoine de Loré, Villandrando, La Hire, battent la campagne jusqu'aux entours de la capitale. Troyes tient bon. Compiègne est libéré. Villandrando oblige le régent à lever le siège de Lagny.

Un orfèvre parisien, Gossouin de Luet, aidé de Jean Trotet, monte un complot à Paris. Ils sont découverts. Les Parisiens restent fidèles aux Bourguignons.

### novembre-décembre

Aussi bien le duc de Bourgogne ne cesse d'augmenter sa puissance territoriale. Au cours de l'année, il a acquis le Hainaut, la Hollande et la Zélande dont il a dépossédé Jacqueline de Bavière.

### 1434, 21 juin

Cet appétit de conquêtes manifesté par Philippe le Bon n'est pas sans troubler l'empereur du Saint Empire, Sigismond, suzerain des terres dont le duc vient de s'emparer. Aussi lance-t-il contre lui un manifeste sévère... qui ne produit aucun effet, sinon d'inquiéter quelque peu Philippe qui songe à se rapprocher du roi de France. Sigismond rappelle en effet son alliance avec Charles.

Sorti de son inaction, le connétable de Richemont quitte Parthenay. A la tête de ses troupes, il secourt Sillé-le-Guillaume assiégé par les Anglais. Charles d'Anjou rejoint cette armée et c'est sur le champ de bataille que Richemont l'arme chevalier. Impressionnés par ces forces, les Anglais n'insistent pas. Une partie du Maine est ainsi libérée.

Du coup, Charles VII se réconcilie définitivement avec le connétable.

La mort de Louis III d'Anjou à Cosenza fait passer sur la tête du roi René tous les territoires et royaumes auxquels il peut prétendre. Le duc de Bourgogne envisage de rendre la liberté à ce précieux captif contre une forte rançon.

Enfin, à Bâle, le pape Eugène IV se réconcilie avec les pères conciliaires et promet de promulguer d'importantes réformes dans l'Eglise.

### septembre

Le revirement de la situation en France pousse Bedford à agir. Le trésor britannique s'épuise en frais d'occupation. Le régent — on lui garde ce titre bien qu'Henri VI ait été couronné — réunit à Rouen les états de Normandie et exige d'eux l'octroi forcé d'un subside de 344 000 livres.

Fureur des Normands. Dans toutes les campagnes, le mécontentement s'accompagne d'attaques contre les Anglais.

## octobre-novembre

On assiste même à une révolte générale de la Normandie. Deux hommes, le sire de Merville et un certain Cantepie, tentent même contre le château de Caen un coup de main qui échoue.

## 1435, janvier

L'année 1434 s'achève donc par un réveil de la royauté et une rébellion des Français contre les misères de la guerre et les dévastations des écorcheurs. L'année qui s'ouvre marque un tournant décisif dans la guerre franco-anglaise.

Dès le mois de janvier, les états généraux du royaume s'assemblent à Poitiers. Réunion partielle : de nombreux députés sont absents. Ceux qui sont présents votent une taille de 120 000 livres et rétablissent les aides pour une période de quatre années. Charles VII s'assure ainsi le nerf de la lutte.

Le connétable de Richemont, rentré en grâce, rencontre à Nevers le duc de Bourgogne et le duc de Bourbon. Il est accompagné du chancelier de France. Richemont engage Philippe le Bon à entamer des négociations officielles avec Charles VII.

A Bâle, l'épiscopat français, irrité des hésitations du pape, s'élève violemment contre les pères conciliaires qui soutiennent celui-ci.

## 2 février

La mort de la reine Jeanne II de Naples accroît la fortune des Angevins.

En effet, le jour même où elle va rendre l'âme, la reine adopte René d'Anjou et fait de lui l'héritier du royaume de Sicile.

Mais René d'Anjou est toujours prisonnier du duc de Bourgogne...

### *LE TRAITÉ D'ARRAS*

*C'est la liquidation du passé.*

*Le roi de France reconnaît d'abord que la mort de Jean de Bourgogne (Jean sans Peur) « a été iniquement et mauvaisement perpétrée ». Il prie Monseigneur de Bourgogne d'ôter de son cœur toute rancune et toute haine.*

*Services, messes, fondation d'un couvent en réparation, élévation d'une croix sur le pont de Montereau constituent les réparations morales.*

*Mais les concessions matérielles ne sont pas moins importantes. Charles VII cède au duc les comtés de Mâcon et d'Auxerre, la châtellenie de Bar-sur-Seine, les villes de Péronne, Montdidier, Roye et les villes de la Somme (Saint-Quentin, Corbie, Amiens, Abbeville); le roi de France conserve la faculté de racheter ces dernières.*

*Philippe est exempté de tout hommage et sujétion vis-à-vis de Charles.*

*En échange, le duc abandonne pratiquement l'alliance avec l'Angleterre.*

*C'est, souligne Petit-Dutaillis, une étape décisive sur le chemin de la délivrance.*

## 14 avril

Au cours d'une solennelle chevauchée à travers la capitale, Philippe le Bon peut se convaincre que tous les Parisiens aspirent à la paix.

« La paix, la paix. » C'est le cri qui accueille le cortège : les demoiselles et les bourgeoises viennent implorer la duchesse. L'Université de Paris et le chapitre de Notre-Dame supplient le duc. Philippe comprend que sa popularité ne souffrira pas d'une réconciliation avec Charles VII.

## mai

Les Anglais, à leur tour, se déclarent prêts à négocier.

## 5 août

Un véritable congrès de la paix s'ouvre à Arras. Philippe le Bon est accompagné d'une brillante escorte. Le Saint-Siège et les évêques du concile de Bâle, représentés par le légat du pape et le cardinal de Chypre, font office de médiateurs. Le cardinal de Beaufort, évêque de Winchester, préside la délégation anglaise, le connétable de Richemont dirige les plénipotentiaires français.

Entre Anglais et Français, la discussion devient rapidement orageuse. Les Français offrent à Henri VI la Normandie et la Guyenne (qu'il occupe toujours). Les Anglais proposent de laisser à Charles VII les territoires qu'il détient, sous réserve qu'il abandonne la couronne et se reconnaisse le vassal d'Henri VI. C'est l'impasse.

## 6 septembre

Malgré les efforts des arbitres, aucun progrès n'est enregistré. Furieux, les Anglais quittent Arras.

Les négociations se poursuivent entre les Français et les Bourguignons. Elles aboutiront le 21 septembre.

## 14 septembre

Bedford meurt au château de Rouen. Son mausolée est élevé dans la cathédrale.

*Cette miniature des Chroniques d'Enguerrand de Monstrelet rappelle un héraut d'armes dans ses fonctions. Celui-ci proclame la paix d'Arras. (Cabinet des manuscrits. Bibliothèque nationale. Photo B.N.)*

*Jean Chartier, dans cette miniature du XVe siècle des « Chroniques de Charles VII », représente le roi, assis en majesté, présidant un lit de justice. (Département des manuscrits. British Museum. Photo du musée.)*

*LA DÉCONFITURE DE JOHN RUPPELEY*

*Pontoise est tenu par un certain John Ruppeley. Selon leur habitude, John et ses hommes sont partis pour fourrager dans les environs. La compagnie de l'arquebuse, formée de paisibles bourgeois qui s'exercent à ce jeu d'adresse, décide de passer à l'attaque. Les arquebusiers s'emparent des soldats anglais qui sont restés dans la ville, ferment les portes et proclament leur libération. Quand John se présente, on lui rit au nez. Furieux, les Anglais incendient les villages et les monastères voisins. Mais ils doivent se replier.*

*Pendant ce temps, des troupes régulières de Charles VII, commandées par Richemont, Jean de Villiers de L'Isle-Adam et le bâtard d'Orléans Dunois, s'emparent de Lagny, de Melun, de Corbeil, de Saint-Germain-en-Laye, de Vincennes et de Charenton.*

*Les Parisiens commencent à s'agiter.*

## 21 septembre

Et voici que disparaît à son tour, bien oubliée dans son hôtel Saint-Pol à Paris, la reine Isabeau de Bavière qui a pu, elle aussi, assister à la faillite de ses desseins.

## 28 octobre

La signature du traité d'Arras ranime l'espoir des populations occupées, principalement de celles de Normandie. Sous le commandement du vaillant Charles Desmarets, Dieppe est libéré et ne retombera plus entre les mains des Anglais.

## novembre

Le pays de Caux se soulève à son tour et pourchasse les garnisons anglaises tandis qu'en Ile-de-France La Hire s'empare de Saint-Denis. Étampes est occupé par un capitaine français.

## décembre

Mais les Anglais ripostent. Ils rétablissent leur emprise sur une grande partie du pays normand (à l'exception de Dieppe et de Caudebec).

## 10 décembre

Le traité d'Arras ne convient guère aux Armagnacs ni aux Angevins. Le bâtard d'Orléans et Charles d'Anjou manifestent leur mauvaise humeur.

Malgré leur opposition, Charles VII, sur le conseil du connétable, ratifie les clauses du traité.

## 1436, janvier

La guerre des partisans se poursuit en Normandie, malgré les brutalités de l'occupant. Les habitants du val de Vire, menés par leur « capitaine de commune », un certain Boscher, et aidés par les sires de Bueil, de Lohéac et de La Roche, multiplient les escarmouches. Un certain Olivier Bachelin, meunier d'un moulin à foulon, près de Vire, devient célèbre par ses exploits que chantent les résistants :

*Hélas, Olivier Bachelin*
*N'aurons-nous plus de vos nouvelles ?*

Car Cauchois et Virois finissent par être réduits. Bachelin est exécuté. Mais le Mont-Saint-Michel tient bon et Granville, que les Anglais ont aménagé en port contre le Mont, est pris par Louis d'Estouteville.

## février-mars

Cette lutte obscure des partisans se poursuit pendant tout l'hiver de la Normandie à l'Ile-de-France jusque dans le Maine où Jean de Bueil libère plusieurs localités. Dans le pays de Lisieux combattent Borgne de Nocé et Louis de Bienfait.

C'est au tour de Pontoise, dans le Vexin français, de se débarrasser des Anglais.

## 23 février

Charles VII, qui vient d'obtenir des états généraux réunis à Poitiers le doublement de la taille, promet aux Parisiens l'amnistie.

## 10 avril

Villiers de L'Isle-Adam s'est d'abord installé à Pontoise. Il transfère son quartier général à Saint-Denis.

Les garnisons anglaises qui occupent Paris sont inquiètes. Elles redoutent un soulèvement général et n'attendent aucun renfort.

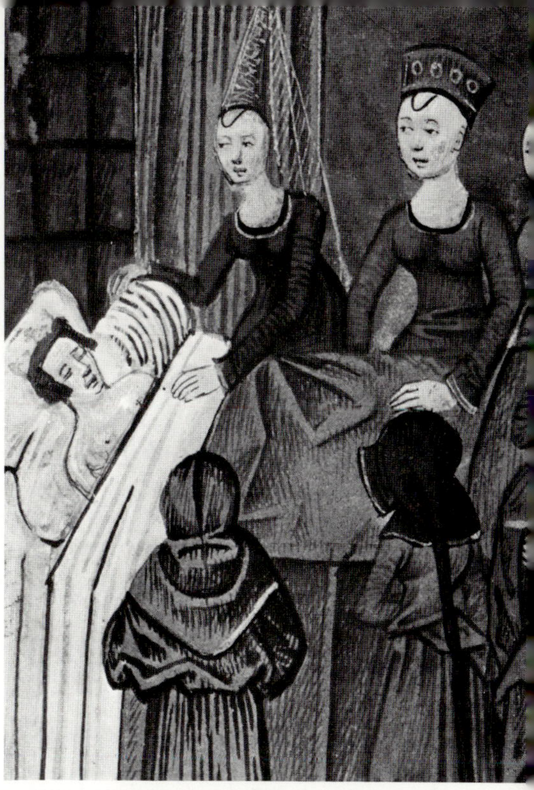

*C'est à l'hôtel Saint-Pol, où elle s'est retirée depuis 1422, que la reine Isabeau, à l'automne de l'an 1435, s'éteint, âgée de soixante-quatre ans. (« Chroniques de Charles VII ». Département des manuscrits. British Museum. Photo du musée.)*

*La dépouille de « feu madame Ysabeau de France » est transportée de l'hôtel Saint-Pol à l'abbaye de Saint-Denis sur une barque qui descend doucement la Seine. (« Vigiles de Charles VII ». Cabinet des manuscrits. Bibliothèque nationale. Photo B.N.)*

## *LA LIBÉRATION DE PARIS*

*Les Parisiens sont de plus en plus excédés par l'occupation anglaise. Le coût des denrées ne cesse de croître — et elles se font fort rares car les routiers français du connétable de Richemont et de Jean de Villiers de L'Isle-Adam battent l'estrade autour de Paris et arrêtent tous les convois de vivres destinés à la capitale. Les Anglais, qui sentent leur domination chanceler, sont impitoyables : « On faisait en secret et ouvertement mourir beaucoup de monde », observe le Bourgeois de Paris dans son journal.*

*Officiellement, Paris est gouverné par Pierre Cauchon, devenu évêque de Lisieux, et par le chancelier Louis de Luxembourg, aidés des évêques de Paris et de Meaux. Les quatre hommes sont détestés.*

*La résistance est dirigée par un conseiller à la Chambre des comptes, Michel de Lailler, qui parvient à communiquer avec Richemont et Villiers de L'Isle-Adam. Après avoir mis en déroute un corps anglais qui tentait de l'arrêter, le connétable s'établit le 10 avril à Saint-Denis. Un complot s'ourdit. Il est convenu qu'on ouvrira aux troupes françaises la porte du faubourg Saint-Marcel, tandis qu'on occupera les Anglais ailleurs.*

*De fait, le 13 avril, c'est la révolte générale. Les cloches s'ébranlent appelant les Parisiens aux armes. Des barricades s'élèvent. Les Anglais sont criblés de projectiles divers, bûches, pierres, et même ustensiles de ménage. Mais ils sont puissamment armés et ripostent à coups de flèches en invoquant saint Georges et en criant :*

*— Traîtres, Français, tuez-les tous!*

*Ils se dirigent les uns vers les Halles, les autres vers la porte Saint-Denis par laquelle ils pensent que va se produire l'attaque principale. C'est bien sur quoi compte Richemont qui, ayant effectué un vaste mouvement tournant, pénètre par la porte Saint-Jacques qu'on lui a ouverte. Au milieu d'une foule délirante de joie, il se rend aux Halles, puis à Notre-Dame. Les Anglais sont massacrés. Les survivants se réfugient à la Bastille.*

*Michel de Lailler, nommé par Richemont prévôt des marchands, fait lire à tous les carrefours les lettres d'amnistie signées de Charles VII. Les Anglais obtiennent la vie sauve et la permission de s'embarquer pour Rouen sur la Seine. Ils entraînent avec eux les collaborateurs les plus compromis et disparaissent au milieu des huées de la population qui hurle :*

*— A la queue, à la queue!*

*Car on prétend que les Godam, selon une plaisanterie classique au Moyen Age, avaient été condamnés par le Ciel, pour avoir blasphémé saint Augustin de Cantorbéry, à porter une queue au derrière (d'où l'épithète d'Anglais « coués » dont on les affuble).*

*Dans tout le royaume, l'annonce de la libération de Paris est saluée par des manifestations d'allégresse.*

*Maintenant les Parisiens attendent le roi. Charles VII ne semble pas pressé de se montrer dans la capitale.*

### 11 avril

L'armée du connétable et de Villiers s'empare d'Epinay-sur-Seine.

### 13 avril

Et c'est la révolte générale des Parisiens.

### 24 juin

Le roi de France, en effet, n'a pas abandonné toute rancœur contre cette capitale qui l'a rejeté. Puis il veut assurer l'avenir de la dynastie. Il décide de marier son fils Louis, futur Louis XI, à Marguerite d'Ecosse, et constitue à cette occasion une maison princière au dauphin.

### été

Partout la France marque son retour à la puissance. Au concile de Bâle, les évêques français publient un manifeste dénonçant l'obstruction apportée par le pape aux réformes exigées par les pères conciliaires.

### novembre-décembre

La prise de Paris n'est qu'une nouvelle étape dans cette guerre de libération. Malgré l'approche de l'hiver, le connétable de Richemont poursuit la campagne avec ardeur. Il a tiré du roi quelques subsides pour solder ses troupes. Les moyens sont insuffisants, aussi ne peut-il empêcher le départ de nombreux hommes d'armes. Mais, infatigable, il est partout à la fois : en Picardie, en Champagne, en Lorraine.

Il n'oublie pas non plus tout ce qu'il doit à Yolande d'Anjou. Il entreprend de négocier avec Philippe le Bon la délivrance du roi René, toujours tenu captif par le duc de Bourgogne dans le château ducal de Dijon. René, qui voudrait bien prendre possession de son royaume de Naples, commence à trouver le temps long et est fatigué de sa captivité.

### 1437, 28 janvier

Les pourparlers aboutissent : moyennant l'abandon de la ville de Cassel, de toutes prétentions sur les terres de Flandre et le payement d'une lourde rançon de quatre cent mille ducats, le roi René est remis en liberté.

Il part peu après pour l'Anjou afin de régler les problèmes de l'administration de ses domaines avant de rejoindre son épouse, Isabelle de Lorraine, à Naples.

### 12 février

Les garnisons anglaises tiennent toujours plusieurs châteaux de Normandie et les grandes villes (dont Rouen). Elles ne désespèrent pas de prendre leur revanche et, grâce à une ruse, rentrent dans Pontoise.

*LA NUIT BLANCHE*
*DE PONTOISE*

*La neige n'est pas fréquente en Ile-de-France, mais en ce mardi gras 1437 elle couvre tout le sol. Une petite troupe décidée, commandée par le capitaine Sterkins, se camoufle de linceuls blancs et s'avance sans bruit dans la campagne endormie. Les sentinelles ont-elles abusé des crêpes chaudes et du cidre normand? Elles ne s'aperçoivent de rien. L'assaillant escalade les murailles, se saisit du château et reprend ainsi la ville. Le capitaine français, le maréchal de L'Isle-Adam, n'a que le temps de se sauver en chemise et sans armure pour n'être pas pris en triste posture. Décidément, tout est au blanc, cette nuit-là à Pontoise.*

### avril

De cette perte, Charles VII manifeste un vif mécontentement. Il a d'autant plus de motifs d'être de mauvaise humeur qu'à Angers, où l'on célèbre le mariage du fils du roi René, Jean, avec Marie de Bourbon, nièce de Philippe le Bon, plusieurs grands seigneurs, jaloux de la faveur que le roi de France montre à Charles d'Anjou, frère de René, profitent de la réunion pour conspirer contre lui. Il y a parmi eux Charles de Bourbon, Jean d'Alençon et le capitaine Rodrigue de Villandrando.

L'intrigue est découverte grâce à l'action rapide des gens du roi. Cette première « Praguerie » avorte dans l'œuf. Charles de Bourbon est éloigné de la cour. Alençon et Villandrando sont invités à aller combattre l'Anglais. Quant au roi René, qui a connu le complot sans y participer directement, il se fait pardonner quelques mois plus tard en abandonnant le Maine à son frère Charles, le favori du roi.

## 12 avril

Tandis que Richemont lève des troupes pour entreprendre une nouvelle campagne, à Bâle, les débats du concile deviennent de plus en plus orageux entre les pères et le pape, entre les pères eux-mêmes. L'archevêque de Lyon et l'évêque de Metz sont sur le point de se battre !

## 7 mai

Les pères décident de voter pour choisir le lieu où se réunira un nouveau concile. La plupart proposent Avignon. Ce vote déplaît à Eugène IV qui exige que le concile se tienne dans une ville italienne. Il ne rallie autour de lui qu'une minorité.

## 30 mai

Une bulle du pape désigne la ville de Ferrare pour siège d'un « concile d'union ».

Charles VII interdit aux prélats français de s'y rendre.

## août-septembre

En dépit de la médiocrité des moyens mis à sa disposition, le connétable a repris la lutte aux confins de l'Ile-de-France et de l'Orléanais afin d'assurer un meilleur ravitaillement de Paris car les habitants de la capitale continuent à souffrir terriblement de la disette.

Richemont s'empare de Nemours et de Malesherbes. Il garantit ainsi la liberté des communications entre la capitale et la vallée de la Loire.

## 10 octobre

Charles VII se décide enfin à participer à cette campagne. Il prend le

*Une lucide ardeur au combat a fait de Charles VII le vainqueur de Montereau. Auréolé de cette gloire, il va pouvoir prendre possession, le 12 novembre 1437, de sa bonne ville de Paris. Une miniature des « Vigiles de Charles VII » représente le souverain lors de son entrée dans la capitale enfin libérée de la domination anglo-bourguignonne. Devant l'accueil enthousiaste que lui font les Parisiens, Charles semble mesurer le glorieux chemin parcouru depuis qu'il n'était que « roi de Bourges ». (Cabinet des manuscrits. Bibliothèque nationale. Photo B.N.)*

commandement de l'armée et, le 10 octobre, après un siège de quelques jours, enlève d'assaut la ville de Montereau où il entre un des premiers.

## 12 novembre

Cette victoire renforce l'assurance du roi qui, un mois plus tard, entouré d'un splendide cortège de chevaliers, fait son entrée solennelle à Paris, dans cette capitale qu'il avait dû fuir dix-huit ans auparavant, abandonné de tous.

Il y avait dix-sept mois que les Parisiens attendaient le retour de leur roi. Leur enthousiasme n'est pas moins sincère. Charles VII y répond sans joie. Il a gardé de trop mauvais souvenirs de ses années de jeunesse.

*A la tête de ses troupes, Charles VII reprend Montereau aux Anglais. Une miniature des Chroniques d'Enguerrand de Monstrelet montre l'armée royale pénétrant dans la ville dont elle chasse l'occupant. (Cabinet des manuscrits. Photo Bibliothèque nationale.)*

*LA PRAGMATIQUE SANCTION*

*C'est le premier acte solennel du gallicanisme en France.*

*Dans le préambule sont dénoncés les abus commis ou tolérés par le Saint-Siège.*

*« La cupidité du fisc pontifical attire des sommes considérables en des régions étrangères. » Les meilleurs bénéfices sont réservés à des étrangers. Il faut appliquer les réformes préconisées par le concile de Bâle.*

*En matière de foi et de discipline, le concile est supérieur au pape. Il convient donc de convoquer un concile œcuménique tous les deux ans.*

*La discipline ecclésiastique doit être renforcée; les spectacles profanes dans les églises interdits.*

*Les bénéfices, évêchés, abbayes, ne peuvent être conférés par le pape mais, conformément aux canons, par les chapitres et les religieux à la suite d'élections régulières approuvées par le roi. Le pape n'a plus le droit de créer* proprio motu *de nouveaux canonicats.*

*Les annates (revenus perçus par le Saint-Siège pendant la vacance d'un évêché ou d'une abbaye) sont supprimées. Toutefois un cinquième des taxes continue à être versé au souverain pontife.*

*Le pape ne peut consacrer lui-même évêques ou abbés que si ceux-ci se trouvent à Rome.*

*La Pragmatique Sanction de Bourges est appliquée lentement et de façon assez différente dans les diverses parties du royaume. En fait, elle n'est adoptée, dans les années qui suivent sa promulgation, que dans le domaine royal et les seigneuries voisines.*

## fin novembre

Après un séjour de trois semaines, Charles VII préfère rejoindre ses résidences du bord de la Loire. Les Anglais sont toujours à Pontoise...

## 1438, 14 janvier

Devant l'obstination du pape Eugène IV, le concile se décide à suspendre les pouvoirs de celui-ci.

## février-avril

L'hiver est à Paris d'une rigueur effroyable. Le froid sévit au point que la Seine charrie des glaçons. Le ravitaillement de la capitale est contrarié par les bandes anglaises qui se maintiennent encore en Ile-de-France. Une épidémie de petite vérole fait des milliers de victimes. Les loups se risquent jusque dans les faubourgs.

Pour rétablir la confiance, Richemont tente de reprendre Pontoise : « Les menus gens qui avec lui étaient gagnèrent une des plus fortes tours qui fût en la ville. Mais quand il vit que l'on besognait si âprement, il fit tout laisser parce qu'il ne voulait pas faire tuer les bonnes gens. » L'expédition se solde par un échec.

## mai-juin

Les pères du concile envoient à Charles VII leurs décrets de réforme en demandant au roi de les faire appliquer en France. Charles saisit l'occasion. Le 5 juin, il assemble tous les prélats français dans la Sainte-Chapelle de Bourges. Sort de cette discussion la Pragmatique Sanction.

## 7 juillet

Charles VII promulgue celle-ci et la rend obligatoire dans le royaume.

## automne

Après avoir débarqué à Gênes au mois de mai, René d'Anjou parvient à Naples que défendent malaisément son épouse Isabelle et le capitaine Caldora contre le prétendant Alfonso d'Aragon. Par chance, celui-ci subit plusieurs revers, se décide à lever le siège et à se retirer à Gaète en novembre.

## 1439, avril-mai

La guerre franco-anglaise qui prend plutôt l'allure d'une guérilla ne tourne pas cette année-là en faveur de Richemont. Philippe le Bon, agissant en prince indépendant, signe un avantageux traité de commerce avec les Anglais. Ceux-ci, qui ont reçu des renforts, continuent à piller l'Ile-de-France par de courtes chevauchées. Ils parviennent même à reprendre Saint-Germain-en-Laye.

A la cour, de mauvais bruits circulent contre le connétable. On prétend qu'il n'a laissé à Saint-Germain que « dix ou douze méchants Bretons », ce qui explique la victoire anglaise.

Les Parisiens lui reprochent en outre de ne rien faire pour entraver le pillage des routiers.

Écœuré, Richemont songe à se retirer.

— Le roi ne me veut ni aider, ni bailler gens et argent. Les gens d'armes me haïssent pour ce que j'en fais justice, confie-t-il au prieur des chartreux de Paris.

Effrayé en apprenant le mécontentement du connétable, Charles fait taire les mauvais bruits et lui envoie des troupes.

## 16 mai

A Bâle, les pères conciliaires se disputent de plus en plus. Eugène IV décide de transférer le concile de Ferrare à Florence.

*Cette miniature des Chroniques de Monstrelet évoque, à tort, Charles VII réduisant à l'obéissance, en 1346, la ville de Paris. C'est en effet au connétable de Richemont qu'échut cette tâche glorieuse. (Cabinet des manuscrits. Photo Bibliothèque nationale.)*

## 15 juin

Finalement, les pères décident de déposer le pape (qu'ils avaient déjà suspendu) et élisent comme nouveau pontife le duc Amédée de Savoie qui prend le nom de Félix V.

## avril

Encouragé par l'envoi de troupes

*LA GRANDE ORDONNANCE SUR L'ARMÉE*

*Pour obvier et donner remède à faire cesser les grands excès et pilleries faites et commises par les gens de guerre, le roi par l'avis et délibérations des seigneurs de son sang, de la reine de Sicile, de nos sieurs le duc de Bourbon et Charles d'Anjou... de plusieurs prélats et d'autres seigneurs notables, barons et autres gens d'Eglise, nobles et gens de bonnes villes..., a fait... les édits... qui s'ensuivent.*

*Premièrement, pour ce que grande multitude de capitaines se sont mis au-dessus de leur autorité et ont assemblé grand nombre de gens d'armes, sans congé et licence du roi, dont grands maux et inconvénients sont advenus, le roi, voulant bon ordre et discipline être mis au fait de la guerre, et restreindre telles choses, a ordonné que certain nombre de capitaines de gens d'armes sera ordonné pour la conduite de la guerre, lesquels capitaines seront nommés et choisis par le roi, prudents et sages gens; et à chaque capitaine sera baillé certain nombre de gens d'armes et de guerre; et leur défend de plus eux nommer ne porter le nom de capitaines, sur les peines ci-après déclarées...*

*Défend le roi à tous, sur peine d'encourir crime de lèse-majesté, c'est à savoir, sur peine d'être dépouillé, débouté et privé pour toujours lui et sa postérité de tous honneurs et offices publics, et des droits et prérogatives de noblesse, et de confiscation de corps et de biens, que aucun, de quelque état qu'il soit, ne soit si osé ni si hardi de lever... compagnie de gens d'armes..., sinon que ce soit du congé, licence et consentement et ordonnance du roi et par ses lettres patentes; et pareillement qu'aucun ne se tienne en armes, et ne se mette en compagnie d'aucun capitaine ou autre, sinon que ce soit sous l'un des dits capitaines qui seront choisis par le roi...*

*Ordonne le roi que les capitaines et gens de guerre seront mis et établis en garnison ès places des frontières sur les ennemis, qui leur seront ordonnés par le roi; et là ils demeureront et se tiendront... et en outre le roi abandonne tous capitaines et autres gens de guerre qui feront contre cette présente loi et ordonnance, et veut et ordonne que chacun par voie de fait à assemblée de gens et force d'armes leur résiste, et donne le roi à un chacun congé, autorité et licence de ce faire.*

fraîches, le connétable de Richemont, oubliant sa rancœur, va mettre le siège devant Meaux. Il réussit à s'emparer de la ville et à en chasser les Anglais.

## septembre

Ce succès est salué avec joie par les députés aux états de langue d'oïl réunis à Orléans. L'assemblée vote un subside de cent mille livres. Elle encourage le roi à réorganiser l'armée.

## 2 novembre

Effectivement, Charles VII signe au début de novembre la première grande ordonnance relative à la réorganisation de l'armée. Le principe en est simple : seul le roi a le droit de lever des troupes.

Les seigneurs qui ont des garnisons dans leurs châteaux ne peuvent les employer à leur gré et courir le pays sous prétexte d'en purger l'ennemi. Tous les sujets du roi, nobles ou non nobles, doivent

*Ci-dessus, Français et Anglais s'affrontent. (Miniature des Chroniques de Monstrelet. Cabinet des manuscrits. Bibliothèque nationale. Photo B.N.)*

lutter contre les pillards et les livrer à la justice.

## 1439, novembre-décembre

Cette ordonnance mécontente vivement les seigneurs et la noblesse qui vivent de la guerre et risquent de se voir privés de leur gagne-pain. Le connétable a conduit les vainqueurs de Meaux en Normandie et met le siège devant Avranches, clé du Cotentin. Il est abandonné par ses troupes et s'en va furieux. Avranches reste aux Anglais. Le duc de Bretagne leur a proposé de les aider contre Richemont!

Charles VII dénonce cette « coquinaille » qui traîne avec elle femmes et bagages. Il exige des capitaines une stricte discipline. Les princes du sang, le dauphin Louis lui-même, que son père a envoyé en Languedoc pour réprimer les brigandages des Anglais, adhèrent à la Ligue des mécontents. C'est une nouvelle Praguerie.

## 1440, janvier-mars

Elle a pour animateur le propre beau-frère du roi, Charles de Bourbon, que la prééminence et l'autorité du connétable remplissent d'amertume. Il n'a pas de peine à attirer tous les mécontents et autour de lui se groupent aussi bien le bâtard d'Orléans, le gentil Dunois, que le duc d'Alençon et le dauphin. Les seigneurs révoltés, réunis à Blois, se proposent d'enlever le roi et de lui substituer son fils. Averti, Charles VII se rend à Amboise et fait mander le connétable. Aux envoyés du roi, les conjurés répondent par des paroles « outrageantes et despiteuses ». Richemont, sans hésiter, bourre un bateau d'hommes d'armes et traverse Blois avec lui sans être inquiété. Quand le roi apprend son arrivée il lui « fait grande chère et dit que, puisqu'il a le connétable il ne craint plus rien ».

De fait, les rebelles sont aisément maîtrisés. Bourbon se réfugie en Auvergne. Le dauphin vient implorer son pardon. Charles VII use sagement de clémence. Ceux qui résistent sont délogés à coups de canon de leurs places fortes. En trois mois, la révolte est matée. Le connétable a connu l'amère jouissance de lutter aux côtés du roi contre son vieil ennemi La Trémoille : retournement de la situation. Cette répression de la Praguerie est un triomphe pour Richemont.

Les Anglais de Talbot avaient mis

*Le règne du quatrième Valois fut particulièrement difficile. Mais, en face des révoltes et des humiliations, Charles VII parviendra, à la suite de Jeanne, à arracher la France à son neveu Lancastre, Henri VI. (Musée du Louvre. Photo Jérôme da Cunha.)*

à profit la rébellion pour reprendre leur campagne en Normandie. Richemont accourt et tente de conserver Harfleur. Il échoue, mais s'empare de Conches et de Louviers, ce qui gêne fort les communications de l'adversaire vers la Seine, tandis qu'un capitaine de fortune, Robert Floquet, s'empare d'Evreux.

## avril

Pour récompenser son bon serviteur, Jacques Cœur, de l'aide économique et financière qu'il lui apporte, Charles VII l'anoblit.

## août

Dans cette même ville de Bourges, siège des entreprises de Jacques Cœur, se tient une assemblée des évêques français qui décide, sous la pression du roi, de rester sous l'obédience d'Eugène IV.

## 26 octobre

Convaincu de crimes abominables, Gilles de Rais, maréchal de France, ancien compagnon de Jeanne d'Arc, est exécuté à Nantes.

## novembre

Mariage de Charles d'Orléans, cousin du roi, avec Marie de Clèves, petite-fille de Jean sans Peur, nièce de Philippe le Bon. De cette union naîtra le futur Louis XII.

## 1441, mars-avril

Charles VII paraît décidé à rétablir l'ordre et la discipline dans ses armées. Il se heurte à la mauvaise volonté des routiers et de leurs capitaines. Au printemps, il prend la tête d'une expédition qui se dirige vers la Champagne. Il fait arrêter le bâtard de Bourbon, Alexandre, le propre frère du duc et plusieurs chefs. Alexandre a participé l'année précédente à la Praguerie. Il est noyé dans l'Aube et huit de ses compagnons sont exécutés.

A Vaucouleurs, où il se rend ensuite, et que tient Robert de Sarrebruck, allié d'Antoine de Vaudémont en Lorraine, Charles VII contraint Robert à crier merci.

Là-dessus, le roi revient à Paris. Les Parisiens continuent à se plaindre. Aussi longtemps que Pontoise demeurera entre les mains des Anglais, ils ne se sentiront pas rassurés.

*Devant la bastille dressée par les Anglais sous les murs de Dieppe, les Français se massent pour donner l'assaut. A cette attaque participe le dauphin Louis dont un écuyer porte la bannière à ses armes. (Miniature du XVe siècle. Cabinet des manuscrits. Bibliothèque nationale. Photo B.N.)*

*De ces affrontements courtois appelés tournois, un ouvrage du XVᵉ siècle illustré de nombreux dessins en couleurs, « Le Livre des Tournois du roi René », nous a laissé des scènes d'une étonnante richesse de détails. S'ils se sont quelque peu adoucis avec le temps, les tournois n'en demeurent pas moins dangereux, voire mortels, mais leur cérémonial reste immuable. Tandis que le seigneur appelant, le seigneur défendant et leur suite se tiennent face à face, le roi d'armes, à cheval au centre de la lice, attend que l'un des juges de la tribune centrale donne l'ordre du combat. Il fait alors trancher, par deux hommes hissés sur la barrière intérieure, les cordes qui séparent les combattants. Dans un piétinement de sabots et de fer entrechoqué, les chevaliers combattent alors dans une mêlée indescriptible que seule la sensibilité des dames pourra interrompre si la lutte devient trop meurtrière ou inégale. Sur un geste d'elles, un varlet abaissera le casque de plaisance timbré qui met fin au massacre. Les trompettes sonneront la retraite et les hommes de pied réfugiés dans le chemin ménagé derrière la lice se précipiteront vers les blessés et peut-être même les morts. (Bibliothèque nationale. Photo B.N.)*

*LE SIÈGE DE PONTOISE*

*L'investissement dura trois mois. De Rouen, les Anglais à plusieurs reprises ravitaillent la garnison. Le duc d'York tente d'envoyer une armée de secours. Le pays est tellement ruiné qu'il ne peut fournir aux Anglais les subsistances nécessaires. Il faut les ramener à Rouen en piteux état. Les hommes qui ont participé à l'expédition sont hâves et maigres.*

*« On voit bien qu'ils reviennent de Pontoise », disent malicieusement les Rouennais qui supportent de plus en plus malaisément l'occupation. Il est vrai qu'on donne parfois à cette expression une origine différente.*

*En septembre, Charles VII a fini de mettre en place artillerie et machines de guerre. Les canons des frères Bureau de La Rivière font merveille.*

*Le roi donne l'assaut. Une brèche est percée. Les soldats s'élancent. La garnison anglaise résiste avec courage. Elle compte plus de cinq cents victimes.*

## mai

Aussi Charles VII accompagné de Richemont, après avoir enlevé la ville de Creil, se décide-t-il à mettre le siège devant Pontoise.

## 26 septembre

La ville de Pontoise est définitivement purgée de ses ennemis.

## 1442, janvier

La noblesse ne désespère pas de reprendre son influence sur le roi. Les principaux chefs de la Praguerie convoquent une grande assemblée à Nevers. On y voit les ducs de Bourgogne, de Bourbon, d'Alençon, les comtes de Nevers et de Vendôme.

Le roi feint de ne pas considérer cette assemblée comme un conciliabule de mécontents. Avec habileté, il se fait représenter par deux commissaires. Déçus, les princes et leurs alliés se contentent de faire parvenir à Charles VII un long mémoire où ils exposent leurs griefs, se plaignant des conseillers du roi, critiquant la faiblesse du gouvernement.

Le roi réplique que l'attitude de la noblesse a pour conséquence d'augmenter la misère et les troubles. Il se refuse à se séparer de ses conseillers et, s'il consent à examiner les plaintes de chacun en particulier, il n'accorde aucun pouvoir aux princes. L'assemblée se sépare.

## avril

Et en Italie, que deviennent René d'Anjou et Isabelle ? Pendant toute l'année 1441, ils ont cherché des secours auprès du gonfalonier du pape, François Sforza, qui a repris quelques villes de Pouille. L'étreinte exercée par Alphonse d'Aragon se resserre. En novembre 1441, il met le siège devant Naples. Après une héroïque défense, René et Isabelle s'enfuient vers Gênes.

« Ainsi abandonna pour lors le roi René le royaume de Sicile. »

## juillet-septembre

Charles VII, pour sa part, est décidé à montrer qu'il a secoué son apathie. Il décide de porter un coup brutal contre les possessions anglaises de Guyenne et de Gascogne, ces terres qui semblent si fortement attachées à la suzeraineté du roi Henri VI. Il concentre ses troupes à

*GILLES DE RAIS,*
*UN CRIMINEL FASTUEUX*

*Possesseur d'immenses terres et de nombreux châteaux situés dans l'Ouest de la France, Gilles de Rais reste un des personnages les plus effrayants du XVe siècle.*

*Fort mal élevé par un grand-père, Pierre de Craon, qui lui passe tous ses caprices, Gilles manifeste dès son adolescence des goûts dépravés que nul ne songe à corriger.*

*Cruel et violent, le mariage ne l'assagit pas. Il se brouille avec sa belle-mère, qu'il menace de fourrer dans un sac et de jeter dans la Loire. La malheureuse s'enfuit. Le sire de Rais relègue son épouse dans un château perdu.*

*Transformation inattendue : invité à rejoindre le dauphin Charles et à lutter contre les Anglais, Gilles découvre la pureté avec Jeanne d'Arc dont il devient un des plus fidèles compagnons. Avec elle, il participe à la libération d'Orléans et assiste au sacre de Reims. Pour le récompenser, Charles VII lui confère la dignité de maréchal de France.*

*Hélas, Jeanne est prise à Compiègne. Amer et déçu, Gilles de Rais rentre chez lui et retombe bientôt dans ses vices les plus infâmes. D'étranges rumeurs circulent dans le pays : des enfants, des adolescents disparaissent mystérieusement.*

*Prodigue, Gilles disperse sa fortune sans compter. Il s'entoure des meubles les plus luxueux, des œuvres d'art les plus rares. Ce débauché possède même une psallette qui chante pour lui dans sa chapelle.*

*Mais sa parenté s'inquiète. Va-t-on laisser Gilles dilapider tous ses biens ? Le roi de France, le duc de Bretagne interviennent, l'invitent à venir s'expliquer. Affolé, Gilles a recours aux pratiques de sorcières et de magiciens et, pour fabriquer de l'or, n'hésite pas à*

*vendre son âme au diable. Alors, le*
*de Bretagne se décide : il fait arrê*
*Gilles. Aussitôt les langues se déli*
*et l'enquête révèle que ce maréchal*
*France a torturé et fait mourir*
*dizaines d'enfants. Touché par la grâ*
*Gilles avoue ses crimes. Avec ses compli*

est condamné à mort et exécuté le
octobre 1440, à Nantes, en présence
ıne foule innombrable qu'émeut le
cère repentir de cet exceptionnel cri-
nel.

s l'enfance, Gilles de Rais dut se fami-
riser avec cette cruauté qui est le propre
époques troublées. Comme le montre
e miniature du « Livre des Bonnes
eurs », chaque gentilhomme, s'il voulait
vivre dans l'honneur, devait faire peu de
de la vie d'autrui. Pourtant, si ses
faits en étaient demeurés là, le brillant
pagnon de Jeanne d'Arc, celui qui
ista au sacre de Charles VII aux côtés
son souverain, aurait eu peu de chances de
niner son existence sur le bûcher. Sans
r jusqu'à le comparer au roi Hérode
onnant le massacre des Innocents (minia-
d'un livre d'heures du XVe siècle),
de petites victimes allaient, au cours
son procès, peser comme autant de témoins
harge... (En haut, Musée Condé, Chan-
. Photo François Garnier. En bas,
liothèque Mazarine. Photo François
rnier.)

Toulouse, tandis que Richemont lui amène par l'Auvergne des compagnies fortes et bien disciplinées. C'est sur la petite place forte de Tartas, non loin de Mont-de-Marsan, que Charles dirige son effort. L'Anglais s'accroche vigoureusement et repousse l'assaut que le roi a voulu diriger seul, laissant hors de l'action le connétable. Charles VII doit finalement appeler Richemont à la rescousse. L'impétuosité des hommes du connétable fait merveille. Le dauphin Louis, qui n'aime pas son père, déclare : « Jamais les gens du roi ne seraient entrés dans la ville si les Bretons ne leur eussent donné la main. »

La nuit suivante, le connétable faillit se faire tuer... par ses propres troupes qui, déchaînées, violent systématiquement les femmes et les filles.

Dax se rend peu après. Mais La Réole résiste jusqu'à l'hiver qui amène la fin de l'expédition. Cette campagne de 1442 apporte deux enseignements. Dans le Sud-Ouest, l'Anglais n'est pas invincible; d'autres règlements doivent être élaborés si l'on veut en finir avec les roberies et pillages des routiers.

## novembre

A Saumur, meurt Yolande d'Anjou, la mère du roi René, qui a tant travaillé pour maintenir le royaume de France.

## 1443, février

A Toulouse se rencontrent Charles VII et le roi René revenu de Gênes. Les deux beaux-frères discutent des moyens à employer pour libérer des Anglais le Maine qui a été attribué à Charles, le jeune frère de René. Tournois et fêtes se succèdent. Charles remarque, parmi les

## *UN PERSONNAGE ÉNIGMATIQUE : YOLANDE D'ANJOU*

*Elle reste un des personnages les plus énigmatiques du règne de Charles VII.*

*Celle que l'on a surnommée la reine des quatre royaumes (Aragon, Sicile, Jérusalem, Hongrie) était née vers 1379. Mariée en 1400 à Louis II d'Anjou, elle embrasse passionnément la cause de cette grande maison féodale et devient bientôt le chef de la dynastie qu'elle défend avec plus d'ardeur que les princes eux-mêmes. Elle s'attache à la fortifier, à asseoir son influence et, tandis que son époux se ruine et s'épuise à conquérir le lointain royaume de Naples, elle fait de l'Anjou un des bastions de la résistance française contre les Bourguignons et contre les Anglais.*

*Premier succès : en 1413, elle fiance sa fille Marie au onzième enfant d'Isabeau de Bavière et du pauvre roi fou, Charles, qui, par le jeu des décès, deviendra le dauphin et le futur Charles VII. Cela, Yolande ne peut pas le prévoir puisque, en 1413, Charles a encore deux frères plus âgés que lui, Louis qui mourra en 1415 et Jean qui mourra en 1417. Mais, dès 1414, elle emmène son futur gendre dans son château d'Angers qu'elle a remparé et doté d'une élégante chapelle.*

*Deuxième succès : Yolande, petite-fille du vieux duc de Bar, parvient à fiancer son fils René avec Isabelle, héritière des duchés de Lorraine et de Bar. Voici son cadet amplement pourvu. René part pour la Lorraine. Est-ce lui, est-ce un de ses compagnons qui a vent des démarches de Jeanne d'Arc pour être conduite près du dauphin en 1429? Il est difficile de l'affirmer. Mais il est aujourd'hui certain que Yolande a été avertie de la venue de Jeanne. Elle s'en fait le plus ferme soutien. Elle l'impose à son gendre et a une part obscure mais indiscutable dans l'épopée de la Pucelle.*

*Et puis, après 1429, tandis que ses fils Louis III, puis René poursuivent leurs chimères italiennes, elle maintient l'intégrité de l'héritage; elle aide Richemont et finit par secouer l'apathie de Charles VII.*

*Quand elle meurt, en novembre 1442, au logis du sire de Tucé, à Saumur, il faut lui rendre cette justice qu'elle a consacré toutes ses forces au salut de la France qu'elle n'a cessé de confondre avec celui de sa maison.*

*Dans son testament, elle s'excuse de ne rien laisser, « ni or, ni objets précieux, ni vaisselle, ni meubles » parce qu'elle a tout dépensé pour ses enfants et pour son gendre.*

*Ce qui est bien vrai.*

*Il n'existe de Yolande d'Aragon, duchesse d'Anjou et reine de Sicile, d'autre représentation que ce vitrail de la cathédrale Saint-Julien du Mans. (Photo Martin. Le Mans.)*

dames d'honneur de la reine Isabelle, une ravissante jeune fille qui a nom Agnès Sorel.

**avril**

Il est d'autant plus nécessaire de délivrer le Maine que l'occupant reste agressif. Le duc de Somerset

*Le peuple de France, pour manifester sa liesse en apprenant la paix survenue entre Charles VII et le duc de Bourgogne, allume des feux de joie autour desquels il danse. (Cabinet des manuscrits. Bibliothèque nationale. Photo B.N.)*

tente un raid contre le château d'Angers et s'établit dans un faubourg de la ville. Un coup de fauconneau bien ajusté, parti de la citadelle, le tue. Désemparés, les Anglais rebroussent chemin.

## mai

Le roi René et Isabelle regagnent Angers. Charles VII s'installe à Tours, puis à Angers. La capitale du duché devient « la source de tout plaisir et de toute liesse »... et Agnès Sorel la maîtresse follement aimée du roi.

## juillet

Le roi n'en néglige pas pour autant les affaires de la France. Une ordonnance réforme la perception de la gabelle et, en Languedoc, la taxe sur les transactions (un sou par livre sur le prix de vente de toutes les marchandises) qui est remplacée par une « aide » frappant seulement la vente de la viande et du poisson.

# Joutes et tournois

Grâce au cinématographe, grâce à la télévision, même les enfants sont désormais familiers avec les rites singuliers des tournois. L'image est classique : devant une tribune où, à côté du roi, se trouve la dame de ses pensées, le chevalier bardé de fer, la tête protégée par le heaume, pointant sa longue lance, galope au-devant de son adversaire. Le choc est terrible. L'un des deux, la plupart du temps, est désarçonné. Il glisse sur le sol. La loi du genre veut que le vainqueur soit le héros du film.

Mais qu'étaient donc ces tournois?

On situe leur origine au XIe siècle. Les premiers se seraient déroulés en France. Vers 1050, un chevalier français, nommé Geoffroy de Preuilly, a codifié la règle. Dès ce moment, les tournois sont à la mode. Ils se multiplient, d'abord dans le nord de la France et en Flandre. Aux xiie, xiiie et xive siècles, les tournois sont de vraies batailles, souvent sanglantes. Au xve siècle, il s'agit plutôt de spectacles. Spectacles magnifiques, en vérité, donnés pour le plaisir d'une assistance difficile, connaissant admirablement les « règles du jeu » et exigeant des participants la perfection. Après quoi, ce sera la décadence, surtout après l'accident qui causa la mort d'Henri II, en 1559.

*C'est dans la lice, face aux tribunes — ou échafauds — réservées aux juges diseurs et aux dames que se déroulaient, au Moyen Age, joutes et tournois. (Cabinet des manuscrits. Bibliothèque nationale. Photo B.N.)*

*Dès l'aube, les participants sont appelés par le roi d'armes ou par le héraut (ci-dessus, Cabinet des manuscrits. Bibliothèque nationale. Photo B.N.)*

*Lorsque le vainqueur aura été proclamé, la « dame du tournoy », suivie de deux demoiselles, des quatre juges et du chevalier d'honneur, remettra le prix au vainqueur. (Ci-dessous. Miniature du XV^e siècle. Cabinet des manuscrits. Bibliothèque nationale. Photo B.N.)*

A l'origine, les roturiers — vilains et bourgeois — pouvaient participer aux tournois, à côté des nobles. Ils ne tarderont pas à devenir l'apanage exclusif des nobles, écuyers et chevaliers. Malheur au roturier qui s'y risque : les titres des participants sont soigneusement vérifiés par le roi ou les hérauts d'armes.

Au cours de ces quatre siècles, la forme même des tournois a changé. Au début, on voyait deux petites armées se jeter à la rencontre l'une de l'autre. Le choc, fatalement d'une violence extrême, laissait de nombreux blessés sur le sol — et souvent des morts. Ce n'était pas très raisonnable. Les autorités intervinrent. D'abord le pape Innocent II et le concile de Clermont en 1150. Puis les rois : Saint Louis, à plusieurs reprises, dénonça la violence inutile de telles rencontres. Philippe le Bel, en 1312, voulut y mettre fin. L'ordonnance fut renouvelée en 1361 et 1405 : preuve qu'elle était restée lettre morte.

Ce qui viendra à bout de la violence, ce ne sont pas les édits, mais l'évolution des mœurs. Au XVe siècle, après la guerre de Cent Ans, celles-ci s'adoucissent notablement. La littérature et les pratiques courtoises ont joué leur rôle. Les nobles dames qui assistent en grand nombre aux tournois ont horreur du sang répandu.

Au XIVe siècle on a pris l'habitude de désigner une reine du tournoi qui préside les combats et récompense les chevaliers les plus valeureux.

La mode de l'amour courtois a eu un effet inattendu : l'aspect des chevaliers s'est lui-même modifié. Désormais, ils portent les signes distinctifs de la dame pour l'amour de laquelle ils combattent.

Rendons-nous donc à un tournoi tel qu'il s'en déroulait au XVe siècle.

Longtemps à l'avance, les défis ont été envoyés de ville à ville, de château à château. En fait, ces défis ne sont rien de plus que des invitations. Les rois d'armes ou les hérauts ont convié tous les chevaliers des contrées voisines à participer au tournoi. Le grand jour est arrivé. Autour de la lice, on a installé des tentes et des pavillons pour les cavaliers et les spectateurs. La lice? Une vaste place ou un champ bien dégagé. On l'entoure d'une double barrière derrière laquelle se dressent les tribunes. Les participants vont se tenir aux deux extrémités de la lice : d'un côté, le camp de l'*appelant*, de l'autre le camp du *défendant*.

D'abord, les « juges diseurs » examinent les titres des chevaliers. Ils vérifient leurs armes. Ces juges sont choisis parmi les chevaliers anciens et expérimentés. Ils jouent un rôle très important. C'est ainsi que le duc de Bourgogne fut juge du combat qui opposa Jacques de Lalaing et Jehan de Boniface. Fort longs, ces préparatifs. Quand ils sont achevés, chevaliers et assistants se rendent en cortège dans la lice. On expose les écus des futurs combattants, afin qu'ils subissent l'examen — un examen très strict — par les dames et les seigneurs présents. Pourquoi cette précaution? D'abord, il faut empêcher qu'un roturier pénètre par ruse dans la lice. De même, il faut éviter à tout prix la présence d'un chevalier qui se serait rendu indigne de combattre, ayant failli par exemple à l'honneur chevaleresque. Si un des spectateurs ou une des spectatrices a des griefs à prononcer contre l'un des tournoyeurs, il ou elle doit toucher son écu. Si les juges acceptent la plainte, le chevalier est rayé de la liste des inscriptions. Qu'il ne s'avise pas alors de vouloir pénétrer dans la lice, il serait dénoncé et battu comme plâtre par les autres chevaliers. Voire par les dames.

Les juges ont aussi à vérifier la noblesse des candidats. Il faut quatre quartiers pour être admis à concourir. La coutume veut que les tournoyeurs ne portent pas les armes de leur famille sur leurs écus, mais des armes de fantaisie. Olivier de La Marche s'affirme très haut partisan de cette tradition : « Aventurer ses armes, c'est mettre en aventure la parure de ses parents et de son lignage et aventurer à petit prix ce où il ne peut avoir que la quantité de sa part; et en telle manière est mis à la mercy d'un cheval et d'une beste irraisonnable... »

Les bannières des chevaliers vont être suspendues aux fenêtres : cela s'appelle « faire des blasons fenestre ».

On les voit aussi flotter accrochées aux échafauds des dames.

Au signal des hérauts, les chevaliers vont se précipiter à la rencontre les uns des autres. Au xv$^{e}$ siècle, ils sont presque entièrement recouverts de leurs armures, ce qui limite le risque d'accident. Les combattants portent un casque de tournoi ou de joute, une cuirasse, une cotte d'armes et plusieurs pièces complémentaires comme le garde-cuisses et le « gagne-pain » qui protège la main qui porte la lance (l'autre étant protégée par un « bras de fer »).

Leurs armes? Ce sont des épées au tranchant émoussé, la masse d'arme et la lance. Celle-ci mesure environ cinq mètres, car, depuis l'origine, elle s'est allongée. Sa hampe se termine par un fer en losange. Près de la douille[1] est fixé un petit pennon, c'est-à-dire un étendard triangulaire. On porte la lance horizontalement sous l'aisselle: l'avant-bras est replié et l'arrière-bras fait pratiquement

[1] La douille est la partie d'un instrument dans lequel est adapté le manche ou ce qui en tient lieu.

*Aux tournois, font pendant les combats d'hom*
*d'une lance longue de quatre mètres environ,*
*l'un contre l'autre soit à carrière libre, soit le*
*soit dans la lice (ci-dessous). Armoyés et ty*
*montre la miniature ci-dessus, le duc de Bretag*
*certains — il était d'usage de conserver l'anonym*
*dans le timbre du casque et sur le caparaçon d*
*chevalerie. (Cabinet des manuscrits. Bibliot*

…e, appelés joutes. A cheval également, armés …ou de la masse d'arme, les adversaires courent … barrière qui les sépare à hauteur de leur selle, … qu'ils le seraient pour la guerre et tels que les …c de Bourbon s'affrontent. Contrairement à …t revêtu la cotte à leurs armes que l'on retrouve …ure, selon les plus anciennes traditions de la …nale. Photo B.N.)*

un angle droit avec le corps.

Pendant longtemps, la hampe a été totalement cylindrique. Au XVe siècle, un renflement facilite la prise en main. Le chevalier pointera la lance à la gauche de l'encolure du cheval.

A remarquer que ces armes de parade sont très différentes des armes de guerre. Elles sont souvent décorées et peintes de couleurs vives.

Parlons maintenant des joutes. Elles opposent le plus souvent deux chevaliers — et non plusieurs comme c'est presque toujours le cas pour les tournois. Les chevaliers s'affrontent à la lance courte, mais aussi parfois à l'épée. C'est au XVIe siècle qu'est apparue la « joute à la barrière » : les deux chevaliers pénètrent au galop dans la lice, des deux côtés d'une palissade qui s'élève à peu près à la hauteur de leur selle. Lorsqu'ils parviennent à la même hauteur, ils doivent, selon ce qui a été convenu, faire basculer l'adversaire, afin qu'il s'abatte sur le sol, ou bien arracher une pièce de son armure, ou enfin le toucher au corps à un endroit précis.

Assurément, la plus grande part des chevaliers en âge de combattre se devait de participer à ces joutes. Mais il existait de véritables spécialistes, comme plus tard on verra apparaître des duellistes professionnels. Par exemple Jacques de Lalaing. Ce chevalier bourguignon avait été armé chevalier par son duc avant une joute. On peut dire qu'il passa toute sa vie à chercher des adversaires à sa taille. Dans ce but, il voyage en France, en Navarre, en Castille, en Aragon, au Portugal, en Ecosse, en Angleterre et en Italie. A une époque où la chevalerie est en décadence, il tient à en incarner le type parfait. Très pieux, il entend quatre messes quotidiennes et toujours une messe avant de combattre. A la Vierge, il garde une dévotion particulière. Favori de Philippe le Bon, il organise pour lui un grand nombre de tournois. Fidèle à son duc, il mourra la tête fracassée par un boulet en défendant ses intérêts contre les Gantois révoltés. Il avait trente-deux ans. Georges Chastelain, historiographe officiel de la cour de Bourgogne, composera son épitaphe:

*Cy gist celui qui clair plus que l'ivoire*
*Prit chasteté pour pilier de sa gloire.*

Ainsi que les tournois, les joutes durent plusieurs jours. La plupart des chevaliers y combattent pour l'amour de leur dame dont ils portent les insignes.

Après les tournois et les joutes, il faut parler des « pas d'armes ». En vérité, c'est une variante des joutes. Au XVe siècle, ils ont connu une vogue immense. Ils se présentent comme des combats singuliers, criés longtemps auparavant par les hérauts d'armes.

Le prétexte est différent de celui des joutes. Pour un ou plusieurs chevaliers, il s'agit de défendre un lieu de passage, par exemple un croisement sur une route. Revêtu de son armure, le tenant du pas prétend obliger les chevaliers et les écuyers qui passent à cet endroit à rompre une lance — ou à livrer tout autre combat singulier — en l'honneur et pour l'amour de leur dame.

*Le héraut tient ici les bannières des juges diseurs. Lors de l'engagement, c'est à lui encore qu'il incombe de vérifier la qualité des combattants. (Cabinet des manuscrits. Bibliothèque nationale. Photo B.N.)*

Le chevalier qui défend le pas dépose son écu d'un côté de la lice, à côté d'autres écus de couleur différente, représentant symboliquement les armes offertes. Chaque chevalier qui passe touche un des écus et le combat s'engage. Si le tenant est un chevalier réputé, comme Jacques de Lalaing, les spectateurs sont nombreux.

Le vaincu doit, comme dans les tournois, abandonner sa monture et ses armes, ou s'engager à faire hommage devant la dame en faveur de laquelle le chevalier a tenu le pas.

Tout est prétexte à l'organisation de joutes et de tournois. Quand Philippe le Bon crée la Toison d'or, quand naît le comte de Charolais (1433), quand on engage à Arras les pourparlers pour la paix en 1435, quand le comte de Charolais épouse Isabelle de Bourbon (1454), quand Louis XI est sacré à Reims (1461) on offre des joutes et des tournois. Olivier de La Marche estime que l'on y voit des exploits dignes d'être rapportés : « Ce serait grande perte et une lâcheté que de retenir dans ma plume de nobles actions que j'ai vues sans les avoir déçrites de mon mieux. »

Mais tous ne se montraient pas partisans de ces affrontements. Eustache Deschamps dénonce, dans un de ses poèmes, « l'avanie et l'inutilité » de telles entreprises. D'autres, surtout lorsqu'ils ont la charge des finances, ou doivent supporter les dépenses entraînées, flétrissent l'énormité des sommes qu'ils jugent gaspillées.

## 21 août

Le prestige de Charles VII augmente à mesure que diminue celui du roi d'Angleterre Henri VI. C'est ainsi qu'entraîné dans une lutte difficile entre Zurich qu'il soutient et les autres cantons suisses, Frédéric d'Autriche demande le concours du roi de France (qui ne peut d'ailleurs intervenir).

## 21 novembre

Tandis qu'à Bâle le concile suspend ses travaux sans être parvenu à mettre fin au schisme qui divise la chrétienté entre les deux papes, Félix V et Eugène IV, le duc de Bourgogne, qui continue à arrondir ses Etats, dépouille Elisabeth de Gorlitz du Luxembourg.

## décembre

Les seigneurs, les grands féodaux manifestent leur mauvaise humeur. La réorganisation de l'administration financière du royaume, poursuivie par Charles VII et ses conseillers, a pour conséquence de contraindre leurs vassaux à payer tailles et aides aux agents royaux. Ils sont furieux. Le dauphin Louis doit, en plein hiver, monter une expédition contre le comte d'Armagnac révolté. Tout le pays doit se soumettre.

En cette fin d'année, les populations souffrent toujours des misères de la guerre. Les garnisons de gens d'armes qui tiennent les châteaux de Picardie ou d'Ile-de-France, ceux de Creil, de Clermont ou de Mouy, ravagent la campagne. On aspire à la paix ou, au moins, à des trêves.

## 1444, janvier-mars

En effet, le parti belliciste en Angleterre baisse lui-même pavillon. Gloucester s'est discrédité en prenant pour épouse morganatique Eleanor Cobham, convaincue de sorcellerie. L'expédition tentée l'année précédente pour riposter à l'attaque de Charles VII en Guyenne a échoué lamentablement après avoir erré sur les confins de la Bretagne et de l'Anjou.

Le pape Eugène IV, le duc de Bretagne François II offrent leur médiation.

## avril

Henri VI mande, en vue de négociations, William de La Pole, comte de Suffolk, à son « bel oncle » Charles. C'est ainsi qu'il désigne Charles VII pour n'avoir point à lui donner le titre de roi de France.

## 8 avril

Des trêves locales sont signées au Mans.

## 16 avril-28 mai

Les négociations se poursuivent à Tours. On constate bientôt qu'un règlement définitif est impossible. Les Anglais réclament, à défaut de la couronne, une vaste Aquitaine et une Normandie indépendantes. Le roi de France veut bien rendre ou laisser l'Aquitaine et une partie de la Normandie, mais *tenus en fief*. C'est toujours l'impasse.

Du moins peut-on conclure des trêves et préparer des conventions matrimoniales qui aideront peut-être à résoudre les difficultés.

Les trêves sont conclues le 28 mai. Elles sont valables pour dix mois et renouvelables.

Quatre jours auparavant ont été décidées les fiançailles d'Henri VI et de Marguerite d'Anjou, fille du roi René (et nièce par conséquent de

*Une fois encore, la France, momentanément pacifiée, va connaître les exactions des Écorcheurs. Pour ces mercenaires sans solde et sans occupation, le pillage redevient leur unique moyen d'existence, les viols et les massacres leur passe-temps favori. Et sans doute apportent-ils autant d'ardeur dans leurs actes de vandalisme que ces personnages mis en scène par une miniature des « Miracles de Notre-Dame » du XV*e *siècle. (Cabinet des manuscrits. Bibliothèque nationale. Photo B.N.)*

Charles VII). C'est une jeune fille de quinze ans, ravissante, intelligente, cultivée et fine. Elle a été élevée par sa grand-mère, Yolande d'Anjou. Suffolk accepte de libérer le Maine — sans tenir sa promesse.

Comme l'écrit Edouard Perroy, cette suspension d'armes, la première qui intervienne depuis le traité de Troyes, consacre le relèvement des Valois et légitime leurs conquêtes.

Le négociateur français Pierre de Brézé, protégé d'Agnès Sorel et principal conseiller de Charles VII, peut se tenir pour satisfait.

## 20 juillet

Désormais, Charles VII a les mains libres pour montrer la présence française aux frontières du royaume et même hors de celui-ci.

On se souvient qu'un an auparavant Frédéric d'Autriche a demandé le concours du roi de France pour soutenir Zurich en lutte contre d'autres cantons suisses. Charles VII n'avait pu apporter son aide. Au cours de l'été 1444, il envoie le dauphin Louis qui concentre à Langres une importante armée. En fait, il s'agit d'une cohue de routiers commandés par des capitaines de fortune, dont Charles n'est pas fâché de débarrasser le royaume.

## 12 août

Les confédérés qui luttent contre Zurich résistent vaillamment et prennent même l'avantage. Ils bloquent au sud de Bâle le château de Farnsbourg.

## 26 août

Deux mille Suisses détachés du siège de Farnsbourg attaquent les routiers français dans la plaine de Pratteln, près de la maladrerie de

Ce dessin de Jacques Leboucq de Terras représente Louis XI jeune. Il semble qu'il ait été exécuté dès le début de son règne. (« Recueil d'Arras », XVI^e siècle. Cabinet des manuscrits. Bibliothèque nationale. Photo B.N.)

Le « Livre des rois d'Angleterre » donne, au roi Henri VI, (ci-dessous) une silhouette chétive et des traits dépourvus de charme. Ce portrait semble pourtant fidèle au modèle. (Photo Giraudon.)

Saint-Jacques. Après une journée de lutte, ils sont massacrés.

## fin août

La position du dauphin n'en est pas moins assez précaire. Il a été impressionné par la vigueur de la résistance suisse. D'autre part, le duc de Bourgogne manifeste une mauvaise humeur d'autant plus violente que d'autres bandes d'écorcheurs et des soldats de l'ancien parti des Armagnacs ravagent les confins de son duché. Les Impériaux eux-mêmes ne voient pas d'un bon œil ces « Barbares » qu'ils ont appelés à leur secours mais qui se conduisent comme en pays conquis. Les pères du concile de Bâle protestent contre la présence de troupes françaises aux portes de la ville.

Louis songe à négocier pour en finir avec cette expédition.

## septembre

Tandis qu'à Toulouse les états généraux de langue d'oc tenus en présence du grand argentier Jacques Cœur, dont l'influence ne cesse de grandir, votent un subside au roi, un incident amène celui-ci à participer à une nouvelle expédition.

Isabelle, l'épouse du roi René, voulait aller en pèlerinage à l'abbaye de Saint-Antoine de Pont-à-Mousson. Ses bagages la précédaient. Les Messins, à qui René doit des sommes considérables, arrêtent le convoi et s'emparent des charrettes. Procédé qui manque d'élégance, et qui annonce une hostilité ouverte. Pour les châtier, René demande le concours de Charles VII. Encouragé par Agnès Sorel, par Pierre de Brézé, le favori, par le connétable, Charles accepte d'autant plus volontiers qu'il n'est pas fâché de se montrer aux populations de l'est.

# Agnès Sorel, dame de Beauté

Quelle fut la véritable Agnès Sorel?

Elle est née en 1422 en Picardie — et non point en Berry, ni en Lorraine comme on l'a écrit. Probablement a-t-elle vu le jour à Froitmantel, dans le canton de Péronne. Son père, Jean Sorel, appartenait à la suite du comte de Clermont. Très jeune, Agnès est admise parmi les filles d'honneur d'Isabelle d'Anjou, femme du roi René. On trouve dans le registre de comptes de la reine Isabelle ces lignes : « Pour six mois finis en juillet 1444 : Agnès Sorel, dix livres. »

Dans la vie d'Agnès, 1444 est une année-clé. C'est à cette époque, parmi la suite d'Isabelle, qu'elle paraît à la cour de France. C'est à cette époque qu'il semble que Charles VII la vit pour la première fois à Toulouse. Il la retrouva à Saumur où le roi René et Isabelle séjournèrent entre septembre 1443 et février 1444.

Charles VII, à quarante et un ans, n'était pas un roi heureux. Il avait traversé une enfance malheureuse, une jeunesse humiliée, un âge mûr plein de périls. Certes, la victoire était venue. Il en avait ressenti de l'orgueil. Point de la joie. Il demeurait triste, infiniment. Il suffit de considérer son portrait par Fouquet : combien frappent l'expression morose de ce visage, le regard comme voilé de mélancolie, la lippe amère. Son épouse, Marie d'Anjou, il la respectait, lui manifestait toutes les preuves de sa considération.

Mais il n'éprouvait pour la reine aucun sentiment ressemblant à de l'amour.

Alors parut Agnès Sorel. Aux fêtes données en l'honneur du roi René, Charles a pu contempler les suivantes de Madame Isabelle. Parmi elles, une jeune fille de vingt-deux ans, d'une beauté si parfaite qu'il était

*Ce célèbre tableau représentant, sous les traits d'Agnès Sorel, « la Vierge à l'Enfant », fut peint par Jean Fouquet pour Étienne Chevalier. Conservé actuellement au musée d'Anvers, il compose le volet droit du diptyque qui appartenait au retable de l'église Notre-Dame de Melun à qui il fut offert. Protecteur de Fouquet à qui il confia, entre autres, la décoration des célèbres Heures conservées au Musée Condé de Chantilly, Étienne Chevalier est lui-même figuré, sur le deuxième panneau du diptyque (actuellement au musée de Berlin), à genoux, présenté à la Vierge par saint Étienne. (Musée des Beaux-Arts, Anvers. Photo du musée.)*

impossible de n'en être pas ébloui. Un contemporain, Olivier de La Marche, que tout politiquement séparait de notre héroïne, a écrit : « Certes, elle était une des plus belles femmes que je vis jamais. » Cette beauté se lit d'éclatante façon sur le portrait de Jean Fouquet que l'on voit actuellement à Anvers. Un corps souple, mince, une gorge que l'on peut d'autant mieux admirer que le peintre a montré un sein jaillissant de la robe, un visage aux lignes si pures que, sûrement, elles tenteraient un sculpteur. Sur ce visage, une immense douceur, une infinie bonté. « C'était, a dit un historien, la grâce naïve et la sagesse aimable. » Charles VII, roi triste, roi tourmenté, s'anima en voyant cette jeune fille. Il s'enquit de son nom.

Il apparaît que Charles VII ressentit de façon très précise ce qui, bien plus tard, fut appelé le « coup de foudre ».

Agnès était-elle une fille légère? Rien ne l'atteste.

Il ne semble pas d'ailleurs qu'elle ait été pour le roi une conquête très facile. Il la poursuivit tenacement, rongé par un amour, par un désir qui ne lui laissaient plus son libre arbitre. Elle se défendit, elle résista. Elle finit par céder. Elle avait vingt ans et il était roi.

Le bonheur de Charles VII éclata, sans retenue. Il exigea qu'Agnès quittât le service d'Isabelle d'Anjou et entrât à celui de la reine de France : moyen commode de garder Agnès près de lui. Avant la fin de l'année, Agnès recevait en don le château de Beauté-sur-Marne. Elle fut « dame de Beauté », nom en forme de calembour qui devait franchir les siècles et qui, reconnaissons-le, lui convenait le mieux du monde. Il a aujourd'hui disparu, le château de Beauté, et c'est dommage. Un contemporain nous dit que c'était « le plus bel et joli et le mieux assis qui fût de toute l'Ile-de-France ».

Bientôt Agnès reçut aussi la seigneurie de Roquecezière, en Rouergue, et par la suite celles d'Issoudun, en Berry, de Vernon et d'Anneville. Le roi lui affectait trois cents livres de pension, ce qui était considérable. Aux yeux de cet homme épris, rien n'était trop beau pour sa belle maîtresse. « En chrétienté, n'y avait princesse, hautement parée, qui pût se tenir d'avoir un tel éclat. » L'Europe entière retentissait du bruit de ses toilettes éclatantes, de ses joyaux superbes. Elle avait des audaces qui faisaient trembler, mais que l'on imitait tout aussitôt.

Avec Agnès, on vivait une révolution permanente : la première, elle se parait de chemises en toile fine, elle portait des colliers de perles, elle faisait tailler ses diamants. Elle épilait ses sourcils. Elle découvrait ses épaules, ses seins. Ces innovations retentissantes, dit Philippe Erlanger, « bouleversaient les modes, le commerce et les mœurs ». Les prédicateurs tonnèrent en chaire. Jouvenel des Ursins menaça le roi « de la vengeance céleste ». Le roi s'en moqua, et Agnès, et les élégantes du temps. C'est l'époque des immenses coiffures, des robes outrageusement décolletées, des ceintures orfévrées, des colliers écrasants, des bijoux énor-

*Cette miniature de l'« Histoire d'Olivier de Castille et Artus l'Algarbe » (XVe siècle) rappelle les épousailles de la belle Hélaine, fille du roi d'Angleterre, avec le vaillant Olivier. Ainsi le roi Charles VII, pour profiter des charmes de la ravissante Antoinette de Maignelais, la maria-t-il à son conseiller Antoine de Villequier. Et l'on peut imaginer que la fête donnée pour les noces surpassa en splendeurs le festin que décrit une autre miniature du même manuscrit. (Cabinet des manuscrits. Bibliothèque nationale. Photo B.N.)*

*Devant l'attitude hostile du dauphin à son égard, Agnès Sorel, quittant Chinon, vient s'installer, au château de Loches, dans la partie dite le Logis du roi datant des XIVe et XVe siècles. Ainsi est-elle consacrée maîtresse royale officielle. (Photo Jérôme da Cunha.)*

mes. Les hommes ne demeurent pas en reste. Jusqu'à la vie quotidienne qui s'imprègne de ces prodigalités : demeures, meubles, vaisselle, équipages.

Charles VII apparaît transfiguré. Il découvre un monde nouveau : celui de l'amour. Il saisit toutes les occasions de vivre seul avec Agnès. Il demeure huit mois sans revoir sa femme — et d'ailleurs la rend enceinte dès qu'il la retrouve. Pourtant la reine ne blâme pas la conduite de son époux : « C'est mon roy et mon seigneur. Il peut tout sur moy, et je n'ay aucun droit d'examiner ses actions. » Dans sa sagesse, Marie, dit l'historien Delort, préférait « une rivale soucieuse du bien de l'Etat à une femme ambitieuse qui aurait dilapidé les biens du royaume ». On imagine assez jusqu'où pouvait aller l'influence de cette Agnès dont un chroniqueur dit que le roi « ne pouvait supporter qu'elle lui manquât un instant : à table, au lit, au conseil, il fallait toujours qu'elle fût à ses côtés ». On conçoit assez quel mal aurait pu faire cette maîtresse si belle et tant aimée.

Olivier de La Marche était un Bourguignon, donc un ennemi. Son témoignage n'en acquiert que plus de prix. Pour lui, nul doute : « Agnès fit en sa qualité beaucoup de bien au royaume. » Il précise qu'elle « prenait plaisir à avancer devers le roy jeunes gens d'armes et gentils compagnons, dont le roy fut depuis bien servi ». Surtout, Agnès Sorel sut soutenir et parachever l'influence de deux hommes exceptionnels : le sénéchal Pierre de Brézé et Jacques Cœur, le banquier. Brézé savait que, seul, il pouvait faire du faible Charles — girouette toujours prête à tourner à tous les vents — le plus grand roi d'Europe. Il savait combien Charles dépendait d'Agnès. Une alliance étroite se noua entre le sénéchal et la favorite, pour la plus grande gloire du roi de France. Le triomphe de Brézé et de Jacques Cœur, parachevé par Agnès Sorel, marque l'apogée du règne de Charles VII.

Agnès devait donner à Charles trois enfants, peut-être quatre. L'un d'eux semble être mort en bas âge. Mais les trois filles survécurent : Marie, Charlotte et Jeanne.

Le dauphin Louis, le futur Louis XI, détestait Agnès. Ce qui se comprend. Il n'avait pas quatorze ans qu'il reprochait avec violence à

*Pour l'amour de la belle Agnès Sorel, le roi délaissera beaucoup son épouse, la douce Marie d'Anjou, fille de Yolande d'Aragon et de Louis II d'Anjou. La reine, que l'on voit ici assise au milieu des dames de sa cour, reçoit de son chapelain agenouillé devant elle, le poète et historien Robert Blondel, le traité allégorique qu'il a composé pour elle en 1455 : les « Douze Périlz d'Enfer ». (Photo Roger Viollet.)*

*Un visage d'un ovale parfait, illuminé de bonté et d'intelligence, telle apparut au roi de France Agnès Sorel, telle nous la révèle un détail de son gisant conservé au château de Loches. (Photo Jérôme da Cunha.) Celle qui régna sur le cœur du roi de France a semblé digne de porter dans la mort la couronne que, vivante, il ne put lui donner. Rien, mieux que le portrait qu'en a laissé un artiste anonyme de l'École française du XV^e siècle, ne peut exprimer le bonheur qui habita dès lors Charles : le visage ingrat reflète, dès ce moment, une expression d'ineffable sérénité. (Château de Versailles. Archives photographiques.)*

la favorite l'abandon dans lequel vivait sa mère. Il lui donna même, disent certains, un soufflet. Pie II attribue le conflit ouvert qui éclata entre Charles VII et son fils à la colère du dauphin contre la favorite : « On dit que les causes de son ressentiment furent les injures faites à sa mère par cette fille dont nous avons parlé. » Pie II croit savoir qu'une fois le dauphin aurait même poursuivi Agnès, l'épée nue, pour la tuer.

Le roi se trouvait fort heureux dans ses châteaux, près de la femme qu'il aimait, au milieu des bois et des plaines où il pouvait pratiquer la chasse dont il raffolait. De belles provinces, cependant, demeuraient aux mains des Anglais. Et d'abord la Normandie.

Au printemps de 1449, les trêves qui avaient assuré pendant cinq ans la paix entre la France et l'Angleterre allaient visiblement sur leur fin. Après le coup de main d'un capitaine à la solde des Anglais sur la ville de Fougères, les populations normandes firent appel de toutes parts au roi de France : « si bien que lorsque commença, au mois d'août, la campagne militaire proprement dite, il suffit aux capitaines du roi de se présenter devant les places fortes pour que celles-ci s'ouvrent devant eux... Toute la campagne de Normandie devait prendre ainsi l'allure d'une marche triomphale et finalement, à Rouen, ce sont les habitants mêmes de l'endroit qui obligent le gouverneur anglais Somerset, d'abord à se réfugier dans le château, puis à fuir pour se retrancher sur Caen. Finalement, le 10 décembre, Charles VII fait son entrée dans la cité libérée après trente années d'occupation ».

Quand s'amorça l'affaire de Normandie, Agnès Sorel était là, vigilante, solide : « Agnès Sorel, exhor-

*Fouquet, dans cette admirable miniature des Heures d'Étienne Chevalier, « L'Adoration des mages », semble glorifier les amours royales : Charles, escorté de sa garde écossaise, prête son visage à l'un des mages tandis qu'Agnès, une fois encore, figure la Vierge. (Musée Condé, Chantilly. Archives photographiques.)*

tant son amant, souligne Philippe Erlanger, était la véritable interprète de la pensée française. »

Le 15 avril 1450, l'armée anglaise était anéantie à Formigny. Le 12 août, Cherbourg tombait : la Normandie redevenait française.

Charles, après être entré à Rouen, avait fait venir près de lui la belle et douce Agnès. Elle était alors enceinte. Le roi l'installa près de Jumièges, au manoir de Mesnil-la-Belle. Quelques jours plus tard, Agnès tombait malade : un « flux du ventre », dit un chroniqueur. On sut vite qu'elle était perdue. Elle fit son testament, désigna trois exécuteurs testamentaires : Jacques Cœur, Etienne Chevalier et Maître Robert Poitevin. Elle fit sa confession à Denis l'Apostol, moine augustin, docteur en théologie.

Elle entra en agonie. On l'entendit murmurer :

— C'est peu de chose... et orde[1] et fétide de notre fragilité!

Elle expira le lundi 11 février 1450. Elle n'avait pas vingt-huit ans.

1 *Orde :* sale.

*LES FÊTES DE NANCY*

*Ce fut une belle noce !*

*La cérémonie religieuse fut célébrée dans la cathédrale de Nancy. Toute la noblesse française, des princes étrangers, des dignitaires ecclésiastiques entouraient Charles VII et le roi René. Autour de Marie de France, la reine, et d'Isabelle les dames d'honneur se pressaient et on remarquait beaucoup Agnès Sorel.*

*La jeune épousée, conduite à l'autel par le roi et par son père, portait une robe de satin blanc semée de marguerites d'argent et d'or. La marguerite avait été adoptée comme emblème de la cérémonie. On en voyait partout : sur les pavés des rues, sur le satin des bannières, sur les boucliers ou le velours des cottes d'armes. Louis d'Haraucourt, évêque de Toul, bénit solennellement l'union du roi d'Angleterre et de la fille du duc d'Anjou. La psallette de l'église, les musiciens du roi René, les grandes orgues enfin donnèrent à la cérémonie ce caractère artistique habituel à la cour.*

*Il y eut des fêtes, des tournois, des pas d'armes, de magnifiques déploiements de chevaliers que le duc affectionnait. On y vit caracoler le roi de France, René, Jean de Calabre, son fils, et même, le dernier soir des fêtes — elles se prolongèrent pendant une semaine — Agnès Sorel apparut dans une armure d'argent incrustée de gemmes. Les assistants applaudirent à cette radieuse apparition.*

*Ce portrait inattendu de René Ier le Bon appartient au livre d'heures de René d'Anjou (XVe siècle). Le duc est ici représenté en coiffure et costume à l'italienne. (Cabinet des manuscrits. Bibliothèque nationale. Photo B.N.)*

## 4 septembre

Pierre de Brézé soumet Epinal (qui relève de l'évêque de Metz). Toul et Verdun ouvrent leurs portes au roi de France. Les Messins ferment les leurs. Il faut donc faire un siège en règle. Le roi et le duc d'Anjou disposent de trente mille routiers dont on débarrasse ainsi le reste du pays.

Le duc de Bourgogne, Philippe le Bon, qui vient de s'allier avec le duc de Bavière, n'est pas fâché de cette solution.

## octobre

En Suisse, le dauphin Louis signe avec les cantons, à Ensisheim, un traité de bonne entente et amitié aux termes duquel il accepte d'évacuer le territoire occupé sans avoir pris Bâle.

Début du siège de Metz. Il va se prolonger cinq mois car personne n'est pressé. Charles VII et René se sont établis à Nancy où ils mènent joyeuse vie en compagnie d'Agnès Sorel.

Les écorcheurs se répandent en Alsace et mettent à sac le pays. Richemont les pourchasse. Le roi lui-même fait campagne contre eux.

### 1445, 9 janvier

A Nancy, le grand-conseil délibère au sujet des réformes qu'il faut apporter à l'organisation de l'armée. Les décisions prises restent secrètes et ne seront publiées que quelques mois plus tard.

### février

René et Charles VII veulent en finir avec les Messins. Ceux-ci commencent à souffrir de la disette. Ils acceptent d'ouvrir les portes de la ville. Un traité « de bonne paix » est signé le 23 février. Le roi de France ne réclame pas de rançon, mais se contente d'exiger l'annulation des dettes que René avait contractées avec la ville. C'est pour le bon roi René cent mille florins de moins à payer.

### 3 mars

Et on peut célébrer dans la joie à Nancy le mariage de Marguerite d'Anjou et d'Henri VI représenté par le fidèle Suffolk.

### avril

A Châlons-sur-Marne, à la suite des négociations avec le duc de Bourgogne représenté par son épouse Isabelle, la fin de la rançon du roi René envers Philippe le Bon lui est remise et les accords du duc et du roi de France renouvelés.

### mai

La campagne de Lorraine s'achève. En fait, si Toul se contente

### *LES COMPAGNIES D'ORDONNANCES*

*Le préambule expose qu'il s'agit de régler « la manière et ordre de vivre des gens d'armes, afin de faire cesser la pillerie qui longuement a eu cours au royaume ».*

*Tous les capitaines, quels qu'ils soient, doivent se présenter avec leurs hommes devant le connétable qui les passera en revue et ne conservera que les meilleurs. Les soldats licenciés sont renvoyés chez eux en bon ordre, sous la conduite de leurs chefs. Tous les capitaines retenus sont nommés par le roi, révocables par lui. Ils sont placés à la tête de nouvelles compagnies auxquelles on donne le nom de compagnies d'ordonnances, « parce qu'elles étaient* ordonnées *par le souverain, au lieu d'être formées au gré des capitaines ».*

*L'application n'est pas aisée. C'est Richemont qui se charge de lever les premières compagnies. Celles-ci peuvent être entièrement soldées grâce aux tailles perçues sur l'ensemble des populations, impôt que l'on baptise la taille des gens d'armes.*

*La cavalerie est ainsi réorganisée; l'artillerie aussi à laquelle s'attache le nom des frères Bureau. Quant à l'infanterie, la piétaille, encore considérée comme un élément secondaire, il faudra attendre plusieurs années avant qu'elle fasse l'objet de réformes.*

*D'autres ordonnances, signées peu après par Charles VII, concernent les finances et la justice. Les conseillers du roi travaillent ainsi avec ardeur au relèvement de la France. Charles devient le « Bien servi ».*

*Les ordonnances qui vont, dès 1445, réglementer la vie des gens d'armes ne peuvent que satisfaire les sujets de Charles VII. Les routiers, en effet, sont gens fort peu recommandables et il ne fait pas bon les rencontrer. Mieux vaut, comme ces jeunes femmes qu'évoque une miniature du XV*e *siècle, demeurer sagement au logis à filer et tisser. Car les routiers sont aussi habiles au maniement des armes que ces gentilshommes qu'une miniature du « Livre des bonnes mœurs », de Jacques le Grant, représente au cours de leur entraînement à la lutte. (Musée Condé, Chantilly. Photo François Garnier.)*

d'accepter la protection du roi de France, Verdun reconnaît sa suzeraineté établie depuis Saint Louis. Les habitants acceptent de verser trois mille cinq cents florins d'or sur l'arriéré dû au roi en raison de leur vassalité.

Cette campagne a incontestablement renforcé le prestige du roi de France dans les marches de l'est et montré que le duc de Bourgogne n'y était pas tout-puissant. Charles a en outre signé des traités d'amitié avec tous les princes rhénans, l'archevêque de Trèves, celui de Cologne, tous plus ou moins adversaires de Philippe le Bon.

## 26 mai

Charles VII édicte la grande ordonnance sur la réorganisation de l'armée.

## 16 août

Mort de « Madame la dauphine », Marguerite Stuart, fille du roi d'Ecosse Jacques Ier et épouse de Louis. Elle avait pris froid au cours d'un pèlerinage.

Cette disparition affecte Charles VII, beaucoup moins son fils qui s'intéresse plus à la politique qu'aux femmes.

Le roi et Agnès Sorel s'installent au château de Razilly en Touraine.

### 1446, avril-mai

A Montpellier se tiennent les états de langue d'oc qui votent au roi un subside de 170.000 livres.

Les finances de la monarchie commencent à s'améliorer.

### mai-juin

Ces succès ne sont pas sans déplaire au dauphin. Louis est jaloux de son père, jaloux d'Agnès Sorel, jaloux du favori Pierre de Brézé. Il cherche à secouer le joug paternel. Le Dauphiné est une contrée pauvre qu'il administre de loin, sans grand intérêt. Il préfère se tourner vers le Midi. Il sait que les gens supportent malaisément la taille des gens d'armes. Aux magistrats des villes de l'Agenais, il propose de se retirer de la main du roi pour se donner entièrement à lui. Il leur envoie des agents qui les comblent de prévenances au cours d'une assemblée des états de la sénéchaussée. Méfiants, les députés restent sur la réserve.

Alors, Louis trame un complot avec le concours du comte de Dammartin, Antoine de Chabannes, à qui il a promis dix mille écus. On prendra d'assaut le château de Razilly. On tuera au besoin Pierre de Brézé.

— Et après? demande Chabannes.

— Alors le gouvernement sera mon fait!

Chabannes ne se laisse pas convaincre. Louis parvient à recruter quelques hommes de main, quelques gentilshommes légers qui parlent du complot sans se cacher. Un serviteur révèle tout à Charles qui mande son fils et Chabannes.

— Louis, je sais la mauvaise entreprise que vous avez contre le sénéchal. Mais je vous en garderai bien.

Piteusement, Louis rejette la responsabilité sur Chabannes. Celui-ci se défend comme un beau diable.

— Vous en avez menti.

Le roi calme le comte de Dammartin.

— Louis, je vous bannis pour quatre mois de mon royaume. Allez en Dauphiné.

### juin

Cette violente altercation n'empêche pas Charles et le roi René de participer à un magnifique tournoi qui prend un nom allégorique : l'emprise de la gueule du dragon.

### juillet

Charles VII se transporte au château des Montils (qui deviendra plus tard le Plessis-lez-Tours). Les fêtes se poursuivent pendant tout l'été.

### 1447, 1er janvier

Louis prend la route du Dauphiné. Il s'en va tête nue et furieux.

— Par cette tête qui n'a point de chaperon, je me vengerai de ceux qui m'ont mis hors de ma maison.

Il ne devait jamais revoir le roi son père.

C'est maintenant vers l'étranger qu'il se tourne : avec le duc de Savoie, il a signé un traité secret en vertu duquel lui est ouvert un passage dans les montagnes pour la conquête de Gênes.

Précisément, en Italie, Janus de Campo-Frégoso et son parti des Fregosi font appel à Charles VII pour renverser le doge Adorno et conquérir la ville.

A l'instigation de Jacques Cœur dont les intérêts commerciaux sont de posséder de solides appuis à Gênes, le roi se laisse entraîner et envoie des hommes à Frégoso.

## 30 janvier

Frégoso débarque sur la côte génoise. Mais Adorno résiste énergiquement. Pour remporter la victoire, Jacques Cœur estime qu'il faudrait encore expédier un renfort de dix mille hommes.

Sagement, Charles VII refuse.

Les Français sont chassés de Gênes, ce qui rend naturellement le dauphin « moult joyeux ».

## 27 février

La mort du pape Eugène IV à Rome va-t-elle mettre fin au schisme qui déchire encore l'Eglise? On pourrait l'espérer puisque Félix V, l'ex-duc de Savoie, reste seul pape, installé paisiblement en son château de Ripaille.

## 6 mars

Hélas, il n'en est rien. Une semaine après la mort du souverain pontife, les cardinaux réunis à Rome élisent un nouveau pape, Thomas Parentucelli, qui prend le nom de Nicolas V .

## juillet

Cette situation inquiète le roi de France qui souhaite voir l'Eglise retrouver son unité.

Une conférence de conciliation se réunit à Lyon.

Elle n'aboutit pas.

## 13 août

Et voici qu'à Milan meurt Philippe-Marie Visconti, oncle (par alliance) du poète Charles d'Orléans. Il ne laisse qu'une fille bâtarde, Blanche-Marie, qui a épousé un condottiere, François Sforza. Il est incontestable que, par sa mère Valentine, Charles d'Orléans peut faire valoir ses droits sur la succession. Déjà, avant que son oncle soit mort, il a mis la main sur le comté d'Asti par l'intermédiaire du bailli de Sens, Regnault de Dresnay, commandant une bande de cinq cents lances.

Milan ne veut plus de maître! Les villes sujettes se donnent à Gênes, au duc de Savoie, à Sforza ou à Charles d'Orléans.

Au service de Sforza, le fameux condottiere Colleone se rue dans le Milanais. Il rencontre Regnault de Dresnay, le bat et le fait prisonnier. Charles VII a songé un moment à intervenir pour soutenir les droits du duc d'Orléans. La défaite subie par Regnault calme son ardeur. Sforza, habile politique et rude homme de guerre, semble un adversaire invincible.

Le roi de France laisse donc Charles d'Orléans se lancer seul dans l'aventure italienne, tout comme il a agi quelques années auparavant à l'égard de son beau-frère le roi René.

## octobre

A tout petit équipage, sans argent ni ressources, Charles d'Orléans parvient à Asti. Il y séjourne un an sans pouvoir soutenir les Milanais que Sforza entend bien réduire en mettant à profit leur misère et leurs discordes.

## novembre - décembre

En France, la situation économique s'améliore lentement. Les Parisiens retrouvent un peu de bien-être. Les récoltes ont été bonnes. Le coût de la vie diminue : la pinte de vin vaut deux deniers, le quarteron d'œufs huit deniers, la livre de beurre six deniers, soit un demi-sou.

Agnès Sorel pousse Charles VII à reprendre la guerre contre l'Angleterre.

*Les voyageurs du XVe siècle ne possédant, pour leurs déplacements, que les animaux de trait ou de selle, c'est à cheval que les hommes et de nombreuses femmes voyagent. Ainsi Charles d'Orléans, de la même façon que ces cavaliers, chevauchera-t-il jusqu'à Asti, entouré d'une petite escorte. « Miracles de Notre-Dame. » (Cabinet des manuscrits. Bibliothèque nationale. Photo B.N.)*

# CHARLES LE VICTORIEUX

## 1448, 28 avril

Pour mener une guerre avec succès, il en faut les moyens et le prétexte.

Les moyens, Charles VII les possède maintenant : grâce à Jacques Cœur, les finances du royaume sont en bon état. En dépit des grincements de dents des taillables, les aides rentrent plus régulièrement.

Grâce à Richemont et aux frères Bureau, la cavalerie et l'artillerie sont réorganisées et modernisées. Reste l'infanterie.

Richemont, par l'ordonnance du 28 avril, obtient la création d'un nouveau corps, les francs-archers. Chaque paroisse ou groupe de paroisses comptant cinquante feux est tenu de fournir un archer ou un arbalétrier entièrement équipé et nourri aux frais des habitants. En temps de paix, ce soldat reste dans son village et peut se livrer aux travaux agricoles. On ne fait appel à lui qu'en cas de nécessité. Les archers se réunissent à intervalles réguliers pour s'exercer, tirer à l'arc « afin de soi habiliter ». Les capitaines les passent régulièrement en revue.

Cette institution originale ne va pas tarder à porter ses fruits sur les champs de bataille de Normandie et de Guyenne.

## mai

Pour recommencer une guerre, il faut aussi avoir un prétexte.

Parmi les clauses du contrat de mariage entre Marguerite d'Anjou et Henri VI, il avait été convenu, on s'en souvient, que le roi d'Angleterre évacuerait le Maine. Le parti des bellicistes, mené par Gloucester, protesta bruyamment. Henri, qui admirait beaucoup son « bel oncle » et était éperdument épris de sa jeune

*Le roi Charles VII présidant, en 1458, le lit de justice de Vendôme (par Jean Fouquet). Le « lit de justice », après avoir désigné tout d'abord le siège occupé par le roi au cours d'une séance solennelle du parlement, en est peu à peu arrivé à désigner cette séance elle-même. Au XVe siècle, le terme est devenu synonyme d'acte d'autorité royale. En effet, si le monarque, dans les premiers temps, sollicitait surtout du parlement un avis, il fut amené, avec le droit de remontrances, à adresser à ce même parlement des « lettres de jussion » au moyen desquelles il enjoignait aux juges d'une cour souveraine l'enregistrement d'un édit. En cas de refus de ces juges, le roi faisait alors procéder à l'enregistrement par lit de justice. Devant les pairs et les membres du conseil royal, le souverain, après avoir faire lire les lettres de jussion par son chancelier — ici Juvénal des Ursins (à la gauche du roi) — ordonnait l'enregistrement de l'ordonnance. (Bibliothèque de Munich. Photo Giraudon.)*

épouse, aurait volontiers cédé. Charles VII lui-même se serait contenté d'un usufruit viager accordé à Charles d'Anjou. On convint que le Maine serait évacué avant le 30 avril 1446, tandis que les trêves étaient prolongées jusqu'au 1er janvier 1448. Le malheur est que le capitaine anglais qui occupait Le Mans refusa de céder la place. Pourtant, après la mort de Gloucester et la nomination de Somerset comme régent de France, les négociations avaient repris sans résultat.

Alors Charles VII se résout à en finir : si les Anglais n'ont pas rendu Le Mans avant le 1er juin, Dunois et Brézé se chargeront de conquérir la ville.

Ainsi en ont décidé le roi et ses conseillers réunis à Tours.

A Montpellier, les états de langue d'oc, à la suite d'une pressante intervention de Jacques Cœur, votent un subside de 150 000 livres.

### juin

Le siège du Mans est mené rondement. La ville est bientôt prise. Mais Somerset, déçu de l'échec des négociations, n'entend pas céder. Au lieu de replier sa garnison sur la Normandie, il s'empare des places de Mortain et de Saint-James-de-Beuvron, jusque-là exemptes d'occupants.

C'est le premier acte de guerre depuis la signature des trêves de Tours en 1444.

### 10-12 juillet

Avant de se lancer de façon décisive dans les hostilités, Charles VII tente toujours d'en finir avec le schisme. Il envoie à Rome près de Nicolas V une ambassade française dirigée par Jacques Cœur. Le mois suivant, une autre délégation va trouver Félix V à Lausanne.

Il est convenu que des conférences se tiendront autour de l'empereur Henri VI quelques mois plus tard pour tâcher de mettre tout le monde d'accord.

### 1449, janvier-février

Les Anglais n'ont pas digéré leur échec dans le Maine. En dépit des faiblesses de leurs garnisons, mal payées, mal nourries, insuffisamment armées, médiocrement protégées par des fortifications en mauvais état, ils veulent une revanche. En Bretagne, le duc François Ier, neveu du connétable de Richemont (qu'il n'aime guère), est plutôt favorable au roi de France à qui il a prêté hommage. Au contraire, son jeune frère Gilles préfère les Anglais. Pourquoi ne pas tenter un coup sur la Bretagne?

Suffolk et Somerset s'assurent le concours d'un aventurier aragonais, François de Surienne, qui ronge son frein en Normandie.

### 24 mars

A la suite d'un raid audacieux, Surienne s'empare de Fougères et de son château. Les Anglais s'empressent de désavouer Surienne. Leur attitude ne trompe pas Charles VII.

### 7 avril

Après des discussions ardues, Félix V renonce enfin à la tiare.

### 19 avril

L'accord définitif est signé. C'est la fin du schisme.

### mai

La prise de Fougères, venant après l'affaire du Maine, semble marquer

*Cette miniature évoquant la prise de Fougères par François de Surienne et les Anglais permet d'imaginer la ville telle qu'elle se présentait au temps de Charles VII. L'image que le miniaturiste donne de l'attaque est, on s'en doute, symbolique. Comment croire, en effet, que l'assaut porté aux fortifications n'ait suscité aucune réaction de défense de la part de la garde de la cité? En fait, Surienne a enlevé le château par surprise (« Chroniques de France » de Jean Chartier. Cabinet des manuscrits. Bibliothèque nationale. Photo B.N.)*

la fin des trêves. La responsabilité en incombe aux Anglais qui ont refusé de libérer Le Mans et se sont emparés de Fougères. Pourtant, Charles VII préfère prolonger encore pendant quelques mois de vaines négociations.

Mais il laisse ses capitaines poursuivre, au nom du duc François Ier, la guerre de Bretagne et chercher la riposte en Normandie.

## 16 mai

C'est ainsi que Jean de Brézé et Robert Floquet prennent d'assaut Pont-de-l'Arche et Conches en Normandie, tandis que, quinze jours plus tard, d'autres capitaines français s'emparent de Gerberoy en Beauvaisis.

La lutte se rallume même en Guyenne. Les Français libèrent Cognac.

## 17 juillet

Le sort en est jeté! Au château des Roches-Tranchelion, près de Dijon, une assemblée spécialement convoquée décide à l'unanimité que « Monseigneur le roi se trouve en droit de rouvrir les hostilités ».

Soucieux de se justifier aux yeux de la postérité, Charles fait consigner cette déclaration en des lettres patentes « pour son honneur et sa décharge au temps à venir et est justement et honorablement délié de la trêve ».

La dernière phase de la guerre de Cent Ans est officiellement commencée. En fait, on l'a vu, la lutte avait repris avec le siège du Mans treize mois auparavant.

## fin juillet

Pour solder les gens d'armes, il faut alimenter le trésor. De nouveau, grâce à l'intervention du grand argentier Jacques Cœur, les états de langue d'oc renouvellent leur subside de 150 000 livres.

## 7 août

A la grande joie d'Agnès Sorel qui se félicite d'avoir contribué à secouer l'apathie de son amant, Charles VII se met à la tête d'une armée destinée à reconquérir la Normandie.

Le plan a été habilement établi. Une première opération, à laquelle le roi participe aux côtés de Dunois nommé lieutenant général, entre Seine et Somme, a pour but la libération de la haute Normandie. Brézé, Gaucourt, les comtes d'Eu et de Saint-Pol servent sous les ordres de l'ancien compagnon de Jeanne d'Arc. Ils dirigent un second corps parti du Beauvaisis avec l'appoint de la noblesse picarde.

Concentrée à Saint-Aubin-du-Cormier, entre Rennes et Fougères, une troisième armée commandée par le connétable et le duc de Bretagne a pour mission de prendre la province à revers et de délivrer la basse Normandie.

Pour défendre leur conquête, les Anglais ont envoyé leur vieux chef de guerre, Talbot, qui a maintenant soixante-dix-sept ans.

## août-septembre

C'est presque une promenade militaire. Les boulets des frères Bureau sont irrésistibles. Ayant traversé la Seine en amont de Rouen, les comtes d'Eu et de Saint-Pol prennent Pont-Audemer le 12 août, Pont-l'Evêque le 15, Lisieux (dont l'évêque ouvre les portes) le 16. Ils nettoient aussi tout le pays de Bray.

L'armée de Dunois, flanquée à gauche par celle du duc d'Alençon, prend Verneuil sans coup férir et est rejointe par le roi à Louviers. Dunois s'empare de Mantes le 26 août, de Vernon le 28. L'imprenable Château-Gaillard tombe sans offrir de véritable résistance.

Pendant ce temps, Richemont enlève Coutances, Granville, Saint-Lô, Carentan. Le scénario est partout le même. Les Franco-Bretons entourent la ville assiégée, établissent leur artillerie, font donner quelques coups de bombarde. L'ennemi offre de capituler pour peu qu'on lui accorde les honneurs de la guerre. On les lui consent. Il sort de la place sous les huées des habitants. Parfois ceux-ci obligent un peu rudement les occupants à céder.

## octobre

Le roi établit son quartier général à Pont-de-l'Arche. Déjà, les pluies d'automne annoncent l'hiver. Charles VII envoie une missive aux habitants de Rouen pour les inviter à se joindre à lui.

Le régent Somerset est installé au palais avec son épouse et ses enfants. Pour le défendre, Talbot ne dispose que d'une garnison de trois cents hommes démunis de vivres et de munitions.

*La bataille de Formigny, vue par une miniature des « Chroniques de France » de Jean Chartier. A droite, se tient l'infanterie anglaise dont les archers, pour une fois, n'emporteront pas la victoire. A gauche, la cavalerie française formée, au premier plan, de l'armée du connétable de Richemont et, au second plan, de celle du comte de Clermont. (Cabinet des manuscrits. Bibliothèque nationale. Photo B.N.)*

Un premier soulèvement de la population — un peu prématuré — échoue. Le vieux Talbot massacre les meneurs et repousse le 16 octobre un premier assaut des Français.

Dunois avance son artillerie. Un second soulèvement des habitants soutenus par leur archevêque contraint Somerset à ouvrir des négociations avec le roi.

Celui-ci exige une capitulation pure et simple. Les Rouennais courent aux remparts et ouvrent les portes. Talbot tente de protéger le palais.

## 25 octobre

Brézé entre à Rouen à la tête de cent lances, bientôt suivi par Dunois. Les Français sont à Rouen! Azincourt est effacé. La nouvelle se répand dans toutes les bonnes villes du royaume. A Paris, les habitants font une immense procession d'action de grâces.

*En haut, à gauche, une miniature d'un manuscrit du XV^e siècle représentant le siège mis devant une ville fortifiée décrit admirablement les moyens employés par Charles VII et ses capitaines pour reconquérir les dernières possessions anglaises. Certes, l'arc, l'épée et la lance sont toujours précieux, mais on s'aperçoit de la supériorité acquise par les armes à feu sur les armes blanches ou les armes de jet. Tandis que les couleuvrines à main sont utilisées à bout portant par les assiégeants français juchés sur une tour d'assaut mobile en bois — ou hélépole —, les artilleurs projettent sur les remparts, au moyen des couleuvrines, des boulets qui ouvrent de vastes brèches. L'une des courtines, on le voit, a été suffisamment endommagée pour qu'il soit nécessaire de colmater l'ouverture au moyen d'une palissade en bois (à droite de la miniature). Ci-contre, l'entrée de Charles VII à Rouen. Pour le roi comme pour la France entière, c'est là une éclatante revanche sur l'ennemi séculaire. Une miniature des « Chroniques de France » de Jean Chartier a immortalisé la scène émouvante au cours de laquelle Charles reçoit des bourgeois les clefs de la ville. (Cabinet des manuscrits. Photos B.N.)*

Somerset essaie encore de négocier. Charles VII ne veut rien entendre. Quelques boulets commencent à pleuvoir sur le palais et affolent la duchesse.

## 29 octobre

Somerset capitule.

Contre sa propre liberté (et celle des siens), il livre cinquante mille écus d'or, les places d'Arques, de Caudebec, d'Honfleur, de Montivilliers, de Tancarville. Talbot est momentanément retenu comme otage!

Le régent se retire à Caen.

## 5 novembre

Surienne, sentant le vent tourner, accepte de rendre à Richemont et au duc de Bretagne la place de Fougères.

## 10 novembre

Au milieu d'un enthousiasme indescriptible, Charles VII fait son entrée solennelle à Rouen.

Le roi porte son armure de bataille; un énorme fermail en diamant orne son chaperon de castor gris doublé de vermeil. Son cheval est caparaçonné d'un velours bleu semé de fleurs de lys. A ses côtés chevauchent René d'Anjou et Charles du Maine.

Viennent derrière Dunois, Brézé et Jacques Cœur. Celui-ci porte une jaquette de velours violet doublée de martre.

Les bourgeois apportent les clefs. Le roi les remet à Brézé nommé capitaine de la ville. *Te Deum* à la cathédrale, réception des notables au palais de l'archevêché où Bedford a jadis résidé. Banquets et fêtes populaires.

Charles n'est pas ingrat. Avant de

quitter Rouen, il ordonne qu'on ouvre une enquête sur le procès de Jeanne d'Arc.

### 1450, janvier

Les désastres subis par les Anglais en Normandie provoquent naturellement de violentes réactions. L'évêque de Chichester, adversaire de Suffolk, est assassiné. La position du ministre est fort ébranlée. Pour se concilier l'opinion du parti belliciste, il lui faut absolument obtenir un succès sur le continent et mettre sur pied une expédition.

Charles VII, de son côté, n'a pas que des sujets de satisfaction. L'attitude de son fils, exilé dans son Dauphiné, l'inquiète. Louis cherche à se ménager les bonnes grâces de Jacques Cœur. Il lui adresse une lettre passablement compromettante qui tombe entre les mains d'Agnès Sorel. Celle-ci s'empresse de la mettre sous les yeux de la reine Marie qui la communique à son époux. Jacques Cœur se défend ardemment de toute compromission avec Louis. Charles n'en reste pas moins soupçonneux. Le grand argentier est bien riche...

Agnès, qui se morfond à Loches, décide, en dépit d'une grossesse avancée, de rejoindre son amant. Charles vient de prendre Harfleur et Le Havre. Elle le rejoint à Jumièges. Son arrivée à l'abbaye suscite quelque émoi. La dame de Beauté se justifie en prétendant qu'elle a voulu avertir elle-même le roi des machinations ourdies contre lui par son fils.

### 11 février

Le voyage en plein hiver a été trop rude. Atteinte d'un « flux de ventre», Agnès Sorel meurt. Elle n'a pas vingt-huit ans.

Durement touché, Charles VII

*LE CHATEAU DE FOUGÈRES*

*On donne volontiers à Fougères le nom Carcassonne du Nord. L'expression n'est p tout à fait exacte. Il n'y a pas de cité l'intérieur des remparts du château et ville, munie jadis d'une forte enceinte do on a mis au jour d'importants vestig s'étend au-delà, à la façon d'un manche cuiller ! L'image est de Victor Hugo q n'a compté que sept tours à la citadel alors qu'il y en a treize.*

*Château hétérogène. Depuis le XII^e jusqu' XV^e siècle, il a été agrandi, rapetassé, restau Des fouilles ont permis de retrouver les ves*

les plus anciens. Les sires de Fougères aient pas de minces seigneurs. Sur les ches de Bretagne, il leur fallait tenir forte position. Après la fin de la guerre Cent Ans, le duc François II, devenu tre de la place, fera encore exécuter nportants travaux.

Chaque tour a reçu un nom : voici la tour ul qui rappelle celui d'un des plus ens possesseurs, la tour Mélusine qui ue celui des Lusignan, cette vieille ille qui se targue de posséder la célèbre parmi ses aïeules. Mélusine est d'ailleurs sculptée, se contemplant dans un miroir, au portail de la proche église Saint-Sulpice.

Il y a aussi la tour Surienne, du nom du condottiere qui s'empara de Fougères en 1449. Celui-là laissa plutôt de mauvais souvenirs : il mit à sac la cité après l'avoir prise.

*Vue extérieure du château fortifié de Fougères. On voit ici deux des treize tours et l'enceinte qui, au XIVe siècle, soudait la forteresse à la ville. (Photo A. de Rémusat.)*

### LE MEURTRE DE GILLES DE BRETAGNE

*Le frère du duc de Bretagne François Ier était un jeune homme ardent et écervelé, assoiffé de plaisirs, jaloux de son aîné. Il était mécontent de n'avoir à sa disposition que quelques domaines. Il comptait de nombreux amis en Angleterre où il avait séjourné.*

*Le connétable de Richemont, oncle des deux frères, avait vainement tenté de les réconcilier.*

*Gilles s'était installé au château du Guildo, dans une anse située à l'embouchure de l'Arguenon. Avec ses compagnons, il y mena joyeuse vie tout en conspirant avec les Anglais. Il espérait bien que ceux-ci débarqueraient au Guildo.*

*Le complot fut découvert. Arrêté par les sbires d'un rival cruel, Gilles fut traîné de prison en prison pour être finalement étouffé entre deux matelas.*

*François n'est pas responsable du meurtre mais il l'a laissé faire.*

*Portrait du duc de Bretagne François, tel que le représente une enluminure du livre d'heures d'Isabelle Stuart, duchesse de Bretagne... (Cabinet des manuscrits. Bibliothèque nationale. Photo B.N.)*

quitte la Normandie, laissant au comte de Clermont le soin de poursuivre la campagne.

## mars

Suffolk juge le moment opportun pour reprendre la lutte. Il réunit une armée de six mille hommes dont il donne le commandement à un bon chef, Thomas Kyrielle.

## 15 mars

L'armée anglaise débarque à Cherbourg. Le comte de Clermont hésite à engager le combat.

## 6 avril

Le duc de Bretagne François Ier laisse assassiner son frère Gilles.

## 15 avril

Exaspérés par les hésitations de Clermont, quelques Français n'hésitent pas à assaillir l'arrière-garde de l'armée anglaise qui a tenté de traverser la Vire. Ils sont aidés par Bré-

*La prise de Bordeaux par le roi de France ne constitue pas seulement l'une des plus grandes victoires remportées sur l'Angleterre; elle apporte encore l'espoir de la libération prochaine. Aussi la joie est-elle grande au pays de France où chacun la proclame en dansant au son d'un orchestre qui scande les mesures d'une carole (Miniature du XVe siècle. Cabinet des manuscrits. Bibliothèque nationale. Photo B.N.)*

zé. Les Anglais repoussent l'attaque et parviennent à franchir la rivière.

## 18 avril

Alors Clermont se décide à livrer combat. Et c'est la victoire de Formigny, remportée grâce à l'arrivée du connétable de Richemont et de ses troupes.

## 2 mai

Cette défaite scelle le sort de Suffolk. Accusé du meurtre de l'évêque de Chichester, jugé pour haute trahison, il est condamné par le roi à l'exil. Un matelot l'assassine sur le navire qui l'emmène en Flandre.

Somerset, qui le remplace, porte

### *LA BATAILLE DE FORMIGNY*

*Longeant la côte, l'armée d'invasion s'était avancée lentement vers Caen afin de conserver cette ville, dernier bastion de la domination anglaise en Normandie.*

*Le connétable de Richemont a massé ses troupes à Carentan dans l'intention de couper la route suivie par les Anglais et de les intercepter aux environs de Bayeux.*

*La bataille s'engage à Formigny, entre Isigny et Bayeux, le 15 avril au matin. L'armée française, commandée par le comte de Clermont, forte d'environ trois mille hommes, attaque sans attendre l'arrivée du connétable qui regroupait ses forces vers Saint-Lô. Clermont faillit être encerclé et battu. Averti, Richemont s'élance à son secours et, par d'habiles dispositions qui font éclater aux yeux de tous son talent militaire et son expérience, renverse la situation. A la fin de la journée, les Anglais sont en déroute : trois mille sept cent soixante-quatorze d'entre eux sont tués ou blessés, mille deux cents prisonniers. Les vainqueurs ne comptent que douze morts!*

*Cette victoire a, à travers la France, un immense retentissement. Elle est le fruit du courage des hommes et, surtout, des bonnes réformes appliquées par le connétable.*

*« Sans lui, écrit quatre jours plus tard le maréchal de Coëtivy à Charles VII, nous n'en fussions jamais sortis sans dommages irréparables, car ils étaient la moitié plus que nous étions. »*

*Et Charles d'Orléans de s'exclamer : « Réjouis-toi, franc royaume de France. A présent, Dieu pour toi combat! »*

*Pour reprendre à l'Anglais les villes qu'il détient encore, les capitaines français emploient une tac le tir efficace des pièces d'artillerie. (Département des manuscrits. British Museum. Photo du mu*

le poids des défaites, de l'écrasante fiscalité, de la misère et des pillages exercés par les soldats anglais qui refluent de France.

Une véritable jacquerie, dirigée par un certain Jack Cade, éclate à la fin du mois et se répand dans tout le sud de l'Angleterre. Les révoltés s'emparent de Londres, exécutent le trésorier royal et ravagent la ville. Les rebelles ne seront écrasés que le 5 juillet.

## mai

Pendant ce temps, l'armée de Richemont, payée grâce aux subsides de nouveau obtenus par Jacques

*…lièrement suivie : celle du siège, appuyée par*

Cœur, s'empare d'Avranches et marche sur Caen où réside Somerset.

### juin

L'artillerie commence à bombarder la ville que le commandant de la place entend défendre tandis que Somerset, poussé par sa femme que la chute des boulets effraie, préférerait capituler. Il s'abouche avec les bourgeois de Caen et les engage à se soulever.

### 1er juillet

Somerset capitule et se rembarque à Calais pour Douvres.

### juillet-août

Les dernières villes de basse Normandie cèdent à l'armée du roi de France et sont libérées : Falaise le 21 juillet, Domfront le 2 août, Cherbourg le 12, un an jour pour jour après l'ouverture de la campagne.

### 18 juillet

Accablé de remords pour le meurtre de son frère Gilles, le duc de Bretagne François Ier meurt à Nantes. Son frère Pierre II lui succède en octobre.

### octobre

Après avoir longtemps hésité, les habitants de Milan ouvrent leurs portes à François Sforza qui devient ainsi maître du nord de l'Italie.

### 26 octobre

Conséquence de la libération de la Normandie, une ordonnance royale remet les fidèles sujets du roi en possession des biens dont ils avaient été dépouillés pendant l'occupation. Beaucoup de paysans profitent des circonstances et de la ruine des seigneurs pour se constituer de petites propriétés, assez morcelées, qui relèvent du roi ou de la grande noblesse moyennant un cens très faible, pratiquement resté au taux fixé avant la guerre, en dépit des multiples dévaluations.

La paysannerie, qui a terriblement souffert, a donc aussi tiré parti de la longue lutte franco-anglaise.

## octobre-novembre

Charles VII a sincèrement pleuré Agnès Sorel. Mais ce monarque victorieux ne peut plus se passer d'une présence féminine à ses côtés. Agnès a une cousine, séduisante et ambitieuse, Antoinette de Maignelais, qui a vécu dans son entourage et ne demande qu'à prendre sa place, maintenant que la dame de Beauté est morte.

Antoinette est encore fille : qu'à cela ne tienne ! Le roi lui fait épouser un de ses conseillers, Antoine de Villequier, qui reçoit en échange de sa complaisance d'abondants domaines. Antoinette est elle-même pourvue d'Issoudun et du château de La Guerche.

La fête des noces est magnifique. Charles séjourne avec la nouvelle épousée à Montbazon, puis à La Guerche.

Toutefois, les affaires politiques ne sont pas négligées. Le conseil réuni à Tours nomme Richemont gouverneur de Normandie et Brézé, sénéchal de la province. Ils sont chargés de relever les ruines accumulées pendant tant d'années de guerre. Le conseil décide en outre d'entreprendre sur-le-champ une campagne contre l'Aquitaine, dernier fief des rois d'Angleterre en France.

Le comte de Penthièvre s'empare de Bergerac et de Bazas; le sire d'Orval disperse les troupes bordelaises à Haillan. Mais la saison est trop avancée et la suite de l'expédition est renvoyée au printemps.

## 1451, février

Le dauphin Louis songe à se remarier. Il veut contracter une union profitable à ses desseins et se propose de prendre pour épouse Charlotte de Savoie, une enfant de onze ans qui apporte en dot quatre cent mille écus d'or et l'alliance de cette puissante famille.

Le contrat de mariage est signé le 14 février.

Effrayé par cette union entre Dauphiné et Savoie qui risque de contrecarrer sa politique italienne, Charles VII dépêche à Chambéry son roi d'armes, Normandie, porteur d'une interdiction formelle à la célébration des noces.

## 8 mars

Normandie arrive le 8 mars. On le fait se morfondre deux jours avant de le recevoir... pour lui annoncer que le mariage a été béni la veille, de même que celui de Yolande de France, sœur de Louis, avec Amédée, futur héritier du Piémont.

Charles VII, devant le fait accompli, entre dans une violente colère.

## avril

Divers scandales financiers éclatent. Ils concernent tous d'anciens amis d'Agnès Sorel, comme l'amiral de Culan, Beauvau de Précigny ou Jean de Xaincoings. Celui-ci est un collaborateur de Jacques Cœur.

Tous sont condamnés à de lourdes peines.

## fin avril

Nommé lieutenant général pour la campagne de Guyenne, Dunois est placé à la tête d'une armée de six mille hommes. Comme d'habitude, Jacques Cœur finance cette campagne.

Une escadre hispano-rochelaise, sous les ordres de Jean Le Boursier, pénètre dans l'embouchure de la

*Abandonné des Anglais, Bordeaux, à son tour, capitule et l'armée française fait une entrée triomphale dans la ville. C'est, semble-t-il, Dunois que l'on voit à cheval entouré de deux écuyers porteurs de bannières aux armes de France. Le premier, il franchit les portes de la citadelle. (« Chroniques de France », de Jean Chartier. Département des manuscrits. British Museum. Photo du musée.)*

Gironde. C'est donc l'attaque générale par terre et par mer.

## 6 mai-10 juin

N'escomptant aucun secours des Anglais, les Aquitains tentent de se défendre par leurs propres moyens, qui sont faibles. Tour à tour tombent les places de Blaye, de Fronsac, de Saint-Emilion, de Libourne qui commandent Bordeaux.

## 12 juin

Les Bordelais chargent Jean de Foix, captal de Buch, d'entrer en négociations avec Charles VII qui vient d'arriver à Taillebourg.

Il est convenu que, si les Anglais ne leur envoient aucun renfort, les Bordelais rendront leur ville le 23 juin.

Le roi accepte de laisser à la capitale de la Guyenne toutes les franchises accordées par les Plantagenêts.

## 23 juin

Aucune force anglaise ne se montrant, Bordeaux capitule.

## 30 juin

Dunois fait son entrée solennelle dans une ville qui demeure renfrognée.

## 31 juillet

Cette attitude n'empêche pas Charles VII et sa maîtresse de se livrer à des réjouissances pour célébrer la prise de Bordeaux. Jacques Cœur y participe avec sa magnificence habituelle.

Mais, le 31 juillet, il est arrêté. La commère de service à la cour, Jeanne de Vendôme, a prétendu qu'il avait empoisonné Agnès Sorel ! Au vrai, on fait vite bonne justice de cette calomnie grossière, le grand argentier n'ayant cessé d'être un ami d'Agnès. Mais d'autres accusations pleuvent sur lui.

## août

A la suite de Bordeaux, toutes les villes de Guyenne se rendent. Seul Bayonne entend résister. Il faut faire un siège en règle qui dure près de deux mois. Enfin, la ville capitule le 20 août.

La campagne de Guyenne semble terminée. En réalité, rien n'est fini.

## septembre-octobre

Dès la fin de juillet, des seigneurs gascons et des gros bourgeois de Bordeaux ont renoué avec Henri VI et préparent, en se cachant à peine, une révolte contre les Français. Les agents du roi se sont en effet abattus comme nuée sur la ville.

## octobre

L'instruction du procès de Jacques Cœur commence. Elle va durer de longs mois. Voici venu le moment de retracer l'existence de ce personnage extraordinaire.

### *BORDEAUX ET ROUEN*

*A Rouen, la foule avait manifesté une joie bruyante. A Bordeaux, l'humeur des habitants est toute différente.*

*Il ne faut pas oublier que la capitale de la Guyenne a toujours appartenu au domaine des Plantagenêts et relève du roi d'Angleterre depuis 1154 sans interruption, tandis que la Normandie a été réunie au domaine royal dès l'aube du XIII^e^ siècle.*

*Rouen a été une ville occupée par les Anglais. Bordeaux est toujours resté entre leurs mains.*

*Les Bordelais, gens pratiques, commercent presque exclusivement avec l'Angleterre à qui ils vendent leurs vins. Ce ne sont pas les Parisiens, plus friands du vin d'Orléans, d'Argenteuil ou de Mantes, qui vont maintenant acheter leurs récoltes.*

*Bordeaux peut bien garder ses franchises municipales. Son commerce risque d'être ruiné.*

*Dans une France enfin libérée de l'occupation anglaise, certains seigneurs, très appauvris par une guerre si longue, en viennent à céder quelques lopins que des cultivateurs pourront, grâce à la dévaluation de la monnaie, acquérir à bas prix. (« Livre de Valerius Maximus. » Cabinet des manuscrits. Bibliothèque nationale. Photo B.N.)*

# Jacques Cœur

Sur un rocher à pic, isolé de trois côtés et défendu, du côté de la terre, par un énorme fossé et un mur d'enceinte, s'élevait, à une quinzaine de kilomètres de Saint-Jean-d'Angély, dans l'actuel département de la Charente-Maritime, le château de Taillebourg. Au temps de Charles VII, chacun jurait qu'il était imprenable. Le roi, en 1451, y avait installé son quartier général. Le 31 juillet, dans la matinée, il travaillait avec son argentier Jacques Cœur. Tout à coup, le roi se mit en colère. A l'adresse de Jacques Cœur, il lança une volée de griefs qui claquaient comme des injures. Jacques Cœur se retira. L'après-midi, la cour se rendit en promenade au menhir de Civrac. Jacques Cœur l'accompagna. Il paraissait très calme. Au retour de l'excursion, Guillaume Gouffier l'invita, au nom du roi, à lui remettre son épée.

Ainsi fut révélée à la face du monde la disgrâce de l'homme que l'on avait pu croire plus puissant que Charles VII lui-même.

Au XIVe siècle, un humble paysan de Saint-Pourçain, dans le Bourbonnais, résolut un jour de quitter son village natal et de partir s'installer à Bourges. Il se nommait Pierre Cœur. Sans doute brillait-il dans l'art de traiter les animaux à fourrure puisqu'il se fit pelletier. Choisir d'être commerçant à Bourges en cette fin du XIVe siècle, c'était calculer bien. A Bourges, véritable capitale, régnait le duc Jean de Berry, homme de faste, raffolant de luxe et offrant de continuelles fêtes — toujours prêt à acheter, et avant tout ce qui sortait de l'ordinaire. Une aubaine pour les commerçants. On faisait vite fortune dans cette « forteresse marchande », dressée au milieu d'une campagne plantureuse, arrosée par de douces rivières navigables. En outre, de

*Il ne demeure aucun portrait authentique de Jacques Cœur et l'on ne peut que l'imaginer, à travers une miniature de l'époque, « Le Livre des Bonnes Mœurs », examinant quelques-unes de ces pièces qui ont été frappées dans ses ateliers. Cet homme extraordinaire, parti de rien, sera l'un des plus riches sujets de Charles VII. (Musée Condé, Chantilly. Photo François Garnier.)*

hautes murailles protégeaient la ville : précaution point inutile en ces périodes troublées. A l'abri de ces murailles, une industrie avait pris son essor : celle du drap. Partout en France, on réclamait le drap de Bourges. Lors des deux foires annuelles de la ville, en juin et en octobre, il s'en vendait d'incroyables quantités.

A la cour du duc de Berry, comme dans les hôtels des riches marchands, on aimait la fourrure. Toutes les fourrures. Les hommes en portaient aussi bien que les femmes et même les chevaux.

S'étonnera-t-on que le pelletier Pierre Cœur ait fait fortune à Bourges?

C'est à ce foyer que va naître un petit garçon que l'on appellera Jacques — et plus familièrement Jacquet. Nous ignorons la date de sa naissance. On peut la situer entre 1394 et 1400. Nous savons seulement qu'il a vu le jour à Bourges, ceci par les déclarations de ses enfants au moment du procès : « Il estoit bourgeois de ladite ville de Bourges et natif en icelle ». Jacques Cœur avait un frère et une sœur : Nicolas devait entrer dans les ordres et la sœur épousa un Champenois, Jean Bochetel, secrétaire de Charles VI, puis de Charles VII.

Observer une ascension est toujours passionnant. Jacques Cœur a-t-il fait des études? L'évêque de Lisieux, Thomas Basin, le déclare *sine litteris*, expression qui est à traduire non par illettré, mais plus justement par « sans culture littéraire ». Sa signature, en tout cas, est celle d'un homme qui sait écrire.

Aucun portrait de lui ne nous est parvenu. Toutefois un portrait disparu depuis a servi à exécuter une gravure, vers 1653. On y découvre une « physionomie intelligente, plébéienne, le nez qui relève un peu, l'œil vif, le menton déjà empâté, une tête de marchand des halles qui a réussi ». Jacques Cœur semble d'abord avoir travaillé avec son père, comme pelletier. Date importante : son mariage. On le situe entre 1418 et 1420. Il épouse Macée Léodepart dont le père était prévôt de Bourges et valet de chambre du duc — et surtout dont le grand-père paternel avait été maître de la Monnaie de la ville. Ce mariage va le mettre en rapport avec les *monnayeurs*, c'est-à-dire une partie importante de la bourgeoisie de Bourges. Surtout, c'est de là que ce jeune ambitieux va prendre son élan. Jeune? Pas tant que cela, d'ailleurs. Ces temps étaient souvent ceux de la longue patience. Jacques Cœur a près de trente ans lorsqu'il s'associe avec un maître monnayeur, Ravant le Danois, un Normand d'origine peut-être danoise, avec le changeur Pierre Godart et un nommé Jean Jublin. Qu'est-ce que ce métier de monnayeur qu'il exerce maintenant? Il s'agit de fabriquer de la monnaie pour le compte du roi, ceci à Saint-Pourçain, Orléans, Poitiers, Bourges. Assurément nous qui connaissons la suite, déjà nous voyons Jacques Cœur voguer vers la fortune et la puissance. Point du tout. Pour lui, cela commence mal. Ravant est accusé (juin-juillet 1429) de fabriquer de la monnaie «faible de poids». L'accusation précise : ils auraient fondu trois cents marcs d'argent au-dessous du cours royal. Du coup les associés, parmi lesquels Jacques Cœur, avaient encaissé un bénéfice de cent vingt écus. Lesdits associés se voient condamnés à verser une amende de mille écus d'or.

Ajoutons que, moins de six mois plus tard, des lettres de rémission seront accordées aux condamnés. Le roi ne semble pas leur avoir tenu rigueur, puisque Ravant se verra par la suite nommé « général des monnaies » et que Jacques Cœur pour-

*Si le XV<sup>e</sup> siècle aime la bonne chère, le couvert demeure, comme le confirme cette miniature du « Roman de la Violette » de Gibert de Montreuil, d'une très grande simplicité et réduit au strict minimum. Aussi le luxe que Jacques Cœur manifeste dans ce domaine contribuera-t-il à choquer fortement certains — et plus particulièrement ses débiteurs. (Cabinet des manuscrits. Bibliothèque nationale. Photo B.N.)*

suivra son extraordinaire carrière.

Pas tout de suite. L'historien le perd de vue pendant quelques années.

C'est en 1432 que l'on retrouve sa trace. Il est toujours citoyen de Bourges, où il réside. Mais sa maison de commerce a connu une remarquable expansion : il possède des comptoirs à Poitiers, Limoges, Le Puy, Toulouse. Jacques Cœur a fondé, avec les frères Bartholomé et Pierre Godart, une société *en tout fait de marchandises*.

Jacques Cœur se révèle comme le reflet fidèle de son époque. Achetant et vendant de par le royaume de France, il lorgne plus loin, vers cette Méditerranée qui a fait la richesse de Gênes, de Pise, des Vénitiens, des Catalans. Les Français du XV<sup>e</sup> siècle raffolent des épices : poivre, clous de girofle, gingembre, noix de muscade, cannelle. Pour la médecine et la parfumerie, on emploie le benjoin, le bois d'aloès, l'encens, le musc, l'ambre. Pour la teinturerie : indigo, alun, cochenille. Tout cela vient par la mer. Par la Méditerranée. Pourquoi en laisser le privilège et les bénéfices aux étrangers? On ne connaît alors en France qu'une seule *galée* — sorte de galère portant un ou deux rangs de rames — appartenant à Jean Vidal, de Narbonne, et faisant régulièrement le trafic avec l'Egypte : la galée *Notre-Dame et Saint-Paul*.

Un seul navire français? Pour Jacques Cœur, c'est un vrai scandale. Il s'y attaquera. En mai 1432, il s'embarque à Narbonne sur la galée de Jean Vidal, ceci en compagnie de marchands d'Agde, de Narbonne et de Montpellier.

Jacques Cœur ne sait pas où finit la terre, où elle commence, il ignore les Amériques. Même, cette Méditerranée où il se hasarde, on n'en connaît que des cartes imprécises. Pourtant il part, apparemment sans crainte. Un véritable voyage de reconnaissance et d'étude : il visitera Damas, Tripoli, Beyrouth, Famagouste, puis l'Egypte, Le Caire et Alexandrie.

Ce n'est pas par hasard qu'il s'arrête en Egypte. Les marchands italiens dominent presque tout le Proche-Orient, sauf l'Egypte. De plus, les marchandises y viennent par la mer, bénéficiant d'un prix de transport moins élevé. Alexandrie reçoit les productions de la vallée du Nil, coton et sucre, auxquelles s'ajoute *le baume du sultan* utilisé en médecine et en liturgie (les saintes huiles). Naturellement Jacques Cœur n'est pas le premier à vouloir accéder à ce marché. Il est le premier à vouloir le conquérir.

Le voyage de retour aurait dû le rebuter : le navire est saisi par la tempête, il chavire au large de la Corse, les Corses pillent la cargaison et les marchands sont dépouillés de leurs bagages, Cœur comme les autres. Il ne rentrera chez lui qu'au mois d'octobre, ayant perdu « jusqu'à la chemise ». Logiquement, il devrait abdiquer toute ambition de commerce extérieur et se contenter de son agréable fortune locale. Ce serait mal le connaître. Ce qu'il a vu en Orient l'a convaincu. Il est possible de reconquérir à la France les débouchés qui lui échappent. Dans cette immense aventure, il se lance sur-le-champ.

Il est très difficile d'exposer chronologiquement l'aventure de Jacques Cœur et l'essor de ses affaires. Il a compris que, pour commercer avec l'Orient, il fallait transférer ailleurs le centre de son activité. Il choisit Montpellier. Il y faut du courage : le canal qui relie la ville à son port de Lattes, la Robine, a été laissé sans soin; il menace de s'ensabler. Il semble que Jacques Cœur, avant toute chose, a fait désensabler la Robine, s'attirant la reconnaissance des Montpelliérains. Par la suite, logiquement, il se rapprochera encore de la mer et fixera son centre commercial à Marseille.

Un tel commerce avec l'outre-mer nécessite des moyens de transport indépendants. Dans l'esprit de Jacques Cœur, il n'est pas question de s'adresser à Venise ou Gênes. Il construira des bateaux. Toujours des bateaux. Il installe même un chantier naval à Aigues-Mortes vers 1443-1444. Le duc de Savoie l'autorise à faire venir des Alpes le bois nécessaire. Ce bois est convoyé sur le Rhône. En ce temps, les meilleures galées sont génoises; on rapporte que Jacques Cœur acheta la première à Gênes et qu'il la fit copier point par point. Furieux, les Génois volèrent l'imitation. Qu'importe à Jacques Cœur et à ses ingénieurs qui connaissaient désormais la technique! Au moment de la chute de Cœur, sa flotte sera de sept galées (à signaler que Venise en avait vingt-six). Nous connaissons le nom de quatre de ces galées : *Magdaleine*, *Saint-Denis*, *Saint-Jacques*, *Saint-Michel*.

*Longtemps après la mort de Jacques Cœur, son visage a tenté les artistes. Ainsi est née, au XVII^e siècle, cette gravure de Grignon, exécutée vraisemblablement d'après un portrait aujourd'hui disparu. (Photo Jean-Loup Charmet.)*

Elles avaient généralement trois mâts et une seule rangée de rameurs. Elles étaient longues d'une cinquantaine de mètres et larges de dix ou douze. Le moindre recoin devait être utilisé pour le transport des marchandises : plus on embarquait de denrées ou de produits, plus on abaissait le prix de revient du transport. Et plus le bénéfice serait grand. La flotte de Jacques Cœur comprendra en outre de nombreux petits bateaux, destinés au cabotage.

Pour le transport terrestre, même évolution chez Jacques Cœur. D'abord, il s'adresse à une entreprise de louage. Bientôt, il installe sa propre écurie à Montpellier. Ses convois transportent les marchandises vers le nord : Paris est atteint en vingt-quatre ou vingt-sept jours, selon la route empruntée.

L'installation des comptoirs de Jacques Cœur suit la libération du sol par Charles VII. Quand le roi rentre à Paris, Cœur s'y installe, dans une rue proche de l'actuel Palais-Royal. Le voici à Rouen, après la trêve de Tours, alors que cette ville est encore occupée par les Anglais. Ce genre de détail ne semble pas avoir jamais gêné beaucoup Jacques Cœur. De Rouen, il commercera désormais avec la Flandre, l'Ecosse et l'Angleterre. Il installe un nouveau centre commercial à Lyon pour la navigation fluviale. En effet, à la navigation en Méditerranée, puis dans l'Océan et la Manche, il ajoute le commerce par voie fluviale, au long de la Loire, de la Saône et du Rhône.

La flotte de Jacques Cœur exporte en Orient les denrées occidentales, elle rapporte de Beyrouth et d'Alexandrie « les étoffes du Levant, les tapis de la Perse, les parfums de l'Arabie, les fourrures du Nord, les épices et les porcelaines de l'Extrême-Orient ». Comme tout bénéfice est bon à prendre, la flotte de Jacques Cœur transporte les pèlerins, qu'ils soient d'ailleurs chrétiens ou musulmans, les uns allant à Jérusalem, les autres à La Mecque. A l'occasion, on embarque des esclaves : au XV^e siècle, personne n'y eût trouvé à redire, en tout cas pas Jacques Cœur.

Une telle œuvre ne pouvait être accomplie que si elle s'appuyait sur la faveur du roi.

Nous ignorons quand et comment Jacques Cœur a su conquérir cette faveur. Assurément, Bourges n'était pas une bien grande ville. Le personnage éminent qu'était déjà Jacques Cœur a pu se faire connaître facilement de Charles VII. On doit se borner à suivre les étapes d'une ascension administrative qui marque assez bien l'extension de cette faveur. En 1435, malgré l'accusation de fraude dont il a été l'objet, Cœur devient maître de la Monnaie de Bourges. En 1436-1437, il est « commissaire sur le fait de l'argenterie ». En 1439, le roi le nomme argentier. Ce titre, il le conservera jusqu'à sa chute. Il serait faux de vouloir consi-

*Dans une de ses miniatures, un manuscrit du XVe siècle, « la Destruction de Thèbes », montre comment à cette époque on armait un navire. (Bodleian Library, Oxford. Photo de la bibliothèque.)*

dérer l'argentier du roi comme une sorte de ministre des Finances. Plus justement, Cœur est maintenant chargé de veiller sur le trésor royal, il devient l'intendant des domaines qui appartiennent en propre au roi. En outre, il est chargé de l'approvisionnement de la cour en un certain nombre de produits, notamment les produits de luxe. De telles fonctions supposent une intimité constante avec la cour et avec le roi. De là, il apparaît fort probable que Jacques Cœur, outrepassant la lettre de ses fonctions, conseilla Charles VII en matière de finances, notamment pour les réformes monétaires et fiscales. La grande préoccupation de Charles VII demeurait l'établissement d'une monnaie saine, dont la valeur réelle correspondrait à la valeur nominale. C'était loin d'être le cas.

Sous Charles VII, comme sous les règnes précédents, on « aménagea » plusieurs fois le titre des monnaies. C'est très exactement ce que Jacques Cœur et son associé Ravant avaient fait pour leur compte. Malheureusement, ce qui est permis aux rois — ou aux États — demeure interdit aux particuliers. Cette habitude si bien ancrée dans les mœurs avait néanmoins fait considérer avec indulgence l'acte de Cœur et de son associé. Dans le même temps, Charles VII prenait des mesures dont on doit probablement la paternité à Cœur : par exemple, il interdisait d'exporter des capitaux.

Preuve que Charles VII était satisfait des services de son argentier : dès avril 1440, il l'anoblit. Son blason sera « d'azur à la fasce d'or, chargé de trois coquilles de sable, accompagné de trois cœurs de gueule, posés deux en chef un en pointe ». A remarquer les trois coquilles, emblème de saint Jacques, et les trois cœurs, rappelant non sans humour son propre nom. C'est à cette époque qu'apparaît la devise célèbre et orgueilleuse de Jacques : « *A vaillants cœurs, rien d'impossible* ».

A l'origine de cette fulgurante ascension, un des récents biographes de Jacques Cœur, Charles-Maurice Chenu, voit un fait précis. Il signale qu'en 1436, pour le mariage à Tours du dauphin Louis et de Marguerite d'Ecosse, Charles VII fut à court d'argent : Jacques Cœur se présenta au bon moment pour lui en prêter. Il est exact qu'après cette date tout commence pour Jacques Cœur quant à la faveur royale.

Non seulement Jacques Cœur est le protégé du roi, mais il devient celui du pape. Les qualités de Cœur en tant que diplomate jouent à plein. Entre la puissance temporelle et la puissance spirituelle, il se veut agent de liaison. Et comme toujours, il y gagne. En 1441, Charles VII obtient du pape Eugène IV la nomination du frère de Jacques, Nicolas Cœur, à l'évêché de Luçon. L'année suivante, Jean, fils aîné de Jacques, devient chanoine. Il sera archevêque de Bourges en 1446, à vingt-cinq ans. On voit le pape lui délivrer une licence annuelle pour la circulation de ses marchandises, en 1444, 1445 et 1446. Cette licence lui sera ensuite délivrée à vie. Jacques Cœur se lie encore avec la famille d'Aragon qui règne en Catalogne et en Sicile. Et enfin, avec le soudan d'Egypte. Le souverain oriental ne manifestait qu'amertume à l'égard des Génois et des Vénitiens qui l'avaient souvent trompé. Jacques Cœur se veut loyal, en convainc le soudan et le séduit.

Ce personnage tout-puissant, il semble à cette époque qu'il veuille embrasser tout ce qui se propose à l'activité humaine. Il était négociant, financier. On va le voir fabricant de draps, d'orfèvrerie, d'émaux, de harnais. Puis teinturier, exploitant d'une source, et fondeur. Il achète les laines du Berry, du Languedoc, de Chypre, en fait tisser des draps que les Vénitiens rechercheront. Grâce à lui, Montpellier se crée une nouvelle spécialité : la teinturerie. Le commerce avec l'Egypte nécessite la possession de métal d'argent. L'Orient en général dispose de beaucoup d'or, mais de peu d'argent. Cœur a intérêt à payer ses achats en argent. Il le recherche avec infiniment d'énergie — par des moyens plus ou moins légaux. D'abord, il achète des monnaies étrangères et les transforme en lingots. Surtout, il se lance dans l'exploitation des mines. Vers 1445, il prend à ferme pour douze ans le droit que le roi percevait sur les mines. Il réorganise l'exploitation de mines romaines abandonnées dans le

Beaujolais et la région de Lyon. Il exploite l'argent et le plomb dans les monts de Pompalieu et de Cosne; le cuivre à Chissieu, Saint-Pierre-la-Palud, Saint-Bel; l'argent et le plomb à Jos-sur-Tarare. Seul le filon de Pompalieu lui appartient à lui seul. Il partage les autres avec des associés, notamment les frères Baronnat. Après son procès, le procureur Dauvet, chargé de la liquidation des biens de Cœur, aura beaucoup de difficultés à distinguer ce qui appartient à chacun.

Ces gisements étaient-ils rentables? Après le procès de Jacques Cœur, ses mines seront exploitées par l'administration royale. Elles donneront des résultats décevants. Ce n'est pas là une preuve : quelquefois l'entreprise privée, surtout animée par un homme comme Jacques Cœur, s'avère beaucoup plus rentable que l'entreprise publique.

On a déjà parlé de Lyon, dont Jacques Cœur a apprécié la position privilégiée de carrefour. Délibérément, Jacques Cœur a joué Lyon contre Genève. La guerre a ruiné la grande ville, Cœur veut la faire revivre. Il le prouve en y achetant plusieurs maisons : la Grande Maison de l'Argentier, la Maison Ronde, la Maison de la rue Mercière. C'est cette dernière qu'il choisira comme sa demeure personnelle. Les notables lyonnais en admireront les meubles rares, les dîners où, sur les tables, s'étalent de superbes « nappes fines à l'ouvrage de Damas et de Venise » et une vaisselle peut-être unique en son temps. A Lyon, Jacques Cœur forme avec les banquiers Jean et Pierre Villars une compagnie dont ils seront les agents. A Lyon, Cœur se lie avec Guillaume de Varye qui tissera vers la ville un réseau de correspondants. A Rochetaillée, au nord de Lyon, Cœur va créer une industrie nouvelle : un moulin à papier. Une fois de plus, l'ancien pelletier de Bourges a su saisir au vol les idées nouvelles. Fini, le parchemin de peau sur lequel on écrivait ou encore le papyrus venu d'Egypte. On vient de découvrir le papier, à partir de pâte faite avec du chiffon. Le chiffon suppose l'utilisation de linge. Avant le XVe siècle, on ne portait que de la laine. Depuis que le linge s'est répandu, il est possible, quand il est usé, de s'en servir comme matière première de la pâte à papier. C'est ce qu'a compris Jacques Cœur. L'industrie réussit. A Lyon, comme naguère à Montpellier, on chante les louanges de Jacques Cœur. Il remercie modestement... mais demande à être exempté d'impôts. Ce qui lui est naturellement accordé.

Une autre activité de Jacques Cœur, moins honorable : associé avec Dunois, l'ancien compagnon de Jeanne d'Arc, le bâtard d'Orléans, il spécule sur la rançon des prisonniers anglais. Il les rachète à ceux qui les ont capturés et les garde prisonniers jusqu'à ce que leur famille puisse verser la somme, naturellement plus élevée que celle qu'il a remise aux « vendeurs ».

Sous cette impulsion gigantesque, les frontières du royaume de France éclatent. Cœur commerce avec les chevaliers de l'île de Rhodes qui l'autorisent à établir une escale dans leur île, sur le chemin d'Alexandrie. Il crée une fabrique de soie à Florence, noue de fructueux rapports avec Gênes et se veut l'ami de la papauté : il fournit Nicolas V en manuscrits précieux. Malgré sa prédilection pour Lyon, il ne dédaigne pas de prendre des participations dans les foires de Genève. Il a à Bruges un facteur permanent, Hervé Paris, qui s'occupe entre autres de fournir des fourrures à Londres. Les contemporains ont béé d'admiration en visitant ses magasins de Tours, où il a son entrepôt principal : il regorge de marchandises, depuis les toiles communes jusqu'aux tissus les plus précieux, les fourrures, les objets d'orfèvrerie, etc.

Cet homme si habile pour lui-même mettra ses qualités au service de son royaume. On le verra exercer de véritables fonctions de diplomate. Il intervient dans le règlement du problème des « marques » qui opposait la Catalogne à la France. Il règle définitivement le litige. Il se fera apprécier d'Alphonse V le Magnanime, tant et si bien qu'après la chute de Cœur une grande partie de ses biens sera mise à l'abri en Catalogne. Jean Dauvet, malgré ses plaintes, ne pourra jamais les récupérer. Cœur et le roi Alphonse s'écrivaient personnellement. Cœur prêtera trois mille ducats au roi en 1447.

Le diplomate Jacques Cœur intervient aussi entre les factions rivales qui se disputent Gênes. En 1448 et 1449, il est un des ambassadeurs qui tentent de mettre fin au scandale des deux papes rivaux Félix V et Nicolas V. A l'époque, un ambassadeur se devait d'affirmer son rang — et celui de son pays — par le luxe dont il faisait montre. On verra Cœur pénétrer dans la ville entouré d'une escorte montée sur trois cents chevaux richement parés. Cœur s'attirera l'amitié fidèle de Nicolas V qui l'autorisera, à vie, à commercer avec les Infidèles. En 1448, Nicolas accordera encore à Cœur le privilège du transport des pèlerins vers le Levant.

La plus importante des actions diplomatiques de Cœur — du moins pour ses conséquences — fut probablement l'ambassade dépêchée auprès du sultan en 1447 : par l'intermédiaire de son facteur J. de Villages, Cœur et le sultan échangèrent des cadeaux et nouèrent des liens d'amitié entre les deux pays. Villages offrit des armes au sultan, fait que l'on reprochera durement à Cœur lors de son procès.

Que Jacques Cœur ait émerveillé ses contemporains, c'est une évidence. Il n'est pas de ces hommes qui thésaurisent pour l'amour de l'argent. Il est riche, mais juge que la richesse a ses devoirs. Quel mérite aurait un homme riche s'il ne se servait de son argent pour encourager l'art? En ce sens, Jacques Cœur a droit à la gratitude de la postérité. L'essor qu'il donne à l'artisanat de luxe est indéniable. Mais, surtout, il construit : œuvre de longue trace. Il construit à Tours, à Béziers, à Beaucaire, à Narbonne, à Saint-Pourçain, à Perpignan. A Montpellier, il édifie la Loge des Marchands. Mais ce voyageur, cet Européen avant la lettre, cet internationaliste en négoce, réserve sa prédilection architecturale à sa chère ville de Bourges. Fait symptomatique : sa femme et ses enfants vivront toujours à Bourges. Donc, c'est là que s'élèvera la maison de famille. D'abord, il a acheté un grand terrain, le fief de la Chaussée, sur les remparts. Ainsi la maison sera-t-elle de plain-pied avec la rue, du côté de la ville, mais elle apparaîtra en éminence du côté de la campagne. Nous ne connaissons pas le nom des architectes de Jacques Cœur. Dommage. Comment ne pas souscrire au jugement de Régine Pernoud pour qui cet hôtel « est sans doute l'exemple le plus complet et le plus fastueux qui nous reste d'une demeure bourgeoise, avec, sur la façade occidentale, quelque souvenir de la forteresse féodale qui disparaît complètement lorsqu'on se trouve dans la cour intérieure... » Jacques Cœur n'a pas voulu rivaliser, en dimensions ni

*Tombé en disgrâce en 1451, Jacques Cœur ne profitera guère du palais que, pour 100 000 écus d'or, il a fait construire à Bourges en 1443. On en voit, ici, la cour d'honneur et la galerie marchande. (Photo Jérôme da Cunha.)*

faste, avec son seigneur, le duc de Berry. Le palais du duc n'est composé que de cinq salles, mais celles-ci sont immenses : cinquante mètres sur seize, environ. La maison de Jacques Cœur comprendra quatorze pièces, sans compter de nombreux cabinets. Les dimensions

de la plus grande de ces pièces : quatorze mètres sur 9 m 90. Mais toujours, chez Jacques Cœur, a dominé le sens du pratique. Les salles du duc se commandent les unes les autres: ici chaque pièce est indépendante. Dissymétrique, cet hôtel, c'est la mode au xv^e^ siècle. Mais les masses s'équilibrent admirablement.

Autour de la cour intérieure, des galeries marchandes couvertes. Trois tours; sur la façade, de grandes sculptures. A l'intérieur, de petits tableaux. Partout des meubles somptueux, de magnifiques tapisseries, la plus célèbre d'entre elles étant celle de Nabuchodonosor. Au premier étage, voici la salle d'apparat ou de festin avec la tribune réservée aux musiciens. Et puis les pièces que l'on appelle la chambre des Mois, la chambre d'Hiver, la chambre des Nourrices, la chambre des Évêques, la chambre des Galées, cette dernière évoquant assurément la source de la fortune et de la gloire du propriétaire. Voici la chapelle. De chaque côté de l'autel, Jacques Cœur et Macée, sa chère épouse, disposent d'une petite loge avec fenêtres et cheminée : ainsi, à la messe, ils voient et ils ont chaud.

De même, Cœur a-t-il fait installer des étuves dans l'hôtel. Des étuves particulières! Pour l'époque, une innovation surprenante. Ce confort-là, Cœur l'a certainement rapporté d'Orient. On y peut prendre des bains, froids ou chauds, ou des bains de vapeur : le sauna au xv^e^ siècle. Chez Jacques Cœur, on trouve aussi deux cabinets d'aisances avec conduites aboutissant dans une fosse qui s'ouvre elle-même dans la terre : déjà la fosse septique!

Jacques Cœur était-il aimé? On n'aime pas ceux que l'on envie. Et comment ne l'eût-on pas envié? On ne saurait passer sous silence une de ses activités qui n'a pas dû contribuer à sa popularité. Jacques Cœur prêtait volontiers. D'autant plus volontiers qu'il prélevait des intérêts considérables. Ne craignons pas de le dire: Jacques Cœur se fit quelque peu usurier. On le voit accorder des prêts aux souverains et aux plus grands seigneurs français et étrangers.

Mais l'emprunteur le plus avide, auquel Jacques Cœur consentit de continuelles avances, fut le roi lui-même. D'après un chroniqueur, le grand argentier aurait versé de ses propres deniers deux cent mille écus au roi pour les opérations militaires, et soixante mille pour le seul siège de Cherbourg. Dans ce sens, il est indiscutable que Cœur a participé à la libération définitive du royaume. Son argent a servi en particulier à réorganiser l'armée. Il est vraisemblable que les rentrées ordinaires n'auraient pas suffi à assurer la victoire royale.

Ce temps marque l'apogée de la carrière de Jacques Cœur. Aux yeux de tous, il apparaît non seulement comme *un* favori, mais comme *le* favori. Au début de 1449, il fait son entrée dans Rouen reconquise, au milieu de la suite royale, avec un cortège à la somptuosité duquel il a beaucoup contribué.

En février 1450, Cœur achète aux La Trémoille la terre de Saint-Fargeau, immense domaine qui s'étend jusqu'en Nivernais. Il aménage le château, construit une tour qui porte encore son nom. La Trémoille, premier ministre de Charles VII, avait lui-même acheté Saint-Fargeau au marquis de Montferrat, mais n'avait pu le payer entièrement. Se substituant à Montferrat, Jacques Cœur n'hésita pas à poursuivre la famille La Trémoille qui devait encore quelques milliers de deniers. Attitude nouvelle de sa part. Grave imprudence. Il avait trop de puissants débiteurs pour que ceux-ci n'en ressentent point de l'effroi.

Du coup, on s'est mis à répéter à voix haute les accusations que, jusque-là, on ne faisait que chuchoter. On rappelait sa condamnation au trafic de monnaie. On évoquait la fabrication à Rhodes de vingt-cinq à trente mille ducats de mauvais aloi, destinés aux créanciers de Cœur à Alexandrie. On jurait qu'il s'était servi de l'hôtel de la Monnaie de Montpellier « pour fondre des lingots suspects ». On se récriait que cet homme d'affaires était étranger aux intérêts de la chrétienté et même à tout sentiment d'humanité : n'avait-il pas vendu des armes aux musulmans? N'avait-il pas un jour renvoyé un esclave chrétien qui s'était réfugié sur une de ses galères, ceci parce qu'il craignait de perdre la faveur du soudan d'Egypte? N'avait-il pas à tout propos empli ses coffres? N'avait-il pas fraudé en Languedoc, en tant que visiteur général des gabelles? Ne s'était-il pas servi de son titre de conseiller du roi pour trafiquer de son crédit? La ville de Montpellier ne lui avait-elle pas servi une pension annuelle de deux cent cinquante mille écus dans le but avoué d'obtenir des dégrèvements d'impôts? N'allait-il pas jusqu'à menacer pour obtenir de nouvelles prébendes? Les Toulousains l'avaient su qui avaient dû lui faire un cadeau de quarante-cinq mille livres afin de ne pas perdre certains privilèges. Dans son *Discours sur la charge de chancelier*, Jean Jouvenel des Ursins accusait Cœur de demander des prix bien trop élevés pour ses marchandises et d' « apovrir mille bons marchands ». Il le comparait à « ceulx qui desrobent les gens en ung bois ». Un tel concert recelait tant de périls que Jacques Cœur ne pouvait pas les ignorer. Dans les lettres écrites à ce moment à sa femme et à ses associés, il leur redit trop souvent qu'il n'a rien à craindre pour qu'il n'ait pas pensé le contraire. Même, cette affirmation répétée était manifestement formulée pour que ses correspondants comprissent qu'il fallait prendre des précautions.

Sans tarder, les collaborateurs de Jacques Cœur s'empressèrent de mettre à l'abri ses plus grandes richesses.

Le 30 juillet 1451 — on l'a vu — Cœur était arrêté.

Une première mesure qui en dit long : le roi préleva sur-le-champ cent mille écus sur la caisse de Jacques Cœur. Après quoi, il décida de « retenir » sa justice, au lieu de la « déléguer » à son parlement. C'était vouloir que les juges fussent choisis par lui; c'était vouloir confondre magistrats instructeurs et témoins à charge. On vit parmi eux des ennemis mortels de l'accusé, tels que Chabannes, Otto Castellani, trésorier du roi à Toulouse, qui rêvait de devenir argentier, Guillaume Gouffier, chambellan royal. En revanche, d'autres restèrent d'une neutralité absolue : Jean Bureau, Etienne Chevalier. Ce qui les unissait tous, c'était la volonté d'obéir au roi. Ils ne pouvaient donc qu'être hostiles à l'accusé, que ce but paraisse intéressé ou sincère.

Jacques Cœur ne sera autorisé ni à recevoir de lettres de sa famille, ni à bénéficier de l'aide d'un avocat. Prisonnier, il suivra le roi dans ses déplacements. Les accusations principales retenues contre lui : conspiration avec le dauphin; empoisonnement; fabrication de monnaie faible de poids; renvoi d'un esclave chrétien réfugié sur l'une de ses galées; recrutement par la force d'un pèlerin allemand comme homme d'équipage; fraude sur l'exportation du sel; utilisation d'un faux sceau aux armes royales; prêt d'argent au roi à un taux excessif. Le 23 mars 1453, alors qu'il était à peine mis à la question, sous le coup de la douleur, Jacques Cœur reconnut tout ce qu'on lui reprochait. Le 29 mai, on prononçait l'arrêt de condamnation au nom du roi. Cet arrêt décrétait que Jacques Cœur avait mérité la peine de mort, mais que celle-ci lui était remise en raison des services rendus par le condamné et en considération « de notre Saint-Père le Pape, qui pour lui a rescript et fait faire requeste, et pour autres causes et considéracions à ce nous mouvans ». En définitive, Jacques Cœur était condamné à la confiscation de ses biens, à un bannissement perpétuel et une restitution de cent mille écus avec une amende de trois cent mille. Il devait rester en prison jusqu'au paiement définitif de ces quatre cent mille écus.

Tous les biens de Jacques Cœur furent vendus aux enchères. Les lettres des 1er et 29 juin 1453 déféraient au procureur Dauvet l'exécution de la sentence. Un fidèle serviteur de la monarchie, ce Dauvet qui parcourut jusqu'en 1457 des centaines de kilomètres, de l'Anjou à la Provence, pour inventorier et liquider les biens du condamné. Le journal qu'il nous a laissé est une source remarquable qui nous permet de connaître l'étendue de la fortune et des entreprises de Jacques Cœur. Certains des biens confisqués furent attribués à l'entourage royal. Mais la liquidation de ses affaires n'eut pas que des avantages pour ses anciens débiteurs : Jeanne de Vendôme et même Castellani furent poursuivis sans pitié par Dauvet.

Durant l'été 1454, coup de théâtre : Jacques Cœur s'évade. Il se réfugie d'abord dans un couvent de cordeliers, près de Montmorillon, puis chez les jacobins de Limoges, et enfin, au début de 1455, chez les cordeliers de Beaucaire. Un véritable western. Sur l'ordre de Jean Dauvet, des hommes d'armes entourent le couvent. Violant le droit d'asile, ils y font irruption. Dans les couloirs du couvent on se saisit de Jacques Cœur. Celui-ci, de nouveau captif,

**FRANCE**

BORDEAUX : vente de blé
BOURGES : centre de ses affaires ; argenterie, tissus
CHERBOURG : entrepôt de fer
LYON : comptoir et tissage de soieries
MONTPELLIER : teinturerie
POMPAILLY : mine de plomb et d'argent
SAINT-MALO : entrepôt de laine et de cuir
TOURS : argenterie, tissus, grands entrepôts

Zone minière

**ÉTRANGER**

BOUGIE : escale, comptoir
BRUGES : commerce des harengs, point de départ du commerce avec l'Ecosse
FLORENCE : filature de soie
GENES : fabrique d'armes
GENEVE : participation aux foires
LONDRES : importation de fourrures
RHODES : atelier de monnayage
TUNIS : escale
AUTRES VILLES : comptoirs

*Sur cette carte figurent les différents comptoirs où le grand financier Jacques Cœur possédait des in*
*cipalement vers la Méditerranée que sillonnaient aussi les vaisseaux de Gênes, de Venise, des Turc*
*celles de l'Occident. Mais, remontant vers le nord, Jacques Cœur étendra son action aux ports de l'C*
*au relèvement d'une France écrasée par un siècle de luttes intestines. (Bodleian Library, Oxford.*

*peut constater que son activité se portait prin-*
*bes, échangeant les richesses de l'Orient et*
*créant une flotte, il contribuera ainsi largement*
*a bibliothèque.)*

craint d'être empoisonné. Il adresse un appel au secours à Villages qui se trouve à Tarascon, de l'autre côté du Rhône. Villages et Gimart recrutent des hommes d'armes, traversent le fleuve en pleine nuit avec dix-huit ou vingt hommes. Ceux-ci font à leur tour irruption dans le couvent, entament une bataille rangée avec les gardiens de Cœur et libèrent le grand argentier. Cœur se rendra alors en Provence, à Marseille, puis à Pise et à Rome, où Nicolas V l'accueille avec affection. C'est là que Gimart et Villages le rejoindront. Ces serviteurs exemplaires lui présenteront l'état de ses biens : il possède encore tous ses comptoirs et quelques galées, dont la *Saint-Jacques*, vendue fictivement à un Espagnol dès le 28 août 1451.

A la mort de Nicolas V, Calixte III lui succède et rêve d'organiser une nouvelle croisade pour chasser les Turcs de Byzance. Le commandement spirituel en est confié au patriarche d'Alexandrie et le commandement militaire à ... Jacques Cœur.

La flotte pontificale cingle vers Byzance. Elle s'arrête dans l'archipel où un premier engagement sanglant coûte la vie à Gimart. Jacques Cœur débarque à Chio, malade ou blessé. Il adresse une supplique à Charles VII : il se déclare innocent et assure de son pardon le roi et ses accusateurs. Il meurt le 25 novembre 1455 et on l'inhume dans la chapelle des Cordeliers de Chio. Les facteurs de Jacques Cœur, ses associés, ses parents — Macée était morte en 1451 — reçurent enfin des lettres de rémission. Le 5 août 1457, le roi restituait à la famille Cœur l'hôtel de Bourges et les mines du Beaujolais. Dès le début du règne de Louis XI, Geoffroy Cœur obtient des lettres de révision du procès, mais celu -ci ne sera pas rouvert et Jacques Cœur jamais réhabilité.

*Monseigneur Louis de France, duc du Dauphiné, est ainsi représenté dans l' « Armorial » de Gilles le Bouvier, dit Berry, héraut d'armes du roi Charles VII. (Cabinet des manuscrits. Photo Bibliothèque nationale.)*

## novembre

En Italie, Sforza voit se liguer contre lui la République de Venise, le roi d'Aragon, le marquis de Montferrat et le duc de Savoie (allié du dauphin). Redoutant le pire, il envoie à Charles VII un messager, Angiolo Acciajuoli, pour solliciter l'alliance du roi de France.

## 1452, janvier

A Bordeaux, l'agitation augmente. Il faut reconnaître que Coëtivy, nommé sénéchal de Guyenne, se montre assez brutal et maladroit. Les négociants en vins voient avec colère les barriques encombrer les quais. Les armateurs sont ruinés. Les négociations se poursuivent donc avec Henri VI qui voudrait bien, poussé par Marguerite son épouse et par le vieux Talbot, reconquérir la Guyenne. Mais le trésor est à sec et le Parlement refuse de voter des subsides. Les tractations n'en continuent pas moins.

## 21 février

Après trois mois de discussions, un traité d'alliance est signé entre le roi de France et Sforza. Celui-ci, jouant un jeu de bascule, n'hésite pas à négocier discrètement en même temps avec le duc de Savoie et le dauphin.

Mieux valent deux assurances qu'une...

## mars

Avec stupeur, avec colère, Charles VII apprend que son fils ne se contente pas d'intriguer en Italie; il cherche à étendre son influence sur cette Normandie qu'il n'a pourtant pas contribué à reconquérir. Louis a envoyé des émissaires à l'évêque de Lisieux et à plusieurs autres prélats. Il incite le Parlement de Rouen à le réclamer comme duc. Après tout, son aïeul Charles V a bien été, lui aussi, duc de Normandie avant de monter sur le trône !

## mai

Charles VII se décide donc à châtier ce fils révolté. Brézé, qui a été averti des préparatifs de guerre en Angleterre, croit que l'adversaire tentera peut-être un coup de main sur la Normandie. Bien mise en état de défense, la province ne risque rien.

Le roi part donc tranquille pour le Midi. Il est précédé de mille lances commandées par Jacques de Chabannes. Il annonce que ce n'est qu'une avant-garde et s'installe au château de Cleppé.

Il ajoute qu'au cas où Louis et le duc de Savoie continueraient à soutenir Venise contre Sforza, il n'hésiterait pas à franchir les Alpes.

Effrayé, le duc de Savoie se réfugie dans une prudente neutralité. Louis envoie à son père ambassade sur ambassade. Il n'en refuse pas moins et de revenir à la cour, et de reconnaître ses torts.

Charles, toujours patient, attend en vain le retour de l'enfant prodigue...

## juin

Et voici qu'au mois de juin des troubles éclatent dans une tout autre région, celle des Flandres.

Le duc de Bourgogne tire une grande part de ses richesses de cette plantureuse contrée. Philippe le Bon n'est pas d'humeur facile. Son faste, sa prodigalité coûtent cher aux bourgeois de Gand. Une fois encore, ceux-ci s'abandonnent à leur esprit d'indépendance.

Roland appelle aux armes tous les hommes valides.

Jusqu'ici, les rois de France ont toujours soutenu le duc contre ses peuples révoltés. Cette fois, Charles se contente de proposer son arbitrage, ce qui n'est pas sans inquiéter Philippe. Que se passerait-il si son suzerain, comme il en a le droit, prétendait évoquer l'affaire? Et la puissance bourguignonne pourrait-elle résister à un double assaut des Flandres et de la France?

Du coup, Philippe se rappelle que sa belle-mère était une Lancastre. Il se rapproche d'Henri VI et le pousse à attaquer Charles VII.

## 26 juin

Pendant ce temps, la commission extraordinaire chargée de juger Jacques Cœur multiplie les séances d'interrogatoires. Le captif se défend âprement. On doit abandonner l'accusation d'empoisonnement d'Agnès Sorel. Mais les commissaires décident de procéder à un supplément d'information et s'adjoignent deux ennemis jurés du grand argentier : Antoine de Chabannes, l'ancien chef des routiers, et Otto Castellani, trésorier de Toulouse, un Italien aux mœurs douteuses.

## juillet-août

En Guyenne, le mécontentement grandit. Les agents du roi de France commencent à lever des taxes sur les habitants pour l'entretien des garnisons françaises, ce qui provoque la colère générale.

Cette flambée ne paraît pas préoccuper Charles VII. Il reste beaucoup plus intéressé par ce qui se passe en Flandre et dans le Sud-Est.

Il cherche en effet à rentrer en possession des villes de la Somme qu'il a dû céder au traité d'Arras et soutient les Gantois dans leur révolte.

## octobre

En outre, il veut en finir avec les menaces que fait peser le duc de Savoie sur sa politique.

Les négociations aboutissent enfin et le traité de Cleppé, constatant l'alliance du duc et du roi de France, est échangé le 27 octobre. Le 8 novembre, il est suivi de la signature d'un autre traité d'alliance avec les Suisses.

Abandonné, le dauphin Louis multiplie les témoignages de respect envers son père :

« Mon très redouté seigneur, écrit-il, je me recommande à votre bonne grâce tant et si très humblement que je puis... vous suppliant, mon très redouté seigneur, de m'avoir et tenir toujours en votre bonne grâce, en me commandant vos bons plaisirs pour les accomplir à mon pouvoir... »

Protestations de pure forme! En réalité, Louis songe peut-être déjà à abandonner le Dauphiné et à se réfugier... chez son bel oncle Philippe, le duc de Bourgogne!

Cependant, Charles VII peut être satisfait des résultats obtenus dans le Sud-Est.

Il ne se doute pas encore que, huit jours auparavant, une armée anglaise placée sous le commandement de Talbot, plus bouillant que jamais malgré ses quatre-vingt-trois ans, a cinglé vers les côtes de Guyenne et qu'elle débarque à Soulac.

A cette nouvelle, les habitants de Bordeaux se soulèvent, font prisonnier l'amiral de Coëtivy et ouvrent leurs portes aux Anglais qui rentrent victorieusement dans la capitale de la Guyenne.

C'est le premier échec grave subi par Charles VII depuis huit ans. L'armée de Talbot récupère sans difficulté les autres places fortes de Guyenne. Simple promenade militaire. Du coup, le duc de Savoie relève la tête, Venise menace Sforza, allié du roi de France, Philippe le Bon montre une arrogance accrue envers les envoyés de Charles et annonce qu'il va châtier d'exemplaire façon les Gantois. Ceux-ci sont courageux :

« Qu'il vienne donc, ce Philippin aux longues jambes! »

## 1453, janvier-avril

Charles VII retrouve son habituelle prudence, une prudence qui masque une volonté très ferme. Il a regagné la vallée de la Loire et convoque le ban et l'arrière-ban, ce qui n'avait jamais été fait, même en 1449.

Le procès du grand argentier se poursuit avec plus de rigueur. Le trésor royal a besoin d'argent. Le 23 mars, Jacques Cœur a été mis à la question. Il a avoué sans hésiter quelques malversations, ce qui suffit pour permettre de le condamner. Castellani s'entremet auprès des banquiers transalpins pour obtenir immédiatement les fonds nécessaires au paiement de l'armée. De nouveaux liens se nouent ainsi entre les républiques italiennes et le royaume de France.

En Guyenne, Talbot réclame en vain des renforts à Henri VI. Il dispose tout de même de huit mille hommes, autant que le Prince noir quand il battit Jean le Bon à Poitiers-Maubuisson. Mais l'armement français est cette fois bien supérieur à celui des Anglais.

## avril

Avant de se mettre en campagne, Charles VII signe la grande ordonnance de réformation de la justice, qui fait du Parlement de Paris le tribunal suprême du royaume, réduit les attributions des tribunaux féodaux, prescrit la rédaction des coutumes de chaque province.

## mai-juin

Deux armées françaises marchent sur la Guyenne. Tandis que l'une d'elles pousse en direction du Médoc sous le commandement du comte de Clermont, une autre, commandée

## *LA VICTOIRE DE CASTILLON*

*Talbot est persuadé qu'il remportera une victoire aisée. Il ignore que l'armée française, bien commandée, habilement retranchée derrière des palissades, ne ressemble en rien à la cohue chevaleresque d'Azincourt.*

*Une ruse grossière, la retraite feinte de quelques troupes, suffit à le tromper. Le chef anglais assiste à la messe quand on vient l'avertir de cette nouvelle :*

*« Je n'ouïrai messe plus avant que je n'ai rué bas cette compagnie de Français! » s'exclame-t-il.*

*Et il fonce avec ses troupes sur les assiégeants. C'est là que l'attend l'artillerie de Bureau de La Rivière. Tous les canons tirent en même temps, fauchant les premiers rangs de son armée. Bannière déployée, un surcot de velours rouge couvrant son armure, Talbot n'en continue pas moins jusqu'aux palissades où il plante son étendard. Une seconde volée de boulets le renverse, ainsi que son fils.*

*Maintenant, c'est le corps à corps. Une attaque de flanc par un contingent de lances bretonnes décide de la victoire.*

*A la nuit tombante, quatre mille Anglais — la moitié de l'effectif — sont couchés sur le champ de bataille. Le cadavre de Talbot, défiguré, n'est retrouvé que le lendemain par un écuyer qui le reconnaît grâce à une ancienne blessure.*

*Au messager de Jacques de Chabannes qui vient lui annoncer la victoire en lui apportant le gorgerin de son adversaire vaincu, Charles VII dit simplement : « Dieu fasse merci à ce bon chevalier! »*

*La bataille de Castillon. (Chroniques de Jean Chartier. Département des manuscrits. British Museum. Photo du musée.)*

par Jean de Bueil et Jacques de Chabannes, met le siège devant Castillon, place forte située à l'est de Libourne, clef de la vallée de la Dordogne. Charles VII s'installe au château de La Rochefoucauld.

## mai

Tandis que se poursuit le siège de Castillon, le procès de Jacques Cœur s'achève. Le grand argentier est condamné au bannissement perpétuel, à la confiscation de tous ses biens, à la restitution de cent mille écus, à une amende de trois cent mille écus pour avoir exporté des capitaux chez les Infidèles, vendu des armes à ceux-ci et « retenu plusieurs grandes sommes de deniers tant du roi que de ses sujets ».

## 29 mai

Bien loin de la France, les Turcs s'emparent de Constantinople. Date capitale dans l'histoire de l'Occident chrétien.

## 5 juin

Jacques Cœur fait amende honorable au roi.

## juillet

Il faut huit jours aux Anglais pour expédier des secours à la Guyenne, alors qu'il faut plus d'un mois pour amener des troupes françaises fraîches de la Loire à Bordeaux.

Talbot n'a reçu aucune aide. Il n'en décide pas moins de marcher contre les assiégeants pour dégager Castillon.

## 17 juillet

Et c'est la grande bataille qui décide du sort de l'Aquitaine.

## 23 juillet

Cette victoire survient quatre semaines trop tard pour les Flamands. Connue à temps des Gantois, elle aurait poussé ceux-ci à poursuivre leur résistance contre les entreprises du duc de Bourgogne. Craignant d'être abandonnés définitivement par le roi de France, ils tentent une sortie désespérée et sont écrasés par Philippe le Bon à Gâvre. La Flandre est ravagée et doit se soumettre. Les batailles livrées depuis un an n'ont servi à rien.

## août-septembre

Tandis que se poursuit sans grande difficulté la reconquête des villes de Guyenne qui toutes, sauf Bordeaux, s'empressent d'ouvrir leurs portes aux armées de Charles VII, le roi René accepte de porter secours à Sforza au nom du roi de France pour l'aider à combattre la ligue des États italiens coalisés contre lui. Dès le 11 avril, René a signé à Tours un traité avec l'envoyé de Sforza : celui-ci s'engage à solder les troupes (deux mille quatre cents hommes à cheval) que le duc d'Anjou se propose de lui fournir.

Les Génois s'empressent d'ouvrir leur port aux contingents français. A Alexandrie, les Florentins paient vingt mille florins à René. Le duc de Montferrat se détache de la coalition.

## 20 septembre

René d'Anjou fait son entrée solennelle à Milan. Aux Vénitiens qui s'étonnent de son intervention, il répond qu'ils se sont alliés avec le roi d'Aragon, son ennemi, qui l'a chassé sans droit du royaume de Naples.

Après quelques jours de repos à Milan, le duc et ses troupes attaquent la province de Brescia que les Vénitiens occupent.

*Seule la très grande supériorité de l'artillerie française saura venir à bout de la résistance de Bordeaux. Ses habitants préfèrent encore appartenir au roi de France que de voir la ville détruite par les boulets que lancent les redoutables couleuvrines de Jean Bureau. Les portes sont ouvertes, laissant enfin pénétrer l'armée de Charles VII. (Chroniques de Jean Chartier. Cabinet des manuscrits. Bibliothèque nationale. Photo B.N.)*

## 19 octobre

La campagne de Guyenne s'achève par la reddition de Bordeaux. La ville est menacée de destruction par les batteries de Jean Bureau. Les Bordelais préfèrent capituler sans condition.

La ville est durement châtiée. Cette fois, tous les privilèges sont supprimés. Le Parlement est suspendu. Une indemnité de guerre de cent mille écus est exigée et vingt « collaborateurs » particulièrement compromis sont exilés. Les Anglais sont autorisés à regagner librement leur pays. Il ne reste plus à l'Angleterre, sur le continent, que Calais.

Henri VI, petit-fils de Charles VI, ne supporte pas cette nouvelle défaite. Comme son aïeul, il perd l'esprit. S'ensuit pour l'Angleterre la plus sanglante des guerres civiles, la guerre des Deux Roses.

## *LE VŒU DU FAISAN*

*Quelle splendeur! Ce gala de la chevalerie expirante coûta, dit-on, autant qu'une guerre...*

*La salle était ornée des plus précieuses tapisseries représentant les travaux d'Hercule. Trois tables supportaient de luxueux « entremets » destinés à charmer les yeux et les oreilles : des animaux qui se mouvaient mécaniquement dans une « forest d'Inde », le château de Mélusine avec un pâté où vingt-huit personnages jouaient de divers instruments, un navire et une fontaine « avec un petit enfant tout nu sur une roche qui pissait une eau rose continuellement ».*

*Le festin qui terminait chasses et tournois dura toute la nuit. Il fut coupé d'intermèdes composés de tableaux vivants. Le dernier d'entre eux rappela aux convives le motif de leur convocation : à un signal donné, on vit entrer un éléphant caparaçonné d'étoffes de soie, portant sur son dos un écuyer de Philippe, Olivier de La Marche, costumé en dame avec des habits de deuil : c'était « Sainte Mère Église » tenue en captivité par un méchant Sarrasin. Elle vint haranguer le duc et lui demanda de la délivrer.*

*Apparut alors un faisan tout vif orné d'un collier d'or, porté par plusieurs serviteurs. Tous les seigneurs se levèrent et jurèrent sur ce faisan, selon la vieille tradition féodale, d'aller combattre le Turc.*

*Mais le roi de France brille par son absence. Il estime que le royaume est trop dévasté pour se lancer maintenant dans une lointaine expédition.*

*La guerre de Cent Ans est terminée. Il importe de relever les ruines et d'en finir avec la féodalité.*

*Comme ce seigneur prononçant un vœu à l'issue d'un festin, les chevaliers que réunit le banquet du « vœu du faisan » jurent, sur le corps vivant du volatile, d'aller délivrer la « Sainte Mère Église » prisonnière des Turcs. Miniature extraite de l'« Histoire du Grand Alexandre ». (Photo Bulloz.)*

### novembre - décembre

La conquête du pays brescian se termine en Italie. René d'Anjou s'installe à Plaisance. La rigueur inaccoutumée de l'hiver le contraint bientôt à suspendre la campagne.

Aussi bien, Sforza, ayant obtenu ce qu'il souhaitait, songe à traiter avec Venise. Il y est encouragé par le pape Nicolas V, successeur d'Eugène IV sur le trône pontifical.

René, qui a beaucoup pleuré sa première épouse Isabelle de Lorraine, morte le 14 février 1453, songe maintenant à se remarier.

On ne lui a pas compté le second versement promis. Il pressent qu'il va être abandonné par Sforza et préfère prendre les devants.

### 1454 janvier

Il annonce qu'il revient en France, laissant à son fils Jean de Calabre le soin de poursuivre la lutte.

Sforza prétendra plus tard que le duc d'Anjou n'était plus occupé que de soucis amoureux.

René l'avouera dans une de ses œuvres symboliques — ô combien! — *Regnault* (René) *et Jeanneton* (Jeanne de Laval, sa seconde épouse) :

*Mais delà les monts je laissai*
*Mon avoir que plus ne gardai*

.................................................

*Votre amour me fit tout cela.*

### 17 février

Charles a regagné ses chers châteaux de Touraine ou de Berry. Toujours fastueux, Philippe le Bon convoque à Lille tous les seigneurs de la chrétienté pour répondre à l'appel du pape et organiser la lutte contre les Turcs.

C'est le fameux « banquet du vœu du faisan ».

### 9 avril

René d'Anjou a vu juste : Sforza signe la paix avec Venise et continue à jouer double jeu, cajolant d'un côté le dauphin Louis et multipliant les flatteries à l'égard de Charles, qui est bien devenu le Victorieux.

Pourtant, la vie privée du souverain ne cesse de scandaliser. Il entretient un véritable harem : « Avait cinq ou six demoiselles les plus belles du royaume, de petit lieu, lesquelles suivaient ledit roi Charles partout où il allait. Et étaient vêtues et habillées le plus richement qu'on pouvait comme reines... »

Un pieux ermite vient trouver le roi, lui reproche sa vie privée, l'exhorte à secourir l'Église s'il ne veut pas risquer avant un an « une mort étrange ».

### été

Au cours de l'été, on apprend que Jacques Cœur, toujours emprisonné à Poitiers alors qu'il aurait dû être banni du royaume, s'est évadé et réfugié chez les cordeliers du couvent de Dunet (aujourd'hui dans l'Indre).

Cet événement inquiète le roi qui redoute une collusion entre l'ancien grand argentier et son fils.

### 1455 février - mars

Après un long périple qui le conduit successivement chez les cordeliers de Beaucaire puis en Provence, Jacques Cœur s'embarque à Marseille pour Rome où le pape Calixte III le charge d'organiser la croisade contre les Turcs.

### printemps

En vérité, Charles VII peut croire que la prédiction de l'ermite va se réaliser. Sa santé décline et voici que

*Gérart de Nevers, l'aventureux héros du « Roman de la Violette », contant fleurette à dame Euriaut, son amie, ne fait-il point songer au roi Charles VII courtisant l'une de ces « cinq ou six demoiselles les plus belles du royaume »? C'est en 1225 que Gibert de Montreuil composa son « Roman de la Violette ». Le célèbre morceau, dont on voit ici une illustration datant du XVe siècle, met en scène Gérart de Nevers, son amie Euriaut dont il fera plus tard sa femme et Lisiart, comte de Forez. (Cabinet des manuscrits. Bibliothèque nationale. Photo B.N.)*

plusieurs luttes et troubles intérieurs viennent ébranler sa quiétude.

C'est ainsi qu'il découvre d'abord que, dans son entourage même, certains ont comploté contre lui. Le capitaine de sa garde écossaise, fidèle par excellence, est convaincu d'avoir eu des relations avec les Anglais. Il perd sa charge tandis que son lieutenant, Robin Campbell, est branché.

Certaines villes, comme Cherbourg et La Rochelle, mécontentes de voir leur commerce avec l'Angleterre ruiné, s'agitent et tentent de renouer avec l'ennemi. La lourde poigne des agents du roi contraint les habitants à se tenir tranquilles.

C'est alors qu'éclate le scandale de Jean V, comte d'Armagnac.

Dès 1445, le roi de France avait généreusement restitué à Jean IV d'Armagnac, révolté contre lui, la plupart de ses possessions moyennant l'aveu de ses crimes. Il n'en avait pas moins maintenu des garnisons dans les principales villes du comté.

Jean V avait succédé à Jean IV en 1450. Comme il avait bien servi le roi, celui-ci lui rendit le reste de ses biens et retira les garnisons. Jean V vivait publiquement en état de concubinage avec sa sœur (dont il avait eu trois enfants) et avait même fini par contraindre son chapelain à bénir leur union. Charles VII intervient. L'archevêque d'Auch brandit ses foudres. Jean V se proclame indépendant et chasse le prélat de son diocèse.

### mai

Alors, Charles n'hésite plus. Il sait que Jean V entretient des relations avec le dauphin et les Anglais. Une imposante armée s'ébranle, commandée par le comte de Clermont. Elle s'empare de Lectoure, malgré les formidables fortifications de la ville, et de tout l'Armagnac. Jean V s'enfuit.

Le Parlement ouvre son procès, un procès qui va durer cinq ans!

### mai-juin

Un autre complot, beaucoup plus grave, est révélé à Charles VII. Jean d'Alençon, le « beau duc », le compagnon de Jeanne d'Arc, qui est pourtant prince du sang, a jadis participé à la Praguerie. Charles lui a pardonné. Mais Jean a voué au roi une haine féroce. A-t-il voulu l'empoisonner? Ce n'est pas sûr. Il est en tout cas établi que, dès 1444, il a noué des relations avec Richard d'York.

Quand celui-ci devient, après la folie d'Henri VI, protecteur du royaume d'Angleterre, Jean d'Alençon multiplie les démarches. Il met à la disposition de son allié l'énorme artillerie — neuf cents bombardes — qu'il a réunie. Il affirme que Rouen, Caen, Domfront sont prêts à ouvrir leurs portes. Il demande seulement le comté du Maine (dont sera dépouillé le frère du roi René), un duché en Angleterre, la moitié du butin et la main de la fille de Richard pour son fils.

York tergiverse. Henri VI — retrouvant un moment sa lucidité — et Marguerite reprennent le pouvoir. Mais la Rose blanche triomphe de la Rose rouge au combat de Saint-Alban (23 mai). De nouveau, Alençon harcèle York. Il lui expédie un autre messager, Pierre Fortin, un paysan qui part pour Calais... mais préfère prudemment tout révéler aux agents du roi à Rouen.

Cependant, un événement fortuit va retarder d'un an le châtiment du duc d'Alençon.

### 21 juin

Trois mois plus tôt, le 8 avril, le pape Calixte III, un Borgia, succède à Nicolas V. Il veut à tout prix obtenir le concours de Charles VII pour la croisade.

Jusqu'ici, pour ne pas mécontenter Angleterre et Bourgogne, le Saint-Siège a volontairement fait traîner le procès de réhabilitation de Jeanne d'Arc.

Le nouveau pape est décidé à aboutir. Un rescrit pontifical nomme les commissaires chargés de rendre une juste « sentence ». Il s'agit de l'archevêque de Reims, Jouvenel des Ursins, des évêques de Paris et de Coutances, Guillaume Chartier et Richard Olivier, de l'inquisiteur Jean Bréhal.

La commission inaugure ses travaux par une cérémonie à Notre-Dame de Paris.

Elle les poursuit pendant plusieurs mois à Rouen. Cent quinze témoins sont entendus; un des principaux est Jean d'Alençon. Il ne peut donc être question de l'arrêter — pour l'instant...

### 1456, 31 mai

Pendant que dure l'instruction du procès, en Angleterre Marguerite d'Anjou et Henri VI ont une nouvelle fois reconquis le pouvoir sur Richard d'York, alors que celui-ci s'apprêtait à porter secours à son compère Alençon.

*LA RÉHABILITATION DE JEANNE D'ARC*

*La position du roi de France est assez délicate. Il veut que soit établie la mission divine de Jeanne d'Arc sans que, pour autant, la réhabilitation de la Pucelle aboutisse à jeter un blâme sur son attitude à l'égard de la libératrice d'Orléans après le sacre de Reims.*

*Pour enlever tout caractère politique au procès, on en fait demander l'ouverture par la famille de Jeanne.*

*Les témoins sont interrogés assez habilement pour que ne soient pas trop compromis les juges de Rouen, à l'exception de Pierre Cauchon et de Guillaume d'Estivet, boucs émissaires qu'on peut bien accabler... puisqu'ils sont morts!*

*Les dépositions constituent un long panégyrique de la Pucelle. Dans son propos, Dunois traduit la version officielle : Jeanne a bien reçu mission du Ciel de libérer Orléans et de conduire le dauphin à Reims. Mais là s'arrête son rôle d'envoyée de Dieu. Les actes qui ont abouti à sa capture restent purement humains. La Lorraine a outrepassé sa mission. Elle a été victime de son zèle et de sa témérité.*

Rien ne s'oppose plus à l'arrestation de celui-ci. Et c'est Dunois, son ancien compagnon d'armes, qui s'en charge et appréhende le duc en son hôtel parisien.

## 7 juillet

Le procès de Jeanne s'achève. La sentence ordonne « la cassation, l'annulation, la lacération » de celle de 1431 et exempte la Pucelle « d'aucune note ou tache d'infamie ».

## août

Les menées de Louis, qui ne cesse d'exciter les féodaux contre son père, inquiètent de plus en plus Charles VII. Décidé à mettre un frein à ses intrigues, à montrer ses forces, le roi charge Dunois et Richemont, aidés de Chabannes, de préparer une expédition dont il prend la tête au début de l'été. Il s'installe en Bourbonnais.

Louis, qui a vainement tenté d'obtenir le concours du duc de Bretagne Pierre II, s'affole. Déjà, Chabannes, qui s'est emparé de la seigneurie de Clermont en Genevois, s'approche du Dauphiné. Louis prétend qu'on veut « l'expédier secrètement en un sac dans l'eau ».

## 30 août

Il quitte le Dauphiné et se réfugie d'abord au château de Nozerey en Franche-Comté, puis à Louvain dans les États du duc de Bourgogne.

Il ne remettra les pieds dans le royaume qu'après la mort de Charles VII. Philippe le Bon l'installe au château de Genappe, dans le Brabant, et lui fait une pension annuelle de trente-six mille livres.

Louis est reçu somptueusement à Louvain et à Bruxelles. Charles VII hoche la tête :

« Mon cousin de Bourgogne nourrit là un renard qui mangera ses poules. »

## 25 novembre

Pendant toute l'année, Jacques Cœur, à la tête d'une imposante flotte, a mené campagne dans l'Archipel contre les Turcs. Il a établi son quartier général dans l'île de

*Une gravure sur bois des « Cent Nouvelles nouvelles » représente le dauphin, futur Louis XI, en compagnie du duc de Bourgogne Philippe le Bon, à sa gauche, et des seigneurs de sa cour. C'est vers 1460 que fut écrit ce recueil de contes rédigés dans la tradition héritée des fabliaux, mais l'auteur en demeure douteux. Pour certains, le dauphin lui-même aurait composé ces récits lors de son séjour au château de Genappe, en Brabant, en 1456. Pour d'autres, ils devraient être attribués à Antoine de la Sale. (Département des imprimés. Bibliothèque nationale. Photo B.N.)*

Chio. Il y tombe malade et c'est là qu'il meurt.

En cette fin de l'année 1456, plusieurs complots contre Charles VII sont de nouveau découverts. Un de ses familiers, Gouffier, tente de l'envoûter au moyen de petites effigies de cire percées d'une aiguille. Un spadassin du nom de Grésille lui avoue que des conjurés veulent l'enlever. L'affaire échoue. Gouffier est banni, les conjurés exécutés.

Le roi supporte vaillamment ces coups du sort, comme les atroces souffrances que lui cause sa jambe — atteinte d'un ulcère — et qui ne lui laissent pas de repos.

## 1457, février

La fameuse Claude des Armoises, une Lorraine qui avait tenté de se faire passer pour Jeanne d'Arc (qui n'aurait pas été brûlée à Rouen!) et portait comme la Pucelle des vêtements d'homme, jetée en prison à Saumur pour diverses escroqueries, obtient du roi René des lettres de rémission (nous dirions aujourd'hui de pardon) et disparaît de la scène avec son époux, un bourgeois de Saumur du nom de Douillet.

## mai

Richard d'York n'a pas renoncé à reprendre la Normandie. Seule, la courageuse Marguerite, digne petite-fille de Yolande d'Anjou, lui barre le chemin et contrecarre ses projets.

Les Anglais n'en tentent pas moins une descente sur l'île de Ré.

Brézé, qui entretient des agents auprès de Marguerite, est chargé d'organiser la riposte.

## 28 juin

En réalité, Charles VII ne craint plus guère l'Anglais. Il a constitué en Picardie une forte armée qui peut menacer la Flandre bourguignonne et inquiète singulièrement Philippe le Bon, brouillé avec son fils Charles, le futur Charles le Téméraire.

Le roi de France préfère tourner ses vues vers l'Italie où Sforza reste, au moins théoriquement, son allié. Il vise Gênes :

« Si les Français s'installent à Gênes, écrit un des hommes d'État les plus fins du temps, Cicco Simonetta, les Angevins en feront la base de nouvelles entreprises contre la dynastie aragonaise et les troubles renaîtront en Italie. »

Clairvoyante prophétie !

## juillet

Avant de se lancer, malgré l'âge et la maladie, dans cette longue entreprise, le roi de France veut en finir avec le Dauphiné et l'Angleterre.

Le Dauphiné n'a plus de dauphin puisque celui-ci a fui en Flandre. Une expédition rondement menée aboutit à l'annexion définitive de cette province à la France.

Le titre de dauphin devient donc purement honorifique.

## août

Maintenant, la grosse armée française de Picardie s'embarque sur une flotte de galères castillanes et génoises qui cingle vers l'Angleterre et attaque Sandwich, port resté fidèle aux York. La ville est incendiée, les provisions et le matériel accumulés par Richard enlevés. Les Français repartent sans encombre, un ordre d'Henri VI ayant interdit aux troupes anglaises d'intervenir.

Et maintenant, Charles VII peut se tourner sans crainte vers l'Italie.

Il charge de la conquête de Gênes Jean de Calabre, fils du roi René. Jean accepte d'autant plus volontiers qu'il espère bien tirer lui-même profit de la situation pour reprendre pied dans le royaume de Naples toujours tenu par le rival de son père, Alphonse d'Aragon. L'expédition est prévue pour le printemps de l'année suivante. Charles VII promet de fournir hommes et subsides.

## 5 septembre

La mort du duc de Bretagne Pierre II, sans enfants, appelle son oncle, le connétable de Richemont, à lui succéder.

Richemont fait son entrée solennelle à Rennes le 30 octobre. Quelques jours plus tard, il prête serment de fidélité (hommage simple et non lige) au roi de France. Charles VII est assuré qu'aussi longtemps que Richemont vivra il n'aura aucune difficulté du côté de la Bretagne.

## décembre

La diplomatie du roi de France ne chôme pas. Pour faire pièce à Philippe le Bon qui s'est fort brutalement emparé du Luxembourg, fief relevant du roi de Bohême et de Hongrie Ladislas, Charles propose de donner sa fille cadette en mariage à celui-ci. Ladislas a dix-huit ans et c'est, paraît-il, un prince charmant.

L'ambassade du futur époux est accueillie somptueusement au château de Montils-lès-Tours. Fêtes et banquets se succèdent. C'est la réplique du « vœu du faisan ». On se jure aide contre le duc de Bourgogne.

Las! au cours des réjouissances, une nouvelle jette la consternation. Ladislas est mort de la peste. Le beau projet s'évanouit. Les ambassadeurs repartent en suppliant Charles VII de prendre le Luxembourg sous sa protection. Charles VII promet en sachant bien qu'il va mettre en fureur son cousin de Bourgogne !

## 1458, hiver

Les deux grandes affaires politiques continuent à occuper l'esprit de Charles VII. D'une part, il recherche des alliances contre la Bourgogne et menace Philippe le Bon; de l'autre, il poursuit ses visées sur Gênes.

A la colère de Philippe, apprenant les promesses faites par Charles VII aux ambassadeurs de Bohême, Charles riposte en faisant occuper la forteresse de Thionville à la frontière du Luxembourg.

On peut se demander si la guerre ne va pas éclater. Finalement, les deux antagonistes se contentent d'échanger des lettres désagréables et de porter leur conflit devant les tribunaux.

Dans sa quête d'alliances nouvelles, Charles ressent une autre déception.

## 2 mars

Il aurait voulu faire de son dernier fils, Charles, né à Tours en 1446, un roi de Bohême en remplacement de Ladislas. La tentative échoue. Les électeurs lui préfèrent le régent Georges de Podiebrad. La pénétration française au Luxembourg est très faible.

En Italie, Alphonse V d'Aragon, roi de Naples et de Sicile, meurt au moment où il s'apprêtait à défendre Gênes contre les entreprises de Jean de Calabre. Il n'a pas d'héritier direct et laisse un bâtard, Ferdinand, qui lui succède non sans difficulté, plusieurs seigneurs napolitains refusant de le reconnaître.

Le temps paraît donc propice pour Jean qui se prépare à prendre pied à Gênes.

Malheureusement pour lui, la mort du pape Calixte III, qui se montrait favorable à la maison d'Anjou, complique la situation. Son successeur Pie II, ancien secrétaire du concile de Bâle, est animé de sentiments hostiles à l'égard des Angevins.

## 13 avril

La longue instruction menée contre le duc d'Alençon s'achève. Prince du sang, Jean doit être jugé par la cour des pairs. En conséquence, par l'intermédiaire d'un héraut d'armes, Philippe le Bon, qui réside à Gand, est invité, en qualité de pair de France, à se rendre à Vendôme où la cour doit siéger.

Il refuse, s'estimant indépendant du roi de France, et cette attitude n'est pas pour apaiser la querelle entre les cousins.

## 11 mai

Jean de Calabre, avec l'aide de bonnes troupes, s'empare de Gênes et met en fuite Napolitains et Milanais. Jean prend le titre de lieutenant du roi à Gênes. Les habitants de la ville sont tellement excédés des luttes intestines qu'ils espèrent trouver un peu de paix sous la domination française.

### 26 août

Le procès du duc d'Alençon s'ouvre à Vendôme. Convaincu de trahison, il avoue ses crimes et est condamné à mort. Toutefois, Charles VII diffère l'exécution « jusqu'à son bon plaisir ».

Jean II d'Alençon est enfermé dans le fort et sombre château de Loches. Le duché est annexé au domaine royal.

Peut-être n'est-il pas mauvais de dresser à cette occasion le tableau de ce domaine à la fin de la guerre de Cent Ans.

### octobre

Pour affermir son autorité, Marguerite d'Anjou, l'épouse du pauvre roi demi-dément Henri VI, déclare les York hors la loi et entame des négociations secrètes avec Brézé.

Va-t-on assister à la conclusion d'une alliance entre les royaumes de France et d'Angleterre, moins de dix ans après la fin de la guerre de Cent Ans?

### 25 décembre

Mort à Nantes du duc de Bretagne Arthur de Richemont, connétable de France. Son successeur à la couronne ducale est son neveu François II, jusque-là comte d'Etampes.

### 1459, hiver

Charles VII poursuit inlassablement sa politique d'encerclement de la Bourgogne. En Allemagne, sa diplomatie remporte des succès. Plusieurs princes rhénans acceptent son alliance et Guillaume de Saxe, héritier pour partie de Ladislas, vend au

### *LE DOMAINE ROYAL A LA FIN*

*La féodalité existe encore à la fin du règ*
*de Charles VII et de vastes fiefs, dont l*
*titulaires rendent hommage au roi, o*
*toujours leur caractère et leurs institutio*
*traditionnelles.*
*Pourtant, le domaine royal s'est sens*
*blement accru. Il atteint déjà une gran*
*partie des frontières de l'hexagone, sauf*
*nord et à l'est. Partant du nord il englo*
*le Tournaisis, une partie de la Picardie,*
*Normandie, toute l'Ile-de-France qui cons*
*tue depuis la fin du XIV^e^ siècle un importa*
*gouvernement militaire, le comté de Chartre*
*le Berry, la Touraine, le Poitou, la Sai*
*tonge et l'Aunis, une partie du Limousin,*
*Guyenne, le Languedoc, le Dauphiné.*
*De grandes dynasties féodales possède*
*des territoires étendus. Les principales s*
*gneuries sont constituées par le duché*
*Bourgogne auquel ont été rattachés l'Art*
*et la Flandre qui relèvent du royaum*
*tandis que la Franche-Comté et les Pay*
*Bas relèvent de l'Empire. La maison*
*Bourbon possède les duchés de Bourbonn*
*et d'Auvergne, le comté de Forez, la s*
*gneurie de Beaujeu et le comté de Clermo*
*en Beauvaisis. La maison d'Anjou détie*
*l'Anjou, le Maine, la Lorraine et le duc*
*de Bar (que René d'Anjou a acquis par s*
*mariage avec Isabelle de Lorraine), h*
*du royaume, le comté de Provence. Le duc*
*Bretagne est seigneur de Montfort-l'Amau*
*La maison d'Orléans, proche du trô*
*est en possession des duchés d'Orléans et*
*Valois, des comtés de Blois, de Soissons,*
*Dunois et de Beaumont-sur-Oise. Fo*
*Albret restent de vieilles dynasties féodal*
*très soucieuses de leur indépendance.*
*Il faut ajouter que les cadets de ces m*
*sons ont été pourvus de fiefs d'une étend*
*non négligeable : ceux de la maison*
*Bourgogne détiennent les comtés de Neve*
*de Rethel et d'Étampes ; ceux de la mais*

*GUERRE DE CENT ANS*

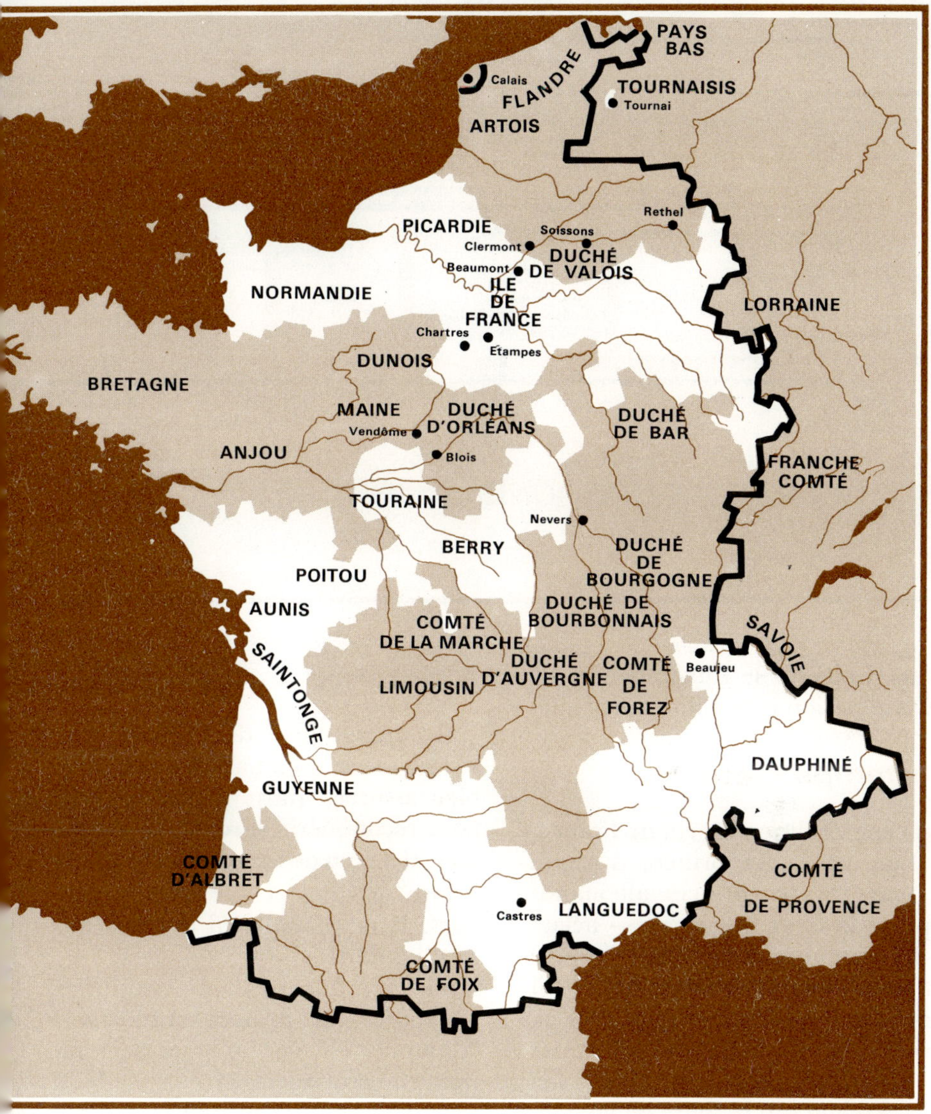


*Bourbon les comtés de la Marche, de res et de Vendôme.*

*ous ces grands féodaux possèdent leur leurs institutions, leurs finances. Certains sont ambitieux et vont susciter au roi d'âpres difficultés. Il faudra de longs efforts pour les réduire.*

*Ci-dessus, carte du domaine royal à la fin de la guerre de Cent Ans.*

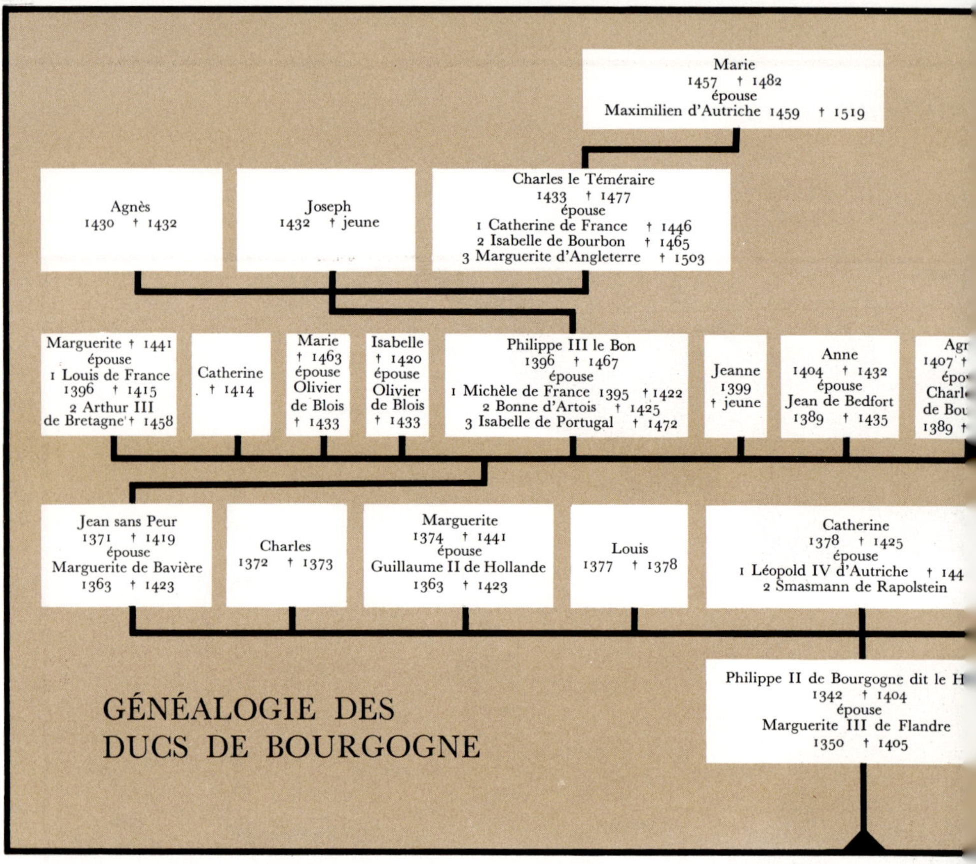


GÉNÉALOGIE DES DUCS DE BOURGOGNE

roi ses droits sur le Luxembourg.

Cette cession reste toute théorique.

## printemps - été

A cette coalition du roi de France, de Lancastre, des princes d'Anjou en Italie et des princes allemands s'oppose la ligue qu'anime — hélas ! — le dauphin Louis. On y trouve autour du duc de Bourgogne, vieilli et qui aspire plutôt à la paix, Sforza, furieux de l'occupation de Gênes par les Français, York qui ronge son frein, Aragon qui redoute de nouvelles entreprises de Jean de Calabre. Encore une fois, le conflit va-t-il éclater ?

On peut le penser. Le 2 juillet, le représentant de Sforza écrit à son maître :

« Le roi a l'intention de faire la guerre au duc de Bourgogne. »

## 4 octobre

En Italie, Jean de Calabre, persuadé que sa domination à Gênes est bien assurée, quitte la ville et part pour reconquérir le royaume de Naples. Il a reçu de Charles VII de nouveaux subsides et des troupes fraîches. Il ne manque ni de vaisseaux ni d'hommes.

Pie II, que désolent ces luttes, convoque les princes chrétiens à Mantoue en vue d'organiser une nouvelle croisade.

Ni Charles VII ni Philippe le Bon ne marquent le moindre empressement. Ils songent bien davantage à la lutte qui se prépare.

## décembre

Les deux vieux adversaires hésitent pourtant à reprendre les armes.

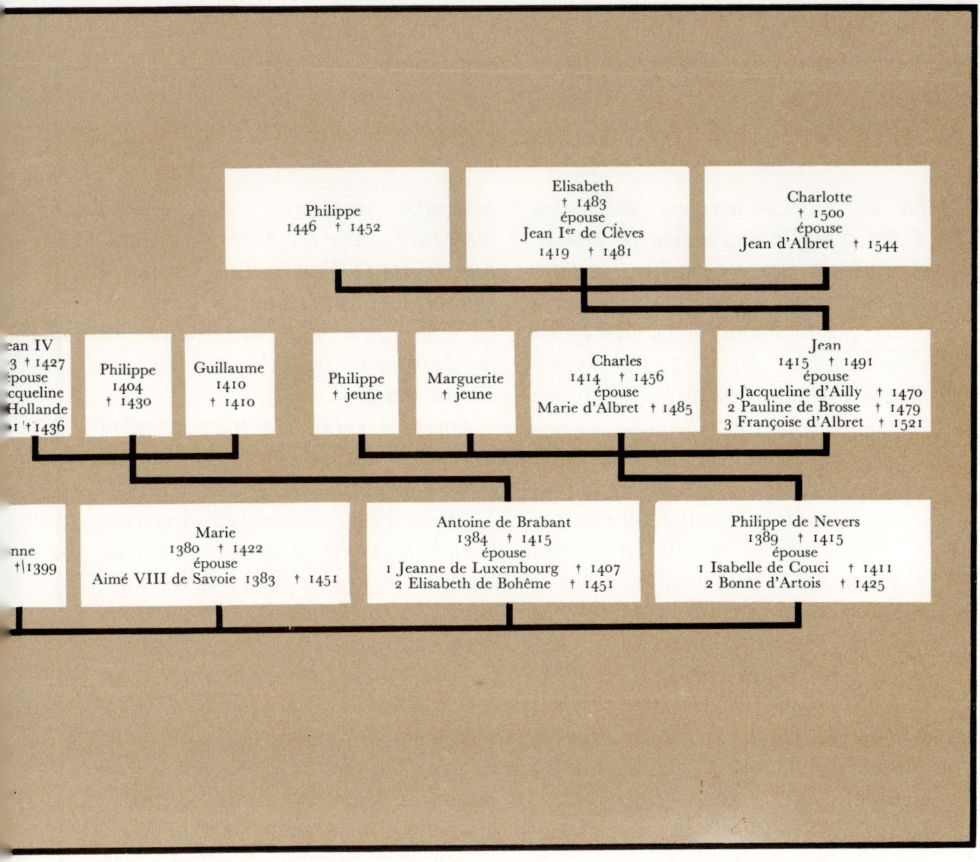


Pendant toute la fin de l'année 1459, ils échangent des ambassades. L'évêque de Coutances se rend en Flandre. On accumule les griefs, les plaintes, les dits et les contredits, les justifications et les récriminations.

Cela vaut mieux que des boulets.

## 1460, printemps

Charles VII semble pourtant décidé à jeter les dés et à en finir avec son fils rebelle et le duc de Bourgogne. Tous les éléments favorables sont réunis. En mai, Jean de Calabre a remporté à Sarno, près de Salerne, une victoire décisive sur l'armée de Ferdinand et semble avoir reconquis son royaume de Naples.

En même temps, la ville de Savone se donne librement au roi de France, renforçant l'influence française en Ligurie.

Dans les Flandres, Gand se révolte contre Philippe le Bon.

## 26 juillet

Au cours d'une réunion du conseil, Charles comte du Maine demande :

— Que doit-on conseiller au roi sur ce qu'il a à faire en cette présente année touchant le duc de Bourgogne ?

A l'unanimité, les conseillers répondent :

— Monseigneur a matière suffisante et juste pour procéder par la voie des armes.

## août

Au moment où l'armée va s'ébranler, une nouvelle inattendue remet tout en question.

Richard d'York a été victorieux.

## *UNE FAUSSE JEANNE D'ARC : CLAUDE DES ARMOISES*

*La merveilleuse aventure de Jeanne d'Arc a profondément ému les esprits. A Orléans, en particulier, certains habitants reconnaissants se refusent à croire que la Pucelle a pu être brûlée comme sorcière. Dès 1432, ils commémorent l'anniversaire de leur libération par des fêtes qui rappellent son souvenir.*

*Or, en 1436, cinq ans après le bûcher de Rouen, une fille qui se prénomme Claude, originaire des environs de Metz, affirme qu'elle est Jeanne d'Arc échappée aux Anglais. Dans le pays, on hoche la tête sans trop de conviction devant ses dires.*

*Mais cette Claude a toutes les audaces. Elle parvient à convaincre quelques crédules habitants de Metz. Elle se fait donner un cheval, une épée et va trouver la duchesse de Luxembourg. Celle-ci la reçoit avec courtoisie : après tout, sait-on jamais? A la cour de Luxembourg, Claude rencontre un gentilhomme de belle tournure, Robert des Armoises. Elle accepte de l'épouser. Sa réussite lui donne toutes les hardiesses. Elle écrit aux échevins d'Orléans pour leur annoncer sa venue. Méfiants, les échevins lui délèguent un héraut de la ville... qui fait à son sujet une réponse assez normande.*

*Claude des Armoises continue à se faire passer pour Jeanne d'Arc. Elle persuade quelques dupes... et commet plusieurs escroqueries. Elle prétend combattre contre les Anglais qui occupent encore la France. Elle reparaît à Orléans en 1439. Un peu perplexes, les échevins se débarrassent d'elle en lui donnant un plat d'or et une grosse somme d'argent.*

*On perd ensuite sa trace jusqu'au jour où on la retrouve, au début de l'année 1457... dans une prison à Saumur. Veuve du sire des Armoises, Claude a épousé en secondes noces un bourgeois de la ville du nom de Douillet. Après tant d'aventures, cette amazone aurait été avisée de se tenir tranquille. Or elle a trouvé moyen de s'attirer la colère d'une certaine Bertrande Prévost, dame de Saumoussay, qui l'a fait arrêter. On instruit son procès. Le magistrat saumurois, ayant découvert toutes ses escroqueries, condamne Claude au bannissement perpétuel. Bon prince, le roi René, en souvenir de ses origines lorraines, accepte de la gracier sous la condition qu'elle se conduira désormais honnêtement et cessera de porter habit d'homme à l'imitation de la vraie Pucelle.*

*Après quoi, nul n'a plus jamais entendu parler de la fausse Jeanne d'Arc dont l'histoire sert encore de prétexte à imaginer autour de la bergère de Domrémy des fables incroyables qui rencontrent toujours quelque créance.*

à Northampton. Il s'est emparé du pauvre Henri VI, a mis en fuite Marguerite et il gouverne l'Angleterre avec le titre de protecteur et héritier du royaume.

### 6 octobre

C'est un renversement complet de la situation. Sforza s'empresse d'exploiter ce succès. Son ambassadeur, Camulio, rencontre à la fin de l'été le dauphin, le duc de Bourgogne, et s'assure le concours du duc d'York. Au début de l'automne, un traité secret est signé aux termes duquel Sforza se charge de soulever Gênes, le dauphin de susciter une émeute à Paris par l'intermédiaire du prévôt des marchands; Richard débarquera en Normandie où ses troupes se joindront à celles du duc de Bourgogne.

Brillantes perspectives...

## novembre-décembre

Seulement, de nouveau, le destin joue en sens contraire. Le complot fomenté par le prévôt des marchands, Robert d'Estouteville, est découvert. Robert est arrêté.

## 30 décembre

A Wakefield, Marguerite d'Anjou prend sa revanche sur Richard d'York. Celui-ci est décapité et sa tête, couronnée d'un dérisoire diadème de papier, est fichée sur les murailles de la ville d'York.

Le fils du duc de Bourgogne, le comte de Charolais (le futur Charles le Téméraire), aussi hostile à son père dont il attend avec impatience la succession que Louis envers Charles VII, est venu offrir son concours au roi de France. Celui-ci refuse :

— Pour deux royaumes tels que le mien, je ne voudrais accomplir un vilain fait!

## 1461, janvier

Pour Charles VII, la nouvelle année apporte un grand sujet de satisfaction. Le dauphin Louis, que l'échec d'York et les tergiversations du « bel oncle » de Bourgogne ont découragé, lui offre enfin sa soumission et lui propose même de soutenir la cause angevine contre Sforza. Il demande en échange qu'une principauté formée, des deux côtés des Alpes, par la Savoie, le Dauphiné, Gênes, Asti et Savone soit constituée en sa faveur.

Sur ce point, Charles répond évasivement. Louis rompt brutalement les pourparlers.

## 29 mars

Peut-être a-t-il eu vent d'un prochain retour offensif des York. Le fils de Richard, Edouard, a repris la lutte. A Towton, le 29 mars, il anéantit les Lancastriens. Cette fois, Henri VI est prisonnier, Marguerite en fuite. Peu auparavant, Edouard d'York a été proclamé roi d'Angleterre.

Au cours de la bataille, on a vu — fait inouï — les partisans d'York arborer la bannière du dauphin.

## avril

Echec sur échec pour la politique de Charles VII. Voici que Sforza parvient enfin à soulever contre les Français les habitants de Gênes. Le gouverneur, Louis de Laval, en est réduit à se réfugier dans la forteresse de la ville, le Casteletto.

Le roi René, aidé de six mille hommes qu'il a péniblement rassemblés, accourt à l'aide de son fils revenu en hâte du royaume de Naples.

## mai

Une nouvelle coalition se forme contre Charles. Elle réunit l'Angleterre, la Bourgogne, Sforza, groupés aux côtés du dauphin.

Les alliés hésitent pourtant à attaquer. Un astrologue n'a-t-il pas prédit que le roi de France mourrait avant le mois d'août?

Warwick, le « faiseur de rois », et Edouard IV aimeraient d'autant plus faire l'économie d'une guerre que Philippe le Bon, las, vieilli, désolé de l'attitude de son fils Charles, n'est pas non plus très ardent.

## juillet

En Italie, c'est la débâcle.

## *LA FRANCE A LA FIN DU RÈGNE*

*Malgré son état de santé de plus en plus médiocre, ses fatigues que les excès accroissaient car il était toujours entouré d'un essaim de jeunes beautés chargées de lui donner du plaisir, comme Artuse de Fougerolles, Marie de Belleville ou Marguerite de Salignac, Charles VII gouverne et travaille avec ses conseillers au relèvement de la France. Les affaires publiques, écrit Philippe Erlanger, ne souffraient pas de la déchéance physique et morale où le souverain était tombé.*

*Le budget du royaume pour l'année 1460 fait apparaître un excédent considérable, alors que les impôts ont diminué.*

*Les recettes comprennent deux sortes de ressources : le produit du domaine royal, qui constitue le budget ordinaire, le produit des impôts considéré comme les finances extraordinaires.*

*Les produits du domaine n'ont cessé de s'amenuiser, ne constituant plus qu'un revenu de cinquante mille livres. Il était de trois cent mille livres sous Charles V.*

*Les recettes extraordinaires ont au contraire augmenté d'année en année. L'impôt direct est représenté par la taille qui peut être* réelle *ou* personnelle. *La taille réelle, exclusivement levée en Languedoc et une partie de la Guyenne, est un impôt foncier qui frappe toutes les terres, qu'elles soient entre les mains de nobles, de clercs ou de roturiers. La taille personnelle, levée dans le reste du royaume, n'atteint que les terres tenues par des roturiers. Son produit total est de 1 055 000 livres. C'est le Languedoc qui fournit la plus grosse part : quatre cent quatre-vingt mille livres. Les aides sont un impôt indirect : c'est une taxe sur les transactions; elle est levée sur toutes les marchandises achetées ou échangées. Elle se monte à un sou par livre. Elle est donc de cinq pour cent. Elle rapporte cinq cent trente-cinq mille livres.*

*La gabelle, impôt sur la vente du sel, calculée à raison du quart ou du cinquième du prix de vente de cette précieuse denrée, n'est pas levée uniformément dans tout le royaume. Aussi son produit ne dépasse-t-il pas cent soixante mille livres.*

*Au total, les ressources ordinaires et extraordinaires en la dernière année du règne de Charles VII atteignent 1 800 000 livres. Il est singulier d'observer qu'à la fin du règne de Charles V elles s'élevaient au même total. Mais le domaine rapportait six fois plus (300 000 livres) et l'impôt 1 500 000 livres seulement.*

*Quant aux dépenses, elles étaient nettement inférieures aux recettes, ce qui explique le relèvement économique de la France après la guerre de Cent Ans.*

Les troupes du roi René sont taillées en pièces près de Savone. A l'annonce, d'ailleurs inexacte, de l'arrivée d'un contingent milanais, les soldats français qui tiennent encore Gênes se précipitent vers le port et s'efforcent de rallier les navires du roi qui sont bientôt surchargés. On assiste à des scènes atroces : il faut couper les mains de ceux qui s'accrochent aux bastingages. René donne ordre de gagner la haute mer. La domination franco-angevine à Gênes et à Naples a vécu.

La maladie, la faiblesse ne viennent pas à bout du courage de Char-

*Si Paris, au cours de son histoire, n'a cessé d'évoluer, le centre de la ville a conservé cette même silhouette caractéristique qu'évoque si bien, au XIVe siècle, une miniature des Chroniques de Froissart : sages maisons aux poutres apparentes, magnifiques hôtels aux tours coiffées de toits pointus et groupés à l'ombre des clochers des paroisses. Depuis longtemps, la ville a débordé cette île de la Cité qui ne peut plus la contenir. Sur la rive gauche de son fleuve, s'est installée l'université fréquentée par des étudiants du monde entier.*
*(Cabinet des manuscrits. Bibliothèque nationale. Photo B.N.*

*CHARLES VII A-T-IL ÉTÉ EMPOISONNÉ?*

*Il est incontestable que le dauphin, qui attendait avec une hâte indécente la mort de son père, entretenait à la cour des informateurs et des informatrices qui le renseignaient sur l'état de santé du roi.*

*Parmi les dernières, il y avait même Antoinette de Maignelais, l'ancienne maîtresse de Charles :*

*« Mademoiselle, lui écrivait-il, j'ai lu les lettres que vous m'avez écrites et je vous remercie de l'avertissement que vous m'avez fait par vos dites lettres et soyez sûre, avec l'aide de Dieu et de Notre-Dame, que une fois je vous le rendrai.*

*« Jetez ces lettres au feu et me faites savoir s'il vous semble que je doive demeurer en l'état où je suis. »*

*Autrement dit : puis-je me rapprocher de la frontière du royaume pour être plus rapidement en mesure de prendre la couronne!*

*Parmi les informateurs figure aussi le médecin du roi, Adam Fumée. Charles VII finit par se méfier tellement de lui qu'il le fait emprisonner à Bourges.*

*Devenu roi, Louis XI le délivrera et, sous son règne, Adam connaîtra une brillante fortune.*

*Des historiens en ont conclu, un peu vite, que le médecin avait pu au moins hâter la mort du roi.*

*Soupçon dénué de fondement, écrit justement Petit-Dutaillis, les hommes de ce temps-là voyaient des empoisonnements partout. Adam Fumée fut un agent du dauphin qui le récompensa. Il ne fut pas un assassin.*

*Dès le 17 juillet, Louis avait su que son père se mourait. Il manifesta une joie dont les Bourguignons eux-mêmes se montrèrent scandalisés. Quittant Genappe, il s'établit à Avesnes, plus près de la frontière.*

*C'est là qu'il apprend de la bouche du duc de Bourbon que son père est mort et qu'il peut enfin ceindre cette couronne qu'il attend depuis plus de dix ans...*

les VII. Dès le mois d'avril, il a signé un ordre de convocation de la noblesse et des francs-archers. Mais les forces du roi fléchissent. Il craint toujours d'être empoisonné.

## 10 juillet

A Mehun-sur-Yèvre, où il réside depuis le mois d'avril, le roi doit subir l'extraction d'une dent. L'opération, mal faite, dégénère en phlegmon. Une congestion cérébrale se déclare.

*Il est un lieu fréquenté assidûment par tous : les étuves (en haut) où l'on trempe à plusieurs dans la même cuve à baigner. (« Livre de Valerius Maximus », XV^e siècle.) En bas, les marchands de Paris : un tailleur, un apothicaire, un barbier et un pelletier. (Cabinet des manuscrits. Bibliothèque nationale. Photos B.N.)*

## 22 juillet

Persuadé qu'il meurt empoisonné, — il redoutait ses plus fidèles compagnons — Charles rend l'âme le jour de la Sainte-Madeleine :

— Je loue Dieu, murmure-t-il, et le remercie de ce qu'il lui plaît que le plus grand pécheur du monde meure le jour de la fête de la pécheresse.

Il avait cinquante-huit ans et cinq mois.

uis. Vnziesme . Roy. de. Franc

# L'UNIVERSELLE ARAGNE

## 1461, fin juillet

Le corps du roi Charles VII n'a pas encore été transporté à Saint-Denis et, déjà, les grands seigneurs, les prélats, les magistrats du Parlement de Paris se précipitent à Avesnes où Louis XI vient d'arriver. Celui-ci fait encore piètre figure, mais peut-être n'est-ce là qu'une feinte. Humblement, il demande à son « bel oncle », Philippe le Bon, de l'accompagner à Reims. Le puissant duc de Bourgogne est trop heureux de déployer à travers le royaume les fastes de sa magnificence. C'est un grand et splendide cortège qui va se diriger vers la ville du sacre, cependant que Louis, à Avesnes, ne cache pas sa volonté de se débarrasser de tous les principaux serviteurs de son père.

## 3 août

Tout de même, il se décide à faire célébrer un service funèbre à la mémoire de celui-ci... et consent à prendre le deuil à cette occasion.

## 13 août

Le duc de Bourgogne précède son cousin à Reims, entouré de quatre mille cavaliers, de quarante chariots remplis d'or, de vaisselle précieuse, de tapisseries et de vins (de Bourgogne, naturellement). Les magistrats de la ville lui apportent les clés de la cité.

## 14 août

Arrivée de Louis XI à Reims. La simplicité de son cortège contraste avec la richesse des vêtements du duc et de ses compagnons.

## 15 août

Et c'est la cérémonie traditionnelle du sacre entièrement ordonnée par Philippe qui place lui-même la couronne sur la tête de son cousin, comme s'il voulait marquer la sujétion du nouveau roi à son égard.

Le soir même, Louis XI quitte Reims pour l'abbaye de Saint-Thierry, aux environs de la ville.

*Parmi les souvenirs consacrés au roi Louis XI demeure, au château de Plessis-lez-Tours, ce portrait du souverain en provenance de la chartreuse du Liget. Œuvre de l'école française du XVII^e siècle, il n'est, sans nul doute, qu'une copie du portrait attribué à Fouquet, mais n'en paraît pas moins frappant de vérité jusque dans le détail. Au bord du chapeau est, en effet, accrochée l'une de ces médailles religieuses auxquelles le roi, superstitieux jusqu'à la manie, attribuait tant de pouvoir. (Photo Jérôme da Cunha.)*

## 31 août

Après Reims, c'est Paris qui accueille le nouveau souverain et Philippe. Tandis que celui-ci s'installe à l'hôtel d'Artois, Louis XI loge à l'hôtel des Tournelles. Les Parisiens et surtout la communauté des bouchers, toujours fidèle aux Bourguignons, leur font fête avec d'autant plus d'enthousiasme que le roi a promis une réforme fiscale et même la suppression des aides et des gabelles dès son avènement.

*Un peintre anonyme de l'École de Jean Fouquet a laissé, de Dunois, ce portrait austère. (Archives photographiques.)*

## 1^er^ septembre

Les promesses royales ne doivent pas être prises à la lettre. Les agents du roi continuent à lever les impôts. Les bonnes gens d'Angers, confiants, se rebellent contre eux. Ils sont durement châtiés et les auteurs de cette *tricoterie* payent bientôt de leur tête leur naïveté.

## 2 septembre

Louis XI est décidé à se débarrasser du personnel qui conseillait son père. A l'hôtel des Tournelles, il réunit les seigneurs et les notables

### *LOUIS XI A-T-IL INTERDIT A[...]*

*On a longtemps prétendu qu'un des premiers édits de Louis XI avait eu pour objet d'interdire à la noblesse de chasser.*

*Or la chasse était une des distractions favorites des seigneurs. Distraction et nécessité tout à la fois. En détruisant les bêtes nuisibles qui ravageaient les récoltes et s'attaquaient aux animaux domestiques (et parfois aux êtres humains), le châtelain rendait service à ses vassaux roturiers, aux paysans de ses terres.*

*Ce fameux édit n'a jamais été retrouvé.*

*Quelques chroniqueurs ont fait allusion à la décision prise par le roi. Ils écrivent longtemps après l'événement.*

*On fait observer aussi qu'aux états généraux de 1484 les cahiers de doléances de la noblesse rappellent que le droit de chasse lui appartient de toute antiquité.*

*Il est en outre établi qu'en Dauphiné, quand il gouvernait cette province, Louis avait interdit un moment la chasse ou, plus précisément, l'avait subordonnée à la délivrance d'une autorisation, procédé commode et toujours en usage pour se procurer des ressources.*

*Mais il ne semble pas que cette mesure ait été étendue à tout le royaume.*

*Louis XI était lui-même un chasseur passionné. La noblesse continua de chasser, elle aussi, pendant son règne. On voit d'ailleurs mal comment les agents du pouvoir auraient pu l'empêcher de se livrer à une de ses occupations préférées...*

*ɪANDS SEIGNEURS DE CHASSER?*

*ɪmprégnés du « Traité de la chasse » de Gaston Phébus, qui connaît, au XVe siècle, un immense les veneurs, aidés de leur meute ou de leur faucon, ont bien du mal, on s'en doute, à se conformer ɪdonnances de Louis XI — si toutefois elles furent réellement promulguées. Comme le montre ɪiniature du XVe siècle (« Les Trois Ages de l'homme »), la chasse, en fournissant un merveilleux ɪemps, se doublait d'un utile assainissement lorsqu'elle s'attaquait aux bêtes fauves. (Cabinet ɪnuscrits. Bibliothèque nationale. Photo B.N.)*

parisiens pour leur communiquer ses projets : devant leur réserve, il les congédie, bien résolu à n'en faire qu'à sa tête.

## septembre-octobre

C'est alors, pendant les mois qui suivent, des destitutions en masse. Le vieux Dunois est écarté du Conseil royal. Pierre de Brézé, le fidèle serviteur de Charles et d'Agnès Sorel, après s'être caché quelques semaines en Normandie, est arrêté et conduit au château de Loches d'où il sera bientôt libéré tandis qu'Antoine de Chabannes prend le chemin de la Bastille. Tous les grands officiers sont frappés et perdent leurs charges : Jean de Bueil, Jean Jouvenel des Ursins, le sire de Lohéac, le sire de Gaucourt. Ils sont remplacés soit par les compagnons du dauphin, ceux qui l'avaient suivi en exil, soit par ces petites gens dont Louis aime à s'entourer.

## septembre

En même temps, le nouveau roi montre qu'il entend s'intéresser immédiatement aux affaires d'Espagne : le Roussillon, la Catalogne l'attirent — et l'attireront de longues années. En Catalogne, il a soutenu longtemps don Carlos révolté contre son père le roi Jean II d'Aragon, et s'est réjoui de voir don Carlos s'établir à Barcelone. Mais Carlos meurt dans des conditions mystérieuses, peut-être empoisonné par Jean II. Louis XI offre aussitôt son concours aux Catalans. Ceux-ci le repoussent courtoisement mais avec hauteur et lui préfèrent le frère de Carlos, Ferdinand, un enfant de dix ans.

Dès lors, le roi juge préférable de se rapprocher de Jean II et de reprendre à son compte l'alliance qui avait été conclue avec Charles VII.

## 24 septembre

Louis XI est déjà las de Paris. Après avoir accordé aux habitants de la ville quelques allégements fiscaux, il prend le chemin de sa chère Touraine et de ce château du Plessis dont il fera sa résidence habituelle... quand il n'est pas par monts et par vaux car aucun monarque n'a aimé plus que lui se déplacer pour se rendre compte personnellement de la façon dont ses ordres sont exécutés et les affaires traitées.

## 30 septembre

A son tour, Philippe le Bon quitte la capitale, assez déçu. Il avait l'espoir que l'exilé qu'il avait recueilli lui témoignerait quelque reconnaissance. Louis n'a agi qu'à sa tête et refuse de pourvoir de charges les protégés du bel oncle.

— Monseigneur, comment vous est-il de Paris? Comment vous y plaît-il?

— Je ne sais! Je m'y trouve si bien que je voudrais être dehors...

Et de fait il s'en va.

## 2 octobre

Les gens de Reims, comme ceux d'Angers, ont cru que la suppression des impôts était vraiment définitive. Furieux de constater qu'il n'en est rien, ils se soulèvent à leur tour. C'est le « Miquemaque » de Reims. « Les povres gens, écrit un chroniqueur, croyaient avoir trouvé Dieu par les pieds... »

Ils ne tardent pas à déchanter.

## octobre

Après avoir avancé ses pions vers le Roussillon et la Catalogne,

*L'armée du roi de France s'achemine vers le Roussillon (« Chroniques de Louis XII »). Si chaque homme porte, au côté gauche, l'épée, on remarquera que les fantassins sont pourvus, en plus, d'une arbalète ou d'une hallebarde, tandis que les cavaliers sont uniformément armés de la lance. (Cabinet des manuscrits. Bibliothèque nationale. Photo B.N.)*

Louis XI s'intéresse à l'Italie. On se souvient que Jean de Calabre, fils du roi René d'Anjou — qui est par conséquent cousin germain du roi de France puisque la mère de celui-ci, Marie, est la sœur de René — n'a pas renoncé à ses prétentions sur le royaume de Naples.

C'est un bel et élégant chevalier plein de fougue et d'ambition.

Louis, à qui son épouse Bonne de Savoie a donné quelques mois auparavant une fille prénommée Anne, propose de fiancer celle-ci au fils de Jean de Calabre. Jean accepte d'autant plus volontiers que le roi consent à avancer le montant de la dot.

Par des négociations diplomatiques, il cherche même à aider Jean de Calabre à reconquérir le royaume de Naples. Il fait agir ses envoyés près de Sforza, le duc de Milan, qui est son allié, et près du pape Pie II, en laissant entendre au souverain pontife qu'il va abolir cette Pragmatique Sanction de Bourges qui soustrait partiellement le clergé français à l'autorité du pape. Mais Pie II reste méfiant.

## 27 novembre

Pourtant, Louis XI tient ses promesses. Il abolit la Pragmatique Sanction et renforce son alliance avec Sforza.

## décembre

Cette habile stratégie n'empêche pas le roi de poursuivre sa politique de lutte contre les féodaux dont il déteste l'indépendance. Il enlève le gouvernement de la Guyenne à son beau-frère Jean II, duc de Bourbon. Il prend sur Gaston de Foix la citadelle de Mauléon et le pays de Soule. En revanche, il laisse rentrer en France Jean V d'Armagnac qui avait dû s'exiler sous Charles VII et libère Jean d'Alençon emprisonné à Loches. Il ne tardera pas à se repentir de cette mansuétude à l'égard de ces derniers.

Les seigneurs persécutés se réfugient auprès du duc de Bretagne François II. On prétend que le roi va jusqu'à interdire aux gentilshommes de chasser sans sa permission.

# L'entourage de Louis XI

Quand Louis XI monte sur le trône, il lui est difficile d'oublier les années d'hostilité ouvertes avec son père (donc avec les conseillers de celui-ci) qu'il a traversées. Seuls les saints ne se vengent pas. Au début de son règne, Louis XI opère donc une « purge » relativement importante, malgré sa promesse à Philippe le Bon : il avait juré à celui-ci de ne pas destituer plus de sept des anciens serviteurs de son père. Le chiffre se révèle beaucoup plus important. Mais Louis est un homme réaliste qui sait, comme le dit Commynes, reconnaître ses erreurs : très vite, il rappellera les hommes qu'il estime nécessaires à son gouvernement. Il ira même chercher dans des prisons ou en exil ceux qu'il a choisi de repêcher pour servir ses intérêts.

On trouvera donc autour de lui aussi bien certains des serviteurs fidèles de son exil que d'anciens serviteurs de Charles VII, comme Tristan L'Ermite ou les frères Bureau. A côté d'eux, quelques seigneurs de haute naissance. Assez peu. La majorité des serviteurs de Louis XI sera composée d'hommes de petite ou moyenne extraction, bourgeois ou nobles, français ou étrangers.

Parmi les grands seigneurs, le sire d'Albret, Georges de La Trémoille, seigneur de Craon, et le cadet de la famille de Bourbon, Pierre de Beaujeu, auquel le roi fera épouser sa fille Anne.

En revanche, parmi les hommes de naissance modeste, des étrangers, relativement nombreux : des Provençaux, des Suisses, des Anglais, un Ecossais, un Grec, des Italiens. Ce sont ces derniers que le roi aime et admire le plus. Parmi eux, il faut citer Boffille de Juge qui avait été au service de René d'Anjou, puis passa à celui de Louis XI. On le voit d'abord chambellan et conseiller du roi. Au mois de juillet 1475, il est vice-roi de Roussillon et de Cerdagne. Il obtient ensuite diverses seigneuries, le comté de Castres, l'administration du temporel de l'évêché de la ville.

*Il semble que l'on puisse reconnaître, dans ce détail d'une tapisserie du XV$^{e}$ siècle d'Isabelle de la Jaille, abbesse du Ronceray, le roi Louis XI et deux de ses familiers : Tristan l'Hermite et Olivier le Daim. (Château de Langeais. Photo Jérôme da Cunha.)*

Au mois de mars 1480, il est capitaine de Collioure. Il met en défense le Roussillon. Il ne se révèle pas seulement un soldat : Louis l'envoie en ambassade en Flandre, en Angleterre, à Milan. Au mois d'août 1480, son mariage avec Marie, sœur d'Alain d'Albret, lui permet de renforcer sa situation dans le Sud-Ouest. Après la mort de Louis XI, Boffille verra se lever contre lui tous ceux auxquels il avait nui. Il devra abandonner peu à peu les titres et donations que lui avait faits Louis XI.

En majorité, les noms des serviteurs du roi nous sont peu connus. Deux légistes : Guillaume Coussinot et Jean Dauvet. Des soldats tels que Jean de Montauban, amiral de France, chargé de mission en Bretagne et en Castille, mort en 1466; Joachim Rouault, ancien écorcheur, maréchal de France en 1461, gouverneur de Paris en 1465; Philippe de Crèvecœur, fait prisonnier à la bataille de Montlhéry et ensuite lieutenant du roi en Artois et en Picardie; des administrateurs, comme F. de Génas, président de la Chambre des Comptes en Dauphiné, puis général des Finances en Languedoc; Guyot Pot, bailli de Vermandois; G. de Cerisay, greffier civil du Parlement de Paris, secrétaire et conseiller du roi, trésorier de France, ambassadeur du roi en Angleterre en 1470.

Un homme comme Briçonnet doit tout à Louis XI. Jean Bourré l'a introduit auprès du roi. Il a prêté, avec son frère, de l'argent à Louis XI. Au mois de mai 1481, Briçonnet abandonne sa profession de commerçant pour devenir notaire du roi. Le 26 septembre 1481, il est « secrétaire signant en finances ». La faveur royale commence : le 6 janvier 1483, il reçoit une maison sise à Marseille qui avait appartenu à Charles du Maine. Le 24 avril de la même année, il est capitaine de Lambesc. Au début du mois d'août, il est général des finances du Languedoc. La mort du roi le prive d'un appui précieux, mais n'entrave pas sa carrière : il sera conseiller de Charles VIII, jouera un rôle important dans l'expédition d'Italie.

*Ce portrait de Louis XI le représente de profil, vieilli et voûté, portant autour du cou l'ordre de Saint-Michel dont il fut, en 1469, le fondateur. Cette peinture, copie d'une œuvre plus ancienne, peut néanmoins être considérée comme l'une des plus fidèles reproductions des traits du souverain. (Église de Béhuard. Photo Jérôme da Cunha.)*

Si Briçonnet entame sa carrière, d'autres fidèles serviteurs de la monarchie achèvent la leur : ce sont les frères Bureau. Sous Charles VII, ils ont contribué au relèvement militaire de la France. Jean, confident du roi, a assisté à ses derniers instants. Sous Louis XI, il garde titres et honneurs. Jean Bureau est même armé chevalier. Il est chambellan du roi. Louis XI le charge de réprimer la révolte de Reims, puis lui confie une ambassade auprès de Gaston de Foix. Gaspard conserve ses titres de capitaine de Poissy et du Louvre, entre autres. L'expédition de Catalogne, en 1462, sera leur dernière campagne : Jean meurt le 5 juillet 1463; Gaspard se retire de la vie publique et s'éteint en 1469.

Mais les conseillers les plus proches du cœur du roi se situent en général en dehors de la hiérarchie traditionnelle. D'abord ses médecins. Pierre Choisnet était à la fois médecin et astrologue. Il avait fort bien compris le caractère de Louis XI et dut sa faveur, par conséquent, à ses dons de psychologue. Le roi lui demanda de réunir en un volume des maximes destinées à guider le dauphin dans la paix comme dans la guerre : ce fut le *Rozier des guerres*.

L'autre médecin, Jean Coitier ou Coictier, apparaît auprès du roi vers la fin de sa vie. Il continuera sa carrière sous les successeurs de Louis XI. Le roi le redoutait beaucoup et lui fit don de tout ce qu'il sollicitait : charges et argent. Commynes rapporte à trois reprises — il en avait donc été frappé — l'importance des sommes versées par le roi à Coitier : « Le roi à son médecin donnoit tous les mois dix mil escus, qui en cinq mois en reçut cinquante quatre mil escus. » Commynes explique les raisons de l'influence de Coitier sur Louis XI : « Ledit médecin luy estoit si très rude que l'on ne diroit point à un varlet les outraigeuses et rudes paroles qu'il luy disoit : et si le craignoit tant ledit seigneur qu'il n'eust osé l'envoyer, hors d'avec luy, et si s'en plaignoit à ceux à qui il en parloit; mais il ne l'eust osé changer, comme il faisoit tous autres serviteurs, pour ce que ledit médecin luy disoit audacieusement ces mots : « Je « sçay bien que un matin vous m'en- « voyerez, comme vous faites les au- « tres; mais, par la... (un si grand « serment qu'il juroit), vous ne « vivrez point huit jours après. »

« Ce mot l'espouvantoit tant, que après ne le faisoit que flatter et luy donner, qui luy estoit un grand purgatoire en ce monde, vu la grand'obéissance qu'il avoit eue de tant de gens de bien et de grands hommes. »

Mais à côté des médecins, on trouve ceux qu'on peut appeler les « fidèles ». Les plus connus sont naturellement Tristan L'Ermite et Olivier le Daim. La légende s'est emparée d'eux. Nous voyons Tristan et Olivier comme les âmes damnées du fourbe Louis XI. Cette légende doit beaucoup — presque tout — à Brantôme qui écrivait à la fin du XVIe siècle. En toute justice, on ne peut lui attribuer une réelle valeur historique. Le père de Tristan L'Ermite se nommait Jean, seigneur du Moulin. On ne connaît pas la date de la naissance de Tristan. On sait qu'il avait été destiné au métier des armes et qu'il était écuyer du duc de Richemont. En 1431, il fait campagne avec lui et il est capitaine de Mussy-l'Evêque : il rend la ville aux Bourguignons deux ans plus tard, mais non pour de l'argent, comme l'affirme la légende. Après le traité d'Arras, il est chargé par le connétable de Richemont d'annoncer la paix à Reims. Il reçoit la charge de prévôt des maréchaux de France, ce qui le met en position de diriger l'intendance et la justice militaires. A partir de 1453, il devient conseiller de Charles VII et, sous Louis XI, le demeure avec une autorité accrue. Il est prévôt de l'hôtel, c'est-à-dire prévôt des maréchaux, attaché au service du roi. Comme tel, il peut arrêter et juger les suspects, ce qui fera de lui un homme redoutable et redouté. Il animera les commissions spéciales chargées d'instruire les grands procès : ceux d'Antoine de Lau (accusé de complicité avec Nemours), de René des Nobles, de Charles de Melun

*La page de présentation des Mémoires de Philippe de Commynes, seigneur d'Argenton, évoque le dans cette miniature, comme un symbole du rôle joué par Commynes auprès de Louis XI dont il est le conseiller très écouté. Entré au service du roi en 1464, il sera fait par ce dernier sénéchal de Po Giraudon.)*

*ueur dictant à son copiste. Il y a, a rupture avec Charles le Téméraire, (Musée Dobrée, Nantes. Photo*

(sur l'ordre du roi, il profitera de l'absence des autres commissaires pour le faire condamner), de Balue, etc. Il est chambellan, conseiller du roi, bénéficiaire de pensions royales. Le roi « arrange » son mariage avec l'héritière d'une très ancienne famille poitevine, qui lui apporte en dot les fiefs de Beauvais et de Mondion.

En fait, sa carrière a été moins brillante que celle d'autres agents et confidents royaux, tels que Jean Bourré ou le sire du Bouchage. Elle n'offre rien d'exceptionnel. C'est un excellent administrateur, un bon serviteur, mais la légende a grandi — démesurément — son rôle sous le règne de Louis XI, oubliant complètement sa carrière sous Charles VII.

Tout autre était Olivier le Daim. Aucune véritable ressemblance avec Tristan L'Ermite. Il est, lui, de très petite naissance. Il est entré au service du roi en qualité de barbier, après la guerre du Bien public. Bientôt, il capte la confiance du roi, il devient son premier barbier et son valet de chambre. Il est aussi chirurgien, comme tous les barbiers.

Les missions que lui confiera Louis XI vont du simple message à porter à de véritables missions de renseignements, voire même des négociations particulièrement délicates : par exemple, en 1477, Louis XI envoie Olivier le Daim sommer la ville de Gand de se rendre. Commynes ne l'aimait guère : « J'ay assez parlé de la charge qui fut donnée par le roy à ce petit personnage, inutile à la conduite de... si grande matière. Et sembloit bien que Dieu avait troublé le sens de nostre roi en cet endroit... ». En octobre 1474, Louis l'a anobli, l'autorisant à changer son nom de le Mauvais en le Daim, ou Dain. Il obtient peu après le titre de capitaine de Meulan ainsi que l'indique Commynes : « Le dit maistre Olivier se faisoit appeler comte de

Meulan, qui est une petite ville près de Paris, dont il estoit capitaine. »

Ce mépris de Commynes semble avoir été quelque peu justifié. Le « comte de Meulan » n'était pas un personnage très recommandable.

Ce Commynes qui juge si bien les autres doit être rangé d'ailleurs au nombre des serviteurs du roi Louis XI. Il était, lui, de bonne famille, né en Flandre en 1447, d'un père gouverneur de Cassel et bailli de Flandre. C'est en 1468 qu'il a rencontré Louis XI pour la première fois, lors de l'entrevue de Péronne. Il est possible qu'il ait modéré à cette occasion la fureur du Téméraire, quoiqu'il n'en dise rien dans ses écrits. En tout cas, entre le Téméraire et le roi de France, c'est le dernier que choisit Commynes. Il s'enfuit pour rejoindre Louis XI aux Ponts-de-Cé en 1472. Rancunier, le duc lui confisqua ses biens. Le roi lui offrit en compensation de bonnes pensions, un riche mariage en Poitou et des terres prises à Louis d'Amboise. Commynes sera tour à tour sénéchal de Poitou et capitaine de Poitiers. Spécialiste des affaires d'Italie, il conseillera le roi dans ses rapports avec la Savoie, Milan et Florence. Louis XI lui confiera plusieurs missions, notamment la préparation de l'entrevue de Picquigny avec le sire du Bouchage. Puis il demeurera un an à Florence et à Milan, prenant en main les affaires italiennes au nom de Louis XI.

La plus grande partie de son temps, Commynes la passe avec son roi. C'est dire quelle valeur revêt son témoignage. Ses Mémoires sont écrits sans prétention littéraire. Ils constituent un récit, aussi objectif que possible, du règne de Louis XI surtout, mais aussi de celui de son successeur. Il raconte, mais il juge en même temps, il veut expliquer. En 1481, le roi, malade, séjourne un mois chez Commynes dans son domaine d'Argenton : « Il alla chez moy, à Argenton, où il fut un mois, et y fut fort malade... » Commynes assistera aux derniers instants de Louis XI.

Comme il arrivait souvent en ces temps difficiles, le début du règne suivant lui vaudra une disgrâce passagère. Il passera même quelques mois dans l'une des fameuses cages de fer. Puis il reviendra à la cour et mourra en 1511.

Parmi les autres fidèles du roi, on doit nommer Jean de Montespédon, dit Houaste, Jean Daillon, seigneur du Lude, Jean de Doyat, Imbert de Batarnay. Et surtout Jean Bourré. Il est né en 1424 à Château-Gontier, en Anjou, d'une famille bourgeoise. Il entre au service du dauphin vers 1442, le suit en exil. A l'avènement de Louis XI, il paraît être très en faveur. Le duc d'Alençon lui écrit : « Très cher et grant amy », le président du Parlement: « Très cher et especial amy ». Il sera clerc-notaire et secrétaire royal, contrôleur à la chancellerie royale. Il est anobli en novembre 1465, trésorier de l'ordre de Saint-Michel dès sa fondation en attendant d'être grand-officier. En 1473, il est trésorier de France. Il manifeste un remarquable esprit d'ordre et d'économie. Il tente de limiter les libéralités royales, ce que Louis XI ne goûte guère. Il sera chargé des premières fortifications du Plessis, d'autres travaux similaires à Amboise et à Arras. Il est devenu très riche. Il possède les terres du Plessis-de-Vent, de Jarzé, de Longué, de Vaux, du Coudray, les terres et château d'Entrammes. Sa fidélité au roi ne s'était jamais démentie. Il lui écrivait en 1478 : « Sire, dès le premier jour que je vins à vous, je me délibérai de vous servir loyalement et de n'avoir point deux maistres, et en ce propos ay toujours esté, et maintenant que je suis vieil, je serais plus que fou si je voulois faire le contraire. »

Jean Bourré est le symbole de cette bourgeoisie qui s'est voulue attacher à la personne du roi et le servir loyalement alors que la noblesse le trahit.

La liste de ceux qui conspirèrent contre Louis XI, et y perdirent la vie, est à cet égard éloquente. C'est Jacques d'Armagnac, décapité aux Halles, le 4 août 1476; c'est Jean V d'Armagnac, tué dans une rixe par un archer royal; c'est Charles de Melun, décapité le 22 août 1468 aux Andelys; c'est le connétable de Saint-Pol, décapité en place de Grève en 1475. Parmi les serviteurs d'origine roturière, l'infidélité se révèle, en revanche, comme une exception. Il faut naturellement évoquer le cas célèbre du cardinal Jean Balue (ou de La Balue). Il était de très petite naissance. C'est Charles de Melun qui le présenta au roi en 1463. La faveur de Balue est immédiate. En 1464, il devient aumônier du roi, puis conseiller clerc au Parlement. Bientôt, il est évêque d'Evreux, puis d'Angers; il est nommé secrétaire royal. Son nom est désormais mêlé à toutes les grandes affaires de la monarchie, en particulier la guerre du Bien public. Il participe à l'abolition de la Pragmatique Sanction. Pour le remercier de son action, le pape le nomme cardinal. Louis XI lui confie des missions diplomatiques: ambassades en Bretagne; missions auprès du frère du roi, Charles, pour le décider à accepter le Roussillon en apanage. L'échec de cette mission n'entrave pas sa carrière. Aux états de Tours, en 1468, il est placé à la droite du roi et prononce plusieurs discours. Au mois de septembre, il dirige les négociations de paix avec la Bourgogne.

A-t-il poussé le roi à se rendre à Péronne, se faisant le complice de Charles le Téméraire, ainsi qu'on l'en a accusé? M. H. Forgeot pense que sa responsabilité doit être considérée comme très réduite : il n'a pas poussé le roi à l'entrevue. Bien au contraire, c'est grâce à ses démarches que Louis a été libéré. Balue n'en a pas moins conservé une partie de l'argent royal destiné à acheter l'entourage du duc.

En novembre 1468, Balue reçoit son chapeau de cardinal. On remarque pourtant un discours ironique de l'évêque Jouffroy : « Cédant aux instances de nostre roi Louis, le saint père a accordé l'éclatante dignité de cardinal à l'évêque d'Angers, qui d'ailleurs était un inconnu. » C'est son dernier moment de triomphe. Louis XI, humilié, cherche un responsable. Ce qui est très humain, sinon royal. Balue s'est fait beaucoup d'ennemis. Ce qui le désigne à la colère du roi. Le nouveau cardinal est exclu du Conseil. Alors Balue se rejette vers le Téméraire, il lui écrit, projetant une nouvelle ligue avec lui. L'évêque de Verdun, Haraucourt, s'est associé à cette démarche. Malheureusement pour les deux évêques, le messager tombe entre les mains des soldats royaux. Les voilà arrêtés tous les deux. Les biens de Jean Balue seront confisqués. Les deux évêques sont condamnés à l'emprisonnement. Balue est enfermé au château d'Onzain. Il ne semble pas qu'il ait « résidé » dans la cage de fer commandée à son intention. En revanche, Haraucourt n'y échappe pas. Jean Balue ne terminera pas sa vie en prison. Sentant venir la mort et espérant provoquer la clémence divine, le roi ordonna sa mise en liberté le 25 décembre 1480. Le pape Sixte IV le rétablit dans ses titres et dignités en 1482. Il termina sa vie comme légat d'Ancône en 1491.

Le roi Louis XI n'eut pas plus de chance avec le premier chancelier du

*Du château de Plessis-lez-Tours élevé, au XVe siècle, par la famille de Maillé — il se nommait alors Les Montils —, Louis XI, après l'avoir agrandi, devait faire le séjour de ses dernières années. Il ne reste, de cette construction de pierre et de brique, que le corps de bâtiment dans lequel le roi mourut. Pourtant le XIXe siècle, dans un élan de romantisme, allait brosser de la résidence royale ce tableau à la fois étrange et fantaisiste qui donne à l'ensemble une importance qu'il ne connut jamais. (Photo Jérôme da Cunha.)*

règne, Morvilliers, qu'il destitua et qui passa au service de son frère. Non plus qu'avec un autre chancelier, Pierre Doriole. Il trahit le roi au moment de la guerre du Bien public. Il rentrera en grâce. Sa faveur sera immense.

Dans les dernières années de sa vie, le roi l'accusera de s'accorder avec les Bretons ; il lui retirera sa charge de chancelier au mois de mai 1483.

Quoi qu'il en soit, ces « infidèles » ne peuvent faire oublier les « fidèles ».

Se faire servir bien est un art. Cet art, Louis XI l'a remarquablement pratiqué.

*A partir du XIIe siècle, la procédure criminelle se double d'un affreux moyen d'investigation : la question. Sous cette appellation anodine se cachent d'atroces supplices : l'eau, le feu, les brodequins, l'estrapade, qu'un juge choisit et ordonne au tourmenteur-juré d'appliquer. « Livre de Valerius Maximus. » (Département des manuscrits. British Museum. Photo du musée.)*

stuit En
e prise de la fon

## 1462, janvier

Les affaires de Catalogne vont occuper le roi pendant la plus grande partie de l'année.

Il lui faut là-bas un négociateur qui soit, en même temps, un homme de guerre : Gaston de Foix lui paraît le personnage le mieux qualifié. Louis commence donc par se réconcilier avec lui, puis le charge d'engager en son nom des négociations avec Jean II d'Aragon.

Fort bien renseigné, il sait que d'une part Jean est, sans son aide, incapable de reprendre la Catalogne, de l'autre que les habitants de Barcelone, exaspérés par la tyrannie de la reine d'Aragon, Blanche, tutrice de son jeune fils, héritier après don Carlos, espèrent se débarrasser d'elle... et se décideront peut-être à faire appel à lui. Il joue sur les deux tableaux mais c'est d'abord vers Jean d'Aragon qu'il se tourne.

Pour être sûr de la fidélité du comte de Foix, Louis lui propose de marier son fils aîné avec Madeleine, sa propre sœur.

Gaston accepte volontiers.

## mars

Philippe le Bon tombe gravement malade. Il se rétablit avec le printemps mais sort de cette maladie très affaibli.

Avant de partir pour l'Aquitaine où il compte suivre de près les négociations avec le roi d'Aragon, Louis XI rencontre à Redon le duc de Bretagne François II.

*Cette « Flagellation du Christ », imprimée et coloriée entre 1400 et 1420, est une des premières xylographies en couleurs. D'une facture inattendue pour le XV^e siècle, elle accuse cet expressionnisme mystique qui, cinq siècles plus tard, marquera les compositions du peintre Georges Rouault. (Cabinet des estampes. Bibliothèque nationale. Photo B.N.)*

Il faut tâter l'adversaire avant de se mesurer à lui. Là-dessus, Louis XI gagne Bordeaux.

## avril

A Sauveterre-de-Béarn, Louis XI et Jean II d'Aragon se rencontrent. Les pourparlers sont si avancés que les bases d'un accord sont conclues.

Les deux souverains établissent entre eux un devoir d'assistance réciproque contre tout adversaire. Le premier qui réclamera des troupes en paiera la solde. Cette clause est toute à l'avantage du roi de France qui sait très bien que son partenaire a besoin de troupes... et qu'il est dans l'incapacité de les payer.

Au cours de ce même mois d'avril 1462, Marguerite d'Anjou, reine d'Angleterre chassée du trône, se réfugie en France tandis que son pauvre époux Henri VI, le demi-dément, est enfermé à la tour de Londres et que la Rose blanche d'York semble triompher.

## 12 avril

Par le traité signé à Olite, Jean II confirme à Gaston de Foix la possession de la Navarre au détriment des droits de sa fille Blanche, et comme le fils de Gaston doit épouser la sœur du roi, celui-ci estime qu'il n'a pas fait une mauvaise opération.

## 9 mai

Tous ces accords sont définitivement ratifiés à Bayonne. Ce que Louis XI prévoyait se produit : le roi de France fournit infanterie, artillerie, machines de guerre et trois cent mille écus d'or à Jean II pour venir à bout des Catalans. Le roi d'Aragon est incapable de rem-

*Spécimen remarquable et unique de l'architecture militaire espagnole de la fin du XVe siècle, le château de Salses fut élevé en 1497 par Ferdinand d'Aragon selon les plans de l'architecte Ramirez. Située à seize kilomètres au nord de Perpignan, la citadelle actuelle fut construite sur l'emplacement de l'ancien château fort que, depuis le XIe siècle, les rois d'Aragon possédaient à la limite du Roussillon et du Languedoc. (Photo Yan.)*

bourser. Bon apôtre, Louis XI se contente de prendre en gage les forteresses de Perpignan et de Collioure, étant même entendu qu'après la prise de Barcelone tout le Roussillon sera annexé jusqu'au remboursement de l'énorme dette contractée par Jean II.

« Il me semble que je n'ai pas perdu mon écot », déclare Louis XI.

## mai-juin

Ce traité conclu contre eux soulève l'indignation des Catalans, fermement résolus à résister avec toute leur énergie à l'armée de Jean II.

La reine Blanche se réfugie à Gérone. Les Barcelonais révoltés assiègent la ville et luttent en même temps contre les troupes de Jean II. Résultat trop prévisible : toute la Catalogne est dévastée.

## 23 juin

Revenu en Touraine, après avoir laissé à Gaston de Foix le soin de saisir le gage roussillonnais, Louis XI cajole sa cousine Marguerite, fille du roi René, et obtient d'elle que soit désigné comme gouverneur de Calais un homme à sa dévotion, Pembroke ou Thomas de Frise.

Sur la citadelle de la ville, les Anglais ont placé l'inscription suivante:

*Calais, après trois cent quarante jours de siège,*
*Fut sur Valois vaincu conquis par les Anglais;*
*Quand le plomb flottera sur l'eau comme le liège*
*Les Valois reprendront sur les Anglais Calais.*

Ce Calais dont-ils sont si fiers va-t-il redevenir français ?

## 9 juillet

L'armée commandée par Gaston de Foix se concentre à Narbonne. Elle comporte une puissante artillerie et se met en branle.

## 10 juillet

Elle franchit la frontière du Roussillon et s'empare de la forteresse de Salses. Le lendemain, elle entre à Rivesaltes.

## 13-20 juillet

En une semaine toutes les places fortes du Roussillon sont occupées à l'exception de Perpignan.

Malgré la vaine opposition des troupes catalanes, l'armée française passe les Pyrénées au col du Perthus.

## 23 juillet

Trois jours plus tard, Gérone est dégagé et la reine Blanche libérée.

## août

Il s'agit maintenant de s'emparer de Barcelone. Jean doit s'en charger. Le siège commence. Les Catalans résistent et, pour obtenir le concours dont ils ont besoin, ils n'hésitent pas à déposer le « primogénat » Ferdinand, leur prince, et à reconnaître pour souverain le roi de Castille Henri IV dont ils espèrent obtenir l'aide, bien qu'Henri soit l'allié de Louis XI.

En Italie, Jean de Calabre a d'abord mené dans le royaume de Naples une brillante campagne. Mais il se heurte à une résistance opiniâtre et, finalement, est battu à Troja. Cette fois, c'est bien la fin des espérances angevines sur Naples.

Le roi d'Angleterre Edouard IV a eu vent des visées du roi de France sur Calais. Craignant la perte de cette base indispensable, il arme avec Warwick une flotte imposante pour se porter au secours de la ville.

## septembre

Riposte immédiate de Marguerite. La reine d'Angleterre chassée de son trône réunit à son tour, avec l'aide de Louis XI, des hommes, des subsides, des navires.

Elle tente de débarquer en Angleterre, à Berwick. L'attaque réussit. Marguerite va-t-elle reconquérir son trône? Pour sa part, la flotte anglaise, après avoir montré sa force en paradant le long des côtes flamandes, se jette sur le port de Brest qu'elle détruit, au grand mécontentement du duc François II qui pense que son accord avec Louis XI ne lui a rien rapporté.

## 3 octobre

Les troupes franco-aragonaises sont contraintes de lever le siège de Barcelone.

## 25 novembre

Toujours à la recherche d'un succès diplomatique, Louis XI se retourne contre la Bourgogne. On se souvient que, par le traité d'Arras, Charles VII a cédé à Philippe le Bon toutes les villes situées de part et d'autre de la Somme, à l'exception de Péronne et aussi de Saint-Amand et Tournai. Louis XI voudrait bien les récupérer avant la mort d'un Philippe affaibli et brouillé avec son fils Charles, le comte de Charolais, dont le caractère ne paraît pas facile. A cet effet, il s'abouche avec les sires de Croÿ que Charolais déteste mais qui ont grande influence sur le duc régnant.

Le roi, pour s'assurer de leurs bons offices, leur cède tous ses droits très contestables sur le Luxembourg.

## décembre

Gaston de Foix est contraint d'abandonner la Catalogne.

Échec en Espagne, échec en Italie, échec à Calais, l'année se solde par un bilan assez médiocre. Seuls la conquête du Roussillon et l'espoir de recouvrer les villes de la Somme contrebalancent ces déceptions.

# François Villon

En ce jour de décembre 1462, un prisonnier fut conduit au Grand Châtelet. La prison élevait ses deux énormes tours en poivrière à la sortie du Grand-Pont, sur la rive droite, à l'emplacement de l'actuelle place du Châtelet, entre le théâtre du même nom et le théâtre de la Ville. Le prisonnier, encadré par les archers, s'engagea sous la voûte en ogive, « si étroite que deux chariots ne pouvaient passer de front ». Le prisonnier n'avait guère plus de la trentaine. On le conduisait en prison pour tentative d'assassinat.

Ce « vaurien » n'était pas un bandit vulgaire, quoiqu'il eût déjà été accusé de meurtre, de vol et eût séjourné dans diverses prisons du royaume. Il était même « maître ès arts » de la Sorbonne. Il était aussi poète. Il avait nom François Villon.

Le voici dans les mains de la terrible justice de son temps. La police, peu organisée, ne s'empare que d'un nombre assez limité de malandrins. Quand elle en tient un, ou quand elle croit en tenir un, elle se fait singulièrement lourde. Villon, comme les autres, a certainement pénétré dans la basse geôle, la morgue; on l'appelle ainsi parce que, là, des policiers *morguent* l'inculpé, c'est-à-dire l'examinent attentivement afin de le reconnaître en cas d'évasion. Puis le prisonnier est conduit dans son cachot. Il y est accouplé à un autre coquin. Villon l'a dit lui-même dans une ballade en argot :

*A Parouant, la grant mathe gaudie*
*Ou accolez sont duppes et noircis.*[1]

Un contemporain relate que les cachots sont en « merveilleux nombre ». Ils portent de curieux noms : *Beauvoir*, *La Motte*, *La Salle*, *Barbarie*, *Gloriette*.

Les heures passent. Les jours pas-

[1] A Paris la grande prison où les prisonniers sont accouplés et mis à l'ombre.

*Dévoyé et sans scrupules, François Villon connaîtra l'un de ces lieux de supplice redoutés de tous : la salle de tortures, assez semblable à celle que l'on voit encore au château de Loches. (Photo Jérôme da Cunha.)*

*Bois gravé du XV^e^ siècle figurant François Villon. (Département des imprimés. Bibliothèque nationale. Photo B.N.)*

sent. François Villon se morfond. Un matin, après la première messe chantée à Saint-Jacques-de-la-Boucherie, les geôliers font irruption dans le cachot où François n'a pour couche que de la terre battue. Le prisonnier s'avance entre les sergents en armes, dans les couloirs tortueux et sombres de la forteresse. Une dernière porte : on est sur les *carreaux*, c'est-à-dire dans la salle du jugement.

Le lieutenant criminel, formidable en son autorité absolue, regarde approcher le prisonnier, encadré de sergents en livrée violette à croix blanche. Immuable, le rite de l'interrogatoire. Le prisonnier doit prêter serment sur l'Évangile de dire toute la vérité. Après quoi le tribunal se consulte. En ce qui concerne Villon, il sera sur-le-champ envoyé à la question.

Dans la salle voûtée, le tourmenteur-juré du roi attend. Cette fonction a ses privilèges : le tourmenteur perçoit sur les marchés autant de grain que ses mains peuvent en prendre. Il vend de la corde de pendu, fort prisée des Parisiens.

Villon se souviendra toujours de ces visages impassibles, de cette cave sinistre et glaciale, de l'implacable certitude de souffrance. On allonge le prisonnier, dénudé, sur le grand tréteau. C'est un lit de bois dont le pied et la tête sont garnis de rouet dentées. Des cordes s'y enroulent auxquelles sont attachés les pieds et les bras du supplicié. Chaque tour de roue distend davantage le corps du malheureux.

*Ecartez-vous bien du tréteau*
*Qui aux gens implante la douleur*
*Et leur fait faire la grimace.*

Le tourmenteur-juré dispose encore de la question de l'eau. La question ordinaire est de neuf litres environ, que l'on fait absorber de force au prisonnier, au moyen d'un entonnoir. La question extraordinaire oblige le captif à absorber dix-huit litres d'eau. Ou bien encore, ce sont les brodequins, épreuve « si infernale que parfois les os éclatent et la moelle en sort ».

Le prisonnier est ensuite réconforté dans une cuisine. Il lui reste à ouïr la sentence : Villon sera condamné à être étranglé et pendu au gibet de Paris.

Dans son cachot, François Villon

attend la mort. Il l'attend avec angoisse : il prie le doux Jésus et la Vierge Marie. En pensée, il attache ses regards sur le gibet, le célèbre gibet de Montfaucon : ses seize piliers carrés en pierre, ses hautes échelles que gravissent bourreau et condamné. Aussi, il revoit ce Paris qu'il a tant aimé, ce Paris où il a grandi et où il s'est perdu. Ce Paris qui va le pendre.

Il était né à Paris en 1431. Il se nommait alors François des Loges ou de Montcorbier. Sa mère, d'origine angevine, simple et pauvre, fréquentait assidûment l'église. Le jeune François avait sept ans quand il fut confié à un parent, Guillaume de Villon, chanoine d'une église parisienne, Saint-Benoît-le-Bétourné, qui s'élevait à l'emplacement du petit square actuel de la Sorbonne, rue des Écoles. Maître Guillaume de Villon avait accepté de faire son éducation et de le recevoir dans sa demeure. Finalement, François prendra le nom de famille de Maître Guillaume. Dans sa simple chambre, il sera heureux. Nous la connaissons, cette chambre, grâce à ses poèmes : le lit, fait d'un simple cadre de bois, coupé de sangles; quelques hardes pendues au mur; le tabouret sous la table garnie d'une chandelle, d'un encrier et de quelques livres : un A.B.C., un Donat, un *Accidens*, deux ouvrages de grammaire, un *Caton* et un *Doctrinal*.

En ce temps-là, toute la vie de l'écolier était comme rythmée par le bruit des cloches. Dans le Paris d'alors, troublé seulement par les cris des marchands et le chant des oiseaux, leur son s'entendait partout, pénétrait partout. Les Parisiens les connaissaient bien, ces cloches, distinguant facilement telle ou telle, les appelant par leur nom. Le soir, il y avait trois couvre-feux : Notre-Dame le sonnait à 7 heures pour ses reli-

*Bois gravé pour illustrer la « Ballade des pendus » que Villon composa pour lui servir d'épitaphe. (Département des imprimés. Bibliothèque nationale. Photo B.N.)*

gieux; les autres églises à 8; la Sorbonne à 9.

*... La cloche de Sorbonne*
*Qui tous les jours à neuf heures sonne.*
*Le salut de l'ange prédit.*

Cher Maître Guillaume! François le nommera « plus que père » et aussi « plus doux que mère ». Il s'était tant réjoui lorsque son protégé avait été reçu bachelier en 1450, maître ès arts en 1452. Las! François Villon n'avait pas résisté aux tentations de Paris. Plutôt que d'aller enseigner, il avait préféré la vie du mauvais garçon. Tout avait commencé par des stations prolongées dans les tavernes, par des chahuts nocturnes et des filles troussées. Villon avait successivement voué l'amour le plus sincère à Catherine de Vausselles et à Marthe, la « chère rose ». Puis, dans certains lieux réprouvés par la morale, il avait fréquenté des « fillettes montrant tétins ». Ces cabarets, dont Villon était le pilier, n'étaient pas tous malfamés, mais ils semblent avoir été une infinité : un contemporain n'en comptait-il pas quatre mille? Il y avait l'*Ange*, l'*Arbalète*, la *Cloche-Perce*, toutes les « *Images* », celles de *Notre-Dame*, de *saint Michel*, de *sainte Catherine*. Et encore la *Cave*, le *Chaudron*, le *Plat d'étain*, combien d'autres! Il y avait surtout la *Pomme de pin* qu'affectionnait François. Après boire, on criait, on chantait, on jouait. On faisait aussi — malheureusement — la connaissance de mauvais garçons ou de ribaudes.

Combien étaient-elles ces filles moqueuses, coquettes, toujours faciles, souvent jolies? A Paris même, on dénombrait «trois mille belles filles», sans compter celles des faubourgs. On les appelait filles ou femmes de joie, fillettes amoureuses, bordelières, ou dissolues « vivans en vilité et désordonnées en amour », s'« habandonnant à faire péché de leur corps». Depuis les ordonnances de Saint Louis, elles demeuraient parquées en de certains quartiers, ceux des bourdeaux : à l'Abreuvoir de Mâcon, à Froidmantel en Glatigny, à la Cour

*Bien vite, François Villon s'acoquine à tout ce qui peuple les bas-fonds de Paris et l'on croit voir, dans ces trois miniatures illustrant « la Cité de Dieu », de saint Augustin, l'image même de son existence de mauvais garçon. Après avoir joué, bu et ripaillé avec des filles de mauvaise vie, il déambule dans ces rues de Paris transformées, dès la tombée de la nuit, en coupe-gorge, amené, parfois, à manier lui aussi le couteau pour se tirer d'un mauvais pas. (Bibliothèque Sainte-Geneviève. Photo François Garnier.)*

*Bachelier, maître ès arts, François Villon, s'il l'avait voulu, aurait pu être ce maître respecté qu'évoque une gravure sur bois du « Miroir de la vie humaine », 1482. (Photo François Garnier.) Mais la fantaisie et le goût du plaisir l'ont emporté et François a quitté la petite chambre où, à l'ombre de l'université, se sont écoulées ses années d'adolescent. Avec les mauvais sujets dont il a fait ses compagnons, dès la nuit venue, il court les rues, réveillant le silence de chansons à boire entrecoupées de rires avinés, tels ces aubadeurs coureurs de nuits qu'un bois gravé du XV^e siècle dépeint avec tant de réalisme « La nef des fous ». A fréquenter ainsi malandrins et assassins de métier, François lui-même en arrivera au crime. (Bibliothèque Sainte-Geneviève. Photo François Garnier.)*

Robert, en Champfleury. Elles exerçaient leur métier seulement durant la journée. Si on les trouvait dans les rues après six heures du soir, elles payaient amende. Leur élégance faisait pâlir de jalousie les bourgeoises. Elles enchantaient François. Qu'est donc devenue cette *grosse Margot* qu'il a aimée, qui lui a donné amour... et argent? C'était le temps où il rimait un poème dont le refrain était :

*En ce bourdeau où tenons notre estat...*

Un jour, dans une rixe, François avait affronté un clerc, Philippe Sermoise. Celui-ci se consolait mal de voir une certaine Ysabeau lui préférer Villon. Il avait cherché querelle à François. Avec une dague, il avait balafré la face du poète. Alors, François avait frappé son agresseur à l'aine avant de l'étendre d'une pierre adroitement lancée. Quelques jours plus tard, Sermoise rendait l'âme. Villon avait dû quitter Paris. Il avait obtenu pourtant des « lettres de rémission » qui l'innocentaient de son meurtre involontaire. Peu de temps après, il revenait dans la capitale.

C'est en 1456 qu'il a composé le *Lais* (ou « *Petit testament* »), 48 huitains d'octosyllabes. Il feint de ne plus croire à son avenir et rédige un testament pour rire. Il lègue ses « souliers vieux » à son savetier, les « rognures de ses cheveux » à son barbier, « l'escaille d'un œuf, plaine de francs et d'escux vieux », à deux de ses amis, etc. Malgré une certaine angoisse devant l'avenir (« Et du retour ne suis certain »), parfois un début de confession (« Je ne suis homme sans défaut »), le ton du *Lais* reste ironique et bouffon. Il n'en sera pas toujours ainsi.

L'année même de son retour à Paris, Villon, en compagnie de sires peu recommandables, commet un vol au collège de Navarre. Il doit de nouveau quitter Paris. Pour lui commence une vie errante qui durera jusqu'en 1462. On le rencontre à Angers, peut-être à Rennes, à Bourges, à Blois, où Charles d'Orléans l'accueille. Il vit de rapines, dort à la belle étoile. En 1461, pour un forfait inconnu, il est emprisonné par l'évêque d'Orléans. Il est même condamné à mort. Mais sur lui veille sa bonne étoile. Louis XI, qui vient d'accéder au trône, rend visite aux bourgeois de la ville d'Orléans et leur présente sa fille Marie, âgée de trois ans. A cette occasion, il gracie quelques prisonniers. Villon est du nombre. Il gagne alors Moulins puis se cache aux environs de Paris. C'est là, pendant l'hiver 1461-1462, qu'il compose son œuvre la plus importante, *Le Testament.* Il reprend, en l'amplifiant, le thème du *Lais*. *Le Testament* comprend une longue suite de 186 huitains d'octosyllabes, interrompue par un assez grand nombre de ballades et quelques autres pièces lyriques. Son *Testament* est en fait l'occasion pour François de raconter toute sa vie, de faire un retour sur lui-même. Ainsi, il pleure sa jeunesse perdue :

*Hé Dieu, si j'eusse étudié,*
*Au temps de ma jeunesse folle,*
*Et à bonnes mœurs dédié,*
*J'eusse maison et couche molle.*
*Mais quoi ! Je fuyoie l'escolle*
*Comme fait le mauvais enfant.*
*En escripvant ceste parolle,*
*A peu que le cuer ne me fent.*

Il regrette le temps qui passe : les « dames du temps jadis ». Mais surtout le hante l'idée de la mort, la sienne et celle des autres. Il nous dépeint l'agonisant :

*La mort le fait frémir, pâlir,*
*Le nez courber, les veines tendre,*
*Le col enfler, la chair mollir*
*Jointes et nerfs croître et étendre.*

Il observe avec réalisme les vieilles femmes :

*Assises bas, à crouppetons*
*Tout en ung tas, comme pelotes...*
*Le front ridé, les cheveux gris,*
*Les sourcils cheus, les yeux estains*
*Qui faisoient regars et ris...*

Jamais François Villon ne s'est mieux et autant livré. Jamais il n'a si bien exprimé ses faiblesses, ses aspirations, son pessimisme et sa folle gaieté, sa piété et sa paillardise. Réaliste est la poésie de Villon. Elle est vivante, crue, parfois dure, mais authentique. Il incarne l'âme du Moyen Age, mais déjà des temps nouveaux. Il est l'un des rares contemporains qui semblent avoir été réellement émus par le sort de Jeanne d'Arc :

*Et Jeanne, la bonne Lorraine*
*Qu'Anglois bruslerent à Roüen.*

Assurément,. l'on n'a pas eu tort de dire que « ce mauvais garçon fut notre génie lyrique ».

A l'automne de 1462, Villon est pris dans une rafle. Relâché un peu plus tard, il se mêle de nouveau aux malandrins de la ville. Villon s'est-il affilié aux coquillards, comme le pensent certains de ses biographes? Comme tel, il a dû avoir accès à la cour des Miracles.

Quel saut depuis la quiète demeure de Maître Guillaume! Là, près du rempart, à quelques pas de l'église Saint-Germain-des-Champs, se dresse une masure à demi enterrée, aux murs croulants. On y accède par une pente de terre assez rude. Cette masure est comme la conciergerie de la cour des Miracles. Imaginez une vaste cour serrée entre des maisons basses, lépreuses. Ce ne sont que fondrières, flaques d'eau stagnante et puante, tas d'immondices. Le jour, c'est un désert. La nuit, une fourmilière. Ils arrivent de partout, faux aveugles, béquillards ingambes, muets volubiles, tire-laine effrontés, bandits de grand chemin, assassins de métier. Ils arrivent, les cagous, les narquois, les millards, les mercandiers, les riffodés, les polissons, les francs-mitoux. Les coquillards ont un roi, le grand Coesre, des ministres et des juges. Ils ont une langue. La bouche est la *pantière*, la bourse la *fouille*, le chapeau le *comble*, les yeux les *luisants*. Les *quilles* sont les jambes; voler se dit *polir* ou *nettoyer*. La main, c'est la *serre* ou la *louche*.

Et puis, Villon est arrêté une fois de plus, conduit au Grand Châtelet, torturé et condamné à mort. Est-ce à ce moment-là, au fond de son cachot, qu'il a composé sa fameuse *Ballade des pendus?*

*Frères humains qui après nous vivez*
*N'ayez les cuers contre nous endurcis*
*Car, se pitié de nous povres avez*
*Dieu en aura plus tost de vous mercis.*

La corde hante ses jours et ses nuits :

*De corde de potence, nul prisonnier ne se moque...*

Et puis, un jour, il croit voir le ciel; la porte s'ouvre : c'est Garnier, le « clerc du guichet », qui apporte la nouvelle tant espérée : Villon a la vie sauve. Il est banni pour dix ans.

Les lourdes portes du Grand Châtelet s'ouvriront devant lui. Il retrouvera son cher Paris, entendra de nouveau les cris des marchands, des porteurs d'eau et des montreurs de singes. Il écoutera les cloches se répondre les unes aux autres. Il s'emplira le cœur et l'âme de cet ultime souvenir, avant de partir pour un lieu que nul depuis n'a connu.

Car oncques n'entendit-on plus parler du pauvre Villon [1].

[1] Cependant Rabelais a dit que Villon aurait fini ses jours à Saint-Maixent, en Poitou.

*Au XV^e^ siècle, il est de la dernière imprudence, pour un mauvais garçon, de se faire prendre par la justice du roi. François le poète en fera la cruelle expérience. Mais lui n'aura pas droit, comme ces accusés, à passer en jugement. (Miniatures du « Style du droit français », 1483. Cabinet des manuscrits. Bibliothèque nationale. Photo B.N.)*

## 1463, 7 janvier

Dans le Roussillon, la place forte de Perpignan, bien remparée et munie d'une solide citadelle, résiste depuis plusieurs mois aux assauts de l'armée du duc de Nemours (Jacques d'Armagnac).

Elle capitule à la fin de la première semaine de janvier.

## 9 janvier

Le duc de Nemours fait son entrée à Perpignan.

## 13 janvier

Gaston de Foix signe une trêve avec Henri IV de Castille. Il propose Louis XI comme médiateur entre Henri et Jean II d'Aragon. Après tout, le roi de France n'est-il pas l'allié des deux souverains ?

Dans l'esprit du roi, Jean II est condamné. Il s'agit donc de temporiser pour écarter, le moment venu, Henri de Castille de la Catalogne. Ayant gagné par des arguments sonnants et trébuchants l'esprit des envoyés d'Henri, Louis XI prononce sa sentence d'arbitrage.

## 23 avril

Aux termes de cette sentence, le *statu quo* est maintenu : Jean II garde (théoriquement) la Catalogne à l'exception d'un canton donné à Henri IV qui reçoit en outre de grosses indemnités.

Naturellement, personne n'est satisfait, ni les Catalans, ni Henri, ni Jean II.

## 28 avril

A Urtubie, au pays basque, en territoire français, près de la Bidassoa, Louis XI rencontre le roi de Castille. La noblesse castillane déploie une magnificence qui déplaît assez à Louis XI et à son entourage. Il n'y a aucune sympathie entre les deux monarques. A Bayonne, marins français et marins espagnols se prennent de querelle. Les premiers se moquent de la laideur d'Henri IV, les seconds du modeste accoutrement de Louis XI. L'entrevue se solde par un échec. Il apparaît enfin à tous que Louis XI mène double jeu entre les deux souverains de Castille et d'Aragon.

Pendant ce temps, l'armée du duc de Nemours poursuit la conquête des dernières places fortes du Roussillon et de la Cerdagne. Aux gens de Perpignan qui sont venus demander le maintien de leurs privilèges et protester contre l'occupation française, Louis XI, sans se référer à l'accord qu'il a conclu avec Jean II, leur réplique « qu'ayant fait cause commune avec les Catalans qui se sont révoltés contre leur roi ils n'ont plus de seigneur et que, les ayant conquis, il est désormais leur souverain seigneur ».

La lente reconquête de l'Angleterre par Marguerite se poursuit. Elle est entravée par des querelles de chefs. Beaufort, qui commande les troupes, est jaloux de Brézé, le vaillant capitaine pour qui la reine ne dissimule pas (ou mal) ses bontés.

Et voici que de grosses difficultés s'élèvent en Bretagne. Le roi de France s'irrite de l'indépendance du duc François II. Le roi a prétendu placer deux de ses créatures à la tête de l'évêché de Nantes et de l'abbaye de Redon. L'une d'elles n'est autre que le meurtrier de Gilles de Bretagne. L'évêque de Nantes est mis à la porte de la ville. L'abbé de Redon est mandé à Rome et le pape Pie II rappelle au roi de France qu'il n'a pas le droit de régale dans le duché ni celui de nommer qui il lui plaît.

*Point stratégique et lieu de passage entre les provinces françaises et aragonaises, le Roussillon sera, trop souvent, victime des invasions. Aussi, un peu partout, s'élèvent des citadelles fortifiées telles qu'on peut les évoquer à travers cette miniature extraite de « la Cité de Dieu », XVᵉ siècle. (Bibliothèque Sainte-Geneviève. Photo François Garnier.)*

Rappelons brièvement que le droit de régale est le droit, pour le suzerain temporel d'un évêché ou d'une abbaye, de percevoir tous les revenus de celui-ci, en assurant toutefois l'administration du diocèse ou la subsistance des moines, pendant la vacance du siège épiscopal ou abbatial. Posséder le droit de régale, c'est devenir maître de la nomination de l'évêque ou de l'abbé. Le duc de Bretagne la réclame. Le roi de France, depuis deux ans, la lui conteste.

## mai

Furieux contre le pape, Louis XI menace, sinon de rétablir la Pragmatique Sanction, au moins de relever l'autorité du Parlement; il rappelle les droits de la couronne dans un édit où éclate sa volonté.

*Assiégée à la manière de cette forteresse, la citadelle de Puigcerda tombe entre les mains des Français. Une miniature appartenant aux « Chroniques de Louis XII » permet d'apprécier de quelle façon, dans les dernières années du XVe siècle, évoluait la guerre de siège. (Cabinet des manuscrits. Bibliothèque nationale. Photo B.N.)*

## 8 mai

En Angleterre, à Exham, Marguerite d'Anjou et Pierre de Brézé subissent une grave défaite. Une fois encore, le roi Henri reprend le chemin de la tour de Londres. Marguerite doit fuir en France.

## 14 juin

La prise de la citadelle de Puigcerda marque la fin de la conquête de la Cerdagne et du Roussillon. Louis XI annexe purement et simplement les deux pays et, par sa politique autoritaire qui ne ménage pas l'esprit d'indépendance des habitants, s'aliène ceux-ci au lieu de se les concilier.

## 30 juillet

Renforçant le caractère rigoureux des mesures financières qu'il a imposées à l'ensemble de ses sujets, le roi de France oblige tous les gens du clergé à faire déclaration de leurs biens fonciers, ce qui les mécontente.

## 2 août

La situation de la Catalogne constitue le plus singulier des imbroglios. L'arbitrage de Louis XI a dénié au roi de Castille toute prétention sur ce pays et imposé à Jean II d'Aragon de lourds sacrifices pour rester suzerain de cette terre sur laquelle il n'a plus d'autorité!

Pour leur part, les Catalans voudraient bien être fixés. Pour qui se prononce en définitive le roi de France? Ils décident de négocier directement avec lui et envoient une ambassade de neuf membres qui rencontre Louis aux environs de Chartres.

Louis les comble de bonnes paroles, de succulents festins. Il rappelle que sa grand-mère Yolande était princesse d'Aragon et qu'il est donc un peu leur compatriote, mais il se garde bien de prendre le moindre engagement, car il ne veut se brouiller ni avec le roi de Castille (qu'il pousserait dans les bras du roi d'Angleterre) ni avec Jean II d'Aragon, qu'il a bien l'intention de priver définitivement de ces gages que constituent Roussillon et Cerdagne.

## 18 août

Là-dessus, il part pour Paris puis pour la Picardie, laissant dans la capitale les ambassadeurs catalans qui l'ont suivi, en faisant discrètement répandre le bruit qu'ils sont venus lui offrir la Catalogne.

Ce bruit vient aux oreilles des ambassadeurs qui sont passablement éberlués et envoient un messager à Barcelone.

## 20 août

Antoine de Chabannes, enfermé depuis près de deux ans à la Bastille, est enfin jugé par le Parlement qui le déclare coupable du crime de lèse-majesté. Tous ses biens sont confisqués. Louis XI les distribue généreusement à ses accusateurs et... aux fils de Jacques Cœur. Quant à Chabannes, il reste embastillé.

## 12 septembre

En Flandre, l'intervention des sires de Croÿ auprès de Philippe le Bon a fait merveille.

Philippe consent à accepter le rachat des villes de Picardie par le roi de France.

Le traité d'Arras prévoyait bien ce rachat moyennant le versement de l'énorme somme de quatre cent mille écus d'or. Malgré l'habileté de Jean Bourré, son trésorier, et d'Étienne Chevalier, qui ont fait argent de tout, allant jusqu'à mettre la main sur les deniers consignés par les plaideurs, tous les fonds n'ont pu être réunis. Philippe le Bon en donne pourtant quittance les 12 septembre et 8 octobre.

Arrachées aux « ongles de Bourgogne », les villes picardes rentrent dans le domaine royal... pour peu de temps!

## 23 octobre

Triomphalement, Louis XI écrit à ses bons amis, les gens d'Amiens :

« Depuis notre avènement à la couronne, nous avons toujours eu désir et vouloir de ravoir et racheter nos terres et seigneuries de Picardie.»

Abandonnée par son cousin qui est trop heureux de s'être accordé avec Philippe le Bon, la pauvre Marguerite revenue en France n'a d'autre ressource que de se retirer en Lor-

*Si l'on en croit ces miniatures des Chroniques d'Enguerrand de Monstrelet, le roi (appuyé sur un bâton) fait montre, au cours de ces entrevues, d'une élégance qui est en contradiction avec les affirmations des chroniqueurs. Le souverain, en effet, a revêtu le long manteau doublé et bordé d'hermine issu de la chlamyde : le socq ou soccus, agrémenté d'un collet lui aussi d'hermine. Il porte, en couvre-chef, l'élégante cramignole et ses pieds sont chaussés de souliers larges en pied d'ours. (Cabinet des manuscrits. Bibliothèque nationale. Photo B.N.)*

raine, au château de Kœurs, près de Verdun.

## 21 novembre

Les ambassadeurs catalans ont fini par rejoindre Louis XI en Picardie. Le roi, qui vient de remporter ce beau succès, dévoile alors ses batteries. Il veut bien aider les Catalans, mais à la condition d'être le seul bénéficiaire de l'opération.

— Entre la Catalogne et la France, il n'y a pas de montagne, déclare-t-il.

Louis XIV dira aussi un jour : « Il n'y a plus de Pyrénées. »

Les ambassadeurs comprennent qu'ils ont été joués. Ils refusent de répondre aux propositions du roi... et envoient un nouveau messager à Barcelone.

*En homme habile, le roi Louis XI va profiter du rapprochement qui s'est opéré entre le duc de Bourgogne et la couronne pour arracher à Philippe le Bon le rachat des villes de la Somme. Afin de négocier l'affaire, les deux hommes se rencontreront à deux reprises à Hesdin. (Cabinet des manuscrits. Bibliothèque nationale. Photo B.N.)*

# La France adopte l'imprimerie

L'an 1463, un banquier de Mayence, nommé Jean Fust, arriva à Paris. Dans ses bagages, il apportait une bible. Apparemment, il n'y avait rien là que de banal. Les bibles manuscrites abondaient en France. Seulement la bible de Jean Fust n'était pas manuscrite. Elle était *imprimée*. Jean Fust n'était autre que le commanditaire d'un certain Gutenberg. Son voyage à Paris prenait un sens précis : il venait pour tâcher d'introduire l'imprimerie en France. Alors, les libraires de Paris s'émurent. Cet étranger allait-il leur ôter le pain de la bouche? Depuis des générations, souvent de père en fils, ils avaient appris l'art de copier. Qu'allait-il advenir si cet étranger imposait une invention à leurs yeux diabolique ? L'accueil réservé à Fust fut tel qu'il dut prendre la fuite. Sa hâte prouve qu'il croyait sa vie en danger.

Le premier épisode de l'histoire de l'imprimerie française ne fut donc pas à la gloire de notre pays. Pourtant, depuis des années, on imprimait à l'étranger. Même, on peut dire que l'invention, modifiée par étapes, était extrêmement ancienne. L'impression tabellaire était déjà connue des Romains au IIIe siècle après Jésus-Christ : il s'agissait de graver des signes sur une plaque de bois, d'étendre dessus de l'encre ou des couleurs et d'appuyer la plaque sur un parchemin ou, plus tard, sur une feuille.

Mais il semble que les fabricants d'étoffe égyptiens imprimaient déjà des dessins sur les tissus à l'aide de figures taillées dans le bois. Et l'art du tirage de la gravure sur bois était pratiqué depuis longtemps par les Chinois. Vers la fin du premier millénaire de notre ère, on connaissait en Occident un procédé semblable, la *xylographie*, utilisé au XIIe siècle par des artisans italiens.

Seconde étape : les ouvrages écrits traditionnellement à la main, mais

*Voici, telle qu'elle se présentait au début du XVIe siècle, une imprimerie en pleine activité. Tout d'abord, les lignes, composées par l'ouvrier assis à droite au second plan, ont été casées dans le composteur qu'il porte de la main gauche, puis encrées au moyen des balles que l'ouvrier de gauche tient dans chaque main. Placées ensuite dans la presse dont le pressier, au centre, met en mouvement l'énorme vis, elles s'impriment sur des feuilles de papier que deux correcteurs (à droite en premier plan et au fond) auront la charge de lire. La scène est extraite des « Chants royaux du Puy de Rouen », manuscrit datant de 1537. (Cabinet des manuscrits. Bibliothèque nationale. Photo B.N.)*

illustrés par un procédé xylographique, tels que la *Bible des pauvres* d'Heidelberg, au commencement du XV^e^ siècle. L'impression n'était pas obtenue avec une presse mais par un procédé appelé *frotton*. On utilisait comme encre de la suie mélangée d'amidon.

Troisième étape : on grava également les textes sur la planche en bois. On imagine ce que ce travail représentait de patience. Hélas, le résultat était éphémère. Après quelques épreuves, la matrice était usée et ne pouvait plus servir.

Sur ce point, les Chinois se manifestaient fort en avance. Dès 1041, un certain Pi-Ching avait déjà taillé des blocs d'argile en forme d'idéogrammes : l'équivalent de la lettre pour l'alphabet chinois. L'argile une fois durcie, les caractères étaient assemblés suivant les phrases à écrire et les pages à composer. Le travail achevé, on pouvait démonter chaque caractère. Les caractères mobiles étaient donc inventés. Il faut préciser que Pi-Ching avait à sa disposition ce qui manquait à l'Occident au XI^e^ siècle : papier et encres de bonne qualité. Dans les deux siècles qui suivent, les Mongols et les Turcs utilisent également des caractères mobiles, en étain, en terre cuite ou en bois. C'est en Corée qu'on invente les caractères mobiles *en métal*, dans la première moitié du XV^e^ siècle. Exactement à l'époque où, en 1440, à Mayence, Jean Gutenberg poursuivait des recherches identiques. Au vrai, Gutenberg n'est pas, comme on l'affirme si souvent, le « père de la typographie». Il semble que le plus ancien livre connu en Occident soit le *Speculum humanae salvationis*. Il en existe quatre éditions, deux en latin, deux en hollandais, ce qui donne quelque apparence de vérité à la tradition qui attribue l'invention de la typographie à Laurent Coster, de Haarlem. D'autres l'accordent à Panfilo Castaldi, de Feltre, en Italie. Assurément, en divers lieux, on travaillait à la même invention. M. Petit-Dutaillis pense qu'il a existé, dans « les domaines septentrionaux de la maison de Bourgogne, de 1430 environ jusqu'en 1445, une école typographique qui a produit, outre le *Speculum*, des ouvrages destinés à l'enseignement, comme le *Doctrinale* d'Alexandre de Villedieu et la *Grammaire latine* de Donat ».

Alors, seulement, paraît Gutenberg. Il s'appelle en réalité Jean Gensfleisch. Il est né à Mayence, un peu avant 1400, et a bénéficié du développement considérable de l'industrie et de la mécanique en Allemagne à cette époque. Il débute en qualité d'apprenti orfèvre ou bijoutier. Il travaille les métaux, les grave, dessine en lettres et arabesques sur le métal et sur le bois. Il séjournera en Hollande et certainement y apprend le procédé de la xylographie. Il y fait connaissance de l'invention de Laurent Coster, en saisit assurément la portée mais en remarque les défauts. Certains biographes supposent même que Gutenberg a pu être employé en tant qu'ouvrier dans l'imprimerie de Laurent Coster. Il se rend à Strasbourg, y demeure plusieurs années et cherche des associés pour mettre au point un nouveau procédé de reproduction mécanique. Son séjour strasbourgeois n'est qu'un long conflit avec lesdits associés. Il doit faire face à deux procès et finit, écœuré, par regagner Mayence. C'est là que, pour la première fois, il fabrique des poinçons en acier pour frapper des matrices en cuivre. Après quoi, il confectionne des caractères faits d'un alliage de plomb et d'antimoine. Cette invention met le point final à ses travaux préliminaires. Il est prêt à tirer parti de sa découverte.

En 1450, le banquier Jean Fust

*Il s'appelle Jean Gensfleisch et l'Histoire, sous le pseudonyme de Gutenberg, le glorifiera pour avoir conçu une découverte d'une étonnante portée : le procédé d'imprimerie typographique. (Cabinet des estampes. Bibliothèque nationale. Photo Giraudon.)*

apporte son aide à Gutenberg, spécifiant que l'association doit durer cinq années et que la Bible sera le premier ouvrage imprimé.

Cette bible, dont chaque page comporte quarante-deux lignes réparties sur deux colonnes, sera imprimée à Mayence en 1455. C'est « le premier monument de l'art nouveau ». Le mot art est en effet le seul qui convienne : la bible de Gutenberg n'est pas seulement une réussite technique, c'est une œuvre d'art dont la présentation est admirable. Cette réussite fera beaucoup pour le succès de la technique nouvelle. Dans les quinze années qui suivent s'ouvrent les premières imprimeries d'Allemagne et d'Italie, presque toutes dirigées par des élèves de Gutenberg.

Et la France?

Trois ans après la publication de la bible de Gutenberg, en 1458, Charles VII s'était préoccupé de l'imprimerie, ce qui est tout à son honneur. Il avait envoyé en mission à Mayence le maître de la Monnaie de Paris, Nicolas Jenson. Nous savons que Jenson remplit sa mission, mais il ne rapporta pas à Paris le secret de l'imprimerie. Le roi Charles VII mourut. En 1462, Mayence fut pillé par les troupes d'Adolphe de Nassau. Les imprimeurs de la ville s'enfuirent et se dispersèrent. Ce fut le sort de Jenson qui se retrouva à Venise. Preuve que les procédés de Gutenberg n'avaient plus rien de secret pour lui : c'est par les enseignements de Jenson que les Vénitiens devinrent d'excellents imprimeurs.

La France semblait se désintéresser de l'imprimerie. Il faut dire que les copistes faisaient tout pour cela. On a vu quel mauvais parti ils avaient failli réserver à Fust en 1463. Cependant, on ne pouvait pas empêcher l'importation de livres imprimés en Allemagne. Pierre Schöffer, « facteur » de Gutenberg, c'est-à-dire son commissionnaire, vient mettre en place lui-même à Paris un dépôt de livres imprimés. Sans doute séduit par la capitale et probablement parce que son commerce est florissant, il s'y installe. Malheureusement, il néglige de se faire naturaliser. En 1474, son dépôt de livres est confisqué par les officiers royaux, ceci en vertu du droit d'aubaine. Schöffer était demeuré « aubain », autrement dit étranger. Cette saisie aurait pu retarder encore l'essor de l'imprimerie dans notre pays. Il n'en fut rien, de par l'intervention de Louis XI lui-même. L'année suivante, le roi accordait à Schöffer une indemnité de 2.425 écus. Il précisait que cette somme lui était versée afin de compenser la peine qu'il avait prise « pour le dit art et industrie de impression » et du « prouffit et utilité qui en vient et peut venir à toute la chose publicque tant pour l'augmentation de la science que autrement ». Ce document met fin à la légende qui prétend que le roi, « toujours défiant, ne paraît pas avoir favorisé l'invention nouvelle ni avoir cherché à la faire servir à l'exécution de ses desseins politiques ». Le grand historien Pierre Champion a démontré que rien n'était moins exact.

Au vrai, au moment où Louis XI indemnisait Schöffer, la première presse parisienne avait été installée à la Sorbonne par le recteur de l'Université de Paris, Jean de La Pierre. Jean avait fait ses études à Leipzig et à Bâle, il avait connu les travaux des imprimeurs allemands. Souhaitant mettre à la disposition des maîtres et des étudiants de la Sorbonne des livres plus accessibles, au texte plus correct que celui des mauvaises copies qui circulaient alors, il s'adressa aux imprimeurs de Mayence et de Rome. Il sut faire partager ses vues à Guillaume Fichert, professeur de belles-lettres et de rhétorique, bibliothécaire de la Sorbonne. Jean de La Pierre et Guillaume Fichert firent venir à Paris trois compagnons typographes — que les textes d'alors qualifient d'Allemands — Michel Freiburger de Colmar en Alsace, dont Jean de La Pierre avait fait la connaissance à l'université de Bâle, et aussi

La.ix.nouuelle par Monseigneur

La.x.nouuelle p. Monseigneur

La.xi.nouuelle par Monseigneur de la roche

La.xii.nouuelle par monseigneur de la roche

*Cette double page imprimée appartient aux « Cent Nouvelles nouvelles », l'un des premiers livres connus en France. Ceux-ci, on s'en doute, étaient rares, donc chers. Aussi, les bibliothèques qui en possédaient quelques spécimens employaient-elles des moyens efficaces pour éviter leur disparition, telles des chaînes reliant les ouvrages à un pupitre. (Département des imprimés. Bibliothèque nationale. Photo B.N.)*

Ulrich Gering de Constance et Martin Crantz dont on pense qu'il était le fils d'un ouvrier de Gutenberg. Ces compagnons avaient installé leur presse dans les locaux mêmes de la Sorbonne. Leur première tâche : graver un alphabet. Ils ne choisirent pas les caractères dits gothiques, en usage dans l'écriture française du temps. Comme ils étaient « nourris de la culture de Rome », ils préférèrent un alphabet de caractères romains. Le premier livre qui sortit de leur presse fut une édition des *Epîtres* de Gasparino Barzizi de Bergame. Une réussite totale. Ulrich, Michel et Martin étaient parvenus à surpasser leur maître Gutenberg.

Ce qui démontre que Louis XI avait accordé une protection active à l'imprimerie et aux premiers imprimeurs, c'est que la production de l'atelier de la Sorbonne manifesta tout aussitôt qu'elle se voulait au service du roi et du royaume. En 1471, parut l'édition d'un *Salluste*. Louis XI venait de déclarer la guerre à Charles le Téméraire. Or, les imprimeurs s'adressaient au peuple de Paris. Ces étrangers affirmaient leur fidélité au roi Louis XI : « Le plus grand roi de la terre prépare maintenant ses armes et ses soldats, menaçant de la destruction ses éternels ennemis. C'est maintenant, peuple de Paris, dont la gloire militaire fut grande jadis, qu'il te faut étudier l'art de la guerre. Que les faits des grands hommes, rapportés par Salluste dans son œuvre, te servent aujourd'hui d'exemple. Compte au rang de ses auxiliaires les Allemands qui ont imprimé ces livres. Ils seront des armes pour toi ! »

*L'Abrégé de l'histoire romaine* condamne très clairement l'orgueil de Charles le Téméraire.

Guillaume Fichert continua sa production, publiant des ouvrages sur le style, sur la rhétorique, sur les élégances latines. Il avait suivi le roi à Tours. De là, il dirigeait son imprimerie de Paris, prenant chaque fois qu'il le fallait les ordres de Louis XI. L'imprimerie de la Sorbonne publia le *De officiis*, pour lequel fut employée pour la première fois la division en « chapitres ». Virent également le jour les *Lettres de Platon*, *les Bucoliques* et *les Géorgiques* de Virgile; les œuvres de Juvénal; les *Satires* de Perse. Pour chacune de ces œuvres, les imprimeurs multipliaient les préfaces, affirmant leur reconnaissance d'avoir été si bien accueillis dans ce beau royaume, dans cette ville de Paris qu'ils comparaient à la Rome antique.

En 1472-1473, les imprimeurs de la Sorbonne allaient s'installer rue Saint-Jacques, à leur compte, à l'enseigne du *Soleil d'or*. Cette fois, ils adoptèrent des caractères gothiques, de façon à s'adresser plus aisément à un large public. Leur production devint également plus populaire : c'étaient maintenant des légendes dorées, des sommes. Le *Soleil d'or* émigra dans la rue de la Sorbonne. Mais il avait déjà un concurrent : le *Soufflet vert*. Pasquier Bonhomme éditait en 1477 le premier livre français : *La Chronique du religieux de Saint-Denis* ; déjà l'histoire de France. Il est émouvant de penser, avec Pierre Champion, que « le premier ouvrage imprimé en français fut notre histoire, pour laquelle le roi eut tant de goût ». Partout s'ouvraient des imprimeries. Le mouvement était lancé qui ne s'arrêterait plus. Jean Dupré proposait au public de grands livres à gravures, des missels, des légendes dorées d'une admirable beauté. Pierre Lerouge imprimait en 1488-1489 une édition de la *Mer des histoires*, dont M. Petit-Dutaillis dit que c'est « un des plus beaux livres qu'on ait jamais imprimés ».

On comprenait — et le roi, le premier — l'importance toute nouvelle de l'imprimerie. On l'utilisa, presque dès son origine, comme instrument de propagande. Quand fut signé le traité d'Arras du 23 décembre 1482, si favorable à Louis XI, l'imprimerie le fit connaître partout, à Paris, à Lyon, dans les pays flamands. Fait remarquable, une protestation contre ce traité était imprimée à Londres par un typographe flamand.

Le siècle n'était pas achevé qu'il y avait à Lyon près de cinquante imprimeries. On voyait dans les provinces circuler les « prototypographes ». Ils arrivaient dans une ville ou un village, traînant avec eux une petite presse en bois et leur réserve de caractères. Ils imprimaient pour le compte des bibliophiles, des lettrés, des couvents. Un exemple : en 1484-1485, au petit village de Bréhant-de-Loudéac, en Bretagne, Jean de Rohan emploie pendant huit mois deux prototypographes qui impriment pour lui une manière d'encyclopédie religieuse, juridique et morale, en dix volumes.

De l'imprimerie découlera la presse. Le jour viendra vite où celle-ci dirigera l'opinion. Il serait logique de dater de l'apparition de l'imprimerie la venue des temps modernes. Ces temps modernes dont Louis XI, quoi qu'on en ait dit, a eu la prescience.

## 1464, 31 janvier

Quand ce messager parvient à Barcelone, c'est pour apprendre que les Catalans, las d'attendre, se sont donné un nouveau roi, le connétable de Portugal, don Pedro, dont la famille possède d'anciens droits sur l'Aragon. Don Pedro se met en campagne contre Jean II.

## février

Fort mécontent de l'attitude du pape Pie II dans les affaires italiennes et bretonnes, Louis XI signe un édit relatif à l'appel qu'on peut interjeter auprès des conciles contre le souverain pontife. C'est la suite de la politique gallicane entreprise par le roi. Un édit analogue sera signé au mois de juin.

## 19 mai

Jeanne de France qui a six mois — on peut déjà deviner qu'elle sera contrefaite et infirme — est fiancée à Louis d'Orléans, fils du charmant poète Charles, le prisonnier d'Azincourt. Elle est sa cousine au septième degré.

## juin

Le roi signe un nouvel édit relatif à l'appel que l'on peut faire au concile d'une décision pontificale : c'est paraître admettre la suprématie des pères conciliaires sur le pape.

## 29 juin

Pendant tout l'hiver et le printemps, don Pedro de Portugal, reconnu par les Catalans comme roi d'Aragon, s'est heurté aux troupes de Jean II. Celui-ci, qui est un diplomate astucieux, s'est assuré le concours de Naples, Milan, Gênes, réconcilié avec la Castille et reste officiellement l'allié de Louis XI qui ne pardonne pas au connétable de Portugal de lui avoir barré le trône d'Aragon. Abandonné de ses propres partisans, don Pedro meurt, léguant à son neveu l'infant de Portugal une couronne que lui-même n'est pas parvenu à conquérir.

## 10 septembre

Le conflit entre Louis XI et le Saint-Siège s'aggrave. Peu après l'avènement du pape Paul II, successeur de Pie II, Louis XI supprime — comme Charles VII l'avait fait — les grâces expectatives en vertu desquelles le pape disposait de la nomination à un certain nombre de bénéfices.

Finalement, se rendant aux arguments de Thomas Basin et aux remontrances du Parlement, Louis rétablit la Pragmatique Sanction de Bourges.

## 15 octobre

Lutte contre le Saint-Siège, lutte contre les grands féodaux. Une commission avait été instituée pour régler les différends entre le roi et le duc de Bretagne au sujet de la nomination aux abbayes et évêchés bretons. Comme il fallait s'y attendre, la commission rend une sentence adjugeant au roi de France la régale des évêchés bretons.

## 16 octobre

Louis multiplie les mesures destinées à soumettre le clergé. Il oblige celui du Languedoc, en possession de terres roturières, à payer la taille sur ces terres. Il a auparavant supprimé quelques exemptions d'impôt (comme la taxe sur les vins) dont jouissaient les clercs.

*Comprenant le rôle néfaste que peut jouer contre lui celui qui n'est encore que le comte de Charolais, Louis XI, habilement, offre à ses sujets, les Liégeois, un traité d'assistance. Celui qui sera chargé par le roi de porter son message est Louis de Laval, qu'une miniature des Chroniques de Monstrelet évoque dans l'accomplissement de sa mission. (Cabinet des manuscrits. Bibliothèque nationale. Photo B.N.)*

## octobre

Les grands féodaux commencent à se rebeller contre cette politique du roi. Le duc de Bourbon, malgré sa parenté avec Louis XI, est le premier à estimer qu'il faut mater ce souverain tyrannique. Il va trouver Philippe le Bon à Lille et lui propose de s'allier avec lui contre Louis. Vieilli et fatigué, le duc de Bourgogne hésite.

## automne

Imperturbable, Louis XI n'en continue pas moins à combattre cette féodalité turbulente. Le frère de la reine, Philippe de Bresse — fils du duc Louis de Savoie — est emprisonné pour avoir excité les seigneurs du Sud-Est.

## 20 décembre

Le roi estime qu'il convient pourtant d'obtenir l'assentiment de ses vassaux. A Tours, il réunit princes du sang et grands barons. Il leur expose les griefs qu'il nourrit contre le duc de Bretagne et les motifs de son attitude. Il faut reconnaître que les barons font un accueil plutôt frais aux propos du roi...

## 1465, 1er mars

Un écrivain, Henri Baude, date une de ses poésies écrites en 1465 : « L'an que chacun à son profit tendait. » C'est toute l'histoire de la guerre dite du *Bien public*, singulière façon de le concevoir, puisque les pauvres gens furent les premiers à souffrir des actes des prétendus défenseurs de ce fameux bien.

L'année commence pourtant assez heureusement pour Louis. Le roi d'Angleterre Édouard IV, vainqueur de Marguerite et d'Henri, renouvelle les trêves signées avec Charles VII jusqu'au 1er mars 1468.

## 4 mars

Trois jours plus tard, le prince Charles, duc de Berry, frère du roi, jugeant qu'il est insuffisamment considéré (et traité) quitte la cour et se réfugie auprès du duc de Bretagne, François II, lequel ne cache pas son intention de lutter contre son suzerain mais a grand-peine à réunir hommes et argent.

Le concours de l'Angleterre lui fait cruellement défaut.

## 10 mars

Sept jours plus tard, Antoine de Chabannes parvient à s'évader de la Bastille et à rejoindre les Etats bourguignons.

Louis XI, qui sait parfaitement que son frère n'est qu'un jouet entre les mains des mécontents, lance un appel contre les révoltés.

— Le royaume est paisible et tranquille au point que les marchandises peuvent librement circuler. On m'accuse de vouloir empoisonner mon frère, rumeur absurde. « Monsieur Charles » n'est-il pas actuellement mon héritier ? Les impôts sont lourds? Je ne les emploie que pour le bien et honneur du royaume et les diminuerai dès que je le pourrai. N'y ai-je pas le plus grand intérêt puisque je suis le chef et le père de la chose publique?

## 13 mars

Persuadé qu'il va rallier tous les mécontents, le duc de Bourbon ouvre les hostilités. Mal lui en prend. Le roi de France a été, dès le mois de décembre, averti du complot. Le duc a fait arrêter tous les agents du roi en Bourbonnais et en Berry. A la tête d'une forte armée, Louis marche contre lui.

## 13 avril

Les révoltés trouvent un puissant appui. Le comte de Charolais, Charles (le futur Téméraire), se réconcilie avec son père, le duc de Bourgogne, et annonce qu'il prend la tête de la ligue des barons contre le roi. C'est donc bien une nouvelle Praguerie qui se forme.

## avril

Le duc de Bourbon s'est révolté trop tôt. En quelques semaines, toutes les places importantes du Bourbonnais et du Berry sont occupées par les troupes royales.

## mai

Les deux partis cherchent des alliés à l'extérieur. Puisque le fils du duc de Bourgogne est devenu son adversaire, Louis XI envoie aux habitants de Liège, toujours prêts à secouer le joug bourguignon, son conseiller Louis de Laval qui leur offre un traité d'assistance. Les Liégeois acceptent.

De son côté, le duc de Bourgogne signe le 15 mai un traité avec l'archevêque de Trèves.

## juin

Puis, quelques semaines plus tard, Philippe s'allie avec le duc de Bavière et l'électeur palatin, tandis que, le 17, le roi de France signe l'accord avec les Liégeois.

## *LA BATAILLE DE MONTLHÉRY*

*Ce fut un étrange combat.*

*L'armée du roi de France, forte de trente mille hommes solides, bien armés, n'avait pas eu de peine à conquérir Berry et Bourbonnais, à mettre à la raison le duc Jean II. Elle remontait vers Paris sous le commandement du roi lui-même quand Louis XI apprit que son adversaire et principal animateur de la ligue du Bien public, Charles le Téméraire, accompagné du comte de Saint-Pol qui dirigeait l'avant-garde, descendait en hâte à sa rencontre après avoir contourné Paris, hostile à son entreprise, dans l'espoir de faire sa jonction avec les forces que le duc de Bretagne François II lui amenait.*

*Le comte de Saint-Pol, Louis de Luxembourg, était parvenu à Montlhéry et s'était établi dans le fort château qui barrait la vieille route du Languedoc, la route de Saint-Jacques-de-Compostelle — c'est aujourd'hui, ou à peu près, la route nationale 20. Les avant-gardes du roi de France avaient traversé la forêt de Torfou, au nord d'Étampes, où se trouvait le roi. Une lieue à peine séparait les antagonistes.*

*Le combat était inévitable. Il s'engagea le 16 juillet au matin dans la plaine de Longpont.*

*Une première escarmouche eut lieu à l'extrémité du village de Montlhéry. Les Bourguignons, qui avaient la supériorité du nombre, incendièrent une ou deux maisons et forcèrent les avant-gardes françaises à reculer. Pendant ce temps, Louis XI massait ses troupes derrière le château.*

*Charles le Téméraire crut qu'il avait partie gagnée. Il s'élança au pas de charge avec ses archers. A ce moment, les gens du roi se dressèrent brusquement et criblèrent de flèches la cavalerie qui suivait. Charles n'eut d'autre ressource que de piquer en avant, passant sur le corps des archers qui se dispersèrent dans la forêt.*

*Charles continuait toujours, persuac
qu'il avait taillé en pièces l'armée du ro
Quand il apprit qu'en réalité le comb
se poursuivait à Montlhéry, il rebrous
chemin avec son escorte et faillit même êt
fait prisonnier par quelques archers du ro
Il s'enfuit tout sanglant et retrouva le gr
de ses troupes que Saint-Pol regroupait.*

*Le contact était rompu. L'armée roya
en bon ordre, s'était rassemblée autour
Louis XI : « Sa personne présente éta
grand-chose, écrit Commynes, et la bon
parole qu'il tenait aux gens d'armes.*

*On fit donner le canon, de part
d'autre, sans grand résultat. Tout le car
était semé de corps de chevaux. La poussiè
était si épaisse qu'on ne pouvait identif
les cadavres. Parmi les victimes, Pierre
Brézé, le fidèle protecteur de la malhe
reuse reine Marguerite.*

*Louis XI et ses troupes se dirigèr
vers Corbeil où le roi passa la nuit.
Téméraire campa sur le champ de batail
Il était persuadé que la lutte reprendrai
lendemain. Au matin, il s'aperçut qu
n'avait plus d'adversaire en face de l
Il clama qu'il était vainqueur et reprit
chemin d'Étampes. Louis XI annonça,
son côté, à ses bonnes villes qu'il ét
victorieux. En fait, l'issue du com
restait douteuse. Mais l'armée bourg
gnonne comptait des pertes infiniment
périeures à celles de Louis XI. Charle
Téméraire put bien s'enivrer pendant d
jours en attendant l'arrivée de ses all
Rien n'était résolu et les atouts du roi
France étaient supérieurs à ceux de
adversaires.*

*Si le résultat de la bataille de Montl
demeure indécis, le combat n'en a pas m
été sanglant, ainsi que le laisse entre
cette miniature des Chroniques de M
trelet. (Cabinet des manuscrits. Bib
thèque nationale. Photo B.N.)*

*Réunie au domaine royal par Philippe Auguste, Péronne (ci-dessus et page de droite), à l'instar des villes de la Somme, sera, au XVe siècle, tour à tour disputée par les Français et les Bourguignons. Point stratégique de premier ordre, la ville est devenue, dès le XIIIe siècle, une importante place forte qui, par sa facture, se montre apte à résister à toute attaque, si dure et prolongée soit-elle. (Photos Jérôme da Cunha.)*

## juillet

Ayant réuni son armée, Charles marche sur Paris. Le plan des coalisés est d'occuper la capitale puis de se grouper autour des troupes de François II et des autres révoltés, Monsieur Charles, Dunois, Jean II d'Alençon (l'éternel mécontent), le comte de Saint-Pol, Charles d'Albret, le comte d'Armagnac et quelques autres pour accabler l'armée royale.

Une première déception attend Charles le Téméraire. Paris lui ferme ses portes au nez. Les Parisiens n'ont aucune sympathie pour ces ligueurs. Les magistrats des cours souveraines redoutent d'être privés par eux de leurs charges. Le peuple sait qu'il n'a rien à gagner à cette guerre civile.

Charles le Téméraire en est réduit à contourner Paris et à aller loger à Saint-Cloud.

Galéas Sforza, allié du roi de France, lui amène à marche forcée un contingent de quatre mille cavaliers qui vient grossir l'armée royale.

## 13 juillet

Louis XI a deviné le plan des coalisés. En toute hâte, il quitte le Berry et remonte vers Paris, tandis que Charles le Téméraire et ses soldats prennent la route d'Étampes pour rejoindre François II qui arrive de Bretagne.

## 16 juillet

Et c'est entre Longpont et Étampes la bataille de Montlhéry.

## 20 juillet

Quatre jours plus tard, tandis que, de Corbeil, le roi gagne Paris, les forces bourguignonnes se réunissent enfin du côté d'Étampes aux troupes amenées par les ducs de Bretagne, de Bourbon et de Lorraine.

## fin juillet

A Paris, Louis XI use tout à la fois du gant de velours et de la main de fer. Il diminue le taux des impôts, rend des franchises au clergé, aux gens du Parlement, à l'Université. Il fait entrer en son Conseil quelques bourgeois et magistrats. En même temps, il fait exécuter quelques « collaborateurs » qui ont eu l'imprudence de se déclarer pour Charles le Téméraire.

## 10 août

Là-dessus, il part pour la Normandie lever des troupes fraîches afin de réparer les pertes subies à Montlhéry.

## 13 août

Profitant de ce départ, Dunois vient, au nom des chefs de la ligue, haranguer au château de Beauté, sous l'égide de l'évêque, quelques représentants de la bourgeoisie parisienne. Il leur expose le programme des princes : réunion des états généraux, réparation des griefs infligés aux féodaux; contrôle des finances du royaume, du commandement de l'armée, de la distribution des offices. En somme, une mise en tutelle du roi.

Ce programme n'enthousiasme pas les bourgeois à qui leurs délégués font un rapport de l'entrevue. Le prévôt des marchands, Henri de Livres, refuse d'ouvrir les portes de Paris aux princes.

## 28 août

Louis XI, bien entouré de douze mille soldats, revient dans sa capitale. Il est acclamé par le menu peuple. Il exile à Orléans les députés de la bourgeoisie qui se sont compromis.

La ville est bien pourvue de vivres tandis que l'armée des féodaux, après avoir copieusement pillé l'Ile-de-France, commence à manquer de ravitaillement. Les escarmouches ne changent rien à la situation.

## août

Alliés du roi, les Liégeois commencent leurs opérations contre le duc de Bourgogne.

## 18 septembre

Le comte du Maine, frère du roi René, vient apporter du renfort aux ligueurs. C'est un peu tard...

*UN GRAND FÉODAL : LOUIS DE LUXEMBOURG, COMTE DE*

*Né en 1418, il appartenait à cette grande famille dont les possessions situées entre celles du duc de Bourgogne et celles du roi de France plaçaient ses membres dans une position ambiguë. De fait, les comtes de Saint-Pol allèrent de l'un à l'autre pendant tout le XVe siècle...*

*Pour sa part, Louis de Luxembourg, bien « exercité à l'art de la guerre » par son oncle Jean, celui-là même qui livra Jeanne d'Arc aux Anglais pour dix mille livres tournois, fut d'abord du parti du dauphin. Avec lui, il enleva Dieppe en avril 1443 et montra une bravoure telle que Louis l'arma chevalier sur le champ de bataille.*

*On le vit ensuite participer aux combats qui libérèrent la Normandie*

*Plus tard, il se brouilla avec le du de Bourgogne (qu'il avait pourtan aidé à châtier les habitants de Gand) En 1453, il offrit à Charles VII d conquérir le Luxembourg.*

*A l'avènement du roi, Louis d Luxembourg seconde d'abord sa poli tique. Il l'aide à récupérer les villes d la Somme. Il attendait de son attitud de grosses pensions et charges. Déçu il hésite à rendre hommage au roi e finit par y consentir, mais refuse e même temps d'abandonner Charles, l futur Téméraire, auquel il se préten lié par des serments antérieurs.*

*Louis XI feint d'accepter ce prétexte mais comprend que le comte de Saint*

## 21 septembre

Et le capitaine de Pontoise leur ouvre même les portes de cette ville, ce qui ne les avance guère plus.

## 28 septembre

En revanche, dans la nuit du 27 au 28 septembre, le duc de Bourbon entre à Rouen.

## 29 septembre

Alors le roi, qui désire mettre un terme à cette guerre pitoyable, même au prix d'importantes concessions qu'il s'empressera ensuite de révoquer, entame des négociations avec Charles le Téméraire.

Les interlocuteurs y parlent fort peu du « bien public ».

« Le bien public s'était converti en bien particulier », soupire un chroniqueur.

## 3 octobre

Les Bourguignons occupent Péronne, une de ces villes de la Somme qui ne leur avaient jamais été concédées définitivement.

## octobre

A Conflans et à Saint-Maur, des traités sont signés entre le roi de France et les chefs de la ligue. Les grands féodaux sont récompensés.

« Monsieur Charles », frère du roi, reçoit le duché de Normandie en échange du Berry. Charles le Téméraire reprend possession de toutes les villes de la Somme, mais il ne restitue pas pour autant les sommes que Louis XI avait versées pour les récupérer! Une clause prévoit toutefois que le roi pourra les racheter une seconde fois... après la mort de Charles qui reçoit en outre plusieurs prévôtés de Picardie.

*…INT-POL*

*…Pol sera désormais son adversaire.*
*Louis de Luxembourg participe …ffectivement avec la plus grande acti…ité à la ligue du Bien public, se bat …vec ardeur à Montlhéry… et au traité …le Conflans, trois mois plus tard, …eçoit, en récompense de sa traîtrise …nvers le roi, la charge de connétable …le France, vacante depuis la mort de …ichemont. Il devient en outre le propre …eau-frère du roi en épousant la sœur …e la reine, Marie de Savoie.*
*Sa bonne entente avec lui n'en est …as fortifiée. Il faut avouer que la …osition du nouveau connétable est …élicate. Il reste le vassal du duc de …ourgogne tout en mettant son épée au …ervice du roi de France.*

Les droits du duc de Bretagne sur la nomination aux abbayes et évêchés bretons sont reconnus.

Le comte de Saint-Pol est élevé à la dignité de connétable de France aux gages de 24 000 livres tournois.

Le roi s'engage à ne plus aider les Liégeois.

Le duc de Bourbon devient lieutenant-général des provinces de Bourbon, Auvergne, Marche et autres.

Le roi promet d'aider Jean de Lorraine, fils du roi René, à soutenir ses prétentions sur Naples. Enfin, Dunois et Antoine de Chabannes récupèrent leurs domaines.

Les autres révoltés n'obtiennent aucun avantage.

« Il n'y a de si bonnes noces qu'il n'y en ait qui aient mal dîné, observe Commynes. Les uns firent ce qu'ils voulurent, les autres n'eurent rien, de sorte que ceux qui avaient été les vainqueurs se trouvèrent à la fin des vaincus. »

## 25 novembre

Le duc de Bretagne, qui a accompagné « Monsieur Charles » en Normandie, compte tirer parti de la situation pour donner toutes les charges de ce duché à ses amis. Les conseillers du nouveau duc manifestent leur mécontentement et finissent par enlever le jeune prince. François II se retire furieux.

## 10 décembre

« Monsieur Charles » reçoit l'investiture en la cathédrale de Rouen.

## fin décembre

A Cléry, où il fait pèlerinage, Louis XI apprend les démêlés de son frère avec le duc de Bretagne :

— Je vois bien qu'il faut que j'aille au secours de mon frère, soupire hypocritement le roi.

## 22 décembre

Abandonnés par leur allié, les Liégeois sont contraints de signer une paix humiliante avec le duc de Bourgogne.

## 1466, janvier

Le duc de Bourbon (qui est maintenant réconcilié avec le roi), puis Louis XI se rendent en Normandie et, malgré la résistance d'une partie de la noblesse normande, récupèrent toutes les places fortes de la province.

Dépossédé, « Monsieur Charles » reçoit en compensation… le Roussillon (qui n'est occupé par les Français qu'à titre précaire).

Les seigneurs normands qui ont soutenu la cause du frère du roi sont décapités, noyés ou exilés. Destitution en masse des agents royaux ralliés à Charles. Quant au comte du

*Dernier duc souverain d'Anjou, le bon roi René, veuf de sa première épouse Isabelle de Lorraine, se remarie, à l'âge de quarante-sept ans, avec Jeanne de Laval qui n'en compte que vingt et un. Ces deux médailles gravées rappellent les traits de René d'Anjou et de sa jeune femme. Cette seconde union sera, comme la première, très heureuse. Pourtant, victime de la politique d'annexion de Louis XI, ce n'est point dans le pays angevin que le duc terminera ses jours. Accompagné de son épouse, il quittera son château d'Angers où fleurissent, à l'abri de la puissante enceinte, d'admirables jardins et gagnera son comté de Provence. C'est là que, dans*

Maine, qui a eu l'imprudence de prendre parti pour lui, il est privé de son gouvernement de Languedoc.

## 17 janvier

C'est maintenant vers l'Alsace et la Suisse que se tourne le roi. La ville de Mulhouse fait alliance avec les cantons de Berne et de Soleure. Ainsi se dessine une confédération hostile à la Bourgogne.

En attendant, le duc Philippe et son fils châtient impitoyablement les habitants de Dinant qui ont eu l'imprudence de se révolter comme ceux de Liège.

## juillet

Parmi les clauses des traités de Saint-Maur et de Conflans figurait un article instituant une commission de trente-six membres chargés, sous la présidence de Dunois, de préparer des réformes administratives et financières. On connaît le sort habituel de telles assemblées. Elle se réunit bien, mais, loin d'apporter des « remèdes convenables au bien public », elle se contente de condamner l'action de Charles le Téméraire et de reconnaître que certaines des clauses des traités sont inapplicables...

Louis XI justifie sa conduite à l'égard de son frère : « La couronne et le royaume de France auraient eu grand dommage à souffrir de l'abandon de la Normandie. »

## octobre

Depuis la mort de don Pedro de Portugal, les Catalans, qui refusent de

*son château d'Aix, il résidera jusqu'à sa mort survenue en 1480. (Cabinet des médailles. Bibliothèque nationale. Photos B.N.)*

reconnaître Jean II d'Aragon, sont à la recherche d'un roi. Ils décident d'offrir la couronne au roi René d'Anjou. Après tout, René est le fils de Yolande d'Aragon (tout comme Louis XI est son petit-fils). Il a donc incontestablement des droits à faire valoir. Louis XI, aux traités de Conflans et de Saint-Maur, a promis de soutenir les prétentions de la maison d'Anjou. Il tient ses promesses tout en regrettant *in petto* que les Catalans n'aient pas plutôt fait appel à lui.

## 17 novembre

Et René d'Anjou, dès le mois de novembre, prend dans ses actes le titre de comte de Barcelone. Reste à s'emparer de cette nouvelle couronne...

## 1467

René d'Anjou se sent trop âgé (il n'a pourtant que cinquante-huit ans), trop fatigué, trop heureux aussi près de sa seconde épouse Jeanne de Laval, pour repartir à la conquête de lointains pays. Il en charge son fils Jean de Calabre. Louis XI accepte de fournir hommes et subsides... certain qu'il travaille finalement pour son propre compte. Jean s'usera pendant deux ans dans une lutte difficile.

## 14 juin

La mort de Philippe le Bon permet à Charles le Téméraire d'accéder au trône de Bourgogne. Désormais, la lutte va s'engager entre le nouveau duc et le roi de France. Un face à face tragique qui va durer dix ans.

# Face à face:
# Louis XI et Charles le Téméraire

C'était à l'automne de 1456. A travers les bois et les campagnes du pays brabançon, les feuilles rougissaient. A Louvain, chef-lieu du Brabant, riche de ses marchands, grouillant d'étudiants, fier de l'hôtel de ville que l'on y élevait, « ciselé comme une châsse », la municipalité offrait un vin d'honneur. L'occasion en valait la peine. On accueillait en Brabant Louis, le dauphin, fils de Charles VII. Louis, en brouille ouverte avec son père, presque en guerre avec lui. Le duc de Bourgogne, demeuré avec son armée sur les frontières de la Frise, avait dépêché, pour accueillir un si puissant personnage, son propre fils le comte de Charolais. Il avait vingt-trois ans, ce fils. Un jour, il sera Charles le Téméraire.

On peut rêver sur l'entrevue de ces deux hommes, dont les destins ne cesseront de se croiser jusqu'à la victoire de l'un, jusqu'à la perte de l'autre. A Louvain, en septembre 1456, le futur Louis XI, le futur Téméraire allaient-ils se comprendre?

Entre eux, dix années de différence. C'est beaucoup. Louis est né en 1423, Charles en 1433. Surtout un contraste essentiel quant à l'enfance. Quand il était tout petit, Louis a su qu'il n'était que le fils d'un prince controversé. D'un dauphin déshérité, à qui son père fou avait dénié le droit de régner, d'un homme qui lui-même avait redouté d'être bâtard. L'enfance de Louis, c'était celle du fils du dérisoire roi de Bourges.

En revanche, quelle a été l'enfance de Charles! Son père, Philippe le Bon, duc de Bourgogne, est maître des provinces les plus riches d'Occident. Ses palais sont les plus beaux d'Europe. Charles grandit dans le luxe et la gloire. Un jour, il sera lui aussi duc de Bourgogne. Enfant, il sait que tout lui sera permis. Il lit avec passion les récits des héros de l'Antiquité. Il rêve d'imiter Alexan-

*C'est au pinceau de Jan Van Hemessen que l'on doit ce portrait de Charles le Téméraire. Le visage, triste et soucieux, n'exprime nullement la sérénité du conquérant froid et dévoré d'ambition que fut Charles dans ses années de jeunesse. Bien au contraire, les traits du Téméraire reflètent ici un immense tourment intérieur. (Musée des Beaux-Arts, Dijon. Photo Bulloz.)*

*L'admiration passionnée que Charles le Téméraire porte aux héros de l'antiquité l'habitera à tel point qu'il ira jusqu'à se faire représenter, sur une pièce de monnaie, coiffé et couronné de lauriers à la manière d'Alexandre le Grand. (Cabinet des médailles. Bibliothèque nationale. Photo Jean Roubier.)*

dre le Grand, comme lui fils d'un Philippe : « ... et ne prenoit plaisir qu'en histoire romaine et effects de Jules César, de Pompée, de Annibal, d'Alexandre le Grand et tels autres grands et hauts hommes lesquels il vouloit en suivre et contrefaire ».

Louis, enfant, a connu presque la gêne. Deux femmes du peuple ont nourri sa petite enfance, Jeanne Silonne et Jeanne Pouponne. Elles lui ont enseigné les chansons de France. Il a eu une petite « maison » à lui — bien humble : un majordome, un seul, Jacques de Rousseau. A six ans, étant à Chinon, il a pu voir Jeanne d'Arc. C'est à la même époque qu'un clerc de Spire a tiré son horoscope : « Dans vingt ans, le dauphin (Charles VII) dormira auprès de ses pères; son fils aîné lui succédera qui est maintenant un enfant de six ans; il régnera avec une gloire, des honneurs, un pouvoir royal plus grand qu'aucun roi de France depuis Charlemagne. » Au vrai, le petit garçon ne songeait guère à Charlemagne et passait ses journées à jouer dans la campagne avec des paysans et des citadins de basse extraction.

L'éducation? Elle a été pour Charles très complète. On lui a donné les meilleurs maîtres du temps, notamment Anneron, clerc, juriste, écrivain, qui lui a enseigné l'histoire, les langues — français, flamand, anglais. Aussi, il avait appris la musique et la danse. Il semble même avoir composé quelques petits couplets. Louis a reçu, lui, les leçons de Jean Majoris, un théologien, qui lui a donné son premier ABC, et d'un autre clerc, Jean d'Arcouville. Louis XI, modestement, se défend d'être lettré. Mais il se passionne pour les légendes des saints, et surtout l'histoire de France. Mathieu Thomassin écrira que le dauphin était « bien lisant, bien entendant et bien parlant latin et français ». Louis saura aussi un peu d'italien.

Naturellement, les deux garçons ont reçu l'éducation d'un chevalier. Charles a été confié au sire d'Auxy. Il est devenu grand amateur de joutes et de tournois, disputant son premier tournoi officiel à l'âge de dix-huit ans. Guillaume d'Avaugour, bailli de Touraine, a fait de lui un soldat remarquable. Il lui a enseigné à tirer de l'arc, à bien user de l'épée et de la lance.

Chevaliers l'un et l'autre, n'est-ce pas beaucoup dire? Ils l'étaient

*Isabelle de Portugal, duchesse de Bourgogne, mère de Charles, comte de Charolais. (Musée du Louvre. Photo Bulloz.)*

*Marie d'Anjou, reine de France. Elle fut la mère du roi Louis XI. (Musée du Louvre. Photo Jérôme da Cunha.)*

sur le plan physique. Mais sur le plan moral? La loyauté et la fidélité de Charles n'ont pas toujours été évidentes. Mais il avait affaire à un adversaire qui était Louis XI. Commynes les a fort bien définis, l'un et l'autre : « Pour en dire donc mon advis, je cuyde estre certain que ces deux princes y alloient tous deux en intention de tromper chascun son compagnon, et que leurs fins estoient assez semblables, comme vous orrez.»

Entre Louis et Charles, un point commun, durant l'enfance : l'amour qu'ils portent à leur mère. Le fort peu tendre Louis aimait infiniment Marie d'Anjou qu'il voyait publiquement bafouée par Charles et Agnès Sorel. De même, Isabelle de Portugal, épouse de Philippe le Bon, fut une des rares personnes à garder la confiance de Charles, secret, renfermé dès l'enfance, et qui n'avait point d'amis.

Les voici tous deux à l'âge d'homme. Georges Chastellain, le meilleur historien de l'époque — très supérieur aux chroniqueurs — décrit ainsi Charles : « Avoit tournure de visage un peu plus ronde que le père, mais estoit de clair brun; avoit les yeux sains et rieurs et angéliquement clairs, lesquels, quand il musoit pensant, il sembloit que le père y fust dedans tout vif. » La taille ? Elle est un peu inférieure à la moyenne. Mais les exercices physiques lui ont procuré une « bonne stature », des membres bien proportionnés. Il lui manque la majesté de son père. A trente-cinq ans, l'âge où il deviendra duc, il se voûte. Le visage n'est pas beau. L'ascendance ibérique lui vaut un teint olivâtre et une forte chevelure brune. La bouche est grosse, les lèvres épaisses.

Louis, non plus, n'est pas beau. Le portrait attribué à Fouquet ne nous offre pas l'image d'un bel homme : le nez est très long, large et épais du bout. Les lèvres sont minces et serrées, le menton gras, les yeux gros, enfoncés dans leurs orbites. Louis est petit, moins bien proportionné que Charles. Dans sa jeunesse, il est maigre. Il le redeviendra à la fin de sa vie. A quarante-cinq ans, il a engraissé et on lui voit un gros ventre perché sur des jambes grêles, lesquelles souffrent de « petites vecies », autrement dit de varices. Il est secoué de tics nerveux. Il a perdu précocement ses cheveux et, pour dissimuler sa calvitie, il porte de grands chapeaux au poil ras, avec des capuchons noirs ou écarlates. Chapeaux — chacun le sait — ornés d' « images » de saints, en forme de médailles de plomb, reliées par des fils de soie.

Commynes rapporte que Charles « estoit fort pompeux en son habillemens ». De son éducation première, de l'exemple de son père, il a gardé le goût d'un apparat exigé à ses

*Gravé sur une pièce de monnaie, ce profil de Louis XI paraît bien éloigné de la réalité : les cheveux longs et abondants — alors qu'il était chauve —, le menton joliment dessiné sous un nez bien proportionné apparaissent comme autant de contradictions avec les portraits que les artistes de l'époque ont laissés du roi. (Cabinet des médailles. Bibliothèque nationale. Photo Jean Roubier.)*

yeux par sa charge. C'est un peu le réflexe de Louis XIV tenant à « mettre en scène » la monarchie. A la cour de Bourgogne triomphent l'étiquette et un cérémonial rigoureux. Lorsque Charles entend sa messe quotidienne, il se rend à l'église ou à la chapelle, entouré d'une nombreuse escorte. Ses repas se font en grande pompe. Ses officiers le servent selon des règles sévères, cependant que toute la cour assiste au spectacle. Trois fois par semaine, une assemblée se tient après les repas, où le peuple est admis à présenter des pétitions. Le soir, Charles regagne sa chambre, accompagné de seize écuyers qui dormiront dans son antichambre. Se déplace-t-il, aussitôt un cortège l'accompagne.

Quel contraste, encore, avec Louis! On a dit de lui qu'il était toujours plus mal habillé que le dernier de ses valets.

Quand Louis XI entra dans la ville d'Abbeville, en 1463, le petit peuple cria son étonnement, d'autant plus que le roi chevauchait à côté de Philippe le Bon, toujours vêtu avec éclat : « Quand ils surent lequel était le roi Louis, ils dirent tout haut, à tel point que lui-même pouvait l'ouïr souvent : *Benedicite*! Est-ce là un roi de France, le plus grand roi du monde! Ce semble mieux un valet qu'un chevalier. Tout ne vaut pas vingt francs, cheval et habillement de son corps. » Commynes, d'ailleurs, confirme ce goût de Louis XI pour les vêtements les plus simples : « Nostre roy s'habilloit fort court, et si mal que pis ne pouvoit, et assez mauvais drap portoit aucunes fois, et un mauvais chapeau, différent des autres, et une image de plomb dessus. »

Les comptes royaux nous montrent combien les dépenses vestimentaires de Louis étaient réduites : ce qu'il préfère, ce sont les vêtements de couleur foncée, noir ou gris, et de grosse étoffe, comme les futaines de Rouen. L'été, il fait tailler ses chausses dans de la serge noire ou grise. Chacun de ses vêtements doit être porté jusqu'à l'usure, et parfois au-delà. Ainsi ordonne-t-il de teindre à nouveau les gants dont la couleur est défraîchie. Il fait redorer ses boutons d'or. Quand ses vieilles robes sont vraiment usées, il ne les jette pas, mais les donne à ses serviteurs.

Parfois, cependant, il se fait violence. Le profond politique qu'est Louis XI sait qu'il faut frapper de temps à autre l'imagination des peuples. Ainsi, après la bataille de Montlhéry, il rentrera dans Paris revêtu de son armure, portant épée, entouré d'une suite vêtue de rouge et de cramoisi. D'ailleurs, il semble que sa mise habituelle, plus que modeste, résulte plus d'un sens aigu de l'économie que d'un goût profond. Quand son héros et ami, Francesco

*Si la cour du roi de France est simple et dépouillée, celle de son cousin Bourgogne, en revanche,*
*XV^e siècle, un faste inégalé. (Cabinet des manuscrits. Bibliothèque nationale. Photo B.N.)*

*…ne en témoigne cette miniature du*

Sforza, lui fait cadeau de tissu de velours, de drap d'or et de soie, il les reçoit avec joie et s'en fait tailler des vêtements.

Rien de plus différent que les voyages de Louis et les déplacements de Charles. Les premiers — très nombreux — se font avec une infinie discrétion. Seuls quelques serviteurs l'accompagnent, cependant que de nombreux hommes d'armes assurent la protection. Ses voyages, Louis XI les juge nécessaires. Il veut tout *voir* par lui-même. Il veut prendre le pouls de son peuple. Ses sujets lui reprochent d'aller par de petites routes, d'éviter les grandes villes, de loger chez des bourgeois. Il semble que les contemporains aient été réellement choqués par ces choix insolites.

Malgré tout, les deux hommes ont un goût commun : tous les deux sont d'infatigables travailleurs. Charles, nous dit Chastellain, « estoit actif, laborieux par trop, et plus qu'il ne seoit à tel prince; soir et matin, toudis en conseil, toudis en soins d'aucuns grands cas, ou en finances, ou en faict de guerre, ou en provision du bien public. Perdoit peu d'heures, et travailloit fort gens; mesme soy se travailloit par oultrage ». Non seulement Charles travaillait sans cesse et en tous lieux, mais il veillait à ce que son entourage l'imitât. Malheur à l'officier inexact ou absent! Commynes confirme : « Deux choses plus diray-je de luy : l'une est que je crois que jamais nul homme ne print plus de travail que luy, en tous endroits où il faut exerciter la personne...» Quand Charles prend à cœur un problème difficile, il en perd le sommeil.

Peut-être Louis montre-t-il moins d'excès dans son goût pour le travail. Mais son activité demeure prodigieuse. Il veut connaître à fond « l'estat, police et gouvernement de chascune des parties » de son royaume. Il reçoit lui-même les ambassadeurs. Sa curiosité est sans cesse en alerte, il pose à tout moment des questions. « Nul homme, dit Commynes, ne presta jamais tant l'oreille aux gens, ny ne s'enquit de tant de choses, comme il faisoit, ny ne voulut jamais cognoistre tant de gens. » Cette activité est attestée par le nombre considérable de ses lettres et de ses ordonnances.

Charles et Louis ont ensemble le goût de la chasse, fort répandu, il est vrai, à cette époque. Egalement, tous deux, à une certaine date tout au moins, se voulurent bons époux. En 1472, à la suite de la mort de son fils, Louis a fait serment de rester dorénavant fidèle à sa femme. Voici encore le témoignage de Commynes : « Des dames, il ne s'en est point meslé, du temps que j'ay resté avec luy : car, à l'heure de mon arrivée, luy mourut un fils, dont il eut grand deuil, et fit alors vœu à Dieu, en ma présence, de jamais ne toucher à femme qu'à la royne sa femme : et combien qu'ainsi le devoit faire selon l'ordonnance de l'Eglise, si fut-ce grand-chose, à en avoir tant à son commandement, de persévérer en cette promesse, vu, encores, que la royne n'estoit pas de celles où on devait prendre grand plaisir, mais au demourant fort bonne dame. »

De même, Charles sera fidèle à sa seconde femme, épousée en 1454, comme à la première. J. du Clercq nous le dit : « Laquelle depuis il aima tant que c'estoit belle chose de la vie touchant mariage qu'ils menoient, et disoient vrai, que pour rien icelluy Charles n'eust allé à aultre femme que la sienne. »

Tous les deux, ils sont méfiants. Charles n'écoute aucun conseil, il croit peu à la sincérité d'autrui. Louis entretient une foule d'espions. Il terminera sa vie au château du Plessis dont il a fait une forteresse.

Commynes nous a décrit les fortifications et montré les arbalétriers dont Louis a fait entourer le château : « ... qui ainsi s'enfermoit et se faisoit garder, qui estoit ainsi en paour de ses enfants et de tous ses prochains parens, qui changeoit et muoit de jour en jour ses serviteurs et nourris, et qui ne tenoient bien ni honneur que de luy, et en nul d'eux ne s'osoit fier, et s'enchainoit ainsi de si estrange chaine et clostures ».

Charles le Téméraire, c'est l'orgueil. C'est là son défaut essentiel. Et qui n'a fait qu'empirer. Le grand projet exprimé dans son discours de

*Tout grand seigneur possédait, au Moyen Age, son copiste et Charles le Téméraire ne fit point exception à la règle. Durant toute la période médiévale, les copistes furent surtout des moines, tel celui qui, assis devant son pupitre, reporte, sur une longue et large feuille de parchemin, les paroles dictées par son maître. (Cabinet des manuscrits. Bibliothèque royale, Bruxelles. Photo de la bibliothèque.)*

Dijon en 1474 est né de cet orgueil. Il fallait rétablir « l'ancien royaume de Bourgogne, que ceux de France ont longtemps usurpé et d'icelluy fait duché, que tous les sujets doivent bien avoir à regret ». Son historien, M. Bartier, parle de son orgueil « impulsif et batailleur ». Il est entêté, obstiné, suit inflexiblement la ligne de conduite qu'il s'est fixée, même s'il apparaît vite que ce choix est une erreur. Ainsi demeure-t-il devant la ville de Neuss alors que l'armée anglaise, appelée par lui à envahir la France, l'attend : « Le duc de Bourgogne, dit Commynes, se trouvoit obstiné; et luy avoit Dieu troublé le sens et l'entendement; car toute sa vie il avoit travaillé pour faire passer les Anglois, et à cette heure qu'ils estoient prêts... il demouroit obstiné à une chose impossible de prendre. »

Il ne sait pas supporter la défaite et cela causera sa perte. Il ne sait pas céder pour reprendre ensuite. Après ses échecs, il passe par de profondes crises de mélancolie. Il ne pardonne jamais à ceux qu'il considère comme ses ennemis. Alors que Louis a rappelé les conseillers de son père, Charles a chassé les Croÿ à son avènement. Il ne pardonnera à Antoine, qui avait plus de quatre-vingts ans, que cinq ans plus tard, pressé par toute sa cour, et après que le vieillard se fut traîné à ses genoux.

Dans ses campagnes continuelles, il se montre cruel sans raison. Les contemporains le lui reprochèrent vivement. Par exemple, Commynes parle des mutilations et des massacres que les troupes du Téméraire firent subir à la population de Nesle : « Et incontinent fust la place assaillie et prise, et la pluspart tués. Ceux qui furent pris vifs, furent pendus, sauf aucuns que les gens d'armes laissèrent courre par pitié. Il me déplaist à dire ceste cruauté; mais j'estoie sur le lieu, et en faut dire quelque chose... Il faut dire que le duc estoit passionné de faire si cruel acte, ou que grand cause le mouvoit.»

Ambition désordonnée, en vérité, mais sincère. Etait-elle sans fondement? Par un mouvement qui semblait irréversible, la maison de Bourgogne se séparait de la France pour se rapprocher des régions du Rhin. Il n'était pas nouveau, le désir de reconstituer le royaume de Lothaire. Charles voyait très précisément ce but qu'il voulait atteindre. Ce qu'il n'a pas su discerner, ce sont les moyens d'y parvenir, ni les difficultés que — fatalement — il rencontrerait. Devant des choix essentiels, il n'a pas su trancher : il s'est laissé attirer à la fois vers l'est et vers l'ouest; il a multiplié les projets matrimoniaux pour sa fille. En définitive, il s'est attiré la haine de tous : celle de Louis XI, naturelle; celle de ses alliés déçus par ses erreurs; celle de ses vassaux, humiliés par le peu de considération qu'il leur manifestait; celle de ses sujets surchargés d'impôts.

Tout au contraire, les traits essentiels du caractère de Louis furent son intelligence et son réalisme. Selon Pierre Champion, son biographe, Louis est à la fois « mystique et pratique ». Il s'estime lié par le serment du sacre et tenu à conserver, si possible, à augmenter les biens de la couronne. Il agit non en fonction de ses intérêts propres, mais de ceux du royaume. Il n'est pas versatile. Mais s'il s'aperçoit que la voie choisie est un cul-de-sac, il ne s'y entête jamais : « et entre tous ceux que j'ay jamais connus, dit Commynes, le plus sage pour soy tirer d'un mauvais pas en temps d'adversité, c'estoit le roy Louis XI nostre maistre, le plus humble en paroles et en habits, mais qui plus travailloit à gaigner un homme qui le pouvoit servir, ou qui luy pouvoit nuire ». Et ailleurs : « Je luy ose bien porter cette louange que jamais je ne connus si sage homme en adversité. »

Ce réalisme fait qu'il n'agit qu'à coup sûr ou du moins — nul n'est infaillible — quand il le croit. Ses actions sont longuement préparées. Louis aussi a de grands projets et il tient passionnément à les réaliser. Mais chaque fois qu'il le peut, il évite de mettre en jeu leur réussite dans une bataille. Son arme favorite : la

*L'état de prostration qui semble s'être abattu sur Charles le Téméraire à l'annonce de la mort de son père, le duc Philippe le Bon, paraît aussi douteux qu'excessif. Son ambition sans cesse grandissante et sa soif de régner enfin sur cette puissante maison de Bourgogne autorisent à penser que Charles ressentit plus de satisfaction que de chagrin en héritant, à l'âge de trente-quatre ans, de son duché. (Cabinet des manuscrits. Bibliothèque nationale. Photo B.N.)*

diplomatie. Est-il courageux à la guerre? Commynes signale qu'il est « craintif » au début du règne. Mais il a combattu et il a été blessé à la cuisse.

Il semble prendre un malin plaisir à brouiller les affaires d'autrui. Il advient qu'il soit lui-même victime de sa rouerie : ainsi à Péronne. Pour se tirer d'un mauvais pas, il promet tout ce que l'on veut. Il prononce des serments. Il ne tient ni promesses ni serments.

Pour la légende, Louis est un roi cruel et rusé. A l'origine de cette réputation — qu'il conserve malgré les mises au point d'excellents historiens — on découvre un pamphlet de l'évêque de Lisieux, Thomas Basin. Ce dernier avait choisi le mauvais parti dans la ligue du Bien public. Louis XI, victorieux, lui confisqua ses biens et l'exila: jamais Basin ne le lui pardonna. Dans son pamphlet, il le traite de tyran incapable, pourri de vices, ne ressemblant en rien à un roi. De plus, affreusement bavard et distillant l'ennui. Bref, un être grotesque, fourbe, sans le moindre scrupule.

Commynes, qui connut intimement Louis et Charles, juge le Téméraire beaucoup plus cruel que le roi de France. Certes, Louis a châtié sévèrement ceux qui l'avaient trahi. Mais il s'en sentait le devoir et considérait le fait de punir comme une nécessité politique. Commynes dit que c'était un maître avec lequel « il falloit charrier droit », mais il ne retient pas son admiration : « Et tant osay-je bien dire de luy, à son los, qu'il ne me semble pas que jamais j'aye connu nul prince, où il y eût moins de vices qu'en luy, à regarder le tout. Si ay-je eu autant de connoissance des grands princes, et autant de communication avec eux, que nul homme qui ait esté en France de mon temps, tant de ceux qui ont régné en ce royaume que en Bretagne, et en ces parties de Flandres, Allemagne... »

Qu'en est-il de sa piété? On l'a accusé sur ce point d'hypocrisie. Il semble que sa foi ait été sincère. Mais il voulait que Dieu lui fût utile. La pratique religieuse, pour lui, apparaît comme un long marchandage. En de nombreuses occasions, il demande secours à un saint, promettant une fondation ou une donation s'il l'exauce.

Ses pèlerinages sont la plupart du temps intéressés. Il en rapporte les « images » qu'il accroche à ses chapeaux. Il multiplie les fondations, les institutions de messes, ce dont le peuple ne se montre pas satisfait outre mesure : cela coûte cher. Louis XI est d'ailleurs souvent chanoine des églises qu'il a dotées. Il entend la messe tous les jours, ne mange pas de viande le mercredi. Il se confesse, dit Commynes, une fois par semaine, car il tient à être en état de grâce quand il touche les écrouelles.

Lorsqu'il éprouve sa première attaque d'apoplexie, il commence à

*Pour répondre à l'ordre de la Toison d'Or fondé, en 1429, par le duc de Bourgogne Philippe le Bon, Louis XI crée à son tour, en 1469, à Amboise, un ordre composé de trente-six membres dont il sera lui-même le Grand Maître : l'ordre de Saint-Michel. Due au pinceau de Jean Fouquet, cette miniature extraite du livre des « Statuts de l'Ordre de Saint-Michel » fait revivre l'assemblée qui réunit autour de Louis XI les premiers chevaliers. Le roi, comme chacun des membres de son entourage, a revêtu, pour la cérémonie, une chasuble doublée d'hermine et porte en sautoir le collier de l'ordre. Jean de Chabannes, placé à droite de Louis, tient son bâton de Grand Maître de France. Etaient encore présents à cette cérémonie, le frère du roi, Charles de France, duc de Guyenne et Jean II de Bourbon. (Cabinet des manuscrits. Bibliothèque nationale. Photo B.N.)*

*Le couronnement du roi Louis XI dans la cathédrale de Reims, le 15 août 1461. Le souverain agenouillé reçoit la couronne des mains de deux évêques. (Miniature du début du XVI$^{e}$ siècle, extraite de la « Chronologie de l'Histoire Universelle ». Bibliothèque Sainte-Geneviève. Photo François Garnier.)*

trembler devant la mort. Il se fait apporter des reliques de tous les coins de France, voire de l'étranger, comme en témoigne Commynes : « La sainte ampoule, qui est auprès de Reims, qui jamais n'avoit esté remuée de son lieu, luy fust apportée jusques en sa chambre du Plessis... et avoit l'intention d'en prendre semblable onction qu'il en avoit pris à son sacre...» Et plus loin encore : « Et comme les choses spirituelles, de dévotion, et de religion, estoient employées pour luy allonger la vie, aussi bien que les choses temporelles. » Et il ajoute : « Toutesfois le tout n'y

*Les possessions de la maison de Bourgogne sous le règne de Louis XI.*

fit rien, et falloit qu'il passast par là où les autres sont passés. »

Un des grands principes de son gouvernement, c'est que l'argent peut tout acheter et les hommes avant tout. Par conséquent, il aura d'énormes besoins et jamais les impôts n'auront été aussi lourds. L'accusation d'avarice, il semble bien qu'il la mérite. Mais il sait récompenser largement les services qu'on lui rend, même si ces services sont petits. Le nombre des pensionnés est énorme. Il pense ainsi acheter des fidélités — et des informateurs. Louis va jusqu'à offrir des présents aux hérauts chargés de lui signifier le défi du roi d'Angleterre.

Le principal défaut du gouvernement de Louis XI tient à l'impatience du roi. Parfois, il ne sait pas attendre que les fils de « l'universelle aragne » soient jusqu'au bout tissés : lui-même s'y embrouille. Joseph Calmette a dit très justement que Louis XI était « un génie à éclipses ». Curieusement, on constate chez ce réaliste une certaine instabilité. « Quand il avoit la guerre, dit Commynes, il désiroit paix ou trêve; quand il l'avoit, à grand-peine la pouvoit-il endurer. »

Ainsi face à face, Louis XI et Charles le Téméraire comparaissent-ils devant l'Histoire. Ce qui demeure de ces hommes si dissemblables, c'est le bilan que l'on peut tracer de leur règne. Dans son berceau, Charles avait tout reçu; dans le sien, Louis n'avait trouvé presque rien. Au bout de la route, on découvre pour le Téméraire un échec si grand qu'il fait rêver à la fragilité des destins humains. Il meurt, et c'est le néant, un duché qui disparaît. En revanche, Louis laissera à la France les comtés de Roussillon et de Cerdagne, les villes de la Somme, le duché de Bourgogne et l'Artois, la Franche-Comté, l'héritage d'Anjou,

*Quatrième et dernier fils de Charles VII et de Marie d'Anjou, Charles de France, duc de Berry, de Normandie puis de Guyenne, passe le plus clair de son temps à intriguer contre son frère, le roi Louis XI. Mais, s'il ne l'aime point, il redoute cependant ce frère aîné qu'il sait impitoyable lorsqu'on s'attaque à sa personne royale. Aussi, lorsqu'il quitte la cour pour aller chercher refuge auprès du duc de Bretagne, François II, prend-il la sage précaution de faire couper les ponts derrière lui. (Chroniques d'Enguerrand de Monstrelet. Cabinet des manuscrits. Bibliothèque nationale. Photo B.N.)*

Maine, Bar, Provence, la Guyenne, en partie l'héritage de la maison d'Armagnac. La féodalité est abattue, la royauté affranchie. Tout cela est obtenu presque sans guerre, avec de faibles moyens.

Comment ne pas souscrire à ce jugement de Pierre Champion : « Ce qu'a été Louis XI : un homme d'autorité, un maître, un despote qui a su écouter et qui a compris tant de faits. Un immense travailleur, voyant par lui-même les choses et les gens. Un homme d'expérience, qui s'est corri-

*Chevauchant sous un dais tenu, semble-t-il, par quatre bourgeois, le roi Louis XI se présente devant l'enceinte de la ville de Paris où il va faire une entrée solennelle. Suivi d'une nombreuse escorte, Louis est précédé de deux hérauts qui, sonnant dans de longues trompettes, annoncent au bon peuple l'arrivée royale. (Miniature extraite des Chroniques de Monstrelet. Cabinet des manuscrits. Bibliothèque nationale. Photo B.N.)*

gé lui-même. Un très sincère ami de la paix, de l'unité, un niveleur et un rassembleur de terres. Un soldat brave, redoutant tous les hasards de la guerre. Un homme dur à lui-même et aux siens. Un esprit moderne connaissant le pouvoir de l'intelligence et de l'argent, devinant le rôle des affaires, de l'information, de l'imprimerie et de la poste. Un paysan de foi sincère, attaché au réel, à la terre, aimant le pays et ses gens, jusqu'aux plus humbles qui lui ont tant donné.»

Louis XI apparaît comme l'instaurateur de la monarchie nouvelle. Il a donné l'élan qui inspirera la politique de ses successeurs. Cet élan dont est née la France moderne.

## 1467, juin

Les ligueurs du bien public ont été fort déçus de n'avoir pas obtenu le concours du roi d'Angleterre. Edouard IV, insouciant, ami des plaisirs, a préféré s'abstenir. La trêve qu'il a signée avec Louis XI est valable jusqu'au 1er mars 1468. Dès 1467, le roi de France et le duc de Bourgogne recherchent l'alliance d'Édouard et de Warwick, le « faiseur de rois ». Charles le Téméraire demande à Edouard la main de sa sœur Marguerite. Pour empêcher ce mariage, Louis XI invite Warwick à venir le voir à Rouen. Il l'accable de cadeaux, le reçoit somptueusement, lui qui n'aime guère les réceptions. Mais Warwick n'a plus sur Édouard IV l'influence qu'il possédait jadis. Édouard a épousé Elisabeth Woodville, veuve de lord Grey, qui a pris sur lui une grande autorité et comble ses parents de places et de dignités. Warwick accepterait volontiers l'alliance du roi de France. Quand il revient à Londres, c'est pour constater qu'une ambassade bourguignonne l'a devancé. Édouard IV rejette avec un dédain presque injurieux les offres de Louis XI.

## 15 juillet

Nouvelle riposte diplomatique du roi. Pour susciter des difficultés à son cousin de Bourgogne, il reprend les négociations avec les Liégeois que la terrible punition de Dinant n'a pas assagis. Les Liégeois signent un nouveau traité d'alliance et, révoltés, contraignent leur prince-évêque Louis de Bourbon à se réfugier à la cour de Bourgogne.

## 16 août

Mais, décidément, les grands féodaux recommencent à se liguer contre leur suzerain. « Monsieur Charles » rejette le troc de la Normandie contre le Roussillon. C'est la Normandie qu'il veut. Il se réconcilie avec le duc de Bretagne et, bien que François II ait reçu de Louis XI un petit cadeau de 120 000 écus, le duc signe avec « Monsieur Charles » un traité d'amitié et emploie l'argent du roi de France à recruter des soldats contre lui.

## 1er octobre

Six semaines plus tard, le même duc François II, dont la diplomatie est aussi active que celle du roi de France, conclut avec Charles le Téméraire et Jean II d'Alençon, le perpétuel révolté, un nouveau traité d'alliance. Le Téméraire promet vingt mille archers et assure que le comte palatin fournira de son côté dix mille hommes. Jean II d'Alençon abandonne à François toutes ses places normandes.

Va-t-on assister à une nouvelle guerre du Bien public ?

## 15 octobre

Effectivement, François envahit la Normandie, tandis que le duc de Bourgogne, à la tête d'une forte armée, se met en marche pour écraser les Liégeois. Le roi de France a vainement tenté de l'arrêter par ses menaces. Incapable d'aller au secours de ses alliés, soucieux d'arrêter l'invasion de la Normandie, Louis abandonne pour la seconde fois les Liégeois. Il signe peu après une trêve avec Charles le Téméraire.

## 28 octobre

A Brusthem, le 28 octobre, les Liégeois sont écrasés par Charles le Téméraire. Toutes les franchises de la ville de Liège sont abolies.

## 1468, janvier

Les soldats bretons se sont rués sur la Normandie qu'ils ravagent et pillent. Mécontent, le duc d'Alençon se rapproche de Louis XI et accepte de se réconcilier avec lui.

Dès lors, François II se trouve dans une situation délicate. Il préfère en conséquence signer lui aussi une trêve avec le roi.

## 6-14 avril

Louis XI, soucieux d'obtenir l'assentiment de ses sujets, réunit à Tours les états généraux du royaume. Les trois ordres, noblesse, clergé, députés des villes, sont représentés. Le but de l'assemblée est de décider quel apanage doit être donné à « Monsieur Charles » qui a perdu la Normandie et ne veut pas du Roussillon. Certains députés désirent parler des désordres financiers ou de la misère du « paouvre peuple ». Pierre d'Oriole, général des finances, leur fait remarquer qu'on ne leur demande pas d'argent. Le roi vient en personne haranguer les états. Il leur promet de désigner une commission chargée d'étudier des réformes. Le discours, fort bénin, rallie tous les suffrages. Les états estiment que le roi pourrait agir contre les seigneurs rebelles sans qu'il soit besoin de demander leur avis. Pour « Monsieur Charles », on décide qu'il n'a droit qu'à un comté ou un duché d'un revenu de douze mille livres et à une rente de soixante mille livres, mais en aucun cas à la Normandie.

## 17 mai

Cet assentiment donne quelque réconfort au roi de France : Il est temps, car Édouard IV se décide à entrer plus avant dans la coalition. Le parlement de Westminster lui vote des subsides pour une expédition sur le continent : la trêve avec la France vient en effet d'expirer. En outre, le mariage de la sœur du roi, Marguerite, avec le Téméraire, est conclu et Édouard envoie dès maintenant celle-ci dans les Flandres.

## 17 juin

Tandis qu'en Catalogne Jean II continue à lutter pour conquérir sa couronne, en Italie, républiques et princes forment une ligue pour maintenir la paix dans la péninsule et empêcher des interventions étrangères. A son grand dépit, Louis XI, qui s'est aliéné Venise et Milan, ne figure pas parmi les signataires.

## fin juin

Le Téméraire, qui compte sur l'alliance anglaise et s'apprête à épouser Marguerite, annexe la province de Liège.

## 3 juillet

A Bruges est célébré solennellement le mariage de Marguerite, sœur d'Édouard IV, avec Charles le Téméraire. Les fêtes sont magnifiques et se prolongent pendant dix jours. Le duc de Bourgogne, qui veut jouir en paix de sa lune de miel, accepte volontiers de prolonger la trêve avec le roi de France jusqu'au 1er août.

## juillet-août

Pour sa part, Louis XI ne s'endort pas. Quelques places normandes sont restées entre les mains du duc de Bretagne. Elles sont reprises les unes après les autres. Et maintenant,

*Portrait présumé de Charles le Téméraire, ce tableau de « l'Homme à la flèche » est l'œuvre de Rogier de La Pasture, dit Van der Weyden. Si l'on ignore la date à laquelle il fut peint, il est cependant incontestable que Charles n'est encore que comte de Charolais lorsqu'il sert de modèle au peintre. Sous les cheveux sombres coupés à l'écuelle, le regard doux et rêveur, le nez petit et rectiligne, la bouche charnue et bien dessinée donnent à tout le visage une beauté sans nul doute idéalisée. Le Téméraire est âgé de trente-cinq ans lorsque, pour servir sa politique, il épouse, en 1468, une princesse de vingt-deux ans : Marguerite d'York, sœur du roi d'Angleterre Édouard IV. Les traits de la nouvelle duchesse de Bourgogne apparaissent (à droite) dans cette sanguine tirée du « Recueil d'Arras ». (Bibliothèque d'Arras. Photos Giraudon.)*

une armée royale commence à envahir la Bretagne.

### fin août

La trêve a expiré. Charles le Téméraire s'apprête à passer la Somme pour aller secourir son allié.

### 10 septembre

Les secours de Charles le Téméraire aux Bretons arriveront trop tard. François II est aux abois. Il accepte de signer la paix à Ancenis. « Monsieur Charles », pour qui François II a pris les armes, recevra sa pension de soixante mille livres. Louis XI demande l'avis de son Conseil. Guerre ou négociation?

Les bellicistes, conduits par Antoine de Chabannes, prêchent la guerre. Les plus prudents conseillent la négociation.

Louis opte pour ce dernier parti. Mais, en même temps, il envoie des

messagers aux Liégeois pour les inciter à la révolte.

## 20-29 septembre

Quand il apprend l'événement, Charles le Téméraire entre dans une fureur telle qu'il veut faire pendre le messager qui lui apporte la nouvelle. Il accepte pourtant de recevoir, dans la petite ville de Damme, des envoyés de son adversaire. Les ambassades se succèdent. La conférence de la paix n'aboutit pas.

Louis XI est persuadé que la négociation directe réussira. Il envoie soixante mille écus d'or au duc de Bourgogne qui se trouve à Péronne et lui demande un sauf-conduit pour aller le trouver. Non sans hésitation, le Téméraire accepte l'entrevue.

## 9 octobre

Et c'est, le 9 octobre, la fameuse entrevue de Péronne.

## LE PIÈGE DE PÉRONNE

Un des défauts, et non le moindre, de Louis XI fut toujours d'avoir un peu trop confiance en lui seul, en sa persuasion, en son habileté.

Les ambassadeurs qu'il avait envoyés à Damme pour tenter d'obtenir de Charles le Téméraire qu'il renonce à la guerre et accepte de négocier avaient échoué. Louis XI était convaincu que, par la force de sa présence , de ses discours, il réussirait mieux qu'eux.

Au début d'octobre 1468, il part pour Péronne. Pour toute escorte il n'a que sa garde écossaise et trois cents hommes. Il est accompagné de Mgr Balue, évêque d'Angers, son conseiller intime, et du connétable de France, Louis de Saint-Pol, comte de Luxembourg. La présence de ce dernier se justifie. Grand-officier du roi, n'est-il pas en même temps vassal de Charles le Téméraire pour certaines de ses terres situées aux confins de l'empire bourguignon et du royaume de France ? Il peut jouer le rôle de médiateur.

Le roi devait être logé dans un hôtel privé. Il préféra le château malgré son inconfort. Il s'y sentait plus en sécurité, sous la sauvegarde de son hôte, Charles le Téméraire, qui y était installé. Il arriva le 9 octobre.

Au cours des deux premières journées, les représentants du roi et ceux du duc négocièrent activement. On avait l'espoir d'arriver à un accord quand le drame éclata.

Pour créer des difficultés à son adversaire, Louis avait envoyé, avant de partir pour Péronne, des messagers aux Liégeois afin de les inciter à se révolter contre le Bourguignon.

Il supposait que la révolte aurait lieu à l'issue de ses négociations ou au moment de leur achèvement, et pourrait ainsi pousser Charles à se montrer plus accommoda

Le malheur est que les Liégeois n'atte dirent pas. Ils se rebellèrent tandis que poursuivaient les discussions. Il n'y a p fort longue distance de Liège à Péron

A la fin de la journée du 11 octob des réfugiés arrivent, porteurs de terrib nouvelles : le prince-évêque de Liè Louis de Bourbon, et le représentant du de Bourgogne dans la ville, Humbercou ont été massacrés, et les Liégeois se s emparés de la ville de Tongres où résid l'évêque.

Rumeurs fausses : il y avait bien bagarre à Tongres et quelques person avaient été tuées, mais l'évêque et le s de Humbercourt étaient simplement capt des insurgés.

Seulement, il n'était que trop vrai Louis XI avait encouragé les Liégeo Charles, qui avait l'emportement fac entra dans une violente fureur et donna dre de fermer les portes de la ville. Le de France était bel et bien prisonnier de hôte.

Charles ne cessait de répéter :

— Il n'est venu là que pour me trah

Certains conseillers du duc l'eng geaient à garder le roi captif et à le re placer sur le trône de France par son fr « Monsieur Charles ». D'autres rap laient l'existence du sauf-conduit déli par le Téméraire.

— Profitez des circonstances pour ti du roi ce qu'il vous plaira.

Ceux-là finirent par l'emporter. Il étaient intéressés. Louis XI ne s'était embarqué pour Péronne sans viatiq S'il était enfermé, son entourage rest libre.

L'évêque Balue et le connétable dis buèrent plusieurs milliers d'écus d'or compagnons les plus écoutés de Charle

ère les murs épais et austères du château de Péronne, le roi de France, victime de ses propres nations, devient le prisonnier de son irréductible adversaire Charles le Téméraire. (Photo ›e da Cunha.)

néraire... qui agirent pour le calmer. Quand le duc se présenta le 14 octobre euf heures du matin devant Louis XI, il put s'empêcher de se courroucer. Sa : tremblait de colère. Louis était, pour part, aussi calme et paisible que son agoniste était furieux. Il souscrivit à tes les conditions qu'on lui imposait, epta de jurer, sur un morceau de Vraie Croix qu'il transportait dans ses ages, qu'il les exécuterait et accompa-rait même le Téméraire dans son expé-on punitive contre les Liégeois...

Les clauses étaient rudes. Louis XI confirmait la restitution des villes de la Somme et les mettait hors de la juridiction du Parlement de Paris. Il promettait de donner en apanage à son frère la Champagne et la Brie.

Le roi avait cédé sur tout. Il estimait s'en être tiré à bon compte. « Sommes certains que de ce serez bien joyeux », écrivait-il à ses bonnes villes.

Le lendemain, il lui fallut partir pour Liège assister au châtiment de ses alliés de la veille.

Le roi de France savait bien qu'il prendrait un jour sa revanche.

*A l'abri de ses remparts, la ville de Liège, révoltée une fois encore contre la maison de Bourgogne, résiste courageusement au siège de Charles le Téméraire. Mais l'armée de ce dernier, puissante et bien équipée, est particulièrement redoutable. Au son des fifres et des tambours, elle se lance victorieusement à l'attaque (Mémoires de Philippe de Commynes. Musée Dobrée, Nantes. Photo Giraudon.)*

## 16 octobre

Jean Bourré, le dévoué serviteur, a écrit au roi qu'il est prêt à venir le rejoindre :

« Je suis bien content de vous, lui fait répondre Louis XI, et suis bien persuadé que vous viendriez jusqu'au bout du monde mais que vous mourriez de peur en chemin. Pour ce, attendez-moi à Paris ou à Meaux. »

Le roi fait contre mauvaise fortune bon cœur. Il chevauche vers Liège avec Charles le Téméraire.

## 30 octobre

La ville de Liège se rend après une résistance désespérée. Charles et Louis entrent côte à côte dans la ville. Les habitants ne peuvent pas croire que leur allié de la veille les a abandonnés. Ils crient : « Vive le roi ! » Louis répond : « Vive Bourgogne ! »

La ville est livrée aux flammes pendant sept semaines. Seules les églises sont épargnées.

## 4 novembre

Louis XI rentre à Paris. Il fait interdire tout cris, libelles, peintures injurieuses, chansons contre Charles le Téméraire.

## 27 novembre

Le bon compère Balue, l'évêque d'Angers, qui a si bien manœuvré à Péronne, est élevé à la dignité de cardinal.

## 1469, janvier

La roche tarpéienne reste toujours aussi près du Capitole ! Balue va ressentir les effets de cet axiome. Un conseiller du roi, l'évêque de Verdun Guillaume de Haraucourt, déçu de n'avoir pas obtenu la fortune dont il rêvait en servant Louis XI, conseille à « Monsieur Charles » de refuser tout autre apanage que la Champagne et la Brie « que le roi se refusait à lui bailler », malgré le traité de Péronne. Balue, qui vient de fêter joyeusement son élévation, commet l'imprudence d'entrer dans les vues de Haraucourt. Déjà Louis XI s'est laissé persuader que le cardinal est partiellement responsable du piège de Péronne — ce qui est faux — et l'a exclu du Conseil.

Balue, comme la plupart des grands féodaux, joue sur le tableau bourguignon et sur le tableau français. Il envoie un messager à Charles le Téméraire.

## 29 avril

Ce messager est intercepté le 28 avril. Le lendemain, Balue et Haraucourt sont arrêtés.

## 7 mai

Louis XI investit son frère Charles de la Guyenne, avec les sénéchaussées de Saintonge, de Périgord, de Quercy et d'Agenais. Charles, sans refuser, renouvelle son alliance avec le duc de Bretagne et attend.

## 9 mai

Le Téméraire poursuit sa grande politique et ses rêves d'hégémonie sur l'Occident. C'est maintenant vers l'Est qu'il se tourne. Le duc d'Autriche Sigismond, qui redoute l'installation de la Confédération suisse sur le Rhin, a demandé l'aide de Louis XI. Celui-ci préfère soutenir les gens des cantons dont il admire la vaillance et l'énergie. Sigismond se retourne alors vers le duc de Bourgogne et signe avec lui à Saint-Omer un traité. Sigismond cède au duc ses droits sur l'Alsace. En retour, le Téméraire prête à Sigismond cinquante mille florins.

## juin

A l'instar des autres souverains et du roi René, Louis XI crée un Ordre nouveau, ce sera celui de Saint-Michel. Le connétable de Saint-Pol, malgré sa politique hésitante, est un des dix premiers à recevoir le collier.

## 11 juillet

Warwick va-t-il se réconcilier avec Édouard IV? On peut le croire. A Calais, dont il est gouverneur, il célèbre le mariage de sa fille Isabelle avec le duc de Clarence, frère du roi d'Angleterre.

## 14 août

« Monsieur Charles » se décide à accepter la Guyenne. Il renonce à

## *LES « CAGES » DE LOUIS XI*

*Les « cages » de Louis XI, ces cages de bois où le roi avait coutume d'enfermer ses ennemis ou ceux de ses serviteurs, si haut placés soient-ils, qui ne lui plaisaient plus, ces cages n'existent plus.*

*Une des dernières se trouvait au château d'Angers. En 1815, les Prussiens qui occupaient la ville y jetèrent pendant plusieurs jours un menuisier récalcitrant. Quand ce « résistant » fut libéré et que les Prussiens furent partis, les bonnes gens se ruèrent dans le château et brûlèrent la cage.*

*Les âmes sensibles qui, depuis Walter Scott, tremblent d'effroi en pensant à ces instruments de torture doivent aujourd'hui se contenter de contempler à Loches l'emplacement de la prétendue cage du cardinal Balue.*

*Mais il ne faut rien exagérer. Ces cages de bois ou de fer n'étaient pas fort larges. Leurs dimensions, écrit Auguste Bailly, étaient tout de même assez vastes pour qu'on pût s'y mouvoir et y vivre. Hautes de 2 m 25, elles mesuraient à peu près 2 m 60 sur 2 m 60 (8 pieds sur 8). En somme, la dimension d'une chambre dans un immeuble moderne.*

*Ces cages étaient plutôt réservées à des prisonniers qui avaient tenté de s'évader. Jean II d'Alençon, pour sa part, y fut détenu pendant douze semaines à Chinon. Il disposait d'une couchette, d'une table, d'un escabeau et même d'un tapis. Voilà qui va décevoir les cœurs tendres!*

*Aussi bien, ces cages existaient-elles avant Louis XI et furent-elles utilisées après lui. Elles étaient peut-être moins atroces que certains culs-de-basse-fosse encore en usage au XX^e^ siècle...*

*C'est dans la Tour ronde du château de Loches, au-dessous de la salle de la Question, que se trouve ce cachot voûté dans lequel Louis XI fit jeter le cardinal Balue. Là, durant onze années, il est demeuré prisonnier de l'une de ces cages dont la légende, d'ailleurs, lui attribue la paternité. (Photo François Garnier.)*

ses précédents apanages, aussi bien la Champagne que la Normandie. Il promet de ne pas épouser la fille de Charles le Téméraire et, sur la Vraie Croix de Saint-Laud d'Angers (dont Louis XI transporte toujours un fragment dans ses bagages), jure à Saintes de ne rien entreprendre contre son frère.

## 7 septembre

Il se réconcilie définitivement avec Louis XI par l'intermédiaire de la reine.

## septembre

Les faveurs accordées à la famille de la reine d'Angleterre continuent à indisposer la noblesse anglaise. Une fois encore, Édouard est menacé. Charles le Téméraire lui envoie hommes et subsides, ce qui lui permet de reprendre sa couronne. Les troubles s'apaisent. Warwick est obligé de se réfugier en France près de Louis XI.

## octobre

Cette arrivée donne à « l'universelle aragne » l'idée de jouer la carte de Warwick contre Édouard IV et le duc de Bourgogne, en se servant de sa cousine Marguerite toujours exilée avec le prince de Galles en son château près de Verdun. L'obstacle, c'est que Marguerite nourrit une haine mortelle contre ce Warwick qui l'a combattue et contrainte à quitter l'Angleterre. Astucieusement, Louis commence par cajoler son bon oncle le roi René et le reçoit somptueusement à Tours. Il lui promet d'aider son fils Jean de Calabre à conquérir l'Aragon sur Jean II.

Il est en effet grand temps d'intervenir en Espagne. Malgré les efforts de l'envoyé de Louis XI à Cordoue, le cardinal Jouffrey, la sœur d'Henri IV, Isabelle, est promise à l'infant d'Aragon. Et les Catalans semblent préférer un prince espagnol à un prince français.

### 17 octobre

Le mariage d'Isabelle de Castille et de Ferdinand d'Aragon est célébré.

### novembre

René et Louis XI (Louis XI surtout, car René est toujours désargenté) envoient des secours à Jean de Calabre dont l'aventure paraît bien compromise.

### 1470, janvier-avril

L'intrigue anglaise se poursuit. Décidé à se venger de Charles le Téméraire qui soutient Édouard, Warwick lance contre le duc une flottille qui détruit plusieurs nefs bourguignonnes, à la grande fureur du Téméraire. Il est vrai que, de leur côté, depuis plusieurs mois, les marins anglais, sur le conseil du duc de Bourgogne, attaquent les côtes normandes.

Édouard IV n'est pas populaire. En Angleterre, les troubles continuent. Louis XI escompte bien un nouveau changement de dynastie et le retour de Marguerite et d'Henri VI.

Celui-ci reste prisonnier à la Tour de Londres.

### juin

Accompagné de Warwick, le roi de France arrive à Angers où l'attendent Marguerite et son père. La reine détrônée d'Angleterre ne peut s'empêcher de se raidir et de jeter à la face du « faiseur de rois » sa rancœur et sa rage. Warwick supporte les imprécations de la reine avec flegme.

Louis XI cajole sa cousine et lui montre la magnifique revanche qui l'attend : Édouard l'usurpateur découronné, le trône consolidé par Warwick dont la seconde fille, Anne Neville, épousera le prince de Galles.

Louis XI paye la dot qui servira à recruter des mercenaires.

### 30 juin

A Amboise, Charlotte de Savoie met au monde un fils, Charles, le futur Charles VIII.

### 25 juillet

Marguerite s'est laissé convaincre. Elle accepte les propositions de son cousin : « J'ai marié Warwick à la reine d'Angleterre », déclare cyniquement Louis XI.

### août

Le mariage du prince de Galles et d'Anne, fille de Warwick, est célébré également à Amboise.

### 13 septembre

Il ne reste plus qu'à exécuter le programme tracé par le roi. A la tête d'une bonne armée, Warwick débarque en Angleterre. Vertu du coup d'État : les yorkistes eux-mêmes abandonnent la cause d'Edouard et se rangent sous sa bannière.

*Avec la disparition des bandes d'écorcheurs et de pillards reviennent l'insouciance et la joie de vivre au cœur des paysans. Leur délassement favori après une dure journée de labeur? Une joyeuse ronde qui, au son de la cornemuse, réunit hommes et femmes. (Miniature du livre d'heures de Charles d'Angoulême, XV^e siècle. Cabinet des manuscrits. Photo Bibliothèque nationale.)*

Post hec paulisper
obticuit Atque
vbi attencionem
meã modesta ta
citurnitate colle
git. Sic exorsa e.

## fin septembre

Warwick délivre Henri VI de la Tour de Londres.

## novembre

Au cours d'une nouvelle assemblée de grands seigneurs, de prélats et d'officiers de la couronne, Louis XI expose à sa façon les événements qui se sont déroulés à Péronne et se fait délier des promesses qu'il a faites à Charles le Téméraire — et qu'il n'a d'ailleurs jamais tenues...

## décembre

Obligé de fuir l'Angleterre, Édouard IV se réfugie auprès du duc de Bourgogne, son beau-frère (Charles, ne l'oublions pas, a en effet épousé la sœur d'Edouard). Le duc lui promet aide, protection, argent et hommes.

## 16 décembre

Coup du sort pour le roi René et pour Louis XI. Jean de Calabre meurt, de façon assez mystérieuse, à Barcelone. Pour liquider l'affaire d'Aragon, le roi de France doit faire confiance à un fils naturel de Jean, car son fils légitime, Nicolas, est chargé de gouverner la Lorraine. En fait, les espoirs du roi de France

*Dans cette époque troublée que traverse le XVe siècle, la misère côtoie inévitablement le luxe, ainsi qu'en témoigne cette miniature de 1476 (« De la consolation philosophique »). Rédigé dans les premières années du VIe siècle par Boëce, homme d'État et philosophe romain, le manuscrit fut traduit en plusieurs langues. L'une de ces traductions fut offerte à Philippe le Bel et recopiée au XVe siècle. C'est de cette copie qu'est extraite la miniature ci-contre. (Département des manuscrits. British Museum. Photo du musée.)*

### *L'ORDRE DE SAINT-MICHEL*

*C'est à Amboise, le 1er août 1469, que Louis XI décida de créer un ordre de chevalerie qu'il plaça sous le patronage de saint Michel. Dans son esprit, cette fondation répondait à un double dessein : récompenser le dévouement de ses meilleurs serviteurs, les lier plus étroitement à sa personne. Pieux et rusé, le roi, on le sait, mêlait volontiers dévotion et politique. On peut ajouter qu'en instituant cet ordre le roi suivait aussi l'exemple de Philippe le Bon.*

*Les statuts de l'Ordre ne comprenaient pas moins de quatre-vingt-douze articles. Tout était minutieusement prévu.*

*L'insigne était composé d'un collier « fait à coquilles lacées l'une avec l'autre d'un double lacs, assises sur des chaînettes aux mailles d'or au milieu desquelles sur un roc il y aura une image de Monsieur saint Michel qui reviendra pendant sur la poitrine ».*

*Il est très possible qu'en plaçant l'image du saint sur un rocher Louis XI ait songé à cette vaillante forteresse du Mont-Saint-Michel qui n'avait jamais cédé devant les Anglais.*

*Le nombre des chevaliers de l'ordre était fixé à trente-six seulement.*

*Malheureusement, et comme il arrive trop souvent, ce* numerus clausus *ne fut pas respecté.*

*Sous le règne d'Henri III, le collier avait été distribué avec tant de prodigalité qu'il était entièrement déconsidéré.*

*C'est peut-être ce qui amena ce roi à fonder un nouvel Ordre : celui du Saint-Esprit.*

*Charles le Téméraire, assis dans sa chaire, préside un chapitre de l'ordre de la Toison d'Or. Il est curieux de constater que le duc, dont on connaît le goût prononcé pour le faste et les décorations, est vêtu ici avec la plus grande simplicité. Ni lui, ni aucun des chevaliers qui l'entourent ne portent l'insigne de l'ordre. (Cabinet des manuscrits. Bibliothèque nationale. Photo B.N.)*

en Aragon et Catalogne paraissent bien compromis.

## 1471

Fortifié par l'approbation des états de Tours, Louis XI attaque brutalement Charles le Téméraire dans le dessein de reconquérir tout d'abord les villes de la Somme abandonnées à la suite des accords de Péronne et d'abattre son adversaire.

Le connétable de Saint-Pol et Antoine de Chabannes envahissent la Picardie. Saint-Quentin est enlevé. Astucieusement — car il entend toujours réserver l'avenir — Saint-Pol y établit une garnison à sa dévotion. Chabannes s'empare d'Amiens, de Roye et de Montdidier.

Dans le Sud-Est, les archers dauphinois pénètrent en Bourgogne.

### 7 mars

« J'ai bon espoir, écrit ce jour-là Louis XI, que ce sera la fin des Bourguignons. »

Il se réjouit trop tôt.

### 10 mars

Après s'être emporté furieusement, le Téméraire s'est en effet ressaisi. Il a recruté une armée et met le siège devant Amiens. Le connétable, qui voudrait bien servir le roi de France sans déplaire au duc de Bourgogne et tirer profit de cette attitude louvoyante, conseille la négociation.

Amiens résiste aux assauts du Téméraire.

Le même jour, Édouard, qui a réuni en Hollande, grâce à son beau-frère, une flotte suffisante, débarque dans le petit port de Ravenspur. Il prétend qu'il vient simplement réclamer son duché d'York.

### 4 avril

Sur les conseils et par l'entremise (intéressée) du connétable de Saint-Pol, Louis XI et Charles signent une trêve. Louis conserve Amiens et Saint-Quentin.

### 11 avril

En Angleterre, les événements se précipitent. Le bel Édouard rallie les hommes, fait brûler le cœur des femmes. Au milieu des acclamations, il entre à Londres. Henri VI regagne son cachot de la Tour.

### 13 avril

Marguerite, accompagnée du prince de Galles et de Warwick, débarque à son tour à Weymouth avec une petite armée. Louis XI avait pourtant conseillé la prudence à sa cousine. Mais Marguerite avait hâte de se mesurer à son ennemi.

### 14 avril

Warwick est tué à Barnet au cours d'un premier engagement.

### 4 mai

La bataille décisive s'engage à Tewkesbury. Le prince de Galles est fait prisonnier. C'est la défaite définitive des Lancastre.

### 10 mai

Le prince de Galles est condamné à mort et exécuté.

### 11 mai

Marguerite est enfermée à la Tour de Londres.

### 23 mai

Henri VI est à son tour assassiné par le jeune frère d'Édouard, le duc de Gloucester, futur Richard III.

### 26 juin

Tandis que ces événements tragiques se déroulent en Angleterre, en France les grands féodaux recommencent à s'agiter. Autour de « Monsieur Charles », entré en possession de la Guyenne, deux factions s'opposent : celle de la maîtresse du prince, Colette de Chambes, celle d'Odet d'Aydie. Celui-ci, après avoir vainement tenté de marier la fille de

Gaston de Foix à son maître, parvient à la faire épouser par le duc de Bretagne François II. Voici une alliance nouée entre les maisons de Foix et de Bretagne.

### juillet

« Monsieur Charles » ne désespère pas d'épouser la fille du duc de Bourgogne pour faire pièce à son frère. Il demande au pape de le délier du serment prêté sur le fragment de la Vraie Croix de Saint-Laud. Louis XI intervient. Il offre à son frère la fille du roi de Castille, bon moyen d'intervenir de nouveau en Espagne. Refus de « Monsieur Charles ». Il lui propose alors sa propre fille, malgré la proche parenté (oncle et nièce) : autre refus.

Il est trop visible que « Monsieur Charles » ne songe qu'à reformer une ligue contre Louis XI.

### décembre

De fait, en décembre, Jean V d'Armagnac, qui avait été dépouillé de ses biens en 1469 pour trahison, est rappelé en France par le duc de Guyenne.

### 14 décembre

La mort de Colette de Chambes laisse la place libre à Odet d'Aydie.

Toute la Catalogne est perdue. René d'Anjou, qui s'est retiré en Provence, peut bien continuer à revendiquer ses droits. Cela ne trompe personne. L'année finit mal pour Louis XI. La carte « Marguerite d'Anjou » a échoué. Edouard IV et le duc de Bourgogne se sont alliés au moment où se noue une nouvelle coalition féodale, plus grave encore qu'en 1465 puisque, cette fois, l'Angleterre en est.

*Les habitantes de Beauvais, entraînées par*
*(Photo A.C.L.)*

### 1472, janvier-février

Effectivement, cette coalition se noue dès les premiers mois de l'année. Y participent ouvertement « Monsieur Charles », qui a levé une armée groupée du côté de Toulouse, Jean V d'Armagnac, Jean II d'Aragon, François II de Bretagne, Jean d'Alençon et, naturellement, Charles le Téméraire et Édouard IV. On y trouve même la duchesse de Savoie, Yolande, la propre sœur du roi de France. Le roi d'Angleterre retrouvera les anciens domaines des Plantagenêts, les féodaux leur indépendance : « J'aime mieux six rois qu'un seul ! » déclare le Téméraire.

*Jeanne Hachette, aident les défenseurs de la place à repousser les assauts de Charles le Téméraire.*

## 1er mars

Louis XI ne reste pas inactif. Il a envoyé près de son frère un de ses bons compères, un habile diplomate, Imbert de Bastarnay. Imbert surveille « Monsieur Charles » et n'a pas de peine à établir que celui-ci n'a pas respecté le serment qu'il avait prêté en 1470.

## mars

En même temps, pour faire obstacle au mariage de son frère avec l'héritière de Bourgogne, Louis XI intervient auprès du pape Sixte IV et, pour se concilier le souverain pontife, propose l'établissement d'un concordat qui atténuera les effets de la Pragmatique Sanction. Le concordat est conclu.

## 24 mai

Le roi de France a pris toutes les dispositions nécessaires. Ses troupes sont prêtes à intervenir en Guyenne et ailleurs. Il n'en sera pas besoin. « Monsieur Charles » meurt brusquement (et fort opportunément). Son conseiller Odet d'Aydie se réfugie en Bretagne auprès de François II. Ouvertement, il accuse Louis XI d'avoir fait empoisonner son frère.

*JEANNE HACHETTE*

*Les gens de Beauvais furent encouragés par les femmes et les filles qui n'avaient aucune envie d'être violées par les soldats de Charles le Téméraire.*

*Elles ne se contentèrent pas de remonter le moral des assiégés, elles participèrent au combat.*

*L'histoire a conservé le nom d'une simple fille du peuple qui s'appelait Jeanne Laîné. Son père était un modeste artisan. Elle-même cardait la laine. Vigoureuse et hardie, elle ne craignait pas de monter sur les remparts et de repousser à la hache les assaillants, ce qui lui valut le surnom de Jeanne Hachette. Il lui arriva un jour de s'emparer d'un étendard bourguignon. Le bruit de cet exploit parvint aux oreilles du roi de France qui, dans une lettre du 22 février 1473, exempta la jeune femme, qui venait d'épouser Colin Pilon, de tous impôts et redevances sa vie durant.*

*(Photo A.C.L.)*

Débarrassé de celui-ci, ne redoutant plus l'union du duc de Guyenne avec la fille du Téméraire, Louis XI se sent plus tranquille... et oublie de mettre en vigueur les clauses du concordat.

## 4 juin

Charles le Téméraire, qui a depuis un an réorganisé son armée, ouvre les hostilités cependant que Jean V d'Armagnac court la campagne en Guyenne.

La trêve signée avec Louis XI en avril précédent n'était pourtant pas encore venue à expiration. Il la viole sans scrupule.

## 10 juin

Les troupes du Téméraire s'emparent de la ville de Nesle, en Picardie, et massacrent défenseurs et habitants :

— Par saint Georges ! enfants, vous avez fait une belle boucherie, s'écrie Charles.

## 11 juin

Jean V d'Armagnac est assiégé dans Lectoure par un des meilleurs capitaines de Louis XI, le sire de Beaujeu, Pierre. En effet, un espion anglais du nom de Born a révélé au roi de France les accords conclus entre le roi d'Angleterre et Jean V. Celui-ci se rend à Beaujeu et demande à venir se justifier auprès du roi. En réalité, il n'en fait rien et se réfugie à Fontarabie.

### 22 juin

Charles le Téméraire explique son attaque contre Louis XI en publiant un violent manifeste dans lequel il accuse le roi d'avoir fait disparaître son frère « par poisons, maléfices et autres sortilèges diaboliques ».

### 27 juin

Sans trouver devant elle grande résistance, l'armée du Téméraire parvient devant Beauvais dont elle entreprend le siège. Les habitants se battent désespérément.

### juillet

Les troupes du Téméraire sont nombreuses mais leur commandement médiocre. Antoine de Chabannes, chargé par Louis XI de les combattre, parvient à faire passer vivres et hommes dans Beauvais assiégé.

### 14 juillet

Louis XI, pour récompenser les habitants de la ville, leur accorde une charte de franchise.

### 16 juillet

Fou de rage devant la résistance des gens de Beauvais, Charles le Téméraire publie un nouveau manifeste contre Louis XI.

### 22 juillet

Mais il comprend que la ville est devenue imprenable. Il en lève le siège.

### été

La campagne d'été va être décisive pour le roi de France.

Les troupes bourguignonnes se sont dirigées vers la Normandie et ravagent méthodiquement le pays de Caux. Sur l'ordre de Louis, l'armée française, commandée par Antoine de Chabannes, les suit de loin en sc gardant bien d'en venir à une bataille rangée. Pendant ce temps, le connétable de Saint-Pol reprend possession de la Picardie et de l'Artois, tandis qu'un autre contingent français pénètre directement en Bourgogne.

Ce n'est pas tout : des navires corsaires, commandés par Guillaume de Casenove, ravagent les ports de Flandre.

En revanche, dans le sud, profitant des difficultés du roi de France, le Roussillon et la Cerdagne se révoltent.

Mais Louis XI fait également attaquer la Bretagne. Il s'empare d'Ancenis.

Tous les coalisés, Charles le Téméraire en tête, espéraient le concours d'Édouard IV. Le roi d'Angleterre ne bouge pas.

### 15 octobre

Alors, François II signe encore une trêve avec Louis XI. Jean d'Alençon est arrêté. Il est accusé d'avoir voulu livrer ses domaines au duc de Bourgogne. Traduit devant le Parlement, il sera pour la seconde fois condamné à mort — il l'avait déjà été sous le règne de Charles VII — et pour la seconde fois gracié et enfermé.

### 19 octobre

Pour sa part, Jean V d'Armagnac reprend Lectoure et fait prisonnier

*Tandis que l'artillerie du roi de France s'améliore progressivement au cours du XV^e siècle, les combats à cheval n'évoluent guère. Les antagonistes s'affrontent toujours en corps à corps. (Cabinet des manuscrits. Bibliothèque nationale. Photos B.N.)*

*C'est en prenant pour modèle les décors et les costumes de sa propre époque que l'enlumineur de la « Vie de sainte Catherine », traduite par Jean Miélot (1457), a retracé la naissance de la sainte (à droite). Ainsi peut-on évoquer la venue au monde, le 30 juin 1470, du futur Charles VIII. Troisième fils de Louis XI et de Charlotte de Savoie, il est le seul, sur les quatre garçons que la reine donnera au roi, qui parviendra à l'âge adulte. La manière d'emmailloter les nouveau-nés, on le voit, ne s'est nullement modifiée depuis les siècles précédents et l'enfant est toujours étroitement empaqueté jusqu'au cou. (Cabinet des manuscrits. Bibliothèque nationale. Photo B.N.)*

son vainqueur du mois de juin précédent, Pierre de Beaujeu.

Mais cette revanche sera de courte durée.

## fin octobre

L'échec du Téméraire est éclatant. Après ses exploits dans le pays de Caux, son armée repart pour la Flandre.

## 3 novembre

Et cette campagne sans gloire s'achève par la signature d'une trêve de cinq mois qui sera renouvelée pour un an. La grande coalition du début de l'année s'est effondrée lamentablement.

## 1473, 1er février

C'est seulement dans le sud que Louis XI a échoué. Jean II d'Aragon a profité de la révolte du Roussillon pour y rétablir son autorité. Il entre en vainqueur à Perpignan qui n'aura été français que pendant dix ans.

## 4 mars

Louis XI a convoqué la noblesse de Guyenne et a mis sur pied des compagnies de francs-archers. Ces

troupes s'emparent de Lectoure. La ville est saccagée. Jean V d'Armagnac périt dans une bagarre.

L'Armagnac passe à son frère Charles. Celui-ci est accusé de sodomie, de viol et de quelques autres méfaits. Il est emprisonné. Le comté d'Armagnac est annexé à la couronne et confié, pour la plus grande partie, au sire de Beaujeu.

## avril-mai

Charles le Téméraire entend prendre sa revanche en tournant ses ambitions vers l'Est, l'Alsace, les pays du Rhin, la Lorraine. Pour fortifier son pouvoir dans les Flandres, il crée une cour de justice et une chambre des comptes à Malines, un Parlement à Lille. A la mort du duc de Gueldre, Arnold, il annexe ce duché après avoir emprisonné son fils, Arnolphe.

## 14 mai

Cette politique d'expansion mécontente grandement les villes et les seigneurs d'Alsace et de Suisse. Bâle,

*Ces tableaux anonymes ont fixé deux séances du parlement de Malines. L'ordre de préséance immuable de ces réunions explique l'étrange ressemblance des deux documents. L'assemblée, présidée par Charles le Téméraire, se compose, à sa droite, de six maîtres des requêtes et douze conseillers laïques et, à sa gauche, du chancelier de Bourgogne, du chef du Conseil, de deux présidents, quatre chevaliers et huit conseillers ecclésiastiques. (Haut : Photo A.C.L. Bas : Musée de Versailles. Photo Giraudon.)*

Mulhouse, Sélestat, Colmar, Strasbourg, qu'irrite l'attitude du grand-bailli d'Alsace désigné par le Téméraire, concluent une alliance de dix ans contre la Bourgogne.

## 27 juillet

En Lorraine meurt Nicolas II, fils de Jean de Calabre, petit-fils du roi René. Le duché passe à son cousin germain René II, fils de Yolande et de Ferri de Vaudémont et petit-fils du roi René. Le Téméraire entend profiter de la faiblesse (relative) du nouveau duc pour intervenir en Lorraine.

## août

Le duc d'Autriche Sigismond voudrait recouvrer ses droits sur l'Alsace qu'il a dû, faute de ressources, céder à Charles le Téméraire au traité de Saint-Omer en 1469. Mais auparavant il lui faut en finir avec les querelles qui l'opposent aux Suisses. Il demande à Louis XI d'intervenir. Le roi de France devient ainsi l'arbitre de la situation.

## 30 septembre

De son côté, Charles cherche à gagner l'appui de l'empereur Frédéric III. A Trèves s'ouvre à la fin de septembre une conférence qui va durer pendant près de deux mois et provoquer dans tout l'Occident une grande émotion. C'est en effet l'alliance du Saint-Empire et de la Bourgogne qui se dessine. Charles offre à l'empereur d'unir sa fille et héritière, Marie, à Maximilien, fils de Frédéric. Le duc de Bourgogne prendra immédiatement le titre de roi des Romains. A la mort de Frédéric, il ceindra la couronne impériale qui reviendra — plus tard — à Maximilien.

*Écrit par Gilles de Rome pour Philippe le Bel, le « Gouvernement des princes » (De regimine princ*
*Bourbon, sire de Beaujeu. La miniature qui ouvre le livre représente un moine offrant le manuscrit*
*voit, à gauche, des moines assemblés autour de leur abbé pour commenter, semble-t-il, un pass*

recopié, au XVᵉ siècle, pour Pierre II de eaujeu, debout au milieu de ses familiers. On scrit. (Bibliothèque nationale.)

Les discussions sont longues et épineuses. Frédéric accepterait volontiers la création d'un royaume de Bourgogne. Mais la fusion de la maison de Bourgogne et de la maison d'Autriche, même avec l'espoir de lancer une grande croisade contre les Turcs, l'inquiète un peu.

## 15 octobre

En attendant, Charles le Téméraire oblige René II de Lorraine à signer avec lui à Nancy un traité d'alliance aux termes duquel les troupes bourguignonnes obtiennent le droit de traverser la Lorraine et même d'y établir des garnisons.

## 23 novembre

Finalement, la conférence de Trèves n'aboutit pas. Ce royaume de Bourgogne qui comprendrait, outre le duché, la Comté, les Flandres, les évêchés de Cambrai, de Toul, de Verdun, la Lorraine et la Savoie — peu à peu annexée — effraie Frédéric III. Louis XI a suivi attentivement les pourparlers. Il s'est ménagé des amitiés auprès des princes du Rhin. Il va même jusqu'à demander pour le dauphin Charles la main de la fille de l'empereur, lequel verrait volontiers une alliance entre Empire, Bourgogne et France contre les Turcs, ce qui exaspère le Téméraire qui voudrait en finir avec Louis XI.

On décide seulement de renvoyer la suite des négociations au mois de février suivant et le pauvre empereur doit quitter furtivement la ville de Trèves, car il n'a même plus d'argent pour payer ses dettes!

## novembre

Louis XI, de son côté, établit sa fille Anne, « la seule femme qui ait un cœur d'homme», disait-il d'elle. Il la donne en mariage à Pierre de Beaujeu. Celui-ci constitue à la fille du roi un douaire de six mille livres de rente sur ses possessions qui sont considérables.

## 1474, 23 février

Les villes d'Alsace, soucieuses de recouvrer leur indépendance vis-à-vis du duc de Bourgogne, proposent de racheter pour quatre-vingt mille florins les terres que Sigismond lui avait cédées. Les villes ont en effet la certitude d'obtenir l'appui des cantons suisses.

Non seulement Charles refuse sèchement mais, en dépit de la saison, entreprend une expédition en Alsace.

Cette expédition est en réalité une simple promenade militaire.

## 30 mars

Mais ces succès faciles ne durent pas. Habilement, Louis XI finit par réconcilier Sigismond d'Autriche avec les représentants des cantons suisses. Le roi de France s'assure le concours et la fidélité de grandes familles du pays, comme les Diesbach, de Berne.

## 31 mars

Dès le lendemain, les villes d'Alsace, qui ont formé une ligue dite de la Basse-Union, concluent une alliance avec la Confédération suisse contre Charles le Téméraire.

## 4 avril

A Constance, la Basse-Union, la Confédération et Sigismond, avec le soutien occulte de Louis XI, s'engagent à lutter contre le duc de Bourgogne. Sigismond se porte garant de l'indépendance de la Confédération.

*Ce portrait bien connu du roi René compose le sujet central du volet gauche du célèbre triptyque peint par Nicolas Froment en 1476 : « le Buisson ardent ». Derrière le duc d'Anjou agenouillé se tiennent saint Maurice, saint Antoine et sainte Madeleine. Ce sont les traits d'un homme marqué par l'âge qui apparaissent ici. Le roi René était en effet entré dans sa soixante-septième année lorsque fut exécuté ce retable. (Cathédrale Saint-Sauveur, Aix-en-Provence. Archives photographiques.)*

Il reçoit du roi de France une pension de dix mille florins et pousse les villes d'Alsace à se débarrasser de la sujétion de Charles.

## 6 avril

Toutefois, Sigismond avertit honnêtement le Téméraire des décisions qui viennent d'être prises pour le rachat des villes d'Alsace.

## 9 mai

Aussitôt, toute l'Alsace est en ébullition. Hagenbach, le grand-bailli d'Alsace représentant du duc de Bourgogne, qui s'est rendu insupportable par ses exigences, est condamné à mort par un tribunal extraordinaire et exécuté.

L'Alsace semble perdue pour le duc de Bourgogne.

## mai-juin

Charles ne renonce pas pour autant à prendre sa revanche. C'est vers le Rhin qu'il se tourne maintenant. L'archevêque de Cologne, Robert de Wittelsbach, frère de l'électeur palatin, est en lutte contre ses sujets et diocésains pour d'assez sordides raisons financières. Robert demande l'aide du duc de Bourgogne qui réunit une armée, pénètre dans le diocèse et met le siège devant Neuss.

Dans une île du Rhin, Neuss est une citadelle quasi inexpugnable. Charles le Téméraire n'en poursuit pas moins ce siège difficile.

## 22 juillet

Peu à peu, les grands féodaux français disparaissent de la scène politique.

René d'Anjou, qui s'est retiré depuis quelque temps en Provence, rédige son testament.

Il laisse la Lorraine et le duché de Bar à René II, fils de sa fille Yolande qui a épousé Ferri de Vaudémont, l'Anjou et la Provence à son neveu Charles, fils du comte du Maine son frère.

Louis XI, son autre neveu, n'aura rien du tout.

*Thème principal du volet droit du triptyque du « Buisson ardent », le visage de Jeanne de Laval fait pendant à celui de son époux, le roi René. Avec un souci d'authenticité dépourvu de tout esprit de flatterie, le peintre n'a pas craint de représenter la duchesse d'Anjou sous les traits ingrats qui furent les siens. (Cathédrale Saint-Sauveur. Aix-en-Provence. Archives photographiques.)*

## 25 juillet

Si les féodaux perdent leur puissance, le roi d'Angleterre, pour sa part, instamment sollicité par le Téméraire, se décide à reprendre la lutte; le roi manque d'enthousiasme. Il promet pourtant au duc de Bourgogne d'intervenir sur le continent avant le 14 juin 1475. Mais il est entendu que le duc fournira un renfort de six mille hommes. En retour, Édouard IV cédera à Charles en toute indépendance la Picardie, la Champagne et les terres du comte de Saint-Pol quand il aura lui-même récupéré ses domaines continentaux.

Il est toujours facile de se partager des dépouilles... que l'on n'a pas encore conquises!

## août

Furieux du testament de son oncle René, dont il a appris la teneur, Louis XI envoie des garnisons dans le duché de Bar et en Anjou.

Les agents du roi s'installent à Angers.

La ville reçoit peu après le droit de posséder une municipalité : bonne façon de s'attacher les hésitants!

## 15 août

Cette intervention n'est pas mal accueillie par René II. Le duc de Lorraine préfère, et de loin, le roi de France au duc de Bourgogne. Il n'oublie pas les persécutions dont son grand-père le roi René fut l'objet de la part de Philippe le Bon.

Il signe même, d'accord avec Louis XI, un traité aux termes duquel il devient membre de la Basse-Union.

## 26 octobre

Ayant ainsi renforcé le parti des adversaires du Bourguignon, le roi de France lève le masque. Il signe un traité avec les Suisses et leur promet une aide financière et des hommes contre le Téméraire.

Le même jour, les Suisses, forts de cette alliance, déclarent la guerre à Charles le Téméraire et lui envoient un défi.

## novembre

Les contingents de l'Union occupent la haute Bourgogne.

## décembre

Ils entrent également en Franche-Comté et en Savoie, bien que la duchesse Yolande, sœur de Louis XI, se soit déclarée neutre.

## 12 décembre

La mort d'Henri IV, roi de Castille, donne le trône de ce royaume à Ferdinand d'Aragon et à Isabelle.

## 30 décembre

La coalition contre le Téméraire se renforce encore. Louis XI signe avec l'empereur Frédéric III un traité d'alliance, mais Frédéric est avare et indolent; son appui sera de faible portée.

## 1475, janvier

L'élévation de Ferdinand et d'Isabelle au trône de Castille ne laisse pas Louis XI indifférent. Le roi n'a pas renoncé à ses visées en Espagne. Pourquoi ne marierait-il pas le dauphin Charles avec leur fille? La difficulté, c'est qu'Isabelle a une rivale qui lui conteste la Castille en la personne de la fille d'Henri IV, Jeanne, dont la main est recherchée par le roi de Portugal Alphonse V. Mais la légitimité de la naissance de Jeanne est mise en doute. Toujours l'imbroglio espagnol.

A la coalition rhénane, suisse, allemande qui se dresse contre lui, Charles le Téméraire voudrait opposer les républiques et principautés italiennes.

Le duc de Milan, Galéas Sforza, promet de lui envoyer des troupes par la Savoie. Venise est d'un faible secours.

Quant au roi de Bohême, Mathias, cousin de l'électeur palatin, il ne peut rien du tout.

*Esprit cultivé et délicat, le roi René était aussi poète et une miniature le représente à son pupitre écrivant l'une de ses œuvres. (Cabinet des manuscrits. Bibliothèque royale, Bruxelles. Photo de la bibliothèque.)*

## 10 mars

Louis XI a chargé son fidèle compère Imbert de Bastarnay de reprendre le Roussillon sur Jean II d'Aragon. La lutte a été terrible. Les habitants se défendent désespérément. Le Roussillon est devenu le « cimetière aux Français ». « Faites le gast (dégât), écrit Louis XI à Imbert, de manière qu'il n'y demeure un seul arbre portant fruit. »

Enfin, Bastarnay entre victorieusement à Perpignan. Avec l'aide de Boffille de Juge, il rétablit la paix et ramène calme et prospérité.

## 30 avril

Louis XI a soutenu tous les adversaires du duc de Bourgogne. Officiellement, la trêve a subsisté jusque-là entre Charles et lui. Mais celle-ci expire et n'est pas renouvelée.

## 10 mai

Et voici que le duc de Lorraine René II lance à son tour un défi à

Charles. Celui-ci, avec une obstination rageuse, poursuit le siège de la forteresse de Neuss sur le Rhin.

### mai-juin

La lutte a repris entre France et Bourgogne. Bien réparties, les troupes françaises entrent à la fois en Bourgogne, en Franche-Comté, en Picardie et au Luxembourg. Plusieurs villes, comme Montdidier, Roye, Corbie, Doullens, sont incendiées. Mais Charles possède aussi des alliés et autour du comte de Saint-Pol, dont l'attitude est de plus en plus douteuse (et fâcheuse pour un connétable de France) une nouvelle ligue de féodaux se forme. De son côté, Charles le Téméraire compte sur l'alliance anglaise.

### 19 juin

Il se décide à abandonner le siège de Neuss. En quelques engagements indécis, ses troupes se sont heurtées à celles de l'empereur Frédéric III. Finalement, l'empereur, qu'inquiète l'attaque des armées de Louis XI, préfère traiter avec le Bourguignon. Il rompt son alliance avec les Suisses et le roi de France puis signe la paix avec le Téméraire qui, en échange, abandonne la cause de l'archevêque de Cologne.

### 27 juin

Huit jours plus tard, Charles lève le siège de Neuss.

### 6 juillet

De son côté, Edouard IV, qui est soutenu par les bellicistes anglais, débarque à Calais avec une armée de treize mille hommes. Deux mille archers doivent être dirigés vers la Bretagne pour décider le duc François II à rallier le camp bourguignon.

### 4 août

Louis XI s'empresse de mettre Reims en état de défense et charge son meilleur ingénieur, Raoul Cochinard, de relever les fortifications.

« Si vous ne vous mettez en sûreté, écrit-il aux habitants, il faudra par nécessité que la ville soit démolie... dont il nous déplorerait ! »

### août

On n'en arrive pas à cette extrémité. Édouard IV s'attendait à recevoir une aide importante de la part du duc de Bourgogne et des féodaux français. Or Charles veut d'abord châtier le duc de Lorraine et les Suisses. Le duc de Bretagne ne bouge pas. Et Louis XI s'apprête à convaincre son adversaire que le comte de Saint-Pol, misant sur les deux tableaux, trahit à la fois France et Bourgogne.

### mi-août

Les ressources du corps de débarquement anglais s'épuisent. Bon apôtre, Louis XI écrit à Édouard IV que, hormis les concessions territoriales, il est disposé à être généreux.

Les Anglais établissent leur camp près d'Amiens et bientôt les rues de la ville sont encombrées de Britanniques titubant pour avoir fait un peu trop honneur aux vins de France.

Louis XI les ravitaille volontiers en barriques et en viandes « qui donnent envie de boire ».

### 29 août

A Picquigny, au milieu d'un pont sur la Somme les deux rois ont une entrevue. D'un côté, la magnifique

*A l'image de cette place ravagée par les flammes, certaines villes de la Somme, coupables aux yeux du roi de France d'appartenir au Téméraire, seront détruites sans pitié (« Romuléon », de Robert della Porta, XVe siècle. Bibliothèque nationale.)*

armée anglaise, douze mille chevaliers bien armés, de l'autre un millier d'hommes seulement. Une grille de bois s'élève au milieu du pont. Les deux souverains s'embrassent... à travers les barreaux.

La trêve est bientôt conclue : elle doit durer neuf ans. Les deux rois se jurent parfaite amitié et s'engagent à se protéger contre leurs sujets rebelles. Le dauphin Charles épousera Elisabeth, fille d'Édouard et d'Elisabeth Woodville. Le roi d'Angleterre reçoit soixante-quinze mille écus comptant et une rente annuelle de cinquante mille écus. Contre rançon payée par son cousin, Marguerite d'Anjou, l'ex-reine d'Angleterre, est libérée du cachot où elle était enfermée depuis quatre ans et demi! En fait, par cet acte, le roi d'Angleterre renonce et à ses domaines continentaux et à la couronne de France. La trêve de Picquigny, qui ne fut jamais transformée en traité définitif, constitue pourtant le seul instrument juridique qui ait mis fin à la guerre de Cent Ans.

## début septembre

L'armée anglaise repasse la Manche.

## 13 septembre

Charles le Téméraire est furieux de l'abandon du roi d'Angleterre. Mais il porte une part de responsabilité. Aussi préfère-t-il, lui aussi, négocier avec Louis XI. Il le rencontre à Souleuvres en Luxembourg. Une trêve de neuf années est conclue entre eux. Elle ne mentionne ni le duc d'Autriche ni la Basse-Union (celle des villes d'Alsace). Elle laisse libres d'adhérer au traité le duc de Lorraine et la Confédération suisse. Louis XI s'engage à ne pas les secourir s'ils poursuivent la guerre contre le duc de Bourgogne.

Il abandonne ses alliés, sachant bien qu'il se fera un jour pardonner, et préfère en finir avec les derniers féodaux rebelles.

## 23 septembre

Sa diplomatie est toujours aussi active. Pour pouvoir intervenir en Espagne, Louis XI signe un traité d'alliance avec Alphonse V de Portugal.

## 29 septembre

Six jours plus tard, à Senlis, il réduit le duc de Bretagne François II à l'impuissance en l'obligeant à signer un traité par lequel François s'engage — sur la Vraie Croix de Saint-Laud d'Angers — à aider le roi contre ses ennemis.

## 30 novembre

Charles le Téméraire, en dépit d'une résistance ardente des Lorrains, des Alsaciens et des Suisses, entre victorieusement à Nancy.

### *JUSTICE ET ROUERIE DE*

*Du connétable de Saint-Pol, le chroniqueur Sismondi écrit :*

*« Il possédait entre la Picardie et la Flandre de vastes et riches seigneuries couvertes de forteresses et de vassaux exercés aux armes. Les uns relevaient directement du roi qu'il servait comme connétable, les autres du duc de Bourgogne au service duquel il avait laissé deux de ses fils. Placé entre ces deux souverains, il se flattait de s'agrandir à leurs dépens en vendant alternativement ses services à l'un, puis à l'autre. Non moins jaloux de l'autorité royale qu'aucun des princes plus puissants, il était resté toujours attaché de tout son cœur aux principes de la ligue du Bien public. Ses premières affection avaient été pour le duc de Bourgogne, mai il l'avait offensé par son faste. Il avait à son tour éprouvé sa brutalité. Il le haïssait. Il était bien aise de pouvoir l'humilier avec l'aide du roi; toutefois, c'était avec l'intention de le ramener à agir selon ses vues, de le forcer à accorder aux prince des conditions qu'il lui faisait secrètemen proposer et de s'unir ensuite à lui pou abattre l'autorité royale. »*

*Il eût fallu une singulière habileté e une grande constance pour jouer ainsi tou à la fois Louis XI et Charles le Téméraire, promettre d'aider l'un contre l'au tre, et tirer avantage de cette position Louis de Saint-Pol n'avait pas assez d finesse pour réussir. En face de Louis XI universelle aragne qui tissait inlassable ment sa toile autour de ses adversaires, i était vaincu d'avance.*

*Au moment de la grande coalition qu groupait autour du Téméraire le ro d'Angleterre et les féodaux, le connétable comptant sur la défaite du roi d France, n'avait pas hésité à négocie avec le duc de Bourgogne et à lui promettr*

## LOUIS XI

*de l'aider et le secourir. Après l'échec d'Édouard IV, il comprit qu'il avait misé sur le mauvais tableau et chercha à se rapprocher de Louis XI.*

*Celui-ci jugea propice l'occasion de démasquer le double jeu du connétable. Avant de recevoir deux émissaires du comte, Sainville et Richer, le roi prit soin de faire cacher derrière un rideau un prisonnier bourguignon, le sire de Contay.*

*Sans se douter de rien, Sainville déclare qu'il arrive de la cour de Bourgogne, qu'il a vu Charles le Téméraire fort en colère contre le roi d'Angleterre qui s'est dérobé. Et ce disant, il commence, pour complaire au roi, « à contrefaire le duc de Bourgogne et à frapper du pied contre terre et à jurer saint Georges ». Le roi*

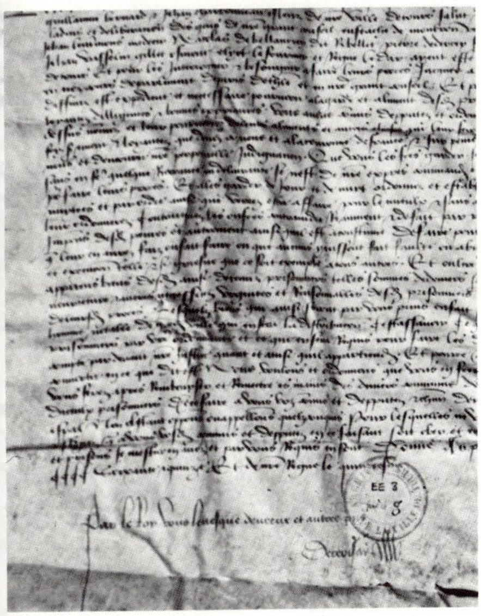

*Extrait d'une lettre de Louis XI écrite, le 19 février 1475, au Plessis-lez-Tours, par laquelle le roi ordonne de tenir étroitement gardés, dans les cachots de Tours, treize prisonniers d'État. (Château de Plessis-lez-Tours. Photo Jérôme da Cunha.)*

*riait à gorge déployée en lui déclarant :*

*— Parlez plus haut, je commence à devenir un peu sourd.*

*Et Sainville de répéter la scène et de dire que le connétable est prêt à se remettre au service du roi.*

*Naturellement, Louis XI libère Contay qui, tout indigné, s'empresse d'aller raconter à son maître ce qu'il a vu et entendu.*

*Quelques semaines plus tard, au cours des négociations de Souleuvres, le roi et le duc de Bourgogne échangent entre eux les lettres qui établissent la double trahison du connétable. Louis XI, pour exercer plus complètement sa vengeance, écrit à Saint-Pol qu'il a encore besoin d'une tête comme la sienne, mais il ajoute devant ses interlocuteurs :*

*— Je ne tiens pas au corps... la tête me suffit !*

*La conclusion de la trêve entre Charles et Louis scelle le sort du connétable. Arrêté à Mons, où il s'est réfugié le 4 novembre 1475, par un représentant du duc de Bourgogne, Saint-Pol est transféré à Péronne, où il est livré à un envoyé du roi de France, le comte de Saint-Pierre.*

*« Saint-Pierre a pris Saint-Pol! » disent les bonnes gens...*

*Emprisonné à la Bastille, il est promptement jugé : « Que tout soit fini en une semaine», avait exigé Louis XI. Le 19 décembre, Saint-Pol, qui avait reconnu ses fautes, était décapité en place de Grève. Le bourreau, un novice, craignait d'être indigne de sa tâche. Il frappa avec une telle force que la tête sauta à vingt pas et que l'épée s'ébrécha. Cette tête resta toute la journée exposée à la vue des passants qui se signaient en murmurant :*

*« Voilà la justice du roi! »*

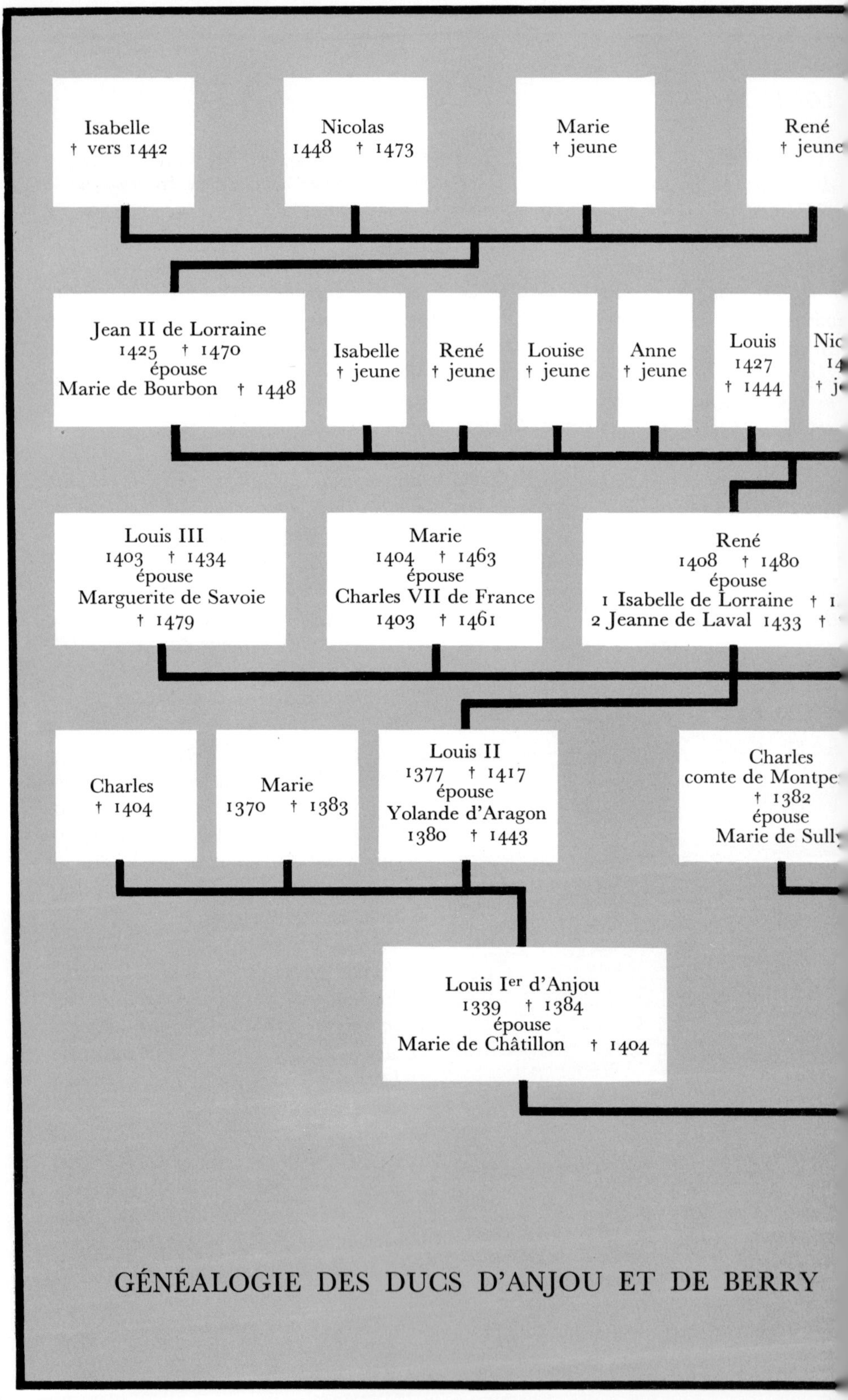


GÉNÉALOGIE DES DUCS D'ANJOU ET DE BERRY

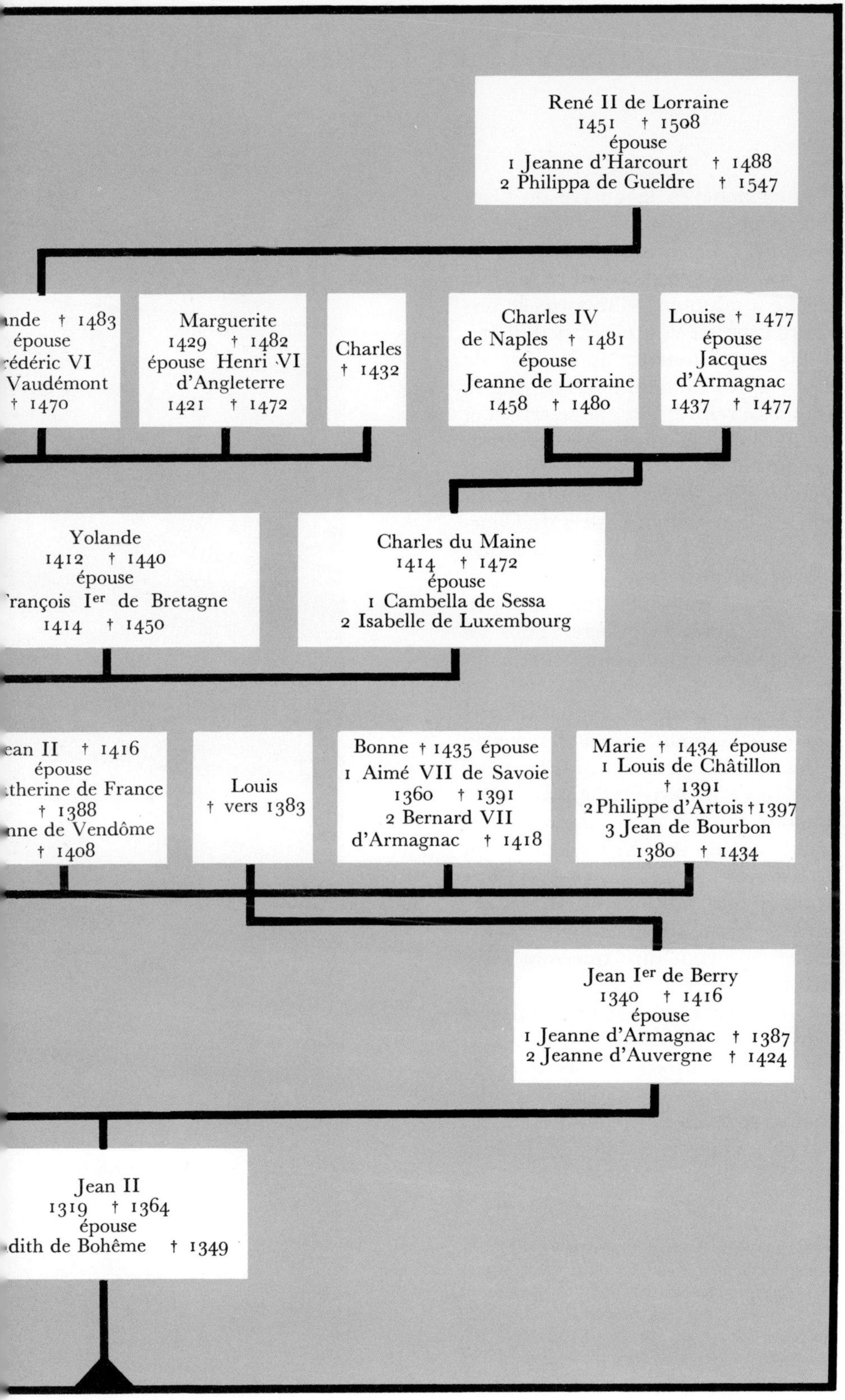
René II de Lorraine
1451 † 1508
épouse
1 Jeanne d'Harcourt † 1488
2 Philippa de Gueldre † 1547
ınde † 1483
épouse
rédéric VI
Vaudémont
† 1470
Marguerite
1429 † 1482
épouse Henri VI
d'Angleterre
1421 † 1472
Charles
† 1432
Charles IV
de Naples † 1481
épouse
Jeanne de Lorraine
1458 † 1480
Louise † 1477
épouse
Jacques
d'Armagnac
1437 † 1477
Yolande
1412 † 1440
épouse
'rançois Ier de Bretagne
1414 † 1450
Charles du Maine
1414 † 1472
épouse
1 Cambella de Sessa
2 Isabelle de Luxembourg
ean II † 1416
épouse
ıtherine de France
† 1388
ınne de Vendôme
† 1408
Louis
† vers 1383
Bonne † 1435 épouse
1 Aimé VII de Savoie
1360 † 1391
2 Bernard VII
d'Armagnac † 1418
Marie † 1434 épouse
1 Louis de Châtillon
† 1391
2 Philippe d'Artois † 1397
3 Jean de Bourbon
1380 † 1434
Jean Ier de Berry
1340 † 1416
épouse
1 Jeanne d'Armagnac † 1387
2 Jeanne d'Auvergne † 1424
Jean II
1319 † 1364
épouse
ıdith de Bohême † 1349

# Sous Charles VII et Louis XI la France

Voici achevée la guerre de Cent Ans. Peut-on savoir d'ailleurs quand elle a fini? Les historiens se révèlent en total désaccord quant à la date précise à adopter. N'importe, le territoire français s'est peu à peu libéré. Il faut maintenant, après tant de crises, après tant de guerres, que la France se relève. Or, elle se releva et l'histoire de ces années où les Français luttaient pour revivre est assurément bien belle. Il faudra pour cela les deux règnes entiers de Charles VII et de Louis XI, c'est-à-dire près de soixante ans.

Tableau tragique que celui du royaume après la guerre. Tous les témoignages des chroniqueurs, tous les documents concordent : le pays est ruiné. La campagne est désolée. Les chartes mentionnent les ronces et les épines envahissantes, les lieux où « toute la terre est gastée », les manoirs tombés « en masure », les pêcheries, les viviers, les champs et les vergers abandonnés. Avec une froideur tout administrative, les receveurs seigneuriaux notent : « néant »; cela veut dire que « la terre est tournée en ruyne, en non-valoir ». Entre 1225 et 1450, la terre perd de dix à quinze fois de sa valeur. Les régions situées sur les axes de communication ou au centre des conflits se révèlent les plus touchées : Agenais, Quercy, Saintonge, Poitou,

*Trouvant sous l'armure un anonymat commode, les brigands des Grandes Compagnies n'éprouvent guère de scrupules à pourvoir à leur existence par les rapines. (« Le Jouvencel », de Jean de Bueil. Cabinet des manuscrits. Bibliothèque nationale. Photo B.N.)*

elève

*Traitée avec un profond réalisme, une miniature du « Livre des Miracles de Notre-Dame » laisse entrevoir la misère de ceux qui, ayant tout perdu, en sont réduits à mendier. (Cabinet des manuscrits. Bodleian Library. Photo de la bibliothèque.)*

Ile-de-France, Normandie, plaines du Nord, régions de la Loire moyenne. D'autres ont été épargnées par la guerre : Alsace, Provence, Velay, Béarn, mais ont été atteintes par les épidémies, ravagées par les brigands ou les pirates, notamment sur les côtes provençales ou languedociennes. D'autres régions enfin n'ont été « désolées » que de façon intermittente : la Guyenne, surtout lors de la reconquête française, ou la Bretagne : 1341-1365; 1372-1380; 1449-1450.

L'Entre-deux-mers, après la reconquête française, ressemble à un désert : les maisons, les châteaux forts, les couvents, 30 % au moins des églises paroissiales ont été pillés et abandonnés. Ainsi en est-il du couvent des dominicains de Saint-Emilion ou de celui des Vaux-de-Cernay. Dans le Bordelais, on observe un net recul de la vigne : les ceps ne sont plus soignés, on essaie de semer du blé entre les pieds de vigne pour éviter la famine. Une enquête de 1440 nous fait connaître qu'en Quercy, après soixante-dix ans de malheurs de toutes sortes, il n'existe plus de culture, ni de chemin, ni de délimitation de propriété. On connaît la description célèbre tracée de la Normandie par Thomas Basin : « Pendant plus de dix ans, tous les champs (du pays de Caux) se couvrirent de saules et autres arbres, d'épines, de buissons, et furent transformés en forêts impénétrables. » Autour des villages et des villes rôdent les rapaces, les loups, les renards. A Paris, en 1439, entre la porte Saint-Antoine et la Butte Montmartre, quatorze personnes sont dévorées par les loups.

Comme dans toutes les époques troubles, les hors-la-loi foisonnent. Les campagnes sont infestées de brigands, de bandes armées. En toute occasion, ces bandes fondent sur le « plat pays », elles le ravagent et se réfugient ensuite dans des repaires ou dans des villes dont elles s'emparent. On revit en quelque sorte le temps des grandes compagnies. « Tout le royaume de France, dit Olivier de La Marche, était plein de places et de forteresses dont les gardes vivaient de rapine et de proie, et par le milieu du royaume s'assemblèrent toutes manières de gens des compagnies, que l'on nommait *écorcheurs*, qui chevauchaient et allaient de pays en pays, querrant victuailles et aventures pour vivre et pour gagner, sans épargner le pays du roi de France, du duc de Bourgogne, ni d'autres princes du royaume. » De ces écorcheurs, le chroniqueur Monstrelet dit que « toutes gens qui estoient rencontrés d'eulx estoient devestus

*Rassurés par la présence des guetteurs au sommet des remparts, quelques paysans se risquent à sortir des villes pour aller cultiver les terres situées à proximité des murs. (« Le Jouvencel », de Jean de Bueil. Cabinet des manuscrits. Bibliothèque nationale. Photo B.N.)*

*Dans les campagnes repeuplées, les travaux reprennent au fil des mois : en avril, la terre est labourée avant de recevoir la semence; en septembre, le raisin récemment vendangé est écrasé et le vin nouveau mis en tonneaux; puis surviennent, avec novembre, les premiers froids et il est temps de fendre le bois pour la vaste cheminée. (Travaux des mois d'un livre d'Heures du XV^e^ siècle. Photo François Garnier.)*

de leurs habillements tout au net jusques à la chemise ».

Les trêves d'Arras, qui ont libéré un grand nombre de mercenaires, ont provoqué une recrudescence de l'activité des écorcheurs. On trouve de tout parmi ces bandes : des soldats, des déserteurs, des aventuriers, des gentilshommes déclassés, des paysans. Aussi, toutes les nations s'y rencontrent : Castillans, Anglais, Allemands, Ecossais — réputés les plus féroces — et Français. Ils sévissent tantôt ici, tantôt ailleurs : en Languedoc, en Albigeois, en Auvergne, en Berry, en Bourgogne, et même au-delà des frontières, en Alsace par exemple. Mais leur terrain favori est l'Ile-de-France, où les troupes des deux camps, pendant la reconquête, se succèdent et alternent plusieurs fois. Au printemps de l'année 1440, ils pénètrent jusque dans l'île Notre-Dame de Paris, aujourd'hui île Saint-Louis. Parmi leurs ressources, on découvre curieusement les *appatils*, sortes de rançons-assurances que leur versent les villes, les marchands, les bourgs : un *racket* avant la lettre. Ces brigands n'hésitent pas à attaquer églises et monastères, mais ils prennent bien soin de faire dire des messes pour le repos de leur âme.

Curieuses figures que celles des chefs de brigands. Perrinet Gressart, par exemple : longtemps, il avait été associé à un autre capitaine, François de Surienne, dit l'Aragonais. En 1420, tous les deux s'étaient emparés de la place forte de La Charité-sur-Loire, ceci pour le compte des Bourguignons. Une fois là, ils refusèrent de s'en aller. Ils surent fort bien se défendre contre Jeanne d'Arc arrivant du Berry. En récompense, Perrinet fut, entre autres, nommé écuyer et panetier du duc. On verra même cette chose étonnante : après le traité d'Arras, Perrinet

traite directement avec le roi. Par la force des choses, il obtient d'être nommé capitaine royal de La Charité-sur-Loire. Il reçoit vingt-deux mille saluts d'or. Il accumule une immense fortune qu'il gère habilement et meurt vers 1438, riche et considéré.

La situation accordée aux capitaines de brigands est un symbole des temps. Ils ne sont nullement mis au ban de la société, mais couverts d'honneurs et de richesses. Ils ont une cour, des conseillers, des clercs pour leur correspondance. Ils traitent avec le roi ou les princes. D'anciens écorcheurs occupent même des postes officiels : Rodrigue de Villandrando, dont les méfaits rempliraient un volume, sera nommé chambellan du roi vers 1430.

D'ailleurs, les hommes de guerre, la plupart du temps, n'agissent point autrement que les brigands. En 1433, Jean Jouvenel des Ursins, évêque de Beauvais, adresse aux états de Blois une épître où il énumère les maux que ses ouailles ont à subir non pas du fait des ennemis, mais de « ceux qui se disaient au roi, lesquels, sous l'ombre des appatils ou autrement, prenaient hommes, femmes et petits enfants sans différence d'âge et de sexe, et forçaient les femmes et les filles, prenaient les maris et les pères en présence des femmes, prenaient les nourrices et laissaient les petits enfants qui, par faute de nourriture, mouraient, prenaient femmes grosses et les mettaient en ceps, et là ont eu leur fruit, lequel on a laissé mourir sans baptême et après on a jeté femme et enfant dans la rivière; prenaient prêtres, moines et gens d'Eglise, laboureurs et les mettaient en ceps volants (sorte de carcan) et autres manières de tourments nommés « singes », et eux étant en iceux, les battaient dont les aucuns sont mutilés, les autres enragés et hors sens, appatissaient les villages tellement qu'un pauvre village était appatis à huit ou dix places, et si on ne payait, on allait bouter le feu ès village et église, et quand les pauvres gens étaient pris et ne pouvaient payer, on les a aucunes fois assommés et jetés en rivière et n'y demeurait cheval labourant ni autres bêtes... Et pour abréger, les choses ont été tellement, depuis trente ans ou autre longtemps, si mal gouvernés, que ce royaume en est détruit et dépeuplé et qu'il n'a pas la dixième partie du peuple qui soulait y être ».

En dehors des grandes bandes organisées et des soldats de métier, tout un peuple de vagabonds et d'errants vit sur le plat pays de petites rapines ou des voyageurs détroussés. Parfois, ils se fixent dans les villes, comme les coquillards de Dijon, arrêtés en 1455.

Devant une insécurité aussi dramatique, comment les paysans seraient-ils restés chez eux? On ne leur permettait même plus de cultiver leurs champs et ils risquaient à tout instant d'être massacrés. Parfois, ils se réfugiaient dans la campagne, dans des marais ou des forêts, par famille ou par petit groupe, menant une vie semi-nomade, quasi sauvage. Mais les plus nombreux émigraient vers les villes, nourrissant l'espoir de trouver enfin un abri derrière les remparts. Le dépeuplement des campagnes, à la fin de la guerre de Cent Ans, a pris des proportions dont on trouve peu d'exemples dans notre histoire. « Depuis la Loire jusqu'à la Seine et de là jusqu'à la Somme, dit Thomas Basin, les paysans ayant été tués ou mis en fuite, tous les champs restèrent longtemps, durant des années, non seulement sans culture, mais sans homme en mesure de les cultiver. Sauf quelques rares coins de terre... Tout ce qu'on pouvait cultiver en ce temps-là dans ces parages, c'était seulement autour et à l'intérieur des villes, assez près pour que, du haut de la tour ou de l'échauguette, l'œil du guetteur pût apercevoir les brigands en train de courir sus. »

Dans les 222 paroisses du diocèse de Rouen, on comptait au XIIIe siècle 14 992 âmes; après la guerre, on n'en découvrait plus que 5 976. Des villages entiers ont disparu, de la Guyenne à l'Ile-de-France. Dans la région parisienne, Bièvre ne compte, en 1458, que huit habitants au lieu d'une centaine au milieu du siècle précédent. La même année, Chevreuse ne possède plus que vingt-huit paysans au lieu de trois cents. Selon certaines études récentes, la population de l'Ile-de-France, qui ne fut pas la plus atteinte, aurait diminué de moitié. Nous possédons les registres du doyenné de Montmorency; en 1470, longtemps donc après la fin de la guerre, on y compte 1 353 feux, soit environ cinq feux au kilomètre carré. Or, en 1328, la châtellenie de Montmorency, où se trouvait la majorité des feux, en comptait dix-neuf au kilomètre carré.

Et les hommes ne sont pas seuls responsables de cette situation catastrophique. Les éléments s'en sont mêlés. Des perturbations de toutes sortes ont compromis semailles et récoltes, notamment entre 1436 et 1440, puis en 1443. A propos de l'hiver 1442-1443, le Bourgeois de Paris note : « L'hiver fut le plus long et jamais vu, car il commença à geler la veille même de la Saint-Nicolas, en décembre, et le gel ne cessa que vers le lundi de la Semaine Sainte, le 15 avril, pour redevenir très fort au début de mai et jusqu'au 15 de ce mois, ce qui fit grand mal aux vignes... »

Si la misère du paysan est, à la fin de la guerre de Cent Ans, sans limite, qu'en est-il du destin des seigneurs? Les grands seigneurs et les princes sont ceux qui ont le moins souffert, car leur patrimoine foncier est, en général, éparpillé. Grâce à leur fortune en métaux précieux, grâce aux pensions et offices servis par le roi, ils ont en général pu subsister. Malgré tout, leurs ressources ont beaucoup diminué. C'est la petite et moyenne noblesse qui a le plus pâti de la guerre. Paradoxalement, au cours des combats, leur vie était peu en danger, car la mode s'est fixée de la rançon. Dès qu'un seigneur était repéré par l'ennemi, on prenait bien soin de le prendre vivant. Pour se libérer, il devait souvent engager ou vendre une partie de son domaine. Ainsi, en 1417, le seigneur d'Estouteville, fait prisonnier par les Anglais au siège d'Harfleur, doit vendre, pour payer sa rançon, sa double seigneurie de Mons et Ablon-sur-Seine, pour la somme de six mille écus. Surtout, la petite et moyenne noblesse a vu disparaître ses revenus domaniaux. Les paysans se sont enfuis, les terres sont en friche, comment toucheraient-ils leurs redevances?

En revanche, en plusieurs régions, les seigneuries ecclésiastiques se sont enrichies. Pourtant, de nombreuses églises ont été détruites : 30 % dans l'Entre-deux-mers, 20 % dans le

### *CHARLES VII EXCUSE UN ECORCHEUR*

*Le texte que l'on va lire est une lettre de rémission accordée par Charles VII à un ancien écorcheur.*

*« Ledit suppliant dans son jeune âge a servi dans nos guerres, et a été à plusieurs voyages et armées, et en garnison en divers lieux et places, en faisant guerre à l'encontre de nos anciens ennemis les Anglais et autres adversaires.*

*« Et pendant le temps qu'il a suivi lesdites guerres, n'a eu de nous aucune solde, gages ni récompensation, au moins que très peu, et pour ladite cause a été comme contraint de tenir les champs, vivre sur nos ennemis et sujets; et à piller, rober, détrousser et rançonner toutes manières de gens qu'il pouvait trouver et rencontrer par le pays, fust-ce gens d'Église, nobles, bourgeois, marchands ou autres; a été aussi courir foires et marchés et à les piller et rançonner, a pris et emmené les bestiaux des bonnes gens, partie d'iceluy mangé et fait manger, l'autre partie rançonné, vendu et butiné, et fait ce que bon lui a semblé; et aucune fois a été avec gens d'armes à assaillir églises fortes et autres lieux et places fortes, à prendre ceux qui étaient dedans et plusieurs de nos sujets prisonniers, à iceux rançonner à somme de deniers, et appatisser et leur faire autres grands maux, crimes, délits, ainsi que gens d'armes avaient accoutumé de faire... »*

Hurepoix. De nombreux couvents ont été pillés. Mais le chapitre de Notre-Dame de Paris, par exemple, accroît pendant la guerre son temporel, grâce à des dons, des legs, des achats. L'abbaye de Saint-Denis s'enrichit et étend également son temporel. Il n'en est pas de même de toutes, loin de là. A la fin de la guerre, on voit sur les routes un grand nombre de curés de campagne et de moines errants qui augmentent le nombre des vagabonds.

Les bourgeois, eux, seront les bénéficiaires de la guerre. Malgré les efforts des seigneurs nobles et des clercs, ils accroissent sans cesse leur influence et leurs biens. C'est alors que commence la fortune de la « noblesse de robe » qui ne cessera de croître après la guerre, avec l'aide parfaitement consciente des souverains. Une grande partie des biens de la noblesse militaire passe entre les mains des notables.

Le cas de la famille d'Orgemont nous paraît remarquable. Pierre et Jean sont bourgeois de Lagny, vers 1320. Le fils aîné de Jean, Pierre, se révèle un grand rassembleur de terres. Il est conseiller au Parlement en 1348 et chancelier de France en 1372. Ses domaines se trouvent dans toute la région parisienne et au-delà : en 1386, il acquiert la châtellenie de Chantilly, son château, tous ses domaines. Les Orgemont ont choisi de jouer la carte du roi de Bourges. Du coup, leurs biens sont confisqués par les Anglais. Mais, naturellement, Charles VII les leur restituera.

L'exemple d'une fortune politique, suivie plus lentement d'une fortune foncière, est assez fréquent entre 1350 et 1450. Les marchands accroissent également leurs domaines.

Et les villes?

Par la force des choses, leur population s'est démesurément gonflée. Le travail que l'on pouvait y trouver n'a pas augmenté pour autant, ni les fournitures en vivres. Ces villes, la plupart du temps, n'ont ni égout ni aqueduc. Elles deviennent des foyers d'épidémie. Chaque siège qu'elles ont à supporter provoque une hécatombe. Les réfugiés, par exemple,

*Bien vite, arrive pour le paysan le moment de payer au seigneur ses redevances. (« Le livre des profits champêtres ».) Si certains le font sans récriminer, d'autres, moins chanceux ou moins courageux, n'ont pas recueilli la somme nécessaire. Comme ce bûcheron campé de façon si réaliste par une miniature du « Livre de Valerius Maximus » (à droite), ils supplient leur maître de se montrer indulgent. (Photos B.N.)*

encombrent Rouen au temps du siège de 1418-1419. Depuis cette date jusqu'en 1451, Rouen semble avoir perdu la moitié de sa population. A Paris sévit une crise du logement sans exemple, aggravée par l'état de délabrement de 24 000 maisons. En 1442, nous savons par le receveur municipal de Lyon que la population de cette ville a diminué d'un tiers. Il en est de même à Montpellier et à Toulouse. Depuis que le Prince noir a rasé plusieurs quartiers de Limoges en 1370, la ville ne s'est pas relevée. Les ronces poussent dans les rues de Beauvais.

Ces villes vivaient, pour la plupart, du « travail mécanique » : tissages en particulier. Mais on ne reçoit plus de matières premières. Alors, c'est la crise. Provins était fière de ses 3 200 métiers à tisser; elle n'en a plus un seul. A Rouen, les courtiers de drap faisaient trois fois plus d'affaires au début du siècle qu'en 1451. Le solide édifice des métiers se lézarde. Les chômeurs partent sur les routes du royaume : déjà c'est le « tour de France ». Ils cherchent logiquement à s'entraider et se groupent par « devoir » : autrement dit par métier, dans le « compagnonnage ». Quelle tristesse dans ce texte d'Alain Chartier : « Labeur a perdu son espérance. Marchandise ne trouve plus chemin qui la puisse mener, saine et sauve, à son adresse... Tout est proie ce que le glaive ou l'épée ne défend. »

Dans les villes, comme ailleurs, ce sont les bourgeois qui sont les bénéficiaires de la situation. Les maîtres des métiers du nord de la France, les marchands et les officiers se sont considérablement enrichis pendant la guerre. Les marchands ont constitué des réserves qu'ils ont su écouler au prix fort en cas de disette. Quant aux officiers royaux et municipaux, ils ont su tirer parti de la faiblesse du pouvoir : les notaires et secrétaires du roi ou du Châtelet sont parmi les rares bourgeois à avoir acquis des fiefs ou portions de fiefs pendant la guerre. Au vrai, les villes sont moins touchées que les campagnes. Elles

*Les périls que les écorcheurs font courir aux honnêtes gens ne sont pas les seuls qui menacent ces malheureux. Ils ont encore à redouter les vagabonds isolés qui guettent la proie facile d'un voyageur sans défense. (Miniature extraite du « Livre des bonnes mœurs », XV^e siècle. Photo François Garnier.)*

*Extraordinaire de réalisme, cette miniature du livre de Pierre Choinet : « Les Trois Ages de l'homme », nous entraîne au cœur de la vie quotidienne des sujets de Louis XI : sous les yeux d'un aïeul qu'avec beaucoup de sollicitude on aide à s'asseoir, les enfants jouent. (Cabinet des manuscrits. Bibliothèque nationale. Photo B.N.)*

mettront donc moins de temps à se relever.

Paysans, seigneurs, clercs, citadins eurent à souffrir, durant ces années calamiteuses, d'une même plaie endémique : le désordre monétaire. Henri V et Bedford avaient, dès 1421, stabilisé la monnaie en Normandie. Philippe le Bon avait agi de même en 1433, ainsi que Charles VII après la libération de Paris. Cela n'empêcha pas, entre 1422 et 1438, quarante et une mutations de la monnaie ! Comment éviter, dans ce cas, que la monnaie d'or ait fui devant les « deniers noirs »? A cette époque, les faux-monnayeurs sont plongés dans l'eau bouillante et bouillis. Cela ne les empêche pas d'exercer une industrie florissante. Notamment, ils dorent les pièces de billon. Les espèces n'ont pas le même cours dans telle ou telle région. Bonne occasion de spéculation. Les receveurs des Finances mettent toute leur vigilance à recevoir de bonnes pièces. Malheureusement, ils les gardent pour eux et ce sont de mauvaises pièces qu'ils reversent au trésor. Du coup, les prix montent sans cesse, phénomène commun en période d'inflation. Cela continuera après la fin de la guerre. On taxera les prix, les boulangers feront grève. On fera queue à la porte des boutiques. « Les hommes du XVe siècle, note M. Michel Mollat, éprouvèrent des difficultés financières qui nous sont familières avec des répercussions sociales analogues. »

Alors, commença la grande œuvre du relèvement de la France. Elle va occuper trois générations.

Charles VII, le premier, prend un certain nombre de dispositions heureuses. Ce qui importe avant tout, c'est que les paysans regagnent les terres qu'ils avaient fuies, c'est que les cultures soient partout reprises. Après les trêves de Tours, en 1444, quand on fut bien persuadé que la paix était acquise, les paysans quittèrent en foule les villes où ils s'étaient réfugiés et retournèrent à leurs champs, quand ils le purent. En Ile-de-France, la sécurité revenue sur les routes et les voies d'eau, la proximité et l'attrait du marché de la capitale, le départ des écorcheurs pour l'Allemagne et la Lorraine en 1444 ont favorisé le relèvement. En 1447, Charles VII autorise les seigneurs hauts justiciers à annexer et à accenser les censives abandonnées[1]. Les ordonnances de 1450 tendent à restaurer la propriété foncière : les sujets restés fidèles au roi et spoliés par le gouvernement anglais sont remis en possession de leurs biens ; de même,

[1] La censive était la redevance payable, annuellement, en argent ou en nature au seigneur d'un fief, par les propriétaires des biens qui en dépendaient. Par extension, la censive était aussi — et c'en est ici le sens — l'étendue de terres roturières dépendant d'un fief et devant lui payer une redevance. Accenser, c'est donner ou prendre à ferme une terre, une propriété.

les anciens bornages doivent être rétablis. Enfin, des enquêtes seront ouvertes dans le cas où les titres de propriété auraient disparu. En 1451, nouvelle ordonnance de Charles VII : les paysans qui ont émigré dans des lieux où on ne paie pas d'impôts royaux en seront exemptés pendant huit ans s'ils reviennent. Sur un plan particulièrement concret, Charles VII fera organiser de grandes chasses pour libérer les campagnes des loups qui les avaient envahies.

Autre mesure, indirecte celle-là, mais d'une efficacité certaine : le roi distribue des offices et pensions à la petite et moyenne noblesse militaire, ce qui lui permet, surtout dans la région parisienne, de conserver ses domaines.

En fait, ces mesures louables restaient extrêmement insuffisantes. A l'avènement de Louis XI, l'agriculture traversait toujours en France d'énormes difficultés. Le nouveau roi, se dirigeant de la riche Flandre vers la capitale, eut, témoigne Thomas Basin, l'impression de traverser un désert. La Normandie et une partie importante de l'Ile-de-France restent en friche. Un cahier de doléances des états du Languedoc, en 1459, parle d'une famine qui dure depuis trois ans, affirmant qu'un tiers de la population a disparu en dix ans, ce qui peut aussi bien signifier qu'elle soit morte ou émigrée.

Assurément, l'agriculture ne semble pas avoir particulièrement passionné le roi Louis XI. Ce politique comprenait néanmoins que la prospérité économique de son royaume était une condition de sa puissance. Les projets qu'il nourrissait nécessitaient de grosses rentrées d'argent. Ils ne pouvaient s'accomplir que si l'ordre régnait partout. Or, le désordre naît du mécontentement, et le mécontentement des besoins non satisfaits. Louis XI va donc reprendre et amplifier les mesures édictées

par son père, notamment l'ordonnance de Charles VII, datant de 1447, qui interdit de saisir les bestiaux et les instruments agricoles des débiteurs insolvables. Cette ordonnance est renouvelée en 1467, 1470, 1479. Mauvais signe : cela prouve qu'elle n'est guère observée. Louis XI renouvelle également l'ordonnance de 1447 sur les accensements. Ses officiers tentent, sur ses instructions, de protéger forêts et communaux en limitant et en régularisant les droits de vaine pâture et de parcours. Le roi s'attribue le domaine éminent de toutes les terres qu'aucun seigneur ne revendique. Il fait ensuite procéder à la « criée des héritages inhabités ou vacants », puis à des enquêtes suivies de l'accensement ou de la vente des biens en cause. L'authenticité de son ordonnance concernant l'interdiction de la chasse, afin de protéger les cultures, est très controversée par les historiens. On en parle beaucoup mais on n'en a jamais retrouvé le texte. On se demande si elle s'adressait à tous ou seulement aux roturiers.

Louis XI encourage la culture du

*Une calme et reposante image de la vie paysanne nous est donnée par cette miniature du livre d'Heures de Charles d'Angoulême. C'est le mois de février et la terre, sous le gel et la froidure de l'hiver, sommeille. Aux côtés de sa femme occupée à filer, le paysan se chauffe devant l'âtre, emmitouflé dans sa houppelande, les oreilles cachées sous son chaperon. (Cabinet des manuscrits. Bibliothèque nationale. Photo B.N.)*

blé indispensable au ravitaillement des villes et des troupes. L'édit de 1482 protège les paysans et facilite le ravitaillement : il interdit aux marchands l'achat du blé en herbe, le blé ne doit pas être vendu avant le mois d'août. A la fin de son règne, Louis XI multipliera les mesures, car de nouvelles calamités frappent le monde paysan. L'été 1480, très orageux, et l'hiver suivant, glacial puis neigeux, compromettent les récoltes. Au moment du dégel, des inondations se produisent et les semences qui n'avaient pas gelé pourrissent. Le 7 janvier 1482, Louis XI prend une mesure tout à fait extraordinaire : il ordonne la libre circulation des grains dans tout le royaume. Il interdit de les stocker comme de les exporter. Louis XI atténuera aussi la taille dans les pays où sévissait la disette de 1481. Il annulera les contrats par lesquels les cultivateurs ruinés avaient accepté l'établissement de rentes perpétuelles sur leurs terres.

Ces mesures, il n'est pas certain que, dans l'esprit du roi Louis XI, elles aient eu pour but essentiel le bonheur des peuples. Chaque ordonnance, chaque décision s'inscrit très exactement dans les limites de sa politique intérieure. Ainsi veut-il avantager la bourgeoisie aux dépens des nobles. Il facilite donc les transferts de propriété des nobles ruinés aux bourgeois. Il accorde aux roturiers des anoblissements, individuels ou collectifs. Ceux qui l'ont bien servi, ou qui l'ont aidé financièrement, il les autorise à acquérir des biens nobles. Les registres du Trésor des chartes portent la trace de cent quatre-vingts anoblissements dont on trouve les bénéficiaires dans toutes les villes du royaume.

D'ailleurs, les mesures royales, si elles donnaient un élan au travail de la reconstruction, ne pouvaient pas l'assurer à elles seules. Si la France paracheva son relèvement, c'est surtout dans le cadre traditionnel du domaine, seigneurial.

Ce que les seigneurs ont compris, bien plus que les rois, parce que le problème les concernait directement, c'est qu'il fallait tout entreprendre pour repeupler les campagnes. Autrement dit, leurs propres terres. On verra en ce temps-là d'étranges mouvements de population, facilités par les seigneurs. On recrute très loin, pour remplacer les paysans enfuis. Parfois, le mouvement s'effectue de lui-même. On voit des habitants de régions montagneuses et pauvres se diriger vers les riches plaines dévastées. Mais ailleurs, les seigneurs semblent avoir été à l'origine de ces transplantations. C'est ainsi que des paysans de l'ouest, Maine, Limousin, Bretagne, viennent occuper des terres de la région parisienne. La vallée du Rhône et le littoral provençal ravagés par les guerres civiles et le brigandage étaient devenus « lieux déserts et inhabités ». Les seigneurs, le roi René surtout, font appel à des communautés étrangères pour les repeupler : Allemands dans la région d'Avignon, Italiens et même Espagnols plus près de la côte. Les Bretons semblent avoir émigré en masse. Les Bordelais baptiseront « gavaches » ceux qui s'installeront dans l'Entre-deux-mers. On les voit également venir prendre des positions solides dans le pays de Caux et dans la région entre Seine et Loire. Pour attirer les paysans, les seigneurs, nobles et ecclésiastiques multiplient les concessions. Le mouvement, amorcé pendant la guerre, se généralise dans la paix. Les seigneurs consentent aux paysans des contrats libéraux d'une formule très neuve : ils comportent un allégement — temporaire ou perpétuel — des cens et des redevances; des rentes de taux réduit remplacent les services de jadis ; services de garde, de guet et autres corvées. Le propriétaire s'engage à fournir le cheptel et l'outillage, tandis que le preneur, lui, promet d'essarter et de marner les terres. On accorde à des paysans des lots de défrichement. On confirme et proclame hautement les droits de pacage, de glandée et de ramassage du bois sur les communaux. On signe des baux d'une durée de plus en plus longue, parfois s'allongeant sur une ou deux vies. Les métayers sont de plus en plus fréquents et ils obtiennent que leur part soit considérablement augmentée. Dans le Midi toulousain, les métayers gardent pour eux sept huitièmes de la récolte, proportion véritablement extraordinaire qui montre à l'évidence la situation précaire des seigneurs.

Pas de doute, au long des règnes de Charles VII et de Louis XI, la situation de l'agriculture s'améliore notablement. Mais le progrès est lent. Le voyageur anglais Fortescue nous a laissé une description lamentable des campagnes au temps de Louis XI. Quoi qu'il en soit, le sort du paysan, lui, progresse; à la fin du règne de Charles VII, le salaire des journaliers agricoles atteint le taux le plus élevé qu'on ait jamais connu. Sur les terres qu'il a louées dans les conditions qu'on vient de voir, le paysan est presque le maître. Le mouvement est amorcé qui conduit à la petite propriété. La condition des serfs apparaît profondément modifiée. La fin du règne de Charles VII correspond à une période d'affranchissements massifs.

Le relèvement des « industries mécaniques » et du commerce va s'opérer indubitablement beaucoup plus vite, surtout grâce à l'interven-

## *LOUIS XI FAVORISE LE COMMERCE*

*Le texte que voici montre tous les efforts accomplis par Louis XI pour soutenir le commerce. Il s'agit d'un mandement de Louis XI aux sénéchaux de Toulouse, Carcassonne et Beaucaire accordant aux nobles et officiers royaux la liberté de commercer.*

*« Le 13 juin 1463.*

*« Louis par la grâce de Dieu roi de France, aux seneschaux de Toulouse, Carcassonne et Beaucaire et à tous nos justiciers et officiers ou à leurs lieutenants, salut. Comme il soit chose notoire que le fait et fréquentation de marchandises est l'une des principales choses par quoy les royaumes et seigneuries sont habités de gens notables et abondants en richesses et facultés, et par lequel plus grand amour et communication est entretenue entre les habitants... et subgiets d'iceux et soit ainsy que ayons esté advertiz puis nostre advenement à la couronne de France que à l'occasion de certaines ordonnances que l'on dit avoir esté faictes par nos prédécesseurs rois de France et de bonne mémoire, que aucuns nobles de nostredit royaume ne les officiers royaux ne peuvent ou doivent marchander sur certaines peines... pour ces causes et considérations et autres à ce que nous mouvans, avons de nostre certaine science, propre mouvement, grâce spéciale et autorité royale, voulu, consenti, ordonné et octroyé, voulons, consentons, ordonnons et octroyons par ces présentes que dorenavant tous nobles, officiers royaux et autres gens de nostre dit pays de Languedoc de quelque état ou condition qu'ils soient, puissent et leur loise faire par eux ou faire faire par leurs facteurs et commis tout faict, exercice de marchandise licite et honnête, de quelque qualité ou espèce qu'il soit, tant par mer que par terre, et en tous pays, royaumes ou seigneuries sans qu'il leur tourne à préjudice, blasme ou déshonneur... »*

tion de Louis XI. Charles VII a laissé jouer l'initiative privée. Dès le lendemain de la guerre, les grandes fabrications traditionnelles reprennent vie : la draperie normande, champenoise, picarde ou encore celle de la région du Rhône et du Languedoc. On garde la nostalgie de l'ancienne prospérité que beaucoup ont tendance à attribuer à la réglementation des corporations. Par voie de conséquence, on va s'appliquer partout à rendre à cette réglementation toute sa rigueur. Le système corporatif va donc se durcir tandis que l'accès à la maîtrise est rendu de plus en plus difficile, réservé en fait aux fils de maîtres : la tendance à une oligarchie héréditaire s'accentue en même temps que l'opposition entre maîtres et ouvriers. Charles VII confirme de bonne grâce les statuts renforcés des métiers : il touche en effet une partie des amendes lorsque des infractions sont constatées à ces statuts. En compensation, les maîtres doivent prêter serment au roi et un sergent royal assiste aux réunions.

Si le rôle de Charles VII fut assez réduit en ce qui concerne le relèvement industriel, il n'en est pas de même pour le commerce. Dans notre chapitre sur Jacques Cœur, nous avons dépeint la situation déplorable

*Cette maison de la rue du Vieux-Palais à Rouen est une construction typique du XVᵉ siècle. Sous les toits à pente rapide, débordant sur les façades, les murs laissent apparaître leurs charpentes entrecroisées ou longitudinales. (Photo Jérôme da Cunha.)*

du commerce à l'époque du roi de Bourges. On a vu de quelle façon un homme comme Jacques Cœur avait pu rendre à la France une partie de son prestige et favoriser le réveil commercial. Charles VII, non content de favoriser l'expansion de l' « empire » de Jacques Cœur — jusqu'au jour où il le disgraciera — va redonner de l'élan à l'activité des foires françaises. Il rétablit certaines d'entre elles, comme celle du Lendit, qui avaient disparu et en crée de nouvelles, notamment à Lyon. C'est sous son règne que s'amorce la renaissance du commerce fluvial et maritime. Assurément, dans ce domaine commercial, Charles VII a mérité son surnom de « bien servi ».

Bien différente sera l'action de Louis XI. Tout jeune, à la cour de Bourgogne, puis en Flandre, il s'est intéressé à tout ce qui touchait l'économie, visitant ports et ateliers flamands, très séduit par le travail intense accompli dans ces pays grouillants de vie. Devenu roi, entouré de marchands actifs et persuasifs, il pratique une politique de redressement économique parfaitement concertée. Ses grandes lignes se dégagent aisément : Louis XI veut enrichir les bourgeois; il veut éviter au maximum les importations de façon à augmenter la fortune nationale; il veut rendre la vie aux villes dépeuplées et pour cela favoriser l'industrie. Ainsi attirera-t-il en France des spécialistes étrangers. Il accorde des lettres de naturalité. Soixante-douze de celles-ci sont conservées au Trésor des chartes et elles concernent huit Ecossais, un Anglais, deux habitants du comtat Venaissin, cinq Béarnais, un Portugais, dix Espagnols, dix Italiens, quatre Savoyards, douze du Hainaut, du Brabant, de Liège, dix Allemands et neuf de diverses origines. Les bénéficiaires sont de riches marchands, des artisans, des hommes d'armes ou des conseillers de l'entourage royal. Noter que les étrangers, et leurs veuves, sont exemptés d'impôts.

Dans les grands centres, Louis XI attire des fondeurs de fer, des verriers, des filateurs, des teinturiers sur soie. Il s'intéresse aux industries nouvelles et anciennes, multiplie les mesures réglementaires. Sous son règne, on publie près de soixante-dix règlements de métier. C'est que le système corporatif demeure, aux yeux de Louis XI, un « instrument de domination ». Le roi ambitionne de « mettre la richesse publique sous le contrôle de l'Etat ».

Louis XI est un roi moderne. Il fait installer la première imprimerie parisienne à la Sorbonne.[1] Il veut

[1] Voir notre chapitre sur l'imprimerie p. 244

*Plus récente — elle fut construite à la fin du XVe siècle —, la maison d'Adam dresse, sur la place Sainte-Croix d'Angers, sa façade haute et compliquée, ornée de colonnes en bois sculptées d'amusants petits personnages. (Photo Jérôme da Cunha.)*

introduire en France le tissage de la soie et y réussit en partie. Il promulgue la première véritable législation sur les mines. Des mesures visent à contrôler la qualité des fabrications de laine et à lutter contre les fraudes.

Auprès de Louis XI, les associés ou émules de Jacques Cœur jouent un grand rôle : par exemple Pierre Doriole, un Rochelais, Guillaume de Varye (l'ancien associé de Jacques Cœur) ou encore du Prat, un Lyonnais, et bien d'autres. Tous ils conseillent Louis XI. Ils encouragent le roi à exporter. Louis XI envoie Beaune et Briçonnet, en 1470, porter à la cour d'Henri VI des échantillons de marchandises françaises. Face à la foire de Genève, il favorise celle de Lyon. Il fonde les foires de Caen et de Rouen pour lutter contre celles de Bruges et d'Anvers. Contre les unités monétaires anglo-bourguignonnes, il émet en 1473 une monnaie forte, l'écu au soleil. La même année, deux traités redonnent un élan réel au commerce avec l'Angleterre et avec la Hanse. Jacques Cœur n'avait regardé que vers la Méditerranée. Les conseillers de Louis XI comprennent l'importance de l'Atlantique. Normands et Bretons nouent des relations avec Madère. A la veille de sa mort, Louis XI envoie Georges Bissipat d'Honfleur aux îles du Cap-Vert.

Peut-on de ce relèvement dresser un bilan?

A la fin du règne de Louis XI, le montant des impôts perçus dépasse de beaucoup celui du temps de Charles VII. Voilà une preuve palpable. A la fin du règne de Charles VII, le montant total des impôts était de 1 800 000 livres. En 1474, la taille seule produit 2 700 000 livres. En 1481, elle produira 4 600 000 livres.

Le relèvement des campagnes en cours exigera encore beaucoup d'efforts. Celui des villes, en revanche, est très net. Des cités comme Amiens et Orléans sont plus prospères qu'auparavant. L'activité industrielle et commerciale est partout en progrès. Mais les commerçants français, à quelques exceptions près, ne regardent pas suffisamment au-delà des frontières. Les techniques commerciales sont retardataires, l'assurance maritime et la lettre de change peu connues. Les contrats français ne peuvent rivaliser ni en nombre, ni en volume avec les contrats italiens ou hanséates.

Quand Louis XI meurt, en 1483, le relèvement économique de la France, grâce à l'action royale, mais surtout à l'effort persévérant des sujets, est en bonne voie.

## 1476, 8 janvier

L'année qui vient de s'achever a été heureuse pour le roi de France. La grande coalition anglo-bourguignonne s'est évanouie. Charles le Téméraire ne songe plus qu'à contraindre les Suisses à la paix. Louis veut maintenant s'occuper des affaires de l'Église. Il convoque donc à Lyon un concile gallican pour remédier à ses maux.

## 11 janvier

Le duc de Bourgogne entame des négociations avec les Suisses. Ceux-ci sont inquiets de l'alliance de Charles avec le duc de Milan. Ils voudraient que leur adversaire renonce aussi à l'Alsace. Les pourparlers n'aboutissent pas. Le Téméraire entend tirer de ses ennemis une vengeance terrible et c'est poussé par ces sentiments qu'il quitte Nancy.

## 20 janvier

Enfin délivrée, Marguerite d'Anjou abandonne l'Angleterre et rentre en France. Ce n'est ni la première ni la dernière fois qu'une princesse de notre pays, après avoir régné outre-Manche, doit ainsi revenir, dépouillée et chassée, dans sa terre natale.

## 29 janvier

Pour remercier son cousin d'avoir obtenu sa délivrance, Marguerite renonce, par un acte solennel, à toute prétention sur l'Anjou, le Maine, la Lorraine, le Barrois et la Provence.

## février

Louis XI sait bien que la lutte entre Suisses, Lorrains et Bourguignons va se poursuivre. Il ne veut pas intervenir directement. D'ailleurs il ne le peut pas puisqu'il a signé une trêve avec le Téméraire. Mais il s'installe à Lyon avec dix mille hommes, prêt à s'engager tout de même le cas échéant.

## 23 février

En effet, le duc de Bourgogne veut prendre sa revanche sur les Suisses. Il entre dans l'actuel canton de Neuchâtel et s'empare de Grandson, sur la rive méridionale du lac. Les Suisses qui ont opiniâtrement défendu la ville sont pendus ou noyés.

## 2 mars

Le succès est de brève durée. Huit jours plus tard, une armée de confédérés fournie par les cantons de Fribourg, de Soleure et même de la Basse-Union d'Alsace se jette sur les troupes bourguignonnes, les taille en pièces et reprend Grandson. Les Bourguignons se dispersent dans le pays de Vaud, le Jura, jusqu'en Italie. Faute de cavalerie, les Suisses ne peuvent les poursuivre et se bornent à piller les bagages laissés dans le camp par leurs adversaires.

## 9 mars

Un des derniers féodaux révoltés, le duc de Nemours Jacques d'Armagnac, qui n'a cessé d'intriguer contre Louis XI, redoute qu'une enquête ouverte à son sujet ne tourne à sa confusion. Il s'enferme dans Carlat. Bientôt obligé de se soumettre, il est jeté dans une des cages du roi à la Bastille.

## mars

Charles le Téméraire a regroupé ses hommes qui s'étaient débandés.

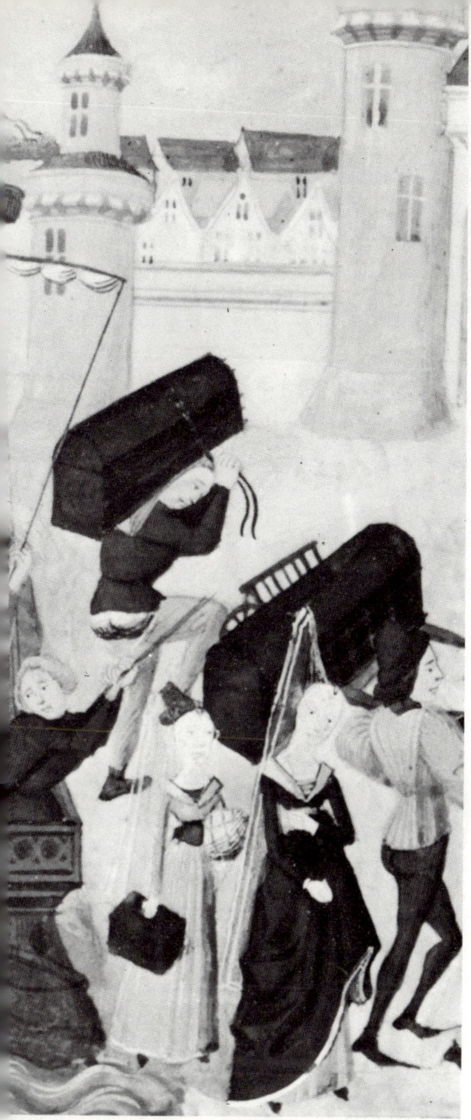

*De la même façon que cette voyageuse, Marguerite d'Anjou, chassée d'Angleterre, débarque en France (Chronique de Froissart). (Département des manuscrits. British Museum.)*

Il cherche à reconstituer son armée. Mais ses sujets commencent à manifester une certaine lassitude : tant de luttes inutiles et toujours recommencées...

Les états généraux réunis à Gand refusent d'accorder de nouveaux subsides.

## 22 mars

Le pape est quelque peu inquiet des interventions du roi de France dans l'Église. Il lui envoie à Avignon un nouveau légat, le cardinal Julien della Rovere (le futur Jules II), qui remplace le cardinal de Bourbon, faible et trop soumis aux volontés du roi.

Le nouveau légat s'efforce d'apaiser Louis XI. Celui-ci n'en continue pas moins à s'ingérer dans les affaires du clergé. C'est ainsi qu'ayant appris que l'abbé du Bec, en Normandie, était fort malade, il écrit aux religieux pour leur recommander d'élire pour successeur le moment venu son propre confesseur, l'évêque d'Avranches. Trois mois plus tard, les religieux, « éclairés par l'Esprit Saint », s'empressent de donner satisfaction au roi.

## avril

Autre victime de ses intrigues : le duc de Bourbon. Au moment de la dernière coalition, son attitude a été assez équivoque. Louis XI l'oblige à céder sa baronnie de Beaujolais à son frère Pierre, gendre du roi.

## 6 avril

Au tour du roi René maintenant. Louis XI n'a pas pardonné à son oncle les dispositions de son testament. Il n'a pas de motifs juridiques de saisir le duché d'Anjou. Par chance pour lui, René a laissé un peu trop voir ses sentiments à l'égard du Téméraire. Il a misé sur lui au moment où celui-ci commençait à sentir passer le souffle de la défaite. Belle occasion perdue pour René de se tenir tranquille ! Le roi a eu vent de son attitude. Il n'hésite pas à le déférer devant le Parlement de Paris sous l'inculpation des crimes de lèse-majesté et de haute trahison.

Il semble en effet établi que René a promis de léguer la Provence au Téméraire.

*La prise de Grandson par Charles le Téméraire sera de brève durée. Cette miniature du « Jouvencel » de Jean de Bueil laisse entrevoir l'acharnement que mirent les troupes confédérées à chasser l'ennemi. Piquiers et archers tombèrent sur les Bourguignons avec une violence redoutable. (Cabinet des manuscrits. Bibliothèque nationale. Photo B.N.)*

## 15 avril

Terriblement effrayé, le roi René s'empresse de céder. Sur la Vraie Croix de Saint-Laud d'Angers (naturellement!) il promet de ne plus avoir aucune alliance avec le duc de Bourgogne ou ses alliés.

## avril-mai

Pendant ce temps, le duc de Bourgogne a dû interrompre ses préparatifs de revanche. Il est tombé malade. Dès qu'il est guéri, il s'abouche de nouveau avec l'empereur Frédéric III et, pour obtenir son concours, offre de donner sa fille en mariage à Maximilien, fils de Frédéric. L'empereur accepte. Il n'en fournit pas pour autant subsides et hommes.

## mai

Louis XI ne se contente pas de la promesse du roi René. Ce qu'il veut, c'est qu'il lui abandonne l'Anjou et le Maine. A cet effet, il demande à René qui réside toujours en Provence de venir le trouver à Lyon. La conférence dure un mois. L'oncle et le neveu tombent enfin d'accord sur une transaction qui, pour une fois, satisfait tout le monde.

1° La Lorraine et le duché de Bar resteront à René II d'Anjou, le petit-fils du roi René.

2° L'Anjou et le Maine sont légués par celui-ci à son neveu Charles II du Maine.

Mais, dès le 25 mai, Charles II lègue à son tour le Maine et l'Anjou à Louis XI. Il est donc assuré que ces deux provinces rentreront prochainement dans le domaine royal.

## juin

Ayant regroupé ses forces, Charles le Téméraire marche sur Berne. Il lui faut d'abord s'emparer de la ville de Morat.

## 22 juin

Les confédérés secourent la place. La bataille s'engage. La cavalerie bourguignonne, mal disposée devant les archers, ne peut résister aux piquiers suisses.

L'armée du Téméraire est en grande partie exterminée.

Louis XI, qui a fourni aux Suisses de gros subsides, quitte Lyon parfaitement tranquille. Le sort de son cousin de Bourgogne lui paraît bien compromis.

## 27 juin

Et voilà que la duchesse de Savoie, Yolande, qui soutenait le duc de Bourgogne bien qu'elle fût la sœur de Louis XI, abandonne la cause du Téméraire et s'allie avec son frère. Furieux, Charles la fait enlever !

## juillet-septembre

La campagne s'est maintenant transportée en Lorraine. René II, dont des contingents ont participé avec les Suisses à la bataille de Morat, entreprend de reconquérir son duché.

Il s'empare de Lunéville. Un des lieutenants du Téméraire, Campo-Basso, chargé de défendre le pays, trahit son maître au profit de Louis XI.

## 14 août

Louis XI a fait délivrer sa sœur. Celle-ci n'hésite pas. Elle se réconcilie avec ses vieux adversaires les Suisses et, sur l'initiative du roi de France, signe avec les Bernois la paix de Fribourg.

*L'enlèvement, sur l'ordre de Charles le Téméraire, de la sœur du roi de France, Yolande de Savoie, fut sûrement moins lyrique que celui de la belle Iseult tel que l'évoque cette miniature du XVᵉ siècle du Roman de Tristan. Il faut convenir que les motifs du duc de Bourgogne étaient inspirés davantage par la fureur que par la passion. (Musée Condé. Photo François Garnier.)*

## été

En Espagne, la cause d'Alphonse V de Portugal paraît désespérée. Louis XI a bien envoyé une armée commandée par Alain d'Albret envahir le Guipuzcoa, mais, toujours réaliste, devant cet échec, il la rappelle.

## 7 octobre

Le duc de Lorraine René II renforce son alliance avec les Suisses et reprend Nancy.

## 1477, 5 janvier

Pourtant, Charles le Téméraire ne renonce pas à ses projets. Sous les murs de Nancy, il attaque les coalisés, Lorrains, Alsaciens et Suisses.

Il est battu et trouve la mort à l'issue du combat.

(Suite page 339)

### *LA FIN TRAGIQUE DE CHARLE*

*Pour vaincre René II de Lorraine et la Confédération, Charles le Téméraire est parvenu à réunir une armée de dix mille hommes. Mais quelle armée! Des mercenaires sans valeur racolés ici et là, qui ne songent qu'à marauder, qu'à piller et n'ont nul désir de se faire tuer pour le « grand duc d'Occident ».*

*En face, René II a groupé vingt mille soldats éprouvés qui lui ont été fournis par les cantons suisses, l'Alsace, la Lorraine.*

*— Ce serait folie que de vous engager dans une lutte si inégale.*

*— Devrais-je les combattre seul que je les combattrais! réplique avec colère le Téméraire.*

*La température est d'une extrême rigueur. La neige recouvre tout le pays.*

*Charles veut reprendre Nancy, cette capitale de la Lorraine que René II lui a enlevée, aidé des Strasbourgeois, le 7 octobre précédent.*

*Le combat s'engage le 5 janvier 1477 devant Nancy. Les mercenaires bourguignons lâchent pied. Les bannières brodées d'une croix à double traverse (cette croix d'Anjou qui va devenir la croix de Lorraine) triomphent sur le champ de bataille.*

*A cheval, Charles le Téméraire a fui. Il n'ira pas loin. Un groupe de soldats s'est posté en embuscade. Ils l'arrêtent, le prennent à la gorge, le tuent puis ils le dépouillent de ses somptueux vêtements et de ses bijoux.*

*Les loups accourent, se disputent la proie. Et c'est un cadavre nu, déchiqueté, que l'on retrouve quarante-huit heures plus tard près d'un étang glacé, dans la boue. Ainsi finit misérablement le plus orgueilleux, le plus ambitieux des grands féodaux.*

*Rédigés au XVe siècle, ce n'est qu'au début du XVIe que les Mémoires de Philippe de Commynes seront enluminés. Aussi y a-t-il quelque anachronisme dans cette représentation de la bataille de Nancy. (Musée Dobrée, Nantes. Photo Giraudon.) Sceau de Charles le Téméraire. Muni d'une chaînette, il pouvait être porté à la ceinture. (Archives d'État, Lucerne. Photo Landes Museum, Suisse.)*

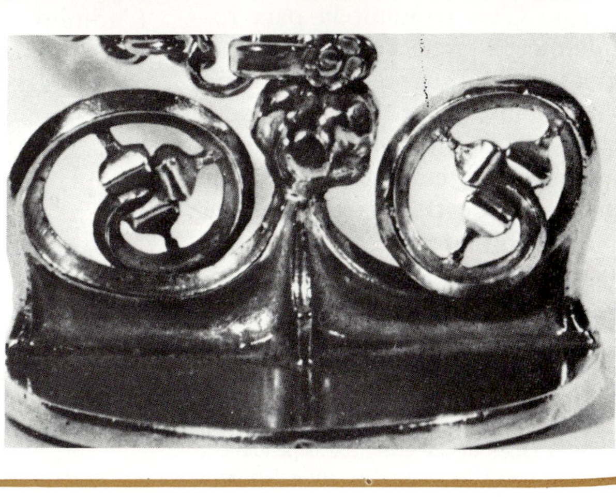

# La Bourgogne devient française

C'en était fait du rêve bourguignon. Il était mort en même temps que le Téméraire, sur le champ de bataille de Nancy, le 5 janvier 1477.

Au traité d'Arras, en 1482, Maximilien d'Autriche, qui avait épousé la fille du Téméraire, Marie, devra reconnaître à Louis XI la souveraineté sur les deux Bourgognes [1]. En 1544, Charles Quint renoncera définitivement à la Bourgogne.

Cette Bourgogne devenue française — et qui le restera — quelle était son histoire?

Au premier siècle avant Jésus-Christ, la Bourgogne est le domaine des Eduens. Leur puissance s'incarne dans un oppidum solide : Bibracte. On a vu comment les Eduens s'étaient alliés plus tard aux Romains pour abattre l'empire arverne. Pendant la brève aventure de Vercingétorix, l'attitude des Eduens apparaît fluctuante. César occupera Bibracte. C'est pendant la paix romaine que la vigne s'implante décidément en Bourgogne. Sous le règne de Constantin, un vignoble déjà réputé s'étale sur la côte nuitonne ou beaunoise. Au temps des Mérovingiens, Grégoire de Tours jure que les Dijonnais préfèrent, aux plus fameux vins de Syrie, leurs crus locaux. Autun est devenu un centre commercial important. La Bourgogne va se convertir à la religion chrétienne. Il semble qu'on trouve à Autun dès le IIe siècle des fidèles de la nouvelle religion.

Mais alors intervient dans l'histoire ce peuple burgonde qui va donner son nom à la Bourgogne. A l'origine, les Burgondes — *burgondiones* ou *burgondi* — sont des Scandinaves. Ils sont passés en Allemagne, puis, au Ve siècle, ont fait irruption en Gaule. Ils s'avancent vers le Rhône, entrent à Lyon et à Vienne en 470, à Dijon en 479.

Les Burgondes occuperont désormais la contrée. Ils recevront des propriétaires primitifs un tiers « de la réserve seigneuriale » et les deux tiers des « tenures ». Les Burgondes, d'ailleurs, ne sont pas mal accueillis. Les populations autochtones les considèrent comme leurs défenseurs contre des barbares plus redoutés. L'administration civile demeure entre les mains des Gallo-Romains. On découvre là une véritable symbiose, une complémentarité. Le roi burgonde se présente comme le délégué de l'empereur. Il porte le titre de *magister militum*.

Le plus illustre roi des Burgondes, c'est Gondebaud qui gouverne de l'Auxerrois à la Suisse romande, de la Champagne à la Durance. Un royaume que l'historien de la Bourgogne, M. Jean Richard, déclare « relativement solide ». En tout cas, il peut résister à

1 Après la rupture par Charles VIII de ses fiançailles avec Marguerite, fille de Maximilien, le roi de France devra renoncer cependant à la Comté et au Charolais ainsi qu'à l'Artois.

*Avec ce portrait de Marie de Bourgogne, fille unique et seule héritière du duché de Charles le Téméraire, le « Recueil d'Arras », une fois encore, fournit la preuve du souci de vérité qui anima son auteur dans l'évocation de tant d'illustres personnages. Si l'on compare cette sanguine à celle qui a fixé, dans ses années de jeunesse, les traits du Téméraire, on est frappé par certains détails communs entre le père et sa fille : même regard clair, même bouche sensuelle et bien dessinée, même rondeur de visage et de cou. (Bibliothèque d'Arras. Photo Giraudon.)*

l'assaut de Clovis, roi des Francs, qui a d'ailleurs épousé une nièce de Gondebaud. Clovis et Gondebaud traceront d'un commun accord la frontière entre leurs deux pays : Autun restera burgonde ainsi que le Nivernais. Mais l'Auxerrois ira aux Francs ainsi que la partie sud de la Champagne.

Le royaume burgonde disparaîtra au bout d'un siècle. Un des petits-fils de Clovis, Gontran (561-593), reçoit la Bourgogne en partage. C'est sous son règne qu'elle va prendre la forme qu'elle gardera jusqu'au IXe siècle et que définit M. Maurice Chaume, lui fixant « pour limites approximatives les Alpes occidentales, le cours supérieur de l'Aar, les Vosges méridionales, les hauteurs du Barrois et celles du Pertois, le confluent de l'Aube et de la Seine, les collines de la Brie, la zone boisée qui circonscrit Paris, la plaine de la Beauce, les forêts d'Étampes et d'Orléans, enfin le cours de la Loire, de Blois aux confins du Velay ».

En 768, la Bourgogne fait partie, tout entière, du royaume de Carloman, frère de Charlemagne. Mais, en 843, le royaume est démembré par le traité de Verdun. La Saône va séparer le royaume de Lothaire de celui de Charles le Chauve. Par voie de conséquence, la plupart des *pagi* de l'ancienne Burgondie vont être attribués à Lothaire, cependant que Charles conserve la Bourgogne franque.

Il est remarquable que les Bourguignons ressentent dès cette époque une véritable aspiration à l'unité. En 879, une assemblée réunie à Mantaille élit roi Boson. L'année suivante, les Carolingiens envahissent le royaume de Boson et enlèvent Mâcon. En 880, c'est le frère de Boson, Richard le Justicier, qui va régner sur la Bourgogne. La grande Bourgogne est morte, mais la Bourgogne franque, autrement dit le duché de Bourgogne, se constitue. Il s'agit maintenant d'une de ces « marches » dont peu à peu s'affirme la personnalité. Richard le Justicier devra défendre sa Bourgogne contre les Normands. Il se bat courageusement, repousse des offensives furieuses. Signe des temps : Charles le Gros a lui-même autorisé les Normands à dévaster la Bourgogne.

Pour renforcer son pouvoir, Richard a été investi de l'autorité ducale. Son titre : *dux* ou *marchio*. On verra les comtes de la région bourguignonne peu à peu se ranger sous son autorité : ceux de Troyes, de Dijon, de Brienne, de Tonnerre. Aussi le plus puissant, Manassès, comte de Chalon et de plusieurs autres comtés. Le clergé suit cet exemple.

Les successeurs de Richard renforcent encore le pouvoir ducal. Le duché de Bourgogne se maintient pendant cent trente ans, malgré des conflits extérieurs et internes.

A la mort du duc Henri Ier (1002), le roi de France Robert le Pieux, son neveu, revendique le duché. Il lui faudra de nombreux combats pour enfin s'emparer de Dijon (1016). Il va d'ailleurs, aussitôt, reconstituer le duché de Bourgogne au profit de son second fils, Henri, puis de son autre fils Robert qui

*Une miniature du livre de Pierre de Waltan a laissé, du seul fils survivant du roi Louis XI, cette image. Charles, qui a ici une taille d'adulte, était probablement déjà roi lorsqu'il reçut de Pierre de Waltan l'hommage de son livre : « Apostle Creed. » Entouré de quelques gentilshommes qui, comme lui, sont décorés de l'ordre de Saint-Michel, Charles VIII porte, sur le poing gauche, un faucon. (Département des manuscrits. British Museum. Photo du musée.)*

devient le duc Robert Ier en 1031. Parmi ses descendants, le plus brillant, le plus remarquable est Hugues III (1162-1192). Il entrera en conflit avec le roi de France Philippe Auguste, mais sera battu par celui-ci. Il mourra en Terre sainte.

C'est le temps où la féodalité prend son aspect nouveau — en Bourgogne comme ailleurs. C'est le temps aussi où les évêques renforcent leur influence, où s'affirme le mouvement pour la paix : trêve de Dieu ou paix de Dieu. En Bourgogne, naissent de nombreux monastères. Entre tous, Cîteaux va rayonner d'une gloire incontestée, marquée de l'extraordinaire personnalité de saint Bernard. Dans ce grand mouvement de la féodalité, les ducs de Bourgogne trouvent leur place. Ils sont de fidèles vassaux du roi de France. Souvent, ils combattent au service du roi. Ainsi Eudes IV sera blessé à Cassel. Son fils Philippe, Monsieur, est tué au siège d'Aiguillon, en Guyenne (1346). Mais les ducs ont à cœur de défendre leurs sujets contre les empiétements royaux. En 1315, le roi de France devra accorder la *Charte aux Bourguignons* qui fixe la limite au-delà de laquelle est interdite l'intervention des fonctionnaires royaux.

Au XIIIe siècle, toutes les classes sociales de Bourgogne connaissent des transformations profondes. Les métayers remplacent peu à peu les corvéables. Les villes se voient accor-

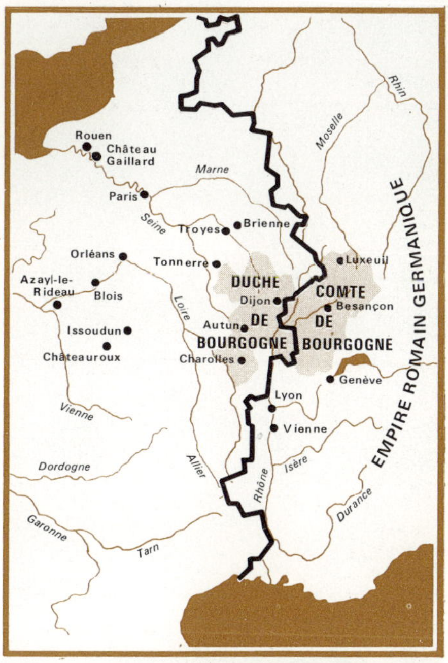


*La Bourgogne à l'époque de Philippe Auguste*

der des franchises. Beaucoup deviennent des communes qui s'administrent elles-mêmes. Ces campagnes et ces villes sont riches. L'agriculture et le commerce paraissent aussi florissants l'un que l'autre. C'est l'époque des grandes foires : Autun et Chalon rivalisent avec les foires de Champagne. Dans le Charolais, aussi bien que dans l'Autunois, on élève du gros bétail. Dans les forêts grouillent les porcs. Les moutons paissent dans l'Auxois ou dans le val de Saône. Dans les étangs foisonnent les poissons. Et les terres, de plus en plus, se couvrent de vigne. Paris prend l'habitude d'acheter son vin en Bourgogne. Les crus de Beaune sont célèbres. Les draperies de Dijon, de Châtillon ou de Beaune concurrencent maintenant celles du Brabant et du Hainaut.

En 1349, est mort le duc Eudes IV. Son petit-fils, Philippe, n'est encore qu'un enfant. La régence va être

*Deux seigneurs disputent une partie d'échecs sous le regard attentif des spectateurs debout autour d'eux. Miniature du livre de Pierre Choinet « Les Trois Ages de l'homme ». (Cabinet des manuscrits. Bibliothèque nationale. Photo B.N.)*

*Cette peinture sur bois, œuvre d'un anonyme, représente l'archiduc Maximilien d'Autriche en costume de grand maître de l'ordre de la Toison d'or. Le visage du duc paraît présenter un caractère de grande ressemblance. (Musée Condé, Chantilly. Photo Holzapfel.)*

conférée à sa mère, Jeanne de Boulogne. Or, celle-ci se remarie avec le fils aîné du roi de France, Jean, duc de Normandie, le futur roi Jean II le Bon. Dès son avènement (1350), ce dernier déclare prendre à bail le duché de Bourgogne. Il faut rassurer les Bourguignons qui tiennent à leur autonomie. Aussi Jean II s'engage-t-il à rétablir dans leur intégrité les droits du duc. Mais Philippe meurt à Rouvres (1361). Voici éteinte la dynastie bourguignonne. Aussitôt, Jean II le Bon proclame la réunion du duché de Bourgogne à la couronne de France. Mais il devra s'engager devant les états, réunis à Cîteaux, à respecter les libertés de la Bourgogne et à reconnaître aux baillis ducaux le rang de baillis royaux. Le comte de Tancarville sera le premier gouverneur de Bourgogne au nom du roi de France. Puis, en 1363, il sera remplacé par le quatrième fils du roi, Philippe le Hardi. La même année, le duché de Bourgogne est promis par Jean à son fils Philippe. Charles V, en 1364, confirme cette décision. Philippe le Hardi est donc bien décidément duc de Bourgogne. Voici qu'est née la dynastie des Valois de Bourgogne. Il faut croire que la force du sentiment bourguignon est bien grande puisque, de nouveau, en trois générations à peine, sera née une Bourgogne quasi indépendante, si puissante qu'elle deviendra la menace la plus grave que le roi de France aura à conjurer.

Cette Bourgogne des Valois, ce sont ses nouveaux ducs qui l'ont faite : Philippe le Hardi puis Jean sans Peur, puis Philippe le Bon.

Et puis vint le fils de Philippe le Bon, Charles le Téméraire. Il voulut être l'empereur d'Occident. Sa folle ambition, romantique avant la lettre, allait avoir un effet qu'il ne pouvait prévoir : rendre la Bourgogne définitivement française.

## 1477, 7 janvier

(*Suite de la page 332.*)

Louis XI sort aussitôt de son apparente inaction. A-t-il déjà appris l'issue du combat? Ce n'est pas sûr. Il n'en donne pas moins ordre à Jean de Chalon, prince d'Orange, de soumettre la Bourgogne. En même temps, il adresse aux états de Bourgogne un ultimatum les invitant à se soumettre.

## fin février

Les états acceptent la proposition du roi. Toute la question est maintenant de savoir qui va enlever la main de l'héritière de Bourgogne, Marie, et l'héritage...

## 11 février

Réunis à Gand, les états généraux des Pays-Bas s'empressent de secouer le joug que Charles avait voulu leur imposer. Le « grand privilège » rétablit toutes les franchises des villes flamandes. Les organes du gouvernement créés par le duc sont tous supprimés.

Ces mesures s'accompagnent naturellement de quelques troubles populaires, en particulier à Gand, à Bruges, à Ypres et à Mons.

## 13 février

Qui aura l'héritière et l'héritage? L'empereur Frédéric III rappelle à Louis XI que Marie a été fiancée l'année précédente à son fils Maximilien et que les domaines bourguignons doivent lui revenir.

## 18 février

A leur tour, les états de Franche-Comté acceptent les propositions de Louis XI.

## fin janvier

Tout le monde se rue à la curée. Tout le monde veut avoir sa part des domaines du grand duc d'Occident : René II de Lorraine, les Suisses, Sigismond d'Autriche, le comte palatin, le duc de Bavière.

Affolées, Marie et sa belle-mère Marguerite d'York implorent l'aide du roi de France.

Louis laisse leur appel sans réponse. Il est bien décidé à annexer les villes de la Somme, l'Artois, la Flandre, le Hainaut, la Comté (ou Franche-Comté), la Bourgogne. Il abandonnera aux princes allemands Brabant et Hollande.

C'est oublier le loyalisme des sujets bourguignons qui veulent rester fidèles à Marie et que les pillages de Jean de Chalon en Bourgogne, du sire de Craon en Franche-Comté ont révoltés.

René II se contente de garder sa Lorraine. Sigismond et les Suisses se désistent contre de grosses sommes.

Mais toute la Franche-Comté et la Bourgogne sont en état de révolte.

## mars

Imperturbable, Louis XI poursuit son dessein. Il fait occuper la Picardie, le comté de Boulogne et même Cambrai, ville impériale!

Aux Flamands, le roi montre un visage souriant. Il espère obtenir leur assentiment par des intrigues, se plaît à recevoir leurs ambassadeurs, à boire avec eux à la santé de « ses bons sujets de Gand ». En même temps, il offre au roi d'Angleterre et aux princes rhénans de participer au dépeçage de l'héritage bourguignon.

## avril

Cette duplicité finit par être connue. Alors Louis XI se fâche. Les

*LE BUDGET MILITAIRE DE LA FRANCE SOUS LOUIS XI*

*Pendant les dernières années du règne, la diplomatie a pris le pas sur la guerre. Pourtant, le roi tenait pour indispensable de posséder une armée de métier forte et disciplinée. Les compagnies d'ordonnance sont passées de deux mille lances en 1470 à 3 884 vers la fin du règne. Le nombre des francs-archers a été doublé. Il est vrai que ceux-ci sont tellement indisciplinés que Louis XI a fini par dissoudre leur corps et n'a gardé que les meilleurs avec lesquels il a constitué des compagnies de piquiers. Il a recruté en Suisse plusieurs milliers de mercenaires.*

*Le budget militaire de la monarchie s'est donc amplement gonflé. Qu'on en juge plutôt :*

*1470 : 907 362 livres*
*1473 : 1 028 015 livres*
*1483 : 2 700 000 livres.*

*Il était difficile de trouver l'argent pour payer tous ces mercenaires :*

*« Allez à Paris demain, écrit Louis à Jean Bourré, son ministre des Finances, et trouvez l'argent dans la « boîte à l'enchanteur. »*

*Il ne fallait pas moins que toute l'habileté du financier du roi pour faire comme par enchantement sortir de l'or des caisses!*

partisans de Marie sont emprisonnés, plusieurs sont décapités. Ainsi Oudard de Bussy, à qui le roi avait donné une seigneurie pour obtenir son concours, est exécuté pour sa fidélité à Marie : « Afin qu'on connût bien sa tête, je l'ai fait atourner d'un beau chaperon fourré et elle est sur le marché de Hesdin, qu'elle préside », écrit le roi le 20 avril.

*C'est peu de temps avant le siège d'Arras don[t] ... Français utilisent, pour la première fois, une nou[velle] ... à croc et à mèche, montée sur une fourchette, ... Louis XI. (Cabinet des manuscrits. Biblioth[èque] ...*

Les habitants d'Arras avaient envoyé une ambassade à Marie pour connaître ses volontés. Les vingt-deux hommes sont interceptés en route. Ils ont la tête tranchée.

## 21 avril

Ces procédés d'intimidation ne réussissent pas.

Marie annonce ses fiançailles avec Maximilien.

La noblesse du Charolais prend les armes contre les soldats du roi de France.

*ıture montre ici les murailles fortifiées que les à feu : la haquebute (détail, à droite). Arme le l'arquebuse employée vers la fin du règne de ıale. Photo B.N.)*

## 2 juin

Malgré cet échec, Louis poursuit sa conquête. La ville d'Arras est prise, brûlée. Elle prend désormais le nom de Franchise. Les habitants sont expulsés et remplacés par des immigrants qui viennent de toutes les villes du royaume « loyales et obéissantes »...

## juin

Les troupes françaises pénètrent en Hainaut.

*Illustrant, au XVI^e siècle, les Mémoires de Commynes, l'enlumineur a représenté ainsi Marie de Bourgogne et Maximilien recevant de l'évêque de Bruges la bénédiction nuptiale. (Musée Dobrée, Nantes. Photo Giraudon.) Le dépit du roi de France devant cette union fut grand, et malheur à ceux que, de rage, il fit arrêter et enfermer. Comme le montre ce bois gravé de l'époque (Fables d'Esope, illustrées en 1486), la captivité, au XV^e siècle, n'avait rien d'agréable et bien malins ceux qui parvenaient à se débarrasser de telles entraves... (Photo François Garnier.)*

### 25 juin

Jacques de Chabannes est chargé de faire le siège de Valenciennes :

« Je vous envoie, lui écrit Louis XI, quatre mille faucheurs pour faire le dégât que vous savez et je vous prie, faites-les bien boire cinq ou six pipes de vin (la pipe vaut quatre cent quarante litres) pour les mettre bien en besogne. »

Mais la révolte des Bourguignons s'étend à tout le duché. Le président du Conseil ducal, Jean Jouart, qui avait pris le parti du roi de France et s'était déclaré en sa faveur, est assassiné à Dijon.

Prise d'assaut, la ville d'Avesnes est entièrement détruite.

Pour se concilier les faveurs de son terrible parrain, Marie lui écrit une lettre en lui promettant qu'elle ne tiendra aucun compte des avis des états des Pays-Bas. Avec sa duplicité coutumière, Louis XI s'empresse de montrer cette lettre aux députés flamands. Mais ceux-ci n'en veulent pas à Marie et la révélation a un effet tout contraire. Les rares partisans du roi de France sont arrêtés par les Gantois.

### 29 août

Et le mariage de Marie et de Maximilien est enfin célébré. L'héritière de Bourgogne a désormais un défenseur.

### automne

Louis XI se venge en faisant arrêter tous ceux de ses serviteurs qui n'ont pas assez soutenu sa cause ou ont marqué quelque fidélité à Marie. Simon de Quingey est jeté dans une cage. Jean de Chalon, que le roi avait oublié de récompenser et qui avait abandonné la cause royale, ne doit son salut qu'à la fuite. Il est condamné à mort par contumace et pendu (en effigie) la tête en bas.

Pourtant, grâce aux efforts et à l'habileté d'un nouveau lieutenant général, Chaumont-Amboise, le duché de Bourgogne s'apaise peu à peu.

Au contraire, les troubles se poursuivent en Franche-Comté.

### 1478, avril

Le risque de voir définitivement dispersé l'héritage du grand duc d'Occident semble conjuré. Marie et Maximilien maintiennent leur pouvoir. L'Angleterre d'Edouard IV refuse d'intervenir. Edouard conserve une attitude de stricte neutralité car il tient à garder la rente annuelle que lui sert Louis XI depuis la signature du traité de Picquigny.

Alors, « l'universelle aragne » se retourne vers l'Italie dont elle n'a pu s'occuper pendant les années précédentes. Précisément, une révolution vient d'éclater à Florence. A l'instigation du pape Sixte IV, les Médicis qui gouvernent la ville ont été écartés du pouvoir. Julien a été assassiné, Laurent n'a dû son salut qu'à la fuite. Mais les conjurés sont découverts. L'un d'eux, le cardinal Salviati, est pendu le jour même.

Le pape, qui soutient Maximilien et combat les Médicis, en profite pour lancer sur la Toscane ses condottieri et le roi de Naples. Louis XI songe à intervenir en Italie.

### juillet-août

En Hainaut, l'invasion des troupes françaises se poursuit mollement. En fait, cette nouvelle campagne n'amène aucun résultat définitif.

### 15 septembre

Les affaires se gâtent de plus en plus en Italie. Le roi de France menace le pape d'une intervention armée. Il réunit à Orléans un concile « gallican » qui élève une vigoureuse protestation contre les abus de la cour de Rome et demande la convocation d'un concile œcuménique.

Sixte IV refuse de céder. Louis XI parvient à réconcilier le roi de Naples et les Médicis qui sont ainsi sauvés sans que le roi ait eu à envoyer un seul soldat en Italie.

## 10 octobre

Ainsi devenu arbitre incontestable dans la péninsule, en dépit des protestations du pape, de l'empereur Frédéric III et de Maximilien, Louis XI exerce un véritable despotisme à l'égard des évêques de France :

« Faites faire des mandements, écrit-il à son chancelier, pour prendre leur temporel en ma main, car il ne faut pas que nul recule en cette matière. »

Les serviteurs du roi obéissent.

## 9 novembre

En Espagne, Louis XI a renoncé à ses intrigues en Castille et en Aragon. Un traité est enfin signé entre lui et Ferdinand de Castille. Jean II d'Aragon y est inclus. Reste la Navarre où le roi de France ne désespère pas d'intervenir.

## 1479, 19 janvier-12 février

La mort de Jean II d'Aragon, puis celle de son épouse ouvrent, par contrecoup, la succession de Navarre. Ferdinand et Isabelle de Castille deviennent souverains d'Aragon.

De même, François Phœbus, fils de Gaston de Foix et de Madeleine de France sœur de Louis XI, petit-fils d'Eléonore elle-même fille de Jean II d'Aragon, devient roi de Navarre sous la tutelle de sa mère et du cardinal Pierre de Foix, qui est un pensionné du roi.

La Navarre, petit pays dépeuplé et ruiné par les guerres, est donc fatalement destinée à tomber sous l'emprise française en dépit de la vigoureuse action menée contre cette influence par Ferdinand et Isabelle de Castille.

## 13 mai

Veut-on connaître un témoignage saisissant de la pression de Louis XI sur son clergé? Voici ce qu'il écrit aux chanoines d'Angers appelés à choisir un nouvel évêque :

« Chers et bien-aimés,

« Je vous ai déjà écrit par deux fois d'élire maître Auger de Brie, mon conseiller. Vous n'en avez rien fait. Aussitôt ces lettres lues, élisez-le, car pour rien je ne souffrirais qu'un autre eût l'évêché que notredit conseiller. Si l'un de vous s'y oppose, je lui ferai vider le royaume... »

Après quoi Auger de Brie est élu.

## juin

Le roi n'en veille pas moins à administrer prudemment le royaume. Avec l'aide de ses conseillers, il s'efforce de diminuer les dépenses, d'avoir une monnaie forte. A cet effet, il convoque à Paris les bourgeois des grandes villes (à raison de deux par ville) « experts sur le fait des monnaies ».

Cette assemblée propose de sages mesures que le roi applique.

## juin

Louis prépare une nouvelle campagne en Hainaut. Il demande à François II, duc de Bretagne, de

*Particulièrement naïve et maladroite, cette miniature du XV^e siècle retrace deux événements assez éloignés l'un de l'autre. A gauche, Maximilien vient d'épouser Marie de Bourgogne. A droite, son fils, Philippe, sans doute âgé d'une dizaine d'années, lui est présenté par sa mère. (Département des manuscrits. British Museum. Photo du musée.)*

lui fournir un contingent d'hommes.

François refuse, ce qui n'améliore pas les relations entre la France et la Bretagne.

## été

La campagne n'a pas plus d'heureux résultats que l'année précédente. Les Flamands résistent opiniâtrement.

## 7 août

Une sanglante bataille est livrée à Guinegate (aujourd'hui Equinegatte, près de Saint-Omer). Son issue reste indécise.

La lutte pour la conquête du Hainaut se poursuivra mollement pendant les années qui suivent.

## 1480, hiver

Les dernières années du règne de Louis XI sont, au point de vue politique, infiniment plus calmes. La plupart des grands féodaux ont été réduits à l'impuissance. François II de Bretagne garde une certaine indépendance. Reste pendante la question du partage des domaines bourguignons car ni Marie ni Maximilien ne reconnaissent les conquêtes du roi de France, et le Hainaut résiste aux campagnes royales.

## *LES RECETTES DU ROI*

*Aux yeux de Louis XI, la taille n'est pas un impôt exceptionnel, une « aide » qu'on peut toujours supprimer. C'est la redevance régulière que doit payer la terre. Son rendement, pendant le règne, ne cesse d'augmenter jusqu'en 1481.*

*1462 : 1 200 000 livres*
*1471 : 1 900 000 livres*
*1474 : 2 700 000 livres*
*1476 : 3 200 000 livres*
*1481 : 4 600 000 livres*
*1483 : 3 900 000 livres.*

*La paix d'Arras a permis d'alléger les charges.*

*Et voici les recettes budgétaires de la monarchie à la mort du roi :*

| | |
|---|---|
| *Domaine* | *100 000 livres* |
| *Aides et gabelle* | *655 000 livres* |
| *Taille* | *3 900 000 livres* |
| *Total* | *4 655 000 livres* |

*Les dépenses sont presque aussi fortes que les recettes. La politique de Louis XI consiste à distribuer largement subventions et pensions pour éviter les conflits.*

## 10 juillet

Le roi René meurt à Aix-en-Provence. Son corps est transféré en la cathédrale d'Angers. Le testament de René est aussitôt exécuté. Son neveu Charles reçoit Maine, Anjou et Provence ; son petit-fils René II, Lorraine et Bar.

## 1er août

Que va devenir la dernière fille de

*Décrite selon les coutumes en vigueur à la fin du XVe siècle, la mise en bière de sainte Catherine nous renseigne utilement sur l'une des phases d'une cérémonie funèbre sous le règne de Louis XI. (« Vie de sainte Catherine ». Cabinet des manuscrits. Bibliothèque nationale. Photo B.N.)*

René, l'ex-reine d'Angleterre? Marguerite écrit à son cousin Louis XI qu'il lui plaise de prendre en pitié son « pauvre fait ». Louis XI exige de Marguerite une nouvelle renonciation à ses droits sur la succession angevine. Abandonnée de tous, Marguerite est recueillie par un gentilhomme angevin, François de Vignoles, qui l'héberge dans son petit manoir de Dampierre près de Saumur.

## 20 décembre

Le cardinal Balue et Haraucourt, après neuf ans de captivité, sont libérés par Louis XI. Balue se retire à Angers.

## 1481, hiver

Parmi les féodaux dont l'attitude demeure inquiétante, il n'y a plus

guère en Normandie que René d'Alençon, perpétuel mécontent et éternel conspirateur. Ses officiers montrent toujours des velléités d'indépendance qui déplaisent au roi. Lui-même songe à se retirer auprès du duc de Bretagne. Alors Louis XI n'hésite pas. Il le fait arrêter et enfermer dans une de ses fameuses cages où, malgré le froid le plus rigoureux, il passe plusieurs semaines au point qu'il a une épaule et une cuisse « quasi perdues ».

## printemps

Contre Louis XI, le duc de Bretagne, qui s'inquiète de sa succession car il n'a qu'une fille, Anne, recherche des alliés. Il se rapproche de Maximilien d'Autriche et de Marie. Il négocie en même temps avec le roi d'Angleterre, mais celui-ci reste réticent.

## 11 décembre

La mort de Charles du Maine, neveu du roi René, fait définitivement entrer dans le domaine royal le Maine et l'Anjou qui en étaient sortis un siècle plus tôt quand ces provinces avaient été constituées en apanage en faveur de Louis I^er^, frère de Charles V, ainsi que la Provence.

## 1482, 27 mars

La mort de Marie de Bourgogne, fille de Charles le Téméraire et épouse de Maximilien, va-t-elle provoquer de nouveaux troubles? Il faut en finir avec cette irritante question de l'héritage bourguignon.

## juillet

Louis XI commence par s'assurer de la neutralité du roi d'Angleterre en renouvelant les clauses du traité de Picquigny. Il est convenu « que les deux souverains demeureront en paix leur vie durant et un an après la mort du premier décédant ».

De l'union de Marie et de Maximilien, deux enfants sont nés, Philippe le Beau et Marguerite. Ils sont tous deux mineurs. Les états généraux des Pays-Bas réunis à Gand acceptent Maximilien comme tuteur, mais il est bien stipulé qu'il gouvernera la Flandre au nom de Philippe et avec l'avis du Conseil. Louis XI comprend qu'il a commis une faute en laissant Marie épouser Maximilien. Les Français sont las de cette guerre de Hainaut qui n'en finit pas. Louis se sent lui-même déjà malade et usé. Il veut en terminer.

## 21 septembre

A Amboise, il réunit les seigneurs et les conseillers de la couronne. Il dresse comme un bilan du règne :

## *PUISSANCE DE LOUIS XI A LA FIN DU RÈGNE*

*« Or donc ce mariage de Flandre fut accompli, que le roi avait fort désiré, et tenait les Flamands à sa convenance*[1] *; Bretagne, à qui il portait grande haine, était en paix avec lui, mais il les tenait en grande peur et en grande crainte, pour le grand nombre de gens d'armes qu'il tenait logés à leurs frontières; Espagne était en repos avec lui, et ne désiraient le roi et la reine d'Espagne*[2] *sinon qu'amitié et il les tenait en doute et dépense, à cause du pays de Roussillon qu'il tenait de la maison d'Aragon... en gage et par aucunes conditions qui encore en sont vidées. Touchant les puissances d'Italie, le voulaient pour ami, et avaient quelque confédération avec lui et souvent y envoyaient leurs ambassadeurs. En Allemagne, avait les Suisses qui lui obéissaient comme ses sujets. Les rois d'Ecosse*[3] *et de Portugal*[4]*, ses alliés, et partie de Navarre*[5] *faisaient ce qu'il voulait. »*

*« Ses sujets tremblaient devant lui : ce qu'il commandait était incontinent accompli, sans nulle difficulté ni accusation...*

*« Une grâce lui fit Dieu; car, comme il l'avait créé plus sage, plus libéral et plus vertueux en toutes choses que les princes qui régnaient avec lui et de son temps et qui étaient ses ennemis et voisins, avec ce qu'il les passa en toutes choses, aussi les passa-t-il en longueur de vie, mais ce ne fut de guère, car le duc de Bourgogne, Charles*[6]*, la duchesse d'Autriche, sa fille*[7]*, le roi Édouard*[8]*, le duc de Galéas de Milan*[9]*, le roi Jean d'Aragon*[10]*, tous ceux-ci étaient morts peu auparavant. En tous y avait du bien et du mal, car ils étaient hommes, mais sans user de nulle flatterie, en lui avait trop plus de choses appartenant à office du roi et de prince qu'en nul des autres. Je les ai presque tous vus et su ce qu'ils savaient faire. »*

PHILIPPE DE COMMYNES, *MÉMOIRES*

[1] Allusion au mariage conclu par le traité d'Arras. [2] Ferdinand d'Aragon et Isabelle de Castille. [3] Jacques III Stuart, roi d'Ecosse depuis 1460. [4] Alphonse V, roi du Portugal. [5] Gaston de Foix. [6] Charles le Téméraire. [7] Marie, sa fille. [8] Edouard IV. qui mourra en 1483. [9] Galéas Sforza. [10] Jean II d'Aragon.

*Deux sceaux de Louis XI. Le premier, appendu en 1461, est le sceau de majesté, au pavillon fleurdelisé. Le second, dit « troisième sceau en l'absence », servit en 1470. (Archives nationales. Photos Dorka.)*

*Le château de Plessis-lez-Tours appartenait à la famille de Maillé quand Louis XI, en 1463, s'en porta acquéreur. Le roi donna à sa nouvelle résidence le nom de Plessis du Parc — elle s'appelait alors les Montils — et la fortifia d'une double enceinte à l'intérieur de laquelle il fit élever une chapelle et un couvent pour les minimes de saint François de Paule. C'est dans une chambre du premier étage que, le 30 août 1483, à l'âge de soixante et un ans, Louis XI expirera. Dans cette chambre, demeurent la cheminée et une partie du mobilier d'époque. En bas, à droite, l'escalier qui mène aux appartements royaux. (Photos Jérôme da Cunha.)*

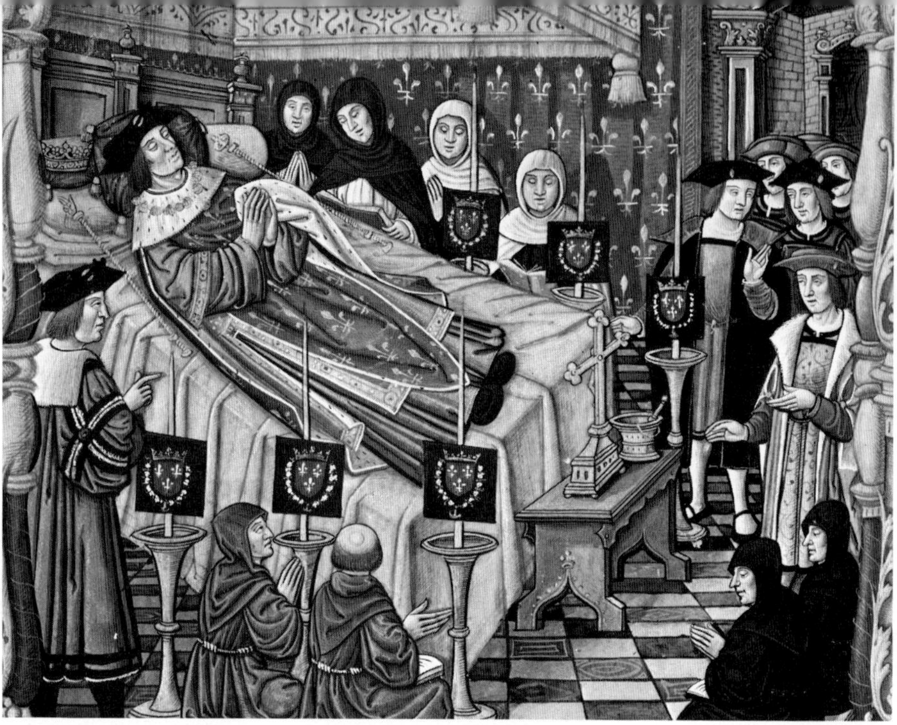

*Il semble, d'après cette miniature des Mémoires de Commynes, que Louis XI fut le premier roi de France dont la mort fut entourée d'une telle pompe. C'est dans l'église Notre-Dame de Cléry qu'il sera inhumé. Sur des instructions données par Jean Bourré à Colin d'Amiens fût ébauché ce premier projet de statue (ci-dessous, à gauche). Celle-ci fut remplacée, en 1622, par le cénotaphe en marbre (à droite), œuvre du sculpteur Bourdin. (En haut, musée Dobrée, Nantes. Photo Giraudon. En bas, à gauche, Département des imprimés. Photo Bibliothèque nationale. En bas, à droite, Photo Jérôme da Cunha.)*

« Nous n'avons rien perdu de la couronne mais au contraire avons icelle augmentée et accrue. »

Il reconnaît qu'il n'a pas été sans commettre d'erreurs durant son règne. Il a eu tort d'écarter brutalement les conseillers de son père. Il a eu tort de faire exécuter le comte

d'Armagnac, duc de Nemours. La raison d'Etat n'excuse pas tout.

Il demande au dauphin de ne pas l'imiter et lui laisse ses dernières instructions.

## décembre

Il veut aussi régler la question bourguignonne.

Les négociations sont menées en son nom par le sire d'Esquedes, un capitaine bourguignon passé au service du roi de France.

## 21 décembre

Le traité est signé à Arras.

Le duché de Bourgogne reste entre les mains du roi de France. Le dauphin, bien qu'il soit déjà promis à la fille du roi d'Angleterre, épousera Marguerite qui lui apportera en dot la Franche-Comté et l'Artois. La petite princesse sera élevée à la cour de France.

L'Etat bourguignon est démembré, conclut Charles Petit-Dutaillis. Chacun a eu sa part du gâteau. Les Suisses ont gagné gloire et argent, René II a récupéré sa Lorraine, Sigismond l'Alsace. Louis XI a eu la plus grosse part avec la Bourgogne, la Picardie, le Boulonnais et, bientôt, l'Artois et la Franche-Comté. Il est vrai que la maison d'Autriche est maintenant installée dans les Pays-Bas puisque Philippe le Beau, fils de Maximilien, les conservera.

Et c'est un grave péril en perspective pour le royaume.

## 1483, janvier

La mort de François Phœbus, roi de Navarre, fait passer la couronne à sa sœur Catherine qui épousera Jean d'Albret, fidèle serviteur de la monarchie française.

L'influence de Louis XI sur cette partie de l'Espagne s'accroît de plus en plus.

## 9 avril

Edouard IV a été fort mécontent de la signature du traité d'Arras qui rompt la promesse de mariage entre le dauphin Charles et sa fille. Il commence même des préparatifs de guerre. Sa mort arrête net cette menace.

## 25 août

Depuis plusieurs mois, Louis XI, que Commynes trouvait dès 1479 « bien envieilli », souffre d'hydropisie. Par deux fois, en 1480 et 1481, il a eu des attaques de paralysie. Il ne quitte plus guère son manoir de Plessis-lez-Tours.

Son médecin Jacques Coitier, qu'il a comblé de dons — il lui a donné un hôtel à Paris, un château, des rentes — ne lui cache pas la gravité de son état :

— Sire, lui dit-il brutalement, c'en est fait de vous!

Le roi donne ordre à son gendre Pierre, qu'il a investi du gouvernement de son fils, de partir pour Amboise où se tient le dauphin Charles. Pendant les jours qui suivent, malgré de violentes douleurs, il ne cesse de donner à son entourage des conseils et des instructions politiques qu'il entremêle de prières à la Vierge.

Il règle même ses obsèques qu'il veut très simples. Il demande à être enterré en l'église Notre-Dame de Cléry.

## 30 août

Il meurt à sept heures du soir après une brève agonie.

Le premier monarque des temps modernes que la France ait connu vient de disparaître.

# Les inventions du Moyen Age

*C'est aux Normands que l'on doit l'idée, d… ture des « Miracles de Notre-Dame », XV^e si…*

Assurément, le Moyen Age marque une mutation profonde des rapports entre le travail et les techniques. Le Moyen Age manifeste une volonté constante d'exploiter dans des conditions meilleures les sources naturelles d'énergie : il s'agit de soulager l'effort de l'homme.

Peut-on parler réellement des *inventions* du Moyen Age? Le plus souvent, il s'agit plutôt du *perfectionnement* d'une technique déjà existante. Mais en certains cas la découverte mérite pourtant le beau nom d'invention.

Très tôt, les hommes du Moyen Age ont compris la nécessité d'une amélioration des moyens de communication. Nécessité politique. Nécessité économique. Au centre de tout, on découvre naturellement le cheval. Cet infortuné cheval dont les sabots s'usent si vite et qui s'essouffle à tirer les chariots. En ce sens, l'apparition des fers vers l'an 900 de notre ère a permis au cheval de courir mieux et plus longtemps. La selle elle-même se modifie : les étriers deviennent d'un usage courant. Tout cela facilite la mission de la monture et du cavalier.

Pour le cheval de trait, nous avons déjà signalé, entre la deuxième moitié du x^e siècle et le xii^e siècle, l'emploi du collier d'attelage qui augmente de deux tiers au moins le potentiel de traction du cheval[1].

Aussi, l'on voyage beaucoup par eau. L'audace des contemporains, d'ailleurs, nous émerveille. Dans des coquilles de noix, ils se lancent, sans

Voir au tome 2 page 297 : *les Français au XIVe siècle.*

iècle, de prolonger les embarcations par un appareil mobile, le gouvernail d'étambot. (Minia-
t des manuscrits. Bibliothèque nationale. Photo B.N.)

crainte apparente, sur les mers. Longtemps, ces navires n'ont présenté aucune différence avec ceux de l'Antiquité. Les bateaux de Guillaume le Conquérant ressemblaient étrangement à ceux des Vikings du VIe siècle. Ni les uns ni les autres n'avaient de gouvernail. On se servait de deux rames latérales arrière pour manœuvrer le navire. C'est entre le XIIe et le XIIIe siècle qu'apparaît le gouvernail moderne, avec des charnières fixées à la poupe sous la surface de l'eau. Un homme suffit à le manœuvrer. Innovation capitale! La navigation ne dépend plus de l'état de la mer. Elle était jusque-là le fait d'hommes exceptionnels. Chacun pourra ambitionner d'être marin désormais.

En même temps, les navires augmentent sensiblement de dimensions. On voit apparaître au XIe siècle les *huissiers*, ainsi nommés parce que des portes s'ouvrent dans leur flanc, par lesquelles pourront embarquer les chevaux; ces portes, en vieux français, sont des *huis*. Au XIIIe siècle, certains huissiers mesurent plus de trente mètres de long et jaugent un millier de tonneaux. Ils sont quatre fois plus grands que les plus grands navires marchands romains. On a donc été conduit à placer entre le beaupré et le grand mât un nouveau mât, le mât de misaine. Dès le XIIe siècle, un trois-mâts tient tête aux galères du roi Richard Ier. Avec ces bateaux nouveaux, l'exploration du monde va devenir possible.

Naviguer, oui, mais comment? Jusque-là, on se repère sur les étoiles, sur le soleil, ou bien on navigue sans s'écarter des côtes. La boussole va changer tout cela. Le nom « boussole » vient de *buxula*, qui veut dire petite caisse en buis. Dès le XIIIe siècle, Pierre de Maricourt, mage et alchimiste picard, parle d'une boussole à aiguilles mobiles :

« *Dans ce chapitre, tu t'initieras à la construction d'une roue qui se meut constamment d'une façon merveilleuse... Si tu veux fabriquer une roue analogue, prends une coupe d'argent comme celle des miroirs concaves, c'est-à-dire ajourée et gravée à l'intérieur, car plus elle sera légère, plus vite elle se mettra en mouvement. Surtout fais en sorte que, pour le profane, cette précaution passe inaperçue. A l'intérieur de la coupe, on fixe des bandes de fer ou des dents d'un poids égal. Elles seront placées en direction oblique sur la bordure de la coupe, l'une après l'autre, de façon que leur distance ne dépasse pas l'épaisseur d'un haricot. La roue elle-même doit avoir un poids égal sur chacun de ses côtés. Fixe le centre de l'axe autour duquel tourne la roue de façon qu'il reste immobile. Dispose sur l'axe une tige d'argent, à l'extrémité de laquelle tu fixeras, entre deux capsules, une pierre magnétique. Or, cette pierre doit être préparée de la façon suivante : tu l'arrondis en forme d'œuf et laisse les pôles tels quels, mais la partie comprise dans l'intervalle doit se résorber de telle sorte qu'elle prenne le moins de place possible et ne touche pas les parois des capsules quand la roue se met à tourner. Cette opération une fois accomplie, fixe la pierre sur la tige métallique, comme si tu sertissais une pierre précieuse. On dirige le pôle nord vers les bandes et les dents de la roue, en ayant soin de l'incliner légèrement de façon que la force de la pierre agisse, non pas directement mais sous un certain angle, sur les dents de fer. C'est ainsi qu'une dent qui s'approche du pôle nord en vertu du mouvement de la roue le dépasse et s'approche du pôle sud qui a tendance à le repousser plus qu'à l'attirer, conséquence inévitable de la loi que j'ai exposée dans le chapitre précédent. Une telle dent est ensuite continuellement attirée et repoussée. Pour que la roue exécute son travail plus rapidement, on place dans la coupe un petit poids rond de bronze ou d'argent, suffisamment menu, de telle sorte que l'on*

*Cette horloge relativement perfectionnée (ci-dessus), de construction allemande, date du XV<sup>e</sup> siècle. Pourvue d'une roue dentée, elle sonne les heures. (Musée de Cluny. Photo Giraudon.)*

*puisse facilement le cacher entre chaque couple de dents. Lorsque la roue monte, le petit poids tombe du côté opposé. Tandis que le mouvement de la roue monte toujours par l'un des deux côtés, l'autre mouvement se déclenche, non moins continuel, grâce au petit poids qui tombe entre deux dents, attiré par le centre de la terre. Par là, il appuie le mouvement des dents et empêche que celles-ci ne s'arrêtent quand elles tombent devant la pierre magnétique. Adieu! Écrit au camp, lors du siège de Lucera, le 8 août de l'an du Seigneur 1269.* »

Au vrai, les Chinois connaissaient déjà la boussole depuis longtemps. Ils plaçaient une aiguille magnétique dans un fragment de roseau de marais et le laissaient flotter sur l'eau. L'aiguille indiquait le nord; elle ne pouvait cependant servir que par temps calme. Les Arabes adoptèrent la boussole avant que les marins occidentaux ne l'aient employée. Au XIV<sup>e</sup> siècle, deux Italiens, Francesco da Buti et Giovanni da Ferravalle, décrivent la boussole que l'on utilise alors : « Les navigateurs ont une boussole, laquelle dans son milieu porte une rondelle de papier léger qui tourne sur un pivot; et ladite rondelle porte de nombreuses pointes. Et sur une de ces pointes, sur laquelle est peinte une étoile, est plantée une pointe d'aiguille : et lorsque les navigateurs veulent voir où est la tramontane, ils affolent ladite pointe avec un aimant. »

Pour connaître la position de l'observateur, le Moyen Age a perfectionné également des instruments d'origine ancienne, tels que *l'astrolabe*. Les meilleurs constructeurs d'astrolabes demeurèrent pendant des siècles les Arabes.

Pendant longtemps, les hommes n'ont pas su mesurer le temps : nous l'avons dit plus haut. Les Anciens disposaient pourtant de *clepsydres*, autrement dit des horloges à eau. Nous savons par Eginhard que le calife Haroun-al-Rachid avait fait cadeau d'une clepsydre à Charlemagne : «Construite en cuivre damasquiné d'or, nous disent Umberto

Eco et G. B. Zorzoli, elle sonnait l'heure marquée sur le cadran en laissant tomber un nombre correspondant de petites boules de métal sur un plateau. A midi, douze fenêtres s'ouvraient sur un nombre égal de chevaliers armés de pied en cap qui se livraient à diverses évolutions. » On a connu également très tôt les sabliers. Mais on ne pouvait leur demander qu'une précision très relative. Nous avons également signalé l'usage, dès l'année 1206, de chandelles qui, en brûlant, mesuraient le temps. A certaines d'entre elles, on incorporait de petites boules de métal placées à égale distance. Chaque fois qu'une boule était libérée par la fusion de la cire, elle actionnait une statuette qui, en tombant, éteignait la chandelle. On conçoit qu'un tel système ne se révélait guère pratique. Son usage, aussi bien que celui de la clepsydre ou du sablier, restera toujours exceptionnel. A l'exclusion de la fusion de la cire, de l'écoulement de l'eau ou du sable, il était nécessaire de découvrir un rythme procuré par la mécanique. C'est ainsi que furent conçues les premières horloges à poids. Elles apparurent au XIV^e siècle, d'abord sur les façades des monuments, comme l'horloge de Dijon, que son jaquemart — un automate qui frappe une cloche avec un marteau — rendit fameuse. L'Allemand Heinrich von Wieck construisit en 1370 l'horloge du Palais de justice de Paris. On ignore le nom de l'inventeur — ou des inventeurs — de l'horloge à poids. Il en est fait mention au XIII^e siècle, dans le *Libro del saber astronomia*, à la cour du roi de Castille Alphonse le Sage. Il est plus que probable qu'elle est venue des Arabes et des Byzantins. Au XIV^e siècle, l'horloge à poids pénètre chez les particuliers — nobles et bourgeois — en France, en Allemagne, en Italie. Ce sont déjà des horloges qui utilisent le mécanisme *à échappement*. En effet, il a fallu découvrir un dispositif qui freine le rouage et le laisse *échapper* régulièrement. Certains veulent croire que ce système a été inventé par Gerbert d'Aurillac aux environs de l'an mille. Le premier dessin que nous en connaissions est dû à Villard de Honnecourt et c'est en 1250 environ qu'apparaît le premier échappement digne de ce nom. L'horloge de la cathédrale Saint-Paul, à Londres, construite en 1286, est remplacée en 1344 par une horloge à échappement. Certes le progrès est immense sur les moyens anciens de mesurer le temps. Mais il faudra attendre la fin du XVI^e siècle avec Galilée et surtout le XVII^e siècle avec Huyghens pour obtenir des horloges d'une véritable précision.

La technique de la verrerie, elle aussi, se perfectionne — et ceci de remarquable façon. Au début, les verriers médiévaux ne sont capables que de produire des verres de très faible surface. Les fours sont exigus, les rouleaux mal adaptés. Ces petits carreaux de verre coloré, ils les enchâsseront dans une monture de plomb. Ainsi naîtra le vitrail. Plus on va et plus on est capable d'obtenir des vitres de grandes dimensions. Paradoxalement, ce perfectionnement des techniques nuira à la qualité artistique du vitrail. Les maîtres verriers du Moyen Age useront de couleurs qu'il sera par la suite impossible de reproduire. Pour s'en persuader, il suffit de considérer par exemple les vitraux de Chartres.

Ce n'est pas céder à l'imagination que de supposer des maîtres verriers combinant les effets par la juxtaposition de plusieurs morceaux de verre et aboutissant ainsi à déceler les règles de l'optique. Une fois de plus, nous trouvons au premier rang les

*La Tempérance, portant sur la tête une horloge, tient à la main une paire de besicles, encore appelés clouants, ancêtres des lunettes. (Détail d'une miniature de la traduction du « De quatuor virtutibus », manuscrit rédigé au IV^e siècle. Photo François Garnier.)*

Arabes. Al-Kindi au IX^e siècle, Al-Hassen au X^e publient des études qui expriment les principales règles de l'optique. En Occident, le moine Vitellion, au XIII^e siècle, étudie à son tour les problèmes d'optique. Certains passages du *Roman de la Rose* de Jean de Meung (XIII^e siècle) attestent que les lois principales de l'optique ne sont pas ignorées des hommes de son temps. Roger Bacon, au XIII^e siècle aussi, s'écrie que l'optique révolutionnera le monde : « Cette science est indispensable à l'étude de la théologie et du monde... Et, puisqu'elle porte en soi un plaisir presque infini et une immense utilité, je suis heureux de l'expliquer plus largement et avec un soin tout particulier car sans elle on ne peut rien connaître d'admirable. Elle est la science de la vision, et un aveugle — on le sait — ne peut rien connaître de ce monde. La vue nous montre toute la variété des choses, et par elle s'ouvre devant nous la voie qui nous permet de connaître toutes les choses, comme nous les montre l'expérience. »

Le premier, Bacon a étudié les verres plan-convexe et plan-concave. Il a conclu à la nécessité de les utiliser sous forme de loupes légères que l'on maintient devant les yeux pour remédier aux troubles de la presbytie. Les premières lentilles que l'on utilise, pour la correction de la vue, datent de 1280 environ. Or, Roger

Bacon avait alors soixante-quinze ans. On peut penser avec le docteur Paul Ganière qu'il fut probablement un des premiers à avoir recours à sa propre découverte, afin d'essayer sur lui-même de « réparer des ans l'irréparable outrage ». Les premières lunettes — ou besicles — se composaient de « gros verres arrondis enchâssés dans des cercles de cuivre, de plomb, de bois ou de fer, avec deux courtes branches, percées à leur extrémité, tenues par un clou, ce qui les faisait appeler parfois des *clouants*. Inutile de dire qu'il était extrêmement difficile de faire tenir sur le nez un tel instrument, encombrant et lourd. Pendant trois cents ans, l'invention de Roger Bacon a servi seulement à corriger la presbytie. C'est vers la fin du xv^e^ siècle que l'on songe à utiliser les verres concaves pour le traitement de la myopie.[1]

Il faudra cependant attendre le xvi^e^ siècle pour voir apparaître la longue-vue et le début du xvii^e^ pour le télescope.

Ainsi l'homme peut-il circuler plus vite et mieux. Ainsi peut-il mieux mesurer le temps, donc rythmer mieux son travail. Ainsi les hommes d'étude peuvent-ils, grâce aux lunettes, prolonger leurs efforts. Il reste à accroître les sources d'énergie. Longtemps, les moulins représenteront la principale de celles-ci. Depuis la plus haute Antiquité, on connaissait la roue hydraulique. Il appartient au Moyen Age de l'avoir perfectionnée jusqu'à ses limites extrêmes. On s'en

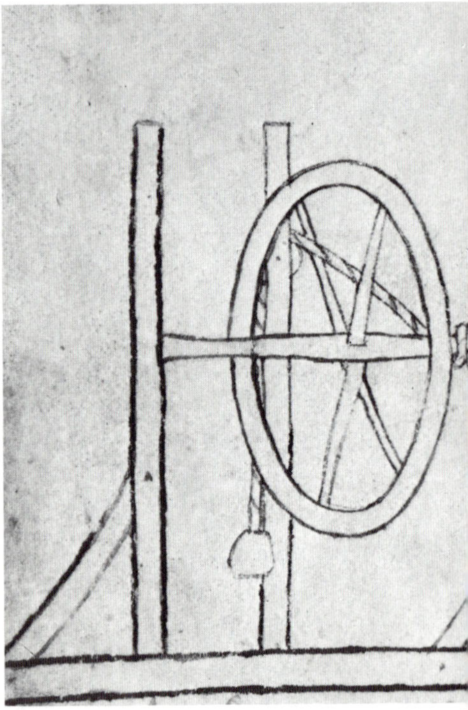

sert pour moudre le blé, mais aussi pour faire fonctionner des scies, des soufflets, des machines à fouler la laine. Au xv^e^ siècle, le moulin hydraulique fait marcher les pompes dans les mines. En 1086, il existe en Angleterre 5 000 moulins hydrauliques, soit un moulin pour quatre habitants.

En revanche, l'apparition du moulin à vent est beaucoup plus récente. On en voit des exemplaires en Perse au x^e^ siècle après Jésus-Christ. Il semble que les croisés l'aient emprunté aux Arabes et importé en Occident entre le xi^e^ et le xii^e^ siècle. Vers 1100, on trouve des moulins à vent en Angleterre. Le premier moulin à vent des Pays-Bas, inaugurant une généalogie fabuleuse qui se prolongera jusqu'à nos jours, date de 1197. D'abord, c'est le moulin tout entier qui tourne sur un axe planté dans un soubassement de briques. Plus tard, on construit le moulin en maçonnerie et seul le sommet tourne selon la

[1] La légende qui voudrait que saint Jérôme ait inventé les lunettes au IV^e^ siècle ne repose sur aucun document sérieux. De même l'attribution de l'invention à un moine dominicain de Pise, Alexandre della Spina, mort en 1313, ne se fonde que sur l'inscription gravée sur sa tombe : « Au frère Alexandre della Spina, Pisan, fabricant et maître de lunettes, restituteur de la vision humaine oblitérée par les injures du temps. » Ce qui ne veut nullement dire que Spina ait inventé les lunettes.

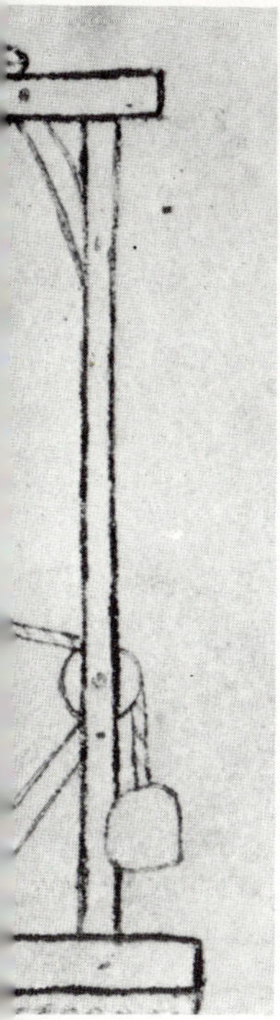

direction du vent. Un chiffre qui fait rêver : un seul moulin à vent compense le travail de cent hommes.

Mais, hélas, les inventions des hommes se tournent toujours vers l'art de la guerre. Là encore, le Moyen Age enregistre des progrès considérables. Un ouvrage du xv^e siècle intitulé *Le Livre des feux d'artifice* relate ceci : « Le magister Berthold désirait brunir une teinture d'or et, cette teinture nécessitant de la saumure, du soufre, du plomb et de l'huile, il mêla ensemble ces ingrédients dans un récipient de cuivre et, après l'avoir bien

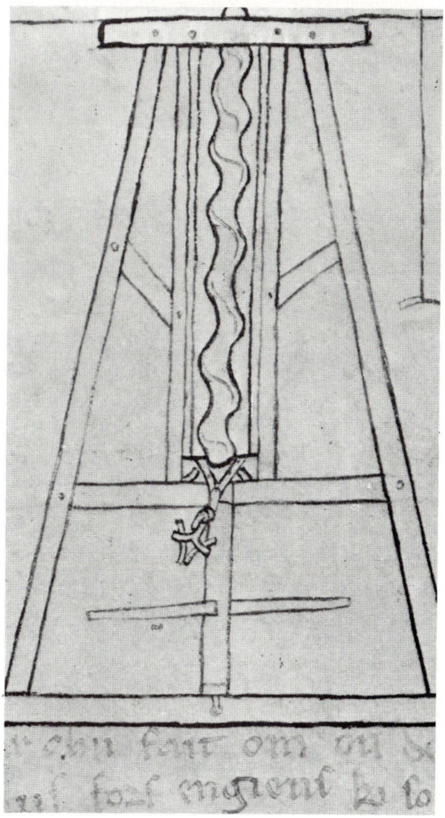

*Les découvertes étonnantes de l'architecte et dessinateur français du milieu du XIII^e siècle, Villard de Honnecourt, semblent celles d'un Léonard de Vinci avant la lettre. Extraits de son album de trente-trois feuillets, ces croquis sont ainsi présentés par leur auteur : appareil élévateur à vis et à levier, aigle mobile pour lutrin, arbalète pour viser. (Cabinet des manuscrits. Bibliothèque nationale. Photos B.N.)*

fermé comme il se doit, il le mit sur le feu. Le récipient se brisa en petits morceaux. Plus tard, le magister supprima l'huile et le plomb, il y mit du charbon et essaya de découvrir si, de cette manière, on pourrait lancer une pierre. » Ainsi serait née la poudre à canon. Ce Berthold, on l'a appelé Berthold Schwartz ou Berthold le Noir. En fait, rien n'est moins sûr que cette histoire. Il n'est même pas certain que ce moine ait existé. L'imprécision des textes anciens ne permet pas de savoir à qui l'on doit l'invention de la poudre à canon ni quand elle a été découverte. Roger Bacon — encore lui — donne en 1247 une recette qui doit se rapporter à la poudre à canon : « Car on peut provoquer dans l'air le tonnerre et des éclairs beaucoup plus affreux que ceux produits par la nature, puisqu'une petite quantité, soigneusement préparée et ne dépassant pas le volume d'un pouce, fait un bruit et une lueur extraordinaires. »

Il semble que les Chinois aient connu très tôt la fabrication de la poudre, mais n'en aient fait usage au moins pour la guerre qu'à partir du XVI<sup>e</sup> siècle de notre ère. Les Byzantins employèrent *le feu grégeois* (c'est-à-dire grec), mélange de soufre, de naphte et de chaux vive auquel on ajoutait du salpêtre. On projetait des charges de feu grégeois à l'aide de frondes ou de pierrières dans les lignes de l'ennemi, provoquant des incendies et des destructions que relatent les anciennes chroniques. Du feu grégeois, on passa à la fusée, au feu volant, que connurent les Arabes. On utilise une composition explosive (une partie de soufre, deux parties de charbon, de tilleul ou de saule, et six parties de salpêtre) fort voisine de celle de la poudre de chasse.

*Si certaines inventions du Moyen Age se sont révélées très utiles, tel le moulin à vent ci-contre, les projets conçus par Villard de Honnecourt n'ont pas tous été réalisables, entre autres, cette scie mécanique (en haut). (Cabinet des manuscrits. Bibliothèque nationale. Photo B.N.)*

Vers la fin du XIII<sup>e</sup> siècle, l'usage de la fusée conduit à placer dans le tube qui la lance un projectile, poussé par la force de la fusée elle-même. Ce procédé est décrit dans un manuscrit arabe du commencement du XIV<sup>e</sup> siècle. Déjà la découverte du canon est faite. L'art de la guerre va s'en trouver presque totalement changé.

On est étonné de voir avec quelle rapidité la nouvelle découverte va se répandre en Europe occidentale. Au commencement du XIV<sup>e</sup> siècle, dans les registres de la Chambre des comptes de France, il est fait mention, à l'occasion de préparatifs de descente en Angleterre, de *bombardes* : « pots de fer pour traire (lancer) carreaux à feu : quarante-huit carreaux empennés; une livre de salpêtre, une demi-livre de soufre vif pour traire ces carreaux ». On appelait carreaux, de longues flèches à pelote incendiaire, dirigées contre les constructions en bois pour les incendier. En 1339, Barthélemy Drach, commissaire de guerre, présente une note à la Cour des comptes, « pour avoir poudre et choses nécessaires aux canons qui étaient devant Puy-Guillem, en Périgord ». A la défense de Cambrai (1339), on voit figurer dix canons, cinq de fer, cinq de bronze. En 1345, on fabrique à Cahors vingt-quatre canons de fer, 2 600 flèches, soixante livres de poudre. Déjà l'on utilise des balles ou boulets de plomb. A Crécy, en 1346, les Anglais mettront en ligne trois canons qui lanceront de petits boulets de fer et du feu. Dès 1356, Froissart nous informe que l'on emploie couramment les canons et bombardes. De plus, leur calibre s'est augmenté considérablement. Ils lancent maintenant de

grosses pierres et des boulets de fer. En même temps, les artificiers cherchent à fabriquer une poudre sans fumée, car la fumée révèle naturellement l'emplacement de l'arme. Dans le *Livre des feux*, paru vers 1410, on trouve une recette pour une poudre sans fumée : « Il suffit de prendre six parties d'acide nitrique, deux d'acide sulfurique, trois d'ammoniaque liquide et deux d'*oleum benedictum* (huile brute de goudron), et de remplir avec ce mélange le dixième de l'âme d'un canon. Mets le feu en toute hâte pour pouvoir te sauver; assure-toi bien que le tube est solide. Avec un canon, tu peux tirer, grâce à ce liquide, à trois mille pas. Mais il est coûteux. »

En 1460, le pape Pie II dépeint l'escopette : « L'escopette est un instrument d'invention récente, d'origine germanique. Il est lourd à tenir et presque entièrement vide. On pla-

*Si l'épée, la lance, l'arc et l'arbalète demeurent les armes classiques de la fin du Moyen Age, une invention d'une importance capitale va peu à peu les cantonner dans un rôle secondaire. Cette invention est une bouche à feu appelée bombarde. Grâce aux propriétés propulsives du mélange détonant récemment mis au point, elle projette des boulets de fer ou de pierre qui parviennent à entamer les murs des forteresses. De ces bouches à feu, le XVᵉ siècle a laissé des peintures d'une grande précision : A gauche, un canon monté sur affût à roues complété d'un bâti en bois abritant le tireur montre le progrès parcouru depuis la simple bombarde. En haut, à gauche, des bombardes disposées au pied des remparts vont tenter de les disloquer. Enfin, ci-dessus, une intéressante synthèse réunit armes de jet et armes à feu : haquebute, arbalète, arc et couleuvrine sur affût. (Cabinet des manuscrits. Bibliothèque nationale. Photothèque des Presses de la Cité.)*

ce dans sa bouche une petite balle de plomb de la grosseur d'une noisette. Mais auparavant, on y a déposé une première poudre faite de charbon de figue ou de saule, mélangée au soufre et au nitrate. Le feu, dans ces conditions, pousse la balle avec une force foudroyante et un bruit de tonnerre que pour cette raison le vulgaire appelle détonation. »

Dès 1424, l'arquebuse à mèche s'est perfectionnée et a donné naissance à la serpentine qui permet de pointer et en même temps de mettre feu à la poudre. L'artillerie « moderne » a comporté des effets indiscutables. Avec l'artillerie de Jean Bureau, Charles VII achève de chasser les Anglais de France. Et l'artillerie de Charles VIII jouera un rôle extrêmement important au cours des guerres d'Italie. Quand les Turcs prirent Constantinople, en 1453, ils se servirent — en un point, du moins — de l'artillerie. Et ce sera la fin du Moyen Age.

RLES

# CHARLES VIII ET LES RÊVES ITALIENS

## 1483, 1er septembre

Agé de treize ans, le nouveau roi Charles VIII était « de complexion fort délicate » et c'est pourquoi il demeurait à Amboise, où il était né, « en ce chastel », disait Louis XI, « auquel avons été nourriz dès notre jeunesse ». Régulièrement, Jean Bourré, seigneur du Plessis, envoyait au roi Louis des nouvelles de son fils : « Il dort bien, fait-il savoir au souverain, il mange bien, il repose sous ses couvertures de gris, il s'occupe de ses oiseaux sans s'échauffer. » Cependant, en dépit de ce bulletin de santé rassurant, en dépit des fréquentes visites de maître Adam Fumée, médecin de Louis XI, Charles reste « de corps malsain et de petite stature », remarque Guichardin.

Deux mois et demi avant la mort de Louis XI, le 22 juin 1483, le dauphin, habillé de satin cramoisi et monté sur sa haquenée, était parti du château d'Amboise pour aller se placer sur la route au lieudit la *Métairie de la reine*, afin d'attendre là sa fiancée, Marguerite d'Autriche. Mais que les âmes sensibles se rassurent! La fiancée attendue à la *Métairie de la reine* ne sera pas trop effrayée en voyant l'aspect peu appétissant de son futur époux... Et pour cause! Marguerite était âgée de trois ans et se trouvait encore tenue serrée contre « le giron de sa nourrice »! Elle est née de Maximilien d'Autriche, futur roi des Romains, et de Marie de Bourgogne; elle se trouve être par conséquent la petite-fille de Charles le Téméraire.

Dès que l'enfant a été annoncée, le futur Charles VIII «se rend en un logis proche du pont d'Amboise » et revêt une longue robe de drap d'or. La cérémonie des fiançailles se déroule en plein air, au bord même du fleuve. Le protonotaire touche les mains des promis et « Monsieur le

*On a peine à imaginer, en contemplant ce portrait peint sur bois représentant Charles VIII, le frêle et malingre adolescent qui, à l'âge de treize ans, devient roi. Charles, s'il paraît encore bien jeune, semble cependant avoir atteint l'âge d'homme et on ne trouve plus trace, sur son visage, de cette fragilité qui a suscité, dans son entourage, tant de sollicitude et aussi d'inquiétude. On constate, en examinant le costume porté par le roi, combien la mode a évolué en l'espace de quelques années. Par-dessus le pourpoint largement décolleté qui laisse entrevoir la chemise fine et ouvragée, on remarque la partie supérieure du manteau dont Charles est revêtu, la chamarre, ample et longue casaque fourrée, ouverte sur le devant. Sous son chapeau orné de l'une de ces médailles religieuses que son père affectionnait tout particulièrement, le souverain porte les cheveux longs, à l'instar de ses prédécesseurs qui, jusqu'à présent, n'ont jamais adopté la mode de la coiffure à l'écuelle. (Musée Condé, Chantilly. Photo Holzapfel.)*

dauphin baise par deux fois Madame la dauphine ».

Amboise est en fête! Les vins blancs de Montlouis et de Vouvray coulent aux fontaines et des *hommes sauvages*, tout de vert habillés, participent à l'histoire du berger Pâris et des trois déesses vêtues — bien entendu avant le fameux jugement — l'une de bleu, la deuxième de rouge et la troisième de vert.

Maintenant le dauphin est roi et il n'a que treize ans! Qui sera régent? Y aurait-il même un régent? Le nouveau roi ne se trouve-t-il pas à quelques mois de sa majorité? On en décidera plus tard lors des états généraux. En attendant, Anne de Beaujeu est considérée comme la tutrice de son frère. En fait, l'autorité aurait dû revenir à la reine mère Charlotte de Savoie, veuve de Louis XI, mais celle-ci ne semble pas avoir élevé grande protestation en se voyant mise à l'écart. Peut-être se sent-elle déjà souffrante, car elle mourra peu de temps après.

La tutelle qu'exercèrent Anne de Beaujeu et son mari sur le jeune Charles VIII n'avait comme origine et fondement qu'un désir exprimé autrefois de vive voix par le roi Louis XI. Pierre de Beaujeu avait à cette époque quarante-trois ans; depuis dix ans, il était l'homme de confiance de Louis XI et présidait même le Conseil du roi.

Il joua un rôle primordial et lorsqu'on parle du gouvernement d'Anne de Beaujeu il vaudrait mieux parler du gouvernement des Beaujeu.

Répétons-le après tant d'autres, Louis XI a dit de sa fille qu'elle était « la moins folle femme du monde, car de sages, je n'en connais point ». Anne n'en désirait pas moins se compter parmi ces « sages ».

« Madame la Grande » (tel fut son surnom) s'est décrite elle-même dans cette phrase de ses *Enseignements* à sa fille Suzanne de Bourbon : « Soiez toujours en port honorable, en manière froide et asseurée, humble regard, basse parolle, constante et ferme, tousjours en ung propos sans fléchir. »

Son jeune frère tremblait un peu devant elle. Un syndic de la ville de Reims, Jean Foulquart, l'a rapporté : « Durant le disner, vint par l'huis de la chapelle Madame de Beaujeu, pour veoir le roy et regarda son maintien et le roi en perdit l'appétit. »

Anne de Beaujeu n'a cependant aucun pouvoir défini et il lui est bien difficile d'exercer une autorité réelle. Un seul exemple suffira. A la mort de Louis XI, elle demande au Parlement de pouvoir libérer quelques prisonniers, comme le font tous les souverains à leur avènement. On lui refuse cette faveur.

Et ce n'est pas tout! Dès la mort de Louis XI, tous les grands seigneurs relèvent la tête et se rendent à Amboise pour essayer d'orienter le nouveau gouvernement en leur faveur. Le premier d'entre eux est, bien sûr, Louis d'Orléans; il réclame le pouvoir pour lui en tant que premier prince du sang et gendre du roi défunt, ayant épousé Jeanne de France. Par ce mariage, il se trouve beau-frère de Charles et d'Anne. Viennent aussi : le duc de Bourbon, frère aîné de Pierre de Beaujeu et le plus grand propriétaire du royaume, Dunois, cousin du duc d'Orléans, René II, duc de Lorraine, un des meilleurs capitaines de l'époque, enfin Alain, sire d'Albret, qu'il faut ménager car ses domaines sont situés près de l'Espagne.

## 12 septembre

Charles VIII, assisté de sa mère, de sa sœur et de son beau-frère le duc d'Orléans, nomme un conseil étroit et provisoire de douze membres. Anne, prenant en quelque sorte les devants — certaines réformes ne manqueront pas d'être demandées — endigue les abus dans la vente des offices et diminue le nombre des troupes sous les armes. Louis XI laissait, en effet, une armée de soixante mille hommes, chiffre considérable pour l'époque. Aussi « Madame la Grande » temporise-t-elle. Elle essaye de gagner les princesses, sacrifiant quelques conseillers de son père. En particulier, elle abandonne au Parlement le pauvre Olivier le Daim, qui sera condamné.

Tout cela ne suffit pas.

Le grand problème qui oppose Anne de Beaujeu aux grands est la composition du futur Conseil que chacun veut avoir sous son influence. Les princes demandent la convocation des états généraux, espérant arriver à leurs fins grâce à l'appui des délégués des provinces. Anne accepte, pensant qu'elle pourrait au contraire se servir des députés des états contre eux.

## 1er décembre

Mort de la reine Charlotte. Voici éliminée de manière toute naturelle une candidate à la régence.

## 1484, 5 janvier

Deux cent cinquante députés en robe longue ou en robe courte sont réunis à Tours. Par la suite, leur nombre atteindra deux cent quatre-vingt-quatre. Toutes les provinces du domaine royal se trouvent représentées. Pour la première fois, cette année-là, va apparaître dans les documents officiels le grand mot de « tiers état ». Un terme qui fera du chemin ! En fait, manquant de chefs, le tiers fit discrètement son entrée; il ne joua pas un grand rôle au cours des états de 1484.

## 15 janvier

Séance d'ouverture, présidée par Charles VIII dans la grande salle de l'archevêché de Tours. Jehan Masselin l'a raconté dans son journal : « Rangés par nations et par compagnies, nous vîmes le roi passer devant chacun de nous; et nous faisions la révérence, pendant que le sire de Beaujeu, qui l'accompagnait, lui disait : « Voici Messieurs de Paris », « voici Messieurs de Normandie » et ainsi des autres... »

Puis le jeune Charles prend place sur une estrade en bois « élevée de quatre pieds au-dessus du carreau du parquet ». Seuls les grands dignitaires, les prélats, sénéchaux, baillis, barons et conseillers occupent la place la plus haute de ce parquet. Les députés des trois ordres siègent mélangés. Ce sera la dernière fois; il faudra attendre 1789 pour qu'ils siègent de nouveau ensemble.

Première innovation, on nomme des commissions : Justice, Finances, Abus, divisées elles-mêmes en chapitres. Les états généraux ont à peine commencé la rédaction de leurs cahiers que déjà les intrigues pullulent; elles se nouent toutes autour de deux grandes questions :

— Y aurait-il une régence ?

— Quelle serait la composition du Conseil ?

Le problème de la régence pouvait certes se poser puisque Charles VIII n'avait pas encore atteint sa quatorzième année.

Le droit voulait que le régent soit le duc d'Orléans qui faisait alors grand bruit et menait grand train dans la ville. Quant à la tutelle du jeune roi, elle devait normalement aller au plus proche parent. Mais le parti d'Anne de Beaujeu fait valoir

*Cette peinture représentant Pierre II de Bourbon, sire de Beaujeu, agenouillé devant saint Pierre, occupe le volet gauche du célèbre triptyque du Maître de Moulins conservé dans la cathédrale de cette ville. (Photo Studio Fournier, Moulins.)*

avec sagesse l'absurdité de nommer une régence pour quelques semaines — et les états se rangent à cet avis. Le duc d'Orléans fera la grimace que l'on devine.

Demeure la question du Conseil. Qui doit en nommer les membres? Les états ou les princes? Les intrigues redoublent et, ce 15 janvier, le duc d'Orléans envoie aux états l'évêque du Mans pour sonder les députés et leur demander de chasser les anciens conseillers de Louis XI conservés par les Beaujeu et qui ont fait porter au peuple des charges écrasantes.

## 9 février

Philippe Pot, sire de La Roche, tout dévoué aux Beaujeu, prononce ce jour-là son fameux discours dans lequel il démontre que c'est aux états de nommer les membres du Conseil. On cite souvent quelques phrases particulièrement sonnantes de ce discours :

« Les historiens nous enseignent, et j'ai appris de mes ancêtres, que, dans l'origine, le peuple souverain créa les rois... N'avez-vous pas lu souvent que l'Etat est la chose du peuple? C'est lui qui l'a confié au roi. J'appelle peuple non point la populace ou seulement les sujets du royaume, mais les hommes de tous les états et même les princes. »

Certains historiens ont pensé que ces phrases pouvaient être considérées comme une première expression des idées révolutionnaires. Cela ne nous semble pas exact. Il ne s'agissait là que d'idées générales que l'on enseignait alors dans toutes les écoles.

Les députés applaudissent ce discours, mais n'osent pourtant pas nommer eux-mêmes le Conseil. Ils s'en remettent « au bon plaisir du roy ». Anne de Beaujeu et son mari triomphent.

*Durement atteint par un siècle de guerres, d'épidémies et de maux de toutes sortes, le pays de France, peu à peu, relève ses ruines. Les plus riches construisent ou restaurent leurs châteaux, tel ce personnage royal du « Livre du gouvernement des princes », de Gilles de Rome. (Cabinet des manuscrits. Bibliothèque nationale. Photo B.N.)*

*Ainsi se présente, dans sa hiérarchie, la société du XV^e siècle : tout en haut de l'échelle, le roi et, immédiatement après lui, le haut clergé et la noblesse (ci-dessus); puis (en bas, à gauche) la bourgeoisie composée de riches marchands; enfin (en bas, à droite) les artisans et paysans. « Livre du gouvernement des princes », de Gilles de Rome. (Cabinet des manuscrits. Bibliothèque nationale. Photo B.N.)*

## 11 février

Irrités par la colère du duc d'Orléans, les députés précisent qu'ils veulent que le Conseil soit présidé par Pierre de Beaujeu. En outre, ils demandent qu'une dizaine de députés soient admis à siéger au Conseil. Enfin ils souhaitent pouvoir surveiller le budget. Les députés demandent alors la diminution de la taille qui se monte à 3 900 000 livres. Ils proposent 1 200 000 livres « par manière de don et octroy ». Le chancelier parvient à obtenir 300 000 livres de supplément en vue des dépensess du prochain couronnement.

Masselin, député du bailliage de Rouen, soupire que « si tous ceux qui sollicitaient une pension la recevaient, la bourse des peuples serait vide jusqu'au fond ».

## 28 février

Séance solennelle aux états. Grand discours prononcé par Jehan Masselin, chanoine de Rouen. Les députés précisent que modérer l'impôt n'est pas une grâce accordée par le roi à son peuple, mais un acte de justice. Ils acceptent néanmoins de voter les subsides à condition d'être de nouveau convoqués dans deux ans « car lesdits Estaz n'entendent point que doresenavant on mette sus aucune somme de deniers sans les appeler et que ce soit de leur vouloir et consentement ».

## 8 mars

Signature d'un édit rétablissant la liberté du commerce : les Beaujeu renoncent donc à la politique protectionniste de Louis XI.

## 11 mars

Alors que les travaux des députés

*Sur le volet droit qui lui fait face, on voit Anne de France, son épouse, présentée par sainte Anne. Derrière Madame la Grande, se tient sa fille, Suzanne, qui épousera, en 1505, son cousin Charles III de Bourbon. (Photo Studio Fournier, Moulins.)*

sont loin d'être terminés, le chancelier les invite à se séparer. « Depuis qu'on a obtenu notre consentement pour la levée des deniers, s'écrie alors un ecclésiastique, il est certain qu'on se moque de nous et qu'on tient pour méprisables et les demandes insérées dans notre cahier et nos résolutions définitives. »

## 14 mars

A la date de ce jour, les journées des députés ne sont plus payées. Ils se séparent donc, d'autant plus que l'on fait courir le bruit qu'il y a « pestilence » dans la ville. Anne de Beaujeu est victorieuse. Elle a en main le pouvoir d'agir. Seul un conseil contrôle ses actes, mais le président en est son mari...

## 7 avril

Le duc François II de Bretagne est faible « de sa personne, et encore plus de son entendement». Il est gouverné à la fois par sa maîtresse, Mme de Villequier, vendue aux Anglais, et par son grand-trésorier, Pierre Landois, fils d'un tailleur de Vitré, qui veut, avant tout, l'indépendance de la Bretagne et l'affaiblissement de la royauté française. Landois a, bien sûr, des ennemis, principalement parmi les partisans des Beaujeu, tel le maréchal de Bretagne, Jean des Rieux, qui manque bien un jour de s'emparer de lui, alors qu'il se trouve dans sa maison des champs. D'autres conjurés ont envahi le palais ducal de Nantes. Tout rentre momentanément dans l'ordre et, à Nantes, Landois s'allie avec Louis d'Orléans. Il rédige même un contrat de mariage entre le duc d'Orléans et Anne, jeune héritière du duché de Bretagne. Ils se marieront d'ailleurs plus tard, mais Anne sera devenue la veuve de Charles VIII... Nous n'en sommes pas encore là !

*Non loin de la Loire s'élève le château de Nantes. Sa construction fut entreprise en 1466 par le duc de Bretagne François II et terminée par sa fille Anne. Si la façade extérieure est celle d'une forteresse, la cour intérieure sur laquelle s'ouvre cette entrée offre l'aspect plus amène d'un palais de la Renaissance. (Photo Jérôme da Cunha.)*

Louis d'Orléans commence aussitôt les démarches en cour de Rome, en vue de faire annuler son mariage avec la boiteuse Jeanne de France, fille de Louis XI et sœur d'Anne de Beaujeu. Landois négocie avec Maximilien d'Autriche et Richard III d'Angleterre. Le trésorier a de l'appétit, son but est tout bonnement le démembrement de la France. Afin d'endiguer le mouvement et d'empêcher le duc d'Orléans de se jeter dans les bras de l'étranger, Anne de Beaujeu le rappelle auprès d'elle à l'occasion du prochain sacre du roi.

Pour essayer de se le concilier, elle lui abandonne les terres qui viennent d'être confisquées à Olivier le Daim.

## 29 mai

Le jeune Charles VIII fait son entrée à Reims où il sera couronné. Le poète Coquillard, chanoine du chapitre, le harangue en ces vers :
*Roy très puissant, mon souverain seigneur,*
*Rheims très ancienne, par grande humilité,*
*Son cœur vous ouvre par excellent honneur,*
*Vous promettant garder fidélité.*

## 30 mai

Charles VIII, vêtu d'une robe de damas blanc parsemé de fleurs de lys d'or, est sacré à Reims. Des anciennes pairies laïques, il ne subsiste que celle de Flandre, mais la province appartient à un prince autrichien qui ne vient donc pas tenir sa place dans la cathédrale. Or la Bourgogne, la Normandie, la Guyenne et le comté de Toulouse, ayant été réunis à la Couronne, des grands sont désignés pour les remplacer. C'est le sacre des remplaçants, puisque le maréchal de Gié tient la place du duc de Bourbon retenu par la goutte à Moulins.

## 5 juillet

Charles VIII fait son entrée solennelle à Paris. Le frivole duc d'Orléans est alors auprès de lui. Il songe pour l'instant davantage aux tournois et aux fêtes qu'à la politique, et ne paraît guère au Conseil du roi. Il est très possible que cette frivolité du duc ait eu un but bien précis : conquérir les faveurs du jeune roi, et même parvenir à l'enlever pour l'arracher à la tutelle des Beaujeu. Selon certains chroniqueurs du « parti d'Orléans », Charles VIII n'y aurait pas été « défavorable ».

— Mon oncle, aurait-il dit, emmenez-moi ; je voudrais être hors de cette compagnie.

Mais Anne déjoue le complot et emmène son frère à Montargis, pour mieux le surveiller.

## 23 septembre

La coalition dont le duc d'Orléans est l'âme se noue, aussi les Beaujeu signent-ils une alliance avec le duc de Lorraine. Ils accueillent également à la cour les seigneurs bretons.

## 3 octobre

Après la découverte de son complot, Louis d'Orléans montre son hostilité au grand jour et décide de quitter la cour.

## 13 octobre

Les Beaujeu continuent à tisser leur toile, et un traité d'alliance est signé à Montargis entre le roi et le duc de Nemours, le sire d'Albret et le sire de Comminges. Il est convenu que Charles VIII est désormais considéré comme l'héritier de la succession de Bretagne, bien que la succession féminine soit admise en terre bretonne. Et le duc François a deux filles...

## 22 octobre

Les Beaujeu font signer à Charles VIII une convention avec quatre seigneurs bretons, dont le maréchal des Rieux : ce sont les ennemis de Pierre Landois. Ceux-ci s'engagent à reconnaître le roi de France comme futur successeur du duc François II de Bretagne, en vertu de la loi salique et du fait que Louis XI avait acheté à Nicole de Blois les droits de la maison de Blois-Penthièvre au duché de Bretagne.

*ANNE DE BEAUJEU ET LOUIS D'ORLÉANS*

*Sans doute Anne de Beaujeu était-elle « la moins folle femme de France — car pour sage, je n'en connais point », précisait le roi son père — mais cela ne l'empêchait point de soupirer d'amour pour son beau-frère et cousin le beau duc d'Orléans, futur roi Louis XII. Celui-ci s'occupait avec ardeur de toutes les femmes de la cour et ne semblait pas s'apercevoir que le cœur de la régente battait plus vite lorsqu'il passait auprès d'elle.*

*Bien plus, le duc d'Orléans prétendit répudier sa femme, Jeanne la difforme, et se fiancer secrètement avec une femme-enfant « parce qu'elle était jolie et qu'elle s'appelait Anne ». Il s'agissait, en effet, de l'héritière du duché de Bretagne. Sans doute, à l'époque, mariait-on des fillettes et des garçonnets ; cependant, dans le cas présent, il fallait attendre un peu, Anne de Bretagne n'ayant que dix ans. Ce temps allait être employé par la belle-sœur dédaignée, qui décida d'empêcher par tous les moyens ce mariage breton « qui lui causait déplaisir au cœur et jalousie cuisante ». En effet, les sentiments portés par Anne de Beaujeu à l'endroit de son séduisant beau-frère devinrent de la haine. Telle fut, en partie, la raison qui déclencha la fameuse « guerre folle ».*

## 26 octobre

Autre traité des Beaujeu, avec trois seigneurs de Flandre cette fois, cela dans le but d'effrayer Maximilien et de l'empêcher de gouverner la Flandre pendant la minorité de son fils Philippe.

## 23 novembre

Dunois déclare adhérer à l'alliance conclue entre Louis d'Orléans et le duc de Bretagne pour soustraire le roi à la tutelle des Beaujeu. Anne, selon leur projet, serait exilée ou même tuée! Les comtes d'Alençon, d'Angoulême et de Narbonne s'allient avec les Orléans. La « guerre folle » est prête à se déclencher.

## 1485, 14 janvier

Lever de rideau de la « guerre folle » : Louis d'Orléans écrit au roi qu'il veut « employer son corps et ses biens et tous ses parents et amys » à le préserver de « l'appétit d'autrui », c'est-à-dire à le mettre « hors de la subjection de Madame de Beaujeu, votre sœur laquelle, soubz umbre de coustume qu'elle dit estre en aucuns lieux particuliers de votre dit royaume... vous veult tenir en bail et avoir le gouvernement de vous et de votre royaume... »

Que reprochait Louis au gouvernement des Beaujeu? Principalement la levée d'impôts supplémentaires et le dépassement de la somme octroyée par les états généraux. Le remède préconisé par le duc d'Orléans? « Qu'il vous plaise venir en votre ville de Paris, en votre franc et libéral arbitre, en vous ostant hors du pouvoir d'autruy, ce de quoy vous supplie si très humblement que je puis. »

## 17 janvier

Louis d'Orléans s'adresse cette fois au Parlement pour porter plain-

*C'est sous la forme allégorique que le Maître de Moulins, dans cette miniature faisant partie du « Livre des Statuts de l'Ordre de Saint-Michel » (1493), a représenté Charles VIII recevant les enseignements de l'archange saint Michel. Derrière le roi se tiennent ses conseillers, Pierre de Beaujeu et Étienne de Vesc. (Cabinet des manuscrits. Bibliothèque nationale. Photo B.N.)*

te contre les Beaujeu et exiger avec audace que le roi revienne à Paris.

Il déclare accepter de s'éloigner de la personne royale de quarante lieues, à la condition qu'Anne de Beaujeu s'en éloignât de dix ! Le Parlement se contente de faire part au roi des remontrances du duc d'Orléans, mais il ne prend point parti. L'Université refuse elle aussi d'intervenir. Certaines villes, auxquelles Louis fait appel, agissent de même avec prudence.

Le duc d'Orléans prend alors la décision de se réfugier chez le duc d'Alençon.

## 24 janvier

Lettre d'un agent secret à Anne de Beaujeu : « Madame, j'ai envoyé un de mes gens bien entendu pour ouïr des nouvelles, lequel s'est trouvé en une des villes de monseigneur d'Alençon, et là était un commissaire de par lui (Alençon), qui enrôlait toute manière de gens qui le voulaient servir à cent sous par mois, et mardi dernier, il fit crier à Escouché

*Voici la cérémonie du sacre de Charles VIII telle que l'a représentée Vérard dans l'une de ses estampes. L'évêque de Reims va marquer le roi de l'onction sainte. (Photo François Garnier.)*

que toutes gens qui le voudraient servir à cent sous par mois se tirassent devers ses commissaires pour les enrôler pour faire ce que mondit seigneur d'Alençon leur commanderait. Et sont les nouvelles de par deçà que le duc de Bretagne lui doit aider de deux cents lances et mille hommes à pied, qu'il doit payer à ses dépens pour un an... madame, je ne sais pourquoi il fait ces choses, ni à quelle fin : mais madame, je vous en avertis, et s'il vient autre chose de nouveau, incontinent le vous ferai savoir. »

## 30 janvier

Dictée par Anne de Beaujeu, voici la réponse de Charles VIII à Louis d'Orléans : « Si nous voulons avoir continuellement emprès de nous notre très chère et très aimée sœur la dame de Beaujeu et si nous prenons toute entière confidence en elle, personne ne s'en doit merveiller vu que plus prochaine ne nous pourrait être par lignaige ne plus fidèle par amitié et que feu notre çher seigneur et père, que Dieu absolve, voulut et ordonna expressément notre très cher et très aimé frère et cousin le sire de Beaujeu avoir le regard, soins et conduite de notre personne... »

Charles ajoute encore ces mots — et l'on voit presque Anne lui tenir la plume : « Etait-il moins nécessaire d'écrire... que nous ne usons pas de l'autorité à nous due et que nous sommes en la subjection de notre dite sœur, car chacun voit et sait manifestement le contraire... »

## début février

Anne de Beaujeu rentre à Paris avec le roi. Après avoir remercié le Parlement de sa fidélité à la couronne royale, elle retire à Louis d'Orléans le gouvernement de l'Ile-de-France et de la Champagne, puis elle enlève à Dunois le gouvernement du Dauphiné et met à leur place des hommes qui lui sont tout acquis.

## 12 mars

L'armée royale s'établit à Evreux, coupant ainsi à Louis d'Orléans la route de Bretagne. Louis est obligé de céder : il se réconcilie avec les Beaujeu et signe la paix d'Evreux. En fait, suivant les conseils de Dunois, il ne cherche qu'à gagner du temps.

## 23 mars

Louis d'Orléans reprend sa place au Conseil royal.

## 17 mai

Charles VIII convoque pour le 20 mai les états de Normandie. C'est une province qui à elle seule apporte au royaume le tiers de ses revenus. Anne de Beaujeu, en réunissant simplement les états provinciaux, évite ainsi de tenir sa promesse d'appeler à elle les états généraux. Elle veut leur faire voter de nouveaux subsides et pense qu'elle tiendra ainsi plus facilement en main ces représentants d'une seule province que les députés venus de tout le royaume.

## 25 juin

Landois rassemble une grande armée pour écraser les nobles bretons qui lui sont hostiles; il espère également des renforts anglais — il ne s'agit sans doute que d'une troupe d'archers.

## fin juin

Soudain, alors qu'ils se trouvent sous les murs d'Ancenis, les nobles bretons se réconcilient par haine commune de Landois et parviennent à forcer le vieux François II à leur livrer son grand trésorier.

## 19 juillet

Landois est pendu, à l'insu du duc de Bretagne.

## 9 août

Les seigneurs bretons signent au nom de François II la paix avec les Beaujeu.

## août

Une escadre française défait à la hauteur du cap Saint-Vincent les vaisseaux affrétés par les Vénitiens alliés de l'Angleterre.

Richard III est vaincu et tué, le 22 août, au cours de la bataille de Bosworth, au nord-ouest de Londres. Henri Tudor, qui a débarqué en Angleterre avec l'aide des Beaujeu, monte sur le trône. La paix va être établie entre Français et Anglais. Ce sont les Vénitiens qui paieront les frais de l'affaire.

## fin août

La « guerre folle » reprend. Charles VIII envoie le seigneur du Bouchage à Orléans afin de maintenir la ville dans l'obéissance.

## milieu de septembre

Louis d'Orléans se soumet à Beaugency. Le duc est obligé désormais de recevoir une garnison royale qui viendra occuper les principales villes de son apanage. On exile Dunois à Asti pour une année. Quant au duc Jean II de Bourbon, au sire d'Albret et au comte d'Angoulême, ils doivent, eux aussi, mettre bas les armes.

Ainsi se termine ce que l'on a appelé la « guerre folle ».

## 2 novembre

Traité de Bourges entre le duc de Bretagne et le roi de France. Cependant, Landois ayant disparu, les nobles bretons commencent à se détacher de l'alliance conclue avec Anne et Pierre de Beaujeu.

## 1486, 10 février

Les états de Bretagne reconnaissent comme seules héritières du duché les deux filles de François II. On décide qu'elles épouseront l'une Maximilien, l'autre son fils. La Bretagne va-t-elle échapper à la France?

## 16 février

Malgré les efforts de Beaujeu, Maximilien est élu roi des Romains.

## juin

Les troupes de Maximilien envahissent le nord de la France. Le nouveau roi des Romains espère, pour cette entreprise, l'appui et l'alliance du duc de Bourbon et celle de René II de Lorraine.

Or, Anne de Beaujeu, par d'habiles moyens diplomatiques, réussit à reconquérir les deux ducs. Privé de ses appuis, Maximilien se retire et l'on devine son mécontentement.

## 31 juillet

De Bruges, Maximilien écrit à Charles VIII — il le considère toujours comme son futur gendre — pour se plaindre amèrement de la politique menée par les Beaujeu. Selon lui Charles VIII ignore « les choses qu'ils ont faictes et font journellement au préjudice de vous et de votredit royaume pour la petite expérience que encores avez pour votre jeune aige, car ils tiennent vos serviteurs assujettis... »

Une seule solution, selon le roi des Romains : que Charles « ne vueille croire au conseil desdits seigneur et dame de Beaujeu et ne leur bailler tel gouvernement ou auctorité en son royaume comme ilz ont eu jusques à présent ».

## 31 août

Un mois plus tard, parvient à Maximilien la réponse de Charles VIII : « Votre officier d'armes nous a présenté de par vous certaine injurieuse lettre en placard et forme deshonnête et style non accoutumé entre princes, dont avons été et sommes fort émerveillé et n'eussions jamais cru lesdites lettres procédant de votre sceau et vouloir, si elles n'eussent été signées de votre main, du contenu desquelles vos lettres vous tenons assez mémoratif... »

*Il semble que cette miniature, extraite de la « Chronologie de l'Histoire universelle » (début du XVIe siècle), décrive davantage des hommes à l'exercice que de véritables combattants. (Bibliothèque Sainte-Geneviève. Photo François Garnier.)*

Charles VIII, comme il l'a déjà fait par ailleurs, rend grâces aux Beaujeu qui n'ont agi que selon la volonté du feu roi Louis XI. Ensuite, il menace : « Vous avez rompu et violé ledit traité de paix et vous avez surpris nos cités et villes de Thérouanne et de Mortagne, èsquelles places n'avons laissé aucun de nos gens de guerre par la confiance que nous avions de vous. »

## septembre

L'arrivée de Charles VIII sur la

frontière de Picardie arrête l'archiduc Maximilien. N'ayant pas trouvé assez de soutien armé à l'intérieur du royaume français, le roi des Romains abandonne ses projets d'invasion.

### 13 décembre

Une nouvelle coalition se forme pour renverser les Beaujeu et les empêcher de mettre la main sur la Bretagne. Le duc de Bourbon, vieux et malade, s'abstient et ne fait sans doute point partie de la coalition. (On l'a d'ailleurs parfois cité à tort.) Mais les autres conjurés sont nombreux. Citons le duc de Bretagne qui a déjà un pied dans la tombe, le duc de Lorraine, le comte d'Angoulême, le comte de Nevers, Dunois, Georges d'Amboise, les trois prétendants à la main d'Anne de Bretagne : le sire d'Albret, fils du roi de Navarre, le duc d'Orléans et Maximilien.

Le but des coalisés est « de faire entretenir les ordonnances des Etats violées par l'ambition et convoitise de ceux qui entouroient le roi et avoient débouté d'auprès de lui les princes et seigneurs de son sang et semé la guerre entre lui et le roi des Romains ». Fort heureusement, les coalisés ne s'entendent guère. Grâce au trésor royal, cette discorde sera soigneusement entretenue par Anne de Beaujeu.

### 1487, janvier

Louis d'Orléans, avec l'aide de Philippe de Commynes et de Georges d'Amboise, forme le projet d'enlever le jeune Charles VIII pour le soustraire à l'influence de sa sœur.

### 14 janvier

Le complot est encore une fois découvert. Louis d'Orléans se réfugie à Nantes, l'évêque d'Albi, Georges d'Amboise et Commynes sont arrêtés. Ce dernier passera huit mois enfermé dans une des cages de fer de l'invention de Louis XI. Nantes devient alors le rendez-vous des mécontents. Mais Anne de Beaujeu décide de marcher avec l'armée royale sur la Guyenne soulevée par le duc d'Albret et le frère d'Odet d'Aydie.

### 9 février

Charles VIII quitte Tours à la tête de son armée.

### 17 février

Après une très courte campagne, Odet d'Aydie livre à Charles VIII

*Grâce à cette miniature d'un manuscrit de la fin du XV^e siècle ou du début du XVI^e, on imagine aisément combien le peuple avait à souffrir des querelles entre grands. (Cabinet des manuscrits. Bibliothèque nationale. Photo B.N.)*

toutes ses places de Guyenne, le château Trompette, Saint-Sever, La Réole, Fronsac, Dax et jusqu'au château de Bayonne. « Au dit voyage de Guyenne, précise Joligny, estoit toujours avec le roy Madame de Beaujeu sa sœur, sans aucunement l'abandonner, et avoit toujours le soin et la garde de sa personne et ne se faisoit aucune chose qui touchât le roy et le royaume que ce ne fût de son sceu, vouloir, et consentement. »

### 9 mars

Entrée de Charles VIII à Bordeaux.

### printemps

Avec dix mille hommes, le roi Charles remonte vers le nord et envahit la Bretagne par tous les côtés. Saint-André mène avec lui quatre cents lances et cinq ou six mille hommes de pied, tandis que le comte de Montpensier et le seigneur de La Trémoille, accompagnés chacun « d'un grand nombre de gens d'armes », pénètrent dans le duché « par ung aultre endroit ».

Effroi de François II qui ne sait vers quel allié se tourner. Mais les armées royales marchent plus vite que les émissaires bretons envoyés à Maximilien, et chargés de lui offrir en mariage les deux filles du duc, l'une pour lui-même, et l'autre pour son fils. Bientôt Ploermel est pillé, Vannes se rend. Coucy, place forte du duc d'Orléans, est prise.

L'armée royale va mettre le siège devant Nantes, mais le maréchal de Rieux trouve là une résistance inattendue. Nantes, en effet, refuse d'ouvrir ses portes, et en dépit de l'arrivée de Dunois avec des renforts, Charles VIII devra en abandonner le siège.

« Madame, écrit le maréchal à Madame de Beaujeu, ceux qui ont conseillé au roi de faire mettre le siège devant Nantes l'ont mal conseillé car Nantes, ainsi garnie comme elle l'est, est autre chose qu'on ne croit. »

### 27 mai

Le maréchal d'Esquardes s'empare de Saint-Omer demeuré neutre depuis le traité d'Arras.

### décembre

Les résultats de la première campagne sont loin d'être décisifs et l'hiver verra Charles VIII regagner Paris.

La déception des seigneurs bretons, alliés du roi de France, est grande et certains abandonnent la cause de Charles.

### hiver 1487 - 1488

La cour assigne en justice tous les princes rebelles. Aucune sentence n'est pourtant prononcée contre Louis d'Orléans, quoiqu'on lui ait envoyé trois assignations pour comparaître en personne devant le Parlement.

### 1488, 5 février

Maximilien est prisonnier des bourgeois de Bruges; il le demeurera durant plus de trois mois.

### 9 mars

La ville de Vannes est reprise par les Bretons.

### 11 mars

Charles VIII décide de réagir et nomme La Trémoille lieutenant général de ses armées.

*Cette miniature de « Romuléon » datant du XV^e siècle donne l'image d'une mêlée assez confuse. La tactique de la cavalerie n'était pas encore au point et le combat dégénérait rapidement en corps à corps. Au second plan, on voit se profiler l'infanterie, dont l'importance va sans cesse grandissant. La meilleure preuve en est donnée, à la rencontre de Saint-Aubin-du-Cormier, par le duc d'Orléans lui-même. Luttant à pied, il dirigera en personne cette troupe si méprisée des nobles quelques années auparavant. (Cabinet des manuscrits. Bibliothèque nationale. Photo B.N.)*

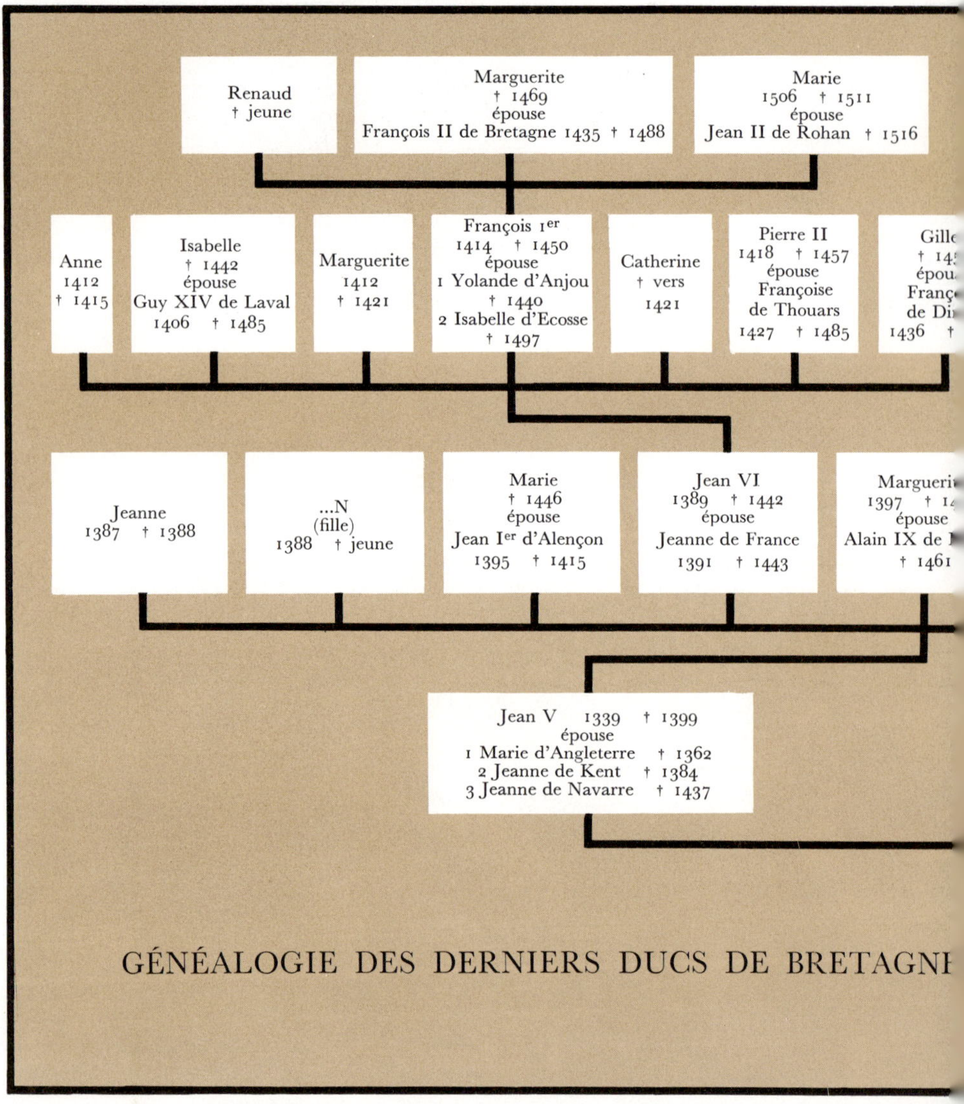


GÉNÉALOGIE DES DERNIERS DUCS DE BRETAGN

## 1er avril

Journée lourde d'heureuses conséquences pour les Beaujeu. Jean II de Bourbon, frère aîné de Pierre de Beaujeu, meurt. Comme il ne laisse pas d'enfants légitimes, l'héritage passe à son frère qui prend le titre de duc de Bourbon. Le domaine des Beaujeu s'agrandit, de ce fait, des duchés de Bourbonnais et d'Auvergne, des comtés de Forez et de L'Isle-en-Jourdain, et Pierre reçoit en outre le gouvernement du Languedoc et de la Guyenne.

La sœur et le beau-frère du roi, maintenant duc et duchesse de Bourbon, deviennent donc les plus puissants seigneurs du royaume. Il n'est pas impossible qu'une si grande puissance ait porté ombrage à Charles VIII, car c'est à peu près à cette époque que l'on remarque, de la part du roi, un désir d'indépen-

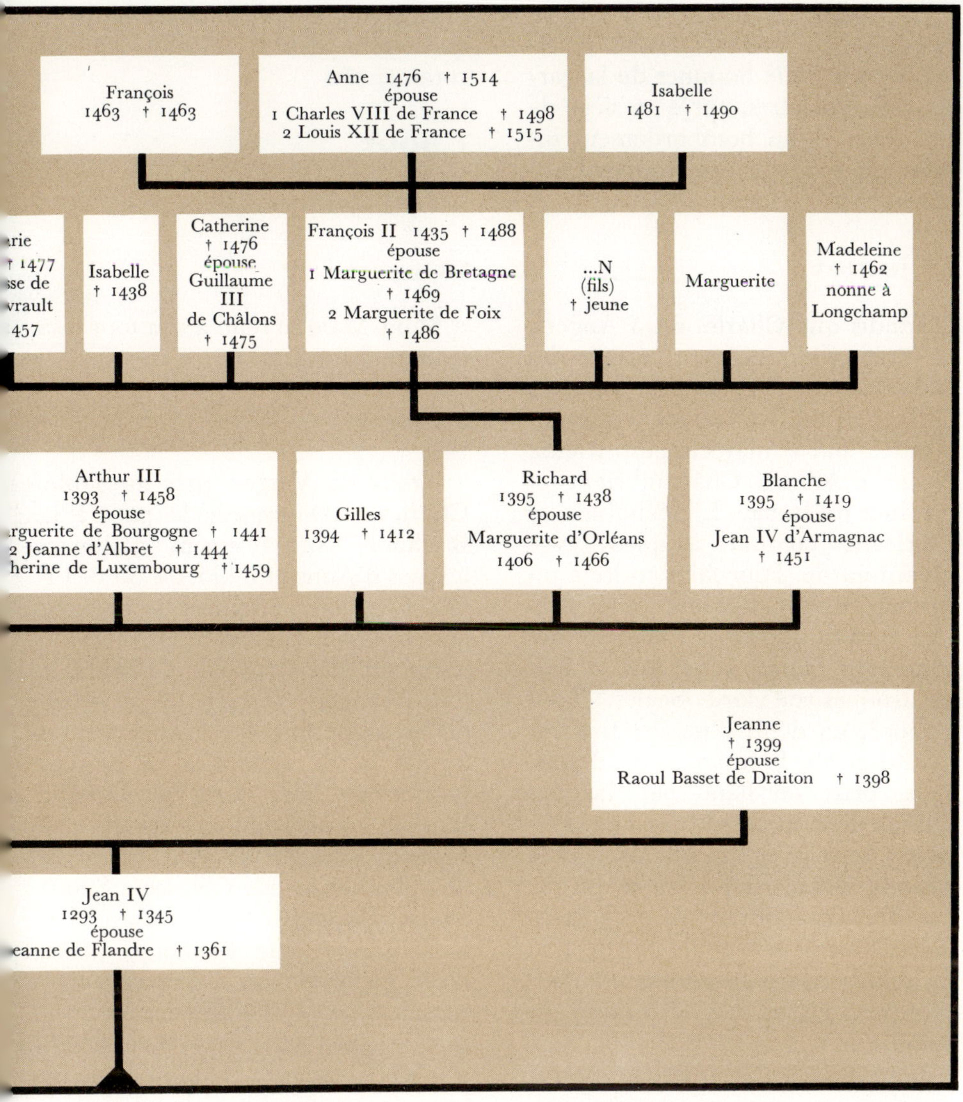


dance.

Visiblement, il commence à se détacher de la tutelle de sa sœur.

## avril

La campagne contre la Bretagne a repris. La Trémoille, à la tête d'une belle armée de douze mille hommes, va s'emparer d'Ancenis, de Châteaubriant et de Fougères. Et cela, en dépit de la vive résistance des troupes de François II et du duc d'Orléans, secondées par les volontaires anglais de lord Scales et des troupes de Maximilien.

## 28 mai

Dunois est accusé de lèse-majesté, tous ses biens sont confisqués. Plusieurs serviteurs du duc d'Orléans sont condamnés à mort. Quant à Commynes, son procès se prolongera jusqu'au mois de mars de l'année suivante.

## 23 juillet

Les trois mille hommes de la garnison de Fougères, après un siège de huit jours et un bombardement intense, se rendent aux troupes françaises.

## 26 juillet

Tandis que Charles est à Angers, La Trémoille rencontre l'armée des coalisés à Saint-Aubin-du-Cormier. En face de lui, les troupes sont commandées par le maréchal des Rieux, le sire d'Albret, Châteaubriant et le prince d'Orange. L'inévitable duc d'Orléans combat à pied avec l'avant-garde. Pour faire croire à un secours anglais, dix-sept cents Bretons portent une croix rouge sur des hoquetons blancs, ainsi que le font les troupes de lord Scales. Tout d'abord, en dépit d'un feu très vif, l'avant-garde bretonne a le dessus, mais, prise de flanc par Jacques Galliot, leur ligne se brise. La Trémoille fonce avec son infanterie et le désordre se met dans l'armée ducale. Les Bretons n'offrent plus de résistance. Plus de sept mille morts, dont six mille hommes appartenant au duc François, gisent sur le champ de bataille.

Louis d'Orléans est fait prisonnier derrière un rempart de cadavres français. Il sera conduit à Lusignan, puis dans la grosse tour de Bourges où la garde sera renforcée par une compagnie d'archers écossais.

Le prince d'Orange avait lui aussi été fait prisonnier, mais « la liberté lui fut bientôt rendue ». Le duc François II ne peut que demander la paix et est contraint d'envoyer des parlementaires au jeune roi Charles VIII :

— Il plairait au duc, lui dirent-ils, que cette guerre se terminât.

— Soit, aurait répondu le roi, mais ne manquez pas de lui rappeler qu'il m'a déplu, à moi, qu'elle commençât.

## 7 août

Prise de Dinan.

## 14 août

Saint-Malo se rend à son tour aux troupes françaises.

## 20 août

Traité du Verger, près de Sablé. Charles VIII accorde la paix à la Bretagne, contrairement d'ailleurs à l'avis d'Anne et de Pierre de Beaujeu. C'est là assurément le premier acte du gouvernement personnel du jeune roi. Par cette paix de Sablé, le duc François s'engage à expulser de Bretagne tous les étrangers qu'il a pris à son service et à ne pas marier ses filles Anne et Isabelle sans le consentement du roi de France. François II doit en outre abandonner au roi Charles : Saint-Malo, Fougères, Saint-Aubin, Dinan, « avec leur banlieue, ports, droits et juridiction ». François continuait cependant à toucher les revenus de son duché. En retour, Charles VIII promet de faire évacuer le territoire ducal par ses troupes.

Avec humilité, François II de Bretagne vient à récipiscence en se souvenant des « grands biens et honneurs que en notre jeune âge avons reçus en la maison de France et connaissant la très grant bonté de monseigneur le roy ». Pendant cette campagne de Bretagne qui s'achève ainsi d'heureuse façon pour la monarchie française, Charles VIII s'est assurément révélé. C'est un roi que la France a à sa tête et non plus un enfant en tutelle. Il a suivi de très près les opérations tout en laissant pleine liberté au général en chef. Il s'est chargé cependant de maintenir la discipline de l'armée et s'est occupé utilement de son approvisionnement.

## 9 septembre

François II meurt, sans doute de chagrin, à Couëron, près de Nantes. Anne titrée duchesse des Hermines, alors âgée de treize ans, devient duchesse de Bretagne sous la tutelle du maréchal des Rieux et de sa gouvernante Mme de Laval.

## 18 septembre

Voyant la Bretagne placée sous l'influence française, l'Angleterre, l'Espagne et l'Autriche vont prendre peur et songer à agir et à resserrer leur alliance. De son côté, Charles VIII demande ce jour-là au Parlement de rechercher tous les documents et pièces propres à établir ses droits sur la Bretagne.

## 4 décembre

Anne de Beaujeu attache infiniment d'importance aux problèmes de Flandre. Voici la lettre qu'elle écrit à son frère : « Monseigneur, vous avez aussi cette affaire de Flandres que, s'il se pouvoit vider par quelque bonne paix, vous en auriez plus tôt fait en Bretagne. Toutefois, vu que les Flamands sont déclairez pour vous, pour rien vous ne le devez laisser affoler. »

## 1489, 14 février

Traité de fédération signé à Dordrecht entre Maximilien et Henri VII Tudor. Ce dernier espérait reprendre la Guyenne et Maximilien, en épousant Anne, comptait bien devenir duc de Bretagne.

*C'est un vieil adversaire du roi de France qui, avec François de Bretagne, s'éteint en 1488. Son corps s'en ira reposer aux côtés de son épouse, Marguerite de Foix, dans la cathédrale de Nantes. Onze ans plus tard, en 1499, sa fille Anne commandera au sculpteur Michel Colombe la statue funéraire du duc et de la duchesse. (Photo Jérôme da Cunha.)*

Quelle menace, en ce cas, pour la France !

## 24 mars

La sentence de la cour chargée de juger Commynes est rendue. L'ancien compagnon de Louis XI est exilé pour dix années dans ses terres.

## 15 avril

Anne de Beaujeu semble avoir beaucoup aimé les animaux. Le chroniqueur allemand Buser raconte que ce jour-là Madame la Grande « écrit plaisamment à Laurent de Médicis pour lui demander une *girafle* qu'il lui avait offerte jadis, car c'est, dit-elle, la beste du monde que j'ay plus grand désir de voir... »

## 27 mai

Traité d'alliance entre l'Espagne et l'Angleterre. Henri VII promet d'aider Ferdinand le Catholique et Isabelle aussitôt que ceux-ci se trouveront en état de guerre avec la France. L'Espagne agira de même, dès que l'Angleterre commencera les hostilités contre Charles VIII. Les deux pays se promettent de ne signer ni paix ni trêve séparées.

Cette alliance entre Henri VII, Maximilien et Ferdinand le Catholique n'est peut-être pas aussi dangereuse qu'il semble à première vue. En effet, Ferdinand se trouve alors très occupé dans la lutte qu'il mène contre les Maures de Grenade. Quant à Maximilien, il a des ennuis avec les Flamands et ses affaires avec le roi de Hongrie sont loin d'évoluer selon ses désirs. L'Angleterre peut être neutralisée grâce à l'alliance écossaise des Beaujeu. De plus, Henri VII, de tempérament pacifique, a forte besogne pour maintenir la paix dans son pays.

Pour lutter contre Maximilien, il suffit de soutenir les provinces flamandes — et les Beaujeu ne s'en privent point. Enfin pour rendre l'alliance des ennemis de la France moins inquiétante, il existait de nombreuses dissensions à la petite cour même de Bretagne, à propos du choix d'un prétendant pour la main de la duchesse Anne. De nombreux candidats se sont, en effet, présentés — et il faut ici les énumérer pour comprendre à quel point le pauvre duché et sa petite duchesse se trouvent en fâcheuse posture. Voici les postulants : Alain le Grand, sire d'Albret, le duc de Buckingham, soutenu par Henri VII, don Juan, héritier présomptif des couronnes

*Ce portrait d'Anne de Bretagne, de très petites dimensions, fut découvert dans un recueil de prières de la fin du XV^e^ siècle, dissimulé à la fin du volume. Au commencement, également enfouie, se trouvait une reproduction de même dimension du roi Charles VIII. C'est à Henri Bouchot, écrivain et archiviste paléographe, qu'est due l'identification de ces deux images, mais leur auteur en demeure inconnu. (B.N.)*

d'Aragon et de Castille, le duc de Gueldre qui est sans doute soutenu par Charles VIII, mais il n'est en réalité qu'un paravent derrière lui, car c'est bien le roi de France qui brigue la main de la duchesse. De même, le vicomte de Rohan, candidat de Maximilien, se trouve être lui aussi un prête-nom, mais du roi des Romains.

En Bretagne, on juge que le postulant le moins dangereux pour l'avenir du duché — et sa liberté — serait le sire d'Albret. Mais la duchesse Anne refuse de le prendre pour mari. Il est horriblement laid. Agé de quarante-huit ans, il se trouve père de sept enfants. Anne maintient son refus et se dispute avec le maréchal des Rieux. De ce fait, la Bretagne a deux gouvernements : un à

*C'est à l'intérieur de l'enceinte du château que, durant tout le Moyen Age, se trouve le jardin d'agrément. Dans le séjour charmant que forment le couvert de ses berceaux de feuillage où coulent les fontaines et le long des allées soigneusement tracées en bordure de ses « carreaux » fleuris, le seigneur aime à se promener. Non loin de là se trouvent le verger, le potager et le jardin des « simples », ces plantes médicinales dont les vertus les rendent aptes à soigner tant de maladies. (Cabinet des manuscrits. Bibliothèque nationale. Photo B.N.)*

*Sous les yeux du roi — il s'agit vraisemblablement de Charles VIII recevant, en 1494, une copie nouvellement enluminée de « Lancelot du Lac » — se déroule la terrible mêlée qui clôt un tournoi. Sans ménagement, les participants se ruent l'un sur l'autre, rompant les lances et se culbutant à l'envi. Sur une estrade placée en face de celle du roi, les cinq juges du tournoi arbitrent l'affrontement. (Photo Jérôme da Cunha.)*

Rennes avec la duchesse Anne, un autre à Nantes exercé par le maréchal des Rieux.

Le pape Innocent VIII décide de s'en mêler afin de rétablir la paix entre la Bretagne et la France. C'est plutôt par intérêt que par charité chrétienne : libre vers l'Atlantique, le roi de France aurait pu s'armer contre le roi de Naples. Mais l'Espagne et l'Angleterre s'opposent de toutes leurs forces à ce rapprochement et les deux congrès que réunit la pape, l'un à Avignon, l'autre à Calais, sont sans résultat.

Sur ces entrefaites, une nouvelle parvient brusquement à Paris : Anne de Bretagne a décidé d'épouser Maximilien. L'Angleterre et l'Espagne se montrent assez satisfaites et donnent leur assentiment. Une fois de plus se précise la terrible menace : la France va se trouver étouffée entre les possessions du roi des Romains.

## 22 juillet

Traité de Francfort. Le roi de France s'engage à mettre en neutralité les villes de Saint-Malo, de Fougères, de Dinan et de Saint-Aubin, en les confiant au duc de Bourbon et au prince d'Orange, le premier représentant Charles VIII et le second Maximilien. Et ce à la condition qu'Anne de Bretagne « fasse vider entièrement les Anglais hors du pays de Bretagne et qu'elle baille caution et sûreté » : Echec à la dangereuse alliance entre Maximilien, Henri VII et le roi catholique.

## 1490, 11 novembre

Alors que tous essayent de trouver une issue au conflit franco-anglais, Henri VII accroît sa puissance militaire et consolide son alliance avec Maximilien d'Autriche par le traité d'Oking.

## décembre

Anne de Bretagne épouse par procuration Maximilien. Le roi des Romains ne trouve rien de mieux pour le représenter que d'envoyer à Rennes son mignon Wolfgang de Polhain, inconsciemment qualifié « d'homme de vertu » par un chroniqueur à l'âme candide. Polhain, le soir du « mariage », dénude sa jambe droite, s'approche du lit où se trouve couchée la jeune Anne, âgée maintenant de quatorze ans, et glisse sa jambe sous les draps cramoisis tout en serrant dans sa main gauche la procuration de son maître. Puis il retire sa jambe et remet de l'ordre dans ses vêtements. Par cette opération burlesque, Anne est « reine des Romains », la Bretagne devient province autrichienne, et la France se trouve cernée par les possessions de l'archiduc !

## 1491, février

Un des prétendants évincés d'Anne de Bretagne, le sire d'Albret, décide de se venger et livre Nantes aux Français contre espèces sonnantes et trébuchantes. La chance tourne au profit de Charles VIII. Dunois est passé lui aussi au service du roi, tandis que La Trémoille s'apprête à assiéger Rennes où Anne de Bretagne s'est réfugiée.

Rappelons-le — car on le rappela à Anne sans tarder — le traité signé entre François II de Bretagne et Charles VIII prévoyait qu'Anne ne pouvait se marier sans le consentement du roi de France. Pourquoi le roi ne donnerait-il pas comme mari à la petite duchesse le premier prince du sang de France : le duc d'Orléans ? Celui-ci ne l'aimait-il pas depuis plusieurs années? N'avait-il pas été fiancé secrètement avec elle? Bien sûr, il était marié, puisque Louis XI

*Dernier représentant de la maison de Lancastre, Henri VII aura la sagesse d'épouser l'héritière du parti adverse, Élisabeth d'York, fille d'Édouard IV et d'Elisabeth Woodville. Parmi les portraits connus du roi anglais, demeure celui en provenance du célèbre « Recueil d'Arras ». Le visage du souverain y apparaît calme et empreint de mansuétude. (Bibliothèque d'Arras. Photo Giraudon.)*

avait contraint son cousin à épouser Jeanne, la petite difforme, pourtant le mariage, disait-on, n'avait pas été consommé. Mais Anne de Beaujeu, la jalousie et la haine toujours chevillées au cœur, veille.

Ce n'est pas à Louis — on le verra au cours de l'été suivant — qu'elle donnera la duchesse de Bretagne.

## 10 mai

Anne de Beaujeu met au monde une fille : Suzanne. De ce fait, elle commence à se détacher un peu des affaires du gouvernement. Elle est déjà mère d'un fils, Charles, filleul de Charles VIII.

## 28 juin

Louis d'Orléans est toujours en prison. Madame de Beaujeu est satisfaite. Au moins, derrière les verrous, il ne peut plus lui être infidèle! Anne autorise seulement son laideron de sœur à rendre visite à son mari. En voyant entrer ce fantôme bossu dans son cachot, le prisonnier se voile la face en s'écriant, paraît-il, à l'instar de Louis XI :

— Je ne pensais pas qu'elle fût si laide!

Anne de Beaujeu peut donc tout à loisir savourer sa vengeance. Mais, ce 28 juin, Charles VIII délivre Louis d'Orléans sans le consentement des Beaujeu.

## août

Commandée par La Trémoille, l'armée royale pousse avec vigueur le siège de Rennes. Pendant ce temps, le maréchal de Saint-André, avec ses francs-archers, achève de « pacifier » la province, c'est-à-dire de la piller et de la rançonner. « Si ce pillage ne cesse point, écrit Charles à La Trémoille, nous en ferons un tel châtiment sur les capitaines, comme sur les francs-archers, qu'il en sera mémoire et exemple à toujours. » Anne de Bretagne, dont la sœur Isabelle vient de mourir, est toujours enfermée dans la ville avec Dunois et le maréchal du roi des Romains, le prince d'Orange, imprudemment libéré après la bataille de Saint-Aubin-du-Cormier. En dépit de la pénurie d'argent et de vivres, Anne tente d'abord de résister, mais elle est assiégée par des troupes cinq fois plus nombreuses que les siennes.

## 4 septembre

Réconciliation définitive de Louis d'Orléans avec Anne et Pierre de Beaujeu. Devant Georges d'Amboise, qui tient un fragment de la vraie croix, ils jurent de « s'aimer et de s'entretenir ».

## novembre

Anne de Bretagne accepte de traiter. Elle préférerait rejoindre le bel archiduc Maximilien qui, comme elle, est doué d'un vif amour pour les arts et les sciences, plutôt que devenir l'épouse de l'inculte Charles dévastateur de son duché. Mais dans sa situation peut-elle choisir?

Sans doute, nous l'avons conté, le roi de France est-il déjà fiancé avec la fille de Maximilien, la petite Marguerite, qui vit à Amboise?

*Moy, Marguerite, de toute fleur le choix,*
*Ay resté mise au grand viergé franchois...*

Qu'importe! Afin que la jalousie de Mme de Beaujeu soit satisfaite et, accessoirement, que la Bretagne devienne terre de France, le jeune roi décide de renvoyer au roi des Romains sa fille et d'épouser sa femme... « Vit-on jamais en pays allemand empereur tolérer une telle honte? » s'exclame un chroniqueur autrichien.

Et Maximilien ne sait pas tout : ce sont ses florins qui payeront la robe de drap d'or et les cent soixante zibelines ornant la robe de noces d'Anne de Bretagne, demain reine de France... Mais le roi des Romains est si préoccupé de la révolte des Flamands qu'il se contente de s'échauffer les sangs. En Espagne, Isabelle et Ferdinand sont eux aussi bien trop acharnés à assiéger Grenade pour s'occuper de la lointaine Bretagne. Aussi Henri VII prend-il le parti de se taire.

# Le mariage de Charles et d'Anne

*Au début du mois de décembre 1491, la longue rue bordée de porches ouvragés qui traverse Langeais voit passer en « magnifique arroi » la duchesse de Bretagne qui s'en vient épouser le roi Charles VIII. Étendue dans sa litière resplendissante de drap d'or, la petite duchesse, vêtue d'une robe de velours noir fourrée de zibelines, attire tous les regards. Son visage est grave et noble. Jolie? C'est beaucoup dire! D'après les témoignages de ses contemporains, elle possède assurément du charme. Elle a malheureusement un pied plus court que l'autre, mais Brantôme nous assure qu'on « ne s'en apercevait pas et que sa beauté n'en était point gâtée ». Faut-il le croire?... Il ne l'avait jamais vue! Quoi qu'il en soit, un fait est certain : lorsque le roi aperçoit Anne pour la première fois, il la trouve « tant belle, gracieuse, bénigne d'humeur et bien servie de corps que possible ». Le marié est satisfait, ne soyons pas plus exigeant que lui!*

*Quelle fut l'impression d'Anne en voyant son mari? On ne sait! Son attitude témoigne qu'elle s'était résignée pour sauver son duché...*

*Aujourd'hui, en cette froide journée de décembre, elle regarde les hautes poivrières casquées d'ardoises, les pignons aigus, les murailles encore blanches de ce château, dernier ouvrage de la féodalité expirante, ceint de deux cent soixante-dix mâchicoulis et couronné d'un chemin de ronde, bien inutile à présent puisque la Bretagne et la France sont en paix... Cette redoutable forteresse paraît sans doute plus aimable à la petite duchesse de quinze ans lorsqu'elle voit la façade intérieure du logis ornée de fenêtres à meneaux et de lucarnes à festons s'ouvrant entre des tours polygonales élancées et fines.*

*Le mardi 6 décembre 1491, dans l'imposante salle du château, est signé le contrat de mariage entre les deux époux. Ceux-ci s'offraient mutuellement le duché. Si Anne disparaissait la première, la Bretagne devenait propriété du roi Charles. Dans le cas contraire — et si le roi de France n'avait pas de dauphin — le duché appartiendrait de nouveau à Anne qui — clause inattendue — s'engageait à épouser l'héritier du trône de France. En attendant, la jeune fille continuait à gouverner la Bretagne. De ce fait, les Bretons ne perdaient pas leur duchesse, mais celle-ci devenait reine de France.*

*Anne, dans sa robe de drap d'or, enrichie des cent soixante zibelines payées par le premier mari, s'avança vers la table et signa fermement le document aux termes savamment choisis et établis par deux notaires tourangeaux.*

*Le soir venu, les jeunes époux sont laissés seuls dans la chambre du roi où Anne fait dresser le lit qu'elle a apporté de Rennes avec elle. Rideaux, courtines et ciel sont d'or cramoisi doublé de taffetas rouge. La nouvelle reine ôte sa robe d'or... Mais le « reste » n'est pas le secret des nouveaux mariés... Dans une pièce voisine d'où l'on peut tout entendre, six bourgeois rennais prêtent l'oreille. Ils sont chargés d'attester qu'Anne est devenue « librement et pour la première fois » l'épouse de son mari. Ils*

*Le château de Langeais, reconstruit sur l'ordre de Louis XI, ne subira, au cours des siècles suivants, que très peu de modifications dans son aménagement intérieur. Meublées dans l'esprit du temps par son dernier propriétaire, Jacques Siegfried, qui en fit l'acquisition en 1886, chacune des pièces qui le composent se présente comme une véritable rétrospective de la vie seigneuriale au XV^e^ siècle. (Photo Holzapfel.)*

*établissent un procès-verbal en des termes d'une crudité qui stupéfie aujourd'hui et qui ne sont guère publiables. Au moins Maximilien ne pourra-t-il pas soutenir, ainsi qu'il le clamait, que le roi, après avoir enlevé la jeune fille « à main armée », l'avait violentée! Le pape lui-même crut d'ailleurs cette calomnie, en dépit du rapport de nos six bourgeois. Il n'envoya la dispense de consanguinité qu'à la condition «qu'il n'y eût eu ni rapt ni viol». Peu importait, car la bulle de dispense n'arriva que bien après le mariage... exactement un an plus tard. A cette époque, Anne faisait déjà ses premières couches!*

*Le ménage ira demeurer au château de Plessis-lez-Tours où était mort Louis XI, et la petite Anne semble être fort heureuse. La résignation a cédé la place à l'amour. « La Reine est jalouse, nous dit l'ambassadeur vénitien, et désireuse de Sa Majesté outre mesure... si bien que, depuis qu'elle est sa femme, il s'est passé peu de nuits qu'elle n'ait pas dormi avec le roi. »*

## 1492

Pour se faire une idée du physique malingre et mal conformé du roi, il suffit de regarder le buste conservé au palais du Bargello de Florence. La tête est trop grosse, le visage trop maigre, la barbe trop rare, le nez trop aquilin, les yeux trop blancs et trop gros, les lèvres trop épaisses et perpétuellement entrouvertes. Le buste ne nous montre évidemment pas les jambes qui sont trop longues et trop grêles.

Certains ont affirmé que Charles était un faible d'esprit. C'est fort excessif. Sans doute a-t-il des mouvements spasmodiques des mains — des mains qui sont « vilaines à voir » — son regard est fixe, mais s'il a quelque difficulté à s'exprimer, ce n'est pas un demeuré. « Je suis certain, affirmera l'ambassadeur vénitien, que, soit de corps, soit d'esprit, il vaut peu. » Peu, soit ! Rien, non ! Il connaît le latin et aime les arts et les lettres. Il est courageux et se montre « très gaillard à jouer à la balle, à la chasse, et à la joute, exercices entre lesquels il partage beaucoup de temps », remarquera le Vénitien Contarini.

Têtu — les Italiens l'appelleront *cabezzuco* — taciturne, emporté, il se laisse mener par son entourage et abandonne à ses entours les décisions à prendre. Et cela à un tel point qu'un ambassadeur — Florentin, celui-là — mandait à son gouvernement :

« Je pense le voir, bien que par lui-même il ne soit nullement capable de traiter d'affaires sérieuses. Il s'y entend si peu, il y prend si peu d'intérêt que j'ai honte de le dire. »

A son excuse, Charles VIII n'a que vingt-deux ans en 1492 et, comme le remarque Commynes, « il ne faisait que saillir de son nid ».

## 8 février

La reine Anne est sacrée à Saint-Denis. « Il la faisait beau voir, rapportera un témoin, car elle estait belle et jeune et pleine de si bonne grâce que l'on prenoit plaisir à la regarder. Et pour parler de la manière ou des vêtements de ladite dame : elle estoit en cheveux et avoit une robe de damas, ou satin blanc ; à certaines heures du service, elle estoit menée devant le prélat qui officioit, lequel lui mit du Sainct Huile sur l'estomac et entre les épaules. »

Puis la reine revient vers Paris où elle est reçue par les dignitaires de la capitale.

## fin mars

Une importante ambassade milanaise arrive en France afin de féliciter le roi de son mariage et le remercier d'avoir accordé à leur duc l'investiture de Gênes. En fait, ces ambassadeurs avaient été chargés par Ludovic le More, régnant à Milan à la place de son neveu Jean Sforza, de savoir si Charles VIII serait disposé à prendre parti *pour* le duc de Milan et *contre* le roi de Naples et ses alliés.

Dans le cas d'une réponse favorable, les envoyés devaient conclure une alliance avec la France.

## 5 mai

L'ambassade milanaise quitte la France. Sa mission a pleinement réussi : un traité d'alliance — en principe seulement défensif — est signé au grand contentement du roi. Charles VIII n'a alors plus qu'une idée en tête : aller conquérir *son* royaume de Naples, occupé indûment, affirme-t-il, par Ferdinand Ier d'Aragon.

## LE ROYAUME DE CHARLES

*Carte du royaume de France sous Charles VIII.*

*Voici, selon Halphen et Sagnac, quel est alors le royaume de Charles le huitième : « Amiens est à deux pas de la frontière, et du haut de la tour de Dijon s'aperçoit une terre qui demeure bourguignonne comme les Pays-Bas et, comme eux, va devenir espagnole. De la Bourgogne aux Flandres court une ligne indécise et contestée qui sépare le Barrois « mouvant » du Barrois dépendant de la Lorraine. De l'Artois au Jura, l'Empire, au moins nominalement, est très près de Paris.*

*« Lyon est ville frontière, aux trois quarts enveloppée par la Savoie, dont le duc est le maître de Genève, de la Bresse et du Bugey. La rive gauche du Rhône mériterait toujours son nom d'*Empire *si l'acquisition du Dauphiné n'avait ouvert à l'ouest et au sud de cette Savoie les routes d'Italie. Sur la Méditerranée, la France s'arrête au Var. Au sud-est, Charles VIII ne gardera pas le Roussillon. A l'autre extrémité des Pyrénées, la Navarre continue d'être disputée entre la maison de Foix-Albret et la maison d'Aragon, qui en restera maîtresse. »*

## QUELS SONT LES DROITS DU ROI DE FRANCE SUR NAPI

*On s'en souvient, Charles Ier d'Anjou, frère de Saint Louis, avait conquis le royaume de Naples. Le 10 décembre 1481, Charles d'Anjou, comte du Maine, avait transmis par testament à Louis XI et à ses successeurs le titre de roi de Naples. Cependant, les prétentions de Charles VIII au trône napolitain sont, du point de vue juridique, absolument insoutenables. Et cela pour deux raisons :*

*1° La bulle pontificale en date de 1265 accordait le royaume de Naples à Charles d'Anjou en précisant que ce fief était donné au frère de Louis IX et à sa descendance jusqu'au quatrième degré seulement. Or, cinq générations séparaient Charles VIII de Charles d'Anjou. Le roi se trouvait donc exclu de la descendance visée par la bulle pontificale.*

*Ces précautions auraient été prises par le pape afin de créer à Naples une famille royale d'Anjou totalement détachée de sa branche française. En fait, en cas d'absence d'héritiers directs ou collatéraux, le fief napolitain devait revenir au Saint-Siège.*

*2° La seconde maison d'Anjou n'avait jamais eu droit au titre de roi de Naples. Les Angevins affirmaient que Louis Ier d'Anjou avait été adopté par Jeanne Ire, reine de Naples en 1381, et que Jeanne II de Naples avait testé en faveur de René Ier d'Anjou.*

*Ce testament était-il authentique ? On le considérait généralement comme apocryphe. Quoi qu'il en soit, le droit coutumier du royaume de Naples ne reconnaissait pas plus la succession par adoption que par disposition testamentaire.*

*En dépit de la fragilité, et même de l'absence, des droits français sur le royaume de Naples, la chimère italienne — elle sera également chevillée au cœur de Louis XII et de François Ier — n'en hante pas moins les nuits du roi Charles. Il veut franchir les monts et descendre vers cette terre de rêve qui agit sur lui, comme sur ses successeurs, et sur bien des Français, à la manière d'une drogue.*

*La plupart des anciens conseillers de Louis XI et d'Anne de Beaujeu sont opposés à ce projet. La reine Anne est également effrayée à la pensée que son mari puisse la quitter pour de longs mois...*

*Cependant deux personnes encouragent le roi à succomber à ce désir qui est devenu pour lui obsession. Ces deux mauvais conseillers ont nom Etienne de Vesc, sénéchal de Beaucaire, et Guillaume Briçonnet, évêque de Saint-Malo, qui, lui, ne pense qu'au chapeau de cardinal et espère bien le trouver en suivant Charles VIII. Le chemin de Naples ne passe-t-il pas par Rome ? Le plus redoutable est assurément le sénéchal. L'empire qu'Etienne de Vesc exerce sur Charles VIII remonte à l'époque où le roi était encore dauphin de France. Depuis qu'il a coiffé la couronne, ainsi que le dit un ambassadeur florentin : « le sénéchal est plus familier et plus mêlé à toute pratique que tout autre seigneur ». « Cet homme de petite lignée, ainsi que le précise de son côté Commynes, jamais n'avait vu ni entendu aucune chose en fait de guerre. »*

*Ce sont pourtant ces deux hommes qui vont désormais conseiller le roi — et le mener à sa perte...*

*Ce buste de Charles VIII, en terre cuite, est conservé au palais du Bargello de Florence. Le visage du roi y apparaît dans toute l'ingratitude de ses traits et permet, à lui seul, d'évaluer combien sont flatteurs certains de ses portraits. Si l'auteur de cette sculpture demeure inconnu, il ne fait cependant pas de doute qu'il l'exécuta lors du passage du roi en Italie. (Photo Giraudon.)*

### 10 octobre

Anne et Charles n'ont point perdu de temps. La reine de France, duchesse de Bretagne, met au monde un fils : Charles-Orland, aussitôt baptisé par un frère de l'ordre des minimes, un certain Jean Bourgeois qui sera un jour saint François de Paule...

### octobre

Henri VII est maintenant en guerre contre la France. Les troupes anglaises traversent la Manche et commencent le siège de Boulogne. Mais le roi Henri VII aime heureusement plus l'argent que la guerre.

### 3 novembre

Aussi le traité d'Etaples achète-t-il le départ des Anglais. L'opération coûte fort cher à Charles VIII : 745 000 écus d'or. Somme considérable pour l'époque. De plus, le roi promet de payer les dettes de sa femme, contractées lors de la guerre bretonne menée contre la France... En échange, Henri reconnaît Charles comme mari de la duchesse et promet de cesser de le traiter d'usurpateur. Il promet en outre sa neutralité dans la guerre que Charles VIII pense à livrer outre-Alpes.

Les difficultés les plus grandes viennent de Maximilien d'Autriche qui revendique à la fois le remboursement de la dot de sa fille Marguerite, ex-fiancée répudiée du roi Charles, et l'héritage bourguignon accaparé par Louis XI à la mort du Téméraire.

### 5 novembre

Des bourgeois d'Arras hostiles à la présence française ouvrent les portes de la ville à Maximilien.

### décembre

Maximilien pénètre en Franche-Comté, où il est fort bien accueilli par les habitants qui préfèrent être administrés par l'Autrichien plutôt que par le Français. Contre l'avis de certains conseillers, comme Graville et Gié, qui lui conseillent la guerre, Charles VIII veut assurer ses arrières en vue de l'expédition italienne et ne pense qu'à conclure la paix avec Maximilien.

### 1493, 19 janvier

Le traité dit de Barcelone est conclu avec l'Espagne. Charles VIII rend à Ferdinand, qui n'en demandait pas tant, le Roussillon et la Cerdagne. Et cela toujours en échange d'une politique de neutralité; en effet c'est un prince aragonais — il se prénommait également Ferdinand — qui règne à Naples. Mais les sentiments de famille n'ont jamais étouffé Ferdinand le Catholique.

De plus, la France abandonne à Ferdinand la créance de deux cent mille écus d'or contre laquelle celui-ci avait cédé ces deux provinces.

### 22 avril

Encore un traité. Cette fois, c'est Ludovic le More qui conclut une alliance avec Venise contre Naples — et ceci arrange bien les projets de la France. Cependant, en même temps — politique du double jeu chère au condottiere — Ludovic marie sa nièce Blanche-Marie Sforza Visconti à Maximilien.

Et, cette fois, Charles VIII fait la grimace...

En échange d'une grosse dot qu'il donne à Blanche-Marie, Ludovic se fait promettre l'investiture du duché de Milan par celui qui devient son neveu.

*Robert Gaguin offre à Charles VIII sa traduction des « Commentaires de Jules César ». Le roi, revêtu de son armure, semble prêt à partir pour guerroyer. L'un des gentilshommes (au premier plan) tient un vouge, arme d'hast et de taille destinée plus particulièrement à couper les jarrets des chevaux. (Cabinet des manuscrits. Bibliothèque nationale. Photo B.N.)*

## 12 juin

Charles VIII, qui n'a plus que l'Italie en tête, rompt avec la politique de son père et signe le traité de Senlis avec l'empereur. Le roi restitue à Maximilien la Franche-Comté, l'Artois et le Charolais, tout en gardant des droits de suzerain sur ces deux dernières provinces. En échange, Maximilien laisse Charles libre d'entreprendre sa politique italienne et approuve sa descente vers Naples.

Ce même jour, Marguerite, ex-fiancée de Charles, est remise — pour ne pas dire rendue — aux ambassadeurs de Philippe le Beau.

## 1494, 25 janvier

Mort de Ferdinand, roi de Naples. C'est son fils Alphonse qui lui succède, c'est-à-dire le beau-père de Jean-Galéas Sforza. Le changement de règne va permettre à Charles VIII de franchir le Rubicon. L'intervention est aussitôt décidée. Les ambassadeurs napolitains sont renvoyés dans leur pays et les préparatifs militaires commencent.

## mars

Charles VIII prend officiellement les titres de roi de Sicile et de Jérusalem et quitte Amboise où il laisse le dauphin Charles-Orland. Avec Anne et le duc d'Orléans il prend le chemin de Lyon afin de surveiller les préparatifs militaires de l'expédition.

« Dans icelle ville de Lion, on commença de faire de grandes cheres, et à se divertir par de merveilleux passe-temps; le roi avoit avec luy nombre de jeunes gentilshommes, tous remplis de bonne volonté, lesquels ne desiroient que s'appliquer à toutes choses plaisantes et agréables, ainsi que la jeunesse le désire volontiers. » Charles leur ou-

*C'est dans la cour du château, dès l'aube, que le seigneur rassemble sa troupe. Debout aux fenêtres pour un dernier adieu, les dames contemplent sans joie le spectacle de ces guerriers dont certains, peut-être, ne reviendront jamais (« Le Roman de la Violette »). Ainsi le roi Charles VIII quittera-t-il, à Lyon, sa jeune épouse Anne et celle-ci en éprouvera tristesse et jalousie. (Cabinet des manuscrits. Bibliothèque nationale. Photo B.N.)*

vre largement sa bourse et multiplie « joutes, tournois et combats à la barrière ». Et toute cette jeunesse qui entoure ce roi de vingt-quatre ans « désirait fort que ce voyage se fît, ne cessaient d'en parler (à Charles), en le lui louant à merveille ».

Le duc d'Orléans est, lui aussi, partisan de la conquête napolitaine, « car le plus grand désir qu'il eût en ce monde estait d'avoir occasion de suivre les armes, comme celui qui en aimait le métier sur toutes choses ».

## juin

Premier acte d'hostilité : la banque florentine de Lyon — la banque des Médicis — est expulsée de France.

## 25 juin

Afin d'occuper le littoral génois, le duc d'Orléans quitte Lyon avec des troupes en partie suisses, en partie lombardes.

## juin-juillet

Gilbert de Montpensier, cousin du roi, reçoit la charge de capitaine général des troupes de terre, Pierre de Beaujeu est nommé lieutenant général du royaume, en l'absence de Charles, tandis que sa femme redevient régente. Anne de Bretagne est toute triste d'être ainsi écartée du pouvoir. Elle est d'autant plus maussade et nostalgique que son mari est volage. Il l'a déjà délaissée à Lyon et l'on apprend que les Italiens s'apprêtent à mettre des jolies femmes sur son chemin.

## 18 juillet

Les préparatifs de la campagne « au recouvrement » du royaume de Naples se sont révélés fort onéreux.

Le roi manque d'argent. Or, une grande partie de l'armée est « déjà delà les monts » et tire en avant par «terre et par mer». Il faut remplir les caisses. Aussi, pour provoquer la générosité des bourgeois de Lyon, Charles rétablit-il les quatre foires annuelles de la ville.

En France, les gens du roi ont recours partout aux emprunts forcés ou à la levée anticipée qui s'accompagne souvent de désordres : les Français, satisfaits de voir que la guerre ne se déroulera pas sur leur sol et les débarrassera en outre des bandes de soldats pillards, le sont beaucoup moins lorsqu'ils apprennent qu'il leur faut faire les frais de l'expédition et qu'ils doivent verser de fortes sommes au Trésor : cent mille livres pour la seule ville de Lyon.

### *L'ARMEMENT*

*Outre des* estradiots *montés et chargés de la reconnaissance, la cavalerie comprend principalement de la cavalerie lourde ou gendarmerie, armée de lances, d'estocs, de masses et d'épées. Divisée en compagnies, elle est subdivisée en* lances garnies *comptant chacune six ou sept hommes : un homme d'armes, chef de lance, deux ou trois archers montés et armés comme des chevaliers, un écuyer, un page et un* varlet *— ces deux derniers ne se mêlent point aux combattants. Le cavalier, homme d'armes ou archer, est revêtu d'une armure défensive parvenue à son point de perfection. Cependant, le règne de l'armure est en voie de déclin, car l'artillerie a fait de considérables progrès. Celle que Charles VIII emmène avec lui en Italie est assurément la plus importante de l'époque. Il s'agit d'une artillerie de défense et d'attaque comportant des gros canons dits serpentins, des couleuvrines, des bâtardes, des faucons, enfin des arquebuses à crochets ou à chevalets. Seules les dernières catégories offrent quelque utilité au cours d'une bataille, les gros canons sont, en effet, véritablement trop peu maniables. Les munitions ne remplissent pas moins de cinquante charrettes tirées par quatre cent six chevaux.*

## 23 août

Charles VIII, qui a quitté Lyon où règne la peste, fait son entrée dans Grenoble, où « il fut mis et porté

## *LA MOSAIQUE ITALIENNE EN 1494*

*Ce détail de l'une des huit compositions consacrées par Vittorio Scarpazza, dit Carpacci à la « Vie de sainte Ursule » représente une vue de Venise à la fin du XV^e siècle. (Pho Scala, Florence.)*

LE DUCHÉ DE MILAN. *Commençons par l'État qui a déclenché l'intervention française à Naples. Officiellement, c'est Jean-Galéas-Marie Sforza, marié à Isabelle, la petite-fille du roi Ferrand de Sicile, qui règne. Mais Jean est malade et faible. Il est complètement gouverné par son oncle Ludovic le More, un condottiere guidé par une terrible ambition. Sa femme, Béatrice d'Este, fille du duc de Ferrare, est anim par autant d'ambition que son époux, qui n'est pas peu dire! Pensez que ce de nier a osé mettre son portrait sur l pièces de monnaie où se trouvait, de l'aut côté, le profil de son malheureux neveu.*

*La situation de Ludovic est cependa loin d'être solide : les Milanais so prêts à se soulever contre le régent. P illeurs, l'énergique Isabelle, la femme de 'ean-Galéas, envisage de faire appel à ›n grand-père, le roi de Naples.*

E ROYAUME DE NAPLES. *Le roi Ferdi- and — ou, comme on l'appelait, « le roi 'errand », qui vient de mourir — régnait vec l'appui de l'Espagne et par la terreur. ussi de nombreux féodaux s'étaient-ils ;voltés contre son autorité et s'étaient ;fugiés en France. Poussés par leur inté- 't, ils avaient insisté auprès de Char- s VIII pour qu'il fasse valoir ses droits.*

'ÉTAT PONTIFICAL. *Le pape est alors lexandre VI Borgia, âgé de soixante- ix ans et dont Machiavel disait : Alexandre VI ne fit jamais que tromper; ne pensait pas à autre chose. Il n'y eut ımais d'homme qui affirmât une chose vec tant d'assurance, qui appuyât sa arole sur plus de serments et qui fût ioins scrupuleux à les tenir. »*

*L'ambassadeur Capello précise de son 'té que le saint-père, d'un « tempéra- ent joyeux », n'est animé que par un aique désir : celui de rendre ses enfants aissants. Alexandre est, en effet, le père la fameuse Lucrèce et de son frère ésar. Ce palais, où l'on peut voir la 'le du pape s'asseoir dans les stalles des ıanoines en riant aux éclats, ce Vatican, vit le cardinal César Borgia, bâtard de a Sainteté et qui sème, lui aussi, des ìtards à tout vent, ce Vatican, où ont lieu s banquets de princes de l'Église au cours squels se donnent des divertissements que rtaines* maisons *n'oseraient représenter, Vatican des Borgia, qui nous horrifie ıjourd'hui, scandalisait beaucoup moins s chrétiens du XVe siècle... L'Église avait vu bien d'autres !*

TOSCANE. *Pierre II de Médicis règne r Florence, mais il a infiniment moins 'influence sur les Florentins que Savona- le. Celui-ci prédit en ces termes la venue*

*Devant ce tableau de Rodrigo Borgia, pape sous le nom d'Alexandre VI, on ne peut s'empêcher d'évoquer toute la débauche de l'Église romaine de la Renaissance. (Photothèque des Presses de la Cité.)*

*du* libérateur *Charles VIII : « Un homme va venir qui envahira l'Italie en quelques semaines, sans tirer l'épée. Il passera les monts et les rochers, et les forteresses tomberont devant lui. »*

LA RÉPUBLIQUE DE VENISE. *Puissance maritime et commerciale, son gouvernement demeure très fort. Son territoire s'étend du Pô jusqu'aux Alpes et vers l'ouest jusqu'à l'Adda. Son gouvernement anonyme reste solide, bien que la République ait été obligée, vers l'est, de reculer devant les armées turques.*

LE DUCHÉ DE SAVOIE. *La Savoie, qui possède également le Piémont, le pays de Vaud, le Bugey, la Bresse et Nice, est d'autant plus dans la zone d'influence de la France qu'à Turin règne un cousin de Charles VIII. Il est vrai qu'il n'a que trois ans et que sa grand-mère Yolande n'a pas toujours été dévouée aux intérêts de son frère Louis XI.*

*Enfin l'Italie est constellée de principautés, marquisats, et villes libres telles que Saluces, Montferrat, Mantoue, Urbin, Rimini, Fano, Faenza, Imola, Bologne, etc.*

un fort riche ciel ou dais dessus luy et un autre dessus la Reyne ».

### 29 août

Le roi prend congé de la reine et se prépare à passer les Alpes. Anne reçoit l'ordre de résider à Lyon ou à Moulins, où se trouve la cour des Bourbons.

### début septembre

Tous les bagages sont placés à dos de mulet. L'armée royale franchit les Alpes au mont Genèvre. Elle se compose de quinze à seize mille cavaliers, et autant de fantassins dont la moitié suisses ou allemands. Un contingent breton composé de plusieurs milliers de soldats est commandé par les maréchaux de Gié et de Rieux.

### début septembre

Louis d'Orléans a quitté Lyon au mois de juin précédent pour Marseille afin de gagner Gênes par la mer avec l'accord de Ludovic. Apprenant qu'une armée napolitaine de quatre mille hommes a débarqué à Rapallo, il se dirige vers elle par la mer, tandis qu'il ordonne à ses forces terrestres de se mettre en marche pour prendre les Italiens à revers. Après une canonnade entre les deux flottes, et sans même attendre les renforts, l'armée débarquée par le futur roi Louis XII met en fuite les Napolitains. On compte plus d'une centaine de morts.

### 5 septembre

Pendant ce temps, le roi Charles arrive à Turin. Il emprunte à la marquise de Montferrat, veuve de Charles de Savoie, ses bagues afin de les engager pour douze mille ducats. On le constate, l'argent continue à manquer — et il manquera jusqu'au bout de l'aventure. Commynes soupire : « Vous pouvez voir quel commencement de guerre, si Dieu n'eût guidé l'œuvre ! »

### 9 septembre

Le gros des troupes françaises arrive à Asti. L'armée espère pouvoir apprécier le fameux vin de la région, « mais, nous dit Philippe de Commynes, tous les vins d'Italie étaient aigres, ce que nos gens ne trouvaient point bon, ni l'air qui était si chaud ». Est-ce à cause du vin que Charles tombe malade ? On pense même à rebrousser chemin, mais le roi se rétablit plus vite qu'on ne le pensait.

### 6 octobre

Après avoir reçu la visite de Ludovic le More et de son épouse, Charles VIII quitte Asti.

### 15 octobre

Il est à Pavie. Ludovic vient le saluer de nouveau. Il n'ignore pas que Charles VIII est sensible au charme des femmes, aussi s'est-il fait accompagner de son épouse et de trois cents de ses demoiselles d'honneur — du moins c'est ce que rapportent les chroniqueurs.

### 18 octobre

Le roi entre dans Plaisance. Les Français commencent déjà à se conduire en conquérants. « Le peuple, écrit Philippe de Commynes, nous avait (considérés) comme saints, estimant en nous toute foi et bonté ; mais ce propos ne leur dura guère, tant pour notre désordre et pillerie, qu'aussi les ennemis prêchaient le peuple en tous quartiers nous chargeant (accusant) de prendre femmes à force, et l'argent, et autres biens, où nous les pouvions trouver. »

## 21 octobre

Jean-Galéas meurt, sans doute empoisonné « par quelque mauvais breuvage ». Ludovic s'installe à la Rocca de Milan et fait crier : « Duca ! Duca ! Moro ! Moro ! »

## 23 octobre

« Le Roy avant que de partir de Plaisance receut divers presens de ceux de la ville et entr'autres des fromages du pays d'une extraordinaire grosseur et grandeur, qu'il fit conduire en France jusques à Moulins devers la Reyne et le duc de Bourbon. »

## 31 octobre

Pierre II de Florence, effrayé de voir les Français marcher sur sa ville, signe avec Charles un accord. Mais, presque aussitôt, il est détrôné par les Florentins excités par Savonarole. Sa tête est mise à prix !

## 17 novembre

L'armée arrive en vue de Florence. Charles s'inquiète de l'accueil qui va lui être fait. Comment Savonarole va-t-il prendre la promesse de liberté faite par les Français aux Pisans, sujets florentins ? La population n'est certes pas hostile, mais assurément beaucoup moins accueillante que dans les autres villes.

## 2 décembre

Charles VIII, « armé d'un riche harnois blanc », entouré de sa garde et de cent gentilshommes, fait son entrée dans Sienne.

*L'entrée de Charles VIII dans la ville de Florence fut assez spectaculaire pour que le peintre Francesco Granacci en fixât la scène. Ce détail montre le roi chevauchant un cheval noir. (Photo Anderson-Giraudon.)*

## 4 décembre

Charles va maintenant quitter Sienne et marcher sur Rome. Comment Alexandre VI Borgia, qui se considère comme le protecteur des Aragonais maîtres de Naples, va-t-il se comporter ?

## décembre

Les Colonna, alliés des Français, s'emparent du port d'Ostie et menacent d'affamer les Romains s'ils veulent résister à l'avance française. Pendant ce temps, les troupes de Charles VIII entrent à Viterbe, puis à Civita Vecchia. Les Napolitains ont fui. Le pape Alexandre, craignant

*Une cité hérissée de tours et de donjons dominant une multitude de toits, entourée de remparts ouvragés, ainsi, vraisemblablement, apparut à Charles VIII la ville de Rome. Chose étonnante, l'armée représentée ici est composée uniquement de fantassins, ce qui surprend à une époque où le cheval était, en même temps qu'un moyen de transport, l'un des éléments de base des troupes pour la plupart montées. (Cabinet des manuscrits. Bibliothèque nationale. Photo B.N.)*

que les Français ne l'obligent à convoquer un concile, tremble. Il pense même quitter la ville pour se réfugier à Venise. Pour commencer, il fait fuir sa maîtresse Giulia Farnese. Puis il se résigne et envoie vers Charles VIII des cardinaux amis de la France pour lui annoncer que Rome ouvrira ses portes.

## 31 décembre

« Ayant autorité de faire partout à son bon plaisir », Charles VIII, l'épée sur la cuisse, pénètre dans Rome, accueilli par les cardinaux, les gouverneurs et les sénateurs de la ville. Ainsi que le rapporte un des gentilshommes de Louis d'Orléans, « le roi entra dans Rome plus triomphalement et mieux accompagné que ne fit aucun prince qui soit en la mémoire de ceux qui sont vivants ». Le défilé commence à trois heures de l'après-midi et se termine aux flambeaux. Le roi s'en va loger au palais Saint-Marc qui est le quartier des Colonna, « ses amis et serviteurs pour lors », tandis que le pape se retire au château Saint-Ange, après avoir donné au roi de France « un sien neveu pour l'accompagner et le servir à faire sa conqueste ».

## 1495, 15 janvier

Le roi, après avoir entendu la messe à Saint-Marc, «fut par récréation s'ébatre à voir un combat de taureaux, bœufs et grandes vaches contre de grands chiens accoutumez au carnage; ce qu'on pratique ainsi à Rome afin de rendre la chair de ces animaux destinez à la boucherie, meilleure et plus tendre ».

## janvier

Burchard, le maître des cérémonies du Vatican, est scandalisé par la manière dont les Français se tiennent dans la Cité pontificale. Ainsi, lors d'une audience donnée par le pape, les compagnons du roi Charles occupent toutes les places, de sorte que les cardinaux romains doivent se presser en désordre autour d'Alexandre VI. Celui-ci prie pour que les Français disparaissent au plus vite.

## janvier

Un ambassadeur de Ferdinand arrive à Venise pour préparer ce petit chef-d'œuvre de diplomatie qui portera dans l'histoire le nom de *ligue de Venise*.

## 25 janvier

En compagnie du pape Alexandre, Charles, suivi d'une escorte aussi considérable que celle qui accompagne le pape, fait « une cavalcade qui fut fort solennelle et triomphante, pour se faire voir par toute la ville de Rome ».

## 27 janvier

Charles VIII, avant de partir pour Naples, demande au pape la remise du château Saint-Ange. Il exige aussi deux otages : César, le fils du pape, qui par la suite s'échappera, et Djem, candidat au trône ottoman, frère du sultan Bajazet. Après avoir voulu s'emparer du pouvoir, il avait dû se réfugier à Rhodes. De là, le sultan l'avait fait envoyer au pape Innocent III avec mission de le bien garder. Charles VIII comptait se servir de ce personnage pour l'aider à soulever les partisans qu'il croyait encore avoir à Constantinople. Car le roi, qui se prenait pour le dernier des croisés, se voyait parfaitement poursuivre sa route jusqu'en Turquie!

Le pape accepte ces trois conditions posées par la France, mais refuse d'accorder à Charles VIII l'investiture du royaume de Naples. Dans l'octroi de ce fief, il veut, en effet, se montrer très prudent. Naples n'est-il pas pour la chrétienté le bouclier indispensable à opposer contre un éventuel débarquement des forces ottomanes? Afin d'éviter une telle catastrophe, le pape ne peut mettre sur le trône quelqu'un de faible, mais s'il installe à Naples un souverain trop puissant, celui-ci ne deviendra-t-il pas une menace pour le saint-père? Assurément, le plus sage était en somme de se contenter d'Alphonse.

## 28 janvier

Au milieu de sa gendarmerie, Charles VIII quitte Rome. Une véritable promenade militaire commence. Les étendards, sur lesquels se trouve brodée la devise « *voluntas Dei; missus a Deo* », flottent au vent, tandis que résonnent les tambours. Les gens du roi portent les initiales de Charles et d'Anne sur leurs habits. Un nombreux charroi suit où l'on voit des ouvriers de toute sorte et « force courtisanes françaises ».

## février

Chemin faisant, il se produit quelques escarmouches entre troupes françaises et napolitaines, mais rien de bien sérieux étant donné la disproportion des forces en présence. Soudain, Charles VIII apprend l'abdication du roi de Naples, Alphonse, en faveur de son fils Ferdinand II dit *Ferrandino*. S'il faut en croire Commynes, c'est la peur qui a fait prendre au souverain napolitain pareille détermination, « une telle peur que toutes les nuits ne cessait de crier qu'il oyait les Français, que les arbres et les pierres criaient France!... »

Ce brusque changement affaiblit encore la résistance napolitaine et Ferrandino ne tarde pas à se réfugier à Ischia, ayant emporté avec lui « toutes sortes de vins et toutes sortes de graines pour faire jardins, sans donner nul ordre à ses meubles, ni à ses biens ».

## 21 février

Charles VIII arrive à Poggio Reale, lieu de plaisance qui est un vrai paradis terrestre, nous dit le secrétaire d'Anne de Bretagne, André de La Vigne, qui s'extasie devant les « amples et larges bastimens, les jardins délicieux, le parc tout enfermé de murailles, lequel est encore plus spacieux que celuy du bois de Vincennes, proche de Paris ». Sans parler « de toutes sortes des plus belles et agréables fleurs » et d'un parc zoologique où « sont élevées et conservées force bestes sauvages... »

## 22 février

Les Français entrent dans Naples. Charles commence par se concilier le peuple en réduisant les impôts à ce qu'ils étaient du temps de la maison d'Anjou. Pour gagner les seigneurs à sa cause, les privilèges possédés par l'Etat napolitain, y compris l'esclavage, sont confirmés. Mais

*LES FRANÇAIS A NAPLES, RAPP(*

*« Les Français ne se plaisent qu'au péché et aux actes vénériens. Il faut que la table soit toujours ouverte; ils n'ôtent jamais leur manteau et restent couverts. A leur arrivée à Naples, ils sont entrés dans les maisons, prenant les meilleures chambres et reléguant les propriétaires dans les plus mauvaises; ils vont à la cave, font main basse sur le vin et le blé et le portent vendre sur la place du marché. Ils prennent les femmes de force sans nulle considération, les volent ensuite et leur enlèvent leurs bagues; et celles qui résistent, ils leur coupent les doigts. Ils restent longtemps dans les églises à prier. Ils ont douze mille chevaux et cinq cents Suisses, le reste se compose de gens inutiles, tels que vivandiers, filles de joie, artisans de toute sorte.*

*« A Naples, tous les métiers sont tenus par des Français. Le roi chevauche par le pays tantôt avec cent cavaliers de suite, tantôt avec moins de seize, sans observer l'ordre et le décorum qui convient à son rang. Il est libéral mais n'a pas le sou; ses courtisans sont riches et vêtus de soie...*

*« En somme, les Français vivent en très mauvaise intelligence avec les Napolitains qui préféreraient être sous toute autre domination que la leur. Les maisons n'ont plus ni portes ni fenêtres, car ils les ont brûlées pour n'avoir pas à acheter de bois; les habitants quittent la ville comme ils peuvent, abandonnent leurs maisons aux Français et*

les Français s'emparent du plus de choses matérielles possible : « Tous les vivres qui estoient au château de Naples qui était fort grand, le roi les donna à ceux qui les demandaient. »

*DEVANT LA SEIGNEURIE DE VENISE PAR LE PATRICIEN JEAN BRAGADIN*

*se retirent à la campagne. Les femmes se sont retirées dans les monastères; on dit que le roi en a fait sortir une du couvent de Sainte-Claire et en a fait sa maîtresse, sans préjudice de sa favorite, la fille du duc de Melfi, et de bien d'autres que lui procurent ses courtisans. »*

*La construction du Château Neuf (Castel'Nuovo) de Naples fut commencée, en 1279, par Charles d'Anjou et continuée, jusqu'au XV^e siècle, par les Aragon. Deux de ses tours enserrent la délicate façade de style Renaissance de la porte d'entrée telle que put la contempler Charles VIII. (Photo Roger Viollet.)*

Etienne de Vesc reçoit pour sa part deux comtés, deux duchés et de nombreuses charges. Commynes dira : « A nul Napolitain ne fut laissé office ni estat... tous offices et estats furent donnés aux Français... »

Seuls Italiens à être bien servis, les Colonna, qui reçoivent plus de trente fiefs, et le prince de Salerne, qui se voit confier une charge importante.

### 25 février

Demeuré à Capoue parce que souffrant, Djem meurt, empoisonné, affirme-t-on, par les Borgia qui, chacun sait cela, ont le poison si facile que toute mort semble suspecte lorsqu'un membre de la terrible famille se trouve dans les parages.

### 26 février

Charles VIII écrit aux habitants de Troyes pour les avertir que Maximilien d'Autriche a commencé des préparatifs militaires.

### mars

La promenade militaire se poursuit. Rien ne tient devant la *furia francese*.

Les Français s'emparent de Castel-Nuovo, de Gaète, de Tarente et de Gallipoli.

« C'est de cette époque, nous dit Delaborde, que date la propagation de ce terrible fléau appelé *mal de Naples* par les ultramontains, *mal français* par les Italiens... Les Suisses, qui étaient toujours les plus mauvais sujets de l'armée, en souffrirent plus que les autres soldats; un historien, leur compatriote, va jusqu'à prétendre que sur huit mille enfants des cantons qui suivirent Charles VIII, cent quarante-huit seulement revirent leur patrie. »

### 29 mars

Tentative d'assassinat contre Charles VIII conçue par quelques Napolitains.

### 31 mars

Ce soir-là, bien tard dans la nuit, la « ligue de Venise » est signée pour vingt-cinq années. Autour de la République se groupent le pape, Maximilien d'Autriche, le duc de Milan, Ferdinand et Isabelle, engagés seulement pour leurs possessions italiennes.

La présence du duc de Milan parmi les signataires peut étonner. En fait, Ludovic a abandonné l'alliance française et se pose en champion de l'indépendance italienne.

François de Gonzague, marquis de Mantoue, est désigné pour être généralissime de la ligue. Cette « sainte ligue » était signée « pour la défense de la Chrétienté contre le Turc, le rétablissement de la dignité du Saint-Siège et des droits de l'Empire romain », mais aussi pour la garantie des territoires des coalisés.

Or, les nouvelles des victoires de Charles VIII sont reçues dans toute l'Italie « avec grande tristesse au cœur », nous dit Commynes qui se trouve alors à Venise en *observateur*. En fait, la nouvelle ligue est bel et bien une coalition dirigée contre la France et la joie qui éclate à Venise lorsque l'accord est conclu, ainsi que les manifestations anti-françaises qui ont lieu à Rome le prouvent. « C'est une grande honte », se contente de dire Charles VIII.

### 6 avril

Conséquence de son adhésion à la ligue de Venise, Ludovic le More, qui a bien maintenant tourné casaque, attaque Louis d'Orléans, demeuré avec ses troupes dans le nord de l'Italie afin de faire valoir ses droits sur le Milanais.

### 12 mai

C'est le jour de l'entrée solennelle de Charles VIII dans Naples — une entrée qui précède seulement d'une semaine son départ. Le roi, surnommé *Auguste*, à l'instar des anciens empereurs, est revêtu du grand manteau rouge fourré et moucheté d'hermine. Il tient d'une main le globe d'or et, de l'autre, le sceptre. « La belle couronne sur la teste, bien et richement monté et houssé comme il luy convient et appartient. Il fut mené en la grande maîtresse église dc Naples, où, devant l'autel, le roi fit le serment à ceux de Naples de les gouverner et entretenir en leurs droicts. »

## 13 mai

Le lendemain, Charles VIII offre un banquet à tous les grands seigneurs du pays qui, à la fin du repas, lui prêtent serment de fidélité.

## 20 mai

Charles VIII quitte la ville avec une armée bien diminuée. Il n'a plus que neuf mille hommes avec lui. Il laisse à Naples Gilbert de Montpensier, en qualité de vice-roi et à la tête de cinq cents hommes d'armes français, de deux mille cinq cents Suisses et « de quelque peu de gens de pied français ».

## 1er juin

Charles VIII rentre dans Rome ayant parcouru en dix jours le chemin qu'il avait accompli en trois fois plus de temps au mois de février précédent. Le pape ne se trouve pas au château Saint-Ange : il a préféré partir pour Pérouse.

## 13 juin

Charles VIII atteint Sienne.

## 21 juin

Les Français évitent Florence et entrent dans Pise.

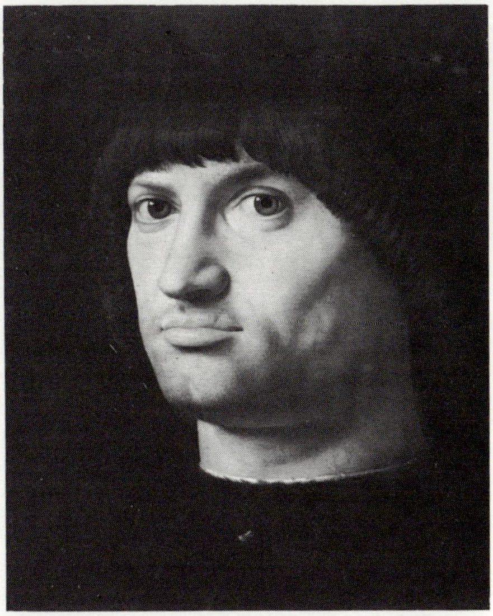

*Remarquablement expressif, ce portrait peint, en 1475, par Antonnello da Messina : « le Condottiere », évoque admirablement le type de ces chefs italiens qui se liguèrent contre Charles VIII. (Musée du Louvre. Photo Jérôme da Cunha.)*

## 23 juin

Le roi Charles quitte Pise. C'est à partir de là que commencent les difficultés. La route du nord passe, en effet, entre la mer et les contreforts des Apennins hérissés de châteaux forts. Les ennemis campent sur le versant oriental au nombre de vingt-quatre mille fantassins et quinze mille cavaliers.

## juin

Maximilien envoie dix mille hommes de nouvelles troupes à Milan.

## 5 juillet

Les Français atteignent et occupent Fornoue, sur les bords du Taro.

## 6 juillet

Bataille de Fornoue. Charles VIII, rattrapé par l'armée du marquis de

*Un tableau de la bataille de San Romano fut commandé par les Médicis au peintre Paolo di Dono, dit Uccello, pour relater l'un des épisodes de la lutte entre Siennois et Florentins. Se composant de trois panneaux, l'œuvre fut exécutée entre les années 1456 et 1460. Le combat, qui se déroule donc entre les seules troupes italiennes, se présente davantage comme un tournoi au cours duquel les antagonistes n'utilisent que des armes de main, d'hast ou de trait. (Photo Scala, Florence.)*

Mantoue forte de trente mille hommes, est obligé d'accepter le combat. On essaye d'abord de négocier, mais l'ennemi attaque alors que les pourparlers ne sont pas encore terminés.

Charles VIII, habillé « en prince de grand renom », porte sur sa cuirasse « une fort riche jacquette à courtes manches, de couleur blanche et violette, fermée de croisettes de Hierusalem en fine broderie de riche orfèvrerie. Son cheval estoit de poil noir, lequel luy avoit esté donné par Monsieur de Savoye; aussi ledit cheval s'appeloit *Savoye*, lequel estoit bardé au possible... »

En dépit de cette tenue qui devait assurément l'empêcher de passer inaperçu, les Vénitiens ignorent encore où se trouve le roi. Aussi décident-ils d'employer la ruse, ainsi que nous le raconte le gentilhomme de Louis d'Orléans que nous avons déjà cité : « Les Vénitiens, sur ces entrefaites, envoyèrent un trompette vers l'armée de France, feignant de vouloir parler; ce qu'ils ne faisoient à autre fin que pour apprendre et dé-

couvrir où estait le roy, leur intention étant de faire une rude et grosse charge sur l'endroit où ils sçauraient que sa personne seroit : ce qu'ils firent aussitôt, faisant partir cinq ou six cents hommes d'armes de leur grosse troupe, les mieux montés et les plus gaillards, ceux-là donc s'en vinrent, marchans si serrez qu'à les voir venir il eût semblé qu'on les eût couverts d'un seul drap.

« Le Roy avait mandé à deux cents hommes d'armes de venir devers luy, lesquels rencontrèrent les Vénitiens et les attaquèrent par le côté, tellement que tous furent défaits et la plupart tués. Il y eut lors des Français qui donnèrent la chasse jusques au camp des Vénitiens, dont aucun ne fit semblant de sortir de sa place. Cette rencontre fut belle et honorable pour le Roy et pour tous ceux qui estaient avec luy. »

Pendant ce temps, les troupes du marquis de Gonzague pillent les bagages des Français, ce qui va leur permettre de crier victoire. Cependant, et c'était là le principal, Charles VIII est parvenu à passer avec les survivants de la bataille, une bataille *durissima*, puisque l'on compte un millier de morts du côté des Français et deux mille parmi les troupes coalisées.

## 15 juillet

Plus ou moins poursuivi par ceux qui se prétendent vainqueurs à Fornoue, Charles VIII atteint la ville d'Asti. Pendant ce temps, Louis d'Orléans est assiégé dans Novare et — nous voulons bien en croire Commynes — se trouve « en grande difficulté ».

Que va décider Charles VIII errant dans la région entre Turin et Chiari, attendant des renforts qui ne viennent pas?... Le conseil du roi est très divisé. Alors que Gié et Commynes se montrent partisans de la paix, Briçonnet est résolument contre toute transaction.

## 26 août

C'est le parti de la sagesse qui l'emporte : pour commencer, les Français traitent avec Florence, lui rendent Pise et même les canons amenés de France et laissés dans la ville.

## 9 octobre

Paix de Verceil : Charles VIII rend Novare à Ludovic le More. Le duc d'Orléans évacue la ville avec la garnison française qui est en piètre état. Sur cinq mille cinq cents hommes, il n'y en a pas six cents capables de combattre. Trois mille vont mourir, les uns d'épuisement, les autres parce qu'ils se sont jetés sur la nourriture avec une gloutonnerie bien compréhensible. Les bords de la route de Novare à Verceil sont jonchés de cadavres.

## 15 octobre

Charles VIII reprend le chemin de la France. Ses soldats, battus sans avoir été vaincus, regagnent leur logis à la débandade. Nombreux sont ceux qui reviennent de l'équipée italienne infectés du « mal de Naples » qui existe d'ailleurs déjà en France, ainsi que le démontre un arrêté du Parlement de Paris datant de deux années avant le début de l'expédition. On voit les malheureux soldats du roi Charles agoniser sur les routes et à l'entrée des villages, où l'on refuse de les accueillir. On fait même sortir des villes ceux qui ont gagné « ladite maladie ». Certains survivront... mais en quel état! Et le mal se répand d'une manière terrible. « Partout, nous dit Hesnaut, il éclate, et comme la corruption des mœurs était générale, l'infection syphilitique se produisit presque partout simultanément. »

## 6 décembre

Alors que Charles VIII a regagné Lyon, le petit dauphin Charles-Orland meurt à Amboise. Le roi « fut sensiblement touché et grandement attristé ». Quant à Anne, «elle en eut le plus grand deuil qu'il était possible que femme puisse avoir ».

## 1496, 17 février

En Italie, la catastrophe se poursuit. Gonzalve de Cordoue — le *grand capitaine* — attaque toutes les places occupées par les Français. Ce jour-là, Montpensier évacue le château de l'Œuf à Naples. Puis il va s'enfermer dans Atella où il espère pouvoir résister.

## 6 mars

En France, on décrète un emprunt forcé. Paris est taxé pour trente mille écus, Troyes pour trois mille et Beauvais seulement pour mille. On le devine, cette ponction est fort mal accueillie.

## 30 mai

Charles VIII écrit aux habitants de Troyes en leur promettant de leur rembourser l'emprunt forcé qu'ils ont dû payer. Il prélèvera les sommes nécessaires sur les finances du royaume de Naples!

## juin

Charles — l'Italie chevillée au corps — recommence des préparatifs militaires en vue d'une nouvelle expédition. Il s'occupe aussi de l'avenir économique de son royaume. Déjà, avant son départ, il avait rétabli la foire de Lyon, comme nous l'avons vu, et autorisé le prêt à intérêts, interdit par l'Église mais pratiqué plus ou moins ouvertement. Maintenant, il ordonne la suppression de tous les péages établis sans autorisation depuis le règne de Charles VII. De même qu'à Lyon, il essaye de développer, à Nantes, les foires et les marchés.

Le roi a tenu ses engagements envers sa femme: Anne, devenue reine de France, règne toujours sur son duché. Cependant, si en apparence la Bretagne n'est pas soumise au royaume de France, en réalité son indépendance est de plus en plus

*Ce détail d'une gravure sur bois représentant la bataille de Fornoue date de 1503. Malgré le souci de son auteur de reproduire l'excellente tactique employée par Charles VIII et ses capitaines au cours de l'affrontement, la plus grande partie de la composition donne encore cette impression de mêlée confuse, de corps à corps sauvage qui caractérisaient les batailles du Moyen Age. (Bibliothèque des Arts décoratifs. Photo Jean-Loup Charmet.)*

réduite. Des garnisons françaises occupent les principales villes bretonnes. Le roi a accepté que le consentement des états soit indispensable à la levée des impôts, et a écouté les remontrances que les députés bretons ont formulées au sujet des abus de l'administration royale.

La chancellerie de Bretagne a été remplacée par un conseil de six membres, siégeant six mois à Nantes et six mois à Vannes. La capitale traditionnelle perd ainsi de son prestige, mais le roi y a créé dès le mois de décembre 1494 une foire où les Espagnols ont le droit de « tenir bourse ». Cette création marque le début de la Contratacion, une « compagnie de commerce » *la contratacion* appelée communément la *Confrérie d'Espagne*, qui liera Nantes à Bilbao jusqu'en 1750.

Le Parlement de Bretagne est conservé, de même que l'appel du Parlement de Paris. Pour ces «grands jours » — assemblée annuelle — le roi désigne vingt conseillers bretons auxquels viennent se joindre le même nombre de délégués français.

## 28 juin

Aubigny est victorieux à Seminare. Malgré cette petite victoire, le royaume de Naples est alors presque entièrement perdu pour les Français. Ce même mois, Montpensier doit en effet capituler et Atella est occupé par le marquis de Cordoue.

## 7 juillet

Ferdinand II, « Ferrandino », rentre dans sa capitale. Les Français demeurés à Naples sont massacrés dans les rues. De Vesc doit s'enfuir à Castel-Nuovo, puis il regagne la France pour demander du secours.

## LA COUR DE FRANCE AU CHATEAU D'AMBOISE

*Du magnifique ensemble que constitue le château d'Amboise, ne demeurent aujourd'hui que l… logis du roi, l'aile Louis XII, la tour Minime, la tour Hurtault et la ravissante chapell… Saint-Hubert. (Photo Holzapfel.)*

*Ce même 28 juin 1496, le roi quitte Lyon pour regagner Amboise. Il a ramené d'Italie « plusieurs maîtres excellents en plusieurs ouvrages, comme tailleurs de pierres et peintres ». Charles VIII désire construire à Amboise un cadre digne de son amour et le château est alors tout bruyant de compagnons : « merveilleuse entreprise de roi jeune et qui ne pensait point à la mort ». Que reste-t-il aujourd'hui de ce gigantesque travail? Les deux grosses tours « si spacieuses et artificiellement faites, disait Commynes, que charrettes et litières y peuvent monter librement ». Subsiste également le corps principal du château dit le logis du roi dont les balustrades, les balcons, les ouvertures en plein cintre, les lucarnes varient d'un étage à l'autre. La sévère pierre médiévale a dû laisser la place aux splendeurs du style flamboyant. C'est encore ici l'époque de transition : les architectes n'osent supprimer créneaux et mâchicoulis, mais ce ne sont plus que des motifs de décoration.*

*Charles VIII a été très frappé par la découverte du luxe et de la magnificence italiens. Il a rapporté de son expédition tous les objets possibles, offerts ou « empruntés », tapisseries, meubles, bijoux. Ils vont contribuer à aménager le château d'Amboise. Sur son ordre, les planchers sont recouverts de plus de cent cinquante « tapis venus de Turquie ». Anne aime les riches étoffes et ce que nous appellerions aujourd'hui le confort. Innovation sévèrement critiquée à l'époque : elle fait même aménager une salle de bains.*

*Grâce aux comptes du roi qui nous ont été conservés, nous savons que les murailles intérieures, décorées de lys de France e…*

*'hermines de Bretagne, disparaissaient ous une profusion véritablement étonnante 'e tapisseries dont certaines — telles celles eprésentant la Vie de Moïse, le* Roman *le* la Rose *ou Esther et Assuérus — taient composées de fragments mesurant nsemble cent cinquante* aunes de Frane, *c'est-à-dire plus de 175 mètres de ɔng. On demeure rêveur! Un autre compte uthentifie ces chiffres en nous apprenant ue, lors d'une visite de la duchesse de Bourbon à Amboise en 1494, il ne fallut as moins de quatre mille crochets pour uspendre les tapisseries! Par ailleurs, afin 'e convaincre les incrédules, ne ›este-t-il as un spécimen de ces tentures dignes 'orner un palais de Gargantua? A Aners, on peut toujours voir, au musée des apisseries, la Tenture de l'Apocalypse, qui ompte quatre-vingt-dix tableaux et mesure 44 mètres de long. Ajoutons que l'évêque 'Angers l'acheta en 1483 pour trois ents francs...*

*Après les journées de gloire qui ont narqué le début de la campagne d'Italie, Charles VIII a été contraint à la retraite. Maintenant, il veut s'étourdir, ne plus enser à tous ses vaillants compagnons ɔmbés un an plus tôt à Fornoue. Selon les ɔnseils des médecins, afin de réjouir la eine, il ordonne « passe-temps et mômeies ».*

*Amboise n'est plus que fêtes. Parmi es danseurs, se trouve le duc d'Orléans, oujours héritier du trône puisque Charles t Anne n'ont pas d'enfants. Il aime la eine en secret et, voulant la distraire, a rganisé une mascarade « où il fit tant le ol que la reine, croyant qu'il se desmenast ant d'allégresse pour se voir plus prest 'être roi de France, lui fit une telle mine u'il fallut qu'il sortît de la cour et s'en llast en son château de Blois ».*

*Il en reviendra un jour...*

Quant à Ferdinand d'Aragon, il apparaît comme le grand vainqueur de cette première guerre d'Italie. Il a attendu assez longtemps avant de déchirer le traité de Barcelone. N'était-ce pas son intérêt que de laisser Charles VIII ruiner la maison de Naples? Il a mené une politique très habile, puisque dans l'affaire, sans tirer l'épée, il a gagné deux nouvelles provinces : le Roussillon et la Cerdagne.

De plus, il est parvenu à grouper contre la France une coalition. Enfin, en cette même année 1496, il a marié sa fille Jeanne avec Philippe le Beau, héritier de Bourgogne et fils de Maximilien.

Enfin, l'année prochaine, il mariera son fils, l'infant don Juan, avec la sœur de Philippe, Marguerite.

## 8 septembre

Anne de Bretagne met au monde un deuxième enfant, mais le nouveau dauphin, Charles, ne vivra pas même un mois.

## 5 octobre

Mort de Gilbert de Montpensier, ex-vice-roi de Naples, sans doute atteint de la peste.

## 19 octobre

Les Espagnols prennent Gaète.

## 1497, 15 février

La France signe avec Ferdinand d'Aragon une suspension d'armes.

## 25 février

Tarente se rend au roi de Naples. Il ne reste plus de l'équipée italienne que des souvenirs et des gloires évanouies.

## 25 avril

La suspension d'armes avec Ferdinand d'Aragon se transforme en une trêve de cinq mois. Et l'Espagne demande à tous les membres de la ligue d'observer cette trêve.

## été

On assiste à un étrange revirement de la politique de presque tous les pays signataires de la ligue. Ceux qui ont combattu la France en Italie désirent au contraire son alliance et engagent même Charles VIII à tenter dans la péninsule de nouvelles entreprises. S'il faut en croire Commynes, le roi des Romains « ne désire chose en ce monde tant » que l'amitié du roi de France. Il souhaite « que eulx deux ensemble fassent leurs besognes en Italie ». Aussi Charles VIII recommence-t-il de nouer des pourparlers avec Ludovic le More. Et le pape? Pour l'amadouer et sinon acquérir son amitié, du moins exciter son intérêt, Charles VIII lui promet de tailler une souveraineté pour son fils.

*Un tableau du peintre Andrea Mantegna représente le marquis de Mantoue, François de Gonzague, agenouillé aux pieds de la Vierge. (Louvre, Photo Giraudon.)*

## juillet

Naissance d'un nouveau petit prince : François, mais il ne vivra que quelques jours et son corps ira rejoindre dans la cathédrale de Tours celui de ses frères aînés.

## 24 ou 25 novembre

Charles VIII signe avec l'Espagne le traité dit d'Alcala de Henarès, par lequel les Espagnols acceptent de s'allier avec Charles VIII afin de l'aider à reconquérir le royaume de Naples. Après la conquête, les Espagnols se payeront en gardant la Calabre.

## 1498, janvier

Charles VIII met les Florentins au courant de ses nouveaux projets et sollicite leur aide. Le commandement de l'armée sera confié à M. de Ligny et le roi déclare vouloir entamer la campagne avant la Saint-Jean.

Tout va-t-il recommencer?

## samedi 7 avril

A Amboise, le roi sort de la chambre d'Anne. Tous deux ont décidé d'aller voir jouer à la paume dans les fossés du château. Ils pénètrent dans la galerie Haquelebac. « C'estoit, nous dit Commynes, le plus deshonnête lieu de céans car tout le monde y pissoit. » En entrant, le roi, en dépit de sa petite taille, se heurte du front contre l'huis... Il titube, mais n'en poursuit pas moins sa route et va regarder les joueurs. Soudain,

*Une médaille en or, gravée par Nicolo Fiorentino, rappelle le profil du roi Charles VIII. Sous l'habituel chapeau à bord relevé en usage à la fin du XVe siècle, la cramignole, une chevelure abondante encadre le visage maigre du roi. Le nez busqué et le cerne profond qui souligne le regard contribuent à donner au souverain le faciès d'un vieillard. (Photo Jean Roubier.)*

**ET PENDANT CE TEMPS...**

**1432**
**Les Portugais s'établissent aux Açores.**

**1434**
**Côme de Médicis règne à Florence.**

**1435**
**Le Danemark fait la paix avec la Hanse.**

**1437**
**Mort de Sigismond. Albert d'Autriche devient roi de Bohême, de Hongrie et des Romains.**

**1439**
**A Florence, où le pape Eugène IV a transféré le concile qu'il avait réuni à Ferrare, la réunion des Grecs et des Arméniens à l'Eglise romaine est proclamée. Mort d'Albert d'Autriche.**

**1440**
**Frédéric III d'Autriche, roi des Romains, perd la Bohême et la Hongrie.**

**1442**
**Clôture du concile de Florence.**

**1447**
**François Sforza devient duc de Milan.**

**1452**
**Frédéric III est couronné empereur à Rome.**

**1453**
**A l'instigation du pape, les Etats italiens se réconcilient à Lodi.**

**1455**
**Election du pape Calixte III Borgia.**

**1458**
**Mathias Corvin devient roi de Hongrie.**

### ET PENDANT CE TEMPS...

**1461**
Traité entre Venise et le sultan d'Egypte. Mahomet II soumet les Grecs de Trébizonde.
**1464**
Mort du pape Pie II à Ancône.
**1466**
Mort de François Sforza. Galéas-Marie lui succède.
**1467**
Réorganisation de la Diète germanique.
**1469**
Mathias Corvin en Bohême.
**1469**
Naissance d'Erasme à Rotterdam.
**1473**
Naissance de Copernic à Thorn.
**1477**
Les Turcs apparaissent dans le Frioul.
**1480**
Ludovic le More s'empare du pouvoir à Milan.
**1484**
Repoussé par le Portugal, Christophe Colomb s'adresse à l'Espagne.
**1485**
Lutte, en Finlande, des Russes contre les Suédois.
**1486**
La Hanse lutte contre les Suédois.
**1487**
Les Portugais atteignent l'Abyssinie.
**1489**
Conquête de la Circassie par les Turcs.
**1491**
Ferdinand et Isabelle assiègent Grenade.
**1492**
Janvier - Chute de Grenade.
12 octobre - Christophe Colomb atteint la côte d'Amérique.
Election du pape Alexandre Borgia.
**1493**
Maximilien Ier, empereur ; il succède à son père Frédéric III.
**1496**
Mariage de Philippe le Beau avec Jeanne la Folle.
Les Espagnols s'installent aux Antilles.
**1498**
Vasco de Gama atteint la côte orientale d'Afrique, puis Calicut, dans l'Inde.

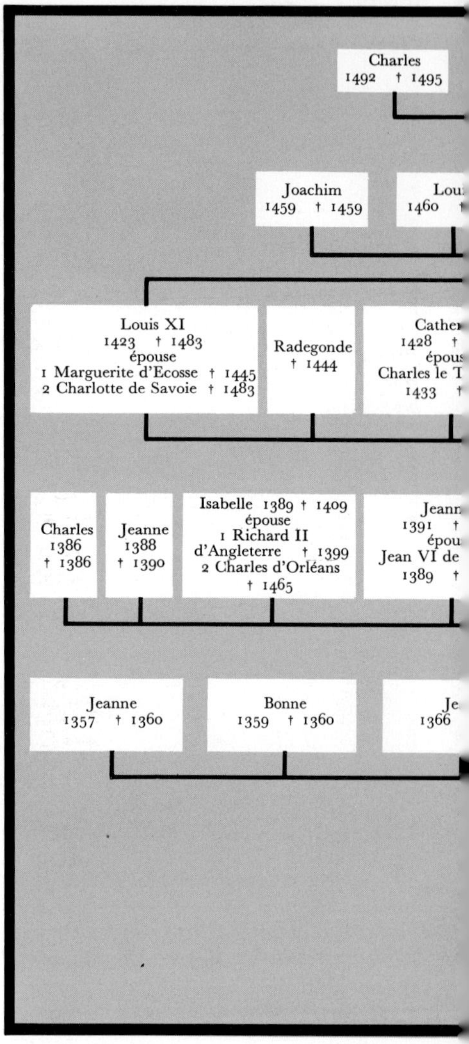


« tout en causant », il tombe et perd la parole.

Il est alors deux heures de l'après-midi.

Le roi reste là étendu sur une mauvaise paillasse « dont jamais il ne partit jusqu'à ce qu'il eût rendu l'âme ». La parole lui revient cependant trois fois et trois fois les assistants l'entendent soupirer :

— Mon Dieu et la glorieuse Vierge Marie, Monseigneur saint Claude et Monseigneur saint Blaise me soient en aide !

A onze heures du soir — il est étendu depuis neuf longues heures sur sa paillasse — Charles VIII

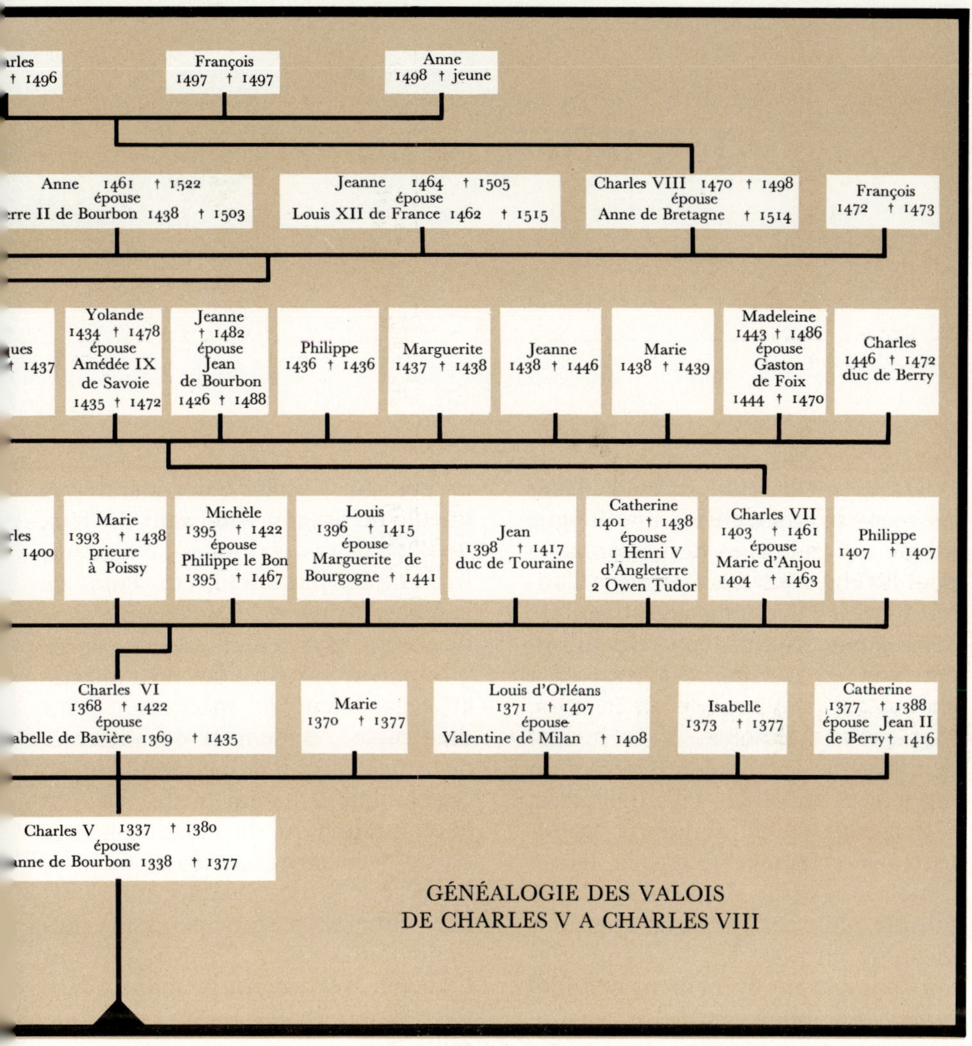


GÉNÉALOGIE DES VALOIS
DE CHARLES V A CHARLES VIII

expire. Bien des historiens ont soutenu l'hypothèse d'un empoisonnement... Pourtant, ce qu'on ne saurait mettre en doute, nous dit le docteur Cabanès, c'est qu'il y a eu « un traumatisme crânien » et qu'il a très bien pu en résulter « soit une commotion cérébrale, soit même une fracture du crâne ». Cependant, on n'a observé chez le roi ni convulsions, ni paralysie, ni troubles de l'intelligence et de la sensibilité. Alors?

Il est difficile de prendre parti, bien qu'il semble que « l'ébranlement nerveux qui a dû résulter du choc » ait pu suffire à provoquer la mort.

## 17 avril

Le corps du roi défunt est déposé à Notre-Dame-des-Champs.

## 2 mai

Obsèques de Charles VIII à Saint-Denis. « Le service étant achevé, il fut par les hérauts crié: « Mort est le roy Charles. Vive le roy Louys! Nostre Seigneur par sa bonté veuille permettre que ce soit longuement et en bonne santé. »

# Les lettres et les arts

Toute la ville était en émoi. Dans les rues étroites s'étirait une longue file de notabilités et de personnages dont les costumes faisaient béer d'admiration les badauds agglutinés. Ce défilé était annoncé par des trompettes et escorté par des sergents à cheval. Il s'agissait d'un « cry », c'est-à-dire l'annonce, pour le lendemain, de la représentation d'un mystère. A travers la ville défilaient, côte à côte, les notabilités et les acteurs en costume. Avant la lettre, c'était la parade dont la mode ne subsiste plus, de nos jours, que pour quelques cirques. Un mystère! C'était toujours un événement considérable, qui bouleversait la vie de toute une cité. La population presque entière y était mêlée. Les seigneurs, les riches bourgeois, les municipalités subventionnaient la « production ». Les riches commerçants se mêlaient à l'organisation des spectacles. L'Eglise qui, plus tard, s'opposera si violemment au théâtre et aux comédiens, prêtait ses parvis et soutenait les confréries dont les interprètes se réclamaient.

Le grand jour était arrivé. Devant une cathédrale ou une simple église, on avait construit en bois une scène pour les acteurs, des estrades pour le public. Sur la scène s'alignaient de nombreux lieux scéniques ou *mansions* (maisons). Chacun était censé représenter un endroit particulier : le Paradis, l'Enfer (en général une gueule de dragon vomissant des feux de Bengale et des diables), Nazareth, le Temple, Jérusalem, etc. Point de coulisses : quand les acteurs ne participaient pas à une scène, ils se groupaient sur un côté de l'estrade et regardaient le spectacle. Point d'entracte : seulement des intermèdes musicaux. Un spectacle qui ne ressemblait à aucun autre. De nos jours, un film qui dure quatre heures est un événement, une exception. Le mystère se jouait pendant une journée entière, parfois pendant plusieurs jours de suite. On évoquait tout l'Ancien Testament, ou toute l'Histoire Sainte, compilés en cinquante mille vers.

Jamais le théâtre n'a présenté des œuvres d'une ampleur aussi démesurée.

Sur les estrades, environ cinq mille personnes. Une foule pressée, rieuse, prompte à s'exclamer ou à s'émouvoir : malheur aux comédiens qui ont le courage d'incarner Judas! Souvent, après la représentation, ils ne devront leur salut qu'à la fuite. Une foule d'ailleurs, ces acteurs : parfois plus de deux cents.

Parmi les spectateurs, toutes classes confondues, des marchands ambulants, mais aussi des tire-laine. Le plus difficile était d'obtenir le silence. C'était le rôle du meneur de jeu. Les sergents d'armes maintenaient l'ordre tant bien que mal.

Peu à peu les confréries chargées de la représentation des mystères étaient devenues de véritables troupes d'acteurs, ayant statuts et privilèges. La plus connue de ces troupes, celle des « Confrères de la Passion », a été fondée en 1398. En 1402, on lui accorde des lettres patentes. Elle ne sera dissoute qu'en 1676 par Louis XIV.

L'œuvre maîtresse de ce théâtre religieux du XVe siècle est le *Mystère de la Passion* d'Arnould Gréban (1450). C'est un organiste de Notre-Dame, un maître ès arts, que ce Gréban. Du Bellay, dans sa jeunesse, le considérera comme un « divin esprit ». Son œuvre compte près de trente-cinq mille vers et met en scène quatre cents personnages. Elle comporte un prologue et quatre journées. L'action débute par un tableau des premiers temps de l'homme, de la création à la mort d'Adam. Première journée : le procès de Justice et de Miséricorde par-devant Dieu et la naissance de Jésus. Deuxième journée : les grandes étapes de la vie de Jésus. Troisième journée : le procès de Jésus, la Passion, la mort, la mise au tombeau. Quatrième journée : la résurrection et la Pentecôte.

En 1486, Jean Michel « adaptera » la Passion de Gréban; en l'amplifiant : les spectateurs devaient absorber maintenant dix journées. Michel a remanié le thème dans le sens du réalisme et de la truculence; il a donné une part plus importante aux côtés plaisants et profanes. Les mystères abordent d'autres sujets religieux : le *Mystère du Vieil Testament* (1458), le *Mystère de Saint Louis* (vers 1460) et même des sujets profanes : le *Siège d'Orléans* (vers 1440) qui évoque la victoire de Jeanne d'Arc; l'*Histoire de la destruction de Troie* de Jacques Milet qui semble n'avoir jamais été représentée.

Bref, un théâtre essentiellement populaire. C'est là son originalité. Aucune règle, aucun souci des trois unités. Tous les genres se mêlent. On tremble et on pleure sur le destin de Jésus, mais on rit aux éclats quand paraissent les paysans, les bourreaux et avant tout les diables.

Cette liesse, il est compréhensible que des auteurs aient voulu l'exploiter plus complètement. Au XVe siècle, le théâtre laïc prend un essor très remarquable. C'est un théâtre comique fait de *moralités*, de *soties* et surtout de *farces*. La moralité illustre de façon plaisante et allégorique une vérité morale : *Bien avisé et Mal avisé* (1439), l'*Homme Pécheur* (1494) et surtout la *Condamnation de Banquet* de Nicolas de La Chesnaye. Les soties sont des pièces satiriques, jouées par des acteurs portant les costumes de « sots » (fous). Souvent édifiantes, parfois acerbes et violentes, elles fleuriront surtout au début du XVIe siècle. Sous le masque de la folie, les sots pouvaient parler librement, même à la cour. Un roi comme Louis XII les écoutera volontiers. La *Sotie du prince des sots*, de Pierre Gringoire, rendue célèbre par Victor Hugo et par Théodore de Banville, demeure la plus connue.

A l'origine, la farce — du latin *farcire* (remplir) — n'était qu'un intermède comique au milieu d'une représentation de mystère. Vite, elle est devenue un genre autonome. Elle peint grossièrement les mœurs de la bourgeoisie et du peuple, n'ayant d'autre but que de faire rire franchement les spectateurs. Les sujets? Ce sont les inévitables thèmes comiques qui franchissent les siècles, tels que la mésentente conjugale, le soldat fanfaron, le trompeur trompé. Entre 1440 et 1560, nous connaissons cent cinquante farces. Deux sortent du lot : la *Farce du cuvier* et la *Farce de maître Pathelin*. Dans la *Farce du cuvier*, nous voyons un mari, Jacquinot, tyrannisé par sa femme. Il a reçu de celle-ci un « rollet », c'est-à-dire la liste de toutes les besognes domestiques qui lui incombent. Un jour sa femme tombe dans le cuvier à lessive et l'appelle à son secours :

*La femme* (*dans le cuvier*). — Mon bon mari, sauvez ma vie.

Je suis là toute évanouie.

Baillez la main un tantinet.

*Le mari.* — Cela n'est point à mon rollet.

Finalement — les hommes sont trop bons — il la secourra à la condition qu'il soit désormais le maître chez lui.

Nous ne connaissons pas l'auteur de la *Farce de maître Pathelin* qui date de 1470 environ. Ce fut l'un des plus grands succès du temps. Elle nous a légué une foule de locutions populaires et de proverbes : « Revenez à vos moutons. » Maître Pathelin est un avocat sans clients et sans scrupules. Il se fait remettre par le drapier Guillaume six aunes de drap sans les payer. Quand le drapier vient présenter sa note, il trouve Pathelin plongé dans un tel délire — naturellement contrefait — qu'il ne peut imaginer que cet homme-là soit celui qu'il a vu une heure auparavant en parfaite santé dans sa boutique. Or, Guillaume s'en va plaider aussitôt après contre son berger Agnelet qui lui a tué ses moutons pour les manger. Nouvelle surprise : Guillaume voit au tribunal Agnelet défendu par maître Pathelin, rétabli par miracle! Pathelin a conseillé à Agnelet de répondre : « Bê » à toutes les questions du juge. L'infortuné drapier, dans son trouble, mélange complètement la question des moutons et celle du drap volé. Du coup, Agnelet est acquitté. Mais quand maître Pathelin réclame au berger ses honoraires, il n'obtient de son client que des « Bê » pour tout salaire.

*Bois gravé représentant Maître Pathelin, l'avocat sans cause et sans scrupule, et sa femme Guillemette. Édition de Pierre Levet (1489). (Département des imprimés, réserve. Bibliothèque nationale. Photo B.N.)*

Ces pièces comiques, ce sont des amateurs qui les jouent, en général les membres de diverses associations telles à Paris que « Les clercs de la Basoche » et « Les enfants sans souci » et en province les « Suppôts de la Mère folle » à Dijon, les « Coqueluchiers » à Evreux, les « Cornards » à Rouen, les « Suppôts du seigneur de la coquille » (des typographes!), le « Prince d'Amour » à Lille.

Au XV^e^ siècle, la poésie lyrique continue celle du XIV^e^ siècle, celle de Guillaume de Machaut, d'Eustache Deschamps, de Christine de Pisan. Un poète enthousiasme littéralement ses contemporains : Alain Chartier. Ambassadeur du dauphin en Allemagne, à Venise, en Ecosse, il était né à Bayeux vers 1390, il est mort vers 1440. Fait remarquable, et assez exceptionnel, il sait s'inspirer de l'actualité : la bataille d'Azincourt, par exemple. Dans le *Livre des quatre dames* (vers 1415), les quatre héroïnes ont perdu leur chevalier lors de la bataille. Elles se demandent entre elles qui est la plus malheureuse : celle dont le chevalier est mort dans la bataille, celle dont le chevalier est prisonnier et n'écrit pas, celle dont le chevalier a disparu, celle dont le chevalier a pris la fuite. Dans le *Quadrilogue invectif* (1422), Chartier se fait incisif et mordant. Quatre personnages allégoriques (la France, le chevalier, le peuple, le clergé) cherchent à savoir quel est le responsable du triste sort du royaume. Chartier ose attaquer férocement les chevaliers, inutiles et peureux.

Il ne se cantonne d'ailleurs pas dans l'actualité. Ainsi, dans la *Belle dame sans merci* (1424), l'amoureux d'une dame — amoureux jusqu'à la folie — meurt de n'avoir pu toucher la belle. L'ouvrage déchaîna une véritable tempête d'indignation et l'auteur fut accusé de diffamer les dames. Alain Chartier est aussi le héros d'une charmante légende qui voudrait que Marguerite d'Ecosse lui aurait donné, si laid qu'il fût, un baiser sur les lèvres, durant qu'il dormait, « à cause des belles choses qui sortaient de sa bouche ».

Charles d'Orléans, c'est la perfection du genre courtois : c'est-à-dire de la sensibilité un peu superficielle, de la galanterie intellectuelle. Neveu de Charles VI et fils de Louis d'Orléans, Charles a été blessé et fait prisonnier à Azincourt. Il a passé vingt-cinq ans de captivité en Angleterre. Il a fini sa vie à Blois, au milieu d'une petite cour de lettrés et de poètes dont il est à la fois le mécène et le rival. Son fils régnera : ce sera Louis XII.

Son œuvre est surtout composée de pièces courtes : une centaine de ballades, autant de chansons et environ quatre cents rondeaux. C'est une œuvre raffinée, aristocratique, d'une sagesse un peu désabusée parfois, mais souvent humoristique.

*Nouvelles ont couru en France*
*Par mains lieux que j'étais mort...*
*Si fais à toutes gens savoir*
*Qu'encore est vive la souris.*

Quand il chante l'amour, il n'emporte pas toujours notre conviction. En revanche, il dit admirablement la douceur du pays de France. Il chante la nature :

*Le temps a laissé son manteau*
*De vent, de froidure et de pluie,*
*Et s'est vêtu de broderie*
*De soleil riant clair et beau...*

Pourtant, le plus grand poète du Moyen Age n'est pas un grand seigneur, c'est un truand : François Villon. Nous renvoyons le lecteur aux pages qui lui sont consacrées par ailleurs dans ce volume.

Le plus grand historien de ce siècle est assurément Philippe van den Clyte, seigneur de Commynes. Il est né en Flandre en 1445, il ne semble pas avoir fait d'études très sérieuses, mais il parle l'italien, l'allemand, l'espagnol. Filleul du duc Philippe le Bon, il est admis à la cour de Bourgogne et se met au service du Téméraire. Après l'entrevue de Péronne, il déserte la cour du Téméraire pour celle de Louis XI. Pendant onze années, il sera le favori du roi de France, comblé de bienfaits. Il servira aussi Charles VIII. Pour notre bonheur, Commynes est un homme qui sait voir, et qui voit bien. Il sait aussi raconter ce qu'il a vu. Ses *Mémoires*, œuvre précieuse entre toutes, se divisent en deux parties : la première, écrite pendant les années 1489-1491, relate le règne de Charles VII et de Louis XI. La seconde, de 1495 à 1498, raconte le règne de Charles VIII. A l'origine, l'ouvrage n'avait comme but que de fournir des matériaux à Angelo Cato,

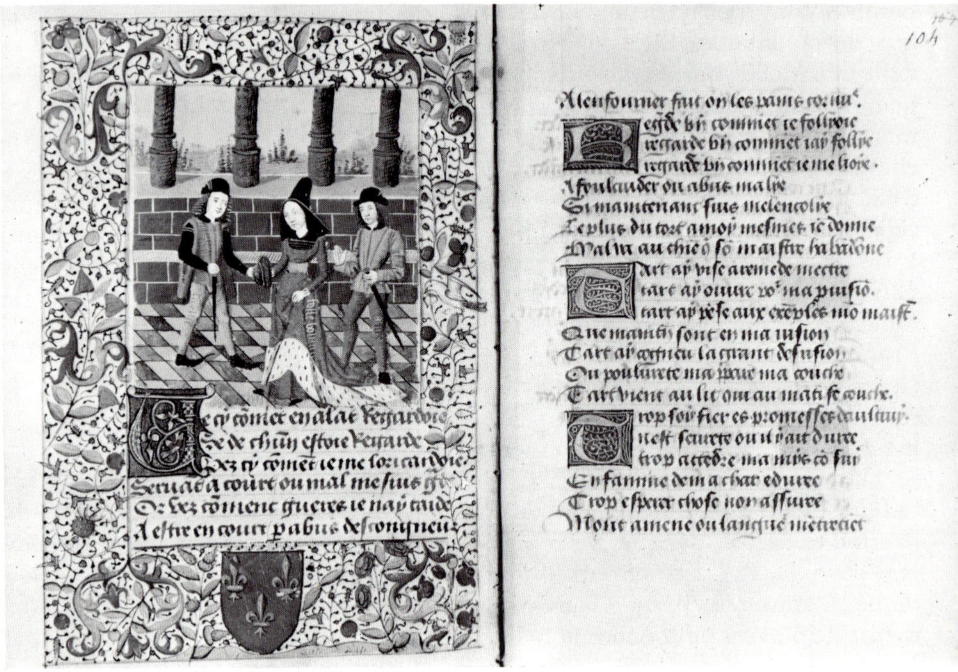

*Comme bien d'autres seigneurs de la fin du Moyen Age, René d'Anjou — le bon roi René — sera, lui aussi, un poète exquis. Parmi ses romans en prose ou en vers trouve place « l'Abusé en cours » dont une miniature met en scène les trois principaux personnages (ci-dessus). Non moins célèbre est Alain Chartier, dont le poème, le « Livre des Quatre Dames » fut composé après la défaite d'Azincourt. (Cabinet des manuscrits. Bibliothèque nationale. Photo B.N.)*

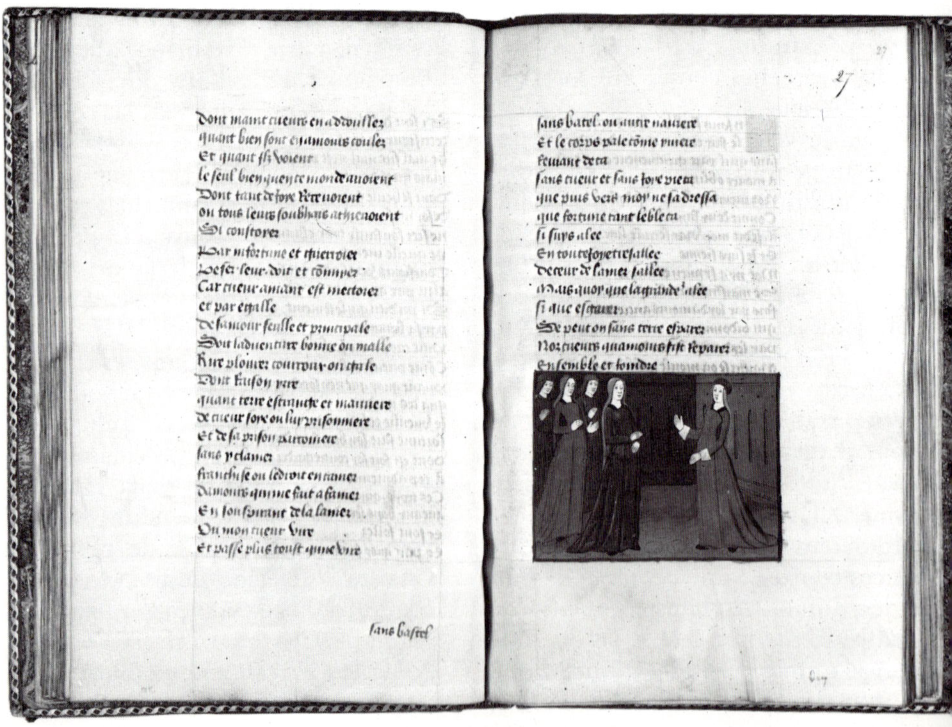

archevêque de Vienne, qui les lui avait demandés pour écrire une vie de Louis XI. En fait, il s'agit des souvenirs personnels de Commynes. A la différence de Froissart, celui-ci ne se contente plus d'énumérer les faits. Il examine, juge, tire des conclusions générales, des leçons politiques et morales. Charles Quint appellera son livre : « mon bréviaire ».

Commynes cherche toujours la raison des choses. Il a le souci primordial de l'impartialité; il est certain que son portrait de Louis XI n'est pas seulement un panégyrique du souverain. Le style, ici, est aisé, spontané. Un tableau comme l'entrevue de Péronne est un chef-d'œuvre de pénétration en même temps que d'évocation historique.

Tout comme son contemporain Villon, Commynes marque dans le domaine de l'histoire le passage du Moyen Age à des temps nouveaux.

En cette fin du Moyen Age, l'art français subissait une mutation profonde. Certes, l'art demeurait religieux, mais il se révélait, dit André Maurois, « moins didactique, plus pathétique que celui des XII^e et XIII^e siècles. Déjà l'artiste quittait la Cité de Dieu pour observer les royaumes de ce monde ». Naguère, dans les sculptures des portails, les artistes, délibérément, montraient des corps d'anges dématérialisés. Au XV^e siècle, les scènes de la Passion vont devenir réalistes. Etonnantes, les miniatures où l'on voit le supplice des martyrs évoqué avec des détails qui effraient. L'artiste découvre « la vertu plastique de la souffrance ». C'est le temps où les Parisiens visitent le charnier des Saints-Innocents. La peinture demeure toujours un auxiliaire essentiel de l'architecture. Décorative, elle rehausse certaines parties des édifices; monumentale, elle sert à l'ornementation; les tableaux eux-mêmes sont peints pour figurer en des endroits précis, complétant, eux aussi, l'œuvre de l'architecte.

Cependant, la peinture, au cours des ans, a tendance à devenir mobile. Les rois ont des peintres officiels dès le XIV^e siècle. Mais c'est au XV^e siècle que cette peinture devient un genre. Les noms des artistes nous sont le plus souvent inconnus. Nous savons le nom de quelques-uns, tels que Nicolas Froment, appartenant à l'école provençale et favorisé par René d'Anjou, Jean Fouquet à Bourges, Bourdichon à Tours, Jean Perréal à Moulins.

Assurément, les miniaturistes français ont leur génie original qui inspirera les peintres de la Renaissance italienne. Les derniers grands chefs-d'œuvre de la miniature éclatent à la fin de la guerre de Cent Ans : les neuf miniatures de Fouquet dans les *Antiquités judaïques de Joseph*, les quarante que contiennent les *Heures* d'Etienne Chevalier.

Le livre imprimé apparaîtra au milieu du XV^e siècle. Alors, la peinture sur tableau remplacera les miniatures.

Evolution aussi dans le vitrail. Au début du XV^e siècle, les teintes redeviennent vives. Les sujets sont maintenant surtout de grandes figures, des saints par exemple placés dans des décors architecturaux. Le vitrail tend à se rapprocher de la statuaire monumentale. Les plus beaux vitraux du début du XV^e siècle, œuvres des artistes du duc de Berry, se trouvent à la Sainte-Chapelle et à la cathédrale de Bourges. Les couleurs y sont encore atténuées. Elles s'avivent à la collégiale de Moulins, à la Sainte-Chapelle de Riom, à la cathédrale et à Saint-Taurin d'Evreux.

A la fin du siècle, les vitraux représenteront en fait des scènes peintes, dont le décor architectural est le cadre. Le vitrail, insensiblement, est passé de l'aspect d'une mosaïque de morceaux de verre à celui d'un tableau, occupant toute une fenêtre.

La sculpture, plus encore que la peinture, demeure l'auxiliaire de l'architecture et, lorsqu'elle est décorative, suit une évolution parallèle. Elle connaît la surcharge, la complication. Se multiplient les monstres, les animaux fantastiques, les êtres humains très réalistes.

Dès le milieu du XIVe siècle, le réalisme pénètre aussi la sculpture religieuse : par exemple, les statues des saints de la chapelle de Rieux manifestent à la fois la grandeur et la recherche de la vérité. A la fin du XIVe siècle, l'art se rapproche de la vie. Au XVe siècle, les sculpteurs s'orientent vers le pathétique et le morbide, caractéristiques des mentalités du temps. Les nombreuses *Vierges de pitié* que l'on voit alors en fournissent l'exemple.

La sculpture funéraire évolue dans le même sens. Jusque-là, le mort était représenté à l'âge idéal : trente ans. Désormais, on prend un moulage en plâtre ou en cire du visage du défunt et le sculpteur s'en inspirera. Le réalisme devient ainsi beaucoup plus intense, pour atteindre, au XVe siècle, le maximum de l'horreur avec le tombeau de Jean de Châlons exécuté par Richier. Les tombeaux les plus remarquables sont ceux des rois de France à Saint-Denis, des papes d'Avignon, des ducs de Bourgogne à Champmol, ainsi que celui de Philippe Pot.

Au XIVe siècle, déjà, la sculpture profane se développe. On voit aux portes des églises les portraits des fondateurs tels que Marigny et sa femme, à Ecouis. Les statues-portraits se multiplient à partir du règne de Charles V. Dès le premier quart du XVe siècle, les sculpteurs travaillent pour la famille royale. Ils s'installent dans des ateliers. Au contact

*Provenant de la basilique Saint-Sernin de Toulouse, ces deux statues de terre cuite peinte datent vraisemblablement de la fin du XVe siècle ou du début du XVIe. Particulièrement dépouillées, elles étonnent par l'expressionnisme même des visages. (Photo Yan.)*

de la Renaissance, la sculpture reviendra à un idéal humain de beauté physique. Mais elle ne retrouvera que rarement la beauté et la grandeur quasi divines des grandes figures gothiques, tel le Christ en majesté du portail de Chartres.

Ces peintres et ces sculpteurs, qui œuvrent dans la paix revenue, cherchent souvent leur inspiration au théâtre. C'est Emile Mâle qui l'a constaté, aux représentations des mystères, l'artiste trouvait désormais des modèles et des idées.

Mais ce qui frappe, en littérature comme en art, c'est « la sûreté délibérée du trait », c'est « la clarté de la construction ». Là aussi, déjà, le siècle s'annonce moderne.

Au XVe siècle, le style gothique se modifie. Sa forme nouvelle, qui se développe jusqu'au début du XVIe siècle, a été appelée le *gothique flamboyant.*

Il semble que ses premières manifestations remontent d'ailleurs au dernier quart du XIVe siècle, dans la France pour un temps pacifiée par Charles V. Ce qui surprend, c'est que, malgré ces temps de crises et de guerres, on construise autant, notamment des églises. L'époque des cathédrales immenses est bien finie. Mais des chantiers s'élèvent, nombreux, sur notre sol. On édifie des églises plus petites. Précisément, cette taille modeste permet la recherche d'effets esthétiques nouveaux.

Le gothique flamboyant va se singulariser par la recherche du détail, de la décoration à outrance, de la complication. Les architectes accrochent désormais aux lignes des édifices des flammes tournées, des clochetons, des pinacles, des mouchettes, des choux frisés.

L'utilisation architecturale de l'ogive est perdue au XVe siècle, de même que celle de la clef de voûte. La voûte à croisée d'ogive se complique : on va voir se multiplier les liernes et les tiercerons. La lierne est une nervure de pierre perpendiculaire à l'ogive. Le tierceron est une nervure de pierre liant la naissance d'une ogive au milieu d'une lierne complète, ou à l'extrémité d'une lierne interrompue. La croisée d'ogive perd ainsi toute utilité fonctionnelle, la voûte est divisée en un certain nombre de petits compartiments indépendants, plus ou moins chargés de nervures.

La clef de voûte devient purement décorative. Le chapiteau historié, qui avait occupé une place si importante dans le gothique classique, disparaît. L'ordonnance intérieure se simplifie : on ne compte plus que deux étages au lieu de trois. Enfin, à toute courbe s'unit désormais une contre-courbe. Il s'agit là du trait probablement le plus original du gothique flamboyant.

Au XVIe siècle, on constatera la persistance du gothique flamboyant, parallèlement à l'introduction du style Renaissance. Mais il s'agira surtout d'une outrance des caractères précédents.

Ce qu'il faut bien souligner, c'est que le style flamboyant apparaît dans les dernières parties achevées de certains édifices de style gothique antérieur. Ainsi, en 1490, un maître parisien, Martin Chambige, entreprend d'ajouter des façades au transept de la cathédrale de Sens. Beauvais lui commandera un ouvrage semblable, puis Troyes. Son fils, Pierre Chambige, édifie les deux portails du transept de la cathédrale de Senlis. Limoges et Evreux reçoivent aussi des façades latérales. On achève ou embellit des tours et des clochers, comme la tour nord de la cathédrale de Chartres, la grande tour au flanc de la cathédrale de

Rodez, la « tour de beurre » de la cathédrale de Rouen : son nom vient de ce qu'elle fut édifiée grâce au produit des dispenses de carême.

Parmi les constructions nouvelles, il faut citer les églises Saint-Maclou, Saint-Ouen, Saint-Vincent à Rouen, le clocher de Notre-Dame de Lillebonne (55 mètres), celui d'Harfleur (83 mètres), celui de Caudebec (101 mètres).

La Normandie se révèle l'un des pays d'élection du gothique flamboyant. C'est à Rouen qu'on éleva au XVIe siècle un des monuments les plus représentatifs et les plus réussis de ce style : le Palais de justice. Destiné à abriter l'Echiquier de Normandie, il fut bâti de 1499 à 1526, probablement par Roullant le Roux, auquel on doit aussi le grand portail de la façade principale de la cathédrale de Rouen.

La Champagne est une autre région riche en constructions flamboyantes, ainsi que la Lorraine, l'Artois, la Picardie, le Beauvaisis. La Bretagne, elle, est marquée par la tradition locale et par l'influence normande. En revanche, dans la région parisienne, les constructions sont moins nombreuses que dans beaucoup d'autres. Il faut malgré tout noter celle du transept de la cathédrale de Senlis et, à Paris, l'hôtel des abbés de Cluny. Le décor flamboyant s'impose à Saint-Jacques de la Boucherie (1509-1523) dont il ne reste que la tour; à l'église Saint-Merri (1515-1551); à Saint-Gervais-Saint-Protais, dont les chapelles absidales sont achevées en 1530, le transept en 1578 et la nef au XVIIe siècle.

Un bon exemple des églises des pays de la Loire nous est donné par Notre-Dame de Cléry, aménagée grâce à la générosité de Louis XI. Dans la Bresse, l'église de Brou porte la marque de l'influence flamande. Tout le monument confirme la somptuosité et la recherche des œuvres commandées par les grands.

La fin de la guerre de Cent Ans, parmi ses multiples conséquences, va conduire à une évolution remarquable dans l'art d'édifier des châteaux. Au XVe siècle, dans toute la France, on voit surgir un style nouveau.

L'architecture militaire — car ces châteaux sont d'abord des ouvrages de défense — se voulait jusque-là exclusivement guerrière. On édifiait d'énormes cuirasses de pierre, presque sans ouvertures, donc sans lumière et sans air. Les salles d'habitation s'y révélaient fatalement inconfortables, humides, souvent glaciales. Et voici que tout change. Les seigneurs, certes, ne mésestiment pas d'un seul coup la nécessité de se défendre. Mais ils refusent que leurs demeures soient seulement *utiles*. Ils les veulent *agréables*. Alors que, dans les villes, les demeures privées, hôtels des gentilshommes, maisons des bourgeois, s'embellissent délibérément et recherchent luxe et confort, pourquoi les seigneurs, dans leurs châteaux, demeureraient-ils seuls en marge d'une telle évolution? L'art de vivre qui est la grande affaire, après la guerre de Cent Ans, on va le pratiquer aussi chez les châtelains. Le mot même de « châtelain », d'ailleurs, comme celui de « château », va prendre un sens nouveau et révélateur.

Au XIVe siècle, on avait tâtonné. On avait multiplié les essais. Déjà, certains tenaient à mêler les nécessités militaires et les goûts artistiques des constructeurs. Ainsi Pierrefonds, entièrement reconstruit par Louis d'Orléans à la fin du XIVe siècle, à la lisière de la forêt de Compiègne. Ainsi le château de La Ferté-Milon édifié — en même temps que Pierrefonds — par le même Louis d'Orléans. Louis apparaît ici à la fois un féodal du Moyen Age et, avec un siècle d'avance, un homme de la Renaissance. Déjà, il veut l'espace, le confort, la lumière.

Pierrefonds fut achevé avant la mort du duc, alors que seule la façade de La Ferté était terminée. La Ferté est situé dans la vallée de l'Ourcq, sur une hauteur d'où il domine la petite ville qui lui a donné son nom. La façade occidentale mesure un peu plus de cent mètres de longueur. Les deux tours du corps central qui encadrent la grande porte sont réunies par une arcature [1] brisée, que surmonte un admirable bas-relief, dans un arc en anse de panier festonné, représentant le couronnement de la Vierge. Nouveau, ce souci décoratif que l'on retrouve sur les trois tours et sur le donjon. Les tours de Pierrefonds sont ornées des statues des neuf preux; celles de La Ferté-Milon auraient dû recevoir les statues des neuf preuses. Certes, les moyens de se défendre subsistent, avec un chemin de ronde, des mâchicoulis, des archères. Mais on découvre aussi de grandes fenêtres rectangulaires à meneaux qui remplacent les archères sur les murs des tours. Des fenêtres qui laissent — enfin — pénétrer lumière et soleil, même si la défense s'en trouve affaiblie. Détail cocasse : les deux exigences sont parfois conciliées. Ainsi, le bas-relief sculpté de La Ferté que l'on admire entre les deux tours, au-dessus du pont-levis, dissimule deux redoutables assommoirs...

Parmi les châteaux qui annoncent la grande évolution, on peut citer Mehun-sur-Yèvre. Ici encore, des bases défensives d'aspect sévère, à partir desquelles l'architecte Guy de Dammartin a érigé un château tout différent, ouvragé, ciselé, élégant, gracieux. Sur les créneaux de chaque tour s'élève une lanterne octogonale, ornée de gâbles, de pinacles et de statues. Sur la crête des toits, des festons et des girouettes. Raymond Ritter, historien des donjons et places fortes, estime à juste titre que la place du château de Mehun est plus importante encore dans l'histoire de l'architecture civile que dans celle de l'architecture militaire : un siècle et demi à l'avance, Mehun annonçait les châteaux de la Loire. Il semble même que l'architecte de Chambord s'en soit inspiré lorsqu'il édifia le couronnement central de son chef-d'œuvre.

Au XVe siècle, le mouvement se précise. Le donjon du château épiscopal des Septmonts, près de Soissons, représente un exemple parfait de l'architecture nouvelle, où se mêlent puissance, délicatesse, soin du détail. Il a six étages, ce donjon qui s'inscrit dans une enceinte très vaste : quatre cents mètres de tour. Les deux premiers étages voûtés d'ogives sont destinés à l'habitation, les autres à la défense. En Bretagne, également, on rencontre plusieurs exemples de cette évolution. Il faut citer aussi le château de Tarascon achevé en 1480. Il se dresse au bord du Rhône, sur un rocher isolé au milieu d'un large fossé artificiel. Rien de plus impressionnant que l'aspect extérieur du château : trois tours cylindriques du côté du Rhône, deux tours carrées du côté de la ville. Le tout s'élevant jusqu'à quarante-cinq mètres. Mâchicoulis, créneaux : pas de doute, cet extérieur est réservé à la défense. En revanche, l'intérieur se révèle typique de l'architecture du XVe siècle et de sa délicatesse.

Dans ce même siècle, surgit une contingence très neuve qu'il serait grave de mésestimer. L'usage de l'artillerie va obliger les architectes

[1] L'arcature consiste en une suite de petites arcades portées par des colonnes légères ou des consoles.

à d'importantes transformations. Au cours des règnes de Charles VII et de Louis XI, on mettra les places fortes en état de recevoir des bouches à feu. Les dispositions prises changent selon les châteaux, selon les régions. A La Hunaudais, près de Dinan, on s'est contenté d'ouvrir de simples trous pour les canonnières. Au château de Rambures, en Picardie, on a percé des embrasures pour couleuvrines dans les allèges des baies. A Ham, en Picardie également, de véritables chambres de tir sont creusées à l'intérieur des remparts. Elles abritent le servant et ses munitions. L'architecte les a agencées de telle sorte que « l'artilleur » puisse faire pivoter l'affût; il peut prévoir le recul et même courir se réfugier dans une logette. Ceci dans le cas, malheureusement prévisible, où la couleuvrine éclaterait. Raymond Ritter juge que Ham fut le « berceau de l'architecture militaire française ». C'est le connétable de Saint-Pol qui le construisit vers 1470.

Ce qui prouve que nous sommes à une époque d'évolution et de tâtonnements, c'est que, par exemple, les défenses du château de Langeais, élevé sur les ordres de Louis XI par Jean Bourré de 1465 à 1469, ne permettent que le tir à l'arbalète et non au canon. Mais quand le même Jean Bourré construit Le Plessis-Bourré (1467-1472), il borde les douves d'une terrasse extérieure qui facilite le tir rasant.

Dans le même temps, on commence à abandonner les mâchicoulis. Ils subsisteront jusqu'au règne de Louis XII, mais ils seront devenus purement décoratifs.

L'artillerie a modifié de fond en comble la tactique de défense d'un château. Quand l'assiégeant est parvenu au pied des murs, on estime que la place est prise. Alors pourquoi conserver les mâchicoulis le long des chemins de ronde? On les supprime. Pour une raison identique, on agrandit les fenêtres le long des courtines des bâtiments d'habitation.

En l'espace d'un siècle, ou un peu plus, le château fort féodal s'est donc profondément transformé. Pourtant, il garde ses éléments traditionnels. Partout, on retrouve les douves, les tours avec leur chemin de ronde, le donjon. Quoi de plus original que Chambord? Pourtant, ce « songe réalisé » ne se résume-t-il point à un donjon flanqué de quatre tours? Plus les années passent et plus le donjon, militairement, perd de son importance. Mais, pour un gentilhomme, un donjon, c'est le signe de la puissance féodale. En outre, démolir de si grosses tours, cela coûterait très cher. On verra donc le donjon devenir belvédère et terrasse. Les galeries ouvertes succéderont aux chemins de ronde; les dames et les seigneurs s'y promèneront. A la place des meurtrières, on trouvera des meneaux sculptés, surmontés de gâbles ajourés. On verra des rampes courir le long des toits. Les cheminées elles-mêmes inspireront les décorateurs. On verra même les matériaux servir d'éléments artistiques : la pierre et la brique y alterneront. Autour du château, on verra se dessiner des terrasses, des allées, des parterres. Des fontaines jailliront au milieu des bosquets. Tout cela, c'est le nouvel art de vivre du château français. La Renaissance approche.

Revenant d'Italie, Charles VIII ramènera avec lui une vingtaine d'ouvriers « pour édifier et faire ouvrages à la mode d'Italie ». C'est là un cliché : la nouvelle mode, en architecture, serait née à cette date. Erreur. Le mouvement, on l'a vu, date des goûts qui se sont développés après la guerre de Cent Ans. Comparons les forteresses construites à la fin

*L'ancienne abbatiale bénédictine Saint-Ouen de Rouen est un exemple frappant du style gothique flamboyant, aux lignes contournées et tourmentées. (Photo Jérôme da Cunha.)*

du XIVe siècle à celles édifiées cent ans plus tard. On mesurera ainsi toute l'évolution de l'architecture civile. « Nos maçons, dit Gibelin, n'ont pas attendu les Italiens pour créer un style accueillant où les corps de logis s'ouvrent largement à l'extérieur. » Ce qui est vrai, c'est que l'inspiration italienne amplifiera et affinera un mouvement déjà né, et fortement constitué. Ainsi en arrivera-t-on à des merveilles telles que l'aile élevée à Blois par Louis XII. Voici Loches, le Plessis-lez-Tours, Chaumont, Blois. Voici bientôt Azay-le-Rideau, Chenonceaux et Amboise. *Exit* le château fort. Les châteaux neufs baigneront tout entiers dans cette lumière singulière, incomparable, qui est celle de la France.

# LOUIS XII, LE PÈRE DU PEUPLE

## 1498, 9 avril

Le duc d'Orléans, nouveau roi de France, sous le nom de Louis XII, se trouvait à Blois lorsque la porte trop basse de la galerie Haquelebac lui apporta la couronne de France. Par suite de l'accord de Langeais, l'accident de Charles VIII lui donnait aussi l'espoir de pouvoir épouser la femme qu'il aimait depuis bien des années. Ayant appris que la reine Anne gisait par terre dans un coin de sa chambre en sanglotant et en se tordant les mains, Louis eut la courtoisie d'attendre deux jours avant de se rendre à Amboise. Après avoir aspergé d'eau bénite le corps de son prédécesseur, il se présenta devant Anne. Son attitude fut si douce que la reine avouera avoir été « consolée par la singulière bénévolence » du nouveau roi.

Lorsque le corps traîné par six chevaux eut quitté Amboise pour Saint-Denis — par Blois et Orléans — Anne commença à réfléchir... Redevenue duchesse de Bretagne, elle regrettait fort le royaume de France. Mais le contrat de Langeais ne spécifiait-il pas qu'elle devait épouser le successeur du roi défunt? Pour cela il fallait d'abord que Louis XII se séparât de Jeanne...

## 27 mai

Sacre de Louis XII à Reims. Absence fort commentée : Jeanne de France n'assiste pas à la cérémonie.

## juillet

Henri VII craint qu'un refus opposé aux avances de Louis XII ne rapproche la France de l'Écosse. Aussi accepte-t-il de renouveler le traité d'Étaples.

Ce même mois, le roi Louis s'engage avec Jean, roi de Danemark, de Suède et de Norvège, qui redoute l'intervention de l'Empire dans ses

*A l'instant où il va devenir roi de France, le duc Louis d'Orléans est assurément l'un des plus turbulents sujets du royaume. Redoutant la colère de son cousin Charles VIII, il a quitté Rouen pour se réfugier dans son château de Montil-les-Bois d'où il s'apprête à fuir une fois encore lorsqu'une galopade se fait entendre à l'extérieur. Louis ne doute plus qu'on vient l'arrêter. Pourtant, celui qui se présente devant lui, encore essoufflé de la course, murmure : « Sire... le roi est mort! » Alors va s'opérer l'étonnante transformation : le frondeur fait place au roi de France. Il semble que ce portrait de Louis, bien qu'il ne soit pas signé, puisse être attribué à Jean Perréal. Le roi y est représenté vêtu d'un riche pourpoint sur lequel repose le collier de l'ordre de Saint-Michel. Il est coiffé de ce chapeau que Louis XI mit à la mode et sur lequel, comme son oncle, Louis a accroché l'une de ces médailles religieuses appelées enseignes. (Droits de reproduction réservés.)*

affaires. Le traité établit le libre négoce et une alliance perpétuelle entre les deux souverains.

## 29 juillet

Le roi veut obtenir du pape Alexandre VI la constitution d'un tribunal ecclésiastique qui, l'arrêt rendu, permettrait au pape de signer une bulle de dissolution du mariage.

Sa Sainteté entendait bien faire payer cher sa complaisance. Avant son ordination, le pape avait eu un fils, devenu le cardinal César Borgia, archevêque de Valence, mais ce dernier préférait une couronne ducale au chapeau de cardinal. Il supplia son père d'être relevé de ses vœux ecclésiastiques et le Sacré Collège, à qui César laissait les bénéfices de son archevêché — trente-cinq mille florins d'or — donna son accord.

Le pape Alexandre VI demanda alors à Louis XII pour son « bien-aimé fils César » le duché de Valentinois et la main d'une princesse de France. En échange, le mariage de Louis et de Jeanne la Boiteuse serait dissous après l'arrêt du tribunal.

## 31 juillet

Un accord est signé avec l'Espagne.

## 10 août

Le procès du divorce royal commence à Tours. Quatre causes d'annulation sont invoquées :

1° Les deux époux sont parents à un degré prohibé.

2° Louis XI avait servi de parrain à Louis d'Orléans, ce qui est considéré dans le droit canonique comme une véritable paternité.

3° Le mariage aurait été imposé par la violence.

4° Enfin l'union n'aurait jamais été consommée — du moins le roi l'affirmait. Il le jurait même. La laideur, le teint noir et même la bosse ne sont point suffisants pour déposer une requête en cour de Rome.

Les juges ecclésiastiques ne s'inclinent que devant la non-consommation. Et pourtant, Jeanne avait bel et bien été la femme de celui qui portait, lorsqu'elle l'avait épousé, le titre de duc d'Orléans.

Certes la cause paraissait entendue, cependant Louis XII avait quelques craintes : si, le divorce obtenu, la « fière et fine Bretonne », comme l'appelait Brantôme, allait refuser sa main? Il fallait donc, à force de bonnes grâces, amener la veuve de Charles VIII à prendre position. Louis XII s'y employa.

## 19 août

De son côté, Anne de Bretagne prend ses précautions et obtient de Louis XII une promesse de mariage avant un an.

Si l'engagement n'était pas tenu, le roi devrait lui rendre Nantes et Fougères.

## 31 août

Le pape nomme un troisième juge, un homme qui se trouve être,

*Poète d'une grande délicatesse, auteur de ballades et de rondeaux infiniment charmants dont une grande partie fut composée en Angleterre après sa capture à Azincourt, le duc Charles d'Orléans est ici représenté par une tapisserie du milieu du XVe siècle en compagnie de sa troisième épouse : Marie de Clèves. De cette union naîtra, en 1462, le futur Louis XII. (Musée des Arts décoratifs. Photo Jérôme da Cunha.)*

lachicheface

comme par hasard, un ami personnel de Louis XII : Philippe de Luxembourg, évêque du Mans.

### 22 septembre

Une épidémie de peste force le tribunal ecclésiastique à se transporter à Amboise.

### 26 septembre-19 octobre

Le tribunal consacre ses séances à l'interrogatoire des témoins. Ceux-ci déçoivent profondément la pauvre Jeanne de France. Même ses amis se plient complaisamment à confirmer la version officielle. Certains rapportent que le roi ne s'était marié que contraint et dans l'impossibilité de se soustraire à la volonté du roi Louis XI. D'autres essayent de prouver que les deux époux avaient vécu l'un près de l'autre comme des étrangers. Jeanne, d'une voix calme, sûre d'elle, rappelle qu'un faux témoignage nuit à trois personnes : « à Dieu qu'il offense, au juge qu'il trompe, à la partie qu'il mystifie. »

### octobre

César Borgia arrive en France.

### 26 octobre

Le procureur de Jeanne de France présente sa défense.

### 24 novembre

Lasse de tout, ou espérant que Louis XII n'oserait se parjurer, Jeanne déclare s'en remettre au serment du roi.

### 5 décembre

Le roi prête le serment qui entraîne la nullité du mariage, un serment qui ne comprend pas moins de 55 articles.

### 17 décembre

C'est la sentence finale. Les commissaires pontificaux prononcent la dissolution du mariage de Jeanne.

### 21 décembre

César Borgia remet au roi la bulle du pape permettant à Louis XII de contracter un nouveau mariage. Le fils du pape apportait aussi le chapeau de cardinal pour Georges d'Amboise.

### 1499, janvier

Un contrat est signé entre le roi Louis XII et Anne de Bretagne : le duché de Bretagne demeure indépendant et Anne en conserve l'administration. Ainsi les Bretons gardent-ils leurs libertés et privilèges. Au point de vue de la succession, la Bretagne passerait au second fils du roi et de la reine ou, s'il n'y en a qu'un, au second petit-fils.

Maintenant, Louis XII peut se consacrer à la question du Milanais. Les droits du roi de France sur le duché de Milan ne sont guère plus sérieux que ceux que brandissait Charles VIII pour revendiquer le royaume de Naples. Sans doute, Louis XII était-il le petit-fils de Valentine, fille du duc de Milan, mort sans avoir eu de fils, mais il n'était nullement prouvé que la

*Ces deux scènes allégoriques font partie des vingt-quatre compartiments ornant le plafond de la salle des Gardes du château du Plessis-Bourré. Ce plafond en bois, peint à la fin du XVᵉ siècle, se compose de scènes allégoriques comme la Chasteté (ci-dessous), ou de scènes humoristiques, tel ce barbier malhabile s'exerçant sur un client. (Ci-dessus. Photo Jérôme da Cunha.)*

*Fille et épouse de roi, la malheureuse Jeanne de France n'en sera pas moins tenue sa vie durant éloignée de la cour. Sa laideur, on le sait, inspirait tant à son époux qu'à son père, le défunt Louis XI, une véritable répulsion. Pourtant, cette laideur n'est guère apparente dans le portrait particulièrement flatté qu'en fit le peintre flamand Hans Memling pour l'un des volets d'un diptyque : « l'apparition de la Vierge et de l'Enfant Jésus ». Le visage, presque régulier, est même empreint d'une réelle majesté. (Musée Condé, Chantilly. Photo Roger Viollet.)*

succession du Milanais, fief impérial, pouvait de plein droit être transmissible par les femmes. Certes, il y avait eu des précédents, mais, en ce cas, nombreux pouvaient être les prétendants susceptibles de revendiquer le duché de Milan.

## 9 février

A plusieurs reprises, des courriers ont mis sept jours pour joindre Venise à Paris, ce qui était alors considéré comme un tour de force. Ces chevauchées permettent de faire aboutir ce jour-là de longues négociations : la signature, à Blois, d'un traité entre la France et la « Seigneurie », autrement dit la République de Venise. Les deux Etats s'allient pour conquérir le duché de Milan. « Crois, lecteur, nous dit un chroniqueur, que bien grands ont été les motifs et les injures qui ont forcé la Seigneurie à s'accorder avec la France pour détruire le duc de Milan. »

## 16 mars

A Lucerne, un traité d'alliance est signé entre Louis XII et les dix cantons suisses. En même temps, le bailli de Dijon, Antoine de Baissey, apporte aux cantons des flots d'or pour les aider à lever des troupes.

A travers l'Italie, les cantons suisses et la France, on entend résonner le cliquetis des armures.

## 29 juillet

Succès pour la diplomatie française. De nombreux États entrent dans la ligue franco-vénitienne : l'empereur, les électeurs d'Empire, le pape, Venise, le roi et la reine d'Espagne, les rois d'Angleterre, d'Écosse, de Portugal, de Hongrie, de Bohême et les Suisses. Bien sûr, les souverains adhérant à la ligue se contenteront de marquer les coups que se porteront Louis XII, Ludovic Sforza et la « Seigneurie ».

Venise est parvenue à réunir

*Un peintre anonyme a fixé, selon une manière chère à l'époque, le sacre de Louis XII (cidessus). La scène, peinte sur bois, représente seulement le chœur de la cathédrale de Reims dans lequel officient six évêques assistés de six pairs laïques. Parmi ces derniers, on ne distingue que ceux qui portent les éperons, la couronne et l'étendard. (Musée de Cluny. Archives photographiques.)*

15 000 hommes. La République s'assure pour quatre années l'aide du condottiere Pittigliano qui, demandé également par Milan, exige le paiement d'une somme considérable.

Cette location appelée la *condotta* est imitée par Milan mais le duché s'y prend un peu tard. Les meilleurs condottieri se trouvent déjà engagés. Sforza peut cependant obtenir les services de Marco Martinengo et d'Ugolino d'Ancona. Il engage lui aussi des troupes suisses sans parler de troupes nationales relativement assez nombreuses.

Suivant la coutume, la France enrôle également à l'étranger et principalement, bien sûr, en Suisse. A la tête de l'armée royale, Louis XII place un Milanais, ennemi de Ludovic et réfugié en France : Trivulce, un homme déjà âgé de cinquante ans. Gros, court et trapu, il n'en a pas moins gardé assez de vigueur et d'énergie pour parcourir à cheval en un temps record la distance séparant la France de l'Italie.

## juin-juillet

Les troupes françaises sont massées à Grenoble. Un corps est même placé à Asti. Les Vénitiens, eux, occupent Lodi. L'offensive se prépare.

## juillet

A Arras, l'archiduc Philippe le Beau, fils de Maximilien, accepte de prêter l'hommage au roi de France pour ses possessions en Flandre, en Artois et en Charolais. L'archiduc, tête nue, doit, selon la coutume, s'agenouiller devant le chancelier de France :

— Vous devenez homme du roi, votre souverain seigneur, lui dit ce dernier, et lui faites foi et hommage lige, lui promettez de le servir, jusque à la mort inclusivement, envers et contre tous ceux qui peuvent vivre et mourir sans nulles réserves.

## août-octobre

Commencement de la première campagne d'Italie. Louis XII applique la politique de l'effroi : il laisse faire de véritables massacres dans les premières places qui sont prises par Trivulce. Aussi Alexandrie, épouvantée, se rend-elle aux Français. Ludovic, « avec deux petits enfants qu'il avait et le surplus de son arroi », s'enfuit en Allemagne en passant par Côme et se réfugie auprès de Maximilien, tandis que l'armée française marche sur Milan.

## 6 octobre

Louis XII entre à Milan pavoisé de lys. « Une légion de dames » revêtues d'or et de soie, « leur chevelure artificiellement sur le visage semée et éparse », se pressent aux fenêtres. Ce spectacle pour les yeux « était objet plus délectable que le rais du soleil qui à l'heure matutine resplendit ».

## 11 novembre

Le duché de Milan est organisé. Trivulce est nommé gouverneur et, pour représenter le roi Louis, on nomme un lieutenant général et un chancelier. On crée un Sénat de dix-sept membres français et italiens — mais où les Français ont la majorité. L'assemblée est chargée de confirmer ou d'invalider les ordonnances royales. Elle possède tout pouvoir pour rendre les décrets royaux exécutoires, entériner les lettres de rémission ou de privilège et former une manière de cour suprême de justice.

*Une miniature du XVIe siècle permet de se représenter l'armée du roi de France lors de l'expédition d'Italie. Elle appartient au « Voyage de Gênes », chronique écrite en 1507 par Jean des Mares, dit Marot, père du futur poète. (Cabinet des manuscrits. Bibliothèque nationale. Photo B.N.)*

*Un regard rêveur, une bouche fine et sensuelle sous la narine frémissante du nez aquilin, tel apparaît Ludovic Sforza, dit le More, capturé à Novare en 1500. Enfermé dans l'un des cachots du Martelet, à Loches, il ne sera libéré que huit ans plus tard. Mais il ne put supporter la joie de la liberté recouvrée : à peine sorti, il expira, terrassé. (Pinacothèque de Brera, Milan. Photo Alinari.)*

## 1499 - 1500 - 1501

Aidé par des troupes françaises, César Borgia va s'emparer de Rimini, de Faenza, de Pesaro et d'Imola. Son père, d'accord avec Louis XII, créera bientôt son fils duc de Romagne. La puissance de Jules II est en marche...

## 1500, février

On devine l'état d'esprit de Ludovic le More après la perte du Milanais. « Il avait un regret merveilleux d'avoir été débouté d'un tel État, nous dit un témoin, et de ce qu'on lui avait ôté si friand, et de si bonne digestion, et dont, en le possédant, il avait eu tant d'honneur et de gloire.

« Il fit tant par argent qu'il assembla sept ou huit mille lansquenets, et autant de Suisses, avec quatre ou cinq cents hommes d'armes bourguignons, et bien cinq ou six cents hommes d'armes italiens et assez largement d'artillerie. »

Avec ces nouvelles forces, le duc entre en campagne et reprend Côme d'abord, Milan ensuite, d'où les Français n'ont que le temps de se replier.

*Deux remarquables acteurs de la conquête et de l'administration du duché de Milan : Louis II de La Trémoille, vicomte de Thouars et le cardinal Georges d'Amboise. (Photos B.N. et Archives photographiques.)*

## mars

Ludovic réoccupe également Novare, et, pour Louis XII, tout est à recommencer.

## avril

Trivulce ayant été battu, c'est La Trémoille qui est placé à la tête des forces françaises, tandis que le cardinal d'Amboise devient lieutenant général au-delà des monts. La Trémoille rencontre près de Novare l'armée milanaise où se trouvent, comme dans l'armée française, des Suisses et des mercenaires allemands. Les Suisses « français » ne veulent pas que l'on se batte avec les Suisses « milanais », aussi ces derniers, enfermés dans Novare avec Ludovic le More, acceptent-ils de se rendre : ils ne livreront pas leur maître, mais si les Français le trouvent ils le laisseront prendre. C'est ce qui se passe trois heures plus tard, Ludovic ayant voulu se dissimuler parmi *ses* Suisses qui ont été obligés de défiler un à un sous les piques des hommes de La Trémoille. En apprenant la capture de Ludovic, Louis XII demande à son lieutenant de lui envoyer d'urgence le prisonnier « car, écrit-il, je ne serai jamais à mon aise que je ne voie ledit Ludovic par-deçà les monts ».

Ludovic, enfermé d'abord à Lyon, au château de Pierre-Encise, sera transféré à Loches où — fort mal traité — il mourra huit années plus tard.

La Trémoille pouvait écrire au roi : « Sire, vous avez tout ce que vous demandez et en estes bien tenu à Dieu. »

Cependant, les Suisses au service de la France se sont révoltés afin d'être payés immédiatement et de recevoir, en outre, un confortable supplément pour la prise de Ludovic. Ils assomment le bailli de Dijon, représentant du roi, et il faut bien leur donner ce qu'ils exigent.

## printemps

Georges d'Amboise fait une entrée de souverain à Milan reconquis et le décret du 11 novembre 1499 est confirmé. Tout se passe fort bien et les revenus du duché, fait unique en Europe, sont inférieurs aux dépenses. Mais pourra-t-on garder le Milanais? Le duché n'est-il pas à la merci de ceux qui pourraient occuper les cols alpins et, surtout, le port de Gênes?

## 30 avril

Dans une déclaration secrète, Louis XII déclare nulle toute convention de mariage de sa fille Claude avec quelqu'un d'autre que François d'Angoulême, l'actuel héritier du trône.

## juin

Le cardinal d'Amboise regagne la France où le roi lui fait « tant aimable chère que de toute familiarité privée le voulut fêter ». Louis XII lui octroie le comté de Lomelline, près d'Alexandrie.

## été

Pour la première fois depuis longtemps, la France ne se bat point et, ainsi que le dit l'échevinage d'Amiens : « considérez que Dieu merci, le royaume de France était en bonne paix, et aussi que pain et vin étaient à bon marché et y avait abondance de tous biens qui est à louer Dieu... »

Les échevins d'Amiens se réjouissent trop vite, car...

## juillet

A la demande de Florence, une armée française met le siège devant Pise. Les Pisans ne demanderaient pas mieux que de se rendre et d'ouvrir leurs portes, mais aux seuls Français. Ils se déclarent, en effet, « être tous bons et loyaux Français, et que tels voulaient vivre et mourir, que toutes les fois que l'armée de France voudrait entrer dans la ville, toutes les portes lui seraient ouvertes ». Ils crient même « vive la France » et arborent la bannière de Louis XII, mais refusent d'être remis aux Florentins.

Les Suisses au service de la France s'étant rebellés, parce que leur solde n'avait pas été payée, l'armée française lève le siège.

Partout, l'infidèle a repris l'offensive. En Italie, les Turcs ont poussé leurs attaques jusqu'à Vicence. Venise connaît des heures anxieuses, Rome s'inquiète et, à la suite de la publication de la bulle pontificale pour la croisade, un traité d'alliance contre les Turcs est signé entre Louis XII et les souverains menacés par les infidèles : Ladislas, roi de

*Deux charmantes miniatures relatent, dans un dessin d'une touchante naïveté, l'arrivée en Italie du cardinal Georges d'Amboise à la tête d'une partie des troupes françaises. C'est du moins ainsi que l'a imaginée l'auteur de la « Cronicque du roy très chrestien Louis XII ». (Cabinet des manuscrits. Bibliothèque nationale. Photo B.N.)*

Bohême et de Hongrie, et Jean-Albert, roi de Pologne.

Maximilien fait la grimace. S'il faut l'en croire, Louis XII essaye de lui susciter quelques difficultés en Hongrie, en Bohême et en Pologne.

Il est exact que Louis XII a envoyé des ambassadeurs auprès de Ladislas, souverain de Hongrie et de Bohême, et de Jean-Albert, roi de Pologne, afin de signer le traité d'alliance contre les Turcs et « contre les ennemis présents et futurs ». Sans doute est-il précisé que l'empereur et le roi des Romains ne seraient jamais considérés comme ennemis, mais il n'en est pas moins vrai que Louis XII instaurait là une politique qui allait devenir traditionnelle pour la France : prendre l'Empire à revers, afin, comme le dira un jour Henri II, « de tenir les affaires d'Allemagne en aussi grande difficulté qu'il se pourra ».

## 16 août

Les choses s'arrangent entre l'Empire et le royaume de France. L'empereur signe avec Louis XII une trêve de six mois qui sera prolongée par la suite jusqu'en 1502.

## 11 novembre

Traité secret de Grenade par lequel Louis XII et Ferdinand se partagent le royaume de Naples. Louis XII se trouve sans doute poussé à cette politique par tous ceux qui avaient encore des intérêts à Naples, depuis l'expédition de Charles VIII.

Dans ce traité, Louis XII conserve pour lui la couronne de Naples, les Abruzzes et la terre de Labour. Quant à Ferdinand, il se réserve la Pouille et la Calabre.

## 1501, juin

Tandis que Ferdinand envoie une armée s'emparer de la Pouille, les forces françaises quittent le Milanais et prennent la route de Naples, « passant par la ville de Rome, sonnant trompettes et clairons, et gros tambours de Suisses ». Les troupes, reconnaissons-le, se conduisent avec une rare cruauté. La garnison du château de Marigliano, s'étant rendue « à la volonté des capitaines français », est pendue.

Lorsque les Français arrivent devant Naples, le roi de Naples Frédéric II leur abandonne la ville à deux conditions : pouvoir se retirer à Ischia et obtenir six mois de trêve afin de négocier avec Louis XII. Les conditions sont acceptées. Frédéric est envoyé en France où il sera traité à la fois en souverain et en prisonnier. En dédommagement de Naples, on lui donnera l'Anjou.

Pendant ce temps, le gouvernement du royaume de Naples est confié au jeune duc de Nemours. Espagnols et Français occupent la ville durant de longs mois sans parvenir à se mettre d'accord sur le partage.

## septembre

La possession de Milan et de Naples n'est pas très assurée. Aussi Louis XII envisage-t-il d'abandonner ces deux pays à son futur gendre : le petit-fils de Maximilien et de Ferdinand, duc de Luxembourg et futur Charles Quint, né l'année précédente, à Gand. Le roi de France le marierait un jour, du moins il le pense, avec sa fille, Claude de France, — elle aussi encore au berceau, puisqu'elle n'avait que six mois de plus que son « fiancé ». Louis XII faisait fi ainsi de sa

*Fils unique de l'empereur autrichien Maximilien et de Marie de Bourgogne, Philippe le Beau est âgé de dix-huit ans lorsqu'il épouse en 1496, Jeanne, surnommée plus tard la Folle, fille des rois catholiques Ferdinand et Isabelle. Un dessin la représente (à droite) vers 1501, coiffée d'un étrange chapeau. Une peinture a laissé, de l'archiduc Philippe (à gauche), un portrait peu flatteur : la bouche lippue et disgracieuse, le menton effacé, le regard éteint l'affligent d'une expression à la fois butée et inintelligente. L'obstination du jeune prince ne sera d'ailleurs pas sans obscurcir ses relations avec son père, l'empereur Maximilien. (A gauche : Photo Mas, Barcelone. A droite : Cabinet des dessins, musée du Louvre. Photo Giraudon.)*

précédente promesse : unir un jour François d'Angoulême et Claude... Bien plus, le roi offrait à sa fille une dot inconcevable : outre la Bretagne, elle apporterait à son futur mari la Bourgogne et le comté de Blois. Sans parler de Milan et de Naples, si elle n'avait pas de frère. Le royaume allait être ainsi coupé en deux!

## 24 octobre

En vue de la croisade contre les Turcs dont on s'entretient toujours, le roi et ses alliés vénitiens, afin de préparer la délivrance du tombeau du Christ, ont envoyé une flotte vers l'Orient. « Madame Anne de Bretagne, comme très catholique, nous dit un chroniqueur, avait desployé ses trésors et iceux élargi, pour souldoyer grant nombre de gens d'armes et équipper force navires; et entre aultres voulut que sa grosse carraque, nommée *la Cordelière*, et plusieurs aultres fissent le voyage. »

Ce 24 octobre, la flotte attaque Metelin — encore appelé Mytilène — capitale de l'île du même nom, mais les navires sont obligés de lever le siège. Au retour, la flotte est prise par un orage très violent au cours duquel de nombreux bateaux font naufrage.

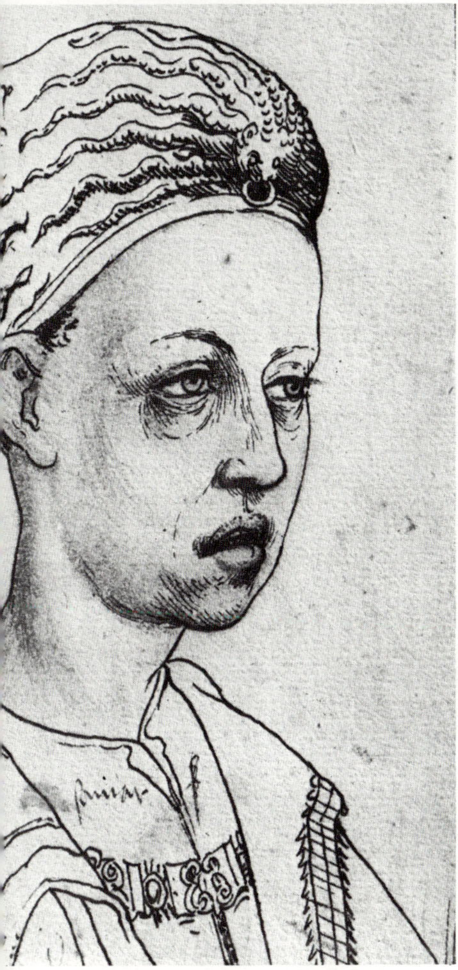

Ainsi s'achève la dernière croisade française.

## novembre

Tout va se nouer à Blois. Le roi reçoit là les parents du petit Charles, futur fiancé de Claude, l'archiduc d'Autriche Philippe le Beau et sa femme Jeanne, fille d'Isabelle la Catholique et de Ferdinand d'Aragon qui s'en revenaient de leur province de Flandre et regagnaient l'Espagne en traversant la France. D'une fenêtre du château, aux côtés de leur royal cousin, François et sa mère avaient regardé les six cents chevaux de l'escorte de l'archiduc défilant dans les rues de Blois. Durant cinq jours, ce ne furent que bombances... Les princes essayèrent bien de sortir, mais la pluie les *rachassa*.

## 11 décembre

Le roi et Philippe le Beau jurent sur l'hostie d'observer le futur traité; le royaume de France sera dépecé!

## 1502, début de l'année

Les envoyés de Louis XII se présentent à Innsbruck auprès de Maximilien pour recevoir l'investiture du Milanais. Mais Maximilien, une fois de plus, se dérobe et louvoie. Un des ambassadeurs français écrit alors à Georges d'Amboise pour lui faire part des « variabilités, changemens et instabilités de l'homme à qui havons à fayre ». Et les envoyés quittent la place sans avoir pu rien conclure.

## juin

A Naples déjà depuis quelque temps, les Français et les Espagnols ne cohabitent pas sans heurts. En fait, n'importe quel prétexte, même les itinéraires suivis par les bergers au cours de la transhumance sont bons pour entamer la guerre. En juin, les Espagnols veulent s'emparer de Troja, en Pouille, et leur projet donne le signal des hostilités.

## juillet

Louis XII passe en Italie, toujours accompagné du cardinal d'Amboise, afin que « a tous besoins eut loysir et désirs de parler à luy et ses affaires luy communiquer ». Presque toutes les villes envoient au roi des ambassadeurs que le souverain reçoit à Asti.

*Bien qu'évoquant admirablement le costume militaire et les armes employées au cours des campagnes de Louis XII en Italie, cette miniature, assez statique, ne donne pas cette impression de vie qui émane de scènes enluminées par certains autres artistes contemporains. Extraite des Chroniques de Louis XII rédigées par Jean d'Auton, elle représente la bataille du Garigliano. (Cabinet des manuscrits. Bibliothèque nationale. Photo B.N.)*

## 1503, janvier

Messager pacifique, Philippe le Beau arrive en France pour conclure la paix entre Louis XII et Ferdinand.

## février

Le sire d'Urfé envoie un défi aux Espagnols. On décide d'opposer en combat loyal onze Français et onze Espagnols. Plus de dix mille personnes se rendent sous les murs de Trani pour assister à cette rencontre. Il n'y eut ni vainqueurs ni vaincus.

## 5 avril

A Lyon, grâce à Philippe le Beau, un accord est conclu entre la France et l'Espagne : les deux souverains abandonnent leurs droits sur Naples à leurs enfants Charles et Claude. L'entente est célébrée par de nombreux feux de joie. Cependant, on apprend que Gonzalve de Cordoue,

## *LE DUEL DE BAYARD*

*A la même époque se déroula un autre combat de chevalerie : le duel fameux opposant Bayard et Alonzo de Sotomayor qui, ayant été fait prisonnier par les Français, estimait avoir été fort mal traité durant sa brève captivité et accusa Bayard de « vouloir meschant » et de « lascheté de courage ». Le duel — forme inhabituelle — eut lieu à pied, les combattants armés de toutes pièces avec estoc et poignard, mais le visage découvert. « Quand tous deux furent entrés, a raconté le* Loyal Serviteur, *le bon chevalier (Bayard) se mit à deux genoux et fit son oraison à Dieu, puis se coucha de son long et baisa la terre, et en se relevant fit le signe de la croix, marchant droit à son ennemi aussi assuré que s'il eût été en un palais à danser parmi les dames. Don Alonzo ne montrait pas aussi qu'il fût de rien épouvanté, mais, venant de droit fil au bon chevalier, lui dit ces paroles : « — Senor de Bayardo, que me querez ?*

*« Lequel en son langage répondit :*

*« — Je veux défendre mon honneur.*

*« Et sans plus de paroles, ils s'approchèrent et de venue se ruèrent chacun un merveilleux coup d'estoc, dont celui du Bon Chevalier blesse un peu le seigneur Alonzo au visage...*

*« Plusieurs coups se ruèrent l'un sur l'autre. »*

*Bientôt, Bayard, profitant d'un instant où l'Espagnol s'était découvert, « lui alla donner un si merveilleux coup dedans la gorge que, nonobstant la bonté du gorgerin, l'estoc entra dans la gorge de quatre bons doigts, de sorte qu'il ne le pouvait retirer. Don Alonzo, se sentant frappé à mort, laissa son estoc et alla saisir au corps le Bon Chevalier, qui le prit aussi, comme par manière de lutte, et ils se promenèrent si bien que tous deux tombèrent à terre l'un près de l'autre ».*

*Pour être considéré comme vaincu, le tenant devait quitter la lice. Bayard prit alors par la jambe le corps de l'Espagnol, ce corps où il ne demeurait que peu de vie, « et à grand'peine, comme las et en mauvais point qu'il était, le traîna hors ».*

*Pierre du Terrail, seigneur de Bayard. (Peinture anonyme sur bois du XVI^e siècle. Musée Dauphinois, Grenoble. Photo Vernotte.)*

qui commande les troupes de Ferdinand, refuse de reconnaître l'accord, alléguant « n'avoir aucunes lettres du roi d'Espagne ».

Au même moment, Nemours est vaincu à Cerignola et les Espagnols reprennent Naples. Aussi, pour venir en aide aux Français de Naples,

Louis XII réunit-il mille lances, de la cavalerie légère, une infanterie d'au moins six mille hommes, et met La Trémoille à la tête du corps expéditionnaire.

## juin

Louis d'Ars se fortifie dans Venouse, en Pouille, c'est-à-dire en plein pays ennemi. Il attire à lui tous les Français dispersés dans la région et parviendra à se maintenir ainsi pendant de longs mois.

## 18 août

En apprenant la vacance de la papauté, Louis XII envoie aussitôt en Italie Georges d'Amboise avec deux cents archers de sa garde. Le cardinal espère monter sur le siège de saint Pierre et le roi écrit au marquis de Mantoue : « Je vous requiers de faire entièrement tout ce que, par mon cousin le légat, vous sera dit, escrit ou commandé faire. Vous entendez assez quel bien pourroit advenir à moy et à mon royaume, s'il y avoit au Saint Siège un bon et notable pape, mon amy, et gardant la rayson à chascun. »

Louis XII ordonne également à La Trémoille de retenir l'armée de Naples autour de Rome. Les chances du cardinal d'Amboise sont en fait assez faibles; n'avait-il pas contre lui l'Espagne, l'Empereur, les Italiens? Avec sagesse, le cardinal se rend compte que ses espoirs seront déçus et, certain de ne pouvoir obtenir la majorité, il donne sa voix au cardinal de Sienne, Franco Piccolomini. Il s'agit cependant là d'un « marché ». En échange de sa voix et de celles de ses amis, il demande la double légation de France et de Bretagne et un chapeau de cardinal pour un de ses neveux.

## 23 septembre

Après sept jours de conclave, Pie III est élu. Mais, d'une santé fort délabrée, vingt-cinq jours après cette élection, il meurt.

## octobre

L'armée de renfort française arrive près de l'embouchure du Garigliano. La Trémoille étant tombé malade, Louis XII doit confier le commandement d'abord au marquis de Mantoue, puis au marquis de Saluces, tous deux Italiens. Pendant que l'armée française s'attarde inutilement autour de Rome, Gonzalve a le temps de rassembler une armée très nombreuse sur la rive gauche du fleuve.

Les Espagnols se sont enterrés dans des tranchées et attendent les Français de pied ferme. Or, les Français ne pouvant passer le pont qu'en petit nombre multiplient des tentatives héroïques et désespérées, en particulier de la part de Bayard. Il n'y a, en effet, nul commandement, et, de ce fait, aucune stratégie.

L'attaque où chacun combat pour soi représente d'ailleurs une erreur de stratégie : en demeurant devant le pont, les soldats français masquent leur propre artillerie, forte de neuf gros canons, de deux grandes couleuvrines et d'une vingtaine de petites pièces. Heureusement, deux capitaines, Jacques de Sully et Louis d'Hédouville, en se portant l'épée au poing devant les hommes d'armes, réussissent à dégager l'ouvrage. L'artillerie peut alors tirer, les Espagnols se trouvent « raffolez et rachacez » et le pont est pris rapidement.

La tête de pont fortifiée, Espagnols et Français vont demeurer ainsi trois mois à se regarder.

*L'empereur Maximilien, dont le mémorable profil en bec d'aigle prend, sous le pinceau de Giovanni Ambrogio de Predis, une vie telle qu'on en arrive presque à percevoir la subtile intelligence de ce vieil adversaire du roi de France. (Kunsthistorisches Museum, Vienne. Photo du musée.)*

### novembre

Des troubles éclatent dans les deux armées. Les combattants de l'un et l'autre bord ne sont pas payés. De plus, la région est terriblement marécageuse — particulièrement sur la rive française — et il pleut sans discontinuer.

### 1er novembre

A une très grande majorité, Julien della Rovere est élu pape sous le nom de Jules II. L'un des plus grands souverains pontifes de la chrétienté. Une étonnante nature!

Que ce soit sous le ciseau de Michel-Ange ou sous les pinceaux de Raphaël, une force extraordinaire et ardente émane de ce pape au regard flamboyant qui, ainsi que le dit un contemporain, semble « né pour les armes et pour jouer le rôle d'un chef plutôt que pour la religion ».

— Qu'ai-je à faire d'un livre? disait-il à Michel-Ange; mets-moi une épée!

Mais il y a aussi le revers de la médaille : une ambition à la mesure peut-être du trône de saint Pierre, mais parfois néfaste. On s'en apercevra plus tard, Charles Quint *regnante*...

Rien ne semblait devoir brider la volonté de Jules II et rien ne semblait devoir l'abattre. On demeure stupéfait d'apprendre que le corps de cet être impétueux et indomptable était affligé de goutte, de maux de reins, de fièvres et d'incommodités de toutes sortes.

### 4 décembre

Jules II tient les promesses de son prédécesseur : le cardinal d'Amboise est légat à vie en France, en Bretagne et dans le comtat Venaissin.

### 29 décembre

Les Français, en piètre état, leur artillerie perdue, doivent se replier sur Gaète. C'est la déroute complète. Bayard, qui eut trois chevaux tués sous lui, tient héroïquement l'arrière-garde, seulement accompagné de quatorze chevaliers.

### 1504, 1er janvier

A Gaète, les Français manquent de vivres; ils acceptent alors de rendre la ville à condition qu'on leur laisse prendre la mer.

### 17 mars

La Navarre, prise entre l'Espagne et la France, hésitait entre les deux puissances. Louis XII se montrant plutôt favorable à la maison rivale de Nemours, la Navarre conclut alors avec Ferdinand le traité de Medina del Campo. La clause principale prévoit le mariage d'Isabelle, fille de Philippe le Beau, et d'Henri, héritier de la Navarre.

### 31 mars

Une trêve de trois ans est signée à Lyon. Louis XII accepte de reconnaître la perte définitive du royaume de Naples. Seul nous restait outre-monts le Milanais — mais pour combien de temps?

Alors qu'il aurait dû s'en prendre à lui-même et au cardinal d'Amboise, Louis XII en voulut surtout à tous ceux qui s'étaient occupés de la malheureuse et trop lointaine expédition.

*Une miniature extraite de la « Vie de Notre-Dame » ébauche, maladroitement, le visage de Louise de Savoie recevant, en présence de son fils François, un manuscrit, des mains de son auteur. (Cabinet des manuscrits. Photo Bibliothèque nationale.)*

## 1504

Le roi qui se trouve à Lyon tombe malade. Miné par d'effroyables hémorragies internes, il semble au bord de la tombe et veut mourir à Blois. On le transporte en litière jusqu'à Roanne. Là, afin d'éviter les heurts de la route, on met son lit sur une barque et Louis descend ainsi les eaux de la Loire. Le roi semble à toute extrémité. A genoux sur les rives, les paysans ne savent même pas s'ils voient passer un mort ou un agonisant! Le maréchal de Gié, cousin d'Anne de Bretagne mais amoureux, dit-on, de Louise de Savoie, barre la Loire avec dix mille archers afin, en cas de mort du roi, d'empêcher la reine d'aller se réfugier en Bretagne avec sa fille Claude. Puis le maréchal s'installe à Amboise qu'il entoure de troupes afin que l'on ne vienne pas enlever le futur roi. Certain de la mort de Louis XII, il traite la reine Anne avec la désinvolture de l'homme persuadé d'avoir sous peu un nouveau maître. Mais Louis XII ressuscite... Gié est arrêté et Louise de Savoie tombe de haut.

## 10 juillet

Maximilien se déclare prêt à traiter sur toutes sortes de questions concernant aussi bien Milan que Naples. Il veut, du moins il l'affirme, nouer une amitié entre lui, les souverains d'Espagne, Philippe le Beau et la France.

*Reproduction éclatante de vérité que celle qui permet de contempler le visage de la reine Anne. Extraite des Heures d'Anne de Bretagne, cette miniature est due au merveilleux pinceau de Jean Bourdichon et figure la souveraine vers 1500-1508. Derrière elle, se tiennent les saintes Anne, Hélène et Ursule. (Cabinet des manuscrits. Bibliothèque nationale. Photo B.N.)*

*Giuliano della Rovere, pape sous le nom de Jules II. (B.N. Photo Jean Roubier.)*

## 22 septembre

Signature des traités de Blois qui viennent mettre au point les accords envisagés à Blois en 1501 et que Louis XII et Philippe le Beau avaient juré sur l'hostie de conclure. C'est un chef-d'œuvre de la politique bourguignonne.

*Premier traité :*

a) Une alliance indissoluble est décidée entre Maximilien, Philippe et Louis XII qui « ne sont qu'une âme en trois corps ».

b) L'investiture de Milan pour Louis XII et ses descendants mâles ou, à défaut, pour Claude de France et son futur mari Charles — un jour Charles Quint.

c) Philippe doit avoir la garde du royaume de Naples jusqu'au mariage de son fils.

*Deuxième traité :* le mariage de Charles et de Claude sera célébré dès que l'âge des fiancés le permettra. Il leur est assuré, dans le cas où Louis XII n'aurait pas d'héritier mâle : la Bourgogne, Milan, Gênes, la Bretagne, Asti et le comté de Blois.

*Jean Marot, un genou en terre, offre à la reine Anne son manuscrit relatant le « Voyage de Gênes ». (Cabinet des manuscrits. Bibliothèque nationale. Photo B.N.)*

*Troisième traité* (qui demeure secret) : projet d'une Ligue entre le pape, Louis XII et Maximilien contre les Vénitiens.

### 4 octobre

Anne de Bretagne, en qualité de duchesse souveraine, ratifie les projets de mariage entre Claude et Charles. Elle aimait mieux voir son duché entre les mains de l'Espagne que de ce François d'Angoulême, fils de la femme qu'elle détestait — qu'elle jalousait surtout. Louise de Savoie avait pu mettre au monde un solide gaillard, tandis que Dieu semblait lui refuser la joie de donner le jour à un dauphin!

### 18 novembre

Anne de Bretagne est sacrée à Saint-Denis par le cardinal d'Amboise.

### 26 novembre

Mort d'Isabelle de Castille. Elle laisse l'administration de la Castille à son mari Ferdinand — dit le Catholique — au détriment de sa fille Jeanne la Folle, femme de Philippe le Beau. Ce dernier, « seigneur des Pays-Bas et de la Franche-Comté », possesseur en titre des États bourguignons en sa qualité de petit-fils de Charles le Téméraire, n'en prend pas moins aussitôt le titre de roi de Castille. Il est ainsi en opposition directe avec son beau-père. L'empire de Charles Quint est lui aussi en marche.

### 1505, 14 janvier

Bulle *Cum tam divino* prenant des mesures sévères pour empêcher toute simonie dans les élections pontificales. C'était peut-être là un remords de Jules II concernant sa propre élection.

### 4 avril

A Haguenau, Maximilien ratifie les traités de Blois. Louis XII a envoyé auprès du roi des Romains Georges d'Amboise accompagné de vingt-quatre archers de la garde portant chacun quatre mille écus, pour le paiement de l'investiture du Milanais.

### 6 avril

Georges d'Amboise prête l'hommage pour son maître et reçoit l'investiture des mains du futur empereur.

### avril

Ce même mois, le roi Louis retombe malade à Paris « ayant flux de sang, goutte, hémorroïdes ».

### 31 mai

A Paris, Louis XII rédige son testament. Cloué sur son lit de souffrances, il fait appeler son héritier François d'Angoulême à son chevet et le reçoit comme son fils. Il ordonne l'annulation des traités de Blois : Sa fille Claude doit épouser François! Louise de Savoie exulte... Va-t-elle voir la fin de ses peines?

Mais Louis XII sort de son agonie et « fait très bonne chère »... Bientôt, il part pour la chasse, un gerfaut au poing, sans se soucier de la pluie et du vent et semble oublier sa promesse.

### octobre

(Certains disent 18 mars 1506.) Mariage de Ferdinand V d'Aragon, veuf d'Isabelle de Castille, avec une princesse française, Germaine de Foix, nièce de Louis XII.

## 1506, 14 mai

Louis XII, afin de se libérer du fâcheux traité de Blois, convoque les états généraux à Tours. Le « dauphin » François — il porte maintenant le titre de duc de Valois — a douze ans. Assis à côté du roi, il regarde les délégués des villes et des campagnes se presser, dans la grande salle du château du Plessis. Tous, à genoux, les yeux fixés sur le roi, ils remercient Louis d'avoir fait bonne police dans le royaume.

— Les Estats supplient très humblement le roi que leur ayant montré autant grand signe d'amour par ci-devant que père peut faire à ses enfants, son bon vouloir fût que pour le bien de ses sujets il luy plût d'accorder le mariage de sa fille avec monseigneur d'Angoulême, Monsieur Françoys, icy présent, qui est tout Françoys.

Et l'orateur « remontre les grands inconvénients qui pourroient advenir, si ladite dame estoit mariée au fils de l'archiduc ou à aucun prince estranger ».

Le roi, tout en souriant intérieurement, fait semblant d'être surpris par « cette chose de grande importance ». Il promet de réunir son conseil et de donner promptement sa réponse aux états. En réalité, ce n'est pas ses conseillers que Louis va consulter, mais il lui faut convaincre la reine Anne... et la tâche ne sera guère aisée! Le roi lui déclare en guise de préambule qu'il a pris la décision « de n'allier ses souris qu'aux rats de son grenier ». Anne de Bretagne, aveuglée par la haine qu'elle porte à la Savoyarde, discute âprement, faisant valoir l'intérêt de Claude...

## 16 mai

Aux états, le cardinal d'Amboise prend alors la parole au nom du roi :

— Messieurs, le roi, notre souverain seigneur, a profondément pensé à la requête que vous lui fîtes jeudi dernier passé. Sur quoi le roi fait dire qu'il a pris de nombreux avis et réfléchi longuement, ainsi qu'il a coutume de faire en ses œuvres, qui touchent le bien de son royaume et de ses sujets, desquels il a fort à cœur, tant bien que souvent il veille quand les autres dorment, par quoi vous l'avez justement baptisé « le Père du peuple »... Le roi, conclut le prélat, donne satisfaction à votre requête, il veut que le mariage se fasse de Madame Claude, sa fille, et de Monseigneur de Valois. Il veut et ordonne que les fiançailles se fassent jeudi prochain. Lesdits se marieront dès qu'ils seront en âge.

— Vive le roi! clament les envoyés avec allégresse, et après son règne que Dieu lui donne le royaume du Paradis!

*Jules II, représenté ici en héros de l'Antiquité par Giorgio Vasari, entre dans Parme. (Palazzo Vecchio, Florence. Photo Brogi-Giraudon.) Ci-dessous, les fiançailles de François d'Angoulême et de Claude de France. (Photo B.N.)*

## 21 mai

Au Plessis, fiançailles de François et de Claude. La fille du roi qui n'a que sept ans est portée dans les bras de Mme de Foix. Elle regarde avec admiration son fiancé de douze ans qui, paraît-il, se montre déjà fort amoureux.

Tous jurent d'observer le contrat.

## 25 mai

Le roi envoie une ambassade à Maximilien afin d'éviter une rupture. Après avoir donné rendez-vous aux Français à Linz, puis à Gratz, l'empereur les reçoit à Leoben, mais l'entrevue est sans effet.

## 13 septembre

Le pape entre dans Pérouse afin d'y rétablir son autorité.

## 25 septembre

A Burgos, Philippe le Beau, archiduc d'Autriche, maître des Pays-Bas, meurt entre les bras de sa femme Jeanne, reine de Castille, de Léon et de Grenade.

On pensait que la reine allait violemment extérioriser sa douleur et l'on fut tout surpris de ne pas même la voir pleurer et de l'entendre donner posément les ordres nécessaires. Déjà, depuis trois années, celle qui allait porter devant l'histoire le nom tragique de Jeanne la Folle sombrait dans des moments de démence dus à la passion amoureuse qu'elle avait vouée à son mari.

Philippe le Beau laissait deux enfants en bas âge, le futur Charles Quint et l'archiduc Ferdinand. Maximilien confie l'administration des Pays-Bas et la tutelle de Charles à sa fille, l'intelligente Marguerite, dont l'esprit était bien sûr assez hostile à la France. N'oublions pas, en effet, qu'elle avait été autrefois la fiancée de Charles VIII et qu'elle avait été répudiée. On disait à l'époque qu'elle était capable de se prendre « aux poils et aux cheveux » avec Georges d'Amboise.

## 1er novembre

Jules II entre dans Bologne, où se trouve alors Erasme, qui, on le sait, n'apprécia pas beaucoup l'événement.

## 1507, février

Les Génois élisent comme chef Paul de Novi. Tout d'abord il ne s'agissait que d'une révolte contre les patriciens, puis ce fut bientôt une véritable rébellion contre le roi de France, également duc de Milan. Aussi, Louis XII décide-t-il de réprimer l'insurrection et demande-t-il au roi d'Aragon, Ferdinand V, son appui. Celui-ci lui envoie quatre galères. Louis XII rassemble de son côté quatorze mille fantassins, neuf cents hommes d'armes, une importante artillerie et met La Palice et Bayard à la tête de ses forces.

## 13 février

Toujours pour lutter contre Gênes, Louis XII décide de lever quatre mille mercenaires dans les cantons suisses. Bientôt alerté, Maximilien demande solennellement à la Confédération de ne pas desservir ses intérêts, Gênes étant terre d'Empire. Les Suisses hésitent, et on les comprend, mais Louis XII promet aux futurs engagés de leur donner une paie double et les mercenaires se rangent du côté de la France.

## 28 mars

Jules II rentre dans Rome avec un faste qui rappelle les triomphes des empereurs romains.

## avril

Gênes est obligé de se rendre. Lorsqu'il en reçoit la nouvelle, le pape Jules II, qui est d'origine génoise, prend peur. Il craint que ce succès des Français ne soit le prélude d'une nouvelle conquête de la péninsule par Louis XII. Il demeure, dit-on, trois jours enfermé dans ses appartements. Mais le roi de France rassure le pape avec intelligence. Il ne se montre même pas trop sévère avec les Génois révoltés, se contentant de leur faire payer vingt mille écus.

## mai

Maximilien déclare à la Diète de Constance : « Le roi de France veut ravir la couronne impériale à la nation allemande ! J'ai l'intention de conduire une armée en Italie et d'y ceindre la couronne impériale ; ensuite je ferai tous les efforts pour anéantir l'espérance des Français et les chasser de l'Italie. J'en appelle à votre grandeur d'âme, à votre courage, vertus qui ont toujours été les qualités essentielles des Allemands ! » Les princes allemands promettent de lui fournir des troupes.

## juin

A Savone, Louis XII accueille « joyeusement » Ferdinand qui est accompagné de la reine Germaine et de quatorze cents gentilshommes. Les deux souverains s'embrassent longuement et Louis remet à son invité les clefs de la ville... que le roi d'Aragon s'empresse de rendre à son hôte. A l'issue d'une longue conversation, le roi d'Aragon s'engage à fournir à Louis XII un maigre secours de troupes auxiliaires. Mais le principal n'est-il pas de voir la paix maintenue ?

## 1508, février

Maximilien passe en Italie et,

*Aidé d'une formidable armée, Louis XII monte à l'assaut pour s'attaquer au « bastillon » qui défend Gênes. (Cabinet des manuscrits. Bibliothèque nationale. Photo B.N.)*

à Trente, prend le titre d'empereur. Il essaye de contraindre Venise à accepter son alliance, mais il est battu et, manquant d'argent, doit regagner l'Allemagne. On possède une lettre de lui, adressée à sa fille Marguerite, lui demandant de faire porter à Metz dix mille florins d'or : « Nous avons déboursé tous nos deniers comptants, et nous conviendroit chercher argent dans nos pays d'Autriche, lequel ne viendroit sitôt. »

### 6 juin

Maximilien signe une trêve avec Venise. La Sérénissime République empoisonne l'Europe par ses perpétuels louvoiements. Vis-à-vis de Louis XII, Venise n'avait pas toujours respecté l'alliance de 1499.

### 13 juin

L'empereur signe une suspension d'armes, avec Louis XII cette fois. La perpétuelle ronde d'alliances, de trêves, de guerres, réconciliations, entre les chefs des trois pays — France, Allemagne, Espagne, — se poursuit.

### 22 novembre

Rencontre à Cambrai du cardinal d'Amboise « muni d'un pouvoir bon et suffisant » et de Marguerite d'Autriche qui a protesté par une lettre adressée à Louis XII de sa totale bonne volonté afin qu'il « s'ensuive une bonne fin au bien universel de toute la chrétienté ». Ils sont accompagnés chacun d'une suite impressionnante qui campe dans la ville divisée en deux.

### 26 novembre

Devant l'autel, Maximilien et Louis XII jurent solennellement, une main posée sur la Croix et l'autre sur les articles du traité qui va être signé à Cambrai, de respecter la paix.

### 10 décembre

Signature de la paix dite de Cambrai. Il s'agit d'une ligue, principalement dirigée contre Venise. On décide que la paix sera maintenue durant une année après la mort de Maximilien ou de Louis XII.

### 1509, 12 janvier

Premier pas pour la création d'une armée véritablement nationale : Louis XII signe une ordonnance qui décrète la levée des gens de pied et en régularise l'emploi sur le mode de celui promulgué pour la cavalerie. Cette ordonnance a pour but d'éviter d'avoir à payer des mercenaires qui sont le plus souvent l'indiscipline même.

### 5 janvier

Les nouveaux commandants de cette infanterie prêtent serment d'observer l'ordonnance signée trois jours auparavant par le roi. A partir de cette date, il y eut plus de Français dans l'armée que d'étrangers.

### mars

Le pape Jules II adhère officiellement à la ligue contre Venise.

### 13 avril

Les Français quittent Milan et se dirigent sur Venise.

### 16 avril

Le roi est toujours accompagné du cardinal d'Amboise. Ce dernier, souffrant de la goutte, est porté en litière. Il a avec lui quelque trois cents prélats.

### 27 avril

Le pape lance une bulle d'excommunication contre Venise. Voici la République « interdite ».

### 10 mai

Les armées françaises se trouvent à Agnadel, de part et d'autre de la rivière Adda. En face d'eux, les Vénitiens ont pu aligner près de 40 000 hommes. Durant quatre jours il n'y eut que des escarmouches.

### 14 mai

La bataille se déclenche brusquement. Un des chefs vénitiens, Alviano, fonce, ayant inventé « les grandes courses et cavalcades de gens de guerre, pour aller de bien loin chercher son ennemi, dans son camp et ses logis ». Mais Alviano est mal suivi par l'armée vénitienne et la contre-attaque française est une réussite complète. A l'avant-garde, Bayard fait comme toujours des merveilles : « Le Bon Chevalier qui marchait d'un désir merveilleux, en passant fossés pleins d'eau jusques au cul. » Venise est vaincue!

### fin mai

Le roi Louis, vainqueur d'Agnadel, s'avance, s'empare de Brescia, puis de Peschiera. Là, il attend Maximilien pendant trois semaines, mais en vain. La « grande tardité » de l'Empereur commençait. Son excuse : le manque d'argent, sans doute. Quoi qu'il en soit, las de ne rien voir venir, Louis XII retourne à Milan et rejoint la reine à Grenoble, tandis que l'armée française occupe Trévise, Padoue et Vérone.

Venise préférait consacrer toutes ses forces à se retrancher dans sa lagune et à mener une diplomatie adroite avec Rome et Milan.

Mais il y a bientôt un brusque revirement de situation. Trévise secoue l'occupation de la ligue.

### juillet

Les Vénitiens réoccupent Padoue. Maximilien, qui s'est enfin décidé à prendre le chemin de l'Italie, commence le siège de la ville, mais il essuie un échec pitoyable. Pourquoi ces hésitations et cette faiblesse de Maximilien? Toujours le manque d'argent, bien sûr, mais cela ne suffit pas à expliquer sa carence. Sans doute aussi les rapports avec la France manquaient-ils de franchise. Il n'en est pas moins méprisé, et un envoyé florentin affirmait que « compter sur lui, c'est discuter sur la Sainte-Trinité! »

Le pape accueille les envoyés de Venise avec adresse. Jules II commence ainsi à jouer le double jeu en lequel il excelle. La République lui restitue ses conquêtes de Romagne et lui laisse la nomination aux offices ecclésiastiques et aux impositions.

### 1510, 24 février

En échange de la restitution des villes de Romagne, le pape lève l'interdit sur Venise et absout les gouvernants de la République. C'est la rupture du traité de Cambrai. Jules II avait besoin de Venise pour chasser les Français de l'Italie du Nord. On connaît les sentiments qu'il portait aux « *barbari* ». Il le répétait : « Ces Français veulent faire de moi le chapelain de leur roi, mais j'entends être pape malgré eux et le leur montrerai par des actes. »

Jules II conduit alors toute une politique contre la France en accordant à Ferdinand, en échange de sa neutralité, l'investiture sans réserve du royaume de Naples. Il attire à lui un Suisse extraordinairement influent : Mathieu Schinner, évêque de Sion, adversaire acharné et énergique de la France. Il exerce sur ses compatriotes une manière de dictature morale et « rêve de faire de l'infanterie suisse une milice du Saint-Siège combattant sous l'étendard de saint Pierre ». Grâce à

*Ce détail de l'une des fresques peintes par Raphaël dans la salle dite Chambre d'Héliodore, au Vatican, représente le pape Jules II porté par quatre serviteurs. Il est ici le témoin fictif de la scène représentant Héliodore chassé du Temple. (Photo Anderson-Giraudon.)*

Schinner, Jules II obtient que les cantons lui envoient six mille hommes dans le cas où l'Église romaine se sentirait menacée. En échange de l'aide ainsi apportée, Jules II met les Suisses sous la protection de ses armes spirituelles.

## 25 mai

Le cardinal d'Amboise meurt à Lyon. On transporte le corps jusqu'à Rouen où ses obsèques se déroulent en très grande pompe.

Le pape ne cache pas sa joie.

Pendant les années 1510 et 1511, c'est Jules II qui prend la direction des affaires européennes. Les Suisses, l'Espagne, l'Angleterre, Venise et la plupart des Italiens commencent à se grouper autour de lui, en une ligue contre la France. Maximilien et Louis XII demeurent cependant unis.

## mai

Maximilien, qui ne sait plus comment payer son armée, est obligé d'emprunter trente-deux mille ducats.

## 30 juillet

Louis XII convoque à Orléans, pour le mois de septembre, une assemblée de prélats, de parlementaires et d'universitaires. Le roi ne semblait pas très sûr des sentiments gallicans de l'opinion catholique française; il voulait en quelque sorte se justifier lui-même et légitimer aux yeux des Français sa politique future à l'égard du pape.

## 15 août

Jules II ne brandit plus la croix, mais l'épée.

Il envoie des soldats suisses en Italie pour attaquer le duc de Ferrare, allié de la France, mais il affirme bien haut qu'il n'a nullement l'intention d'attaquer le Milanais.

Voilà Maximilien furieux contre les Suisses qui vendent leurs bras au plus offrant!

— Ce sont des commerçants qui ne tiennent ni foi, ni loyauté, s'exclame l'empereur.

Est-ce à la suite de ces reproches que l'armée helvétique, brusquement, sans raison évidente, revient sur ses pas?

## 16 août

Dans un manifeste, Louis XII dénonce la mauvaise foi et les projets d'agression du pape.

## 13 septembre

La frénésie guerrière de Jules II redouble. Aussi une assemblée du clergé se réunit-elle à Tours. Les prélats déclarent que le roi, pour la sécurité de la France, peut faire la guerre au pape et même réclamer la réunion d'un concile général. Bien mieux, l'Assemblée accorde dès maintenant à Louis XII un don de 240 000 livres.

## 1511, 20 janvier

Jules II, casque en tête, l'épée à la main, poursuit la guerre contre le duc de Ferrare. Il pénètre dans Mirandole après un terrible siège.

## février

Le duc de Nemours, l'héroïque Gaston de Foix, âgé de vingt-deux ans, succède à Chaumont d'Amboise comme lieutenant du roi dans le Milanais. C'est lui qui jouera le rôle le plus important dans la campagne qui s'apprête. Par sa mère, fille de Charles d'Orléans, il est le neveu de Louis XII qui le chérit comme un fils. Gaston de Foix possédait d'ailleurs l'art de se faire aimer de tous, de Trivulce à La Palice, de Louis d'Ars à Bayard.

## début de l'année

Maximilien réussit à obtenir l'appui des Suisses, non pour combattre en Italie avec la France, mais pour tenir garnison en Autriche et en Franche-Comté.

*Suite page* 468

# L'Eglise en France au début du XVI^e siècle

Du haut de la chaire, le moine cordelier Olivier Maillard tonnait. Dans la nef, une foule immense, presque haletante. Maillard était le plus fameux des prédicateurs de son temps. A peine annonçait-on un sermon de lui, et l'on se précipitait. Au vrai, Maillard faisait église pleine. Et pourtant, le cordelier ne mâchait pas ses mots. Jamais nef d'église n'avait retenti de vocables aussi crus. Cette grossièreté lui était nécessaire pour stigmatiser l'horreur des péchés et surtout la corruption de l'Église elle-même. Écoutez Maillard comme l'écoutaient ses contemporains :

— On peut dire d'elle ce que disait Jérémie en gémissant, la reine des provinces est tombée sous le tribut... Les races à qui l'entrée du sanctuaire fut interdite s'y sont établies... Quels sont ceux qu'on interdit ainsi dans la maison de Dieu? Des chasseurs, des ruffians, ribauds, paillards, ignorants, ambitieux, aveugles les yeux bandés!

Si le cordelier Maillard remportait de si grands succès, c'est qu'il dénonçait une réalité dont les gens de son temps prenaient une nette conscience : l'Église était en décadence; pour tout bon chrétien le temps était venu de réagir.

Paradoxe : la foi en France a rarement été aussi vive. Foi qui, pour la masse des petites gens, illumine leur vie quotidienne. On ne s'occupe nullement des querelles de théologie. On se rue aux *mistères*, on pleure au spectacle de la Passion du Christ, de sa croix, de ses plaies. Le chrétien, s'il veut faire son salut, doit s'associer aux souffrances du crucifié. Le culte de la Vierge est à son zénith. C'est le temps où l'Université de Paris définit l'Immaculée Conception. C'est le temps du culte du rosaire : les roses blanches, rouges et or de cette

*Cette effroyable statue, dite le squelette, est située dans le croisillon droit de la collégiale Saint-Pierre de Bar-le-Duc. Elle figure le cadavre de René de Chalon, prince d'Orange-Nassau, ainsi qu'il désirait qu'on le représentât, c'est-à-dire dans l'état où se trouverait sa dépouille mortelle trois ans après sa mort. Pour répondre à ce vœu macabre du défunt tué, en 1544, au siège de Saint-Dizier, sa veuve, Anne de Lorraine, fit appel à Ligier-Richier. C'est une image saisissante qu'exécuta le sculpteur, représentant le cadavre debout sur le tombeau du prince, tendant son cœur à Dieu dans un geste de suprême offrande. (Photo Jean Roubier.)*

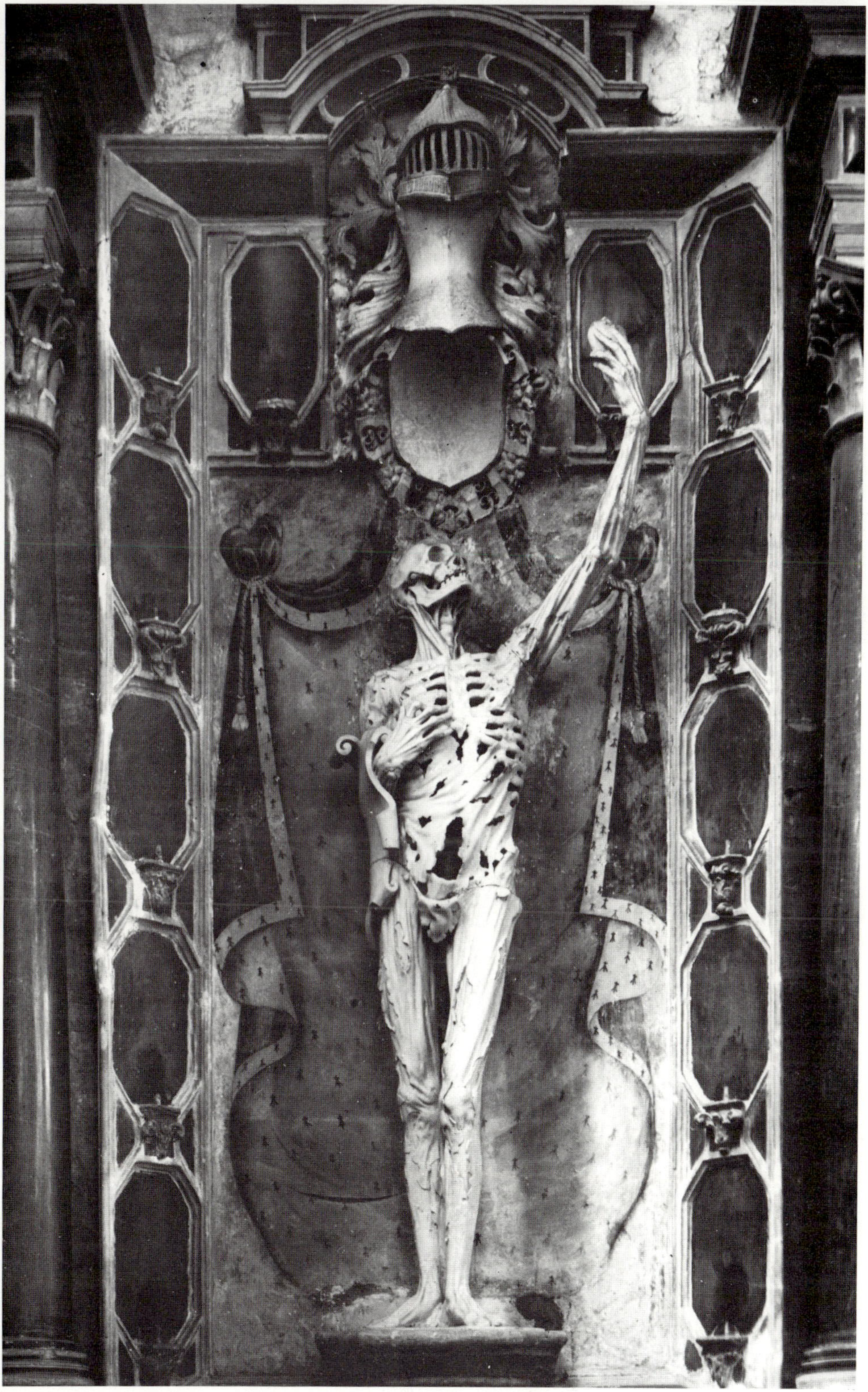

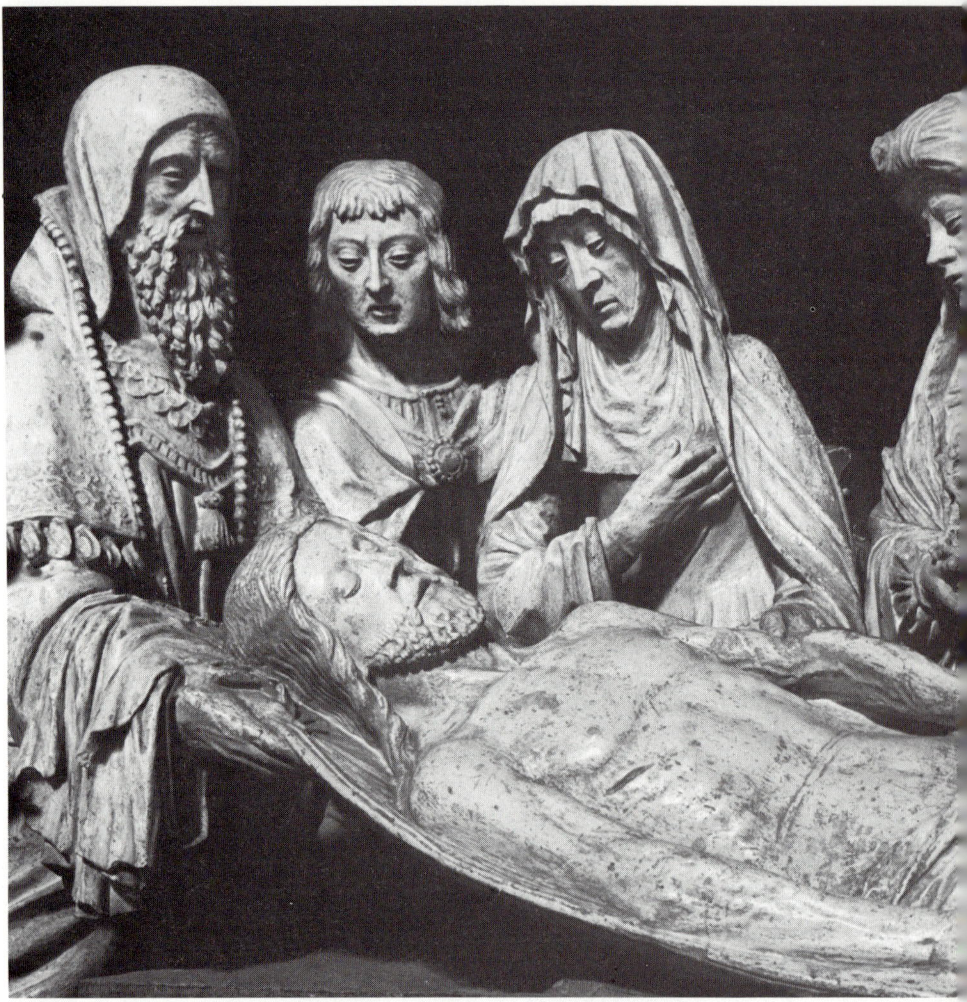

*Le thème de prédilection des artistes du Moyen Age expirant et du début de la Renaissance est incon Vierge et des saints. Dans les cathédrales, les églises, les chapelles, foisonnent les statues et les monun tion, comme ce « sépulcre » de la cathédrale d'Auch. (Photo Bernard Biraben.)*

« couronne de prières » symbolisent « les joies, les douleurs et la gloire ». C'est le temps des interminables litanies qui chauffent le cœur et apaisent l'âme : Je vous salue, Étoile de la mer, Fenêtre du ciel, Tour de David, Jardin fermé, — intercédez pour moi, Fontaine, Miroir sans tache, Rose sans épines, — priez pour moi, Lys des vallées, Nard odorant.

Certes, la Vierge est un recours, une avocate, elle intercède auprès de son Fils. Mais les gens de ces générations cherchent d'autres appuis : ils les trouvent en la personne des saints. Alors foisonnent les statues de saints, les églises en sont remplies, mais aussi les remparts, les portes des villes, les angles des maisons. De ces saints, peut-on connaître les plus populaires? Au premier rang, voici saint Christophe et sainte Barbe. Ceux qui les prient se sentent assurés de ne pas mourir subitement, sans sacrements, le pire des sorts en ce temps-là. Saint Sébastien, saint Adrien, saint Antoine, saint Roch préservent des épidémies et surtout de la peste.

*·ent la représentation du Christ, de la émeuvent par le tragique de leur inspira-*

C'est le temps où la France voit partout surgir des chapelles neuves. Aucune ne reste vide. Le dimanche, les jours de fête — et combien ils sont nombreux ! — les foules s'y pressent. Comment les cœurs ne battraient-ils pas plus vite, plus chaleureusement, à voir la statue de la Vierge qui allaite son enfant, à admirer les saints évoqués de la façon la plus « réaliste », les reliquaires précieux, à considérer les misères du Christ torturé et sanglant, les chemins de croix remémorant les souffrances du calvaire, les tableaux ayant pour thèmes la messe de saint Grégoire, le pressoir mystique, les instruments de la Passion... Comment ne pas imaginer, avec Anne Denieul-Cormier, ce peuple à qui la mise au tombeau arrache des larmes, « tandis que, dans la gloire des soleils couchants, les verrières étincelantes racontent aux foules analphabètes les merveilles de la légende dorée et les petites flammes vacillantes des cierges rappellent au saint patron l'âme angoissée qu'il voudra bien protéger contre les foudres divines ».

Il faut décidément que cette piété ait été littéralement ancrée dans les âmes pour qu'elle ne se soit pas trouvée atteinte par le spectacle fort peu édifiant qu'offre l'Église à la fin du XV^e^ siècle et au début du XVI^e^ siècle. Pour dire vrai, ces abus datent du Moyen Age. Souvent, ils ont été reconnus et dénoncés. La création des grands ordres monastiques s'est faite — on l'a vu — précisément en réaction contre les abus. Malheureusement, depuis, ils n'ont fait que croître.

L'indiscipline du clergé se manifeste de façon évidente. En 1492, en présence du roi, les chanoines de Notre-Dame de Paris, qui refusent l'autorité du métropolitain de Sens, attaquent les serviteurs de l'archevêque; ce dernier reçoit un coup de poing. Et s'il ne s'agissait que d'indiscipline! La ferveur religieuse, une voracité sans limites de biens matériels la remplace. Les chanoines ne songent qu'à leurs revenus. Les curés ne résident plus dans leurs paroisses, remplacés par de vagues desservants qu'ils paient mal et qui se remboursent sur les fidèles. Un grand nombre de prêtres et de moines semblent avoir abandonné à cette époque la règle du célibat. Ils ont des enfants qu'ils reconnaissent sans que personne semble s'en alarmer outre mesure. Des bourgeois devenus veufs entrent dans la carrière ecclésiastique. Le vœu de chasteté paraît ne plus guère compter. Des moines, des prêtres, des évêques s'absorbent corps et âme dans la société laïque. Ils exercent des fonctions séculières. Beaucoup ne songent même plus à prêcher ni à confesser — à moins qu'on ne les paye.

Les abbayes sont souvent devenues les propriétés des abbés, le plus généralement des laïcs incapables d'assurer la conduite spirituelle de leurs frères et qui n'en ont nulle envie. Le clergé tout entier, mais surtout les moines et le bas clergé sont accusés de paresse, d'ignorance et aussi de mauvaises mœurs.

Depuis longtemps, d'excellents esprits souffrent de ce lamentable état de choses. A plusieurs reprises, on avait multiplié les efforts pour ramener l'Église vers la spiritualité et la pureté de l'idéal chrétien. Les docteurs de l'Église, eux-mêmes, avaient reconnu la nécessité d'une réforme. Réunis à Bourges en 1438, ils avaient adhéré aux décisions du concile de Bâle et rédigé les articles qui composèrent la Pragmatique Sanction de Charles VII. Celle-ci prévoyait notamment le choix des évêques par élections. Mais ces élections étaient devenues, presque aussitôt, pure fiction, le roi ou le pape présentant le candidat.

A l'assemblée du clergé, en 1484, allait être dressé un tableau de ce qu'était devenue l'institution ecclésiastique : « Sous Louis XI, on a vu déshonoré tout l'état entier de l'Église, les élections cassées, les indignes promus aux prélatures et aux bénéfices, les saintes personnes délaissées sans aucune dignité, abandonnées à une condition vile et ignominieuse. »

Certes, les rois successifs avaient combattu pour le principe des libertés gallicanes. Mais ce beau combat n'était nullement désintéressé. Il ne s'agissait pas de rendre l'Église de France indépendante du Saint-Siège mais d'assurer sur elle l'autorité royale. Ainsi, la collation des bénéfices était devenue un instrument du pouvoir. On en comblait et enrichissait, dit Auguste Bailly, « les serviteurs dévoués, fussent-ils laïcs ».

Nombreux sont ceux qui, à la fin du XVe siècle, flétrissent cet état de choses. Par exemple, Jean de Relly, confesseur de Charles VIII. Sous son influence, le roi réunit à Tours, en 1493, une commission de réforme qui s'occupe essentiellement de la collation des bénéfices et des principaux facteurs de démoralisation de l'Église. La commission formule des vœux, elle prend des décisions. Tout cela demeure lettre morte. Les appliquer eût été léser les intérêts de certains « qui n'étaient entrés dans les ordres que pour accumuler les crosses et les mitres ».

Dans les dernières années du XVe siècle, il semble que plus rien ne puisse arrêter les abus. Le pape, s'il a besoin d'argent, vend des bénéfices ou bien encore se réserve les évêchés les plus riches, les monastères les plus plantureux. Le roi nomme « qui lui plaît où il lui plaît ». Ainsi s'est formée une curieuse société de prélats, bien plus au service du roi qu'à celui de Dieu.

*Si de mauvais prêtres hantent souvent ce XVe finissant, d'autres demeurent fidèles aux doctrines de l'Église et remplissent pieusement leur ministère, tel celui-ci qui célèbre sa messe (miniature d'un livre d'Heures de Frédéric III d'Aragon, roi de Naples, mort à Tours en 1504). (Cabinet des manuscrits. Bibliothèque nationale. Photo B.N.)*

On les appelle drôlement les évêques du roi Louis. Titulaires d'abbayes et de diocèses, on ne les voit que dans les conseils et dans les armées. Retz — qui les connaît bien puisqu'il se connaît — dira qu'ils ont « les âmes les moins ecclésiastiques de l'univers ».

Comment le peuple respecterait-il ces étranges représentants de Dieu? Dira-t-on qu'à la campagne au moins les curés sont respectables? Il suffit de lire les contes de ce temps, héritiers des fabliaux, pour voir ce que sont ces prêtres dont on se moque : « faméliques, sales, gloutons, toujours en quête de pitance ou d'aventure amoureuse et cherchant à abuser de la crédulité des fidèles pour monnayer bénédictions et indulgences ».

C'est dans ce climat qu'il faut situer la prédication d'Olivier Maillard, estimant que la société tout entière, si l'on n'y prenait garde, allait tomber dans le péché et le clergé dans la corruption. Un autre prédicateur, Jean Raulin, s'attaque lui aussi à l'indignité du clergé.

Doit-on attendre quelque chose de Louis XII? Le roi ne s'intéresse guère aux problèmes religieux. Il accepte bien de convoquer un concile, mais son but se révèle tout politique. Il ne s'agit que d'apaiser le pape contre lequel il est en lutte. Après l'échec de ses entreprises militaires, il se réconcilie avec Léon X, se ralliant au concile de Latran : rien ne compte pour lui que son intérêt, non celui de l'Église de France.

*Cette scène symbolique témoigne de la foi religieuse qui subsistait au XVIe siècle. Tapisserie du XVIe siècle, collégiale Saint-Martin, Montpezat de Quercy. (Photo Ferlin.)*

Dès l'avènement de François Ier, des négociations vont s'ouvrir entre Léon X et le roi, qui se rencontrent à Bologne. C'est à Rome, l'année suivante, que l'on parvient à un accord définitif. Cet accord, ce sera le concordat de 1516, signé par le pape en août et approuvé par le concile de Latran en décembre. Désormais, lorsqu'un archevêché, un évêché, une abbaye, un prieuré est déclaré vacant, le roi a le droit de nomination, le pape celui d'institution. Il est impossible au pape de refuser le candidat présenté par le roi. C'en est donc fini pour l'Église du traditionnel droit d'élection. Il est nécessaire que les candidats soient gradués, « maîtres ou licenciés en tous ou l'un des droits en université fameuse avecques rigueur d'examen ». Les candidats de très haut rang, dits « personnes sublimes », ainsi que les membres des ordres mendiants sont dispensés de ces grades.

Le concordat représentait indiscutablement un succès pour le gallicanisme, mais, a dit M. Henri Lemonnier, pour « un gallicanisme régalien et non plus indépendant puisque tous les pouvoirs enlevés au pape étaient remis au roi ». On a souligné avec justesse les « conséquences très graves et très étendues » du concordat de 1516. Il divisait l'Église de France en deux clergés. Le clergé royal était composé par François Ier « de ses parents et de ses favoris ou leurs parents et leurs amis ». Pour les fonctions importantes, pour les riches abbayes, on allait vers un « véritable traffic ». On paya des soldats, des artistes, des fonctionnaires en bénéfices d'église. C'est ainsi qu'on verra Le Primatice abbé de Saint-Martin, Philibert Delorme abbé d'Ivry, Pierre de Bourdeille abbé de Bran-

*L'église de Bellegarde (Tarn) possède cette Vierge à l'Enfant datant du XVI^e siècle. (Photo Bernard Biraben.)*

tôme. Le second clergé, ce fut celui des paroisses, curés et vicaires, celui des gradués dont les droits avaient été prévus par le concile, mais à qui il ne restait que des bénéfices fort minces, ceux qui n'avaient pas été attribués à des candidats puissants. Ce clergé, plus ou moins famélique, prit fatalement en haine le premier. La Réforme recrutera dans ses rangs.

Autre conséquence, aussi capitale, du concordat de 1516 : le clergé devenait un ordre, alors qu'il était un corps. En même temps, cet ordre voyait naître son tiers état et son aristocratie.

Ce n'est pas exactement cela que réclament ceux qui militent depuis la fin du XV^e siècle pour une réforme de l'Église de France. Car cette réforme est toujours à l'ordre du jour. On la voit s'accomplir en partie sous Louis XII et sous François I^er. En 1521, 1522, 1525, on assiste à la réforme des frères mineurs de Toulouse, des monastères de Saint-Sauveur d'Orléans, de Saint-Victor de Paris, de l'abbaye de Jouarre. La réforme de Fontevrault occupe près d'un siècle. En 1543, encore une tentative de corriger les abus dans l'ordre des franciscains. « On aboutit ainsi à quelques résultats, dit Henri Lemonnier, mais fort minces. Les tentatives plus générales échouèrent.»

Une certitude : pas plus que les fidèles, ce clergé n'a perdu la foi. Cependant, même les prêtres assidus à leur ministère ne pratiquent plus qu'une religion desséchée, un culte tout formel. Ce culte, dit Auguste Bailly, est « fait d'exigences extérieures, de rites, de recettes qui ne demandent aux croyants que de la docilité et de la minutie, il lui offre en échange des ressources contre tous les hasards de santé, spécialement pour les maladies, des garanties même pour sa vie future et le salut de son âme ». Longtemps, les croyants s'en sont contentés. Longtemps, ils ont cru que leur salut viendrait de leurs œuvres, de l'intercession des saints, de la glorieuse Vierge Marie. Longtemps, ils ont accepté d'acheter à prix d'argent des indulgences afin de se préparer une place au paradis. Mais au début du XVIe siècle, une inquiétude a surgi dans les âmes. Pourquoi cette société ressent-elle tant la peur de la mort? Anne Denieul-Cormier a constaté que cette peur revient comme un refrain dans les fresques, sur les tombeaux, les châteaux, les linteaux de portes et jusque sur les pichets de bière dont on se sert tous les jours : « Je suis ce que tu dois être, un peu de cendre. » « Mon corps, qui fut beau jadis, n'est plus maintenant que pourriture, tu seras pareil à moi, toi qui lis cela. » « Pense à la mort, pauvre sot! »

Les abus dont pâtit l'Église, on les a toujours connus. Le malaise, non. Il a fallu pour cela des siècles. Tout à coup, on demande davantage. Certains estiment que la régénération du clergé doit se faire par le retour aux règles anciennes. Dans cette perspective, Jean Standonck entreprend à partir de 1483 de restaurer une discipline sévère en ce collège de Montaigu qui laissera de bien mauvais souvenirs à Erasme. Très écoutée, la prédication de Standonck — et notamment par Charles VIII.

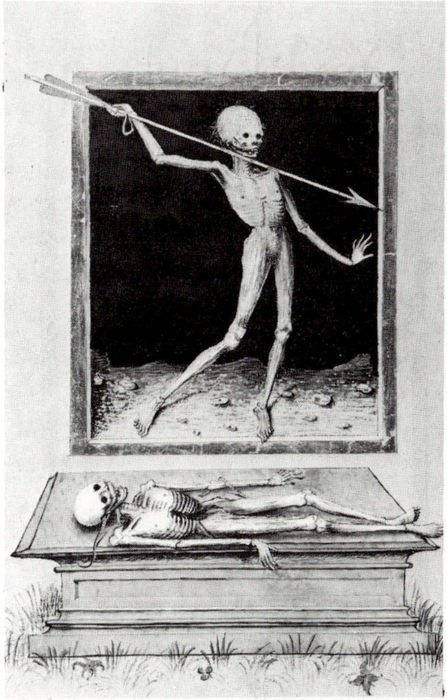

*Comme le plus humble de ses sujets, la reine de France a constamment présent devant les yeux le symbole de la mort, thème de méditation par excellence de l'être de chair qu'elle est avant toute chose. (Heures dites d'Anne de Bretagne. Cabinet des manuscrits. Bibliothèque nationale. Photo B.N.)*

Mais ces essais de réforme n'aboutiront point. Ils ne concernent ni l'âme du clergé ni celle des fidèles, seulement l' « administration », la discipline. Les efforts entrepris ne visent qu'à un retour au passé. Les réformateurs ne sont appuyés ni par le gouvernement royal ni par le pape. La Réforme, a dit Lucien Febvre, sera « une façon nouvelle de sentir et de pratiquer le christianisme ». Pendant un siècle, l'Europe va vivre une ère de théologie en action. Des millions d'hommes mourront pour des questions de foi.

Peut-être l'aurait-on évité si les chrétiens avaient su mieux croire.

*suite de la page* 459

Ferdinand d'Aragon promettait bien des troupes à Louis XII et à Maximilien, mais à la condition de ne pas combattre la papauté. Un seul fait certain : il armait et déclarait qu'il préparait une expédition vers l'Afrique. « Le Turc, qu'il veut attaquer, disait Louis XII, c'est moi. »

## 11 avril

L'assemblée ecclésiastique se saisit de la question du concile à convoquer.

## 16 mai

Neuf cardinaux, chassés de Rome par le pape et réfugiés à Milan, convoquent un concile général. Ils affirment représenter l'Église universelle, étant donné que la majorité du Sacré Collège n'est pas libre. Quelques jours plus tard, Louis XII et Maximilien demandent eux aussi la convocation d'un concile général dont la date d'ouverture est fixée au 1er septembre à Pise.

## mai

Cette fois, Louis XII, en dépit des supplications d'Anne, a franchi le pas. En Romagne, les troupes de Jules II et celles du roi de France s'affrontent. Trivulce, Bayard et Gaston de Foix combattent avec ardeur et le pape est partout battu.

## juin

Jules II va se réfugier à Rome et excommunie ses adversaires.

## 18 juillet

Par la bulle *Sacrosanctae* le pape Jules II convoque un concile à

*Ce tableau peu connu d'Henri VIII d'Angleterre représente le roi vers l'âge de trente ans. Le visage est fin, spirituel même, révélateur pourtant du personnage rusé que deviendra le Tudor. (National Portrait Gallery, Londres. Photo du musée.)*

Rome, pour le 19 avril 1512. Décision fort habile, puisque l'assemblée pontificale ruinait d'avance l'autorité dissidente du prochain concile qui devait se réunir à Pise.

## 4 octobre

Signature de la Sainte Ligue : l'Espagne a jeté le masque et signe avec Jules II et Venise un traité par lequel les « saints ligueurs » promettaient de faire rentrer Bologne dans l'appartenance des États de l'Église et surtout de chasser les Français d'Italie. Ce qui était pour Jules II le principal.

*Deux dessins à la plume du graveur suisse Urs Graf (1485-1527) rappellent l'uniforme revêtu pour la première fois par des mercenaires suisses : pourpoint aux épaisseurs ouatées sur le buste et les manches pour amortir les coups, orné de crevés ayant pour origine les déchirures subies dans les combats. (Cabinet des estampes. Musée des Beaux-Arts, Bâle. Photos du musée.)*

## octobre

Un bref du pape fait appel aux troupes des cantons suisses. La demande pontificale sera largement entendue.

Une fois encore, les troupes suisses vont affronter courageusement une armée plus puissante qu'elles.

Dix mille hommes des cantons partent pour l'Italie et franchissent le Saint-Gothard sous la neige. Dans une chapelle, non loin du col, on a porté le grand étendard rouge représentant la passion du Christ et qui n'avait pas été arboré depuis la mort de Charles le Téméraire.

## 1er novembre

Les prélats, pour la plupart français, se réunissent à Pise pour tenir le concile prévu. Il y a là sept cardinaux dont quatre condamnés par le pape une semaine auparavant, deux archevêques, quatorze évêques, plus huit prélats français qui se joindront plus tard aux pères conciliaires, enfin cinq abbés et quelques théologiens et juristes.

## 5, 7 et 12 novembre

Première, deuxième et troisième séance du concile. Puis, devant la menace d'un soulèvement de la ville de Pise, les Pères se réfugient à Milan.

### 13 novembre

Le roi d'Angleterre adhère à son tour à la Sainte Ligue. Quelques jours plus tard, il signe un pacte avec Ferdinand d'Aragon pour la conquête de la Guyenne. Henri VIII reprend ainsi les prétentions de ses prédécesseurs. Il promet de débarquer bientôt à Calais.

### 9 décembre

Les Suisses atteignent Varèse. Gaston de Foix, lui, bien fortifié dans Milan, attend l'ennemi de pied ferme. Les Suisses, après avoir été arrêtés par les puissantes murailles de la ville, se rabattent alors sur Monza, en détruisant tout sur leur passage. Puis, chargés de butin, ils repassent les monts.

### 1512, 4 janvier

A Milan, quatrième séance du concile.

### janvier

La forte armée espagnole commandée par Ramon de Cardogne, réunie à celle du pape, commence le siège de Bologne. Leurs forces se montent à huit mille fantassins, quinze cents hommes de cavalerie légère — les *génitaires* espagnols — et huit cents lances papales. Dans la ville, Gaston de Foix a placé trois cents lances.

### milieu janvier

Gaston de Foix quitte Milan et rejoint le duc de Ferrare. Puis tous deux se dirigent vers Bologne.

### 5 février

Gaston de Foix, qui mène avec lui vingt mille hommes, réussit à entrer dans Bologne en dépit d'une terrible tempête de neige qui, ce jour-là, obscurcit le ciel. Bologne est délivré et les forces hispano-papales doivent se retirer vers Imola.

### début de l'année

La faculté de théologie de Paris conseille au roi de ne pas trop lier sa cause à celle du concile de Pise, irrémédiablement perdue. La France, disent-ils, ne doit pas rester isolée.

### 10 février

Les Vénitiens parviennent à délivrer Brescia de l'occupation française. La ville les accueille avec des démonstrations de joie. En apprenant la mauvaise nouvelle, Louis XII s'enferme dans sa chambre. Cependant tout espoir n'est pas perdu puisque la citadelle de Brescia est toujours tenue par les troupes françaises.

### 16 février

Avant de tenter la délivrance de la citadelle de Brescia, Gaston de Foix, à la tête de cent lances et de huit mille fantassins, livre victorieusement bataille à une « grosse bande » vénitienne qui occupait Valeggio.

### 19 février

Gaston de Foix reprend Brescia. Bayard est blessé et soigné dans une maison de la ville, tandis que les vainqueurs, selon l'accoutumée, pillent et tuent à plaisir.

Les Romains affirment que le pape, en apprenant la perte de

Brescia, s'est, de fureur, arraché la barbe.

## février

Pendant ce temps, les Anglais activent leurs préparatifs militaires dans le but de débarquer à Calais.

## 25 février

Les attaques contre Jules II redoublent en France. Gringoire — il vaut mieux dire Gringore — fait représenter devant le peuple de Paris *le Jeu du prince des sots*, mettant en scène l'Église romaine sous le nom de la *Mère Sotte*, et montre Jules II sous les traits d'un matamore cuirassé et mitré, qui ne pense qu'à pourfendre ses ennemis personnels.

## 11 mars

Au cours de sa sixième session, le concile de Pise met le pape en accusation et le somme de comparaître.

## du 8 au 25 mars

Des inondations empêchent Gaston de Foix d'agir. Il pleut à un tel point « qu'il semblait que tout l'air se voulût abîmer »; les chevaux ont de l'eau jusqu'au poitrail. Pendant ce temps, les Espagnols se concentrent sur Ravenne.

## 11 avril

Victoire des Français à Ravenne. Gaston de Foix est tué au cours de la bataille.

## 20 avril

A la suite de la capitulation de Ravenne, la Romagne se soumet à la France et le pape, inquiet, signe un projet de traité avec Louis XII. Mais La Palice ayant imprudemment quitté la Romagne, Jules II se ressaisit presque aussitôt. Il est de nouveau tout à sa haine contre la France.

*Un visage émouvant de jeunesse, d'une beauté presque trop parfaite de dieu antique, ainsi apparaît Gaston de Foix, duc de Nemours, tué à vingt-deux ans sur le champ de bataille de Ravenne. L'extraordinaire rapidité de ses manœuvres, son courage et son mépris du danger lui vaudront le surnom de foudre d'Italie. (Détail du gisant sculpté par Guidarello Guidarelli, à Ravenne. Institut des Beaux-Arts, Ravenne. Photo Anderson-Giraudon.)*

## 21 avril

Huitième session du concile. A la suite d'une messe célébrée par l'évêque de Maguelonne, Pierre Pélissier, on lit le décret suivant :

« Au nom du Père et du Fils et du Saint-Esprit, le sacré concile général, représentant l'Église universelle, assemblé à Pise au nom du Saint-Esprit et transféré à Milan, décrète : le pape a encouru les peines portées dans les saints décrets des conciles de Constance et de Bâle, et nous prononçons qu'il soit suspendu de toute administration pontificale, qui est dévolue de plein droit au présent concile. »

Personne ne prend très au sérieux cette déclaration. On n'ignore point que le concile de Pise n'existe que par l'appui de l'armée française.

## 3 mai

Ouverture du concile de Latran qui ne devait prendre fin qu'en 1517. Le pape accompagné de tout le Sacré Collège y assiste. Si l'agonisant concile de Pise compte une majorité de prélats français, à Rome les Italiens dominent. Le travail de la centaine de participants sera d'anéantir celui des pères conciliaires de Pise, d'affirmer l'unité de l'Église, et surtout de donner désormais au pape seul le droit de convoquer un concile. Aucune réforme ecclésiastique ne sera discutée.

Jules II à cette époque est déjà quelque peu affaibli, ce qui réjouit fort Louis XII. Il n'a plus que neuf mois à vivre et doit faire lire tous ses discours. Il ne manque cependant presque aucune séance.

## 6 mai

Vingt à vingt-cinq mille Suisses répondent à l'appel de l'évêque de Sion et arrivent en Italie par la vallée de l'Adige.

Les Espagnols, venant de Naples, approchent eux aussi du Pô. Par ailleurs, de nombreuses troupes vénitiennes occupent encore des places de Romagne.

La Palice, qui n'a alors plus avec lui que dix mille fantassins et mille à quinze cents lances, a bien peu de chances de résister à l'encerclement qui s'apprête, d'autant plus que, en dépit de son courage, son génie militaire n'a rien d'éclatant. Au premier choc — à Valeggio — les Français doivent battre en retraite vers Crémone et Pavie.

## 17 mai

Le pape signe la bulle *Cum inchoatam* qui condamne le concile de Pise.

## 4 juin

Les pères conciliaires de Pise sont obligés de suivre la retraite de l'armée française et se rendent d'abord à Asti.

## fin juin

La Palice rentre en France, poursuivi par les mercenaires suisses. Mathieu Schinner affirme que les Français se sont enfuis comme de viles p ... s — et fait dans Pavie une entrée triomphale, étendu dans une litière d'où il bénit le peuple qui l'acclame.

Quant aux pères conciliaires pisans, ils vont être obligés eux aussi de gagner Lyon où le concile « de Pise » se disloquera.

## 29 juin

A Rome, se déroulent des fêtes grandioses pour célébrer l'expulsion des Français de l'Italie. Ce ne sont que sonneries de cloches, feux d'artifice et salves d'artillerie.

### juillet

Les Navarrais ayant refusé d'adhérer à la Sainte Ligue, Ferdinand entre en Navarre. Le pays se soumet presque sans combat.

### 21 août

Dans l'église de Calahorra, en Navarre, Ferdinand, qui se déclare officiellement roi de Navarre, lit la nouvelle bulle d'excommunication lancée par Jules II : « Le roi de France a entraîné dans le schisme les Vascons et les Cantabres et toutes les nations circonvoisines, qui avaient toujours été dévouées au Saint-Siège. C'est pourquoi nous avertissons tous et chacun des fidèles du Christ, et spécialement les Vascons et Cantabres et leurs voisins, que la sentence d'excommunication majeure est prononcée contre toute personne qui, dans les trois jours de la publication des présentes, n'aura pas fait soumission au Saint-Siège et se sera armée contre nous ou contre l'un des alliés du Siège apostolique, ou qui aura reçu des subsides dudit roi Louis et des schismatiques, ou qui aura conclu alliance avec lui. »

### 19 novembre

Maximilien jette définitivement le masque; il entre dans la Sainte Ligue et adhère officiellement au concile de Latran.

### décembre

La Palice essaye d'agir et pénètre en Navarre mais, assailli par la neige et le froid, il échoue misérablement devant Pampelune.

### 3 décembre

Le pape, au cours de la troisième session du concile, renouvelle l'anathème contre la France.

Situation chaotique à Milan, revendiqué par tous. Comme le dit le chancelier milanais Morone : « Je vois partout la passion de dominer, le chaos profond, la confusion dans les choses. C'est comme un gouffre où s'engloutira le sang de toute l'Italie. »

Qui héritera du Milanais? Les Suisses? Ferdinand? Le pape? Venise? Finalement les cantons helvétiques qui ont déjà occupé Domodossola, Lugano et Locarno se payent le luxe d'offrir la couronne ducale à Maximilien Sforza, qui ne cache pas la reconnaissance qu'il voue aux cantons suisses.

### 1513, nuit du 20 au 21 février

Mort de Jules II qui avait été réellement le maître du monde chrétien ainsi qu'il l'affirmait orgueilleusement.

### 11 mars

Le cardinal de Médicis élu sous le nom de Léon X est infiniment plus calme que son terrible prédécesseur. Tout en détestant la France, il préfère la paix à la guerre. En outre, ce gros myope est aussi beaucoup moins intelligent que Jules II — ce qui fait bien les affaires de Louis XII.

### 14 mars

Traité entre la France et Venise, au sujet du partage du nord de l'Italie. La France se réserve le Milanais qu'elle a perdu et, par son alliance avec la République et l'Écosse, espère bien contrebalancer

*Comme son prédécesseur, le pape Léon X n'est guère favorable à la France, mais il préférera résoudre par la diplomatie ses malentendus. Fils de Laurent le Magnifique, Jean de Médicis, myope et lourd, n'a certes pas l'âme de condottiere de Jules II, et il négligera davantage le côté temporel de son ministère. Très artiste comme son prédécesseur, il s'entoure des meilleurs peintres de son époque et confie à Giorgio Vasari l'exécution du tableau dont le détail ci-dessus le représente lors de la cérémonie de son intronisation. (Palazzo Vecchio, Florence. Photo Brogi-Giraudon.)*

un peu le nombre de ses ennemis : le pape, l'empereur, le roi d'Aragon et le roi d'Angleterre qui à la première occasion bondiraient sur la France.

## 1er avril

Une trêve entre la France et l'Espagne est également conclue. Les hostilités sont suspendues pendant un an, du côté des Pyrénées. Ferdinand d'Aragon semblait vouloir abandonner volontiers le Milanais dans l'espoir que lui soit officiellement reconnue la Navarre, au détriment de la famille d'Albret.

## 5 avril

La coalition se forme contre la France. Les alliés s'engagent à envahir le royaume de Louis XII dans un délai de deux mois.

## mai

Louis XII écrit à Marguerite pour lui reprocher de faire passer des secours au roi Henri VIII : « Si mon cousin le prince de Castille estoit en âge, je le sommerois à me venir servir contre les dits Anglais, tant pour ce qu'il est yssu de la dite couronne que pour ce qu'il est Per de France et mon vassal, comme savez; mais à cause de son jeune âge, je ne l'ay voulu ni le vueil faire. »

Pendant ce temps, Milan est en plein désarroi, car le duc Maximilien, fils de Ludovic le More, n'exerce plus aucune autorité. Les Français profitent de la situation, franchissent de nouveau les Alpes et s'emparent d'Alexandrie. Le duc de Milan se réfugie aussitôt chez ses amis et protecteurs des cantons suisses.

*Véritable vue cavalière et rétrospective de la campagne de Tournai, ce tableau montre, au premier plan, Henri VIII et Maximilien d'Autriche. Au second plan, leur infanterie au milieu de laquelle ils tiennent conférence. En arrière, la cavalerie anglo-impériale, en ordre de bataille, passe à l'attaque. Enfin, dans le fond, figurent les villes de Tournai et de Thérouanne. (Droits de reproduction réservés.)*

## 5 juin

Une armée de vingt-quatre mille Suisses arrive devant Novare pour combattre les Français.

## 6 juin

La bataille, qui sera pour la France la défaite de Novare, s'engage.

Après une heure de combats, La Trémoille et Trivulce s'enfuient, mais, faute de cavalerie, les vainqueurs ne peuvent les poursuivre. S'il faut en croire les Suisses, ils auraient tué huit mille hommes.

## 1er juillet

Les catastrophes s'abattent sur la France. Henri VIII débarque à Calais. Maximilien rejoint bientôt son nouveau compère et ils s'en vont tous deux assiéger Thérouanne.

## 16 août

Français d'une part, Anglais et Impériaux de l'autre se rencontrent près de Guinegatte. Après un très bref engagement, c'est pour les troupes de Louis XII une déroute complète. Les Anglo-Allemands cueillent dix bannières et font de nombreux prisonniers parmi lesquels le duc de Longueville, marquis de Rothelin, et le comte de Dunois. Un désastre!

## 23 août

La ville de Thérouanne se rend à l'ennemi. La garnison peut cependant quitter la place avec ses armes et ses enseignes, en passant devant les deux souverains alliés et les troupes ennemies rangées en deux longues files.

Et comme un malheur n'arrive jamais seul, une semaine plus tard, Tournai tombe également entre les mains des Anglo-Allemands.

## septembre

Quelle année pour la France! Poussés par l'implacable Marguerite d'Autriche, dix mille Suisses, douze mille lansquenets allemands pénètrent en Bourgogne.

## 7 septembre

Les Suisses et les mercenaires allemands atteignent Dijon.

## 9 septembre

Deux jours plus tard, Jacques IV, roi d'Écosse, est tué à Floddenfield. C'était le dernier allié de la France.

## 13 septembre

Traité de Dijon. Ce traité est hâtivement négocié par La Trémoille, afin d'arrêter la marche des Suisses. Le roi doit abandonner le Milanais et Asti, et restituer au pape et à l'empereur les places qu'il leur avait prises. La reddition concerne également toute l'artillerie et prévoit le payement aux Suisses de quatre cent mille écus.

Louis XII trouve trop dur l'abandon de l'Italie et refuse de ratifier ce traité, sous le prétexte que La Trémoille n'avait pas les pleins pouvoirs pour négocier. On devine la fureur des Suisses.

## 1514, janvier

Le pape obtient de Louis XII son adhésion au concile de Latran.

## 9 janvier

Dans une chambre du premier étage du château de Blois, Anne de Bretagne sent qu'elle va rendre l'âme. Dans d'atroces souffrances, elle rend le dernier soupir.

## 13 mars

Louis XII signe encore une trêve avec Ferdinand, en vue de reconquérir Milan.

## 18 mars

Mariage de François d'Angoulême, futur François Ier, avec Claude de France. Un mariage lugubre. Toute la cour porte le deuil de la reine Anne, et Louis n'a qu'un désir : ne pas être distrait de sa douleur. Il n'y a donc ni joutes, ni trompettes, ni ménestrels. Claude, venant de Blois, arrive à Saint-Germain-en-Laye, avec des rideaux de damas blanc dont elle garnira le lit que François a apporté de Paris avec un traversin et une seule couverture. En cette claire matinée de mars, la jeune fille, toute grassouillette en sa robe de deuil, regarde avec admiration son mari, l'homme aimé par toutes les femmes de France et qui est son « promis » depuis plusieurs années. Vêtu d'un pourpoint de damas noir incrusté de velours, il jette à peine un regard sur cette femme-enfant que la politique lui impose.

« *La reine est morte, vive la reine* », *aurait-on pu crier, tant le roi Louis, dans l'espoir d'un héritier, mit de hâte à se remarier. Une miniature au dessin naïf, extraite d'un manuscrit de Pierre Gringoire relate la rencontre de la jeune sœur d'Henri VIII, Marie Tudor et du roi de France qu'elle a épousé par procuration quelques jours auparavant, le duc de Longueville représentant son maître. (Département des manuscrits. British Museum. Photo du musée.)*

## 13 août

Au château de Greenwich se déroule le mariage par procuration de Marie d'Angleterre et de Louis XII. Le représentant du roi, Louis de Longueville, portant une « robe de nuit » et chaussé de bas couleur pourpre, pénètre dans la chambre « nuptiale ». Avec égards, on lui enlève le bas de sa jambe droite... Puis le duc entre dans le lit et, de sa jambe nue, touche la jambe nue de la jolie Marie. Le mariage est alors déclaré « consommé »...

## 7 octobre

Non loin d'Abbeville, le futur François Ier, de fort méchante humeur, accueille la nouvelle reine de France. Il voit venir vers lui deux cents archers à cheval, un régiment de tambours, de trompettes, de hérauts d'armes, des ambassadeurs et des seigneurs anglais, enfin Marie qui, à cheval, précède sa litière d'honneur semée de fleurs de lys d'or... Tandis qu'au loin, derrière les chariots, cinquante archers ferment la marche, François n'a d'yeux que pour la nouvelle reine... et est épouvanté en voyant la beauté de Marie. Assurément ces yeux bleus, ces cheveux d'un blond doré, ces lèvres humides, cet air de volupté, ce teint comme on en trouve bien rarement sur le continent vont rendre au roi sa vigueur...

Et elle a seize ans!

Elle penche sa jolie tête vers François, l'appelle — non sans un

*Peu après le sacre de Louis XII, devaient être frappées à Lyon deux médailles en or à l'effigie du roi et de la reine Anne. Un détail de l'une d'elles reproduit ici le profil de Louis. (Cabinet des médailles. Bibliothèque nationale. Photo Jean Roubier.) Les traits réguliers du souverain ont fait place à un visage lourd et mou, prématurément vieilli et dénué de ce charme qui émane de ses portraits. Deux ans avant la création, en 1499, de cette médaille naissait une princesse dont la beauté, dix-sept ans plus tard, allait faire perdre la tête au roi au point de le mener « en paradis tout droit et plus tôt qu'il ne le voudroit ». Cette princesse, c'est Marie Tudor (à droite), telle que l'a peinte un artiste anonyme de l'École française. (Musée des Arts décoratifs. Photo Giraudon.) Sans doute regretta-t-elle bien souvent que le hasard ne lui ait pas donné pour époux le séduisant François d'Angoulême qui l'accueillit si gracieusement à son arrivée en France. Le prince est âgé d'environ dix-huit ans lorsqu'un miniaturiste reproduit son visage à la fois charmant et pétillant de ruse. (Cabinet des manuscrits. Bibliothèque nationale. Photo B.N.) Au cours des années à venir, les traits de François évolueront, bien sûr, mais longtemps le regard brillera de cette même lueur.*

*POURQUOI LE ROI NE SE REMARIERAIT-IL POINT ?*

*Qui eut tout d'abord l'extravagante idée de faire convoler cet homme à peine âgé de cinquante-deux ans sans doute, mais qui en paraissait plus de soixante-dix et semblait déjà avoir un pied dans la tombe ?*

*Le pape Léon X d'abord. L'Autriche et l'Espagne avaient conçu l'idée d'occuper toute l'Italie et de démembrer les États de l'Église. Le pape pensa que, pour opposer une digue à ces projets, le mieux serait de réconcilier l'Angleterre et la France. Pourquoi ne pas essayer de réchauffer les vieux os du roi Louis avec une jeune princesse anglaise ? Henri VIII n'avait-il pas une sœur de seize ans, nommée Marie et que l'on disait ravissante ?*

*Sa Sainteté possédait à Londres un allié sûr en la personne de Thomas Wolsey, fils d'un boucher, chapelain d'Henri VII, puis aumônier d'Henri VIII, cardinal, archevêque d'York et légat du pape. Ce prélat avait encore d'autres spécialités : il possédait des talents de mime, de danseur, d'escamoteur, de musicien et d'écuyer. Bref, il avait tout pour plaire au roi et lui plaisait.*

*Cependant, Marie n'était-elle pas — elle aussi ! — la fiancée de Charles de Luxembourg, prince de Castille et futur Charles Quint ? Rompre ce mariage au profit d'une union avec Louis XII serait un cuisant échec pour le bloc hispano-autrichien!*

*Le mariage français servirait, en outre, les intérêts britanniques. L'alliance entre les deux rois opposerait un rempart aux agissements de Maximilien en Italie. Laisser l'Autrichien et l'Espagnol avaler la péninsule aurait gravement compromis l'équilibre européen. Par contre, si la France, grâce à l'appui anglais, réussissait à reprendre le duché de Milan, l'Europe se trouverait divisée en deux blocs égaux, et le roi d'Angleterre deviendrait l'arbitre de la situation. Aussi Henri VIII accepta.*

*Et Louis XII ? Il s'essoufflait après un rêve : avoir un fils. C'est pourquoi, bien que miné par de terribles hémorragies internes, il donna son accord. Sans doute possédait-il un héritier en la personne de François d'Angoulême, mais le roi le trouvait si dépensier, si léger, si écervelé...*

*— Ce gros garçon gâtera tout, soupirait-il.*

peu d'ironie — « Monsieur mon beau-fils ».

On se remet en marche. La reine chevauche une haquenée blanche harnachée d'or. Sa robe, rayée d'or et de pourpre, à la mode d'Angleterre, est un peu lourde en comparaison des gracieuses robes portées par les dames d'honneur françaises. Quatre hommes d'armes soutiennent au-dessus de la reine un baldaquin orné d'un semis de roses d'York et de porcs-épics, emblème de Louis XII.

Le roi arrive bientôt à la rencontre de sa troisième femme. Il se trouve entouré de mille cinq cents gentilshommes. Louis XII a, en effet,

*Non loin d'Aire-sur-la-Lys s'est engagée, entre Français d'une part, Anglais et Autrichiens d'autre part, la mémorable bataille de Guinegatte. Hélas ! l'armée du roi de France n'y fait point merveille : après un bref combat, les cavaliers, piquant des deux, prennent la fuite avec une telle vivacité que leurs ennemis, ironiques, baptiseront la rencontre du nom de journée des Éperons. (Droits de reproduction réservés.)*

Terwaen.

mandé à la noblesse de France de prendre le chemin de Picardie afin de faire honneur à la nouvelle souveraine. Louis, sur son cheval Testegaie — un genet d'Espagne, à l'humeur folâtre, et tout caparaçonné d'or — s'arrête devant Marie. En voyant cette beauté rayonnante, il est ébloui et, afin de lui prouver qu'en dépit de sa décrépitude apparente il est encore plein de vie, il pique des deux, enlève gaillardement Testegaie et, sans descendre de sa monture, embrasse fort galamment sa femme. Il semble tellement heureux d'avoir réussi cette prouesse qu'il embrasse tous les seigneurs anglais de l'escorte, toujours sans quitter les étriers, puis, essoufflé par ces exercices de haute école, le malheureux tourne bride et plante là la reine, un peu éberluée par cette exhibition.

Bientôt, on atteint les murs d'Abbeville où « toute l'artillerie estoie affuttée » et « tiroit merveilleusement ». Au logis du roi, le duc de Norfolk, au nom de son maître Henri VIII, remet solennellement la reine au roi de France.

**ET PENDANT CE TEMPS...**

**1498**
**La route maritime des Indes, par le cap de Bonne-Espérance, est découverte par le Portugais Vasco de Gama.**

**1500**
**Les Portugais atteignent Calicut. Cette même année, le Portugais Cabral découvre le Brésil.**

**1501**
**Les Séférides chassent les Mongols d'Iran.**

**1503**
**Mort d'Alexandre VI Borgia. Le pape Jules II della Rovere commence son pontificat.**

**1505**
**Mort d'Yvan le Grand, fondateur de l'Etat russe.**

**1506**
**Mort, en Espagne, de Philippe le Beau.**

**1509**
**Mort d'Henri VII Tudor. Henri VIII monte sur le trône d'Angleterre.**

**1513**
**Léon X de Médicis succède à Jules II sur le trône de saint Pierre.**

**1514**
**Mort de l'architecte italien Bramante.**

## décembre

Louis est fatigué. Depuis son mariage à Abbeville, il n'a pas cessé de faire « le gay compagnon avec sa femme », se levant tard, se couchant à minuit et dînant à midi au lieu de huit heures du matin. Il aime sa « poupée anglaise » à en perdre le souffle... et, visiblement, commence déjà à le perdre. François peut regarder l'avenir avec plus de confiance.

*Admirable portrait de Jeanne la Folle et de son fils Charles, futur Charles Quint. Le petit prince dont le père, Philippe le Beau, vient de mourir semble ouvrir des yeux incrédules sur les tragédies qui ont éclaté autour de lui. La folie de sa mère, qui apparaît jusque dans l'extravagance de sa toilette, viendra alourdir encore ce lourd passif. (Collection particulière. Photo obligeamment communiquée par Me Martin, Versailles.)*

## 31 décembre

Le dernier jour de l'année, Louis XII appelle à son chevet François d'Angoulême. En voyant entrer son héritier, il ne doute plus que sa fin ne soit proche. Il a appris à lire dans son regard avide le temps qu'il lui reste à vivre! Et, cette fois, les yeux du comte d'Angoulême brillent!

— François, je vous recommande mes sujets...

On ne connaît de cette ultime conversation que ces quelques mots.

# LA GLOIRE DE MARIGNAN

## 1515, 1er janvier

Le roi Louis vient d'expirer. Par un temps épouvantable, Bonnivet, Floranges et quelques autres gentilshommes se précipitent vers l'hôtel de Valois où attend l'héritier. Dans sa chambre, le comte d'Angoulême entend le galop des chevaux, puis les pas qui montent l'escalier et, soudain, il voit ses amis entrer dans la pièce en criant leur joie :

— Vive le roi ! Vive le roi François Ier !

Le nouveau roi saute à cheval. Il accourt aux Tournelles. Devant le corps, La Palice, grand-maître de la maison du roi, le bâton noir à la main, a réuni les serviteurs.

— Messeigneurs, je vous proclame que le roi notre maître, Louis le douzième, a passé de cette sphère à l'autre. Notre maître est mort. Et puisque nous n'avons plus de maître, en signe de vérité, je brise mon bâton et le jette à terre.

Dans la nuit noire, François, au pas lent de son cheval, s'en retourne à l'hôtel de Valois. Il est rêveur... Car il n'est roi que si Marie ne porte pas d'enfant... Or celle-ci, devenue la reine blanche, jouera, paraît-il, la comédie durant quelques jours : elle refusera de jurer qu'il n'y avait aucun motif pour qu'elle pût avoir un enfant. Enfin elle déclara à son « beau-fils » :

— Je ne connais pas d'autre roi que vous.

## 10 janvier

Louis est enterré. Le trésor est vide, et François n'est même pas parvenu à trouver les treize mille livres nécessaires pour payer les funérailles. Les religieux de Saint-Denis et les clercs desservant la chapelle royale l'ont bien deviné ! Ils se sont battus dans la basilique autour du drap d'or recouvrant la bière. Il faudra le bruit du cercueil tombant lourdement sur les dalles pour les calmer.

*Le roi Louis XII vient de s'éteindre en son hôtel des Tournelles le premier jour de l'an 1515. Lorsque son successeur, François d'Angoulême, devient à son tour roi de France, il a tout juste vingt ans. C'est dans le courant de l'année 1515 qu'un artiste anonyme de l'École française a brossé du jeune Valois ce portrait d'une étonnante ressemblance. Le visage, ombré d'une barbe et d'une moustache naissantes, n'est déjà plus celui d'un adolescent mais d'un homme fait. Si le nez est trop long et la bouche ironique, le regard, dans les yeux effilés vers les tempes, est doux et intelligent. (Cabinet des manuscrits. Bibliothèque nationale. Photo B.N.)*

François, ce jour-là, se sent vraiment roi de France — le roi chevalier! En dépit d'un nez qui n'en finit pas, il est d'une prenante beauté. Il est « glorieux et triomphant ». Quelle robuste carcasse! Son poignet peut soulever les plus lourdes épées. Large torse, larges épaules, jambes courtes... un corps taillé pour la guerre.

Louis XII le trouvait dépensier, léger, écervelé : « Ce gros garçon gâtera tout », soupirait-il.

En quoi il se trompait. François sait être fin renard. Comme l'a dit Paul Valéry : « C'est un Louis XI de luxe. » Il aime les arts et les lettres.

Ce roi de vingt ans parle merveilleusement. Il est doué d'une intelligence vive, brillante, un peu superficielle, a-t-on dit, mais il sait y pallier en se penchant longuement sur les problèmes que va poser le gouvernement du plus beau royaume d'Europe. Il ne se montrera aveugle que pour le drame religieux devant lequel il restera parfaitement incompréhensif.

## 12 janvier

Ce jour-là, François Ier distribue charges et privilèges. Sa mère, une maîtresse femme ayant son franc-parler, et qui a tant tremblé pour que son fils — « mon César », disait-elle — devienne roi, voit son comté d'Angoulême érigé en duché. Le légiste Duprat, l'homme au blanc visage, au sourire en lame de couteau, précepteur du roi et homme de confiance de Louise de Savoie, se voit attribuer la charge de chancelier. C'est un homme grave, dur et âpre, « scientifique et subtil », ainsi que le dit un témoin du temps. Le séduisant, élégant et spirituel, l'ami des femmes Bonnivet, devient amiral. Le courageux La Palice est maréchal de France, et le duc de Bourbon est nommé connétable, gouverneur du Languedoc et chambrier. Personne ne se doute encore que ce descendant de Saint Louis va trahir un jour la cause française.

## 25 janvier

François Ier est sacré par l'archevêque Robert de Lenoncourt dans la cathédrale de Reims. La petite reine Claude attend un enfant et n'a pas accompagné son mari.

## 8 février

A Saint-Denis — cérémonie distincte du sacre de Reims — le roi « prend la couronne ».

## 15 février

Coutume tout aussi ancienne : François fait son entrée solennelle dans Paris. Il fait caracoler son cheval « avec rage », un cheval « bardé, tout accoutré en blanc et en toile d'argent », et qui, durant la traversée de la capitale, « était toujours en l'air ». « Ce fut, nous dit le *Loyal Serviteur*, la plus riche et triomphante entrée qu'on ait jamais vue en France ; car, de princes, ducs, comtes et gentilshommes en armes, il y en avait plus de mille ou douze cents. »

## mars

François est en guerre avec les Suisses de Schinner, avec le duc de Milan et avec le pape, bien que ce dernier semble assez bien disposé à son égard. Le roi ne pense qu'aux « guerrières façons ». Il n'a en tête que l'Italie, mais il lui manque encore « le nerf de la guerre » : l'or! Voilà plus de deux mois qu'il

*Après être allé à Saint-Denis « prendre la couronne », le roi François suit le faubourg Saint-Denis pour faire son entrée solennelle dans la ville de Paris. (Cabinet des estampes, Bibliothèque nationale. Photo Jérôme da Cunha.)*

aurait pu donner l'ordre de recruter les lansquenets allemands. La piétaille aurait déjà pu prendre le chemin de Lyon, mais le trésor est vide! Le roi doit remplir les coffres! L'Italie est là! Une belle proie qui s'offre et l'appelle à lui. Il faut que cet été il franchisse les Alpes à la tête de ses chevaliers!... Car il tient à y aller lui-même : il aurait eu honte à y envoyer quelqu'un d'autre à sa place! Il se voit déjà conduisant cette presse, ce torrent d'hommes et de chevaux bardés de fer, débouchant des hautes gorges et dévalant vers la plaine. L'éclair des piques et des armes! Quelle surprise pour l'ennemi!

Pour se concilier Henri VIII, François se reconnaît débiteur envers l'Angleterre d'un million d'écus. Mais la paix réelle ne sera signée que trois années plus tard. Parallèlement, le roi ouvre des négociations avec le gouvernement de Charles d'Autriche qui, âgé de quinze ans, vient d'être émancipé.

## 24 mars

Le traité de Paris est signé entre la France et l'Autriche. Une alliance est conclue entre les deux souverains. On parlera plus tard de la Bourgogne, à laquelle le descendant du Téméraire n'a pas renoncé. En attendant, on échange une promesse de mariage entre Charles d'Autriche et Renée de France, seconde fille de Louis XII et qui n'a encore que quatre ans. La jeune princesse apporterait en dot le Berry et deux mille écus. Si ce mariage ne devait pas être conclu, par la faute des Français, François devrait payer un lourd dédit : le Ponthieu, Péronne, Amiens, Montdidier et Abbeville.

## 25 mars

Les deux ambassadeurs de Venise, Pasqualigo et Giustiniano, sont reçus par François Ier. Les diplomates pressent le roi de demeurer fidèle à l'alliance vénitienne et d'envoyer au plus tôt des forces nouvelles en Italie. François les entraîne dans l'embrasure d'une fenêtre et leur donne tous les apaisements qu'ils souhaitent.

— Je partirai pour l'Italie avec mon armée, répète-t-il, parce qu'il siérait mal à un roi jeune comme je le suis de s'y laisser conduire par d'autres.

## fin mars

François obtient du doge de Gênes que la France retrouve sa souveraineté sur la ville.

## avril

Le roi quitte Paris et se dirige vers le Val de Loire. A Gien, il embarque avec sa suite imposante sur des chalands et descend la Loire jusqu'à Blois. Quel déménagement! Plus de trois mille chevaux suivent le chemin longeant la Loire. Que nous voilà loin de la parcimonie de Louis XI ou de la simplicité du Père du peuple!

## mai

Le roi prépare l'expédition. On fait fondre la vaisselle d'or de Louis XII et l'opération procure un million d'écus. De son côté, le chancelier Duprat avance dix mille louis. En même temps, François, qui, ne l'oublions pas, a acheté la neutralité du roi Henri VIII et traité fort cher avec Charles d'Autriche, s'allie avec Venise, avec le duc de Gueldre, avec le duc de Lorraine. Il s'allierait avec le diable! Car une seule chose compte pour lui désormais : Milan!

François lève des troupes principalement en Allemagne, car il n'est point parvenu à un accord avec les Suisses.

## 29 juin

Le roi quitte les rives de Loire pour Lyon.

## 12 juillet

Il fait une entrée triomphale à Lyon. Une nef tirée par un grand cerf blanc traverse la Saône pour se porter à la rencontre du cortège royal. « Quant au train du roy, les princes et seigneurs, héraulx d'armes, trompettes et clérons, estoyt chose si triomphante que de ce faire narrative particulière est comme chose quasi impossible, par quoy, nous dit un témoin, remet à la considération et discrétion des lysans ».

## 15 juillet

François signe les lettres patentes nommant, en son absence, Louise de Savoie régente du royaume.

## fin juillet

Forte de trente mille hommes, l'armée se concentre. C'est « une des plus belles que je vis oncques », a écrit Florange. Elle est composée de mercenaires, d'un corps permanent d'archers, attachés à la maison du roi, de cinq à six mille gendarmes, d'un corps permanent de cavalerie, enfin d'une artillerie importante dont le maître est, depuis 1512, Galiot de Genouillac. Le connétable de Bourbon commandera l'avant-garde.

Les préparatifs s'achèvent également du côté italien. Le pape envoie Prospero Colonna vers le Piémont, et demande à Laurent de Médicis de garder Plaisance. Plus de vingt mille Suisses, alliés de Milan, se sont massés aux deux seuls débouchés des Alpes : la route du col du mont Cenis qui aboutit à Suse et la

## A AMBOISE, PREMIÈRE FÊTE DU RÈGNE

*Le 26 juin, Amboise voit la première fête du règne : le mariage du duc de Lorraine et de Renée de Bourbon, sœur du connétable. Le roi, qui « ne faisait que penser comment il pourrait de jour en jour donner plaisirs à cette belle compagnie », eut l'idée de combattre en corps à corps avec un sanglier et bientôt les veneurs ramenèrent un vert sanglier de quatre ans qui s'ébrouait « dans un grand coffre fait de barreaux de chêne bien bandés de fer ».*

*Louise de Savoie et la reine Claude supplient François d'abandonner son projet.*

*Le roi s'incline avec galanterie et transforme la cour du château en arène de cirque. Il ordonne d'attacher des fantômes à des cordes tendues au milieu de ladite cour « pour voir comment ladite bête furieuse assaillerait à première vue ». Après avoir déchiré à belles dents les mannequins, le sanglier fonce sur une ouverture « mal étoupée ». C'est l'entrée d'un escalier. Une minute plus tard, l'animal bavant, le poil hérissé, « turquetant ses marteaux » — autrement dit ses défenses — débouche dans la chambre où se trouve le roi. François, d'un geste, écarte ses gentilshommes, tire sa forte épée « bien tranchante et piquante et hardi et assuré » passe sa lourde lame « tout au travers du corps » de la bête. Le sanglier a la vie chevillée au corps. Il s'en va, prend un autre escalier, le descend, « marche dedans la cour environ cinq ou six pas, puis tombe mort ».*

*Pour fêter son avènement, le roi François va donner, dans le magnifique château d'Amboise, de splendides fêtes auxquelles fait songer cette miniature. Comme ici, les festins se succèdent, arrosés du vin exquis des coteaux de la Loire. (Cabinet des manuscrits. Bibliothèque nationale. Photo B.N.)*

*Pierre Bontemps est l'auteur de cinquante-quatre bas-reliefs qui, rappelant les campagnes d'Italie, donnent une image exacte de ces troupes qui composaient alors les armées. Les soldats sont maintenant vêtus d'un pourpoint court, d'une culotte à crevés et bouffants et chaussés de*

*solerets en pied d'ours. Leur arme est la hallebarde, sorte de pique pourvue d'une hache qui servait à briser les casques des cavaliers. Au côté, accrochée au baudrier, pend l'épée. (Basilique de Saint-Denis. Photos Holzapfel.)*

route du mont Genèvre qui permet d'atteindre Pignerol.

François devait donc trouver un autre passage ; c'est alors que des montagnards apprennent au maréchal de Trivulce qu'il existe une série de défilés qui grimpent à près de deux mille mètres et permettent de gagner l'Italie par les vallées de l'Ubaye et de la Stura méridionale. C'est aujourd'hui le col de Larche. Des sentiers? De simples pistes plutôt, bien mal commodes pour des troupes drapées de fer, revêtues du lourd harnois de guerre. Aussi a-t-on élargi les sentiers en déplaçant et même en faisant sauter des blocs de rochers. On construira même des ponts et des pistes en bois, afin que l'artillerie que François mène avec lui puisse passer. Le reste de l'artillerie prendra le col du mont Genèvre. Assurément — François le pense — Galiot de Genouillac saura bousculer et canonner les Suisses lorsqu'il débouchera dans la plaine.

## 13-15 août

Les Français traversent les Alpes. François est armé de toutes pièces, c'est-à-dire qu'il porte la lourde armure. Le chemin est parfois si étroit que les soldats doivent marcher les uns derrière les autres, et si rocailleux qu'il leur faut mettre pied à terre en tirant par la bride les chevaux tout aussi lourdement caparaçonnés. Pendant ce temps, Genouillac, La Palice, Montmorency et Bayard franchissent les monts par d'autres défilés afin d'attaquer Colonna qui commande les troupes milanaises massées sur le Pô.

*Ce bas-relief de François Bontemps met en valeur l'une des tactiques employées par l'infanterie dès le XVe siècle : la formation en carré. Au premier plan, François Ier charge, lance au poing. Jean Roubier.)*

### 14 août

La Palice réussit à surprendre Colonna à Villafranca en plein banquet et à le faire prisonnier. L'Italien est abasourdi, car « jamais n'eust pensé que les Françoys fussent passés les monts en telle sorte et de si grande subtilité. Par quoy fust pris au dépourvu et toute sa bande rompue et deffaicte. Ladicte prise donna grand craincte aux Suisses quant en furent advertiz ».

### 15-20 août

En cinq jours, miracle d'intrépidité et de courage, toute l'armée est parvenue à passer les Alpes et François écrit à sa mère :

« Madame, nous sommes dans le plus étrange pays où jamais fut homme de cette compagnie. Mais, demain, j'espère être en la plaine de Piemont avec la bande que je mène ce qui nous sera grand plaisir, car il nous fâche fort de porter le harnois parmi ces montagnes, parce que la plupart du temps nous faut être à pied et mener nos chevaux par la bride. A qui n'aurait vu ce que nous voyons, serait impossible de croire qu'on pût mener gens de cheval et grosse artillerie comme faisons. Croyez Madame, que ce n'est pas sans peine, car si je ne fusse arrivé, notre artillerie grosse fût demeurée. Mais Dieu merci je la mène avec moi ; vous avisant que nous faisons bon guet, car nous ne sommes qu'à cinq ou six lieues des Suisses. Et sur ce point, va vous dire bon soir votre très humble et très obéissant fils, Françoys. »

### 30 août

A Novare, toutes les troupes françaises font leur jonction. Les Suisses massés à Suse et Pignerol se sont retirés vers Milan. François cherche aussitôt à négocier avec eux.

### 8 septembre

Un projet de traité est établi entre François et les Suisses. Le roi leur propose de leur payer les sommes qu'on leur doit, en échange il pourra lever des troupes en territoire helvétique. Les conditions sont acceptées. Toutefois, certains cantons — ceux d'Uri, de Berne et de Zurich — se montrent réticents...

### matin du 13 septembre

A Milan, devant le couvent des cordeliers, le fameux cardinal de Sion, Mathias Schinner, prononce un discours violent et hostile à la France, et, sans tenir compte de la parole donnée au roi, entraîne avec lui une grande partie de la garnison suisse de Milan et marche sur les Français, espérant les surprendre.

Les Français campent alors à Sainte-Brigide, sur la route de Marignan à Milan. Ils manquent de peu d'être surpris, ainsi que l'espérait Mathias Schinner, mais la poussière soulevée par l'artillerie suisse trahit leur approche.

### après-midi du 13 septembre

Le champ de bataille de Marignan qui va entrer dans l'histoire est une plaine sans relief, coupée de canaux, de fossés et de rizières marécageuses. La cavalerie ne peut charger qu'en se lançant sur les quelques larges chaussées toutes droites qui traversent les champs. L'avant-garde est commandée par Bourbon, le corps de bataille par le roi, l'arrière-

*Ainsi s'effectua, près de l'Argentière, le franchissement des Alpes, minutieusement évoqué par ce bas-relief de François Bontemps. On imagine aisément les difficultés surgies devant l'armée française pour le transport de son artillerie que les hommes, à l'aide d'un treuil, chargent sur des affûts à roues crantées. (Basilique de Saint-Denis. Photo Holzapfel.)*

garde, enfin, par le duc d'Alençon. C'est dans ce cadre, comme l'a dit Auguste Bailly, que va se dérouler une « chanson de geste » digne du Moyen Age.

Trois heures de l'après-midi, les Suisses chargent l'avant-garde française et réussissent à la faire reculer, puis François contre-attaque.

« Et vous assure, Madame, écrit-il à sa mère, qu'il n'est pas possible venir en plus grande fureur ni plus hardiement... Y avait si grande poussière que l'on ne se pouvait voir, aussi bien que la nuit venait... Me sembla bon les charger, et vous promets, Madame, que si bien accompagnés et si galants qu'ils soient, deux cents hommes d'armes que nous étions en défîmes bien quatre mille Suisses et les repoussâmes assez rudement en leur faisant jeter leurs piques... »

La bataille se poursuit jusqu'à la nuit d'une façon très confuse. On s'arrête lorsque la lune se couche et que la poussière est devenue telle qu'elle empêche toute initiative. Les deux armées se trouvent alors enchevêtrées l'une dans l'autre. La nuit est consacrée à remettre un peu d'ordre de part et d'autre.

« Les Suisses, poursuit François dans sa lettre à sa mère, se logèrent bien près de nous, si près qu'il n'y avait qu'un fossé entre deux. Toute la nuit nous demeurâmes le cul sur la selle, la lance au poing, l'armet à la tête, et nos lansquenets en ordre pour combattre...»

Le roi profite de cette nuit pour changer la disposition de son armée et la mettre légèrement plus au sud, plus près de Marignan. De plus, il adresse un messager pour appeler en renfort l'armée vénitienne commandée par le général Alviano. Il confie l'aile droite de ses forces au duc de Bourbon, l'aile gauche au duc d'Alençon. Il n'y a, en effet, plus d'avant-garde.

*Sénéchal d'Armagnac, grand maître de l'artillerie, voici, à droite, par Clouet, Jacques Ricard de Gourdon de Genouillac, dit Galiot de Genouillac, dont les canons feront merveille à Marignan. (Musée Condé, Chantilly. Photo Holzapfel.) Un détail d'un bas-relief de Bontemps évoque le tir simultané de huit pièces côte à côte, au cours de la bataille de Marignan. (Holzapfel.)*

### 14 septembre, 4 heures du matin

La bataille reprend. Les Suisses attaquent. François, payant de sa personne, donnant de grands coups d'épée, est au milieu de la mêlée. Les troupes, commandées par le connétable de Bourbon, résistent si bien qu'elles ne peuvent être entamées. Aussi les Suisses mettent-ils tous leurs efforts à attaquer l'aile gauche et le duc d'Alençon, succombant sous le poids, est obligé de reculer. Les Suisses menacent même jusqu'aux bagages.

### 8 heures du matin

Le général Alviano, avec trois mille cavaliers vénitiens, débouche sur le champ de bataille en criant : « Saint Marc! Saint Marc! » Ils secourent aussitôt l'aile gauche française qui a fléchi et repoussent les Suisses.

### 11 heures du matin

L'infanterie vénitienne arrive à son tour, tandis que l'artillerie française, comme la veille, fait pleuvoir sur l'ennemi une pluie de boulets. Ce sont bien les canons de Galiot de Genouillac qui vont remporter la victoire. Comme l'écrira François à sa mère : « Jamais homme ne s'en servit mieux! »

Les Suisses essayent de reculer en ordre, mais ils se mettent bientôt

en fuite désordonnée, et sont poursuivis par la cavalerie — le cardinal de Sion court plus vite que les autres...

Un véritable carnage commence. Lorsqu'on peut dénombrer les morts, on trouve 16 500 tués, dont 13 000 à 14 000 Suisses. Tous les témoins sont d'accord sur ce chiffre.

Le roi l'écrit à sa mère : « Et tout bien débattu, depuis deux mille ans en çà n'a point été vue une si fière ni si cruelle bataille... Au demeurant, Madame, faites bien remercier Dieu par tout le royaume de la victoire qu'il luy a plu nous donner. »

## 14 septembre au soir

Devant son armée, François appelle Bayard :

— Bayard, mon ami, je veux aujourd'hui soye fait chevalier par vos mains, pour ce que le chevalier qui a combattu à pied et à cheval en plus de batailles entre tous autres est tenu et réputé le plus digne chevalier.

— Sire, répond Bayard, celui qui est couronné, loué et oing de l'huile envoyée du ciel et est le roi du royaume, le premier fils de l'Église, est chevalier sur tous autres chevaliers.

— Bayard, dépêchez-vous, conclut le roi.

Alors Bayard l'arme chevalier.

## 15 septembre

Milan capitule, et François s'installe à Pavie où, magnifique et glorieux, il reçoit de nombreux ambassadeurs, en particulier ceux du pape.

Léon X se montre, en effet, inquiet. Il voit déjà François aux portes de Rome et se trouve prêt à faire des concessions et à lui

*Un dessin de l'époque a laissé, du vaillant Bayard, ce visage calme et souriant sur lequel se lisent honnêteté, droiture et sang-froid. (Musée Dauphinois, Grenoble.)*

témoigner une sympathie qu'il ne ressent assurément pas. Voulant essayer de le rallier à sa propre politique, il lui envoie Louis de Canossa, évêque de Tricarico, afin d'ouvrir des négociations.

## 1^er^ octobre

Le pape essaye d'expliquer à Ferdinand la démarche qu'il a été obligé de faire auprès de François : « démarche imposée, s'excuse-t-il, par notre propre péril, celui de nos alliés, en premier lieu le vôtre même ».

## 4 octobre

Maximilien Sforza, retranché avec ses Suisses dans le puissant *Castello* de Milan, vient à composition : il se rend à Pavie pour faire sa soumission au vainqueur de Marignan. Il accepte de renoncer à ses droits sur Milan, à condition que les habitants soient épargnés et — ce qui lui importe bien davantage... — qu'il reçoive en échange de son duché une somme de 94 000 écus et une pension de 36 000 écus.

## 13 octobre

Le traité de Viterbe est signé entre François et le pape. Le roi promet d'aider Léon X à retrouver tous les biens de l'Église. La France s'engage en plus à défendre Florence et à y maintenir les Médicis. En contrepartie, le pape aidera le roi de France à conserver le Milanais et lui offre, en outre, Parme et Plaisance. Ils se rencontreront à Bologne dans six semaines.

## 7 décembre

Traité de Genève. C'est en vain que François I^er^ a essayé de rallier à lui les vaincus de Marignan en leur rappelant que Maximilien les avait déjà trahis. Mais la Suisse se montre divisée et, ce 7 décembre, le roi ne réussit à traiter qu'avec huit cantons ; les cinq autres s'abstiennent.

## 11 décembre

François, « l'air riant et joyeux », vêtu de soie noire et d'argent, entouré d'un cortège fastueux, entre dans Bologne — « Bologne la Grasse », disait-on à cette époque — où le pape réside déjà depuis quelques jours.

Vingt-deux cardinaux « habillés en leur pontificat » se sont portés au-devant du roi. Des « arcs triomphants » se trouvent à tous les carrefours. Le pape, qui est accompagné d'une véritable maison royale, d'une armée de fonctionnaires tant

*Un petit tableau sur cuivre (23,8 cm × 17,5 cm), peint à l'huile au XVI^e^ siècle, donne cette évocation de la bataille de Marignan. (Landes Museum, Zurich. Photo du musée.)*

*Charmante sans être belle, douce, pieuse, effacée, boitant légèrement, telle se présentait la fille aînée de Louis XII et d'Anne de Bretagne, Claude, qui fut donnée en mariage à son cousin François. Malgré l'amour qu'elle lui porte, le roi ne s'intéressera à cette épouse falote que par souci de sa descendance. Sept enfants naîtront en huit ans, épuisant la frêle constitution de la reine. (Musée Condé, Chantilly. Photo Jérôme da Cunha.)*

religieux que laïques, attend son hôte « en son siège, nous dit du Bellay, et le reçut comme fils aîné de l'Église, sans souffrir que le roi lui baisât les pieds, comme il était accoutumé, mais le vint embrasser ».

« Embrasser », nous dit du Bellay. En réalité, les deux souverains « se baisèrent même en la bouche ». Puis Duprat prononce un interminable discours en latin, un discours ampoulé, dans lequel il ne manque pas de faire l'éloge des Médicis :

« Bien heureux père, le roi très chrétien, les mains tendues, les bras ouverts, vénère en vous avec le plus grand respect un homme divin. Il vous dévoue et vous offre à vous et au siège apostolique toute sa puissance, ses flottes, ses armées, ses duchés... »

Le pape répond en quelques mots et appelle François le « fils aîné de l'Église », puis il l'embrasse derechef.

## 12 décembre

François et Léon X commencent à préparer le concordat qui sera signé plus tard entre la France et la papauté. Les deux souverains mettent également au point un projet de croisade contre les Turcs et envisagent les modalités d'un accord qui permettrait au pape de quitter la ligue. Il est, en effet, important pour la politique italienne de François que le retrait de Léon X devienne effectif. Aussi le roi se montre-t-il enjôleur, sert la messe et, par ses bonnes grâces, parvient à conquérir toute la cour pontificale et surtout — ce qui importait au premier chef — le pape.

De ce fait, ainsi que l'a dit fort bien Louis Madelin, François Ier, « obtenant sur le terrain diplomatique à peu près tout ce qu'il désirait, amena Léon X à proposer lui-même sur le terrain ecclésiastique ce qu'on entendait lui arracher ».

## 14 décembre

Séance solennelle de signature entre les deux puissances. Les négociations pour l'anéantissement de la Pragmatique Sanction promulguée par Charles VII en 1438 vont pouvoir commencer. Quelles sont les bases essentielles de l'accord? Désormais le clergé de France n'élira plus ses chefs : ceux-ci seront *nommés* par le roi. Le pape devra se contenter de conférer l'investiture. Le concordat de 1516 est en bonne voie. Ce même jour, le pape écrit à Ferdinand d'Aragon en lui vantant les mérites de François Ier. C'était là une volte-face complète.

## 15 décembre

Après quatre jours de fêtes ininterrompues, François quitte Bologne pour Milan. Le peintre, le savant, l'extraordinaire ingénieur, l'organisateur de spectacles et de mascarades, Léonard de Vinci, qui, à Pavie, avait fait la conquête du roi en organisant pour lui des « fêtes et machineries », accepte de quitter l'Italie pour suivre le vainqueur de Marignan au Val de Loire. Il s'installera définitivement au manoir du Clos-Lucé — c'était alors le château de Cloux — non loin d'Amboise, où François viendra souvent le visiter.

## 1516, 13 janvier

A Sisteron, le roi rejoint Louise de Savoie et sa femme Claude. Celle-ci contemple son mari avec extase. Mais le roi ne s'en soucie guère. L'œil brillant, la lèvre gourmande, François regarde toutes les

*Ce tableau de Vasari rappelle l'entrée du pape Léon X dans la ville de Florence. (Photo Giraudon.) Ci-dessous, le roi d'Aragon Ferdinand II le Catholique, peint par un artiste de l'École espagnole du XVIe siècle. (Photo Mas.)*

femmes, sauf la sienne, et ne pense qu'à l'amour. Une blessure reçue à Marignan l'a obligé à couper ses cheveux et à laisser pousser sa barbe, et toute la cour va suivre son exemple.

*Pauvres barbiers bien être morfondus*
*De voir ainsi gentilshommes tondus...*

chante Marot... Mais le reste du morceau est par trop gaillard pour être reproduit ici.

## 22 janvier

Accompagné de la reine et de Louise, François fait son entrée solennelle à Marseille, qui a réservé un accueil superbe au vainqueur.

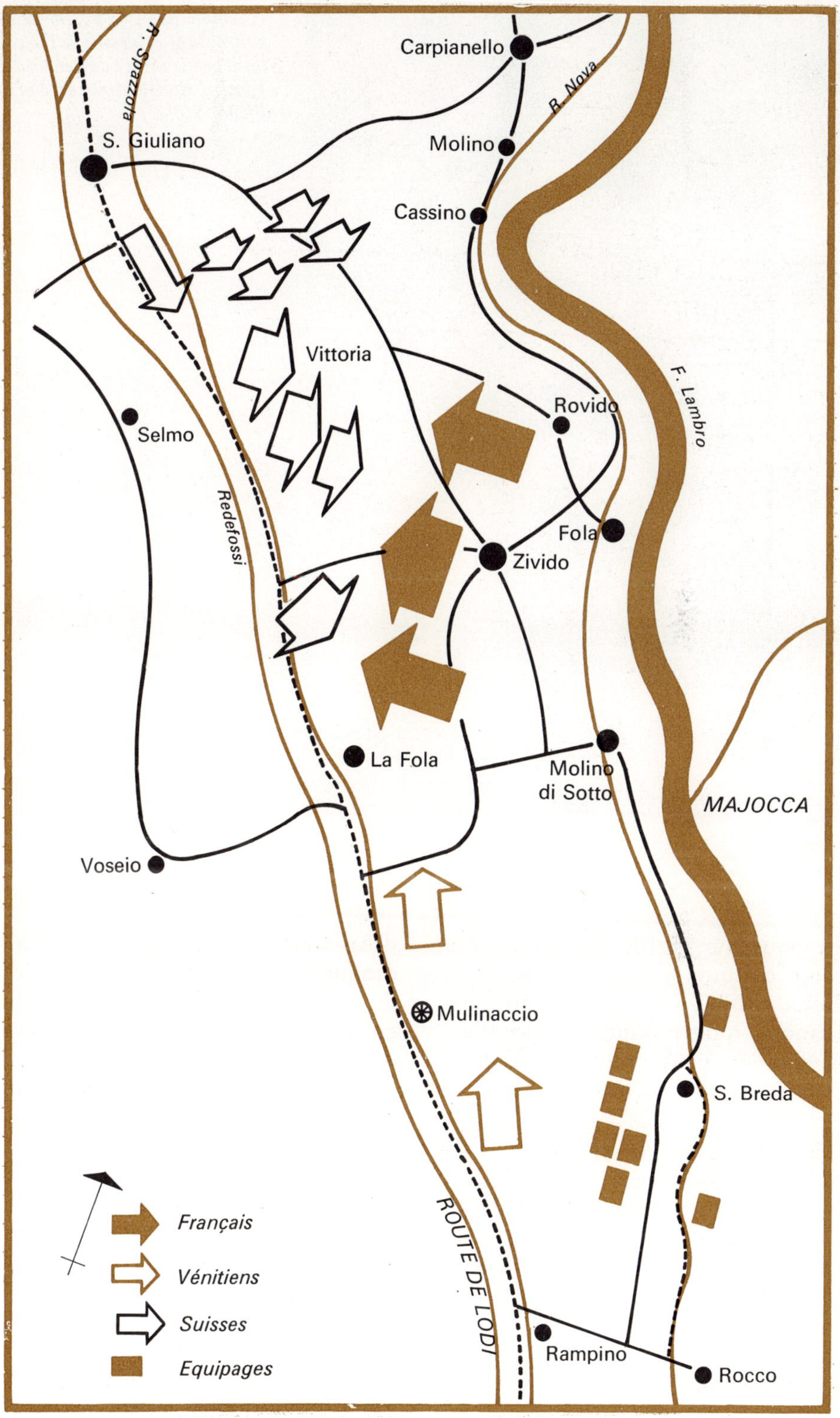


*14 septembre 1515, Marignan : les troupes en ordre de bataille.*

*Il semble que l'on puisse reconnaître dans ce dessin de l'École italienne le visage de Léonard de Vinci. (Bibliothèque de Turin. Photo Scala.)*

Le nouveau duc de Milan est vêtu d'un costume de velours argenté. Deux mille enfants en tunique blanche, quatre mille hommes d'armes, deux cents archers viennent à la rencontre du roi.

## 23 ou 24 janvier

Le soir même ou le lendemain, les Marseillais ont organisé une grande bataille d'oranges à laquelle il semble bien que François ait participé avec enthousiasme.

## 23 janvier

Mort du roi d'Espagne, Ferdinand d'Aragon, usé par des crises cardiaques. Non sans s'être fait prier, il a désigné Charles d'Autriche comme héritier de tous ses États, et confié la régence à Ximénès. Le pouvoir du jeune Charles est-il bien solide? Telle est la question que François Ier, alors à Tarascon, est en droit de se poser. Mais les Espagnols ne se montrent guère favorables à leur nouveau souverain, car ils le trouvent trop flamand. Charles d'Autriche ne risque-t-il pas aussi de voir sa mère lui arracher la Castille sur laquelle il possède d'indéniables droits? Le futur Charles Quint peut donc avoir besoin de l'aide de François et celui-ci compte

*Près d'Amboise s'élève le charmant manoir du Clos-Lucé, construit au XIVe siècle. (Photo Jérôme da Cunha.) Là demeure le souvenir de cet homme de génie que fut Léonard de Vinci. Quittant son Italie natale pour suivre François Ier en France, Vinci ne reverra jamais son pays. Vénéré par le roi qui avait pour lui les plus grands égards, il s'éteint dans l'une des chambres du manoir. A la fois artiste et savant, il est l'inventeur de ces « orgues » conservées au Clos-Lucé. (Photo Holzapfel.) Invention prodigieuse pour l'époque, elles se composent d'une succession de bouches à feu dont la réalisation pratique sera reprise, au cours de la Seconde Guerre mondiale, par les Soviétiques dans les lance-fusées multitubes dénommées « orgues de Staline ».*

bien suivre la même politique que celle employée avec Philippe le Beau, et opposer l'archiduc à l'empereur Maximilien, son grand-père.

### 22 février

Charles d'Autriche, âgé de seize ans, est reconnu roi d'Espagne par les « Cortès » de Navarre.

### 28 février

François arrive à Lyon. Il devait y séjourner trois mois qui ne furent que tournois, musique et insouciante inaction.

### mars

Depuis longtemps, l'empereur Maximilien annonçait qu'il allait entreprendre des expéditions contre le Milanais. Mais il a bien du mal à obtenir l'appui des Suisses et Henri VIII fait la sourde oreille à toutes ses propositions. Enfin, l'empereur peut mettre son projet à exécution et, en ce mois de mars, descend vers l'Italie à la tête de trente mille hommes. Il s'installe au nord de Marignan, mais l'endroit a été si bien fortifié par le connétable de Bourbon qu'au bout de trois jours Maximilien se retire et regagne l'Allemagne.

### 14 mars

A Bruxelles, Charles d'Autriche devient « Charles Ier roi d'Espagne », tout en gardant ses titres d'archiduc d'Autriche, de duc de Bourgogne et de souverain de quelques provinces des Pays-Bas.

### mars

Négociations de François avec les cinq cantons suisses dissidents. La paix générale — la grande paix — est en route.

### 1er août

A Noyon, reprise des difficiles négociations entre François et Charles d'Autriche qui avaient déjà commencé au printemps. De part et d'autre, les ambassadeurs s'affrontent avec des ambitions absolument irréalisables. Les Autrichiens osent demander un nombre de provinces représentant à peu près le cinquième de la France! Et, sans vergogne, les Français réclament de leur côté: Naples, le Roussillon, l'Aragon, la Catalogne, Majorque et Minorque, sans parler d'une somme de deux cent mille écus!

### 13 août

Finalement, le traité de Noyon est signé entre François et Charles. Les deux souverains décident avant tout de resserrer leur alliance, aussi pensent-ils à établir des liens de famille étroits : Charles d'Autriche épousera non plus Renée de France, mais Louise, une fille de François Ier, qui vient de naître. Elle aura comme dot, quand elle sera nubile, la partie du royaume de Naples à laquelle osait prétendre la France.

Le traité de Noyon reconnaît en outre la possession du Milanais à François — ce qui, pour Charles d'Autriche et maintenant d'Espagne, est une grande concession. Enfin, on décide d'un commun accord qu'une diète se réunira à Cambrai afin de régler toutes les questions en suspens entre l'empereur Maximilien et la France.

### 18 août

La bulle du concordat, dont les bases ont été jetées l'année précé-

*A gauche, l'archiduc Charles d'Autriche, semble défier le roi de France. Le peintre flamand Jan Gossaert, dit Mabuse, n'a nullement essayé de dissimuler le prognathisme du futur empereur, ni sa bouche perpétuellement entrouverte. (Musée des Beaux-Arts, Budapest. Photo Hanfstaengl-Giraudon.) A droite, sûr de lui, souriant et malicieux, tel que le représente une toile de Joos van Cleve, François paraît opposer à l'Autrichien toute l'ironie de sa brillante intelligence. (Droits de reproduction réservés.)*

dente à Bologne, est signée par le pape. Voici quels en sont les points principaux qui font, assurément, de François Ier le maître de l'Église de France. La Pragmatique — cette épine enfoncée dans l'œil de l'Église — est abolie, mais, pour ne pas mettre François dans une situation embarrassante, on décide qu'on évitera de l'abroger officiellement. En cas de vacance en France d'un archevêché ou d'un évêché, le candidat sera présenté par le roi, mais le pape ne pourra refuser de l'instituer. Pour les bénéfices consistoriaux, les candidats devront être gradués d'Université, à moins d'être de très haut rang ou de faire partie des ordres mendiants. Le pape renonce aux grâces expectatives, mais il se voit redonner le droit de percevoir l'impopulaire impôt dit des annates. Pour que le pape accepte de signer, il fallait bien lui accorder cet avantage. On ne mentionna, par prudence, cette dernière clause que dans une bulle suivante.

En matière de juridiction, tout se réglait dans le royaume même, et non plus à Rome. On n'en appelait au pape qu'après avoir épuisé tous les intermédiaires. Assurément, c'est là une victoire du gallicanisme, mais tous les pouvoirs enlevés au pape sont donnés au roi et non à l'Église de France.

François, on s'en doute, aura bien du mal à faire accepter le

concordat par le clergé gallican.
Parlement, Université, clergé lui-même s'élèveront contre le concordat, puisque le clergé perd son dernier avantage, celui d'être sollicité pour la nomination aux bénéfices. Le Parlement est furieux de ne plus avoir à s'occuper de toutes les questions de contestation en matière de bénéfices. L'Université, enfin, ne cache pas son mécontentement puisque tout son enseignement est fondé sur l'indépendance gallicane. Ainsi que l'a expliqué le duc de Lévis Mirepoix, « fermement attachés à la Pragmatique Sanction de Bourges, à la suprématie des conciles sur le pape, à la libre administration de l'Église gallicane par elle-même », les grands corps de l'État considéraient « le pape et le roi comme deux particuliers qui se seraient entendus pour léser un tiers ».

## novembre

L'activité diplomatique est intense. Les ambassadeurs français à Rome concluent une ligue, dans laquelle entrent le pape, le duc d'Urbin, Florence et tous les Médicis.

## 10 novembre

La bulle du concordat est approuvée par le concile de Latran.

## 29 novembre

Signature avec les Suisses de la paix de Fribourg qui va prendre le nom de « paix perpétuelle », et lie les treize cantons à la France. Les Suisses obtiennent de la générosité de François I^er^ quatre cent mille écus, dédommagement des frais du siège de Dijon qui — on s'en souvient — avait été promis par Trivulce trois années auparavant.

### *FRANÇOIS ET FRANÇOISE*

*La bien jolie Françoise de Foix, dame d Châteaubriant, va devenir, en ce déb du règne, le grand amour de François Ie « Car quand je pense au jour que je vis », lui écrira le roi au lendemain de première entrevue.*

*« Tous mes pensers jusqu'au plus ha [volère*
*Te contemplant et là ils demeurèrent. »*

*François jure encore — et toujou en vers :*

*« Mais toi seule es en mon endroit élue*
*Pour réconfort de cœur, corps et vue. »*

*Françoise s'abandonne et, en c termes, le fait savoir à son royal sou pirant :*

*« Ce que te veux maintenant réveller*
*C'est qu'il te plaise de garder mo [honneu*
*Car je te donne mon amour et mon cœur.*

*Françoise de Foix, dame de Jean d Laval, seigneur de Châteaubriant, éta brune.*

*« De grant beaulté, de grâces qu [attiren*
*De bon savoir, d'intelligence prompte...*

*Du moins, c'est Clément Marot qui nou l'affirme, et les témoins du temps ne contredisent point. Le mari prit tou d'abord quelque ombrage de la liaiso du roi et de sa femme. De ce fait, le contemporains le considèrent comme u mari mal élevé. Cependant, peu à peu — sauf quelques brefs accès de colère — Jean de Laval se fit une raison et accept même de partir en mission pour Nante afin d'obliger les Bretons à paye l'impôt... en réalité pour laisser champ libre au roi.*

*La liaison durera plusieurs année. Bien entendu, François, infidèle et incons tant, va souvent vers d'autres lits...*

oise de Foix, comtesse de Châteaubriant, École de Clouet. (Cabinet des estampes. Bibliothèque ale. Photo B.N.)

reconnaît avec franchise et, semble-t-il, ec regret :

Où êtes-vous allées mes belles [amourettes
hangerez-vous de lieu tous les jours ? »

Françoise sait que son amant ne peut ister lorsqu'un petit morceau de femme sse près de lui.

Car j'ai grand peur que déjà tu [commences
te servir des ailes d'inconstance... »

upire-t-elle.

Il s'en servira surtout pour papillonner us tard autour de la blonde Anne de isseleu d'Helly, un jour duchesse Étampes.

La dame de Châteaubriant s'en apercevra et s'empressera de le faire savoir au roi.

« Plus doux regards et façons assurées
Crêpés cheveux ont pris votre pensée. »

Elle essayera de se défendre. Comment le roi pouvait-il préférer à ses charmes piquants cette Pisseleu et sa fadeur blonde !

« Car la teinte noire et la noire couleur
Est de haut prix et de plus grande valeur! »

Sa chair ambrée n'est-elle pas plus jolie, plus chaude ? Tout le monde ne sait-il pas que :

« Ce qui est froid est contraire à nature » ?

Mais François ne craignait pas le froidure et trouvera piquant d'aller de la brune à la blonde... avant de choisir définitivement les « crêpés cheveux »...

*Pour remédier à l'ensablement des ports de Harfleur et Honfleur, François Ier allait créer, en 1517, dans une crique de l'estuaire de la Seine, un nouveau port doublé d'un chantier naval : le Havre de grâce. Lorsque, en 1583, le pilote royal Jacques Devaulx en exécute le relevé pour établir l'une des premières cartes connues, ce n'est encore qu'un tout petit port. (Cabinet des manuscrits. Bibliothèque nationale. Photo B.N.)*

Ils recevront encore trois cent mille écus pour les rembourser de l'expédition du Milanais, enfin, trois cent mille en échange de Lugano, de Locarno et de la vallée de la Valteline. Chaque canton recevra une pension annuelle de deux mille francs. En échange, les Suisses s'engagent à ne jamais lutter contre la France, ni contre le Milanais. Il s'agissait sans doute d'une alliance défensive, alors que François aurait souhaité une alliance offensive. Mais le mercenariat n'était-il pas un moyen de vivre pour les cantons? François savait bien qu'ils accepteraient de combattre dans son armée, se trouvant dans l'impossibilité de lutter contre lui. Et c'est ce qui se passa, en effet, puisque cette « paix perpétuelle » durera autant que la monarchie française. Les recruteurs français pourront puiser dans ce véritable marché d'hommes que constituaient les cantons helvétiques, et le dernier contingent de la garde suisse royale formera, au XIXe siècle, sous le règne de Louis-Philippe, l'embryon de la Légion étrangère.

## novembre

La lutte entre François Ier et Charles Quint pour la couronne impériale commence avant la mort de Maximilien. Le puissant et riche comte Franciscus Sickingen arrive à Amboise. Bien que n'étant pas électeur, il possède une armée de douze mille hommes, et, en échange d'une grosse pension annuelle, il promet son appui au roi en cas d'élection impériale. L'archevêque de Trèves vient, lui aussi, demander à François de se présenter. Appui compréhensible, puisqu'il représentait également les anciens fiefs ardennais, fiefs allemands de langue française.

## fin 1516

Jean de Laval-Châteaubriant et sa femme Françoise de Foix arrivent à la cour de France.

## 1517

Début des travaux de fondation du port du Havre. Dans les lettres patentes qui ordonnent la construction du port, François déclare qu'il veut « avoir un port sur la mer océane » en raison des nouvelles découvertes faites à l'Occident.

## janvier

On peut lire ce mois-ci, dans le *Journal d'un bourgeois de Paris* : « Il (François Ier) allait quasi tous les jours faire des momons en masque et habits dissimulés et inconnus... Pendant lequel temps furent traitées moult grandes choses, mais néanmoins le roi et aucuns jeunes gentilshommes de ses mignons et privés ne faisaient quasi tous les jours que d'être en habits dissimulés et bigarrés, ayant masque devant leurs visages, allant à cheval parmi la ville, et allait en aucunes maisons jouer et gaudir, ce que le populaire prenait mal à gré. »

## 5 février

François se rend au Parlement pour y tenir un lit de justice. Duprat y prononce un long discours mêlant adroitement menaces et apaisements, afin d'obliger les magistrats à enregistrer le concordat.

## 11 mars

Traité de Cambrai avec l'Autriche. Les Français sont pleins de projets aussi grandioses qu'irréalisables : ils ne proposent rien moins que de conclure un accord en vue de conquérir l'Angleterre ou de se partager l'Italie ou encore la Suisse...

Le traité est établi sur des bases beaucoup plus modestes : une pro-

*GRANDE PAIX ET TRANQUILLITÉ*

*« Après que le roy eut fait traicté de paix, alliance et confédération avec le pape Léon le Dixième, Maximilien, empereur, et Charles, roy Catholique, et tous gens d'armes retournez en leurs maisons, ce royaume de France estoit en grand paix et tranquillité, et n'y avoit pour lors aucun bruyct ou rumeur de guerre, division ou partialité. Les marchans faisaient leur train de marchandise en grande sûreté, tant par mer que par terre, et commerçoient pacifiquement ensemble Françoys, Anglois, Espaignolz, Allemans et toutes autres nations de la Chrestienté qui estoit grande grace que Dieu faisoit au peuple chrestien. »*

messe de protection mutuelle entre François, Maximilien et Charles qui se garantissent mutuellement leurs États. On évoque également un projet de croisade contre les Turcs qui menacent de plus en plus la chrétienté.

## 16 mars

Violente et bruyante manifestation de l'Université contre le concordat. Les étudiants sont parmi les plus excités. De la Sorbonne au Palais, du Palais à Notre-Dame, l'agitation gagne l'Hôtel de Ville et la Cité.

## 21 mars

Grande séance au Parlement au cours de laquelle le chancelier Duprat propose une réforme totale des monnaies, afin de les unifier. Il suggère d'interdire le cours des monnaies de mauvais aloi — telle celle du pape. On unifiera également — ou plutôt on essayera d'unifier — les poids et mesures. On le sait, c'est une autre Assemblée — mais beaucoup plus tard — qui réalisera ces séduisants projets. Le gouvernement royal estime également que les particuliers dépensent trop. Aussi leur interdira-t-on d'utiliser les draps, toiles et tissus d'or, d'argent et même de soie, ainsi que de porter des fourrures. Ces propositions ne sont pas acceptées. Ainsi que le dit Jean Barillon : « On les mectoyt en un grand sac de cuir, et depuis n'en fut parlé. Ainsi se départit ceste assemblée sans rien faire. »

## 13 mai

Par lettres patentes, le roi demande au Parlement d'enregistrer le concordat. Le Parlement commence alors une délibération menée avec une volontaire lenteur, en prétextant un examen très attentif. Les conseillers estiment que le concordat est un instrument de puissance redoutable entre les mains du roi. Par ailleurs, les accords de Bologne lèsent non seulement l'intérêt matériel des conseillers, mais également ceux de l'Université qui ne va d'ailleurs pas tarder à manifester son désaccord.

## 26 juin

Le margrave de Brandebourg signe cette convention avec François : « Nous nous attachons au seigneur François, roi des Français, duc de Milan, seigneur de Gênes, dont la renommée et l'humanité brillent dans tout l'Empire. » En échange de son aide, François I$^{er}$ lui promet en mariage Renée de France, alors âgée de huit ans, seconde fille de Louis XII.

## 24 juillet

Le Parlement rend un arrêt mentionnant qu'il faut « appeler » de la révocation de la Pragmatique Sanction et qu'il refuse d'enregistrer le concordat. Pour expliquer leur désaccord, les conseillers rédigent des remontrances qui portent d'ailleurs plus atteinte à l'autorité du pape qu'à celle du roi. Ils désapprouvent d'abord les annates. Par ailleurs, le concordat spécifiait que les « grans causes » seraient jugées en cour de Rome. C'était là, estimait non sans raison le Parlement, un trop grand pouvoir de juridiction entre les mains du pape. Enfin, en supprimant les élections, le concordat violait les droits de l'Eglise de France.

## août

Charles écrit à son grand-père Maximilien pour lui annoncer sa candidature à l'élection impériale. Maximilien accepte de l'appuyer auprès des électeurs.

## 25 septembre

François pense beaucoup plus à l'Empire qu'aux turbulences des conseillers. Il se trouve alors en Normandie et est tout heureux d'avoir obtenu en vue de l'élection l'appui de l'archevêque de Mayence.

## 31 octobre

Luther affiche ses fameuses quatre-vingt-quinze propositions à la porte de l'église de Wittenberg.

## décembre

C'est seulement à cette époque que le Parlement présente ses remontrances au roi qui se trouve à Amboise. Le roi fait attendre les conseillers, en repoussant sans cesse l'heure fixée pour l'audience.

## 1518

Briçonnet, évêque de Meaux, entreprend de réformer son diocèse. Il a une grande admiration pour l'humaniste Lefèvre d'Etaples, auteur du *Commentaire des Épîtres de saint Paul*, qui avait écrit : « Ne suivons pas les dogmes des hommes, qui n'ont pas le fondement dans la lumière qui a brillé d'en haut. Attachons-nous donc au seul Christ et à la doctrine apostolique : le reste est peut-être plus superstitieux que religieux. »

Briçonnet oblige les curés à résider dans leur paroisse et interdit aux moines d'accorder des indulgences sans permission.

## fin février

A Amboise, le roi reçoit enfin les conseillers du Parlement, mais il refuse d'entendre leurs objections. Il les renvoie en criant, fort en colère :

— Allez ! Obéissez ! Partez demain de grand matin.

## 13 mars

Léon X proclame la « croisade générale » contre les Turcs. Sélim Ier était, en effet, parvenu à s'emparer de la Syrie, de la Palestine, du Kurdistan et de l'Égypte, tandis que les corsaires Aroudj et Kheir-El-Din — Barberousse — se sont établis à Alger. Voilà les routes d'Extrême-Orient et d'Afrique à demi coupées. Le croissant s'étend et essaie de replier ses pointes pour envelopper la croix.

Cependant, les peuples ne sont guère partisans de la croisade. Ils

*NAISSANCE DU DAUPHIN FRANÇOIS, DUC DE BRETAGNE 28 FÉVRIER 1518,*

*« En ce temps, le roy est à Amboise, avecque la royne et madame sa mère, ladicte royne accouscha d'ung beaulx filz, de quoy il fut merveilleusement joyeulx, car il n'avoit point encorre eulx d'enfant...*

*« Le baptesme fut faicte au plus grande triumphe qu'ilz fut possible, et comme en tel cas appartient, car sans les princes de France, y avoit beaucoup de princes de dehors et des ambassadeurs et avoit toute la court d'Amboise tendue tout le dessus qu'ils ne povoit plouveoir dedans, et le dessoubz et tous les costez; et la fuct faictes les bancquets qui furent merveilleusement triumphants, et y fut ballez et danssés le possible. Entre aultres dames, il y avoit soixante-douze, chascune par douzaine, chacune déguisée, pour mieulx danser avoient les masques, des tambourins de mesmes. »*

*ROBERT DE FLEURANGES*

*Peint sur une écuelle du XVI^e^ siècle, un accouchement. On distingue, au fond, dans son lit à baldaquin, la mère. Au premier plan, des servantes procèdent à la toilette du nouveau-né. (Musée du Louvre. Photo François Garnier.)*

craignent à juste titre les inévitables impôts qui seraient levés pour armer les croisés, mais qui assurément, comme cela s'était maintes fois produit jusqu'à présent, auraient une autre destination. Personne ne met donc beaucoup de zèle à ouvrir sa bourse.

## 15 mars

Le premier chambellan du roi, La Trémoille, se présente devant les membres du Parlement avec un ordre formel d'enregistrer le concordat et lui assure que « le roi était merveilleusement courroucé des retards et dissimulations de ladicte court, à laquelle il luy appartenoit de commander comme à ses subjectz, et à eulx à obéyr... » Le concordat devait être enregistré et publié. « Si la cour y fait faute, répétait encore le roi, je l'en ferai repentir. »

## 18 mars

Le Parlement, humilié et irrité comme on le devine, essaie encore de défendre ses opinions, mais il va, cette même semaine, être obligé de céder. Le clergé témoigne son mécontentement en faisant lire en chaire, dans presque toutes les églises, des protestations. La Faculté de théologie déclare même « qu'on ne pouvait observer ce concordat sans grandement offenser Dieu ».

Le chapitre d'Albi ose élire un autre évêque que celui que le roi avait choisi, alors que les Parlements de Paris et de Toulouse tenaient pour le premier.

## 22 mars

Le Parlement procède enfin à l'enregistrement avec la mention : « de l'ordre exprès et réitéré du roi ».

L'Université, elle aussi, essaie de lutter. Quand il apprend l'enregistrement, le recteur interdit « aux imprimeurs d'imprimer le concordat, sous peine des privations des privilèges d'icelle Université ».

## avril

Pour soumettre l'Université, le roi présente des édits interdisant « aux recteurs, sergents et députés des Facultés, procureurs des Nations, que désormais ils ne s'assemblent pour raison et à cause des choses concernant le faict de l'état du roi, police et gouvernement de la chose publicque ».

L'Université doit se résigner elle aussi.

## 1519, 12 janvier

Mort de l'empereur Maximilien, âgé de soixante ans.

La question de l'élection impériale devient alors plus importante que la croisade contre les Turcs. Le titre d'empereur confère à celui qui le porte une autorité morale et politique considérable. A cette priorité de gloire et d'honneur devait s'ajouter pour François Ier l'indépendance pour la souveraineté du duché de Milan qui relevait du Saint-Empire. Les électeurs ne sont que sept princes, quatre laïcs et trois ecclésiastiques. Mais, au-dessous d'eux, se presse une noblesse divisée en une mosaïque de principautés, comtés, duchés, margravats, évêchés et archevêchés plus ou moins indépendants. Un grand corps dont l'empereur était l'âme.

François Ier, Charles Quint, Frédéric de Saxe et Henri VIII sont

### *LE MANIFESTE DE FRANÇOIS Ier RÉPANDU A TRAVERS L'ALLEMAGNE AU COURS DE SA CAMPAGNE ÉLECTORALE*

*« Content de ce qu'il a plu à Dieu de lui donner, le roi très chrétien, qui n'est mû par aucun motif d'intérêt ni d'ambition, n'aurait point visé à l'Empire qu'il sait lui devoir plus coûter et peser que profiter, s'il n'y avait pas été invité par ceux qui demandent à être défendus, et si son grand désir d'être utile à la chrétienté ne l'y avait point décidé. Il est jeune et à la fleur de l'âge, libéral, magnanime, expérimenté et habile à la guerre... un gros royaume où il est aimé et obéi tellement qu'il en tire ce qu'il veut... des ports et havres tant sur la Méditerranée que sur l'Océan, avec navires équipés et armés. Il a bonne paix avec tous ses voisins, en sorte qu'il pourra employer au service de Dieu et de la foi sa personne et tout son avoir sans que nul le détourne et que rien l'empêche. »*

*LE MANIFESTE DE L'ARCHIDUC CHARLES RÉPANDU EN ALLEMAGNE EN VUE DE SA CAMPAGNE ÉLECTORALE*

« *Il n'y a rien de si notoire ni plus vrai que si Dieu nous faisait cette grâce de parvenir à la dignité et majesté impériales, nous pourrions tant plus aisément exécuter le bon vouloir en quoi nous sommes, car ce que notre dit grand-père, roi d'Aragon, a fait en plusieurs années contre les Infidèles, par l'aide et puissance de cette nation germanique, nous ferions un gros exploit sur lesdits infidèles en bref temps, avec l'aide des sujets des royaumes et autres pays que possédons à présent. Car notre vraie intention et vouloir est de nourrir et mettre paix par toute la Chrétienté, et de dresser totalement notre force et puissance à la défension, conservation et augmentation de notre foi.* »

candidats. Mais les deux derniers se retirent rapidement. Henri VIII sait bien que la position géographique de son pays lui enlève tout espoir. Quant à l'électeur de Saxe, il ne serait parvenu à la pourpre que soutenu par François Ier. Il est bien regrettable que l'orgueil du roi de France l'empêche de se désister; l'intérêt du pays l'exigeait pourtant, mais François était aveuglé. Il semble partir, en effet, pour cette course au trône impérial, dans de bonnes conditions : quatre électeurs sur sept lui ont promis leur appui. L'archevêque de Trèves, le margrave de Brandebourg, le cardinal archevêque de Mayence, son frère, et le comte Palatin du Rhin.

François fait valoir plusieurs arguments en sa faveur : la proximité de la France avec les terres d'Empire, si éloignées par contre de l'Espagne. Par ailleurs, en portant le Français au trône, l'Allemagne ne serait pas livrée aux Espagnols. Descendant de Charlemagne, François se sent frère de race avec les Allemands, comme eux fils des lointains Sicambres. Par ailleurs, ne semble-t-il pas désigné par la providence pour défendre la Croix contre le Croissant?

— Trois ans après l'élection, promet-il, je jure que je serai à Constantinople ou que je serai mort!

Charles peut plus difficilement intervenir puisque ses possessions se trouvent fort éloignées les unes des autres. Il est au demeurant très jeune et, bien que né aux Pays-Bas, sa façon de vivre, ainsi que celle des Espagnols qui l'entourent, est absolument contraire à celle des Allemands. En outre, en Espagne, son autorité demeure fort discutée et François Ier, par ses agents secrets, entretient cet état de choses.

On le devine, Charles riposte sur le même ton. Il prédit aux Allemands que François Ier les maintiendra en étroite sujétion et les couvrira d'impôts, alors que lui, plus lointain, les laissera libres... Atout majeur, il met principalement en valeur son appartenance à la maison d'Autriche, donc à une race germanique. Alors que François Ier est, selon lui, un *Welche*, un étranger!

Mais le sentiment national n'entre nullement en jeu. Sauf pour Frédéric de Saxe, seul compte l'intérêt.

Bien vite, le trafic d'influence — pour ne pas dire de marchandage — est porté au plus haut point et les enchères grimpent... Les électeurs vendent et revendent leur voix au

*Vêtu de pourpre et d'or, Henri VIII chevauche parmi une escorte magnifique. (Droits de reproduction réservés.)*

*Dans le port de Douvres, à bord du « Henri grâce à Dieu », Henri VIII prend la mer et cingle vers les côtes de France où il doit rencontrer François Ier. Ce tableau anonyme, d'époque, fut longtemps attribué à Holbein le Jeune. Il en existe une copie exécutée, en 1843, par Bouterwek et conservée au Musée de Versailles. (Droits de reproduction réservés.)*

plus offrant et c'est ainsi que l'électeur de Mayence reçoit plus de cent mille florins. De ce fait, jusqu'au dernier moment, on ne sut pas très bien de quel côté se trouveraient les électeurs.

François Ier est certainement plus riche que son rival, mais Charles Quint peut compter sur l'organisation bancaire des Fugger qui lui avancent huit cent cinquante

*A droite, cette médaille de Reinhard, d'après un dessin de Dürer, fut frappée à l'effigie du nouvel empereur germanique Charles. (Münzkabinet, Munich. photo Jean Roubier.) A gauche, c'est dans un apparat extraordinaire qu'Henri VIII se rend à l'entrevue du camp du Drap d'or dont une peinture anonyme du XVIe siècle rappelle les fastes. (Droits de reproduction réservés.)*

*LE CAMP DU DRAP D'OR.*

*« Fit le roi de France faire à Ardres trois maisons, l'une dedans ladite ville, qu'il fit tout bâtir de neuf, et était assez belle pour une maison de ville et avait assez grand logis; et en cette maison fut festoyé le roi d'Angleterre. Et en fit faire ledit seigneur roi une autre hors de la ville, couverte de toile, comme le festin de la Bastille avait été fait; et était de façon comme du temps passé les Romains faisaient leur théâtre, tout en rond, à ouvrage de bois, chambre, salles, galeries, trois étages l'un sur l'autre, et tous les fondements de pierre. Toutefois, elle ne servit de rien. Or pensait le roi de France que le roi d'Angleterre et lui se dussent voir aux champs, en tentes et pavillons, comme il avait été une fois conclu; et avait fait ledit sieur les plus belles tentes que furent jamais vues, et le plus grand nombre. Et les principales étaient de drap d'or ras, et toiles d'or et d'argent. Et avait dessus lesdites tentes force devises et pommes d'or; et quand elles étaient tendues au soleil, il les faisait beau voir. »*

*« Le roi d'Angleterre ne fit qu'une maison; mais elle était trop plus belle que celle des Français et de peu de coûtance. Et était assise ladite maison aux portes de Ghines, assez proche du château, et était de merveilleuse grandeur en carrure; et était ladite maison toute de bois, de toile et de verre, et était la plus belle verrine que jamais l'on vit; car la moitié de la maison était toute de verrine et vous assure qu'il y faisait bien clair. Et y avait quatre corps de maison, dont au moindre vous eussiez logé un prince. Et était la cour de bonne grandeur, et au milieu de ladite cour, et devant la porte, y avait deux belles fontaines qui jetaient par trois tuyaux, l'un hypocras, l'autre vin, et l'autre eau, et faisait dans ladite maison le plus clair logis qu'on saurait voir...*

*« Et vous assure que si tout cela était bien fourni, aussi étaient les caves; car les maisons des deux princes, durant le voyage, ne furent fermées à personne. »*

*ROBERT DE FLEURANGES*

mille florins en exigeant 18% d'intérêt. Ainsi couvert, Charles peut remettre de bonnes lettres de change payables après l'élection, alors que François commet l'imprudence de payer avant et en argent comptant.

Il fallait s'y attendre : le papier des Fugger l'emportera sur le trésor de François Ier.

## 28 juin

A la diète de Francfort, Charles est proclamé empereur et devient « Charles Quint ». François prend sa défaite avec bonne humeur et ne semble même pas inquiet :

— L'Empereur ne m'épouvante pas, car il n'a pas d'argent.

## 1520 30 mai

François Ier quitte Montreuil pour se rendre au camp du Drap d'or où il doit retrouver le roi Henri VIII. Il avait, en effet, été convenu par le traité signé à Londres au mois d'octobre 1518 que les deux souverains se rencontreraient entre Boulogne et Calais.

### 31 mai

Henri VIII quitte Douvres à bord de son navire : l'« *Henri grâce à Dieu* ». La politique d'Henri VIII et celle de son ministre, le cardinal Wolsey, sont d'éviter que François Ier et Charles Quint ne s'unissent et, d'autre part, d'empêcher que l'un devienne beaucoup plus puissant que l'autre. Cependant, ses sympathies se portaient vers Charles Quint, et cela d'abord parce qu'il était son oncle par sa femme Catherine d'Aragon, mais surtout parce que, sous sa carcasse épaisse, la jalousie le tenaille lorsqu'il pense au faste et à l'élégance de François Ier.

### 7 juin

Ce sont les débuts du camp du Drap d'or, dont les tentes se dressent entre Guines et Ardres. Anglais et Français y rivalisent de magnificence.

Le camp français est composé de quatre cents tentes doublées de drap d'or et resplendissantes de draperies d'argent et de soie.

La tente du roi se compose de quatre pavillons dont l'un, d'une très grande hauteur, est surmonté d'une statue de saint Michel combattant le dragon.

### 9 juin

Pour que règne plus de confiance, François Ier vient rendre visite incognito à Henri VIII. François prend seulement avec lui deux gentilshommes et un page et se dirige vers le château de Guines, demeure du roi d'Angleterre. Grande fut la stupéfaction des deux cents archers qui gardent le pont de Guines. Ils laissent passer François qui, quelques instants plus tard, fait irruption dans la chambre « du roi son frère » qui dormait encore. « Et ne fut jamais homme plus ébahi que le roi d'Angleterre ».

— Mon frère, déclare-t-il à François, vous m'avez fait meilleur tour que jamais homme fit à l'autre et me montrez la grande fiance que je dois avoir en vous; et de moi, je me rends votre prisonnier dès cette heure et vous baille ma foi.

Et il défit de son col un collier qui valait quinze mille angelots et pria le roi de France « qu'il le voulût prendre et porter ce jour-là pour l'amour de son prisonnier ».

François tend alors à son « prisonnier » un bracelet de trente mille angelots et lui demande de bien vouloir le porter pour l'amour de lui, « laquelle chose il fit et le lui mit au bras ».

— Vous n'aurez point d'autre valet de chambre que moi, s'exclame alors François qui chauffe la chemise du roi d'Angleterre et la lui donne au moment où il se lève.

Le lendemain, Henri VIII rend la pareille à François.

### 11 juin

Les joutes commencent. Les seigneurs et les dames — au total cinq mille cent soixante-douze personnes — se sont parés avec un luxe incroyable d'où la phrase si souvent répétée « qu'ils portaient leurs champs et leurs domaines sur leurs épaules ». Ce jour-là, le roi d'Angleterre prend le roi de France par le collet et lui dit :

— Mon frère, je veux lutter avec vous.

« Et lui donne une attrape ou deux, et le roi de France, qui est un fort bon lutteur, lui donna un tour et le jeta par terre et lui donna un merveilleux saut. Et voulait encore le roi d'Angleterre relutter, mais tout cela fut rompu et fallut aller souper... »

*Puissant, athlétique, raffiné, Henri VIII va savoir opposer à son rival français un luxe dont l'un de ses portraits, exécuté dans l'atelier d'Holbein le Jeune aux alentours de 1535, laisse entrevoir la splendeur. La mode, il est vrai, se prête admirablement à l'étalage des étoffes somptueuses dans lesquelles est coupé le sayon à longues basques disparaissant en partie sous la vaste dogaline qui élargit à l'extrême des épaules que le Tudor avait déjà fort importantes. (Walker Art Gallery, Liverpool. Photo Walker Art Gallery.)*

### 15 juin

La bulle *Exsurge Domine* condamne Luther.

### 24 juin

François Ier et Henri VIII se séparent. Ils n'ont abouti qu'à la conclusion d'un vague accord où il est surtout question de paiements que François s'est engagé à faire deux années auparavant.

### 14 juillet

En revenant du camp du Drap d'or, Henri VIII rencontre Charles Quint à Gravelines. L'entrevue est plus simple mais plus cordiale. Un traité secret — et infiniment plus sérieux — est signé entre les deux souverains, qui promettent de se revoir et de parler ensemble de leurs intérêts... formule quelque peu ambiguë permettant à Henri VIII d'affirmer qu'il n'a pas signé d'alliance et qu'il demeure fidèle à ses engagements avec les Français.

### 22 octobre

Acclamé par « son peuple », Charles Quint, qui doit être couronné le lendemain « roi des Romains », fait une entrée solennelle dans Aix-la-Chapelle. Son cortège défile à travers la ville durant plus de cinq heures.

### fin 1520

Le pape signe un traité secret avec François Ier qui, pour obtenir cette alliance, accepte de très lourdes concessions. Mais Léon X ne tiendra pas longtemps compte de l'accord qui le lie au roi de France : assez rapidement il se retourne vers Charles Quint. Il accepte son élection à l'Empire, alors qu'il a promis à François de ne jamais reconnaître le nouvel empereur. Mieux, il lui accorde l'investiture de Naples.

### 1521, 6 janvier

« Environ quatre heures après midi, écrit Louise de Savoie dans son journal, mon fils fut frappé d'une mauvaise bûche sur le plus hault de ses biens, dont je fus désolée. »

C'est à la tête que le roi a été blessé. En ce jour des rois, il s'est amusé, en effet, à attaquer avec ses compagnons la maison de Saint-Pol. « Et parce qu'il faisait grandes neiges, raconte du Bellay, mondit sieur de Saint-Pol fit grande munition de pelotes de neige, de pommes et d'œufs pour soutenir l'effort. Etant enfin toutes armes faillies pour la défense de ceux de dedans, ceux de dehors forçant la porte, quelque mal advisé jeta un tison de bois par la fenêtre, et tomba ledit tison sur la tête du roi, de quoi il fut fort blessé. »

### 27 janvier

Le désordre qui règne en Allemagne demeure pour Charles Quint un problème autrement plus important à résoudre que ceux divisant l'Espagne. A la diète qu'il a réunie à Worms il règle la composition et les attributions du conseil de régence et de la chambre impériale. C'est au cours de cette diète de Worms que Luther refusa d'abjurer ses idées.

Ce même mois, Charles Quint, créant ainsi une dyarchie, abandonne à son frère l'Autriche, la Styrie, la Carinthie, le Tyrol et le nomme son lieutenant général en Allemagne. Quant au gouvernement des Pays-Bas, il le confie à sa tante Marguerite.

# LE CHEMIN DE PAVIE

## 1521, mars

François Ier commence les hostilités contre Charles Quint. Il envoie d'abord ses alliés Robert de la Marck, prince de Sedan, contre le Luxembourg, et charge Henri d'Albret d'attaquer la Navarre. Ce ne sont certes point là de grandes alliances auxquelles François aurait pu prétendre. Au moment où s'engage la guerre ouverte contre le nouvel empereur, le roi de France n'a donc pas trouvé d'alliés sûrs. A-t-il au moins un trésor suffisant pour soutenir de longues hostilités? Il n'en est rien : « Pour être le plus fort et passer partout, il faut avoir infiniment d'argent », soupirait François Ier. Or, les impôts rentrent mal, et le roi en est déjà réduit aux expédients.

## 5 avril

L'Université de Paris, puis la Faculté de Théologie condamnent solennellement les doctrines de Luther.

## 28 avril

Mort de Suzanne, fille d'Anne de Beaujeu et femme du connétable de Bourbon, le plus puissant seigneur du royaume, plus puissant même que François. Il aime l'or encore plus que le roi, refuse de se servir pour son usage personnel d'autres instruments que ceux qui ne seraient pas en or. La succession de Suzanne, bien qu'elle ait testé en faveur de son mari, apparaît comme inextricablement compliquée. Les biens du connétable sont immenses : duché de Bourbon, d'Auvergne et de Châtellerault, comté de Clermont en Beauvaisis, de Montpensier, de Forez, de la Marche, de Gien et de Clermont en Auvergne, vicomté de Carlat et de Murat, seigneurie de Beaujolais, de Combrailles, de Mercœur et quantité d'autres domaines qu'il serait fastidieux d'énumérer.

Une partie de ces terres proviennent en propre de la famille de Bourbon, d'autres de pays apanagés par la couronne de France.

*Comment ne pas percevoir, dans cet étonnant portrait de François Ier, toute la magnifique intelligence du roi de France, toute sa rouerie politique, mais aussi son amour de la vie, sa soif intense des plaisirs ! Le regard, dans l'œil allongé en amande, brille de ruse et d'astuce. La bouche, gourmande et sensuelle, sourit ironiquement sous le nez tombant qui la rejoint presque. (Musée du Louvre. Archives photographiques.)*

Or, Suzanne ne laisse pas d'héritiers, les trois enfants qu'elle a eus de son époux sont tous trois morts en bas âge. Mais la mère de François Ier, Louise de Savoie, est la propre cousine germaine de Suzanne. En effet, le grand-père Charles Ier de Bourbon avait eu un fils Pierre qui avait épousé Anne de France, fille de Louis XI, tante de Louise de Savoie. Belle occasion pour François Ier de réclamer à un double titre les biens apanagés en faisant valoir les droits éminents de la Couronne.

D'autant plus que le connétable parle alors de se remarier avec la sœur de Charles Quint. On pouvait certes reprocher au duc de Bourbon de rechercher l'alliance autrichienne. On a même déjà parlé à cette époque de trahison. C'est quelque peu excessif! N'est-ce pas là une attitude compréhensible, alors que François et sa mère voulaient lui retirer des biens qui, en toute justice, lui appartenaient ? Par ailleurs, n'était-il pas quelque peu prince-souverain de la principauté de Dombes? Par la suite, sa conduite sera infiniment moins excusable. On a dit que l'opiniâtreté avec laquelle Louise de Savoie voulait battre le connétable était due au fait que cette veuve ardente aurait été amoureuse de Bourbon et qu'elle aurait voulu se remarier avec lui. Les témoignages à ce sujet sont contradictoires, mais Paulin Paris, qui nie complètement le fait, admet que « l'opinion ne put se défendre de le penser ». François Ier et Duprat vont décider d'abattre le connétable en restant dans les lois, et de lui intenter un procès.

## mai

François signe un traité avec douze cantons suisses par lequel toute latitude lui est donnée pour lever des troupes. Il a besoin de l'aide helvétique pour combattre l'infanterie espagnole assurément plus puissante que la sienne. Par ailleurs, les Suisses promettent de le seconder, afin qu'il puisse garder Milan et Gênes. Le roi de France commet l'erreur de lancer ses propres troupes dans la guerre. Il aurait dû attendre que la diète de Worms se soit séparée, afin qu'elle ne puisse voter des subsides que Charles Quint va lui demander.

## 30 juin

L'incapable Lesparre, qui ne doit son commandement qu'à l'influence de sa sœur, Mme de Châteaubriant, est parvenu à s'emparer de la Navarre espagnole, mais il ne réussit pas à entrer en Castille et, le 30 juin, il est vaincu à Esquirros. La Navarre redevient espagnole.

Dans le Nord, les Français enregistrent également des échecs. François Ier se décide alors à négocier et demande à Henri VIII de servir de médiateur.

## 4 août

Les négociations s'ouvrent à Calais, présidées par le chancelier d'Angleterre Wolsey. François Ier s'est fait représenter par Duprat, et Charles Quint par Gattinara, un homme qui hait cordialement la France. Les deux partis désirent la paix, mais y mettent des conditions impossibles. Wolsey, favorable à Charles Quint, estime que les Français ont le plus besoin de la paix, et que de ce fait c'est à eux à faire des concessions. Au cours des discussions, Duprat a la manie d'offrir sa tête pour témoigner de sa bonne foi, ce qui permet à Gattinara de s'exclamer galamment :

— Le chancelier de France se

montre fort libéral de sa tête, encore que j'en eusse préféré une de porc.

### 26 septembre

D'Orval, lieutenant du roi en Champagne, et Bayard font des miracles en fortifiant, en « remparant » et approvisionnant rapidement Mézières, assiégé par les Impériaux.

— Comment, Messieurs, aurait déclaré Bayard en arrivant à Mézières, nous sera-t-il reproché que par notre faute cette ville soit perdue, vu que nous sommes si belle compagnie ensemble et de si gens de bien? Il me semble, quand nous serions en un pré, et que devant nous eussions un fossé de quatre pieds, que nous combattrions encore un jour entier avant que d'être défaits; et, Dieu merci, nous avons fossé, muraille et rempart, où je crois, avant que les ennemis mettent le pied, beaucoup de leur compagnie dormiront au fossé.

« Bref, nous dit le *Loyal Serviteur*, il donnait tel courage à ses gens qu'ils pensaient tous être en la meilleure et plus forte place du monde. »

Et les Impériaux, ce 26 septembre, lèvent le siège.

Après le succès des troupes françaises, François Ier aurait certes pu remporter une grande victoire militaire sur Charles Quint, mais il ne sut pas profiter de la situation. Au même moment, en Italie, Lautrec, autre frère de Mme de Châteaubriant, perd Milan, Parme et Plaisance. Devant ces échecs des Français — on le devine — les prétentions de Charles Quint, au cours des négociations, augmentent d'autant.

### 9 novembre

La Sorbonne poursuit le théologien Lefèvre d'Etaples devant le Parlement. Mais François Ier, averti par Budé, arrêtera le procès.

### 22 novembre

A Calais, Wolsey abandonne peu à peu les Français, tandis que Gattinara revendique avec violence la Bourgogne comme héritage du Téméraire, la Provence et Arles, comme ayant fait partie d'anciennes terres d'Empire.

Aucun dialogue n'est possible et c'est l'échec de la conférence qui se sépare.

### 24 novembre

Un traité offensif est signé contre François par Henri VIII, Charles Quint et Léon X dont ce sera le dernier acte.

### fin novembre

Après la mort de Léon X, c'est un ancien précepteur de Charles Quint qui est élu et prend le nom d'Adrien VI. C'est là un nouvel échec pour François.

### 1522, janvier

Le procès du connétable s'ouvre devant le Parlement. Il paraît certain que la haute cour de justice, toujours soucieuse de défendre les privilèges de l'État, se proposera de donner raison au roi. Mais les conseillers du Parlement ne se montrent guère pressés. Ils examinent le litige pendant toute l'année et ce n'est qu'au mois d'août 1523 qu'ils rendront un arrêt en faveur du roi.

### 29 avril

L'armée française est battue à la Bicoque. « La Biccoca, nous dit

*Odet de Foix, vicomte de Lautrec, reçoit l'hommage de l'un de ses vassaux. La dureté du gentilhomme soulèvera contre lui les habitants du Milanais. (Cabinet des manuscrits. Bibliothèque nationale. Photo B.N.)*

du Bellay, était la maison d'un gentilhomme, circuite de grands fossez, et le circuit si grand qu'il estoit suffisant pour mettre vingt mille hommes en bataille. » Colonna s'y fortifie et Lautrec estime plus prudent de ne pas attaquer la place. « Argent, congé ou bataille », lui déclarent les capitaines des mercenaires suisses, dont la solde n'a pas été réglée. Lautrec s'incline et c'est la défaite. Deux mille morts demeurent sur le terrain et le duché de Milan est perdu pour le roi de France, ainsi que Lodi et Crémone. Seules quelques forteresses restent aux Français.

Le roi fait à Lautrec mauvais visage et le capitaine de s'en étonner.

— J'en ai grande occasion, répond François, puisque vous m'avez perdu un tel héritage que le duché de Milan!

— Non, réplique hardiment Lautrec, ce n'est pas moi qui l'ai perdu, mais bien Votre Majesté!

Lautrec avait, en effet, à plusieurs reprises, demandé de l'argent.

— Mais ne vous ai-je pas fait envoyer quatre cent mille écus lorsque vous me les avez demandés? s'écrie le roi.

— Et moi, je n'ai jamais vu la somme, affirme Lautrec, mais seulement ces lettres en lesquelles on m'en promettait l'envoi.

On fait venir Semblançay.

— Effectivement, dit celui-ci, j'ai reçu du roi commandement d'envoyer la somme, et l'ai réunie. Mais quand elle fut prête à envoyer, Madame la Régente l'a réclamée.

Louise de Savoie affirme n'avoir donné aucun ordre de ce genre. Mais ce n'en est pas moins la régente qui a tout fait pour que le roi abandonne sa chimère italienne.

## 21 mai

L'autre frère de Françoise de Châteaubriant, Lescun, capitule dans Crémone assiégée.

## 22 mai

Charles Quint fait son testament à Bruges. Il pense certainement encore à récupérer la Bourgogne, car il demande à être enterré aux Chartreux de Dijon, avec ses ancêtres bourguignons.

## 22 septembre

François Ier crée les premières rentes sur l'Hôtel de Ville de Paris, une « initiative, nous dit le duc de Lévis Mirepoix, qui eut un grand succès social et donna naissance à toute une classe de citoyens modestes, qui, voyant assuré le sort de leurs petites épargnes, formèrent par leur nombre et leur zèle une des plus solides armatures de la chose publique ».

Mais ce moyen détourné pour renflouer le trésor ne suffit point, aussi augmente-t-on les tailles, et François se trouve par ailleurs obligé d'emprunter à quelques grandes familles qui détiennent toutes les charges financières, telles que les Briçonnet ou les Bohier.

Mais le plus grand et le plus riche de tous demeure le financier Jacques Beaune de Semblançay, qui, sans en avoir le titre, est le véritable surintendant des finances du royaume. François et Louise de Savoie lui confient également leur propre argent, sans se tenir beaucoup au courant des comptes de Semblançay. Si bien qu'ils lui demandent toujours d'ouvrir sa bourse, sans chercher à savoir si leur « surintendant » peut leur fournir des subsides.

### 14 novembre

Anne de Beaujeu meurt en léguant tous ses biens à son gendre Bourbon, et en lui conseillant de rechercher l'alliance de Charles Quint. François Ier saute sur l'occasion. Sans plus se préoccuper du procès toujours en cours, il fait don à sa mère de la haute et basse Marche, des vicomtés de Carlat et de Murat. Ne s'arrêtant pas en aussi bon chemin, il met tous les autres domaines du connétable sous séquestre royal. C'est là un coup de force dangereux, car le roi pousse ainsi Bourbon à bout — et cela dans un moment particulièrement critique pour la France. Le duc entame donc des négociations avec Charles Quint qui lui promet des agrandissements de son domaine vers la Provence et la Champagne, et s'engage à lui faire épouser sa fille et à lui verser deux cent mille écus. Bourbon, en espérant entraîner avec lui un parti important de gentilshommes, caresse le projet de constituer ainsi un véritable royaume.

### 1523, 17 janvier

François ordonne qu'une commission soit constituée pour vérifier tous les comptes de Semblançay qui a fâcheusement confondu sa propre bourse avec le trésor royal. C'est ce que Fouquet fera plus tard.

### 18 juillet

Le connétable de Bourbon et Charles Quint signent un accord. Bourbon devient l'allié de l'empereur « envers et contre tous, sans excepté personne » — autrement dit, le roi François. Voilà l'ennemi « dedans les entrailles » du royaume. Bien plus, les deux compères envisagent déjà un partage de la France. A l'empereur sont dévolus la Bourgogne, la Picardie et Paris; à Henri VIII, la Champagne, le Poitou, tandis que la Provence sera destinée au Connétable. Le royaume serait ainsi écartelé.

### été

Durant toute l'année, on se bat contre les Impériaux et les Anglais qui ont envahi le royaume. Le duc de Guise parvient à refouler les soldats de Charles Quint, alors que les Anglais, en dépit du courage de La Trémoille et d'Antoine de Créquy, vont jusqu'à menacer Paris. Ils atteindront seulement Pont-Sainte-Maxence, mais certains bourgeois parisiens s'enfuiront, les autres renforceront le guet et tendront des chaînes aux carrefours.

### 8 août

Premier martyr de la Réforme, Jean Valière, religieux de Livry, est brûlé vif à Paris, devant la butte aux Moulins.

### 17 août

Le roi apprend que Bourbon a promis à l'empereur de lever six mille lansquenets et trois cents hommes d'armes. François, qui n'ose croire à pareille trahison, décide d'aller voir le connétable à Moulins, lequel se déclare souffrant et reçoit le roi alité.

— Monsieur de Bourbon, lui dit François, je suis averti que vous avez intelligence avec l'empereur et les Anglais. Je suis bien assuré de la bonne affection que vous portez à la couronne de France, et je pense bien que vous n'avez écouté ces propos pour mauvaise volonté que vous porteriez à moi ni au royaume, car vous êtes sorti de ma maison, vous

*Ce visage maigre et tourmenté, aux joues creuses, au regard inquiet, est celui de Charles III, huitième duc de Bourbon, tel que le reproduit un dessin de l'école de Jean Clouet. (Musée Condé, Chantilly. Photo Giraudon.)*

en êtes si proche. Mais désespoir et crainte de perdre votre état peuvent avoir troublé la bonne amitié et l'affection que vous avez toujours portées envers votre prince et seigneur. Mettez hors de votre fantaisie de telles idées qui vous troublent. Je vous assure qu'au cas que vous perdriez votre procès contre moi et contre madame ma Mère de vous restituer tous vos biens. Et tenez-vous préparé pour m'accompagner en mon voyage d'Italie. Je vous prie, s'il est vrai, dites-le-moi, et je vous pardonne de bon cœur et ne vous désespérez point, je vous serai toujours ami.

— Sire, ose affirmer Bourbon, ceux qui vous en ont averti ont faussement menti, car je suis votre bon sujet et léal serviteur. Bien vous confesse que ledit Adrien de Crouy, seigneur du Ru, m'a recherché de la part de l'empereur, mais je n'ai jamais voulu y prêter l'oreille, et j'ai bien eu en pensée de vous avertir au premier lieu que je vous parlerais. Toutefois je ne l'ai voulu mettre en la bouche d'autrui. Et le plus grand regret que j'ai à ma maladie, c'est que je ne puis aller avec vous. Mais je vous assure que les médecins me promettent que dedans peu de jours je pourrai aller en litière. J'irai faire le voyage avec vous, y dussé-je aller en une litière, et ne faudrai à me trouver à Lyon, auprès de Votre Majesté.

## 6 septembre

Bourbon ne se rendra pas à Lyon. Il traite avec l'envoyé d'Henri VIII, intrigue, et va s'enfermer dans sa forteresse de Chantelle.

## 8 septembre

Prévoyant sans doute qu'on viendrait l'arrêter, le connétable prend la fuite et, sous un déguisement de valet, se rend en Franche-Comté en ne se déplaçant que la nuit.

## 11 septembre

François signe l'ordre ordonnant l'arrestation du connétable de Bourbon, tandis que celui-ci envoie cette lettre au roi, signée de sa main : « Qu'il plaise au roi faire rendre les biens de feu M. de Bourbon, il promet de le bien et loyaument servir, et de bon cœur, sans lui faire faute, en tous endroits où il plaira audit seigneur toutes et quantes fois qu'il lui plaira; et de cela, il l'en assurera jusqu'au bout de sa vie; aussi qu'il plaise audit seigneur pardonner à ceux auxquels il veut mal pour celui affaire. »

## fin septembre

Bonnivet, à qui François avait confié une de ses meilleures armées, entre dans le Milanais et fait le siège de Milan.

## 9 octobre

Le connétable de Bourbon arrive à Besançon.

## début novembre

Les Anglais, décimés par quelque épidémie, sont contraints de s'en retourner chez eux.

*Une gravure de Philipp Galle, d'après un dessin de Stradanus, a laissé cette intéressante image de l'un des navires utilisés par les premiers navigateurs : il semble qu'il s'agisse d'une caraque haute sur l'eau, aux gaillards d'avant et d'arrière très élevés, armée de trois mâts et pourvue de pièces d'artillerie. Il est vraisemblable que cette caraque, qui porte sur sa voile de hune les armes des jésuites, ait été l'un des navires armés par la Compagnie de Jésus à la fin du XV^e siècle. En dessous, le grand navigateur florentin Giovanni da Verrazano se mettra, au service du roi François I^er. (Cabinet des estampes. Bibliothèque nationale. Photo B. N. et Jérôme da Cunha).*

## décembre

Arrestation des principaux complices du connétable de Bourbon : Saint-Vallier, Aymar de Prie et d'Escars.

Ils sont envoyés devant le Parlement de Paris.

## 28 décembre

Mort de Prospero Colonna qui commande les troupes de l'empereur en Italie.

Il est remplacé par Charles de Lannoy qui prend la tête d'une armée beaucoup plus forte que celle que peut lui opposer François. Les Autrichiens ont en outre l'appui des armées du pape et des Vénitiens.

## 1524, janvier

François charge le Florentin Giovanni da Verazzano, un des meilleurs pilotes du grand armateur dieppois Jehan Ango, d'explorer les côtes du

## *LA MORT DE BAYARD, 30 AVRIL 1524*

*Les Impériaux ont repris l'offensive en Italie, et les Français abandonnent Milan. Bonnivet est blessé. Bayard commande l'arrière-garde d'une pauvre armée épuisée. «Le bon chevalier, raconte le Loyal Serviteur, assuré comme s'il eust en sa maison, faisoit marcher les gens d'armes et se retiroit le beau pas, toujours le visage droict aux ennemys et l'espée au poing, leur donnoit plus de crainte que ung cent d'autres. Mais, comme Dieu le voulut permettre, fut tiré un coup de hacquebuze dont la pierre le vint frapper au travers des rains et lui rompit tout le gros os de l'eschine. Quand il sentit le coup, se print à crier : « Jésus ! » Et puis dit : « Hélas ! mon Dieu, je suis mort. » Si print son espée par la poignée et baisa la croisée en signe de la croix et en disant tout hault : « Miserere mei Deus... » Il se fait étendre au pied d'un arbre, le visage tourné vers l'ennemi, ne retient auprès de lui que Jacques Joffrey, son maître d'hôtel.*

*— Messieurs, retirez-vous, dit-il à tout le monde, je demeurerai ici le dernier, car je suis mort et veux icy mourir.*

*Mais ses compagnons ne veulent pas l'abandonner.*

*— Retirez-vous-en, répète Bayard, car voici les Espagnols qui viennent et vous pourriez avoir mal pour moi. Car quelque chose qu'on me die, je ne partirai point d'ici.*

*Ils insistent en vain, et ne se retirent qu'en voyant les Espagnols approcher. Une tente est dressée au-dessus de lui. Durant trois jours, il agonise. Les capitaines espagnols l'entourent. Alors — mais quel enfant de France ne sait la suite ? — le duc de Bourbon le vient trouver, et lui dit qu'il a grande pitié de lui, « le voyant en cet état, pour avoir esté si vertueux chevalier ». Le capitaine Bayard luy fait réponse :*

*— Monsieur, il n'y a point de pitié en moy, car je meurs en homme de bien. Mais j'ay pitié de vous, de vous veoir servir contre vostre prince, et vostre patrie, et vostre serment. »*

*Quelques minutes plus tard, Bayard rendait l'âme.*

*Une édition des « Gestes, ensembles, vie de preulx chevalier Bayard, avec sa généalogie », par Symphorien Champier, s'ouvre sur ce bois gravé représentant le valeureux capitaine à cheval, harnaché de sa lourde armure. Accroché à une branche d'arbre, se trouve son écu timbré à ses armes. (Département des imprimés. Bibliothèque nationale. Photo B.N.)*

Nouveau Monde et de faire une relation de son voyage.

### 17 février

Jean de Poitiers, sire de Saint-Vallier — père de Diane de Poitiers — a été condamné à mort et doit être exécuté ce jour-là. Mais, sur l'échafaud, « la rémission du roi » lui est accordée à la demande de son gendre, Louis de Brézé. Diane ne concéda certainement aucune faveur au roi en échange de la vie de son père, ainsi que l'a affirmé la légende.

### 8 mars

Le procès du connétable de Bour-

estes ensemble la vie du
ualier Bayard: auec sa genealo-
sons aulx anciens preulx chena-
x: Israelitiques: et chrestiēs. En
ons: lamētatiōs: Epitaphes du
Bayard. Contenant plusieurs
s roys de France. Charles. viij.
Frācoys premier de ce nom.

Champier.
dits liures a Lyon en rue merciere a lensei-
aptiste en la maison de Gilbert de Villiers.
Cum Priuilegio.

bon commence devant le Parlement de Paris.

## 8 mai

François Ier adjoint aux juges du connétable quelques membres des Parlements de province. Bourbon sera donc jugé par une commission extraordinaire.

## 11 mai

Semblançay s'était sans doute très bien défendu, car la commission chargée de le juger le déclare inattaquable. François Ier n'est pas satisfait de cet arrêt qui l'empêche d'abattre l'oligarchie financière. Il ne se tient pas pour battu, puisque, quelques années plus tard, il constituera de nouveau une commission.

## 30 juin

Bourbon pénètre en Provence, et marche sur Toulon et Marseille.

## 26 juillet

La reine Claude — la douce reine qui donna son nom à une prune — rend le dernier soupir, en léguant au roi — et, après, à son fils — son duché de Bretagne. Le roi s'en fit « un grand deuil, nous rapporte Florange, aussi fit madame sa mère et toute la compagnie. Et sur ma foy, il avait raison, car c'estoit l'une des plus honnestes princesses que la terre portât oncques et la plus aymée de tout le monde, des grans et petis, créant que si celle-là n'est en paradis, que peu de gens iront... »

## 5 août

Le connétable est devant Marseille. Pendant ce temps, François descend vers le sud par Lyon et Vienne.

## 8 août

Aix-en-Provence se donne à Bourbon.

## 23 août

Le connétable ouvre le feu sur

Marseille. Cependant, voyant l'arrivée de l'armée royale, les troupes du connétable refusent de donner l'assaut à Marseille, et celui-ci doit battre en retraite très rapidement en direction de Nice et de l'Italie.

François est maintenant tout à ses préparatifs de départ pour l'Italie, l'espoir chevillé au cœur d'un nouveau Marignan qui aurait bien arrangé ses affaires. Il espérait revenir d'au-delà des monts assez puissant pour régler à la fois le problème de la Réforme, le procès du connétable qui traîne toujours en longueur, l'oligarchie financière, enfin, qui n'est toujours pas affaiblie.

### 1er octobre

François arrive à Aix et admire ses forces. Il aura sous ses ordres quatorze mille Suisses, six mille lansquenets, dix mille hommes de pied français et italiens, environ mille cinq cents hommes d'armes et une puissante artillerie.

### 4 octobre

Poussé par Bonnivet, le vaincu de l'an dernier, le roi François, après avoir harangué ses troupes, quitte Aix et prend à marche forcée le chemin de Briançon... Car il ne s'agit pas de muser! Il faut gagner Bourbon et ses Impériaux de vitesse. Se trouver à Milan avant eux! Telle est sa décision! Charles Terrasse l'a démontré : le roi est comme entraîné par son mauvais génie, et son départ prend figure d'escapade.

### 12 - 15 octobre

L'artillerie de Galiot de Genouillac escalade les montagnes « de neige revetues », et le col du Mont-Genèvre assiste au passage des lourds canons de bronze marqués de la salamandre. Toute l'armée marche vers Turin. François regarde défiler son armée. Ivre d'orgueil, il se croit rajeuni de dix ans. Le roi contemple l'étonnant spectacle : ce torrent d'hommes et de chevaux bardés de fer, toute cette presse qui débouche des hautes gorges et s'écoule vers la plaine! Charles de Lannoy, ce Belge-Espagnol, ce vice-roi de Naples qui commande l'armée de Charles Quint, se trouve à Milan, mais les Milanais qui, en un quart de siècle, ont changé douze fois de maître, se refusent à prendre les armes ; ils trouvent plus simple d'envoyer au roi de France les clés de leur ville.

### novembre

Le destin pousse le roi François vers une ville aux cent tours, campaniles et clochers, la vieille capitale lombarde, l'antique cité de Théodore le Grand et de Frédéric Barberousse, qui a été sienne il y a dix ans : Pavie, assise sur la rive gauche du Tessin et fortement tenue par les Espagnols.

### 6 novembre

Les gros canons de Galiot ouvrent le feu sur Pavie où s'est enfermé l'énergique et courageux capitaine Antoine de Leyva avec cinq mille lansquenets, quatre cents Espagnols et deux cents lances.

### 9 novembre

Les Français décident l'assaut, mais les assiégés repoussent l'attaque et il ne reste plus qu'à mettre le siège devant Pavie.

Face aux remparts le roi, le bâtard de Savoie, le malheureux Bonnivet et le gros de la bataille plantent leurs tentes.

*Sous un compas géant tenu par une femme — il s'agit très vraisemblablement de la reine Claude de France — un enfant pose d'un geste gracieux sa main sur la tête d'un dauphin debout. Cet enfant est le jeune duc de Bretagne, François, dauphin de France (miniature extraite d'un manuscrit du XVI^e^ siècle). (Cabinet des manuscrits. Bibliothèque nationale. Photo B.N.)*

*Cette armure fut commandée spécialement par Ferdinand I^er de Habsbourg à Jorg Sensenhoffer d'Innsbruck pour être offerte à François I^er. Mais le roi ne la porta jamais. (Musée de l'Armée. Photo Holzapfel.)*

## hiver 1524 - 1525

Filles publiques, marchands, vivandières accourent. C'est une ville improvisée qui, en face de Pavie, se dresse dans la plaine. François Ier va loger à l'abbaye Saint-Paul. Au sud, le Tessin baigne les hautes murailles de la cité, tandis qu'une puissante forteresse — le château — protège la ville vers le nord. Montmorency et ses lansquenets s'installent vers l'amont, dans le faubourg Saint-Antoine, situé dans une grande île du Tessin. Les collines, dans la boucle de la Vernacola — un petit ruisseau aux rives abruptes — sont occupées par Jacques II de Chabannes, le vaillant marquis de La Palice. Le duc d'Alençon, beau-frère du roi, campe au château de Mirabello dont le parc est ceint de murs ; c'est une ancienne maison de campagne où les Sforza « aimaient venir pour voir le passe-temps des bestes ».

On hiverne paisiblement et les semaines, endormeuses, passent... La monotonie est rompue par l'arrivée des huit mille Suisses du canton des Grisons qui viennent servir le roi. On voit même, un matin de janvier, débarquer au camp une ambassade turque aux robes chatoyantes. Un pareil spectacle ne se présente pas tous les jours, mais on se console en voyant passer entre les tentes les chariots de boulets, de poudre et aussi les sacs d'écus d'or prêtés par le duc de Ferrare. On assiste aussi à un départ de dix mille hommes que François envoie vers « son » royaume de Naples. Il s'agit là d'une ruse de guerre. Peut-être les Impériaux se lanceront-ils à leur poursuite ? Lannoy en a grande envie et manque de tomber dans le piège, mais le marquis de Pescaïre, le plus adroit des généraux de Charles Quint, s'y oppose.

— Vous défaites une couronne pour radouber un chapeau de duc, c'est une chère marchandise !

Pescaïre a raison. Les troupes convergées à Lodi ont mieux à faire !

## 1525, 3 février

Les Français voient arriver au secours de Pavie six mille Italiens, treize mille Allemands, trois mille Espagnols, huit cents lances, mille chevau-légers qui vont bivouaquer à moins d'un mille des avant-gardes françaises. Ils sont si proches que l'on entend les trompettes et les tambours d'un camp à l'autre. Pris entre la ville et les soldats de Bourbon, de Pescaïre et de Lannoy, François, d'assiégeant, est devenu assiégé.

Que vont faire les Impériaux ?

« En suivant l'opinion que j'en ai toujours eu, écrit François à sa mère, je crois que la dernière chose que nosdits ennemis feront sera de nous combattre : car à dire la vérité, notre force est trop grosse pour la leur... »

L'orgueilleux François se trompe. La faible différence existant entre les deux armées est à l'avantage des Impériaux, depuis la défection de six mille Grisons, désorganisés à la suite de la grave blessure reçue par leur chef, Jean de Médicis — un coup d'arquebuse lui a enlevé la moitié du genou.

Chaque jour les escarmouches se succèdent et « le roi a tout juste le temps d'ouïr la messe avant de monter à cheval ».

La situation ne peut se prolonger ; François réunit son Conseil. Que faut-il faire ? Attaquer ? Mettre fin à ce siège interminable ? Bonnivet est de cet avis, mais La Trémoille s'insurge :

— Sire, le véritable honneur de

la guerre est de réussir. Jamais on ne peut justifier une défaite par un combat !

François hausse les épaules. Une défaite est inconcevable : les soldats de Bourbon le félon et les Impériaux de Lannoy « ne veulent point manger de la bataille » !

## 23 février

Les généraux ennemis tiennent eux aussi conseil. Ils sont vite d'accord : ils « donneront bataille » le lendemain, 24 février, fête de saint Mathias et jour anniversaire de la naissance de Charles Quint. Quel beau cadeau pour les vingt-cinq ans du jeune empereur ! Délivrer Pavie et anéantir l'armée française. Mais pas un n'imagine l'impossible : faire prisonnier le roi François !

Et le lendemain verra le désastre de Pavie et le premier jour de la captivité du roi de France.

## 24 février

Deux heures avant le jour, les Espagnols « ayant chacun une

*On distingue sur cette gravure représentant le siège de Pavie la double tranchée creusée autour de la ville par les soldats français. (Cabinet des estampes. Bibliothèque nationale. Photo Jean-Loup Charmet.) Mais ceux-ci, pris à revers par la cavalerie du connétable de Bourbon, seront écrasés sans merci. (Musée du Louvre. Photo Réunion des musées nationaux.)*

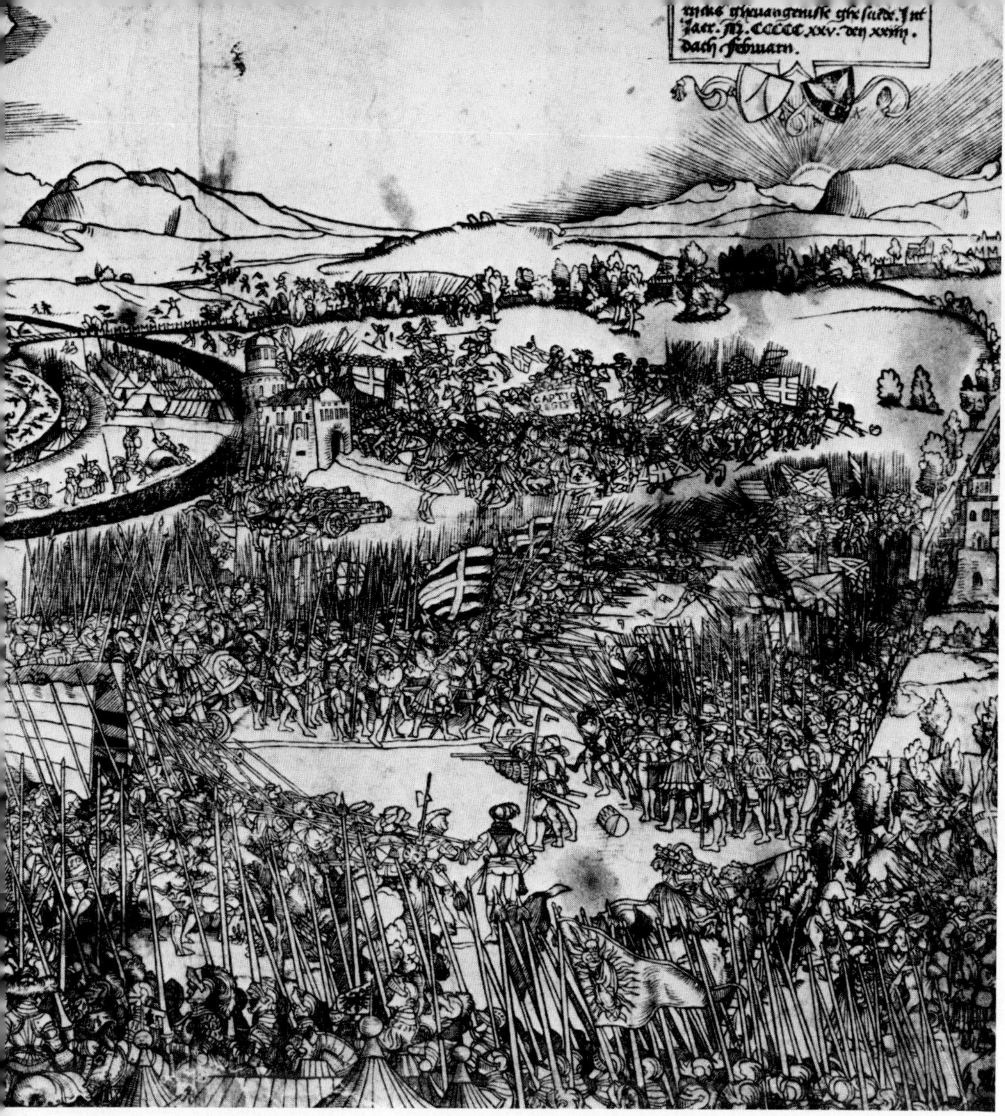


chemise blanche sur leurs armes », afin de pouvoir se reconnaître entre eux, se dirigent vers le parc de Mirabello et commencent à saper les murailles dans le but d'y pratiquer de larges brèches. Bientôt trois mille arquebusiers et quatre mille lansquenets, « avec deux grosses troupes de gendarmerie sur les esles », sont installés dans le parc mal défendu par le duc d'Alençon. De là, l'ennemi peut à la fois couper au roi sa ligne de retraite sur Milan, et tendre plus facilement la main à Antonio de Leyva dont les troupes aux ventres creux attendent la délivrance dans le château de Pavie.

L'alarme a été sonnée à travers le camp français. Trompettes et tambourins appellent les troupes. Les hommes doivent « se rendre incontinent à leurs enseignes et aux limites à eux ordonnées sur les venues du dit Bourbon », dans le parc de Mirabello.

Le soleil se lève. Les deux armées sont face à face. Les lansquenets et les deux mille Suisses demeurés fidèles flanquent la « bataille » du roi qui occupe le centre de la ligne. La Palice tient la gauche du dispositif royal, Alençon, qui n'a pas pu se maintenir dans Mirabello, se trouve à droite. « Lors les eussiez-

*Comment ne pas songer, devant le site dépouillé de cette plaine de Pavie (Photo Patellani-Rapho.) à l'accablement du roi de France, qui, au soir de ce 24 février 1525, avait perdu, avec son rêve de gloire, tant de vaillants compagnons et jusqu'à son ami d'enfance, le cher Bonnivet. (B.N.)*

vous vu faire de main à main ».

Mais avant de « choquer », la parole est donnée aux canons. L'artillerie espagnole est mal placée et les gros boulets passent en grondant au-dessus de la ligne française, tandis que les pièces de Galiot de Genouillac font « si grande abondance de coups que l'on voyait voler en l'air les harnois des ennemis, têtes et bras des gens de cheval et de pied, que l'on eût dit que c'était la foudre qui eût passé ». Déjà, on entend crier « Victoire ! Victoire ! » La joie fait battre le cœur des Français à grands coups.

A cheval, le roi assiste à la scène, revêtu de sa lourde cuirasse, la plume blanche au casque, « armé en triomphant ordre », l'enseigne des gentilshommes de sa maison claquant au vent à ses côtés, son sonneur de trompe près de lui. Déjà les lansquenets sont aux prises...

Que se passe-t-il alors ?

Pourquoi François, pris d'une furieuse envie de combattre, décide-t-il d'abandonner « son avantage » pour aller chercher l'ennemi dans ses retranchements ? S'imaginant les Impériaux déjà en déroute, veut-il lancer sur eux sa cavalerie dont il prend la tête ? Mais les canons de Galiot, s'ils ne veulent point lancer leurs boulets sur le roi et « sa bataille », doivent se taire. La gorge serrée par l'effroi, ils voient les chevaux caparaçonnés passer entre eux et l'ennemi. Derrière les chevaliers, les gens de pied courent à perdre haleine, mais ne parviennent pas à rattraper les puissants destriers dont le galop pesant soulève l'épaisse poussière. Le grand maître de l'artillerie royale et ses hommes ne sont plus que spectateurs d'une indescriptible mêlée.

Pescaïre a eu l'idée de placer des arquebusiers parmi ses cavaliers. Bien protégés, ils font mouche à chaque coup.

Les premiers, les Suisses, harcelés par les lansquenets de Bourbon, fléchissent. Ils se réfugient derrière les palissades protégées par les canons de Galiot. Bourbon se retourne alors contre La Palice qui a déjà bien du mal à contenir Antonio de Leyva et la garnison de Pavie. Son cheval tué sous lui, le maréchal n'en combat pas moins à pied et avec furie en dépit du poids de son armure. Finalement le vieux soldat — on était vieux alors à cinquante-cinq ans — est obligé de se rendre au capitaine Castaldo. Soudain apparut le brutal Espagnol Butarzo qui « le tue cruellement » d'un coup de grosse arquebuse tiré à bout portant sur la cuirasse. La Palice a rendu l'âme.

Quelques minutes auparavant, il frappait d'estoc et de taille !

*Monsieur d'La Palice est mort*
*Mort devant Pavie*
*Un quart d'heure avant sa mort*
*Il était encore en vie.*

Entendez : « Plein de vaillance »...

Le roi, au centre de sa maison décimée, combat avec acharnement, sans cesse il fonce et, de sa lance, perce les ennemis qui l'entourent de toutes parts.

*Victoire ! Victoire !* crient les Impériaux, et les vautours commencent à survoler le champ de bataille, ces maudits mangeurs de cadavres possèdent un sens étonnant de la stratégie... Bien avant les combattants, ils savent que le combat faiblit !

C'est la panique !

Le duc d'Alençon et ses cavaliers quittent la plaine, traversent le Tessin et font sauter le pont derrière eux. Les Suisses courent sur la route de Milan, en dépit des insultes de leur chef — le courageux Diesbach — qui n'a plus qu'à revenir vers le champ de bataille pour se faire tuer.

Mais un sonneur de trompe, là-bas, semble appeler au secours. C'est celui du roi ! Les gentilshommes essayent de se porter au secours de leur maître et de joindre son panache de plumes blanches, mais François est cerné d'ennemis. « Il n'est mémoire de plus grande vaillance de prince, ni plus grande résistance. » Bonnivet, désespéré, qui a essayé de rallier les Suisses à la débandade, cherche, lui aussi, la mort. On l'entend murmurer :

— Je ne saurai survivre cette grande désaventure et distraction ! Il faut aller mourir dans la mêlée.

Et il jette son heaume pour périr plus vite !

Le sonneur du roi s'époumone toujours. Le son si particulier est connu de tous. C'est une longue plainte aiguë qui s'entend d'un bout à l'autre du champ de bataille. Comment aller à son secours ? Partout le beau sang de France coule. Déjà, gisent à terre le Bâtard de Savoie, La Trémoille, qui a soixante-quinze ans, Gallias de Saint-Séverin, François de Lorraine, les frères d'Amboise et combien d'autres ! Quant au maréchal de Foix, il s'est fait porter mourant au logis de sa belle maîtresse, la comtesse de Scarfafione.

Et le trompette royal sonne encore...

Le roi, maintenant, combat à pied. Son cheval est mort. La lourde épée à la main, il se défend avec l'énergie du désespoir. Bientôt il ne reste plus un seul Français près de lui. La trompette s'est tue. François, « n'ayant plus de souffle ni d'haleine », est seul, seul devant la mort.

Piétons et arquebusiers espagnols l'entourent. Ils préféreraient tuer le roi plutôt que de laisser leurs voisins s'en emparer. François est blessé au visage. Sous son heaume, le sang coule, mêlé à la sueur. Il chancelle. Une seconde blessure le frappe à la jambe. Ce sont les lansquenets de

*Pierre Bontemps, en décrivant la retraite des prisonniers français, évoque l'un des aspects de la défaite de Pavie. Rien n'est plus bouleversant que le visage défait de ces soldats emmenés en captivité, jetant un dernier regard sur ceux qui se battent encore. Rien n'est plus dramatique que le spectacle de tant de brillants guerriers qui gisent, blessés ou morts, sur le champ de bataille. (Basilique de Saint-Denis. Photo Holzapfel.)*

Bourbon qui attaquent maintenant. Se rendre à son féal parjure ? Mieux vaut la mort ! Soudain, entre les fentes de son heaume, à travers le sang qui l'aveugle, François devine la présence du vice-roi. Alors, il lève la bande de son casque et, en signe de soumission, tend son gantelet à Lannoy. Mais, autour du vice-roi, c'est la ruée. Napolitains et arquebusiers espagnols se battent. Tous veulent être les premiers à s'emparer du roi de France. François échappe à la meute et se réfugie dans un silo à betteraves d'où il ne sortira que lorsque Lannoy aura rétabli l'ordre. François se débarrasse des débris de sa cuirasse.

Il est aux trois quarts nu et couvert de sang.

— Sire, demande Lannoy, êtes-vous blessé ?

— Non... guère !

Le vice-roi coiffe son prisonnier

*Ci-dessus : Dans une charmante allégorie, cette miniature d'un manuscrit du XVI^e siècle évoque Louise de Savoie, régente de France, tenant gravement le gouvernail du pays privé de son roi. (Cabinet des manuscrits. Bibliothèque nationale. Photo B.N.)*

d'un bonnet de velours, fait avancer un courtaud — un petit cheval — pour le roi et, en cet équipage, le malheureux doit traverser le champ de bataille où gisent les cadavres ensanglantés de ses compagnons d'armes, ces hommes qui, au déshonneur de l'abandon, ont préféré la mort. François — il retient ses larmes — reconnaît les corps de

*A droite, l'austère forteresse de Pizzighettone, élevée au XIII^e siècle par Crémone, où sera enfermé pour quelque temps François I^er. Derrière cette fenêtre fermée de grilles, on imagine le visage accablé de l'illustre prisonnier contemplant une dernière fois cette terre du Milanais dont la possession — il le sait — lui a maintenant échappé pour toujours. (Photo Patellani-Rapho.)*

Bonnivet, de Bussy d'Amboise, de François de Lorraine, de La Trémoille, du comte de Toulouse-Lautrec, de Laval de Bretagne, de Claude de Longueville et de tant d'autres... Le connétable de Bourbon, en voyant le roi, se hâte de descendre de cheval et s'incline devant lui. Tout à l'heure, à l'abbaye Saint-Paul, lorsque François prendra son premier repas, il le servira avec honneur.

Le prisonnier enfermé au château de Pizzighettone écrit à sa mère : « Madame, pour vous avertir comme se porte le ressort de mon infortune, de toutes choses ne m'est demeuré que l'honneur et la vie sauve, et pour ce que mes nouvelles vous seront quelque peu de réconfort, j'ai prié qu'on me laissât vous écrire. »

## 26 février

Un petit fonctionnaire de Brescia, Carlo Frigier, a raconté comment il avait vu François dans sa prison de Pizzighettone : « Le roi parle toujours, et quand je l'ai vu, il m'a

*C'est en 1556 que fut gravée, par Le Coq et Martin Hemskirk, cette miniature peinte par Julio Clovio pour illustrer une page du manuscrit des « Triomphes de Charles Quint ». (Département des manuscrits. British Museum. Photo du musée.)*

parlé continuellement de Martin Luther ; sa parole est si douce, gracieuse et allègre que c'est une chose à désespérer que de voir un tel roi prisonnier et, entre les mains de qui? Mais assez de cela! Il est vêtu d'un pourpoint de drap noir, de chausses noires, d'escarpins de velours noir. Il porte sur la tête une barrette également de velours noir, le col de la chemise ouvert comme chez une femme. Il porte une dague sur le ventre et garde souvent la main sur la poignée. Le roi est un peu plus grand que moi, plus large d'épaules que moi. La jambe est un peu maigre, mais bien formée, la barbe longue mais rare, le nez long, les yeux allongés en fente. La peau n'est pas si blanche qu'on le dit. Les cheveux sont plutôt longs. Quant à la main, elle est unique au monde, je n'en ai jamais vu une plus belle. Nous étions six à regarder Sa Majesté, et Elle nous regardait souvent, mais personne de nous ne lui a adressé la parole. »

D'après les témoignages de nombreux contemporains, François Ier — on le conçoit — semble avoir été à Pizzighettone de très mauvaise humeur; il mangeait peu, buvait peu; rien ne l'amusait.

## mars

Le « règne » de Louise d'Angoulême commence. « La vertueuse princesse, nous dit un chroniqueur, prenant couraige viril et laissant toutes larmes féminines, propousa dès l'heure, par armes ou aultrement, remédier à tous inconvénients jà advenuz et obvier aux futurs. » Pendant ce temps, Henri VIII pleure de joie en apprenant la victoire de son compère Charles.

## 10 avril

Le Parlement de Paris envoie à Lyon des remontrances à Louise de Savoie. Un grand mouvement de mécontentement règne parmi les parlements de province. Celui de Rouen émet même l'idée d'une « Union des Parlements du royaume » — une sorte de Fronde avant la lettre. Si le Parlement de

*Cette statue en bronze représentant François Ier en armure fut exécutée, au XVIIIe siècle, d'après un original en grès alors placé dans la Cour Ovale du château de Fontainebleau. (Musée de Tours. Photo Giraudon.)*

Paris, lui, veut rester fidèle à la couronne, il exige, en échange, d'être écouté et demande la suppression du concordat et la lutte contre la Réforme.

Cette forte femme de Louise prend très mal ces remontrances et s'oppose à ce que Duprat se présente devant les conseillers.

### fin avril

Lannoy et Bourbon se rendent auprès de François I^er^ à Pizzighettone. Après lui avoir assuré qu'il aurait « bonne prison », ils lui font part des conditions exigées par l'empereur pour la libération du prisonnier : la France serait dépecée puisque Charles Quint exigeait la Bourgogne, Thérouanne, Hesdin, et que les possessions de Bourbon, auxquelles on ajouterait la Provence, seraient érigées en royaume — sans parler d'écrasantes impositions.

— Je suis marry, répond François, de quoy l'empereur vostre maître vous a donné la peine de venir en poste de si loing pour m'apporter articles si déraisonnables. Vous lui direz de ma part que j'aymeroie mieux mourir prisonnier que d'accorder ses demandes, luy faisant entendre que mon royaume est encore en son entier : lequel, pour ma délivrance, je ne vueil endommager. Et s'il veult venir à traittez, il faut qu'il parle aultre langage.

Et le roi de proposer de porter l'affaire de Bourgogne devant un tribunal arbitral. Si Charles Quint refusait cette proposition, la Bourgogne pourrait devenir la dot d'Éléonore, sœur de l'empereur, que le roi François serait heureux de recevoir en mariage. Quant à Bourbon, point de royaume, mais on lui rendrait ses possessions et on lui donnerait en mariage une fille de France accompagnée de la dot habituelle.

### mai

Un ambassadeur français, Jean Frangipani, apporte au sultan deux lettres : une de la régente qui lui demande de délivrer et de venger son fils, l'autre de François qui raconte ses malheurs et sa captivité. Les négociations avec les Turcs avaient d'ailleurs commencé avant Pavie.

Ce même mois, Clément VII promulgue une bulle sur la demande de la régente Louise de Savoie. Le pape charge trois membres du Parlement et un curé de Paris de rechercher les hérétiques. Une mesure guère efficace car on constate que des ordonnances similaires furent souvent renouvelées.

### 18 mai

François I^er^ quitte la forteresse de Pizzighettone pour s'embarquer, à Gênes, à bord d'une galère d'Espagne.

Pendant la traversée, il écrit quelques vers destinés à Mme de Châteaubriant :

*En la grand mer où tout vent tourne et vire*
*Je suis pour vray la doulente navire...*
*Hélas ! tu es la tramontane aymée*
*Et celle-là que plus voir je désire*
*En la grand mer.*

### 19 juin

François arrive à Barcelone où il est accueilli et traité en roi. Il « touche » les malades atteints d'écrouelles et qui se pressent en foule. Trois jours plus tard, le roi reprend la mer pour être interné dans une maison de plaisance située près de Valence, à Benisano.

## 17 juillet

Charles Quint reçoit les plénipotentiaires français, dont le groupe est présidé par le lettré président de Selve. Les pourparlers pour la libération du roi commencent.

## 1er août

François, transféré à Madrid, est installé dans la tour ronde et grillagée du château de l'Alcazar aujourd'hui détruit. C'est à peine si le jour parvient à passer entre les barreaux du soupirail.

## 11 août

Signature, à Moore, d'un traité entre la France et l'Angleterre. Henri VIII touche un monceau d'or : deux millions d'écus d'or, plus une rente annuelle de cent mille écus, pour essayer d'obtenir la libération de François.

## 18 septembre

A Madrid, Charles Quint et François — celui-ci gravement malade — sont enfin face à face. Le dialogue s'engage.

— Empereur, mon seigneur, vous voyez ici votre serviteur et votre esclave.

— Non, je ne vois en vous que quelqu'un de libre et mon bon frère et véritable ami.

— Je ne suis que votre esclave.

— Non, proteste encore l'empereur, et ce qui importe le plus, c'est votre santé. Ne pensez à autre chose. Pour le surplus, à la venue de votre sœur, madame d'Alençon, tout s'arrangera comme vous le désirerez...

Pendant sa maladie, François Ier écrivit encore quelques vers destinés à Mme de Châteaubriant :

*Ce médaillon du XVIe siècle, en émail peint, rappelle le profil du pape Clément VII. (Musée du Louvre. Archives photographiques.)*

*L'esprit à toi. Pour le corps, pourriture*
*Quand, de te voir, j'ai perdu l'espérance...*

## 20 septembre

Marguerite arrive à Madrid.

## 22 septembre

Le roi est dans le coma. Il est « sans parler, voir, ni ouïr et ne *cognaistre* personne ». Mais, miraculeusement, il revient à la vie.

François sent bien qu'il lui faut conclure la paix rapidement. Le désordre commence à poindre, et, après Pavie, de nombreux soldats sans emploi sont devenus des brigands. Les Parlements essayent de s'entendre entre eux pour créer un gouvernement représentatif qui ne serait pas celui de la régente. Quant au peuple — mais c'est là un état endémique — il ne peut plus supporter les impôts que l'on disait toujours devoir être temporaires, mais qui s'installent en permanence.

De son côté, Charles Quint avait

lui aussi besoin de la paix. Les paysans luthériens s'étaient révoltés en Allemagne. En Italie, il ne pouvait être sûr ni de Venise, ni de Milan, ni même du pape. Il y avait enfin la menace turque, puisque Soliman avait promis son aide à François Ier. Mais les négociations traînent en longueur et butent surtout sur la question de Bourgogne.

### novembre

Afin que Charles Quint n'ait plus entre les mains qu'un simple gentilhomme, François Ier abdique au profit du dauphin François, mais en précisant que, s'il était libéré, son fils « lui céderait et laisserait le nom et place de roi ». En regagnant la France, la sœur du roi, Marguerite, emportera avec elle l'acte d'abdication.

### fin décembre

Réconciliation tout à fait provisoire de la régente et du Parlement. Louise de Savoie promet de respecter les privilèges de celui-ci.

### 1526, 13 janvier

Le traité de Madrid sera signé le lendemain. Charles Quint obtient la Bourgogne, Tournai, la suppression de la suzeraineté française sur la Flandre et l'Artois, et Bourbon recevra le Milanais. Le dauphin François et son frère Henri — le futur Henri II — seront livrés à Charles Quint en otages pour la bonne exécution du traité. Ce 13 janvier, le roi réunit ses conseillers et leur annonce que « le traicté qu'il luy fault ce jourd'huy signer au proffit de l'empereur il l'a fait et le fait pour éviter les maux et inconvénients qui pourroient advenir à la chrestienté et à son royaume, et que c'estoit par force et contrainte, détention et longueur de prison, que tout ce qui est convenu en iceluy sera et demeurera nul et de nul effet ».

### 14 janvier

Le traité — ce traité que François a juré de ne point tenir — est signé. Le roi doit, en outre, fournir une flotte et une armée pour le voyage du couronnement à Rome de Charles Quint et pour la prochaine croisade. François se charge en outre de toutes les obligations pécuniaires que Charles Quint avait contractées envers Henri VIII — ce qui, joint aux siennes, ruinerait la France... Enfin, François devait épouser la sœur de Charles Quint, Éléonore, que l'empereur avait plus ou moins promise au connétable de Bourbon.

### 24 janvier

Ce n'est qu'à cette date que la régente obtient du corps de la ville la ratification du traité de Moore. Le versement des sommes que ce traité engageait à payer avait évidemment créé quelques difficultés.

### 16 février

François fait la connaissance de sa nouvelle épouse, Éléonore. Ce sera finalement la seule clause du traité de Madrid qui entrera en vigueur, avec l'abandon des droits sur le Milanais.

### février

Un autre martyr de la Réforme : Guillaume Joubert, étranglé puis brûlé « pour avoir tenu la doctrine de Luther et mesdit de Dieu, de Nostre-Dame et des Sainctz et Sainctes de Paradis ».

*Victimes de la raison d'État, deux petits princes vont voir leur sort durement réglé par le traité de Madrid. Le roi de France ne retrouve la liberté que contre celle du dauphin et de son frère qui vont désormais vivre dans une austère forteresse de Castille. (Photo Holzapfel.)*

**17 mars**

François I^er^ est libéré.

— Mon frère, dit l'empereur à François au moment de le quitter, vous souvient-il de ce dont vous êtes convenu avec moi ?

— Il m'en souvient si bien, répond le roi, que je vous dirais tous les articles de notre traité.

— Puisqu'il vous en souvient si bien, dites-moi si vous avez l'intention de les accomplir, ou si vous trouvez quelque difficulté ! Car dans ce dernier cas, nous serions exposés à voir nos inimitiés se renouveler.

— J'ai l'intention d'accomplir le tout et je sais que personne n'y mettra obstacle en mon royaume; si vous voyez que j'agisse autrement, je veux et consens que vous me teniez pour méchant et lâche.

— Je veux que vous en disiez autant de moi, affirme l'empereur, si je ne vous rends pas la liberté. Je vous demande surtout une chose, c'est de ne pas m'abuser en ce qui touche la reine ma sœur, à présent votre femme, car ce serait là une injure que je ressentirais vivement et que je devrais venger.

Puis ils se quittent.

— Dieu, mon frère, vous ait en sa garde.

— Que Dieu vous garde, mon frère.

Charles Quint ne pense alors qu'à se faire couronner et à rétablir l'ordre en Allemagne, mais pourra-t-il réaliser ses projets ? Une opposition se dessine contre lui en Europe, et puis il commence déjà à ressentir les premiers malaises qu'il supportera durant toute sa vie.

*Le dauphin François (à gauche) vient tout juste d'avoir huit ans et son frère, le petit Henri (ci-dessus), n'en compte que six ! Deux portraits de Jean Clouet permettent d'évoquer les petits visages aux joues rebondies encadrant une bouche délicate et charmante. (Photo Holzapfel.)*

## 17 mars

Un groupe de seigneurs, de dames et de serviteurs se trouve au bord de la Bidassoa où, au milieu du fleuve, va avoir lieu l'échange entre le père et ses fils. Les jolies femmes papillonnantes n'ont qu'une idée en tête : qui va devenir ou redevenir la maîtresse du roi ? Et personne ne pense à aller consoler les deux petits garçons, les deux petits princes qui vont partir pour l'exil... pour leur prison. Henri semble le plus malheureux — il n'a pas encore sept ans ! Alors, une belle jeune femme de vingt-six ans, les larmes aux yeux, s'approche de lui et embrasse le petit prince.

Tel fut le premier baiser que Diane de Poitiers donna au futur Henri II...

Le roi a sauté à cheval, en criant : « Je suis libre ! Je suis libre ! »

François a été étonné de ne pas voir venir au-devant de lui la brune Françoise de Châteaubriant. Mais à Bayonne, après avoir rendu grâces à Dieu de sa délivrance, à la cathédrale, il tressaille : une mince jeune fille blonde s'incline devant lui et lui récite un compliment de bienvenue. Elle paraît douce et fraîche comme une eau de source. Un teint de porcelaine, des yeux clairs comme un ciel de printemps, des cheveux d'or, un corps d'une finesse de princesse de conte de fées...

— Comment vous appelez-vous ?

— Anne de Pisseleu.

Un nom qu'elle sera un jour tout heureuse de troquer contre celui de duchesse d'Étampes... On la comprend.

# La Renaissance dans l'art

Léonard de Vinci se mourait. Sur le drap du lit se mêlaient les longues boucles immaculées de sa chevelure et le blanc de sa barbe. Le roi François se pencha sur lui et, pour lui dire adieu, l'entoura de ses bras. Image symbolique en vérité. Pour la première fois, un souverain de ce monde rend à l'intelligence la place qui lui est due. Sur cette terre, Léonard ne dispose ni d'État ni de fief, ni d'armée, ni de trésors, mais il a du génie. Même si la scène fut inventée par Vasari cherchant un excellent sujet de tableau, elle correspond à la réalité. François I^er^ a eu l'immense mérite de comprendre ce qu'était Léonard de Vinci. « Il ne croyait pas, nous dit Benvenuto Cellini, qu'il y ait jamais eu au monde un homme aussi savant que Léonard non pas tant en sculpture, architecture et peinture qu'en philosophie où il était passé maître. »

L'évocation des liens entre la monarchie française et Léonard de Vinci peut constituer le prologue de la Renaissance en France. Louis XII, avant François I^er^, s'était adressé à Léonard. Il avait vu de lui un « petit tableau » qu'il trouva fort à son goût. Aussitôt, il avait voulu s'attacher le peintre. « A l'audience de ce matin, écrit en 1507 l'ambassadeur de Florence, le roi me fit appeler et me dit : « Il faut que « Vos Seigneuries me servent ; écri- « vez-leur que je désire employer « maître Léonard, leur peintre... c'est « un bon maître et je veux avoir « quelque chose de sa main. »

Dès l'année 1515 — année mémorable à jamais puisqu'elle marque à la fois l'avènement du nouveau roi et la victoire de Marignan — François I^er^ rencontrait Léonard de Vinci en Italie. Il le convainquait de le suivre en France. Léonard arriva en 1516, accompagné d'un élève, Francesco Melzi, d'André Salaï et d'un seul serviteur. François I^er^ allait lui affecter comme résidence le manoir de Cloux en Touraine, non loin d'Amboise. On imagine assez l'effet que durent produire ces égards imprévus, insolites, réservés à cet étrange personnage qui ressemblait aux prophètes de la bible. On l'eût dit âgé d'au moins un siècle et il n'avait que soixante-trois ans.

Sa main droite était alors paralysée.

En présent, il apportait à la France le carton de la *Sainte Anne* et la *Joconde*.

A cette époque, il ne peignait à peu près plus. Son esprit — l'un de ces esprits vastes qu'a définis Pascal — se portait vers l'énigme du monde. Il répétait : « Ce qui occupe mon esprit, c'est la peur de la menaçante caverne de la nature, le désir de voir si, là-dedans, il y aurait quelque merveilleuse lueur. »

Pourtant, quand il mourut, en 1519, il n'avait exercé aucune influence apparente sur le nouvel art français. Mais le fait même qu'il soit mort là, en Touraine, et le respect profond, quasi filial, que lui portait le roi de France, démontrent l'existence d'un climat. Et un tel climat nous paraît plus important que si Léonard de Vinci, au cours de sa brève période française, avait créé une école.

A la fin du XVe siècle, on découvre en Europe deux formes évidentes de civilisation. L'une a son siège d'inspiration en Allemagne et aux Pays-Bas. Elle se réclame toujours de l'esprit du Moyen Age. L'autre trouve son foyer en Italie; elle cherche sa source dans l'antiquité grecque et romaine. Il faut imaginer cette Italie où les Français font irruption à la suite de Charles VIII, de Louis XII et de François Ier. Un pays où tout bouillonne, où l'esprit domine, d'éclatante façon, la matière. Un pays de démographie foisonnante. Un pays riche où triomphent l'industrie, le commerce, la banque. Un pays où l'on érige l'art de vivre en institution. On gagne de l'argent, certes, mais c'est pour le dépenser aussitôt. Alors, que de palais, que de fêtes, que d'œuvres d'art accumulées! On se dispute les artistes. Les Médicis les réclament à Florence, les Gonzague les exigent à Mantoue, les Este les attirent à Ferrare. « Le quinzième siècle en Italie, dit M. Lemonnier, est le siècle des mécènes dont l'exemple stimula nos rois et nos grands seigneurs. »

Au cours du XVe siècle, peu à peu, l'influence des pays du Nord — toujours très forte en France — avait cédé le pas à celle de l'Italie. Cela avant même que s'engagent les guerres. Rapports peu sensibles mais indiscutables. Les cardinaux français se rendent à Rome. Des envoyés du pape séjournent en France. Les princes italiens, les républiques italiennes et la France échangent des ambassadeurs. Certains artistes italiens commencent à travailler en France : les médailleurs Spinelli et Pietro da Milano; le sculpteur Laurana.

Mais tout devait se décider avec l'expédition de Charles VIII. Il faut lire dans les textes du temps l'extraordinaire impression ressentie par les Français lors de leur passage sous le ciel italien. Charles VIII écrivait : « Au surplus, vous ne pourriez croire les beaux jardins que j'ay vus en ceste ville. Car, sur ma foy, il semble qu'il ne faille qu'Adam et Eve pour en faire un paradis terrestre. » Même langage, même exclamation pour Jean d'Auton, évoquant la chartreuse de Pavie : « mieux sembloit un éden paradisiaque qu'un domaine terrestre ». De la même chartreuse de Pavie, Commynes s'enthousiasme : « La belle église des Chartreux qui est à la vérité la plus belle que j'aye jamais vue est toute de beau marbre. » De cette flambée de passion, de ce véritable coup de foudre, tous les contemporains portent témoignage.

Les compagnons de Charles VIII

seront sensibles autant à la civilisation italienne qu'à l'accueil des Italiens, à la joie de vivre qui émane de leurs gestes et paroles. La langue italienne elle-même, si chantante, les envoûte littéralement. Tout cela ressemble aux délices des légendes. Et l'on compare : les seigneurs qui croyaient posséder les plus riches et plus beaux châteaux déchantent en découvrant les palais italiens. Cet art italien devient l'unique critère à leurs yeux, d'autant plus qu'il s'inspire de l'antiquité et qu'en Italie on retrouve l'antiquité perdue. Quand l'armée de Charles VIII regagna la France, elle rapportait avec elle quantité d'objets d'art dont les comptes nous prouvent l'abondance. Elle ramène aussi des artistes italiens « pour ouvrer de leurs mestiers à l'usage et mode d'Italie ». Cela va des peintres et enlumineurs aux « deviseurs de bastiments », aux « faiseurs de châteaux », aux « faiseurs d'orgues », aux armuriers, aux parfumeurs, aux tailleurs.

Une telle mode — c'en était une — ne pouvait comporter de résultats que si elle était appuyée par un mouvement des idées, un mouvement en profondeur. Or, c'est à cette époque précisément que va s'affirmer le succès des idées humanistes, ces idées qui, elles aussi, prennent leur origine dans l'étude de l'antiquité. C'est cette conjonction qui va assurer le triomphe de la Renaissance.

Période exaltante. Années incomparables. « La Renaissance en France, dit M. Jean Babelon, c'est l'aurore d'une clarté qu'on peut dire éblouissante, une joie de vivre libérée de contrainte, une audacieuse exubérance, une imagination créatrice qui déborde les conventions jusque-là seules légitimes. » C'est le temps où Ulrich de Hutten

*Idéalement belle, reflétant ce maniérisme cher à Raphaël, Michel-Ange ou Bronzino, voici « Vénus à sa toilette », évoquée par ce détail d'un tableau de l'École de Fontainebleau.*

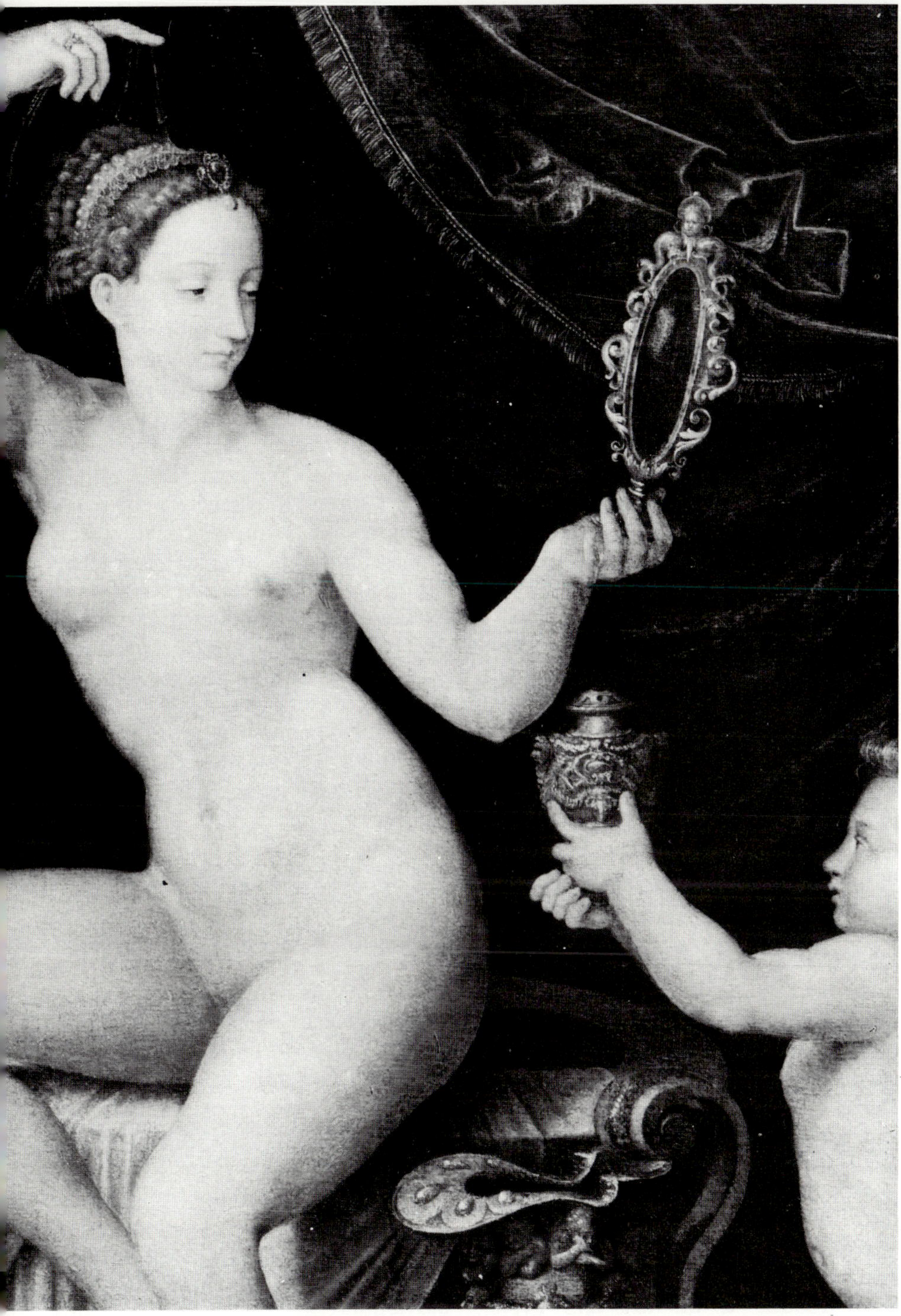

*Quel étonnant contraste entre le paganisme qui émane de cette Vénus et les austères représentations religieuses de Danses macabres, Jugements derniers, Crucifixions ou Mises au Tombeau des siècles précédents ! La crainte de l'Enfer s'estompe peu à peu pour faire place à un intense besoin d'épicurisme qui se manifeste dans les poses alanguies de déesses aux formes épanouies. (Musée du Louvre. Photo Réunion des musées nationaux.)*

s'écrie : « O siècle ! les lettres fleurissent, les esprits se réveillent, c'est une joie de vivre ! » Et Clément Marot : « Le monde rit au monde, ainsi est-il dans sa jeunesse. »

Fait quasi sans précédent, ces idées parfois disparates, quelquefois contradictoires, vont se trouver disciplinées par une dynastie royale, dominant pendant un siècle tout autant les arts que la politique. Dans cette dynastie, un phare : François Ier. Nul doute : c'est lui qui donne l'impulsion. On n'a pas eu tort d'affirmer que cet élan se fera sentir jusqu'au début du XVIIe siècle. Le roi a voulu cette Renaissance « italianiste ». Il l'a voulue comme un homme qui cherche à rattraper le temps perdu. Un homme qui veut inaugurer une ère nouvelle, née d'une culture qu'il juge plus avancée que celle de la France. Il faut encore citer M. Babelon : « Le terme même de Renaissance implique sinon une rupture formelle avec le passé, du moins un besoin de renoncer à des modes de pensée considérés comme désuets, donc un désaveu qui fut nettement proclamé par les hommes de ce temps. » Très exactement le programme que s'est fixé François Ier. Il va se confier, sur la route de Lyon, à Benvenuto Cellini, lui parlant de « plusieurs beaux ouvrages qu'il désirait mettre en exécution ». A ce même Benvenuto Cellini, incomparable orfèvre, il accorde les mêmes gages qu'à Léonard de Vinci et lui donne comme résidence le Petit Nesle.

Paradoxe : ces artistes italiens importés, ce style italien importé vont aboutir à un art très évidemment français.

Pourquoi ?

Il ne faut pas se laisser abuser par le nombre des artistes italiens qui vinrent travailler en France, ni par l'importance des honoraires qui leur furent versés. Par rapport à la masse de la population et au nombre des artistes et artisans français, les Italiens ne représentaient qu'une poignée. De plus, s'ils donnent l'inspiration, s'ils dessinent des plans, les exécutants sont des Français. Les maîtres maçons français — la plupart ont la compétence d'un architecte — n'obéissent que sous la contrainte, ils sont fidèles à leurs traditions, aux enseignements de leurs propres maîtres. Jamais un ouvrage imaginé par un Italien ne sera réalisé fidèlement. Les Italiens sur les chantiers demeuraient « ces étrangers ». L'appui royal n'était pas suffisant pour leur permettre d'imposer leur volonté. On verra Serlio quitter la cour et le service du roi, peu de temps après son arrivée, découragé de ne pouvoir faire exécuter rigoureusement ses plans. François Ier voudra faire remodeler les façades du château de Blois sur le modèle suivi par Bramante pour les cours du Vatican : les maçons français ne respectèrent que la lettre du projet, point du tout l'esprit.

Quand, à la mort de son père, en 1547, Henri II décidera de confier l'évolution de l'art en France à des Français, il ne fera qu'officialiser un état de choses né dans les années mêmes qui semblaient assurer le triomphe en France de l'italianisme.

Cet italianisme, c'est en architecture qu'il se manifeste avec le plus d'éclat. A Amboise, dans l'aile Louis XII de Blois, à Chaumont, à Gaillon, etc. Charles VIII avait particulièrement admiré les jardins de Naples. Il avait ramené d'Italie un jardinier, Pacello Mercogliano, qu'il employa à Amboise. Sous le règne de Louis XII, Pacello va

*C'est entre 1515 et 1524 que François Ier fait accoler à l'aile Louis XII du château de Blois la façade des Loges et le fameux escalier à cage octogonale, véritable chef-d'œuvre d'architecture. Conçu pour les grandes réceptions telles que les aime François, il est formé d'une série de tribunes pourvues de balcons d'où les gardes rendaient les honneurs. (Photo Jérôme da Cunha.)*

travailler aux jardins de Blois. Indubitablement, lui et ses élèves, adaptant les usages de leur pays au climat et à la végétation de la France, ont créé l'art français des jardins.

En ce qui concerne la construction proprement dite, elle ne se modifie pas aussi vite. Fra Giocondo, qui

FACE DE LENTREE
FACIES INGRESSVS

*On retrouve, dans ce dessin de la façade du Petit Château de Chantilly exécuté par Jacques Androuet du Cerceau, la rigoureuse pureté des lignes de l'architecture antique. (Cabinet des estampes. Bibliothèque nationale. Photo B.N.) C'est vers 1530 que le connétable Anne de Montmorency fait élever, sur l'emplacement de la demeure des Orgemont, un magnifique palais de style renaissance dont Pierre Chambiges sera l'architecte. Sur une île voisine, Jean Bullant construit le charmant petit château. Lui seul demeure dans son état d'origine. (Photo Jérôme da Cunha.)*

figure dans les comptes royaux comme deviseur de bâtiments, n'a guère travaillé à Amboise qu'à la construction des voûtes d'une des galeries. Quant à Dominique de Cortone — « faiseur de châteaux » —, il ne joue aucun rôle avant le règne de François Ier. Alors, il confectionnera des maquettes en bois pour Chambord et l'hôtel de ville de Paris dont il fut probablement l'architecte. A cette époque, l'influence italienne était pratiquement nulle.

Il n'en est pas de même pour l'ornementation. Les Français demeuraient sous l'influence du gothique flamboyant. A Amboise, les clés de voûte du bas sont encore gothiques. Surviennent les deux sculpteurs ramenés par Charles : on constate que les clés de voûte de la partie supérieure sont conçues selon une décoration italianisante : on y voit notamment des dauphins. Le mouvement est donné. Dès lors, les motifs ornementaux sont à l'italienne : tout y imite l'antique. La sculpture n'est plus en bas-relief mais en méplat.

D'évidence, c'est la construction des châteaux de la Loire qui va marquer les progrès incontestables de l'italianisme en France.

A Blois — château qui appartenait à la première épouse du roi, Claude de France —, la construction de l'aile François Ier, entreprise dès 1515, s'est poursuivie jusqu'en 1524. L'un des maîtres d'œuvre nous est particulièrement connu — on va le retrouver à Chambord : il s'agit de Jacques Sourdeau. Ainsi se mêlent les influences italiennes et locales. L'influence italienne concerne surtout le décor, avec ses magnifiques sculptures. On pense que des sculpteurs français les ont exécutées sous la direction d'architectes italiens. On pense aussi qu'un Italien est intervenu pendant la construction, modifiant le dessin des lucarnes ou certains détails de la corniche. Le grand escalier n'a été ajouté à la façade que postérieurement. Là aussi un décor italien est venu prolonger l'ossature gothique.

Mais, à un roi tel que François, il fallait des châteaux qui ne dussent rien à ses prédécesseurs. Le premier de tous fut Chambord — Chambord, « ce songe réalisé » qu'a chanté Vigny. Chambord, c'est la gloire traduite en pierre. Or nul n'aima tant la gloire que le roi chevalier. De nos jours encore nul ne peut rester indifférent au merveilleux spectacle qui surgit de la forêt, à cette masse superbe, gigantesque et légère tout à la fois. Les travaux devaient commencer en 1519. C'est l'époque où fleurit l'école exclusivement française de la Loire. Un des Italiens ramenés par Charles VIII, Dominique de Cortone, avait — nous l'avons dit — fourni le plan du château sous forme d'une maquette en bois. Mais les maîtres d'œuvre furent trois Français : Jacques Sourdeau, Pierre Trinqueau et Denis Sourdeau — tous appartenant à la région de Blois et d'Amboise. Les travaux durèrent longtemps. A la fin du siècle, Brantôme indiquait que le château était « encores tout imparfayt, à demy achevé ». Peut-être. Mais il était habitable entre 1530 et 1540. Le plan est celui d'un château fort de plaine : un donjon puissant, entouré d'une chemise rectangulaire flanquée d'une tour à chaque angle. A l'époque, des douves l'entouraient entièrement. Elles sont aujourd'hui comblées.

Au centre du donjon, Dominique de Cortone avait prévu un escalier à deux rampes droites. En fait, on a édifié une vis centrale aux deux rampes hélicoïdales. Cet escalier s'achève par la lanterne qui correspond au centre du donjon. Autour d'elle se trouvent les terrasses, véritablement hérissées de clochetons et de tourelles. L'idée même des terrasses, la conception « à l'antique » de la lanterne peuvent être attribuées à l'influence italienne. La profusion des tourelles et des cheminées procède de l'influence flamboyante.

Par bien des aspects, Chambord est encore très proche du château fort et très éloigné du palais à l'italienne qu'aurait souhaité le roi. Il ne s'en rapproche que par le décor.

Quand on parcourt la liste des châteaux construits au cours de ces années, on s'émerveille. On peut évoquer une autre époque, celle de l'an 1000, au cours de laquelle la France, selon le moine Glaber, se couvrait d'une « robe blanche d'églises ». Fait remarquable, qui doit frapper le sociologue, cette frénésie ne consiste plus à bâtir des demeures pour Dieu, mais des maisons pour les hommes.

A tous ces châteaux, comme on voudrait s'attarder! Comment ne pas évoquer Chenonceaux, dont M. François Gebelin pense que le plan fut, à l'origine, celui du donjon de Chambord ? C'est un financier, Thomas Bohier, qui le fit construire. A sa mort, en 1521, son fils dut abandonner le château au roi pour rembourser les dettes

*Grâce à ce dessin de Jacques Androuet du Cerceau, on imagine aisément les harmonieuses proportions du château d'Anet construit, d'après les plans de Philibert Delorme, pour Diane de Poitiers. De nos jours demeurent le portail d'entrée flanqué des ailes en terrasse, l'aile gauche du corps de bâtiment de la cour d'honneur et la chapelle. (Cabinet des estampes. Bibliothèque nationale. Photo Jérôme da Cunha.)*

de son père. Comment ne pas évoquer Azay-le-Rideau, construit pour le trésorier général des finances du roi, Gilles Berthelot, sur l'emplacement d'un ancien château? On pense que le corps de logis principal fut terminé en 1524. Le financier entre-temps était tombé en disgrâce et avait dû s'enfuir. François Ier confisqua le château et y fit quelques séjours. On a pu retrouver un détail architectural qui permet de penser que, peut-être, c'est à Girolamo della Robbia qu'Azay doit sa grâce et son élégance florentines.

Le style de ces merveilleuses demeures fut partout imité. Pour les hôtels Gouin et Briçonnet de Tours; pour la maison de la chancellerie de Loches ; pour l'hôtel de René Berthelot à Poitiers ; pour les hôtels de ville de Lorris, Loches, Niort; pour les châteaux de Beauregard, d'Ussé, du Lude, d'Oiron, de Montsoreau, de Bonnivet, etc.

Comme on voit, ces constructions se trouvent surtout dans la région de la Loire, elles sont rares dans le nord et dans l'est de la France. Un peu plus nombreuses dans l'Ile-de-France, par exemple Nantouillet et Sarcus.

Comment ne pas évoquer encore Anet où tout rappelle Diane de Poitiers et dont le gros œuvre fut achevé avant la mort de François Ier, l'aile du fond en 1549? Comment ne pas évoquer Gaillon, où le cardinal Georges d'Amboise fit édifier, de 1501 à 1510, « la plus belle des résidences princières dont la France pût se vanter »? Et encore Chaumont où résida Diane de Poitiers en 1560, Chemazé, Bury, Bussy Rabutin, Varangeville, Chantilly, Chanteloup, Ancy-le-Franc, Dampierre, Écouen, Joinville, Valençay en Berry, Grignan dans la Drôme, la Rochefoucauld dans la Charente. Cette « efflorescence » permet à M. Babelon de noter : « Partout, aux portiques à la romaine, aux arcades, aux colonnes qui montrent leurs ordres étagés, à la floraison d'ornements griffés sur une vieille souche, s'unissent en des ensembles qui respectent l'ordonnance féodale et le tracé des antiques remparts, à des menaux et à des gâbles, survivance d'un gothique dont on perçoit les derniers accents ».

Le retour de captivité de François Ier va marquer une étape dans l'expansion architecturale de la Renaissance. Désormais, le roi s'éloigne du Val de Loire. Il préférera résider en Ile-de-France. En 1528, il annonce officiellement son intention de faire dans sa bonne ville de Paris « la plupart de sa demeure et ses jours ». Il semble que François Ier ait, à ce moment-là, compris que les maîtres maçons français n'assimileraient jamais complètement l'italianisme. On peut penser aussi qu'il a jugé les techniciens français suffisamment formés par les innovations italiennes, les ayant en quelque sorte assimilées et adaptées aux exigences nationales, pour qu'il soit possible de leur faire désormais confiance. Le certain, c'est que le roi confiera dorénavant la construction de ses résidences royales à des Français. A une exception près, celle du château de Madrid, aujourd'hui disparu, édifié par Della Robbia.

En Ile-de-France, trois grands ensembles royaux : Madrid, Villers-Cotterêts, Fontainebleau. Rien ne fut plus cher au cœur de François Ier que Fontainebleau. « Son Fontainebleau où il se plaisait tant, que, y voulant aller, il disait qu'il allait chez soi », comme écrira l'architecte Androuet du Cerceau. Les rois disposaient à Fontainebleau d'un ancien rendez-vous de chasse, ceci depuis le XIIe siècle. François Ier y avait souvent chassé et n'avait pas caché le plaisir qu'il prenait « au dit lieu et au déduit de la chasse des bêtes rousses et noires qui sont en la forêt de Bière et aux environs ». Il fallut quatre ans à l'architecte Gilles le Breton pour édifier Fontainebleau. On a conservé le devis des travaux. Il a été signé le 28 avril 1528 par Gilles le Breton. De l'ancienne demeure, l'architecte allait conserver le donjon et l'enceinte extérieure avec la tour. Les façades sur la Cour Ovale allaient en être entièrement reconstruites et on leur ajouta deux pavillons rectangulaires. Guère personnelle, cette construction : Gilles le Breton, pense François Gebelin, n'est parvenu qu'à un amalgame du style de Chambord et de celui de Madrid. En revanche, le décor intérieur allait manifester une originalité éclatante. Autant François Ier jusque-là n'avait récolté dans ce domaine que des déboires avec les artistes italiens, autant il allait parvenir à une entière réussite à Fontainebleau ; le roi n'avait essuyé que rebuffades aux demandes adressées par lui au Titien et à Raphaël ; Léonard de Vinci, on l'a vu, n'avait pas eu le temps de faire sentir son influence ; Andrea Del Sarto avait consenti à venir en France, mais s'en était vite enfui « en emportant la caisse ». Quand vint le moment de décorer Fontainebleau, François Ier s'adressa aux artistes dont le renom en Italie

*Dès son arrivée en France, en 1530, le Rosso se consacre à Fontainebleau, à la décoration de la Galerie dite aujourd'hui de François Ier. Associant la fresque et le stuc, le grand artiste travaillera neuf ans à orner la partie supérieure de chaque panneau de tableaux empruntés à la mythologie. (Photo Jérôme da Cunha.)*

était le plus considérable : le Rosso et le Primatice. Il ne devait pas être déçu.

Le Rosso arrivera en France vers le milieu de 1531. Le Primatice le suivra au début de l'année 1532. Le Rosso avait quarante ans. Michel-Ange, refusant pour lui-même l'offre du roi de France, avait recommandé ce Giovanni di Battista di Jacopo, surnommé le Rosso, qu'on appellera en France « Maître Roux ». Le Primatice, lui, avait vingt-sept ans. D'emblée, François Ier voulut leur faire un sort enviable. Le Rosso reçut à son arrivée quatre cents écus et une maison à Paris. Il était précédé d'une réputation éclatante, ayant travaillé pour les plus célèbres amateurs d'Italie. Le Primatice, qui avait reçu l'enseignement de Michel-Ange, de Raphaël, de Jules Romain et du Corrège, fut nommé valet de chambre du roi, charge très recherchée et purement honorifique. Le roi lui accordera une abbaye d'excellent rapport, celle de Saint-Martin-ès-Aires de Troyes. On l'appellera donc souvent M. de Saint-Martin ou Saint-Martin.

A Fontainebleau, le Rosso se vit chargé de décorer la galerie François Ier tandis que le Primatice se consacrait aux chambres de la reine et du roi. Décorations — de fresques et de stuc — inspirées directement de l'Italie et plus spécialement des grottes esquilines récemment découvertes. C'en était fait : grâce à l'impulsion royale, grâce au génie du Rosso et du Primatice, un nouveau foyer d'art était créé, celui que la postérité baptisera première école de Fontainebleau. Toujours hanté par l'Italie, François Ier a tenu à ce que des peintures prissent la place, sur les murs, des tapisseries. Ainsi Raphaël avait-il décoré le Vatican. La chance du roi, c'est que Rosso et le Primatice ne cherchèrent pas à imiter le style à la mode dans leur pays. Au contraire, comme l'a fort bien vu Anne Denieul-Cormier, ils créèrent, en l'honneur du roi, « un style décoratif entièrement nouveau ». L'exemple le plus frappant de ce style : le décor de la galerie François Ier, exécuté sous les ordres du Rosso, de 1534 à 1541.

Les travaux allaient se poursuivre pendant tout le règne de François Ier. On édifiera à la place de l'abbaye des Mathurins un nouveau château dont l'aile sud fut occupée par une immense galerie de cent cinquante mètres, la reliant directement aux appartements du roi, la galerie d'Ulysse. Avant la fin du règne, on allait encore entreprendre la construction d'une salle de bal. Pendant tous ces travaux qui ne cessaient point, le roi réunissait un grand nombre d'objets d'art, destinés à faire de Fontainebleau — enfin — un véritable palais à l'italienne. Il faisait acheter des toiles dans toute l'Europe — aussi bien en Flandre qu'en Italie. Pour lui, Raphaël allait peindre un saint Michel destiné à embellir la salle de l'Ordre. François Ier se montra si enchanté qu'il doubla le montant des honoraires prévus. Du coup, le peintre lui fit cadeau d'une Sainte Famille, peinte spécialement pour le roi. On connaissait son penchant en Europe. Les rois et les papes lui adressaient les tableaux des plus grands peintres. Le roi manifestait une passion égale pour la sculpture.

*Ce tableau d'Antoine Caron : « La Sibylle de Tibur montrant à l'empereur Octavien la Vierge et l'Enfant », caractérise l'art du peintre : l'allongement des corps, la préciosité des attitudes dansantes de personnages aux visages étrangement semblables. (Musée du Louvre. Photo Jérôme da Cunha.)*

En 1540, il enverra le Primatice à Rome à la recherche des plus rares chefs-d'œuvre de l'antiquité. Le Primatice rapportera cent trente-trois caisses de marbres et aussi des moulages des plus illustres statues antiques connues. Dans ces caisses, se trouvaient les moules du *Laocoon*, du *Tibre*, de la *Vénus de Cnide* et de l'*Apollon du Belvédère*. Dans l'aile occidentale de la cour du Cheval Blanc, on allait installer une fonderie où, à partir de ces moules et creux, on coula des bronzes.

Fontainebleau, c'est aussi une bibliothèque d'une richesse incomparable. Confiée à Guillaume Budé, elle a été installée au deuxième étage de la galerie François Ier. Là se sont accumulés près de trois mille livres. Initiative typiquement « humaniste » : cette bibliothèque, le roi l'ouvre aux savants français et étrangers. Le roi collectionnera aussi les manuscrits grecs.

A Fontainebleau, on verra un atelier de tapisserie, des jardins splendides, les grottes des Pins, le cabinet des Bagues, le cabinet des Curiosités où François Ier rassemblait « tout ce qu'il avait pu trouver de petites pièces curieuses comme médailles antiques, argentiers, vases, figures, animaux, vêtements et ouvrages des Indes et pays étrangers et une infinité de petites gentillesses... sans oublier une hydre ou serpent à sept têtes, apporté de Turquie, embaumé et acheté aux Vénitiens et évalué à six mille ducats, duquel, pour sa rareté, ils firent présent au grand roi François ».

Cette demeure de Fontainebleau, des générations l'admireront, à commencer par celle qui la vit s'édifier.

*La Porte Dorée du château de Fontainebleau. Datant de François Ier, elle donne accès à la Cour Ovale. (Cabinet des estampes. Bibliothèque nationale. Photo Jérôme da Cunha.)*

*Une planche gravée de Jacques Androuet du Cerceau nous restitue le palais de Fontainebleau à l'époque de François Ier. Apparaissent, de gauche à droite : la Cour du Cheval Blanc, alors entourée de bâtiments formant une cour large de 112 mètres et profonde de 152, dite la « basse-cour »; puis un corps de logis dénommé Galerie de François Ier rejoignant la Cour Ovale; Enfin, la Cour des Offices et des Cuisines. (Cabinet des estampes. Bibliothèque nationale. Photo B.N.) Ci-dessous, vue actuelle de la Cour Ovale. (Photo Holzapfel.)*

Pour Vasari, il ne s'agit pas moins que d'une nouvelle Rome. Belleforest a chanté « la maison magnifique, superbe château et palais royal de Fontainebleau, le siège et déduit des rois de France, lequel, s'en allant presque en ruine, a été remis sus de notre temps par ce grand roi François premier de ce nom qui... a fait faire ce chef-d'œuvre unique dans toute la Gaule. Aussi ce lieu est en si belle assiette pour le plaisir, les bois y étant foisonnants, la proie à souhait, les ruisseaux et les étangs, le gibier et le poisson, et l'air y étant sain et libre, qu'on ne saurait trouver lieu en France plus propre pour la retraite des princes... »

Deux autres demeures royales se sont élevées avant la fin du règne de François Ier : Villers-Cotterêts et Saint-Germain-en-Laye. Elles ont été bâties entre 1530 et 1540.

Par lettre patente du 2 août 1546, François Ier allait charger Pierre Lescot de la surintendance des travaux du Louvre. Ce Louvre, image du passé que le roi voulait abolir, avait déjà vu disparaître, en 1528, la grosse tour de Philippe Auguste. Le dessein de François Ier : rajeunir et agrandir le vieux corps de logis.

En fait, les travaux ont surtout été effectués sous le règne d'Henri III. Malgré cela, le Louvre, triomphe du classicisme, apparaît comme le couronnement architectural du règne de François Ier.

Lescot s'est surtout inspiré du palais Farnèse. En particulier pour les façades du pavillon du roi et de l'aile sud. On attribue à Jean Goujon la décoration intérieure et extérieure : celle des œils-de-bœuf, de l'attique et aussi de la tribune des Cariatides, de la voûte de l'escalier, etc. Bref, un palais qui alliait « aux traditions françaises les modulations italiennes ». Autant que Fontainebleau, le nouveau Louvre suscita l'admiration universelle. En 1559, Gaspar de Vega, conseiller de Philippe II d'Espagne, fort hostile par ailleurs à l'art français, écrit : « J'ai vu le château du Louvre qui appartient au roi; c'est un édifice du temps jadis fort bien assis au bord d'une rivière, on y achève en ce moment un pavillon qui est un fort bel édifice, entièrement construit en pierre blanche travaillée à grands frais, de bonne architecture, très ornementé et couvert de sculptures à l'extérieur. A l'intérieur de ce pavillon, il y a deux salles, l'une est haute et l'autre basse; sur l'un des côtés, trois écuries et au-dessus une galerie pour les dames en manière de dortoir de couvent, avec des cellules de part et d'autre d'un couloir central. Dans ce pavillon, il y a aussi un escalier à deux paliers, très luxueusement sculpté; les deux parties de cet escalier sont très longues et pas très planes. Il m'a paru en effet mal construit; parmi les gens du métier, on tient ce pavillon pour le plus bel édifice de France. » La réfection et l'agrandissement du Louvre par Pierre Lescot représentent l'avènement et le triomphe de ce qu'on a appelé la Seconde Renaissance. Pourquoi seconde renaissance? Parce que, peu à peu, l'intermédiaire italien entre les maîtres français et la connaissance de l'art antique tend à s'estomper. L'appel direct à l'antiquité l'emporte. Cette tendance apparaît dès la fin du règne de François Ier et s'affirme avec l'avènement d'Henri II, qui confiera toutes les tâches importantes de son règne à des architectes français : ainsi Philibert Delorme remplacera le Primatice à la tête des constructions royales.

En 1519, François Ier avait acquis un petit domaine près du Louvre, dénommé les Tuileries. Il destinait celui-ci à sa mère, Louise de Savoie. Vers 1564, la reine Catherine de Médicis reprit à son compte le projet. Elle résolut de se bâtir aux Tuileries une maison et surtout de faire dessiner un beau jardin qui lui rappellerait ceux de son pays : l'Italie, toujours! Elle allait acquérir les terrains qui, de l'enceinte de la ville, s'étendaient le long du faubourg Saint-Honoré vers l'ouest. Parmi les terrains acquis se trouvaient les gisements d'argile des tuiliers Urbin Poullart et Jean aux

Bœufs. Et c'est ainsi, a dit G. Lenotre, que ces deux excellents tuiliers « demeurent bien à leur insu les parrains de l'un des sites les plus célèbres du monde ».

Les travaux devaient se poursuivre jusqu'en 1572, pendant la minorité de Charles IX. Philibert Delorme les dirigeait, qui fit régner là, sous la forme de colonnes baguées, ce que M. Babelon appelle « un ordre français ». Dans les jardins furent peut-être placées les grottes baroques de Bernard Palissy. Jean Bullant fut l'auteur d'un pavillon. Catherine évoquait souvent le palais Pitti à Florence; ainsi eut-elle sans doute l'idée d'une longue galerie qui joindrait les Tuileries au Louvre. En 1566, la partie basse était terminée, en 1595 la partie haute.

Henri II avait voulu rompre avec le règne de son père. Réaction plus humaine que royale. Il avait ordonné l'interruption de toutes les constructions ordonnées par François Ier. En 1548, il confiait la surintendance des bâtiments royaux à Philibert Delorme, celui-ci devant s'occuper de la remise en ordre, tâche purement administrative. Après quoi, il donnera libre cours à son talent. Il aura sous ses ordres tous les maîtres d'œuvre et tous les maçons, sauf ceux du Louvre. Partout il impose son goût, même là où la construction apparaît largement entamée. Ainsi fait-il remplacer par un plafond la voûte prévue pour la salle de bal de Fontainebleau. Son école est le classicisme, mais un classicisme fondé sur l'étude directe des monuments antiques. Delorme connaît très bien son métier : il a été maçon avant de devenir architecte. Contrairement à Lescot, dont le style est par ailleurs beaucoup plus pur, Philibert Delorme a largement puisé dans la tradition française. Les Italiens disparaissent peu à peu des chantiers : comme Henri II, Delorme veut instaurer un style national, du moins à l'époque de sa maturité. Le château d'Anet est un bon exemple de l'effort tenté par Delorme. Il orne la chapelle italienne de deux pyramides rappelant les flèches gothiques; il perce des lucarnes dans les parties hautes.

Il est intéressant de suivre à la trace un homme tel que Philibert Delorme. Il est né vers 1510-1515, à Lyon, où son père était maçon. Il a voyagé en Italie de 1533 à 1535 et y a dessiné des ruines antiques. De retour dans sa ville natale, il construit l'hôtel du trésorier général des finances, Antoine Bullioud, rue de la Juiverie. Déjà, il recherche la sobriété antique, ayant en même temps le souci de la disposition pratique des bâtiments, des appartements, du confort. Pour le cardinal Jean du Bellay, il construit le château de Saint-Maur. Il est attaché à la personne du dauphin, futur Henri II. A l'avènement de celui-ci, sa dictature commence — car c'en est une. Il sera chargé d'édifier le tombeau de François Ier. Puis Diane de Poitiers lui confie la construction d'Anet. Il sera disgracié deux jours après la mort d'Henri II : assez naturellement, Catherine de Médicis ne voulait nul bien à l'architecte favori de Diane de Poitiers. Il est remplacé par le Primatice. Il écrit *Les Nouvelles Inventions pour bien bâtir et à petits frais* (1561), puis l'*Architecture* dont le premier tome paraît en 1567. Il rentre en grâce dès 1563 car les travaux du Primatice semblent à présent anachroniques. Catherine lui confiera les travaux des Tuileries, où Delorme introduira les colonnes à fût cannelé, appelées « colonnes à tambour », et l'attique où des fenêtres alternaient avec des panneaux à fronton. Delorme travaillera encore à l'agran-

*Située à l'emplacement qu'occupe maintenant l'Escalier du Roi, la chambre d'Anne de Pisseleu, duchesse d'Étampes, fut décorée sous la direction du Rosso et du Primatice de fresques représentant l'histoire d'Alexandre. Chaque scène est encadrée de sujets en stuc composés de femmes nues, graciles et souples, d'angelots dodus et souriants. (Photo Jérôme da Cunha.)*

dissement de Saint-Maur que Catherine avait acheté à du Bellay, à Monceaux, au pont et à la galerie de Chenonceaux. Il mourra le 8 janvier 1570.

Son successeur fut Jean Bullant, alors âgé de soixante ans. Lui aussi est né d'une famille de maçons, il a — comme Delorme — voyagé en Italie et composé plusieurs ou-

*En 1546, François Ier donnait à Pierre Lescot l'ordre de construire, sur l'emplacement du vieux Louvre rasé en 1527, un palais au goût du jour. Les bâtiments sortaient à peine de terre lorsque le roi mourut. Les travaux de l'architecte se poursuivront alors sous le règne d'Henri II qui fera achever la construction de la Cour Carrée. (Photo Jean Roubier.)*

Cette « *Nymphe de la Seine* » (*ci-dessus*), au profil grec d'une étonnante pureté, est l'œuvre de Jean Goujon, auteur également de la « *Nymphe* » (*ci-dessous*) reposant parmi les plantes aquatiques dans un geste de gracieux abandon, et qui orne l'un des bas-reliefs provenant de la fontaine des Innocents à Paris. (*Haut : Musée du Louvre. Photo Roger Viollet. Bas : Photo Jean Roubier.*)

*En bas, à gauche : portrait présumé de Diane de Poitiers, attribué au Primatice (Château de Chenonceaux. Photo Holzapfel.)*

vrages érudits. La plus grande partie de sa carrière s'est déroulée au service des Montmorency, en particulier au château d'Écouen. Il a construit le *petit château* de Chantilly en 1563. On lui doit encore, probablement, une partie des pavillons des Tuileries. Enfin, sur des plans du Primatice, il a dû surveiller l'exécution du tombeau d'Henri II.

La sculpture n'a jamais été si proche parente de l'architecture. Logiquement, elle a suivi une évolution identique. L'influence italienne s'est manifestée dès le règne de Charles VIII. Guido Mazzoni a été ramené en France par Charles VIII. Louis XII lui a confié la réalisation du tombeau de son prédécesseur à Saint-Denis. Les Juste, à Tours, ont sculpté le tombeau de Louis XII et d'Anne de Bretagne. On les a longtemps crus français, mais Antoine et Jean Juste étaient florentins. Peu à peu va se développer le goût pour les monuments triomphants, à l'exemple italien. Dès Louis XII, sur les culs-de-lampe apparaissent des sujets profanes, anecdotiques. Le mouvement s'amplifie sous le règne de François Ier.

Le Rosso et le Primatice domineront la sculpture comme l'architecture. Il faut aussi citer un autre Italien : Benvenuto Cellini.

Un changement de style accompagne le règne d'Henri II. Le nom de Jean Goujon domine cette époque. D'abord, il s'est montré l'élève fidèle de l'école de Fontainebleau, nettement influencé par les Italiens, notamment par le Rosso. Peu à peu, il abandonnera les modèles de sa jeunesse. Son style évoluera régulièrement de l'exubérance des premiers temps vers la sobriété. Il semble avoir bénéficié des conseils de son ami Lescot, archéologue averti. Sa connaissance de l'art grec — les Italiens s'inspiraient surtout des maîtres romains — lui a permis de revenir à une mesure, à une sobriété proches du génie national. L'un de ses chefs-d'œuvre est la fontaine des Innocents. Goujon travaillera à l'édification du Louvre aux côtés de Lescot. Protestant, il sera obligé de quitter la France en 1562. Il mourra à Bologne à une date indéterminée.

Pierre Bontemps est beaucoup moins connu. On peut citer de lui les statues du tombeau de François Ier à Saint-Denis, le bas-relief des Quatre Saisons en marbre blanc pour la chambre du roi en 1556.

Germain Pilon (1535-1590), fils d'un sculpteur, se voit commander, dès 1559, huit génies de marbre pour le tombeau de François Ier. En 1561, Catherine de Médicis lui confie la construction de la sépulture du feu roi Henri II. Il sculpte les trois grâces qui portent l'urne funéraire sur leur tête : une œuvre tout imprégnée de l'esprit de l'école de Fontainebleau, remarquable par l'élégance et la légèreté des étoffes. Sa commande la plus importante : le tombeau d'Henri II, sous la direction du Primatice. De plus en plus, il se voudra portraitiste, s'éloignant du style de Fontainebleau au profit du réalisme traditionnel. Ses œuvres peuvent être considérées comme des portraits psychologiques. Il meurt le 3 février 1590. Avec lui disparaît le dernier grand représentant de l'art de la Renaissance.

Même évolution quant à la peinture. Il est très difficile d'analyser

*Cette très célèbre sculpture de Germain Pilon : « Les Trois Grâces », fut exécutée sur la demande de Catherine de Médicis pour le monument funéraire d'Henri II. Dans le vase funéraire reposant sur leurs têtes fut enfermé le cœur du roi. (Musée du Louvre. Photo Roger Viollet.)*

celle du premier tiers du XV^e siècle, car les œuvres ont pour la plupart disparu. La logique commande de retenir un italianisme identique à celui des autres arts. Dès Louis XII, des peintres italiens sont venus en France, tel Andrea Solario qui a décoré de fresques la chapelle du château de Gaillon.

En revanche, pour la miniature, l'influence italienne est encore peu perceptible. Ainsi en est-il pour les heures d'Anne de Bretagne, œuvre de Jean Bourdichon, disciple de Fouquet; seul l'encadrement est empreint d'italianisme.

Dès la création de l'École de Fontainebleau, les Français imiteront le Rosso et le Primatice. Pourtant, l'influence flamande ne disparaît pas entièrement. Au contraire, elle permet la survie du portrait traditionnel. Ces portraitistes français du XVI^e siècle sont surtout préoccupés de capter la ressemblance. A la même époque, Holbein y parvient, mais y ajoute le génie. Ce n'est pas précisément le cas de Jean Clouet, si froid, si juste — trop juste. Ainsi en est-il aussi de l'œuvre de Corneille de Lyon. En revanche, François Clouet, fils de Jean, nous a légué des œuvres que l'on peut qualifier de chefs-d'œuvre. De François Clouet, comment ne pas admirer le portrait d'Henri II où un caractère, une personnalité, un être tout entier surgissent de la toile? Tout aussi saisissant, le portrait du jeune Charles IX : on croit deviner la volonté secrète de l'adolescent qui, six ans plus tard, ordonnera la Saint-Barthélemy.

D'autres peintres? Les deux Jean Cousin, originaires de Sens; le père mourut vers 1560, après s'être établi à Paris, et le fils vers 1594. Parmi leurs œuvres, on peut citer : le *Jugement dernier*, qui se trouve au Louvre. Et encore les Mannier, ou encore Michel Rochetel, ou des peintres du Nord comme Josse Van Cleef.

Où en est le vitrail?

Les améliorations techniques datent pour la plupart du XV^e siècle. Au début du XVI^e, on voit apparaître le style dit champenois, de caractère purement français. Son origine : la nef de la cathédrale de Troyes. Le vitrail perd son caractère architectural, il se présente comme un ensemble de figures géométriques dont chacune représente un épisode anecdotique.

D'abord se fera sentir l'influence flamande (dans le premier quart du XVI^e siècle). Puis l'italianisme l'emportera, surtout au point de vue des figures. On imitera le style de Raphaël. Alors, peu à peu, le vitrail entrera en complète décadence. Dans la région parisienne, seuls les vitraux de Vincennes échappent à la médiocrité. Ils sont inspirés de l'*Apocalypse* de Dürer, traitée à la mode du temps.

La gravure connaît la même évolution que d'autres arts mineurs : tout d'abord, l'influence italienne l'a emporté, puis on revient aux tendances nationales. Le chef de file : l'École de Fontainebleau, avec Geoffroy du Monstier, René Boisvin. On trouve à Lyon, ville de l'imprimerie, beaucoup de graveurs habiles. Et surtout Bernard Salomon, Georges Reverdy.

*Extraite du premier tome de l' « Architecture » publié en 1567 par Philibert de l'Orme, cette gravure symbolise « la Sagesse et la Science inhérentes à la fonction d'architecte et de bâtisseur ». Une profusion de constructions assez disparates semblent offrir une synthèse des différentes réalisations de l'architecte. (Département des imprimés. Bibliothèque nationale. Photo Jérôme da Cunha.)*

En ce qui concerne la tapisserie, la mode, au début du siècle, est aux « mille fleurs » : des personnages se détachent sur un fond de petites fleurs. Très décoratif, ce style, et très apprécié. Ce genre de tapisserie sort des ateliers de la Loire; longtemps, aucune influence italienne n'y est perceptible. Celle-ci se fera sentir d'abord dans l'ornementation, puis dans le décor architectural. Mais la composition et les figures réalistes demeureront médiévales.

Ce sont les *Actes des Apôtres* tissés à Bruxelles d'après des cartons de Raphaël qui transforment complètement la tapisserie. A partir de cette date, François Ier achètera ses tapisseries à l'étranger et n'en encouragera nullement la fabrication en France.

Nette évolution aussi pour les émaux. A la fin du XVe siècle, s'est précisée la technique des émaux peints. Dans la seconde moitié du XVIe siècle, le noir et le bleu foncé remplacent les grisailles ou le blanc. Dans le premier tiers du siècle, les émaux de Limoges sont les plus réputés. Les artisans s'inspirent, jusque vers 1535, surtout des gravures allemandes de Schöngauer et Dürer. Le style changera quand Léonard Limosin, le seul « émailleur de la cour », commencera à imiter Raphaël. Son exemple va être suivi partout. Limosin réalise des plats

*Ce « Jugement dernier » peint par Jean Cousin le Fils offre le curieux contraste d'un sujet religieux cher aux siècles précédents traité dans le style maniériste de l'École de Fontainebleau. (Musée du Louvre. Archives photographiques.)*

*C'est à Jean Goujon que fut confiée la décoration de Paris à l'occasion de l'entrée solennelle, en 1549, d'Henri II dans sa bonne ville. En souvenir de cet événement, l'architecte, excellent dessinateur, a exécuté cette gravure représentant le roi à cheval, revêtu d'une armure de parade. (Photo Roger Viollet.)*

*Exécutée à la fin du XVe siècle, la tenture de tapisserie de « la Dame à la Licorne » (à droite) se compose de six pièces se détachant sur un fond rouge semé de petits animaux et de fleurs. Chaque panneau, à l'exception d'un seul sans signification connue, est une allégorie de l'un des cinq sens de l'homme. Une jeune femme en robe de cour en constitue le personnage principal. On la voit ici jouant de l'orgue, figurant ainsi l'ouïe. (Photo Réunion des musées nationaux.)*

*Dès son arrivée à Fontainebleau, en 1530, le Rosso se consacre à la décoration de la galerie dite de François Ier. Durant neuf ans, s'inspirant de l'histoire romaine, il peint de vastes fresques d'où le symbole n'est pas exclu, telle celle ci-dessus, représentant un éléphant accompagné d'une grue figurant respectivement la sagesse et la vigilance royales. (Photo Jérôme da Cunha.) En faisant revivre une « Guinguette sous François Ier », le tableau ci-dessous, œuvre de l'École flamande, met en valeur deux instruments de musique alors très employés : la flûte traversière et le luth, qui égrènent les airs en vogue de la musique profane, maintenant largement répandue grâce aux premières impressions des notes. (Photo Jérôme da Cunha.)*

magnifiques comme celui du *Festin des Dieux* pour Anne de Montmorency. Surtout, il crée la mode des portraits en émail dont la vogue est immense. On dit que Catherine en possédait plus de trente. Vers 1570, les émailleurs abandonneront leurs modèles italiens pour revenir à des modèles français, en particulier les gravures de du Cerceau.

Ce serait être incomplet, lorsqu'on étudie la vie artistique de la Renaissance française, d'omettre la musique. François Ier, qui avait voulu donner à tous les arts un essor inégalé, ne négligea aucunement la musique. Du Peyrat en témoigne : « La musique ayant longtemps cessé en la cour de nos rois de la troisième race y a été premièrement rétablie par le roi François Ier, j'entends la musique de voix, car pour celle des orgues, elle y était déjà connue du temps de Louis XII, sous le règne duquel il y avait un organiste aux gages de cent-vingt livres. Le roi François, qui se plaisait fort à la musique, institua cette chapelle de musique à la suite de la cour en l'année 1543... Le premier maître de cette chapelle de musique ,et qui a exercé son office de 1543 à 1547, a été François, cardinal de Tournon, archevêque d'Auch, aux gages de douze cents livres par an. Viennent ensuite deux sous-maîtres, six enfants, un joueur de cornet ordinaire, un autre joueur de cornet, deux dessus mués, huit bas-contre, huit tailles, huit haut-contre[1], huit chapelains, quatre clercs de chapelle et deux précepteurs de grammaire pour les enfants, qui font en tout cinquante et un officiers. »

Dès 1531 et 1532, les chantres de la « chapelle de plain-chant », nouvellement créée, touchaient ensemble cinq cent trente-cinq livres par quartier. Les musiciens de la chapelle avaient pour instruments la harpe, le violon, le luth, l'orgue, l'épinette. Les musiciens de l'écurie jouent du violon, du hautbois, du trombone, du cornet, de la trompette, du fifre, du tambourin.

Hors les musiciens du roi, la corporation des ménétriers de la ville de Paris a reçu confirmation de ses privilèges en 1515. Il faut dire que les instruments avaient bénéficié de progrès techniques qui favorisèrent l'essor de la musique. Vers 1520, le violon prend sa forme moderne, l'épinette et les orgues se perfectionnent. Autre élément d'importance : la création de l'imprimerie musicale. Parmi les œuvres qui ont survécu, il faut citer : la *Bataille de Marignan*, de Clément Jannequin, et, du même auteur, les *Sacrae Cantiones*, les *Chansons de la guerre et de la chasse*, les *Inventions musicales*.

Les contemporains semblent avoir été perméables à l'émotion dégagée par ces œuvres, ainsi qu'en témoigne Noël du Fail : « Comme par exemple quand on chantait la chanson de la guerre faite par Jannequin, devant ce grand Roy, pour la victoire qu'il avait eue sur les Suisses, il n'y avait celui qui ne regardât si son épée tenait au fourreau et qui ne se haussât sur les orteils, pour se rendre plus bragard et de la riche taille. Et, au contraire, lorsqu'en cette belle voûte d'église, à Saint-Maurice d'Angers, on chantoit une hymne funèbre de *Requiem*, en grosse et plate musique, approchant du faux bourdon, il n'y avoit si dur cœur qui ne se retirast à la contemplation de la caducité et vanité de ce monde. La musique et chanson ont cela propre et naturel de transmuer et faire passer en elles nos conceptions et volontés. »

1 Deux sopranos, huit basses, huit ténors, huit ténors élevés (cité par Anne Denieul-Cormier).

## UN MAITRE DE LA CÉRAMIQUE

*En 1556 — il a plus de quarante ans —, un céramiste encore ignoré se présente à la cour et offre au roi Henri II un bassin de terre émaillée :*

*— J'ai vu, déclare le roi, de plus grandes œuvres et de plus belles choses au monde. Jamais je n'en ai vu de semblables.*

*Il a fallu de longues et pénibles recherches à l'auteur de ce bassin pour découvrir la façon de revêtir de magnifiques émaux ses terres cuites. Bernard Palissy — on a déjà deviné qu'il s'agissait de cet artiste — a conté lui-même toutes ses peines et son labeur. Le chercheur réduit à brûler son propre mobilier pour alimenter son four, c'est une image qui nous est familière.*

*L'innovation principale de Palissy consiste dans la pose, sur la pièce à décorer, des moulages pris sur nature d'animaux et de plantes. Cet aspect nouveau provoque un véritable engouement. Les plats, les faïences de Palissy sont recherchés, admirés. Il se lance dans des travaux plus grandioses comme cette grotte émaillée qu'il exécute au jardin des Tuileries pour Catherine de Médicis. Les poissons qui parsèment les parois semblent évoluer dans l'eau.*

*Abandonnant son atelier de Saintes, Palissy s'installe à Paris. Huguenot, il échappe par miracle à la Saint-Barthélemy. Revenu dans la capitale, il est en butte aux persécutions des Ligueurs et c'est à la Bastille qu'il meurt en 1589, à l'âge de 78 ans.*

*Concert champêtre. De gauche à droite : viole de gambe, trompette, cornet à bouquin, flûte traversière, luth et épinette portative. (Email de Limosin, Louvre. Photo Giraudon.)*

# FRANÇOIS I^er^ INTRIGUES, GUERRES ET PAIX

## 1526

En rentrant de captivité, François Ier est assez mécontent. Il n'approuve nullement tout ce que la régente a pu faire pendant sa captivité. Louise de Savoie aurait, pendant son gouvernement, laissé entrevoir au Parlement une promesse de révoquer le concordat — du moins on l'affirmait — ce qui exaspère François Ier. Aussi, on le devine, écarte-t-il le Parlement du pouvoir, et cela en raison de son attitude pendant son absence. Il commence par éloigner Duprat et s'entoure d'hommes nouveaux : Montmorency est nommé grand-maître de France, et Chabot de Brion reçoit la charge d'amiral.

## 22 mai

François Ier se trouve encouragé à ne pas respecter le traité de Madrid par tous ceux qui craignent de voir Charles Quint trop puissant : les Anglais, les Italiens, le pape, les princes allemands... Aussi, tout naturellement, la ligue de Cognac est-elle conclue entre François Ier, le pape, les Vénitiens et quelques princes italiens. Cette ligue est également ouverte au roi d'Angleterre qui va faire attendre sa réponse. L'objectif apparent de la ligue est de mettre fin aux guerres qui désolent la chrétienté. L'objectif réel est d'abroger le traité de Madrid et de régler les affaires italiennes.

Les Italiens promettaient d'entretenir une force de trente mille hommes et de vingt-cinq mille hommes d'armes et affirmaient pouvoir armer une flotte de seize galères.

De son côté, François Ier s'engageait à fournir de l'argent, une armée aussi puissante que possible et douze galères. Il recevait en échange Asti et la suzeraineté de Gênes. Quant au duché de Milan, il restait à Sforza.

*Évocation allégorique de l'Arithmétique sur une tapisserie du début du XVIe siècle. (Musée de Cluny. Photo Bulloz.)*

### juin

La Bourgogne n'ayant toujours pas été rendue à l'empereur, Lannoy tente de pénétrer dans le comté d'Auxonne, à la tête d'une petite armée. Il se heurte à toute la noblesse du pays — c'est un véritable sursaut national — et doit s'enfuir précipitamment pour éviter d'être pris.

### 24 juin

Les Italiens, qui sont les premiers à se lancer dans la lutte contre Charles Quint, s'emparent de Lodi. Mais leur élan est bien vite freiné. D'une part, le connétable de Bourbon amène rapidement sur place des renforts ; d'autre part, pas plus Henri VIII que François Ier ne semblent très pressés de les aider. En fait, François avait signé la ligue de Cognac plus pour délivrer ses deux fils que pour aider les Italiens.

### juillet

Nouvelle ambassade française à Constantinople : Frangipani remercie Soliman de ses promesses et il lui fait part de la libération de François Ier.

### nuit du 19 au 20 septembre

Les Colonna entrent dans Rome par surprise et y plantent l'aigle impériale. Clément VII se réfugie au château Saint-Ange, et il doit signer une trêve avec un des généraux de Charles Quint. Il désavouera d'ailleurs rapidement cette trêve et les hostilités reprendront.

Charles Quint va renforcer ses troupes en Italie de dix mille hommes commandés par Lannoy. Mais François n'envoie aux Italiens ni argent ni renforts.

### 1527

Mariage de Marguerite, sœur de François Ier, veuve du duc d'Alençon, avec Henri d'Albret, roi de Navarre.

### 13 janvier

Le roi reprend la lutte contre les financiers et, ce jour-là, il fait arrêter Semblançay, ainsi que ses deux neveux Ruzé... sans parler d'autres menus tripoteurs.

### février

François Ier adresse au nouveau roi de Hongrie, Jean Zapolya, l'excellent ambassadeur Rincon, afin de l'attirer dans sa politique. Il voudrait voir Zapolya se dresser contre l'Autriche. En échange, le diplomate a mission de lui promettre secours et même alliance par mariage. Tout se passe fort bien. « J'ai été accueilli par ce roi et par tous les nobles hongrois comme si j'étais tombé du ciel », écrit Rincon. En effet, l'arrivée de l'envoyé français renforce l'autorité de Zapolya contestée par les partisans de Ferdinand. Aussi Zapolya promet-il à Rincon de lutter contre l'Autriche jusqu'à la délivrance des enfants de France.

### février

Les Allemands et le connétable de Bourbon descendent vers Rome. Les Espagnols de Naples se dirigent eux aussi vers l'État romain. Le pape se trouve donc menacé de deux côtés à la fois.

### 16 mars

Le pape signe un accord avec l'empereur. Mais le duc de Bourbon prend très mal les revirements de Clément VII. Cette situation fausse l'exaspère, aussi ne cherche-t-il pas à calmer ses soldats, en grande majorité luthériens et qui haïssent le pape. Ils poursuivent donc leur marche sur Rome.

## 6 mai

Le duc de Bourbon en donnant l'assaut aux murs de Rome est tué d'un coup d'arquebuse. Les troupes du connétable entrent dans la ville éternelle, bloquent le pape dans le château Saint-Ange et, pendant huit jours, commettent d'épouvantables massacres et d'effroyables destructions. « Le grand palais de Saint-Pierre fut tout brûlé et pillé, écrit le *Bourgeois de Paris* dans son *Journal*, et aussi l'église de Saint-Pierre, et tous les ornements sacrés, livres et calices furent pris, de sorte qu'il n'en demeura rien. Item aussi, lesdites reliques furent prises par les lansquenets et les Espagnols et emportées. Item, toutes les églises et tous les prêtres et religieux, tant mendiants que séculiers, et les monastères des dames, furent tous tués et brûlés. En effet, il y eut une merveilleuse cruauté... » que Charles Quint désapprouva officiellement.

## 26 mai

Semblançay comparaît devant les membres du Grand Conseil et du Parlement, ce que l'on appelait la « Commission de la Tour Carrée ». On reproche à celui à qui le roi avait donné, en 1518, « le maniement » de toutes ses finances, d'avoir gardé les sommes dues aux officiers des finances pour pouvoir prêter de l'argent à l'État — tout en gardant pour lui les intérêts. L'ancien *super-intendant* se défend fort mal et fait état de son grand âge.

## 24 juillet

Les conseillers continuant à ne pas prendre en considération le concordat, François Ier tient un lit de justice, au cours duquel il abolit la compétence du Parlement « en toute juridiction et connaissance des matières archi-épiscopales et d'abbayes ». Puis le Grand Conseil reçoit les pouvoirs confisqués... Mais est-ce seulement à partir de cette date que le concordat entre vraiment en vigueur?

## 11 août

Semblançay, condamné à mort, est pendu au gibet de Montfaucon. Son attitude est noble et courageuse — et Marot l'a chantée :

*Lorsque Maillart, juge d'enfer, menoit*
*A Montfaucon Semblançay l'âme rendre,*
*A votre avis, lequel des deux tenoit*
*Meilleur maintien? Pour vous le faire [entendre,*
*Maillart semblait homme que mort va [prendre,*
*Et Semblançay fut si ferme vieillard*
*Que l'on cuidoit pour vrai qu'il menast [pendre*
*A Montfaucon le lieutenant Maillart.*

## décembre

Bien qu'ayant négocié dès le mois précédent avec les envoyés de l'empereur, c'est seulement au cours de ce mois de décembre que le pape est libéré.

## 16 décembre

François Ier réunit à Paris une assemblée de notables, des membres du haut clergé, des grands seigneurs et des représentants des Parlements. Il leur expose la situation née de la signature du désastreux traité de Madrid, et leur fait ressortir le danger que représente Charles Quint. Il finit en leur demandant de l'argent pour payer la rançon des petits princes — leur retour étant la condition de la liberté de la politique française — et sollicite des subsides pour faire la guerre dont la reprise semble inévitable.

## 1528, 22 janvier

Les représentants de François Ier menacent de déclarer la guerre à Charles Quint s'il n'accepte pas de remettre en liberté les enfants de France contre le versement d'une rançon. L'empereur, on s'en doute, se montre indigné devant le manque de parole de François Ier. Il veut faire connaître à tous les souverains les clauses du traité de Madrid et la manière dont le roi de France a refusé de les respecter. Jusqu'au mois d'août, des courriers galoperont sans cesse entre la France et l'Espagne, portant les défis que se lancent et se renvoient les deux souverains.

## février

Lautrec rétablit la domination française sur le Milanais et sur Gênes, puis il se dirige vers Naples. Les Allemands abandonnent alors Rome, pour aller défendre Naples.

## avril - mai

Les Français assiègent Naples. Ils sont commandés par Lautrec et aidés par la flotte vénitienne et la flotte génoise d'Andrea Doria, le plus grand marin de son époque et qui ne connut presque aucune défaite. Ainsi que le disait Montluc : « Il semblait que la mer redoutât cet homme. »

Les Français sont sur le point de réussir à mener à bien leurs projets, lorsque Andrea Doria témoigne d'un vif mécontentement : sa flotte n'a pas été payée selon les promesses faites par Lautrec. D'autre part, il demande que Gênes puisse garder ses droits sur Savone. Ne se rendant pas compte de la gravité de la situation, les Français se contentent de vagues promesses et font dangereusement traîner les choses.

## juin

Henri VIII, qui désire protéger son commerce, obtient de François Ier qu'il signe une trêve de huit mois avec la Flandre.

## juillet

Charles Quint traite directement avec Andrea Doria qui se retire avec sa flotte. Pour les Français, la situation devient terrible. Dans leur camp, la mortalité est telle qu'un texte de l'époque mentionne que, sur vingt-cinq mille hommes, il n'en reste que quatre mille capables de se battre. « Et les cimetières et les champs de là sont encore bossus », soupire Brantôme.

## nuit du 15 au 16 août

Lautrec meurt de la peste à Naples, et les Français, qui ne peuvent plus prolonger la résistance, sont obligés de lever le siège. Sur le dur chemin du retour, les rescapés sont attaqués. Presque complètement anéantis, ils doivent capituler. François Ier se montrera très frappé par la mort de Lautrec. Il prendra, nous dit du Bellay, « un tel deuil que si c'eust esté pour Monseigneur le Dauphin ». Pour Françoise de Châteaubriant, la disparition de Lautrec est la perte d'un très solide appui dans la lutte qu'elle mène à la cour pour conserver sa place de

*L'énergique et dur profil d'Andrea Doria a été gravé sur cette médaille exécutée par Leone Leoni. Après avoir combattu pour le compte de divers princes, le condottiere entre au service de François Ier qui le décore, pour ses brillants faits d'armes, de l'ordre de Saint-Michel. Cependant, mécontent de la politique pratiquée par le roi de France à Naples, il l'abandonne après lui avoir restitué l'insigne de l'ordre. Charles Quint, vers qui il se tourne alors, le dédommage en lui remettant la Toison d'Or. (Cabinet des médailles. Bibliothèque nationale. Photo Jean Roubier.)*

favorite. D'autant plus qu'elle a perdu son frère Thomas, maréchal de Lescun, mort à Pavie. Quant à André, son troisième frère, il est devenu aveugle.

## 1528

Le concile de Sens examine point par point la doctrine de Luther et affirme la doctrine orthodoxe en seize articles. Les Pères conciliaires rappellent que châtier des hérétiques donne droit à la grâce de Dieu. Enfin, ils établissent quarante articles sur la réforme des abus du clergé.

François Ier est catholique par prudence et par tradition, mais ses goûts le portent tout naturellement vers la renaissance et l'humanisme. En fait, il a beaucoup oscillé. Il s'est concilié les princes luthériens afin de pouvoir lutter contre Charles Quint, mais, on l'a vu, il a travaillé parfois à un rapprochement avec l'empereur, dans l'intérêt de la religion catholique.

## octobre

Statile, évêque de Transylvanie, signe avec Duprat un traité d'alliance offensive et défensive. Zapolya s'engage à combattre jusqu'à la libération des enfants de François Ier, et à ne pas conclure la paix sans le consentement de la France. Il promet de reconnaître le duc d'Orléans comme successeur de son royaume de Hongrie s'il mourait sans enfant.

En échange, François lui verse vingt mille écus immédiatement, plus une subvention annuelle de cent mille écus.

## 1529, 21 juin

Dans le Milanais, les Français sont battus à Landriano et sont obligés de déposer les armes.

## juillet

Des négociations s'ouvrent à Cambrai entre Charles Quint, représenté par Marguerite d'Autriche, et la France, dont Louise de Savoie est le porte-parole. En réalité, c'est Montmorency qui dirige les pourparlers.

François Ier est désireux de signer la paix. Il a été battu en Italie et

*Marguerite d'Autriche, tante de Charles Quint. Avec Louise de Savoie, elle contribuera à faire naître, entre la France et l'Empire, les négociations de paix. Son portrait est attribué au Maître de la Légende de Marie-Madeleine. (Musée du Louvre. Photo Jérôme da Cunha.)*

n'a plus guère d'argent. Il désire surtout retrouver ses enfants prisonniers depuis quatre ans à Madrid.

## 3 août

Le traité de Cambrai, dit la « paix des dames », est signé. François garde la Bourgogne et ses dépendances, les comtés de Boulogne, de Guines et de Ponthieu, les villes de la Somme, Péronne et Montdidier. Il abandonne Hesdin, Lille, Douai, Orchies, Tournai, Saint-Amand, les places du Milanais et de Naples ; il renonce à la suzeraineté sur la Flandre et l'Artois, ainsi qu'à ses droits sur Milan, Naples et Asti.

Il épousera enfin Éléonore et offre à Charles Quint et à Marguerite le comté de Charolais pour leur vie durant et remboursera les deux cent quatre-vingt-dix mille écus prêtés par Henri VIII à l'empereur.

Demeure le principal : la libération du dauphin et de son frère Henri duc d'Orléans. Comme rançon pour ses fils, le roi offre deux millions d'écus, dont un million deux cent mille payables à leur mise en liberté.

## 1530

Depuis son séjour à Madrid, où il a vu comment fonctionnait l'Université, François Ier pense créer en France un nouvel institut. Le premier nom qui se présente à l'esprit pour diriger la nouvelle institution est celui d'Érasme, mais celui-ci refuse, prétextant qu'il est trop âgé pour changer de résidence. En fait, il ne veut pas mécontenter Charles Quint. François Ier fait alors appel au savant grec Jean Lascaris, le seul, estime-t-on, qui peut remplacer Érasme.

Cependant, les difficultés d'argent empêchent François de réaliser d'emblée ce qu'il avait projeté.

## début 1530

François Ier établit en quelque sorte les premières assises du Collège de France en nommant des « lecteurs royaux » qui donneront un enseignement ouvert à tous et qui ne dépendront en aucune façon de l'Université. L'enseignement libre fait ainsi, grâce à lui, ses premiers pas, et se libère de la sclérose scolastique et théologique de l'Université.

Deux chaires de grec, deux chaires d'hébreu et une chaire de mathématiques sont créées cette année-là. L'année suivante, on ajoutera une troisième chaire d'hébreu et, en 1534, une chaire de latin.

Comme l'écrit Érasme à Jacques Toussaint: « Vous avez un grand prince, non moins humain et bienveillant que puissant, qui ne craint pas de s'avouer comme l'instigateur de ce glorieux progrès... Je juge la France infiniment plus heureuse que si l'Italie tout entière était soumise à son empire. »

## mars

Les préparatifs d'échange des enfants de France commencent à Bayonne. L'argent de la rançon a été réuni avec beaucoup de mal. On prépare également l'arrivée de la nouvelle reine Éléonore qui n'exige pas moins de quatre cents chevaux, pour son propre cortège.

## 1er juillet

L'échange des enfants de France a lieu sur la Bidassoa. Une nef chargée de caissettes d'or quitte la rive française, tandis que la gabarre, où se trouvent les deux petits princes, fait force de rames vers le ponton. C'est alors que se déroule une scène qui dut réjouir Rabelais. S'adressant au dauphin François, le connétable de Castille s'excuse en ces termes :

— Si je ne vous ai pas traité comme je le devais et comme il vous appartenait, c'est que mon devoir était de vous bien garder. Pardonnez-moi.

« Monseigneur répondit qu'il s'en tenait content et qu'il était sous son commandement. » Le connétable voulut faire de même envers le duc d'Orléans ; mais ce dernier, au lieu de dire comme son frère, « lui fit une pétarade ». Précisons que la définition que donne le dictionnaire de l'Académie de 1798 est celle-ci : « se dit d'un bruit qu'on fait de la bouche par mépris pour quelqu'un ».

Les deux princes et la nouvelle reine atteignent Saint-Jean-de-Luz à la nuit. Le roi, qui se trouvait à Bordeaux, se met en route et les rejoint à Mont-de-Marsan où le mariage sera célébré.

## 2 juillet

Après des séances orageuses, la Faculté de Théologie de Paris déclare

## LA CAPTIVITÉ DES ENFANTS DE FRANCE

*Les deux enfants ont été mis en prison à la forteresse de Berlanga, puis au lugubre château féodal de Pedraza de la Sierra, dans la province de Ségovie. Etroitement surveillés, ils ont deux pièces à leur disposition, deux pièces aux fenêtres grillées. « Confinés dans leur prison, qui était étouffante l'été et glaciale l'hiver, raconte Jean Duhamel, privés de leur domesticité française, sevrés de toute tendresse, ils eussent, à une époque moins rude, fait pitié à leurs geôliers. Leur sort, enfin, émut une femme, Isabelle de Portugal, la jeune épouse de Charles Quint. Prélevant deux mille ducats sur sa cassette personnelle, elle les envoya au gouverneur de la prison « pour pourvoir « à la garde-robe des princes et améliorer « leur ordinaire », et elle ajoutait : « Je vous prie de vous occuper immédiatement de leurs vêtements, car les personnes qui, venues de France, les ont vus, les ont trouvés bien mal équipés. Mais faites ceci de telle façon qu'on ne puisse dire qu'il y a rapport entre ces visites et le changement. »*

*Le traité de Cambrai ayant stipulé la restitution des petits prisonniers, Charles Quint autorise Jean Bodin, huissier de la chambre de Louise de Savoie, à visiter les enfants, alors enfermés depuis trois ans et demi. « On me mena, raconte Bodin, en une chambre d'icelui château, assez obscure, sans tapisserie, où il y avait seulement des paillasses ; en laquelle chambre étaient mesdits seigneurs, assis sur petits sièges de pierre contre la fenêtre de ladite chambre, garnie par dehors et par dedans de gros barreaux de fer, la muraille ayant huit ou dix pieds d'épaisseur ; ladite fenêtre si haute qu'à toute peine peuvent mesdits seigneurs avoir l'air et le plaisir du jour, ce qui conviendrait mieux à détenir per-*

*Durant quatre ans, le dauphin François et son frère puîné Henri demeureront enfermés dans l'austère forteresse de Pedraza (Photo Mas, Barcelone). La jeune reine Isabelle de Portugal, femme de Charles Quint, peinte ici par Titien, viendra, seule, adoucir leur sort. (Musée du Prado, Madrid. Photo Roger Viollet. Anderson.)*

*sonnes atteintes de gros crimes. Ledit lieu est tant ennuyeux et malsain pour le jeune et tendre âge de mesdits seigneurs ainsi menés et détenus, et en si pauvre ordre de vêtements, sans ruban de soie ni autre-parure, que chausses blanches et souliers de velours noir par dessus, que ne me fut lors possible contenir mes larmes. »*

*Remis de son émotion, Bodin annonce à « sesdits seigneurs » qu'ils vont bientôt être délivrés... mais, d'un air triste, l'aîné l'interrompt en lui demandant de poursuivre son discours en espagnol.*

*— Ne savez-vous donc plus le français ?*

*— Comment l'aurais-je pu retenir, vu que je n'ai nul de mes gens avec qui je puisse converser et parler ?*

*Le futur Henri II intervient :*

*— Monsieur mon frère, c'est l'huissier Bodin.*

*— Je le sais bien.*

*Et la conversation se poursuit en espagnol. « Durant cet entretien, ils passèrent, avec la permission du gouverneur, dans une autre chambre encore plus pauvre et plus mal garnie que la première. Le dauphin et son frère allèrent tout de suite vers la fenêtre pour avoir un peu d'air et de jour, puis ils prirent chacun un petit chien entre leurs bras. Les soldats se trouvant là dirent que c'était maigre passe-temps pour de si hauts princes... »*

*Le lendemain, Bodin, non sans mal, peut être introduit de nouveau près des petits princes pour leur remettre « des bonnets de velours brodés d'or et ornés de plumes blanches ». Mais on interdit aux enfants de s'en coiffer de peur que, « par art magique ou nécroman, ces objets ne les aidassent à s'envoler de leur prison et à retourner en France ».*

nul, à une faible majorité, le premier mariage d'Henri VIII, ou plutôt déclare nulle la bulle du pape autorisant ce mariage. La raison : Catherine est la veuve du premier prince de Galles, Arthur. François Ier a par conséquent, de cette manière, aidé Henri VIII, mais il ne tient nullement à ce que le divorce se fasse trop vite : un schisme en Angleterre ne pourrait-il pas provoquer des troubles en France ?

## 4 juillet

Le mariage de François Ier et d'Éléonore est célébré sans aucun faste, dans l'abbaye de Capsieux, près de Mont-de-Marsan.

## 1531, 5 janvier

Ferdinand, frère de Charles Quint, est élu roi des Romains, mais, le mois suivant, les protestants refusent l'élection et en appellent à François Ier et à Henri VIII.

## 1532, mai

Afin d'affaiblir l'autorité de Ferdinand d'Autriche, le traité de Scheyern est signé entre François Ier, le duc de Bavière, le duc de Saxe, Philippe de Hesse et quelques princes allemands. Les signataires se garantissent un soutien mutuel. François aura le droit de lever des troupes dans les Etats confédérés.

## 14 mai au 22 juin

Séjour de François Ier à Châteaubriant. Trois mille personnes envahissent la demeure. C'était beaucoup, mais Françoise n'en accueille pas moins son amant avec le sourire... un sourire qui la rajeunit. Le roi la trouve encore bien

*COMMENTAIRES SUR LA LANGUE GRECQUE, QUE BUDÉ ADRESSE AU ROI POUR LUI RAPPELER SES PROMESSES.*

*« Accordez, Prince, une part de votre sollicitude, de votre magnificence, à la profession la plus libérale et la plus utile de toutes. Appliquez votre haute pensée et votre générosité à encourager les lettres et les bonnes études.*

*« Souvenez-vous, Prince, de ce que vous nous avez promis, d'abord, en ne suivant que vos propres aspirations, ensuite pour répondre à nos instances. Nous vous avons représenté la philosophie comme une fille pauvre qui était à marier, et nous vous avons prié de lui faire une dot. Vous nous avez promis, avec cette bonté naturelle et spontanée qui vous est propre, que vous fonderiez une école, une pépinière en quelque sorte, de savants érudits renommés. Vous nous avez dit que vous orneriez votre capitale de cet établissement, qui doit être pour toute la France une sorte de musée. D'après vos promesses, un magnifique bâtiment devait s'élever, où les deux langues seraient enseignées.*

*« Dans ce temple des bonnes études, vous deviez fournir, à ceux qui désireraient s'y livrer, un entretien convenable et les loisirs nécessaires. Le nombre des membres de cette communauté, consacrée à Minerve et aux Muses, vous ne l'aviez pas limité à l'avance, vous aviez décidé qu'il serait considérable.*

*« Voilà ce que vous nous avez promis ! Or, à l'heure qu'il est, on dit que vous n'avez pas tenu vos promesses, et comme je m'en suis porté caution, on s'en prend à moi du retard. On se moque de moi et l'on me traite de « parjure ».*

séduisante — si séduisante qu'il voulut remonter le temps avec elle... Françoise fut « gentille », et la cour demeura six semaines à Châteaubriant.

## août

Les états de Bretagne, réunis à Vannes, demandent le rattachement définitif de la Bretagne à la France.

## 21 octobre

Entrevue préparée du côté français par Guillaume du Bellay, du côté anglais par Cromwell, le nouveau premier ministre : François Ier et Henri VIII se rencontrent aux environs de Boulogne. La guerre contre les Turcs sert de prétexte à cette entrevue. En réalité, c'est le divorce du roi Barbe-Bleue qui fait tous les frais de la conversation. François Ier promet son aide. Est-il sincère? Il ne le semble pas : le roi pense assurément déjà à se rapprocher du pape. Pour sauver les apparences, les deux compères signent un traité contre Soliman... mais personne n'est dupe.

## 1533, 8 octobre

François Ier désirerait bien que le pape lui accorde la main de sa nièce Catherine de Médicis pour son second fils Henri, aussi le roi arrive-t-il à Marseille pour rencontrer Clément VII.

## 11 octobre

Le pape fait, à son tour, son entrée à Marseille. L'entourage des deux souverains se compose d'un si grand nombre de personnes que la ville commence à manquer de vivres. On fait venir du blé d'Auvergne, de Picardie et de Normandie.

## lundi 13 octobre

Première entrevue. « A ladite entrée, nous dit Honoré de Valbelle, le roi s'avançait entre deux cardinaux et avec lui ses deux enfants, à savoir Orléans et Angoulême ; et après le roi et ses enfants, tous les seigneurs ; et en cette compagnie, il alla descendre à la Place-Neuve, au palais qu'il avait fait faire au pape ; et, étant descendu, il monta à la salle et vint faire l'obédience accoutumée, c'est-à-dire de baiser les pieds du pape, et le pape le releva, puis ils se mirent à parler ensemble, ensuite le roi s'en fut à son logis et le pape demeura dans son palais. »

Le mariage entre le futur Henri II et la future reine Catherine de Médicis est décidé. Le projet tient particulièrement au cœur du souverain pontife désireux de faire entrer une Médicis dans la grande famille des rois. Quant aux autres sujets concernant la politique de l'Europe, ils furent abordés, sans grand résultat, chacun se bornant à faire de nombreuses promesses.

## 28 octobre

Le mariage d'Henri de France avec Catherine de Médicis, titrée duchesse d'Urbin, est célébré en grande pompe. Au palais de la Place-Neuve, « le pape maria ledit duc d'Orléans avec la duchesse ; et cela fait, le cardinal Sabrien chanta la messe... Et cela fait, les galères tirèrent tant d'artillerie que c'était une chose incroyable. En outre, le roi fit chevalier le duc d'Orléans avant le mariage ; et les choses ainsi faites, chacun se retira en son logis...

Et cette nuit-là, le duc d'Orléans et la duchesse d'Urbin couchèrent ensemble.

*L'archiduchesse d'Autriche, Éléonore de Habsbourg, peinte par un artiste de l'École de Clouet. (Musée Condé, Chantilly. Photo Holzapfel.)*

## 1534, 12 mars

Le roi fait porter à Jacques Cartier six mille livres destinées à ceux qui doivent « faire le voyage de ce royaume aux terres neuves pour découvrir certaines îles et pays où l'on dit que se doit trouver grande quantité d'or et d'autres riches choses ».

Jacques Cartier quittera Saint-Malo le 20 avril suivant et atteindra Terre-Neuve un mois plus tard.

## printemps

Rincon, envoyé de François Ier, va rendre visite à Barberousse pour le convaincre d'obtenir de Soliman l'ordre de se rendre en Italie. Soliman accepte aussitôt et adresse à Barberousse une centaine de vaisseaux.

C'est là un grand succès pour la politique française.

*Par ce tableau, le peintre Giorgio Vasari a immortalisé la rencontre qui eut lieu, entre le pape Clément VII et le roi de France, à Marseille en octobre 1533. François, qui vient alors d'avoir trente-neuf ans, apparaît déjà vieilli et soucieux. On ne retrouve plus, dans son visage aux traits alourdis, cette grâce de jeune faune au regard ardent, épris de plaisirs et de beaux faits d'armes. Le roi-chevalier de Marignan a fait place au politique rusé et habile né de la défaite de Pavie. (Palazzo Vecchio, Florence. Photo Brogi-Giraudon.)*

## juin - juillet

Ferdinand, frère cadet de Charles Quint, signe avec la ligue de Smalkalde un traité par lequel il est reconnu roi des Romains, c'est-à-dire héritier désigné du titre d'empereur.

Pour Charles Quint, c'est un succès.

Pour François Ier, c'est l'échec de toutes ses tentatives d'alliance avec les princes allemands.

## 24 juillet

François Ier opère une grande réforme de l'armée. Il crée un corps d'infanterie aussi solide que sa cavalerie et son artillerie, et divisé en sept légions. Il s'agit du début d'une armée nationale fournie par les sept provinces principales du royaume et comportant *six mille* hommes. La discipline est très sévère et un serment lie les soldats à leur roi.

Cependant, cet essai de service militaire obligatoire devait déplaire à la grande masse des Français. Ainsi que le dira Brantôme : « C'est débaucher les paysans de leur labeur duquel ils vivent et font vivre les autres. » *(Suite page 600)*

*C'est vers 1528 que François Clouet exécute cet admirable et célèbre portrait de François Ier. A cette époque, François vient de subir l'humiliante captivité qui a suivi sa défaite devant Pavie et l'insouciant monarque des premières années du règne a fait place à un homme mûr, marqué par les épreuves. Mais ce que le roi a perdu en charmante insouciance, il l'a incontestablement gagné en majesté. Un ambassadeur vénitien écrira : « ... sans avoir jamais vu sa figure ni son portrait, à le regarder seulement, un étranger dirait : c'est le roi. » (Musée du Louvre. Photothèque des Presses de la Cité.)*

Henricus octavus
dei gratia Anglie et Francie Rex fidei defensor
et dominus hibernie, Omnibus et singulis
ad quorum notitias presentes littere perve
nerint, salutem. Notum facimus qd cum
tractatus quidam perpetue pacis inter Ora
tores nostros et Oratores ac deputatos poten
tissimi principis francisci francorum regis christi
anissimi fratris et consanguinei nostri charissimi initus conventus concorda
tus et conclusus fuerit cuius tenor sequitur et est talis. Universis et sin
gulis ad quorum notitias presentes littere pervenerint, salutem. Cum dum
mortalis hominis pars nullum sui clarius documentum faciat qm quoties
immortalitatis argumenta edere conatur et illa secum meditatur ac volvit,
que extincto dissoluto corporis domicilio sint olim futura ac de posteritate
ostendat nihil certe prius aut antiquius principibus esse debeat,
quos non divinitate ut reliquam hominum multitudinem imbutos credimus sed
veluti deos quos cum suspiciunt ac venerantur, qui ut aliis se vivere ac aliis
se natos arbitrentur cogitationes
non contineant, sed ad posteritatem protrahant atque extendant, ut aliqui
do vixisse sua facta testentur factorum etiam gloria reddat immortales. Id quod
invictissimi ac potentissimi principes Henricus octavus dei gratia Anglie et Fra
ncie Rex fidei defensor et dominus hibernie, et franciscus dei gratia francorum Rex
christianissimus animadvertentes et considerantes, quos non tam nomine atque
auctoritate, qm corporis animique dotibus inter ceteros eminere atque virtutibus
principes omnes agnoscant parum esse qd benevolentia mutua officiorum
exhibitione sint ipsi coniunctissimi ac firma amicitia conglutinati
cum felicitate regnent et vivant, nisi eam etiam ad heredes posteros
transmittendam non sine celestis numinis presenti
nunc induxerunt illis pactis illis conventionibus illis conditioni
bus perpetuam sibi et successoribus pacem ineant paciscantur contrahant atque
IR
H

## ET PENDANT CE TEMPS...

**1517**
Luther commence à prêcher la Réforme en Saxe et Zwingli en Suisse.

**1519-1532**
Magellan entreprend le premier tour du monde, qui sera enlevé par son lieutenant Sébastien del Cano.

**12 août 1521**
Rencontre de Charles Quint et du cardinal Wolsey à Bruges.

**août 1521**
Soliman II s'empare de Belgrade.

**9 janvier 1522**
Léon X est mort et Adrien VI, ancien précepteur de Charles Quint, est élu pape.

**1522-1566**
Apogée de l'Empire ottoman avec Soliman II le Magnifique.

**19 novembre 1523**
Jules de Médicis est élu pape sous le nom de Clément VII.

**1523**
Rupture de l'union de Kalmar. La Suède devient indépendante sous l'autorité de Gustave Wasa, tandis que la Norvège et le Danemark demeurent unis.

**15 mai 1525**
En Allemagne, la révolte des paysans, qui avait éclaté au mois de juillet de l'année précédente, est écrasée par les princes à Frankenhausen.

**1526**
Fondation de l'Empire mongol aux Indes.

**août 1526**
Le jeune roi Louis de Hongrie, beau-frère de Charles Quint, est vaincu par Soliman et tué à Mohacs.

**10 novembre 1526**
Jean I^er^ Zapolya est élu roi de Hongrie par la diète de Stuhlweissenburg.

**1527**
Mort de Machiavel.

**23 septembre 1527**
Ferdinand, frère de Charles Quint qui a déclaré la guerre à Zapolya, s'empare de sa capitale. Zapolya va se tourner maintenant vers les Turcs afin de trouver un appui contre Ferdinand.

**février 1528**
Soliman promet à l'ambassadeur de Zapolya l'appui qu'il sollicitait.

**mars 1528**
Zapolya est de nouveau vaincu par les Autrichiens.

**15 mars 1529**
Seconde diète de Spire. On discute des hérésies luthériennes et on décide de la réunion d'un concile.

**10 mai 1529**
Soliman quitte Constantinople avec une armée forte de deux cent cinquante mille hommes et marche en direction du Danube.

**22 juin 1529**
Zapolya remporte enfin une victoire contre Ferdinand, à Marienbourg. Le voici une nouvelle fois maître de la Transylvanie.

**29 juin 1529**
Traité de Barcelone entre Charles Quint et le pape. L'investiture de Naples est renouvelée.

**21 septembre 1529**
Soliman arrive devant Vienne ; les habitants organisent avec courage la défense de leur ville. Soliman s'est installé dans le village de Semmering. Sa tente, toute tapissée d'or, est gardée par douze mille janissaires. Son armée compte cent vingt mille hommes, quatre cents pièces d'artillerie et huit cents navires qui ont remonté le Danube.

*Pour mettre un terme aux dissentiments qui séparaient la France et l'Angleterre, le conseiller intime d'Henri VIII, Thomas Wolsey, avait proposé à une ambassade française de donner en mariage au roi de France la fille unique d'Henri et de Catherine d'Aragon, la petite Marie Tudor. Mais la princesse n'ayant que onze ans, François refusa cette femme-enfant. Cet échec servit indirectement la politique de Wolsey, partisan du divorce de son roi. Tandis que François décidait d'épouser l'archiduchesse d'Autriche, Éléonore de Habsbourg, Henri se prenait d'une violente passion pour la jeune Anne Boleyn. Et ce fut l'échec du traité de 1527 qu'authentifiait cette ratification d'apparat enluminée et scellée du sceau d'or d'Henri VIII. (Archives nationales. Photo Holzapfel.)*

# La Bretagne devient française

Au mois d'août 1532, les états de Bretagne, réunis à Vannes, demandèrent que le dauphin fît son entrée à Rennes : ceci à titre de duc et prince propriétaire du duché. L'usufruit et l'administration devaient être réservés à François Ier. Dans cet acte des états de Bretagne, figure une mention d'une importance que nul ne peut négliger : ils acceptaient que la Bretagne fût désormais rattachée au royaume de France. Ceci à titre perpétuel, sous « réserve de ses droits, libertés et privilèges ». Le 21 septembre, le Parlement de Paris allait enregistrer l'ordonnance royale qui venait confirmer le vœu des Bretons. Le Conseil de Bretagne l'enregistrera à son tour le 8 décembre. C'en était fait. La Bretagne n'était plus indépendante, elle n'était plus souveraine. Elle devenait une province de la France.

Si chacune des provinces françaises a son individualité, aucune peut-être ne garda si longtemps une aussi puissante originalité. Dans ce cap avancé de la France — et il l'est aussi de l'Europe — les Bretons ont développé pendant de longs siècles une race forte, cohérente, solidement attachée à ses traditions et à sa langue.

Par cette langue, le peuple breton plonge très loin ses racines dans la plus ancienne histoire. C'est — on l'a vu — au cours des âges du fer que pénètrent en Gaule des populations parlant le celtique. Les Grecs les appelaient Celtes et les Romains Gaulois. Quand César arrive en Gaule, les cinq nations gauloises entre la Gironde et la basse Seine s'appelaient armoricaines, par l'usage d'un mot celtique qui signifie « qui est devant la mer ». Parmi les peuples bretons de ce temps-là, il faut évoquer les Vénètes, hardis navigateurs. Après l'occupation romaine, les dialectes

*C'est vers la fin du XVe siècle qu'apparaît, en Bretagne, une manifestation nouvelle dans l'art : celle des calvaires, véritables petits théâtres de pierre dressés, pour la plupart, auprès des églises et dont le plus ancien semble être celui de Notre-Dame de Tronoen (entre 1470 et 1490). Les remarquables sculptures qui composent sa plate-forme et son registre inférieur sont autant d'évocations de la vie et de la Passion du Christ. Ainsi cette face postérieure, qui évoque la déposition de Croix, est-elle la suite logique de la scène ultime qui couronne l'édifice tout comme elle mit un terme à la vie terrestre de Jésus : sa crucifixion entre les deux larrons. (Photo Jean Roubier.)*

*De facture à la fois naïve et vigoureuse, ces deux personnages appartenant au calvaire de Notre-Dame de Tronoen composent à eux seuls un des thèmes de la Passion : celui de la Flagellation. (Photo Jean Roubier.)*

celtiques persistent en Bretagne. Le breton actuel est-il une survivance du celtique? On l'a soutenu, puis démenti. Les récents travaux du chanoine Falc'hun permettent de penser que la langue des Celtes n'a jamais cessé d'être parlée dans l'extrême ouest de l'Europe : « Le breton actuel, confirme M. Régis de Saint-Jouan, est dérivé du gaulois, sans solution de continuité sur le sol même de la Gaule, avec sûrement, au premier siècle du Moyen Age, un apport plus ou moins important de celtophones insulaires. »

Les premiers temps de notre ère apparaissent fort obscurs en Bretagne. Le christianisme y pénètre au IIIe siècle. En 314, trois évêques bretons siègent à Arles dans un concile. On assiste à des immigrations en Bretagne d'étrangers qui viennent, soit de Grande-Bretagne, soit de l'ouest ou du nord-ouest de la Gaule. Jusqu'au temps de Dagobert, s'étend ce qu'Henri Waquet a appelé « l'ère des saints ». Ce sont des missionnaires qui viennent en Bretagne pour prêcher la foi chrétienne, l'entretenir dans les cœurs : saint Corentin, saint Guénolé, saint Brieuc, etc.

Les Bretons semblent avoir été soumis aux souverains francs, mais d'une façon sporadique. Souvent ils refusent de payer le tribut. Alors, ils sont victimes d'expéditions punitives. Pépin le Bref, puis Charlemagne, puis Louis le Pieux viennent ravager le pays. L'empereur Louis conduit en personne une expédition contre le chef local, Morvan, qui, vaincu, sera mis à mort.

Le traité de Verdun de 843 accorde à Charles le Chauve la Bretagne. Mais le duc breton, Nominoé, se prononce pour Lothaire. Cela s'explique, Lothaire est loin, il ne sera pas gênant. Le duc breton va conquérir Rennes, Nantes, l'Anjou, le Maine, le Vendômois. Son fils et successeur, Erispoé, continuera à tenir en échec Charles le Chauve. Il obtiendra de Charles le titre de roi et la cession de la Marche tout entière avec Rennes, Nantes et le pays de Retz. En échange, il acceptait de promettre fidélité à Charles.

Les invasions normandes renforceront le sentiment d'une entité bretonne. Pourtant, les ducs ou rois bretons traversaient de terribles conflits dynastiques. Les frères et les cousins se faisaient des guerres acharnées. Ils n'étaient pas les seuls en Europe.

Un des plus florissants parmi ces règnes est celui d'Alain le Grand qui, après 890, porte le titre de « duc suprême » puis celui de « roi pieux et pacifique ». Il occupera l'Anjou occidental et surtout donnera à son royaume quelques années de paix. A cette époque, les abbayes de Landévennec et de Redon sont des centres de culture. Mais quand Alain le Grand meurt en 907, la Bretagne retombe dans « la confusion et les calamités ». C'est un autre Alain qui relève l'autorité centrale après 939 : Alain Barbetorte. On l'a appelé le restaurateur de la Bretagne. A son héritier, fils d'une princesse d'Ile-de-France, il a donné le nom franc de Drogon. C'est un signe : la langue celtique recule.

A l'époque féodale, les conflits dynastiques continuent à jeter les familles les unes contre les autres. On s'allie aux Normands. On penche tantôt vers la France, tantôt vers l'Angleterre. Quand Henri Plantagenêt devient roi d'Angleterre, en 1154, la Bretagne perd ce qui lui reste d'indépendance. Non pas qu'un Henri II Plantagenêt ait jamais voulu faire de la Bretagne une province anglaise. Il respecte le particularisme breton, réorganise dans ce sens l'administration. La Bretagne des XI^e^ et XII^e^ siècles est une région de petite propriété, car, en matière de succession, c'est le partage qui prévaut. Tradition qui prend son origine dans l'égalitarisme celtique. Les serfs ont presque disparu, la vie religieuse est riche. Abailard s'est plaint de la grossièreté des moines bretons. Peut-être était-il injuste : il était alors retiré en Bretagne. Mais lui-même était Breton. On rencontre plusieurs clercs et maîtres bretons : l'historien de Philippe Auguste, Guillaume, dit le Breton, était originaire de l'évêché de Léon. Mais il faut souligner surtout, avec M. Henri Waquet, la contribution essentielle de la Bretagne à la civilisation du Moyen Age : « par ses légendes et son tour de sensibilité, elle a exercé sur la littérature européenne une influence profonde dont les effets ne sont pas épuisés ». Il faut songer à ces jongleurs qui sillonnent les chemins et qui s'accompagnent à la harpe, vont partout, redisant leur simple chanson « empreinte de fantasmagorie, de tendresse et de fatalité ». Notre Bretagne se montre, dans ce domaine, associée inextricablement avec le pays de Galles et la Cornouailles. C'est le temps de Tristan et Iseult, le temps du cycle du roi Arthur.

Cet Arthur-là n'a rien à voir avec le malheureux Arthur de Bretagne que Jean sans Terre fait mettre à mort en 1203. A cette époque, le Français Philippe Auguste est maître de la Bretagne. Il fiance l'héritière du trône breton, Alix, à Pierre de Dreux, prince français, arrière-petit-fils de Louis VI le Gros. Celui-ci remettra de l'ordre dans le duché. Mais il accompagnera Saint Louis en Égypte et mourra en mer au retour de Terre sainte (1250). Dans ses armoiries personnelles, il porte un quartier d'hermine. Ainsi a-t-il introduit en Bretagne ce motif héraldique.

Un siècle de calme. Tout confirme que la Bretagne vit maintenant dans la dépendance française. Les ducs veulent être de bons vassaux du roi de France. L'année 1337, trente-cinq scrofuleux viennent de tous les coins de France demander leur guérison au roi. Parmi eux, six Bretons.

D'ailleurs, on constate que les Bretons émigrent beaucoup. On en voit au XII^e^ siècle — et plus tard — à Paris, à Chartres, à Orléans. Ils excellent dans les travaux pénibles dont ne veulent point les autres : la voirie, la fabrication des balais. Ce qui n'empêche pas que d'autres se font professeurs, scribes ou copistes. Certains éminents pédagogues sont Bretons : Hervé Nédelec, Henri Bohic.

On construit beaucoup en Bretagne, notamment des édifices religieux d'inspiration gothique : cathédrale de Dol, cathédrale de Saint-Pol. Les Bretons semblent avoir préféré les clochers à longue flèche. Ils inventeront les « clochers à jour ».

Au XIV^e^ siècle, nouvelle guerre de succession. Jean de Montfort réclame l'héritage de son frère consanguin Jean III. Jeanne de Penthièvre, fille de Jean III, et son époux Charles de Blois se posent eux aussi en candidats. Jean de Montfort prendra les armes sans attendre le jugement de la cour du roi. Celle-ci reconnaîtra les droits de Jeanne de Penthièvre et de Charles de Blois. Philippe VI affronte à Nantes Jean de Montfort qui est fait prisonnier. Mais sa femme, dit Froissart, « avait courage d'homme et cœur de lion ». Une guerre s'engage qui durera vingt-quatre ans. S'y mêlent les péripéties de la guerre de Cent Ans. Le traité de Guérande (12 avril 1365) stipulera que Jean IV, fils de Jean de Montfort, et sa postérité recevront la couronne ducale. Jeanne de Penthièvre, elle, conservera le comté de Penthièvre et la vicomté de Limoges. Le traité de Guérande ne change rien au traité de Brétigny (1360) qui précisait que « la souveraineté et l'hommage bretons demeuraient toujours au roi de France ».

Mais la guerre ayant repris entre la France et l'Angleterre, Jean IV prend parti pour les Anglais. Il a été bien mal inspiré. Du Guesclin s'avance en Bretagne. Partout vainqueur, il chasse Jean IV qui se réfugie en Périgord. La Bretagne n'a plus de duc. Charles V ayant cité Jean IV à comparaître devant le Parlement pour félonie, et le duc s'étant bien gardé de se rendre à cette convocation, le roi de France annexe pratiquement la Bretagne. Il prononce (18 décembre 1378) la commise de son fief. Erreur. Du coup, les Bretons se retrouvent tous unis contre la France. On rappelle Jean IV, qui sollicitera son pardon de Charles VI en lui prêtant hommage et en lui promettant de répudier les conseillers anglais. Après lui, Jean V prêtera hommage à Charles VI (1404). Mais il déclarera le faire « en la forme et manière » de ses prédécesseurs, sauf « les libertés, prérogatives et dignités du duché de Bretagne ». C'était vouloir renforcer sinon l'indépendance, tout au moins l'autonomie de la Bretagne. Sous le règne de Jean V,

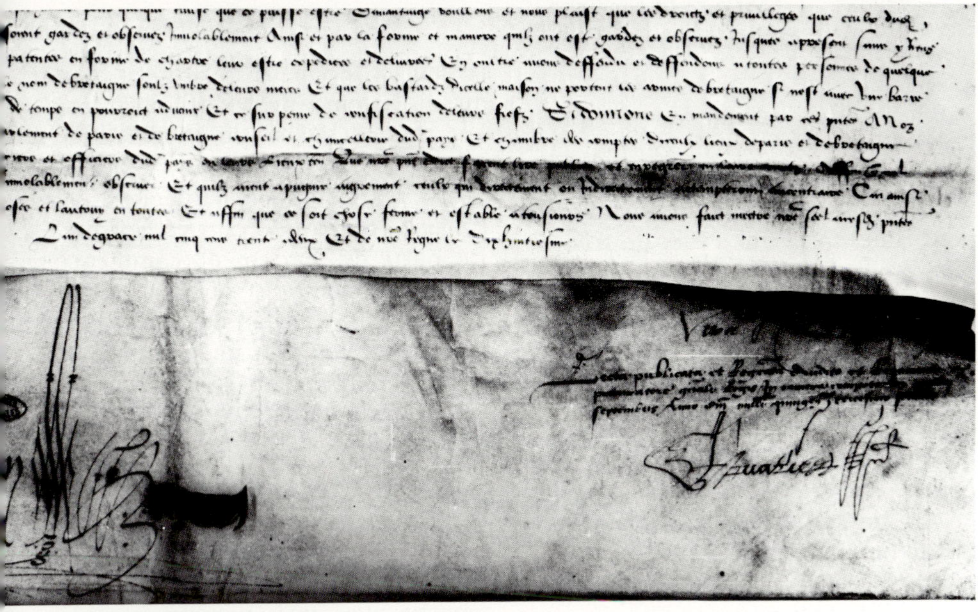

*Le lent et patient travail de ses prédécesseurs va permettre enfin à François Ier de signer les lettres patentes qui, en 1532, unissent indissolublement la Bretagne à la France. La province est alors donnée en apanage au dauphin François, qui en demeurera duc et prince jusqu'à sa mort. Le titre passera ensuite à son frère puîné jusqu'à son accession au trône de France. (Archives nationales.)*

le duché se révèle puissant, redouté, prospère. Jean V va encourager les arts, le commerce et l'industrie. Sous ses successeurs, cette situation se confirme.

Mais le duc François II se montrera obsédé par l'exemple bourguignon, surtout après que le traité d'Arras aura dispensé le duc de Bourgogne de tout hommage. François II s'alliera même avec Charles le Téméraire et le roi d'Angleterre Edouard IV. Louis XI dira que la Bretagne et la Bourgogne sont les deux « cordes roides » qui mettent le royaume en péril. La fin du Téméraire va laisser François II désemparé. Il tente de se rapprocher des Anglais puis promet la main de sa fille Anne à l'archiduc Maximilien d'Autriche. Il meurt, après qu'une armée du roi de France Charles VIII eut pénétré en Bretagne. Il a promis par traité « que ses filles ne se marieraient pas sans le consentement du roi ».

On a raconté ici comment Anne, finalement, épousera Charles VIII de France. Les deux époux se sont fait abandon mutuel de leurs droits sur le duché, et il est convenu que, si Charles décédait sans enfants, Anne épouserait son successeur. Ce qui s'est fait.

Ainsi, peu à peu, s'est-on acheminé à l'intégration de la Bretagne à la France. Ainsi est-on arrivé à cette année 1532, où la Bretagne devint française.

Peut-être est-il juste que ce grand événement se soit passé sous le règne de François Ier. Car celui-ci, en l'été de 1518, entreprit dans la péninsule un long voyage jusqu'à Brest. C'est encore Henri Waquet qui l'a souligné : « François Ier est le seul roi de France qui ait visité la Bretagne de bout en bout. »

*Suite de la page 592.*

## 24 juillet

Extrait du journal de Jacques Cartier qui est arrivé, ce jour-là, à l'embouchure du Saint-Laurent :

« Le vingt-quatrième du mois, nous fîmes faire une croix de trente pieds; elle fut faite en la présence de plusieurs sauvages sur la pointe de l'entrée du port, et nous mîmes au milieu un écusson relevé avec trois fleurs de lys; et dessus était écrit : *Vive le Roi de France*. Après, nous plantâmes la croix sur ladite pointe en présence des Sauvages, et ils la regardaient fort, tant lorsqu'on la faisait que plantait. L'ayant levée en haut, nous nous agenouillâmes tous... »

## 5 septembre

Jacques Cartier revient en France. A défaut d'or, il présente au roi les deux fils d'un chef huron.

## 25 septembre

Clément VII meurt, et François Ier se tourne définitivement vers l'alliance turque. Paul III monte sur le trône de saint Pierre.

## nuit du 17 au 18 octobre

A Paris, à Orléans, à Blois et à Amboise, jusque sur la porte du roi, on pose des placards contre « les horribles, grands et insupportables abus de la messe papale inventée contre la Sainte Cène ». Et le texte qui choque luthériens et calvinistes, précise ces deux points :

« 1. On ne doit pas réitérer le sacrifice du Christ. La messe n'est là que pour faire souvenir de sa Passion.

« 2. Il ne faut point croire à la présence corporelle du Christ dans le pain et le vin. Il ne se peut faire qu'un homme de vingt ou trente ans soit caché en un morceau de paste. »

La réaction, au lendemain de l'*Affaire des Placards*, est très violente. Le parti du Parlement commence immédiatement des poursuites. De nombreuses exécutions suivent, tandis que l'on voit un peu partout se dresser des potences. Cette réaction a pour conséquence d'éloigner de François Ier les princes allemands.

## 30 octobre

François Ier ordonne à Cartier de repartir avec trois navires, afin de remonter le Saint-Laurent et de prendre possession de nouvelles terres.

## milieu de novembre

Une ambassade de Kheir-ed-Din-Barberousse — amiral en chef de la flotte ottomane — arrive en France. Le véritable but de cette ambassade est de signer une alliance entre les deux pays. Aussi, pour masquer celle-ci, conclut-on une trêve marchande de trois années. Mais l'empereur n'est point dupe, et afin de combattre le danger turc, il s'allie avec la Perse qui vient d'être attaquée par Soliman.

A la suite de l'*Affaire des Placards*, deux cents personnes sont arrêtées.

## fin 1534

Henri VIII, qui s'est marié l'année précédente avec Anne Boleyn, rompt avec le Saint-Siège. Voici le début du schisme anglican. Il n'y aura plus, désormais, entre François Ier et Henri VIII, qu'une froide neutralité.

### 1535, 13 janvier

Promulgation d'un édit royal interdisant d'imprimer quoi que ce soit. Les librairies devront être fermées. Il s'agit là d'un projet démesuré qui montre le trouble des esprits.

### 13 janvier

La Forest, secrétaire du roi, reçoit l'ordre de partir pour Constantinople, en qualité d'ambassadeur permanent. Il lui est ordonné de demander aussitôt au sultan un million d'or, un secours militaire sous la forme d'une attaque de Barberousse, menée contre la Sicile et la Sardaigne.

### 21 janvier

Toujours à la suite de l'*Affaire des Placards*, une grande procession d'expiation se déroule à Paris, en présence de François Ier. On peut voir défiler dans les rues tout ce qui est le plus violemment critiqué par les protestants : les croix, les châsses et les reliquaires. Le soir même, le roi reçoit les notables parisiens et prononce un discours célèbre. « Si mon bras, déclare-t-il, était infecté de telle pourriture, je le voudrais séparer de mon corps. »

Sans doute le roi a-t-il ajouté quelques paroles de prudence et de mesure. Ce qui n'empêchera pas le Parlement, ce même soir, de dresser six bûchers dans la ville et de procéder à de nouvelles exécutions.

### 29 janvier

Un édit royal est signé : ceux qui cacheront des hérétiques seront punis des mêmes peines qu'eux. Ceux qui les dénonceront recevront une large part des confiscations.

### mai

Départ de la deuxième expédition de Jacques Cartier comportant cent dix hommes d'équipage répartis sur trois navires: la *Grande Hermine*, la *Petite Hermine* et l'*Emerillon*. Cartier remmène avec lui les deux jeunes Hurons ainsi qu'il l'avait promis à leur père.

### 10 mai

Fort adroitement, Charles Quint annonce à François Ier son intention de combattre les Turcs en assiégeant Tunis. Et le roi ne peut faire autrement que de promettre sa neutralité. En combattant les Turcs, Charles Quint rallie à lui les princes allemands catholiques et protestants, le pape, et les villes italiennes dont le commerce est menacé par Barberousse.

Politiquement, l'empereur isole ainsi François Ier.

### juin

Après trente-deux jours de résistance, Charles Quint s'empare de Tunis et Barberousse, vaincu, est obligé de se replier vers l'intérieur des terres.

L'empereur remporte ainsi une grande victoire. Pour gouverner Tunis, il replace sur le trône Moulay Hassan, qui le reconnaît comme suzerain. De plus, il délivre dix mille chrétiens qui se trouvaient en captivité.

### juin

Paul III prêche la réconciliation de tous les chrétiens. Aussi le roi, qui a besoin de l'appui des réformés d'Allemagne, promulgue-t-il un édit d'amnistie qui va permettre à Clément Marot de revenir en France.

*Un peintre du XVII^e^ siècle a imaginé ainsi Calvin dans son cabinet de travail. Exécuté d'après des portraits contemporains, il semble que ce tableau reproduit assez fidèlement les traits du grand réformateur que l'artiste, anonyme, s'est plu à replacer dans le cadre austère qui dut être le sien. (Musée du protestantisme français. Photo Jérôme da Cunha.)*

## 1er août

Calvin se trouve alors à Bâle. C'est à partir de ce moment qu'il va devenir un personnage de premier plan, car il publie ce jour-là la préface de l'*Institution*, adressée à François Ier, dans laquelle il affirme que les nouvelles idées n'ont rien de séditieux. Partisan avant tout du calme, il précise cependant que si l'on devait agir par la violence on le pousserait à bout et qu'il n'hésiterait plus à se lancer lui aussi dans la bataille.

## octobre

Mort de François Sforza. Pour François Ier, toujours obsédé par l'Italie, n'est-ce point là l'occasion de reprendre la lutte? Mais le vaincu de Pavie n'a plus outre-monts qu'une petite garnison à La Mirandole.

## 1536, février

Un traité donnant à la France des droits étendus dans le Levant est signé par François Ier et par Soliman.

La coopération politique et militaire est masquée sous des aspects purement économiques : les Français paieront dorénavant les mêmes droits que les Turcs pour commercer. Il en est de même pour les Turcs résidant en France. Par ailleurs, les Français résidant en Turquie seront désormais jugés par une autorité française.

Bien entendu, les chrétiens tombés en esclavage seront remis en liberté.

En réalité, seul importe l'accord des deux signataires sur le fait principal : la guerre à mener contre l'empereur. Assurément, le traité signifiait aussi la fin de la prépondérance de Venise en Méditerranée.

## février

François Ier attaque le duc de Savoie, l'un des plus proches alliés de Charles Quint.

## 17 avril

A Rome, devant les ambassadeurs français, Charles Quint accuse violemment François de persister à réclamer Milan pour le duc d'Orléans.

Il lui reproche encore d'avoir envahi la Savoie, enfin, d'avoir violé le traité de Cambrai en agissant en Allemagne et en Italie.

## 6 mai

Jacques Cartier descend le Saint-Laurent et arrive à l'île Saint-Pierre. Sur les bords du fleuve, il plante un écusson aux armes de France, avec ces mots : *Franciscus primus, Dei gratia Francorum rex, regnat.*

## 2 juin

Rupture des relations diplomatiques entre François Ier et l'empereur. « Le roi, encore qu'il n'eût été défié ni par héraut ni par lettre, écrit du Bellay, jugea toutefois, en hostilité si découverte, n'être à propos d'avoir plus aucun ambassadeur ni messager entre lui et l'empereur. »

La guerre commence aussitôt en Picardie, dans les Alpes et les Pyrénées.

La frontière du Nord est peut-être assez fortifiée, mais la Provence est plus vulnérable, aussi François décide-t-il de s'y rendre.

*Suite page 622.*

# Les débuts de la Réforme en France

En ce temps-là, l'usage était, le jour de la Toussaint, que le recteur de l'Université prononçât, à l'occasion de la rentrée des facultés, une allocution. En novembre 1533, le recteur se nommait Nicolas Cop. Ce n'est pas d'aujourd'hui que les personnes haut placées font rédiger leurs discours par autrui. Nicolas Cop, lui, s'était adressé à un jeune humaniste qui résidait au collège Fortet, sur la montagne Sainte-Geneviève.

L'humaniste — il avait vingt-quatre ans — s'acquitta fort bien de la tâche. Cop n'eut à apporter au texte qui lui était proposé que de légères corrections. Le thème? Naturellement, l'expression d'une pensée de réforme de l'Église. Le sujet à la mode. Le thème qui, profondément, remuait les consciences. Dès le début, l'auteur affirmait qu'il voulait avant tout se soumettre à l'Écriture. Sans quoi l'on ne pouvait atteindre à la félicité éternelle. Ensuite, venait — habilement — un hommage à la Vierge, qualifiée de « Bienheureuse » et digne de la plus belle des louanges : « Salut, pleine de grâces! » On poursuivait par un parallèle entre la Bible, laquelle menace pour ordonner, et l'Évangile qui porte en lui la certitude du salut. Le discours devenait plus éloquent, plus pathétique : « Heureux qui concilient les âmes dans la paix, qui enlèvent les dissensions de l'Église. » Au passage, l'auteur égratignait ceux qui discutent sans fin sur « un poil de chèvre », mais négligent la foi et l'amour, tout en accusant d'hérésie les hommes attachés seulement à la parole de Dieu : « Hérétiques, séducteurs, imposteurs maudits, c'est ainsi que le monde et les méchants ont coutume d'appeler ceux qui, purement et sincèrement, s'efforcent d'insinuer l'Évangile dans l'âme des fidèles.

*Éditée avec privilège de Charles Quint chez Martin Lempereur à Anvers, la « Bible de Saint-Germain-des-Prés » débute par ce frontispice largement enluminé. Conservateur, l'ouvrage donne « la pure et entière traduction de saint Jérôme ». (Musée du Protestantisme français. Photo Jérôme da Cunha.)*

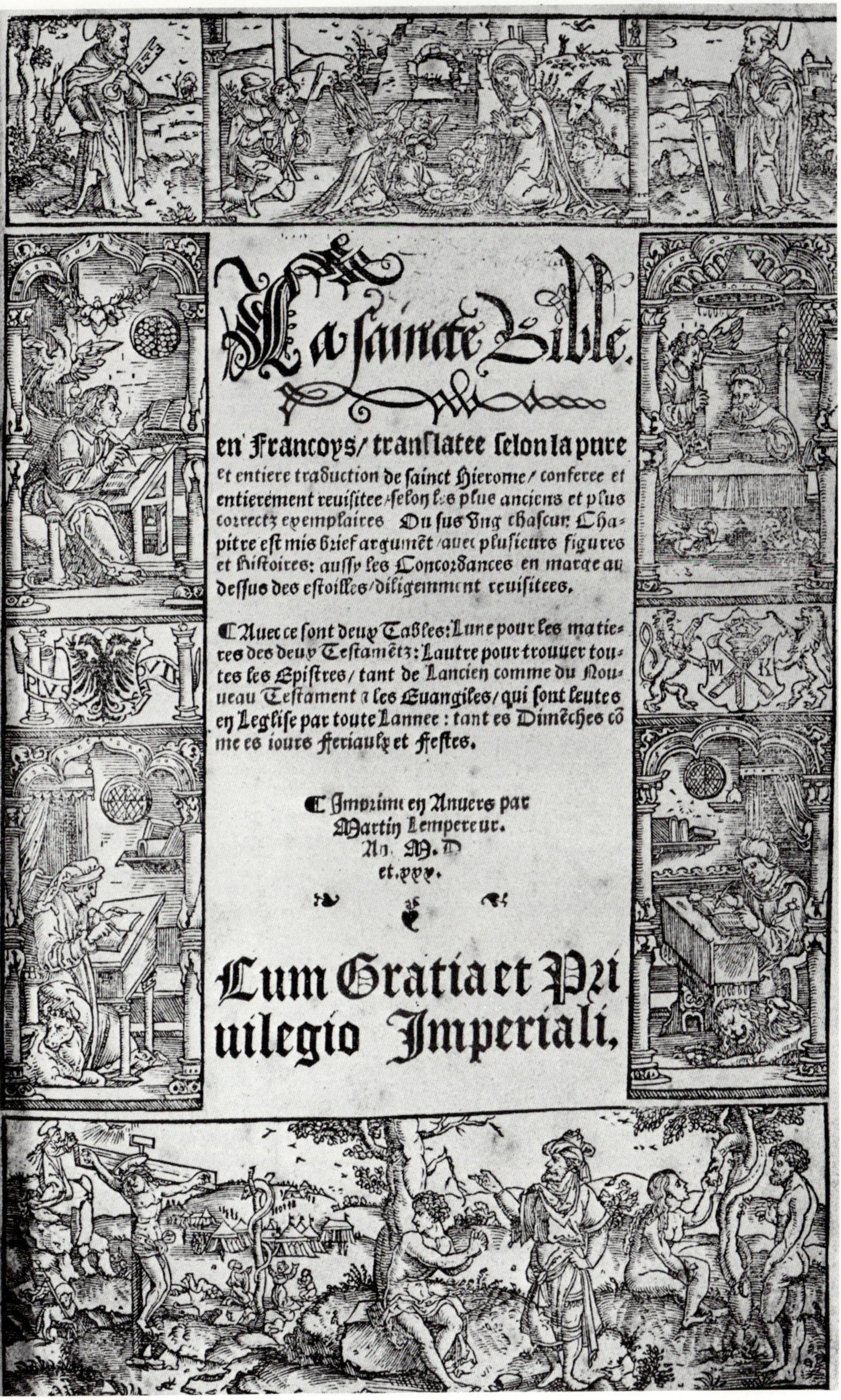

La saincte Bible

en Francoys / translatee selon la pure
et entiere traduction de sainct Hierome / conferee et
entierement reuisitee / selon les plus anciens et plus
correctz exemplaires. Ou sus vng chascun Cha-
pitre est mis brief argumẽt / auec plusieurs figures
et histoires: aussy les Concordances en marge au
dessus des estoilles / diligemment reuisitees.

¶ Auec ce sont deux Tables: Lune pour les matie-
res des deux Testamẽtz: Lautre pour trouuer tou-
tes les Epistres / tant de Lancien comme du Nou-
ueau Testament et les Euangiles / qui sont leutes
en Leglise par toute Lannee: tant es Dimẽches cõ-
me es iours feriaulx et festes.

¶ Imprime en Anuers par
Martin Lempereur.
An. M. D.
et. xxx.

Cum Gratia et Pri
uilegio Imperiali.

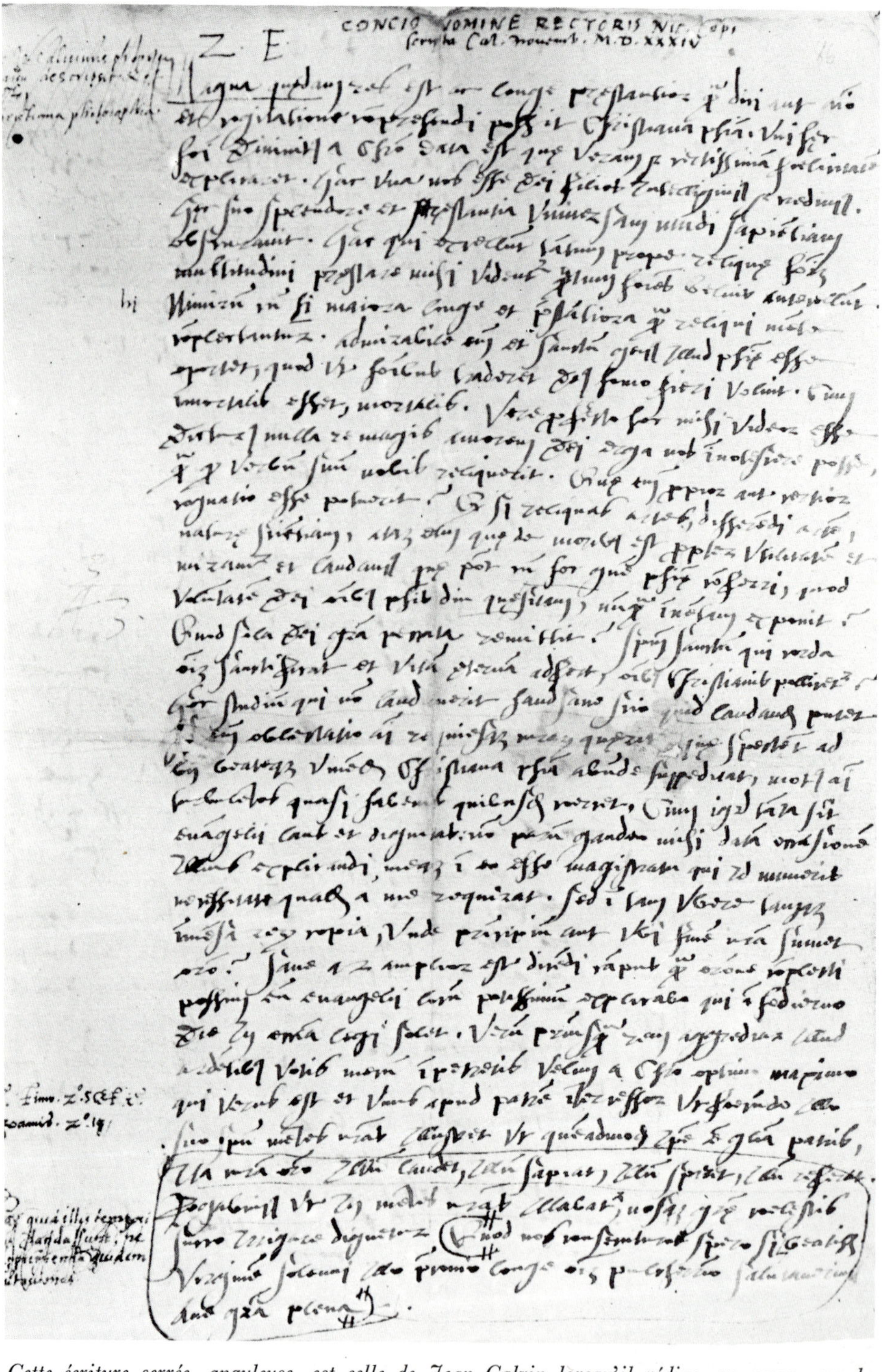
CONCIO NOMINE RECTORIS NIC. COPI

*Cette écriture serrée, anguleuse, est celle de Jean Calvin lorsqu'il rédige, en 1533, sur la demande du recteur Cop, le discours que celui-ci devra prononcer à la Toussaint à l'occasion de la rentrée des Facultés. Le style tout comme l'idée, qui s'inspirent de la doctrine de Lefèvre et d'Érasme, sauront plaire au recteur. (Bibliothèque publique et universitaire. Photo Jean Arnaud.)*

*Sombre, austère, ascétique, c'est ainsi qu'une peinture du XVI^e^ siècle représente Jean Calvin (1509-1564). Durant toute sa vie, il souffrira d'une complexion délicate. Coliques néphrétiques, accès de goutte et de paludisme, douleurs d'estomac et migraines intolérables seront son lot. Mais toujours l'âme ardente du Réformateur triomphera de son corps débile. (Musée historique de la Réformation, Genève. Photo Jean Arnaud.)*

Mais ils sont heureux et dignes d'envie ceux qui supportent toutes les persécutions d'un esprit calme, qui possèdent la grâce de Dieu dans leurs afflictions et qui opposent à ces malheurs une âme grande et forte! »

La conclusion ressemblait à une prophétie : « Plût à Dieu que dans notre siècle malheureux nous établissions la paix dans l'Église sur le fondement de la parole plutôt que sur celui du glaive... »

Le jeune humaniste qui avait prêté sa plume au recteur Cop s'appelait Jean Calvin. Un tournant décisif s'annonçait pour le grand mouvement de la Réforme française.

On l'a vu, beaucoup de Français éminents, au début du XVI^e^ siècle, étaient préoccupés par la nécessité d'une réforme de l'Église. Ces hommes étaient soutenus par une foi ardente. Ils ne contestaient nullement les grands dogmes qui étaient à la base de l'enseignement de l'Église. Mais atteints eux-mêmes par le climat neuf de la Renaissance, ils voulaient, ainsi que l'a vu M. Lemonnier, « élargir le christianisme, moraliser l'humanisme, les fondre en une grande religion qui satisfît aux besoins des intelligences et des âmes ». Ces hommes, presque tous, se découvraient au sein de l'Université. Toujours prestigieuse, cette Université au début du XVI^e^ siècle : quand Luther se heurtera au pape, n'en appellera-t-il pas à l'Université de Paris?

Ce qui nous apparaît remarquable, c'est que l'action des premiers réformateurs français se révèle inséparable du mouvement humaniste. Dès la fin du XV^e^ siècle, de savants religieux s'étaient retournés vers l'Italie et ils avaient appris à traduire et commenter les textes anciens. Pour la première fois depuis des siècles, les lettres antiques et chrétiennes allaient se trouver mêlées : ainsi Guillaume Fichet installait à la Sorbonne la première imprimerie à la suite d'un voyage en Italie. Autour de lui, à la montagne Sainte-Geneviève, il groupait un cercle d'humanistes fervents que l'on appelait les « fichettistes ». C'est dès cette époque que se développe, chez les humanistes comme chez les maîtres de l'Université (Jean Raulin, Jean Picard ou encore Clichtove), l'idée du *miles Christi*, soldat « d'une guerre permanente et sans fin pour la conservation de la foi et son expansion ». L'action des grands humanistes se résume admirablement dans l'œuvre accomplie par Lefèvre d'Étaples. Ce Picard, né à Étaples vers 1450, a enseigné comme maître ès arts au collège du cardinal Lemoine. En étudiant Aristote, l'idée lui est venue — le désir plutôt — de retrouver la pensée

*Un air de bonté souriante marque le visage du théologien Jacques Lefèvre d'Étaples (v. 1450-1537). D'une érudition hors du commun et d'une piété profonde, il sait si bien convaincre qu'il gagnera à sa doctrine la propre sœur du roi, Marguerite d'Angoulême. (Musée du Protestantisme français. Photo Jérôme da Cunha.)*

exacte des Anciens. Il s'agissait de lire directement leurs manuscrits et non point seulement les morceaux qu'avait transmis Aristote. Il se retire donc en Italie, il voyage aussi en Rhénanie. A son retour en France, il affirme que la philosophie de Platon et celle d'Aristote sont aussi respectables que sa propre foi chrétienne. Certes, les philosophes grecs n'ont pas eu la révélation de la vérité, mais ils l'ont recherchée et pressentie.

De Platon et d'Aristote, Lefèvre d'Étaples écrit : « Dieu a fait de ces pieux philosophes ses prêtres et ses prophètes et leur a confié des flambeaux qui nous montrent encore la voie. Sans doute, le Seigneur, qui éclaire tout homme en ce monde, ne s'était pas encore manifesté, mais il les illuminait du haut de son ciel, car il est la lumière immense et infinie qui luit pour toutes les générations. »

Homme de la Renaissance, Lefèvre l'est totalement quand il affirme que le beau doit nous conduire au bien et au vrai. L'étude des textes anciens lui a permis de se dégager du carcan d'une religion enfermée dans la tradition. Or, peu à peu, cet humaniste va tourner tous ses efforts vers cette religion. En 1512, il écrit : « Pendant longtemps je me suis attaché aux études humaines et j'ai à peine goûté du bord des lèvres les études divines : car elles sont augustes et ne doivent pas être approchées témérairement. Mais déjà, dans le lointain, une lumière si brillante a frappé mes regards que les doctrines humaines m'ont semblé des ténèbres, en comparaison des études divines, tandis que celles-ci m'ont paru exhaler un parfum dont rien sur la terre n'égale la douceur. » A Lefèvre d'Étaples on doit les idées fondamentales de la première Réforme : « C'est dans l'Écriture Sainte que se trouve la doctrine du Christ. — Ne suivons pas les dogmes des hommes, qui n'ont pas de fondement dans la lumière qui a brillé d'en haut. — Attachons-nous donc au seul Christ et à la doctrine apostolique ; le reste est peut-être plus superstitieux que religieux. — Ce que nous faisons n'est point notre œuvre, mais celle de la bénédiction divine. — Attribuer un mérite aux œuvres, c'est presque avoir l'opinion de ceux qui croient que nous

*Ceux qui ne veulent pas abjurer sont condamnés à être brûlés vifs. Partout, les bûchers s'allument, évoqués par ce vitrail du XVI$^e$ siècle de la collégiale Saint-Ythier de Sully-sur-Loire. (Photo François Garnier.)*

pouvons être justifiés par les œuvres. »

Est-il utile de souligner la portée de telles prises de position? Par là, Lefèvre pose la question du libre arbitre. Il proclame que la grâce de Dieu est l'unique moyen de salut, les œuvres ne doivent être considérées que comme des manifestations « extérieures et secondaires » de la foi. Dans les faits, Lefèvre a déjà censuré la religion telle que l'enseigne la conservatrice Sorbonne. Mais il l'a fait, insistons bien, sans rejeter aucune des croyances catholiques. Il ne s'agit pas d'une rupture, il s'agit d'une réforme mais dans le cadre de l'Église. Lefèvre rejette les scories, les fables qui n'ont cessé de se greffer sur l'Écriture. Il va jusqu'à corriger des fautes de texte dans les évangiles.

L'influence de Lefèvre d'Étaples devait se révéler considérable. Se groupèrent autour de lui des hommes tels que Budé, Vatable, Roussel, Farel, Clichtove, Cop, Etienne Poncher, Petit.

Un autre grand humaniste va exercer une influence non moins considérable : Érasme. Il est plus jeune que Lefèvre, étant né en 1469 à Rotterdam. A l'inverse de Lefèvre, il n'a pas connu la scolastique : à la mort de ses parents, ses tuteurs ont interrompu ses études et l'ont destiné à la vie monacale. Il méprise la plupart de ses camarades et se console de leur grossièreté, de leur ignorance en se livrant à l'étude des Anciens. Ainsi en est-il venu — profondément intégré aux idées de la Renaissance — à appeler « barbares » tous ceux qui se réclament de la seule tradition du Moyen Age et ne s'intéressent pas aux Anciens. C'est un grand voyageur : on le voit à Rome, puis à Paris. Il ne semble pas y avoir rencontré Lefèvre, mais Robert Gaguin, lui-même humaniste et général du couvent des mathurins, auquel il fait lire le manuscrit des *Anti-barbares*. Il publie les *Adages* en 1500, le *Manuel du chevalier chrétien* en 1503. Son but avoué : pourvoir le chevalier d'une arme lui permettant de combattre la mort et le diable, idée qui rejoint celle du *miles Christi*. L'arme n'est autre que l'oraison, la connaissance de la loi divine dont on doit rechercher l'esprit et non la lettre. Une autre idée d'Érasme : les lettres antiques sont une préparation à l'étude de l'Écriture qui seule contient la doctrine du Christ. Érasme nè s'attaque à aucun dogme. Il s'oppose à une religion paralysée par des pratiques formelles et attribuant aux œuvres une importance disproportionnée. Érasme s'en prend également aux moines dont les mœurs et les actes lui semblaient très loin de l'idéal chrétien. *L'Éloge de la folie*, publié en 1511, rappelle les mêmes thèmes sur un autre ton et sous une autre forme : la folie oppose la religion du cœur à celle des pratiques.

Il n'était pas que les humanistes pour aspirer à une religion plus proche de l'idéal. Dans toutes les classes on rencontrait de ces hommes assoiffés d'absolu. Leur chance fut de pouvoir disposer des idées humanistes et de subir leur influence. Ainsi se forma le « groupe de Meaux », inspiré par Lefèvre d'Étaples et animé par l'évêque de la ville, Guillaume Briçonnet.

*Ce navrant spectacle de massacre et d'incendie est retracé par une miniature d'un manuscrit du XV^e^ siècle : « Romuléon ». Bien que cette scène évoque le sac d'une ville dans l'Antiquité, le décor et les costumes des personnages sont bien ceux de la fin du XV^e^ siècle et ils permettent d'imaginer les atrocités dont les soldats de cette époque étaient coutumiers. (Cabinet des manuscrits. Bibliothèque nationale. Photo B.N.)*

*Deux œuvres maîtresses d'Érasme le « Manuel du chevalier chrétien », et l'immortel « Éloge de la Folie ». (Haut : Musée du Protestantisme français. Photo Jérôme da Cunha. Bas : Photo François Garnier.)*

Le diocèse de Meaux, près de Paris, était particulièrement touché par une grave crise de discipline : beaucoup de curés attirés par la capitale abandonnaient leur cure. Briçonnet divisa son diocèse en trente-deux sections dont chacune reçut un prédicateur. Lefèvre le rejoignit en 1520 et fut nommé vicaire général en 1523. Il fut chargé de la formation des prédicateurs. Ses disciples l'avaient suivi : Clichtove, Mazurier, Caroli, Lambert, Guillaume Farel, Gérard Roussel. On lit dans une lettre de Lefèvre : « Notre évêque a confié à Gérard Roussel, actuellement chanoine et trésorier de notre Église, la mission d'interpréter, chaque matin, aux fidèles des deux sexes, les Épîtres de saint Paul traduites dans notre langue ; il veut qu'il le fasse, non dans un sermon, mais dans un commentaire familier. »

Ce groupe de Meaux, Marguerite d'Angoulême le protégera auprès du roi François Ier son frère. Il faut lire la correspondance de Briçonnet et de Marguerite d'Angoulême, elle révèle un homme profondément religieux, mystique, parfois naïf, influençable, d'une sincérité absolue mais non sans faiblesse de caractère. Il aime mieux contourner l'obstacle que l'aborder, ployer que résister. Il n'est pas l'homme d'une révolution.

Vers 1520, l'œuvre entreprise par Briçonnet n'en semble pas moins proche de la réussite. Marguerite d'Angoulême s'y est ralliée de toute son âme. Pétrie de culture, de délicatesse, de finesse et d'intelligence, elle s'est composé sous la direction de Briçonnet une manière de religion personnelle où elle mêle les idées de Platon et la doctrine des Évangiles. C'est probablement Briçonnet qui l'a persuadée de s'exprimer en vers. Ainsi compose-t-elle

*Marguerite d'Angoulême, elle-même tout acquise aux idées nouvelles, se fera la protectrice du groupe de Meaux. A la voir ainsi agenouillée, orante à la fois humble et rusée, on comprend que ses prières surent toucher le roi, rendu indulgent envers les réformés. (Cabinet des manuscrits, Bibliothèque nationale. Photo B.N.)*

*le Dialogue en forme de vision nocturne*, après la mort de sa nièce Charlotte. Marguerite insiste surtout sur l'impuissance de la volonté humaine :

*Si vous avez vouloir de faire bien,*
*c'est le vouloir de Dieu*
*Car le seul vôtre est vouloir mal*
*quand rien n'y a du sien.*

On retrouve ici la justification par la foi et l'inutilité des œuvres. A côté de Marguerite d'Angoulême, les amis de Lefèvre — « les fabristes » — ont placé un prédicateur, Michel d'Arande, qui répand les idées de la Réforme en Normandie et dans le Berry.

L'étude de la pensée de Marguerite d'Angoulême est importante. On y constate de 1520 à 1549, année de sa mort, une progression constante de l'idée de réforme. Mais il s'agit toujours d'une réforme française, qui ne veut point aller jusqu'au protestantisme. Plus tard, Marguerite protégera les réformés, elle les accueillera dans son royaume de Navarre. Elle leur manifestera ses sympathies, mais jamais elle ne fera acte de foi dans la nouvelle religion.

Si les idées de Marguerite et de Briçonnet avaient pu aboutir, la France se serait épargné le sanglant affrontement de deux clans religieux. Elle aurait évité les guerres de religion, si atroces, comme toutes les guerres civiles, mais plus effroyables encore du fait que, cette fois, les combattants levaient l'épée au nom du même Dieu. Malheureusement, les idées de la réforme française, de l'Église « réformée par l'Église », vont se heurter à une résistance acharnée de la part des théologiens les plus conservateurs, ceux de l'Université. Ceux-ci réagissent avec d'autant plus de vigueur, voire de colère, qu'ils sentent Marguerite d'Angoulême très proche de son frère François Ier et de sa mère, Louise de Savoie. Marguerite s'illusionne pourtant beaucoup en écrivant : « Le roi et Madame ont bien délibéré de donner à connaître que la vérité de Dieu n'est point hérésie. » Dans une autre lettre, elle affirme encore que sa mère et son frère sont « plus que jamais affectionnés à la réformation de l'Église ». De fait, à plusieurs reprises, François Ier a manifesté sa sympathie aux réformateurs de l'école de Lefèvre. Encore a-t-il veillé à ne point aller trop loin. La tâche de l'Université a été de convaincre le roi que ces réformateurs n'étaient pas autre chose que des réformés.

Voilà le grand mot lâché. Car hors de France se déroulent des événements capitaux. La réforme allemande a commencé : elle est l'œuvre de Martin Luther. Le 31 octobre 1517, Luther a affiché à la porte de l'église de Wittemberg ses quatre-vingt-quinze propositions. Il allait en sortir ce que l'on peut appeler une révolution religieuse. En 1520, Luther a rompu avec le pape. En 1521, il rompt avec l'Église et avec l'empereur. En 1526, la diète de Spire reconnaît l'existence de la Réforme en permettant au prince de se conduire « comme il croirait pouvoir en répondre devant Dieu ». En 1529, les luthériens *protestent* contre les décisions de l'empereur ; voilà créé le nom de « protestants ». En 1530, à la diète d'Augsbourg, sont précisées les doctrines fondamentales du luthéranisme, que l'on peut ainsi résumer : « Retour à l'Évangile, source de toute croyance ; suppression de la plupart des sacrements ; le dogme de la transsubstantiation dans le sacrifice de la messe accepté seulement sous réserves ; le culte de la Vierge et des saints proscrit ; le salut par les œuvres nié; l'autorité du pape rejetée ; les vœux monastiques et la nécessité du célibat des prêtres abolis. »

Dès 1518 — le fait est certain — on connaissait le nom de Luther en France. En 1520, nous savons que ses livres sont vendus par centaines. A la même époque, Zwingli, en Suisse, exprime des idées parallèles, allant jusqu'à nier la présence réelle dans l'eucharistie. Les idées de Zwingli pénètrent en France en même temps que celles de Luther.

Que va penser Lefèvre d'Étaples de ce fait nouveau? En 1521, Luther qualifie Lefèvre de « pilier d'érudition et d'intégrité ». Lefèvre n'est pas en reste quand il déclare compter Luther au nombre de ceux qu'il « cherchait dans le Christ ». Le drame, c'est que les idées extrêmes progressent toujours plus vite que les opinions nuancées. Lefèvre se cantonne farouchement dans sa ligne de conduite maintes fois réaffirmée : « la réforme sans révolution, la réforme par l'Église, dans l'Église et avec l'Église ». Peu à peu, ses partisans les plus affirmés vont l'abandonner pour passer à un protestantisme déclaré. Ce qui n'empêchera pas la Sorbonne, avec une mauvaise foi très efficace, de confondre dans ses anathèmes la réforme de Luther et la réforme de Lefèvre. Car l'Université se déchaîne. En 1521, les doctrines luthériennes sont condamnées. On dénonce Briçonnet à la Sorbonne en 1522. Du coup, Briçonnet souligne énergiquement les différences qui séparent la doctrine de son cercle de celle des luthériens. Pourtant, s'il poursuit l'œuvre d'enseignement évangélique dans son diocèse, il doit se séparer de Farel dont l'enseignement est jugé trop peu orthodoxe.

Les attaques contre le groupe se multiplient. La défaite de Pavie va lui porter un coup fatal. Marguerite d'Angoulême rejoint François I^er^ en captivité : elle ne pourra plus protéger le groupe de Meaux. Louise de Savoie, la régente, malgré ses sympathies, ne veut pas s'engager trop loin. Les conservateurs catholiques représentent une force politique, les partisans de la Réforme n'en sont pas une. Dès lors, le danger s'aggrave. A la fin de 1524, Aimé Maigret, qui prêche les doctrines luthériennes à Lyon, est arrêté. Le Parlement fait cause commune avec l'Université. Or, depuis Pavie, le voilà libre de se présenter comme défenseur de l'orthodoxie et du gallicanisme. En 1525, on crée une juridiction spé-

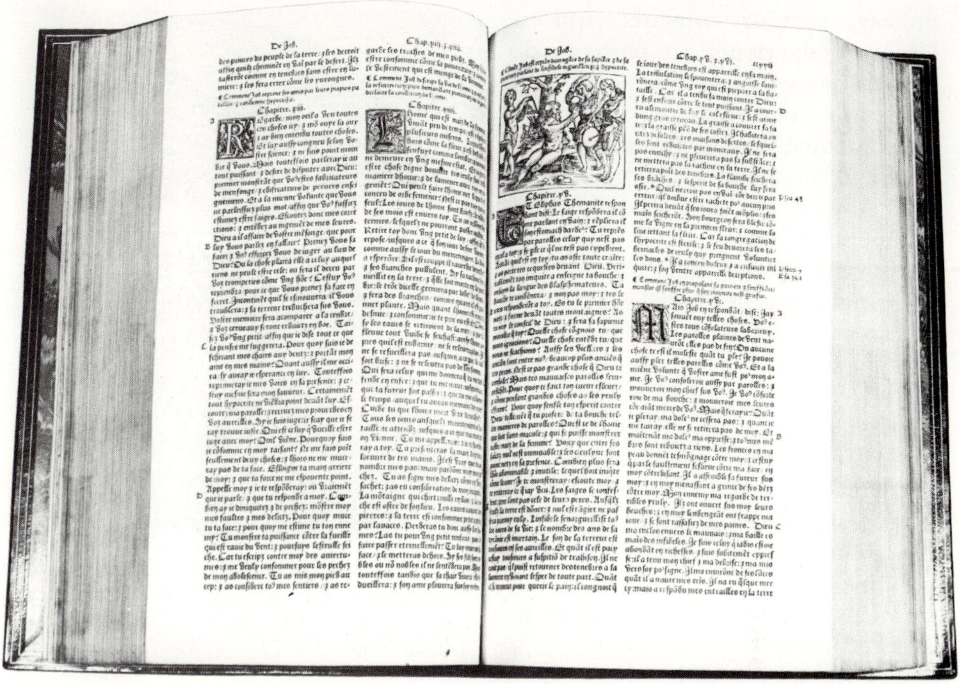

*Accessible à tous, puisque rédigée en français, voici la bible de Lefèvre d'Étaples, dite Bible de Saint-Germain-des-Prés. (Musée du Protestantisme français. Photo Jérôme da Cunha.)*

ciale contre les « mal pensants de la foi ». Briçonnet, privé de tout soutien royal, doit au mois d'août demander une enquête dans son diocèse. Lefèvre, Caroli, Mazurier et Roussel jugent prudent de s'enfuir à Strasbourg. François Ier ne parvient pas à obtenir l'arrêt des poursuites.

Le Parlement se montre de plus en plus agressif. Le 5 février 1526, il condamne même les entretiens touchant aux questions religieuses. Toutes les traductions françaises des Écritures sont interdites, même le *Nouveau Testament* de Lefèvre. Berquin, privé de l'appui royal, est arrêté et ses livres détruits. En fait, tous les humanistes, quelle que soit leur doctrine, sont visés. Mais l'expérience de Meaux est terminée. Briçonnet ne veut plus la poursuivre. Marguerite, qui vient d'épouser le roi de Navarre, part pour Nérac.

Déjà, les Français qui souhaitent une église rénovée renoncent à la conciliation prêchée par Lefèvre. Ils se convertissent aux idées de Luther. Certes, il y faudra des années, mais, peu à peu, tout le territoire national est touché. On note de bonne heure la constitution d'un petit groupe de réformés au quartier Latin. Meaux, Noyon, Alençon sont atteints vers 1530, de même que les villes universitaires : Orléans, Bourges, Poitiers, Chartres. Lyon, ville industrielle, proche de la Suisse, est gagnée rapidement, de même que le Languedoc, Toulon, Nîmes, Castres et la Navarre. Le mouvement touche les catégories sociales les plus diverses, à commencer par les membres du clergé et notamment les moines, surtout mineurs, qui se feront prédicateurs ou pasteurs du nouveau mouvement. Beaucoup parmi les premiers martyrs sont d'anciens moines. Les idées luthériennes touchent aussi les intellectuels et les artistes qui, en cas de danger, se réfugient à Nérac ou en Navarre. Mais la majorité des adeptes des doctrines nouvelles se découvre dans les catégories inférieures de la société. Ce sont surtout les artisans des villes, les « gens mécaniques », qui sont le plus touchés. Parmi eux, ceux du textile, comme ce cardeur de laine de Meaux, Pierre Leclerc. Frère d'un des premiers martyrs, il deviendra pasteur. Il n'est pas exclu que certaines revendications sociales ne se soient associées à la formation de la foi nouvelle.

Les paysans semblent être restés beaucoup plus attachés à la religion traditionnelle. Le Berry et la Normandie font exception, qui ont bien accueilli l'évangélisme. Les Cévennes se rallieront, elles, à la Réforme. Gentilshommes et bourgeois paraissent dans l'ensemble moins touchés, sauf peut-être les bourgeois des villes du Midi. La cour, les grands-officiers et les dignitaires ecclésiastiques sont peu touchés. Spontané, ce mouvement. Ce sont les idées qui commandent. On ne découvre une ébauche d'organisation qu'en 1524, sous l'inspiration de Guillaume Farel qui présente la première confession de foi, ainsi qu'une liturgie nouvelle, récitation du *Pater* et du symbole de Nicée, lecture et commentaire de la Bible. Les pasteurs sont élus. L'Église repose sur le jugement personnel du fidèle qui, écoutant celui qui lui transmet la parole de Dieu, juge s'il est bon ou mauvais prophète. Farel ne conserve que deux sacrements : la cène et le baptême, simples commémorations. Pour lui, la

*Le réformateur Guillaume Farel, disciple de Lefèvre d'Étaples, tel que l'évoque une gravure du XVI<sup>e</sup> siècle. (Musée du Protestantisme français. Photo Jérôme da Cunha.)*

nature humaine est corrompue, tous les actes humains sont mauvais car « homme est méchant, ne pouvant rien, fol et téméraire, ambitieux, plein de fausseté et d'hypocrisie, inconstant, variable, ne pensant que mal, et péché ».

La foi est une grâce que Dieu nous donne, nous ne pouvons l'obtenir par nous-mêmes ; « nous sommes sauvés par la grâce et non pas de nous ». Quand Farel devra s'enfuir de Meaux, il se retirera à Neuchâtel et à Genève, d'où il organisera la propagande, préparant ainsi la voie à Calvin.

Le roi François est rentré de captivité. L'Église gallicane semble vouloir sortir de son apathie, le chancelier Duprat, archevêque de Sens, et le haut clergé posent les bases d'un réformisme épiscopal. Des conciles provinciaux sont réunis qui demandent des mesures sévères contre les hérétiques, contre la diffusion des livres saints. Aux hérétiques, on propose le choix entre l'abjuration et la condamnation exécutée par le bras séculier.

Mais que pense François Ier? En vérité, entre son retour et sa mort, il ne cesse de varier. Vers 1530, il s'allie aux princes allemands ; or, ceux-ci sont en majorité acquis à la Réforme, aussi va-t-il se montrer indulgent pour les réformés français. Jean et Guillaume du Bellay formulent, avec l'appui du pape, l'idée d'un rapprochement entre catholiques et réformés. Des médiateurs sont échangés. Les protestants ne refusent point de conserver richesses et autorité au pape et aux évêques, si cette autorité s'exerce dans un sens évangélique. Les catholiques auraient accepté la justification par la foi, le mariage des prêtres et la communion sous les deux espèces. En définitive, l'arrangement échouera. La répression s'est déchaînée en France, et d'ailleurs Luther n'était pas favorable à la conciliation.

Cette répression, elle commence justement en 1533 et à partir du discours du recteur Cop, qui marque l'entrée de Jean Calvin dans l'histoire. Les cordeliers, outrés par cette audace, vont en appeler au Parlement. Aussitôt le procureur envoie à Cop un ordre de comparution. Cop proteste, provoque la réunion des facultés qui se divisent : les Arts et la Médecine prennent le parti du recteur, la Théologie et le Droit se déclarent contre lui. Sur ce, le parlement dépêche vers Cop des huissiers chargés de l'arrêter. Le recteur préfère ne pas les attendre, il quitte Paris secrètement et se réfugie à Bâle. Son collaborateur Jean Calvin s'empresse d'imiter cet exemple et disparaît lui aussi ; il se réfugie en Saintonge. Le Parlement adresse une plainte fort amère à François Ier qui va quitter Marseille. Le roi réagit très vivement. Il faut dire que son fils devient le mari de Catherine de Médicis, elle-même parente du pape. A petite cause, grand effet. La lettre de François Ier est rédigée en termes fort catégoriques : « Nous sommes très marris et desplaisants de ce que en notre bonne ville de Paris, chef et capitale de notre royaume et où y a Université principale de chrétienté, cette maudite secte hérétique pullule, où plusieurs pourront prendre exemple à quoi de tout notre pouvoir et puissance voulant y obvier, sans y épargner personne qui soit, à cette cause. Nous vous mandons et très expressément enjoignons que vous commétez certains d'entre vous pour, toutes choses laissées, curieusement et diligemment eux enquérir de tous ceux qui tiennent icelle secte luthérienne... »

Alors commence une interminable série d'enquêtes, d'arrestations, de procès, de supplices. Avant la fin novembre, on a déjà arrêté cinquante suspects ; on en emprisonne plus de trois cents en janvier. Mais, le 27 janvier, François signe un traité avec le landgrave de Hesse ; d'où une accalmie dans les poursuites contre les protestants. Tout reprend en mars. A la fin du mois ou dans les premiers jours d'avril, va mourir sur le bûcher le chirurgien genevois Jean Pointet : il a soigné des prêtres « fâcheusement incommodés », il s'est permis de dire que leur mal était peut-être la conséquence de leur célibat. Sur-le-champ, on l'a jeté en prison, il a refusé de se confesser, de s'agenouiller devant une image de la Vierge. Avant de le brûler, on lui a coupé la langue. Un prédicateur évangélique, Lannes de la Croix, sera brûlé en juin, place Maubert. Malgré tout, il ne semble pas que François Ier ait mis dans cette action un acharnement particulier. Il reste fidèle à l'humanisme

*Tandis que la Réforme bat son plein, ses ennemis se déchaînent. C'est ainsi qu'une satire représen deux amies : la Volupté et la Liberté, tandis qu'une troisième « égérie » offre au pape Clément, assis cont puits de la Volupté. Le malheureux pontife, l'air accablé, semble décliner l'offre en serrant contre lui u Condé, Chantilly. Photo Holzapfel.)*

*...uther convié à partager le repas de ses ...a margelle, l'eau qu'elle vient de tirer du ...acon contenant l'Aqua Viva. (Musée*

et garde ses amis réformistes sinon réformés. Un événement très grave va l'obliger à durcir la répression.

En octobre 1534, dans la nuit du 17 au 18, des *placards* sont affichés dans Paris et dans plusieurs villes de France. C'est une diatribe violente contre la messe. Le roi, qui se trouve à Amboise, découvre un placard sur la porte de sa chambre à coucher, et même, raconte-t-on, un autre dans la coupe où il déposait son mouchoir. L'auteur de ces placards? Un pasteur français, Antoine de Marcourt, réfugié à Neuchâtel. Marcourt s'en prend à la messe, à l'eucharistie (« un homme de vingt ou trente ans ne peut être caché dans un morceau de pâte ») et injurie « le pape et toute sa vermine de cardinaux, d'évêques et de prêtres, de moines et autres cafards, diseurs de messe ». Les rites qu'ils servent ne sont que « sonneries, hurlements, chanteries, vaines cérémonies, luminaires, encensement, déguisements et telles manières de sorcellerie ». Il conclut : « vérité leur défaut, vérité les menace, vérité les pourchasse, vérité les épouvante : par laquelle en bref leur règne sera détruit à jamais ».

Cette fois, le roi se fâche. Ces réformés sont impossibles ; ils ne respectent rien : telle est visiblement la pensée de François Ier. Il va faire proclamer à son de trompe à tous les carrefours que deux cents écus seront versés à quiconque dénoncera le ou les auteurs de l'attentat. Ceux-ci seront passibles de la mort par le feu, qui frappera également leurs complices et même ceux qui auraient recelé les placards. Le bras séculier s'en donne à cœur joie, les prisons se remplissent. Le 7 novembre, on prononce sept condamnations à mort. Le 15, on brûle un paralytique qui prêchait l'Évangile, un marchand, un imprimeur, un tisserand, un libraire, un maçon. Un autre imprimeur, Antoine Augereau, sera brûlé. Son crime? Il a publié le *Miroir de l'âme pécheresse*. L'auteur? Marguerite de Navarre, sœur du roi. La Sorbonne s'est senti les mains liées devant l'auteur, elle a brûlé l'imprimeur.

Depuis le mois de janvier, il était interdit dans tout le royaume d'imprimer n'importe quel ouvrage. Cet édit ne sera levé que pour dix éditeurs parisiens.

Un nouveau rapprochement du roi avec les princes allemands — après la prise de Tunis par Charles Quint — et aussi l'émotion soulevée en France comme à l'étranger par la violence de cette répression, vont conduire le roi à suspendre les poursuites. Le 16 juillet 1535, l'édit de Coucy autorise les hérétiques à rentrer en France s'ils abjurent dans les six mois.

Une certitude : malgré la répression, le mouvement des conversions s'amplifie. Le moment approche où Jean Calvin va pouvoir définitivement organiser l'Église réformée en France.

Jean Calvin (ou Cauvin) est né à Noyon le 10 juillet 1509. Son père, Gérard Cauvin, était de bonne bourgeoisie, notaire apostolique, procureur fiscal, scribe en cour d'Église, secrétaire de l'évêché et promoteur de chapitre. Point d'Église, mais frottant de près aux affaires de l'Église. Jean était encore enfant que son père lui faisait attribuer deux bénéfices ecclésiastiques.

Une triste affaire assombrit l'enfance de Jean. Son père est accusé de détournement. Il s'empêtre dans des procès interminables et meurt non seulement dans la gêne, mais excommunié. Nul doute que l'événement n'ait profondément atteint Jean Calvin. En 1523, celui-ci arrive à Paris, il fera ses études au collège de la Marche puis à celui de Montaigu. C'est le temps où commence la vogue de Luther, où il n'est question que de la rivalité entre Lefèvre d'Étaples et l'Université. Comment Calvin n'aurait-il pas été informé de ce grand mouvement? Il étudie le droit à Orléans puis à Bourges. Il est de retour à Paris de 1530 à 1533, où il suit le cours de grec de Danès, le cours d'hébreu de Vatable et s'intéresse aux travaux de Budé. A vingt-trois ans, il apparaît armé d'une culture particulièrement solide.

A quel moment va-t-il lier son destin au mouvement de la Réforme? Jusqu'en 1528, Calvin demeure fidèle à la doctrine orthodoxe de l'Église. Il prend contact avec les nouvelles idées. Il lui faut quelque temps pour les assimiler. En 1531, il semble acquis aux idées de Lefèvre et de Roussel. Mais celles de Luther ou de Zwingli ne lui sont pas étrangères. Nous savons qu'après le bruit fait autour du discours de Cop il est contraint de s'enfuir de Paris.

Calvin va séjourner près d'Angoulême durant la période de 1533 à 1535. Il semble qu'il faille admettre avec M. John Viénot que c'est en 1534 que Calvin va rompre ses attaches avec l'Église. On le voit en Saintonge, puis à Nérac, où il s'entretient avec Lefèvre d'Étaples. Le certain, c'est que Calvin, le 4 mai 1534, renonce à ses bénéfices ecclésiastiques. Assurément, le pas est franchi.

A la faveur de l'une des accalmies nées de la politique de François I^er^, il est à Paris en octobre 1534 : au moment de l'affaire des placards. Il quitte la ville à la fin de l'année pour se retirer à Bâle. Il a pu voir de ses yeux toutes les conséquences de la répression. La colère a gonflé son cœur. Il n'est pas homme à se soumettre. Loin de là. Il est prêt à devenir l'un des chefs du mouvement et surtout son théoricien. Il sait ce qu'il doit à Luther. Il le reconnaît : « Lorsque la vérité de Dieu était étouffée sous tant et de si épaisses ténèbres, lorsque la religion était souillée de tant de superstitions impies, lorsque le culte de Dieu était corrompu par tant d'horribles sacrilèges et que sa gloire gisait prosternée, que le bienfait de la Rédemption était enfoui sous tant d'opinions perverses et que les hommes, enivrés par la confiance funeste de leurs œuvres, cherchaient leur salut ailleurs qu'au Christ, que l'administration des sacrements, en partie déchirée et dissipée, en partie corrompue par un mélange de fictions étrangères, était profanée par de honteux marchés, que le gouvernement de l'Église n'était plus qu'un brigandage désordonné, lorsque ceux qui siégeaient au rang de pasteurs, après avoir blessé l'Église par le dérèglement de leurs mœurs, exerçaient sur les âmes une effroyable tyrannie et que, comme un troupeau, l'humanité était poussée vers l'abîme à travers l'erreur, du sein de ce désordre, Luther s'éleva ; avec lui, se rencontrèrent d'autres hommes qui, réunissant leurs efforts et leur zèle, cherchèrent des moyens et des voies par où la religion pût être lavée de toutes ces souillures, rétablie dans la pureté de sa doctrine et ramenée de cet abîme de misère à son antique splendeur. Nous suivons la route qu'ils nous ont tracée. »

Voilà une profession de foi explicite. Assurément, Calvin suit un chemin identique à celui de Luther, mais il n'est pas inexact de voir cette route prendre un aspect spécifiquement français. Luther se perd un peu dans les brumes germaniques qui obscurcissent parfois sa pensée. Calvin va droit au but et ne dévie pas d'un pouce. Une clarté remarquable baigne toute son œuvre, et aussi le goût évident du concret. Il ne sépare pas la théorie de l'action.

En mars 1536, il publie à Bâle *l'Institution chrétienne*. C'est le « point de départ et *credo* de la Réforme française ».

L'année précédente, il avait déjà défini l'essentiel de la doctrine qu'il va soutenir dans *l'Institution chrétienne* : « Sans l'Évangile, nous sommes inutiles et vains ; sans l'Évangile, toute richesse est pauvreté ; sagesse est folie devant Dieu ; force est faiblesse ; toute justice humaine est damnée. Mais, par la connaissance de l'Évangile, nous **sommes faits enfants de Dieu, frères de Jésus-Christ, citoyens du royaume des cieux... Quelle chose donc sera-ce qui nous pourra détourner et aliéner de ce saint Évangile? Seront-ce injures, malédictions, opprobres, privation des honneurs mondains? Seront-ce bannissements, proscriptions, privations des biens et richesses? Mais nous savons bien que, quand nous serons bannis d'un pays, la terre est au Seigneur, et, quand nous serons jetés hors de la terre, nous ne serons pas toutefois hors de son règne... Ceci est la vie éternelle, connaître un seul vrai Dieu et celui qu'il a envoyé, Jésus-Christ. »**

**Calvin, retournant aux sources pures de l'Évangile, revient à un Dieu infini, un créateur, celui qui, depuis la Genèse, a fait entendre une voix terrible aux hommes. Un Dieu jaloux, certes, mais aussi « infiniment bon, infiniment juste, infiniment patient, et dont le règne n'aura pas de fin ». Face à ce Dieu, nous ne sommes que des créatures misérables « nées dans la corruption,**

*Né à Arras vers 1520, l'historien protestant Jean Crespin fonde à Genève une imprimerie qui lui permettra d'éditer non seulement les œuvres de ses coreligionnaires, mais aussi son « Livre des martyrs depuis Jean Huss jusqu'en 1554 ». C'est de cet ouvrage qu'est extraite la gravure qui stigmatise avec tant de réalisme les tourments infligés par le clergé séculier aux hérétiques. Dix-huit ans auparavant, était imprimée à Bâle la célèbre « Institution de la Religion chrétienne », de Calvin, dont voici le frontispice. (Musée du Protestantisme français. Photos Jérôme da Cunha.)*

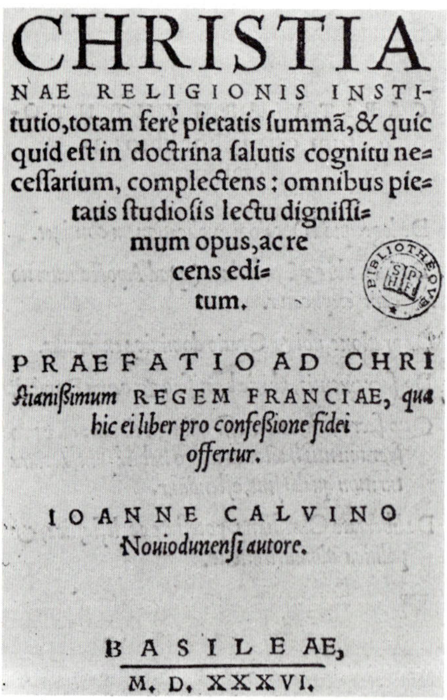
CHRISTIA
NAE RELIGIONIS INSTI-
tutio, totam ferè pietatis summã, & quic
quid est in doctrina salutis cognitu ne-
cessarium, complectens: omnibus pie-
tatis studiosis lectu dignissi-
mum opus, ac re
cens edi-
tum.

PRAEFATIO AD CHRI
stianissimum REGEM FRANCIAE, qua
hic ei liber pro confessione fidei
offertur.

IOANNE CALVINO
Nouiodunensi autore.

BASILEAE,
M. D. XXXVI.

inclinées à mal faire, incapables par elles-mêmes de faire le bien ». Pour se sauver, l'homme doit le faire par la seule foi. L'amour de Dieu doit conduire l'homme sur le chemin difficile de la vie. Par la foi et l'amour, le pécheur se réconcilie avec Dieu. Le chrétien se doit donc d'être le plus souvent qu'il peut en « conversation » avec Dieu, ceci par la prière qui lui donne la force.

Ce qui apparaît singulièrement émouvant dans *l'Institution chrétienne*, ce sont quelques pages de la préface. Au moment où Calvin publie son livre, les réformés en France sont particulièrement persécutés. Le cœur de Calvin saigne. Et il s'adresse à François 1er. Il ne se fait pas d'illusions, le roi ne lira pas son livre, mais peut-être lira-t-il la préface. Alors, dans cette préface, il écrit ceci : « Voyant que la fureur d'aucuns iniques s'était si fort élevée en votre royaume qu'elle n'avait laissé aucun lieu à saine doctrine, il m'a semblé être expédient de faire servir le présent livre tant d'instruction à ceux que premièrement j'avais délibéré d'enseigner, qu'aussi de confession de foi envers vous dont vous connaissiez quelle est la doctrine contre laquelle d'une telle rage furieusement sont enflammés ceux qui, par feu et par glaive, troublent aujourd'hui votre royaume. Vous-même, vous pouvez être témoin, Sire, par combien fausses calomnies elle est tous les jours diffamée envers vous... Vous ne vous devez émouvoir de ces faux rapports par lesquels nos adversaires s'efforcent de vous jeter en quelque crainte et terreur... Et il est bien vraisemblable que nous desquels jamais n'a été ouïe une seule parole séditieuse, et desquels la vie a toujours été connue simple et paisible quand nous vivions sous vous, Sire, machinions de renverser les royaumes! Qui plus est, maintenant, étant chassés de nos maisons, nous ne laissons point de prier Dieu pour votre prospérité et celle de votre règne. »

En mars 1536, Calvin quitte Bâle pour Ferrare. Là, la duchesse Renée, fort favorable aux humanistes, aux évangélistes et aux réformés, l'accueille libéralement. Mais le pape voir d'un mauvais œil ce séjour. A son instigation, Hercule, duc de Ferrare, obtient de sa femme l'expulsion de Calvin et aussi de Marot. Profitant d'une accalmie dans la répression, Calvin revient quelque temps à Paris, puis part pour Noyon. Mais, décidément, la terre de France est trop hostile aux réformés. C'est librement, au grand jour, que Calvin veut professer la foi de l'Evangile. Il se met en route pour Strasbourg et s'arrête à Genève. Il y restera. En effet, il y retrouve Farel, le disciple de Lefèvre, l'ex-prédicateur de Briçonnet. Farel a créé un centre de Réforme à Neufchâtel. De là, il a introduit la Réforme à Genève avec l'aide de la ville de Berne. L'évêque a été expulsé, la messe supprimée, par le Conseil des Deux Cents en 1535. L'année suivante, l'année même où Calvin arriva à Genève, le Grand-Conseil adoptait la Réforme. On pense que Farel l'a supplié de demeurer. Il fallait organiser l'Eglise nouvelle dans une ville qui exigeait des structures pour un culte adopté officiellement. Calvin accepte et, bientôt, s'en repent; il ne cache pas qu'il exige la rigueur; or, les bourgeois de Genève sont libéraux, ils souhaitent la tolérance.

En 1538, le Grand-Conseil chasse tout simplement de la ville Calvin et Farel. Calvin s'établira à Strasbourg jusqu'en 1540. A cette date, la nouvelle religion piétinant à Genève faute d'organisateurs, la ville suppliera Calvin d'y revenir. En septembre 1541, Jean Calvin vient se fixer définitivement à Genève. Il y mourra. Non seulement il organisera l'Eglise réformée de Genève, mais l'Eglise réformée de France.

Ainsi sera marquée une étape essentielle de l'évolution du mouvement réformé en France. Les idées nouvelles s'étaient imposées auprès d'une partie non négligeable de la population. Ces idées étaient maintenant codifiées. L'Eglise réformée de France était devenue calviniste[1].

1 Voir dans le volume suivant notre chapitre: L'Église réformée - Les protestants.

*15 JUILLET 1536*
*FRANÇOIS Ier*
*AUX HABITANTS DE SENS*

*« Chers et bien aymez, sçachans le grand bruit de guerre qui peult courre par tout nostre royaulme, et désirant le repos et tranquilité de corps et d'esprit de tous nos bons et loyaulx subjectz, nous vous avons bien vouluz advertir du bon grant ordre et provision que nous avons donné en toutes les frontières, entrées et passaiges de nostre royaulme, qui est telle que, quelques grants préparatifs qu'ayent peu dresser nos ennemys pour l'exécution de leurs malignes et dampnées entreprinses, ilz n'en peuvent rapporter que honte, vitupère et dommaige... »*

## 14 juillet

Montmorency est nommé lieutenant général du roi « tant de çà que de là les monts ».

## 16 juillet

Jacques Cartier regagne Saint-Malo. De ses voyages, Cartier tire la conclusion qu'il n'y a pas d'or dans la région du Saint-Laurent, mais des terres prospères et fort accueillantes. François Ier va donc changer sa politique, et au lieu de recommander la recherche de l'or et la découverte d'un passage vers la Chine, il va orienter les futures randonnées outre-mer vers des vues plus « colonialistes », ainsi que nous le dirions aujourd'hui.

## 25 juillet

Charles Quint franchit les Alpes et aurait adressé à ses compagnons ces paroles rapportées par du Bellay : « Croyez-moi, compagnons, que tout ce qui gît entre les Alpes, depuis cette mer jusqu'à l'Océan, tout ce qui est contenu entre le Rhin et les monts Pyrénées, sera vôtre par une seule bataille ou, pour mieux dire, par une seule montre et contenance de bataille; il n'y aura autre chose que les chemins, et non point le combat, qui vous éloignent ni retardent cette victoire. »

Au même moment, une armée impériale envahit la France par la frontière du nord.

## août

François Ier arrive à Valence afin d'organiser la défense de la Pro-

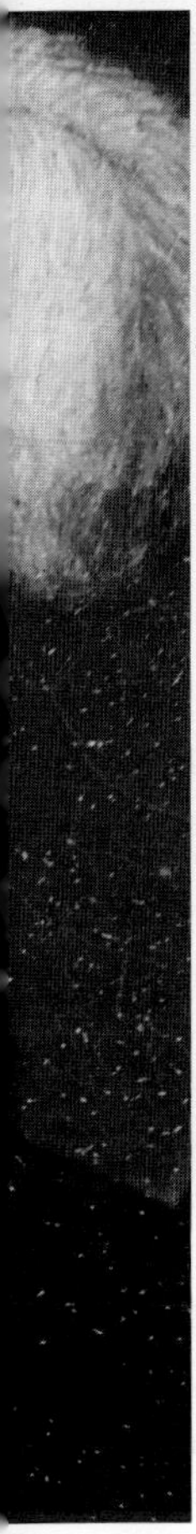

*La mort, à l'âge de dix-huit ans, du dauphin François, peint ici par Corneille de Lyon, (à gauche) va bouleverser l'ordre de la primogéniture et faire de son frère cadet Henri le successeur au trône de France. C'est en 1535, alors qu'âgé de quinze ans il n'est encore que « Monsieur d'Orléans », que Clouet en a exécuté cet extraordinaire dessin (à droite). On est frappé par la maturité qui se dégage déjà de ce fin et délicat visage d'adolescent ombré d'une fine moustache et d'une barbe légère. (Musée Condé, Chantilly. Photos Holzapfel.)*

vence. Montmorency a décidé de ne pas livrer bataille en rase campagne et de transformer la Provence en terre brûlée. On se retranchera dans les places fortes! Une guerre atroce commence, que du Bellay nous a décrite : « Bonneval dépêcha le capitaine Miolans, avec les gens qu'il avait de la compagnie du comte de Tende, et deux mille hommes de pied, pour aller, le chemin de France, rompre tous les fours et moulins, brûler les blés et fourrages, et défoncer les vins de tous ceux qui n'avaient fait diligence de les retirer des places fortes; aussi gâter les puits, jetant des blés dedans afin de corrompre les eaux. »

Le dauphin a quitté Lyon pour rejoindre son père et l'armée à Valence. Peu avant Tournon, après une partie de paume, il prend un verre d'eau glacée que lui tend son écuyer Montecucculi. Pris aussitôt d'un malaise, il parvient cependant à gagner Tournon où il rendra le dernier soupir après quatre jours de terribles souffrances. On accuse aussitôt Montecucculi d'avoir empoisonné l'héritier du royaume, peut-être sur l'ordre de Charles Quint. On l'arrête, on le fait avouer sous la torture — ce qui ne prouve évidemment pas grand-chose — et on le condamne à être écartelé. L'effroyable supplice se déroulera seulement deux mois plus tard en présence du roi et de toute la cour.

Ce même 10 août, Charles Quint s'empare d'Aix, tandis que, fort heureusement pour François Ier, l'armée espagnole est repoussée devant Narbonne. Le danger d'une jonction entre les deux armées impériales est écarté.

### 12 août

La troisième armée impériale — celle du nord — arrive devant Péronne où elle se heurte à la résistance héroïque des habitants. Les impériaux assiégeront vainement la ville pendant un mois.

### 12 septembre

François Ier atteint Avignon.

### 14 septembre

L'affreuse tactique de Montmorency est efficace : Charles Quint est obligé de quitter Aix et opère une retraite vers l'Italie, avec une armée réduite de moitié.

### 2 octobre

François Ier donne au cardinal de Tournon la lieutenance générale dans le Lyonnais, le Languedoc et la Bourgogne.

### 1537, juillet

L'argent — cet éternel nerf de la guerre — manque aux Français, et le Piémont — sauf Turin, Pignerol et Savigliano — est perdu pour eux.

### 31 juillet

Une trêve entre François Ier et Charles Quint est signée à Bomy, pour toute la région du Nord.

### août

Après trois semaines de siège, les Turcs abandonnent Corfou. Soliman est furieux de voir que François Ier combat les Impériaux dans le nord de la France et ne mène aucune action importante en Italie où le sultan aurait pu l'aider efficacement. D'autre part, la flotte française tarde à se joindre à la flotte turque. Aussi est-ce la fin — provisoire — de l'alliance.

### 2 octobre

François arrive à Lyon où il multiplie les préparatifs et rassemble des vivres destinés à sa prochaine descente vers le Piémont « et, ne voulant laisser son royaume dépourvu durant son absence, dépêcha Monseigneur Charles, duc d'Orléans, son fils puîné, son lieutenant général en Picardie, Normandie, Paris et Ile-de-France et autres pays circonvoisins ». Montmorency prend le commandement de l'armée du Piémont. Avec une poigne de fer, il reconquiert tout le pays. On le verra ordonner la pendaison d'un capitaine espagnol qui s'était défendu vaillamment à la tête de la garnison d'un poste secondaire, « pour donner exemple à ceux qui s'obstinent à des places de si petite importance »...

### 16 novembre

Une trêve est signée à Monçon.

### 1538, février

Dirigée contre les Turcs, une ligue est conclue à Nice.

### 18 juin

A la demande de Paul III, Charles Quint et François Ier se rendent à Nice afin de négocier la paix en présence de Sa Sainteté. Le pape loge non loin de Nice, au couvent de Sainte-Croix des frères de l'Observance, tandis que le roi s'installe dans un faubourg en compagnie de la reine et d'Anne de Pisseleu. Quant à Charles Quint, il ne veut pas quitter sa galère reliée à la terre par un grand pont de bois qui s'effondra d'ailleurs sous le poids du cortège de la reine Eléonore, venue voir son frère. On parvient à repêcher tout le monde.

Les deux souverains refusent de se voir, si bien qu'on aboutit seulement à un compromis : François Ier garde la Bresse, le Bugey et les deux tiers du Piémont, tandis que Charles Quint redevient maître du dernier tiers du Piémont et garde la totalité du Milanais.

Le pape, voyant les difficultés rencontrées pour établir une paix définitive, « propose une trêve de dix ans, espérant que, durant ledit temps, les inimitiés enracinées dedans leurs cœurs se pourraient mitiger finalement ».

A l'issue de la trêve de Nice, Montmorency est nommé connétable et remplit les fonctions d'un premier ministre. Il essaye de se concilier Charles Quint, en espérant en échange quelques concessions.

## 14 juillet

Coup de théâtre : Charles Quint, qui n'a toujours pas rencontré François, fait semblant de s'embarquer pour l'Espagne, mais il adresse un message au roi de France pour lui proposer de se retrouver à Aigues-Mortes. François accepte le rendez-vous, et aussitôt l'intendance s'affaire : on demande à tous les chasseurs et pêcheurs de rapporter le maximum de gibier et poissons « sous peine du fouet ». Cette fois, les deux souverains échangent de nombreux témoignages d'amitié. Ils se déclarent unis comme des frères et s'entendent pour lutter contre l'hérésie. Ce qui permet à Montmorency de déclarer, non sans exagération, que François et Charles « se peuvent dorénavant estimer les affaires de l'ung et de l'autre comme une même chose ».

On a cependant évité d'aborder les deux grandes questions : le concile et la possession du Milanais que Charles Quint ne tient nullement à céder. On devine la déception de François Ier : *son* duché lui tenant toujours « merveilleusement à cœur ».

Rincon, qui a pris à Constantinople la place de La Forest, sera assez habile pour annoncer cet accord à Soliman en le présentant comme une finesse diplomatique et lui fera croire que les décisions prises à Aigues-Mortes ne détruisaient nullement l'alliance franco-turque.

## octobre

Les Flamands se révoltent contre Charles Quint, « saccagent les officiers de l'empereur » et se refusent à payer de nouvelles impositions considérées par eux comme abusives. Ils s'adressent à François Ier et se déclarent prêts à reconnaître ses droits de suzeraineté sur la Flandre. Mais Marie de Hongrie, sœur de Charles Quint, arrive alors à Compiègne pour demander à François de ne pas secourir les Flamands. Le roi, qui espère toujours recouvrer le Milanais, prend l'engagement de laisser agir Charles Quint à sa guise.

## début 1539

François Ier autorise Charles Quint à faire passer ses armées par la France pour aller réprimer la révolte des Gantois.

## 24 juin

Un édit de François règle la répression contre les protestants ; le principe est simple : le coupable confondu d'hérésie est décrété hors la loi.

## décembre

Charles Quint traverse la France pour châtier les bourgeois gantois et s'arrête à Chambord. Il est ébloui devant cette étonnante gageure, cette féerie de pierres blanches coiffées d'une véritable ville suspendue, une ville de tourelles, de hautes cheminées carrées, de donjons, de tours d'angle, de hautes lucarnes formant un éclatant cortège qui entoure la célèbre lanterne à jour épaulée d'arcades et soutenant la gigantesque fleur de lys de France.

L'escalier de Chambord — ces révolutions qui tournent sans se rencontrer — laisse l'empereur bouche bée... C'était d'ailleurs là son attitude habituelle. Les végétations qui ont envahi son nez l'obligent à garder la bouche perpétuellement entrouverte, d'autant plus que cette fois, depuis Hendaye, il traîne un rhume qui le contraint à renifler sans cesse.

Il demeure confondu devant ce colossal. « C'est l'abrégé de ce que peut effectuer l'industrie humaine», s'exclame-t-il.

Fut-il un peu jaloux? Peut-être! Car, visitant un peu plus tard une abbaye, il voulut montrer à son hôte sa puissance et, sur le registre que lui tendit l'abbé mitré, il aligna sous sa signature ses nombreux titres... et Dieu sait s'il en avait! Le roi de France prit ensuite la plume et traça quatre mots : *François, seigneur de Vanves.*

Pour étonner encore l'empereur, le roi, à Amboise, lui fait faire une

*Construite au XIII^e^ siècle sous le règne de Saint Louis, la ville d'Aigues-Mortes, qu'un canal relie à la mer, ne s'est guère modifiée depuis cette année 1248 où le roi, partant pour la croisade, s'y était embarqué. Derrière ces murailles fortifiées élevées par Philippe le Hardi et encore admirablement conservées, vont se rencontrer, en juillet 1538, François I^er^ et Charles Quint. (Photo Ray-Delvert, Villeneuve-sur-Lot.)*

entrée de nuit par la tour Hurtault où on pouvait monter à cheval et même en litière. Le chemin — on n'ose dire l'escalier — est à un tel point garni de flambeaux « et autres lumières, nous raconte du Bellay, qu'on y voyait aussi clair qu'en une campagne en plein midi. Bien étant l'empereur à mi-chemin dans ladite tour, quelque malavisé por-

tant une torche y mit le feu de sorte que ladite tour fut enflammée et à cause des tapisseries où le feu se mit, la fumée fut si grande ne pouvant respirer qu'il fut confus en grand doute que l'empereur ne fut étouffé ».

Charles Quint se montre néanmoins gracieux et aimable... Peut-être — le chroniqueur ne le dit pas — cette réception enfumée lui guérit-elle son rhume. Souriant, il décide « de ne point parler d'affaires »... Il ne prononce même pas le nom du duché de Milan, et cela à la grande déception de François. Cependant, il propose au duc d'Orléans la main de sa fille Marie avec pour dot les Pays-Bas, la Franche-

*Il semble que ce soit vers 1532 qu'ait été exécuté, par le peintre allemand Christoph Amberger, ce portrait de l'empereur Charles Quint. Malgré le modelé délicat du dessin, l'artiste n'a pas hésité à représenter le souverain tel qu'il le voyait, affublé de ce pénible prognathisme, et la bouche perpétuellement entrouverte pour ne pas mourir étouffé par les végétations qui avaient envahi les tissus du rhino-pharynx. (Musée de Lille. Photo Giraudon.)*

Comté et le Charolais. Charles Quint espère ainsi créer un nouvel Etat au nord de la France, au profit du dernier fils de François Ier qu'il sait au plus mal avec le nouveau dauphin. François refuse, peut-être parce qu'il sent le danger, ou, plus certainement, parce qu'il ne parvient pas à renoncer à son cher Milanais.

En se rendant en France, Charles Quint espérait aussi provoquer la colère de Soliman contre François. Il ne fut d'ailleurs pas loin de réussir. Rendu furieux, le sultan manqua mettre à mort Rincon : les choses ne se calmèrent que grâce à l'habileté de l'envoyé du roi de France.

## 1540, 1er janvier

Pendant le séjour de Charles Quint à Paris, François tombe malade « d'une apostume qui lui descendit au bas du ventre et dont il fut en danger de mourir ». S'agit-il du mal galant que lui aurait donné la Belle Ferronnière? Certes, le roi fut réellement malade, et beaucoup d'historiens, parmi lesquels Michelet, ont affirmé qu'à partir de ce début de l'année 1540 François Ier ne fut plus qu'un valétudinaire ayant bien du mal à monter à cheval. Est-ce exact? Il faut verser au débat cette note de Marino Cavalli, ambassadeur de Venise et qui écrivait au doge : « Le roi est d'une excellente complexion, d'une constitution vigoureuse et gaillarde que n'ont pas ébranlées les soucis, les disgrâces et les fatigues qu'il n'a cessé d'endurer dans tant de voyages et d'excursions à travers ses provinces... Il mange et boit fort bien et dort on ne peut mieux et, ce qui importe encore plus, il tient à vivre gaiement et sans trop de soucis. »

### 16 février

La cour, vrai nœud d'intrigues, est divisée entre le parti du roi dirigé par Mme d'Étampes et le parti du dauphin, conduit par la maîtresse et égérie du futur roi, Diane de Poitiers. Montmorency et Poyet, président du Parlement de Paris, s'unissent pour se débarrasser de l'amiral Chabot, gouverneur de la Bourgogne, ami intime de la duchesse d'Étampes et coupable, selon eux, de concussion, pour s'être approprié des aides votées pour la guerre et avoir détourné une partie de l'argent destiné à fortifier les places fortes du royaume.

Aussi, ce jour-là, des lettres patentes sont-elles signées afin qu'une instruction soit ouverte contre l'amiral.

### 22 mars

Benvenuto Cellini quitte Rome pour Paris. Il vivra cinq années en France.

### juin

Les négociations entre François Ier et Charles Quint sont rompues. Il ne reste plus rien de ce qui n'était qu'une illusion d'entente et tous pensent de nouveau à la guerre.

### juin

Des ambassadeurs français arrivent à Constantinople avec de nouvelles instructions destinées à Rincon, afin de renouveler et de consolider l'alliance franco-turque.

### octobre

Charles Quint fait don du Milanais à son fils Philippe. Cette décision accuse la disgrâce de Montmorency dont toute la politique avait été orientée vers une cession du duché italien à l'un des fils de François Ier.

*Peu après la bataille de Pavie, alors qu'il était enfermé, en même temps que François Ier dans la forteresse de Pizzighetone, fut exécuté ce portrait de l'amiral Philippe de Chabot. (Musée municipal de Pizzighetone. Photo Patellani.)*

Ce même mois, succès diplomatique pour François : Soliman qui se trouvait en guerre contre Venise — l'alliée de François — signe la paix.

### 1541, janvier

Pour avoir aidé à conclure cette paix avec Soliman, François demande aux Vénitiens, en guise de remerciements, une alliance ou du moins une neutralité vis-à-vis du Milanais, mais les Vénitiens refusent.

### 8 février

La commission chargée de juger Chabot rend son verdict. Reconnu coupable, l'amiral est dépouillé de tous ses biens, offices et dignités et condamné à payer de très lourdes amendes.

On l'enferme au donjon de Vincennes.

### 12 mars

Le roi, dont les réactions sont toujours imprévisibles, déclare Chabot « pur et innocent desditz crimes de lèze-majesté, prodition et machination ».

Un an plus tard, il le réintégrera dans toutes ses fonctions.

### avril

Jacques Cartier prend la mer à Saint-Malo. A son bord ont pris place des soldats et des laboureurs et l'on a embarqué des vaches, des moutons... de quoi fonder tout un village! Cette tentative de colonisation échouera.

Une expression devint alors très à la mode : « Faux comme un diamant du Canada! »

### 14 juin

Fiançailles de Jeanne d'Albret avec le puissant duc Guillaume de Gueldre, allié de François — mais la fiancée n'est pas présente au rendez-vous : les parents, Marguerite et Henri de Navarre, regardent plus volontiers vers Charles Quint que vers François Ier.

### juin

La disgrâce de Montmorency est définitive. Il quitte la cour et est remplacé par le président Poyet, personnage intéressé, sans scrupule et qui n'hésitera pas à trahir ceux qui l'ont aidé à prendre la première place.

### octobre

Charles Quint a formé le projet de lancer une flotte contre Alger, et demande à François sa neutralité. Le roi ne peut la lui refuser, mais il prévient Soliman du départ de la flotte impériale. D'ailleurs, l'expédition s'achèvera en désastre : les navires de l'empereur se trouvent dispersés par une violente tempête.

### 19 novembre

François Ier, assez isolé politiquement, se rabat sur des alliances conclues avec des pays secondaires, alliances qui n'auront pas grande influence sur les événements. Il commence par signer un traité avec le Danemark. Le 2 juillet de l'année suivante, il conclura avec la Suède.

### 1542, mai

Barberousse quitte Constantinople avec cent galères.

### 1er juillet

Le Parlement rend une ordonnance afin de contrôler étroitement la propagande par le moyen de l'imprimerie.

### 12 juillet

L'éternel duel va reprendre. L'empereur consent à donner le Milanais à titre viager à Charles, troisième fils de François Ier, duc d'Orléans depuis que le cadet est devenu dauphin, à la condition que la France abandonne le Piémont et la Savoie. Le roi a la sagesse de refuser ce marché de dupe : troquer un duché qui finalement échapperait à la France contre la possession de provinces ayant déjà reçu une administration française à vrai dire fort mal supportée par les habitants. Mais il n'est nullement dans les usages de demander en pareille matière l'avis des populations.

Un événement va envenimer les rapports entre les deux souverains : l'assassinat, en Italie — et vraisemblablement sur l'ordre du gouverneur de Milan — de l'envoyé français Rincon auprès de Soliman et de son compagnon le Génois Fregoso. Aussi, à Ligny, François Ier proclame-t-il, « à sons de trompes dans tout le royaume », la guerre ouverte à Charles Quint.

La campagne est menée avec incohérence et n'aboutit à aucun résultat tangible. Les Français abandonnent Perpignan après quarante jours de siège, tandis que le Luxembourg est pris par le duc d'Orléans, mais aussitôt réoccupé par les Impériaux.

## décembre

François Ier renouvelle son traité d'alliance avec l'Écosse.

## 1543, 11 février

De son côté, Charles Quint conclut une alliance avec Henri VIII contre la France.

## 28 avril

Le jeune duc d'Enghien est nommé amiral de l'armée de mer du Levant et chef de l'armée de terre en Provence.

## avril

« Sur la prière de ton envoyé Paulin, écrit Soliman à son allié François Ier, je lui ai accordé ma redoutable flotte, équipée de tout ce qui lui est nécessaire. J'ai ordonné à Kheir-ed-Din — autrement dit Barberousse — mon capoudan-pacha, d'écouter tes instructions et de former ses entreprises à la ruine de tes ennemis. Tu feras en sorte qu'après les avoir heureusement exécutées, mon armée soit de retour avant la même saison. »

**ET PENDANT CE TEMPS...**

**mai 1533**
**Soliman nomme Kheir-ed-Din, autrement dit Barberousse, amiral en chef de la flotte ottomane. C'était un aventurier sans scrupule, un grand général, mais d'une cruauté abominable.**

**1534**
**L'Eglise anglaise rompt avec Rome. C'est « l'Acte de suprématie ». Le Roi est désormais le chef de l'Eglise d'Angleterre.**

**août 1534 - printemps 1535**
**Barberousse s'empare de Tunis. De là, il pouvait désormais ravager les côtes d'Italie et de Sardaigne.**

**1536**
**Les Espagnols fondent Buenos Aires.**

**1536**
**Calvin publie, à Bâle, « l'Institution de la religion chrétienne ».**

**30 octobre 1539**
**Henri VIII annonce son prochain mariage avec Anne de Clèves. C'est là le signe d'une alliance avec les confédérés de Smalkalde.**

**20 juillet 1540**
**Mort de Zapolya. En Hongrie, c'est l'anarchie.**

## 1er juin

Mort de Chabot, alors qu'il se trouvait de nouveau à la tête du gouvernement. D'Annebaut lui succède dans ses fonctions d'amiral et dans la direction du gouvernement. En moins de quatre années, le roi a changé quatre fois de ministre, mais, dans la coulisse, c'est toujours la duchesse d'Étampes qui dirige le royaume...

## 29 juin

La flotte turque mouille devant Ostie. Les côtes sont pillées, mais les terres du pape sauvegardées.

## juillet

La Faculté de Théologie rédige, en vingt-cinq articles, un formulaire des croyances religieuses. Le roi approuve le texte et ordonne de le publier dans tout le royaume. Toute personne qui témoignerait son désaccord avec un de ces articles se verrait exposée à être poursuivie.

## juillet

La flotte de Barberousse rejoint les navires français près de Marseille. Objectif des deux forces : s'emparer de Nice, seule ville encore aux mains du duc de Savoie.

## 22 août

Nice se rend aux forces franco-turques et est aussitôt saccagée, à l'exception de la citadelle qui persiste à résister.

Pour amadouer Barberousse tout en inquiétant Charles Quint, François Ier offre aux Turcs de s'installer à Toulon qui deviendra ainsi la base de départ pour les galères turques désignées pour aller piller les côtes espagnoles. Le roi fait évacuer la ville par tous les habitants, sauf « les chefs de maison et artisans ». Les Turcs occuperont ainsi Toulon durant une année et l'on a calculé que le roi avait dû leur fournir pour leur nourriture cent quatre-vingt-treize mille quatre cents quintaux de biscuits.

## 1544, avril

Pour faire évacuer Toulon, François Ier est obligé de payer une très forte redevance à Barberousse.

## 14 avril

Ce jour-là, à Cérisoles, au sud de Carignan, l'armée française commandée par le duc d'Enghien et l'armée impériale, ayant à sa tête le marquis del Vasto, se rencontrent ce lundi de Pâques à trois heures du matin. Au cours de la bataille, les arquebusiers et l'infanterie jouent un rôle déterminant et plus important que celui dévolu à la cavalerie. Le combat est extrêmement confus et les récits des contemporains divergent sur certains points. Quoi qu'il en soit, la victoire demeure aux Français, mais un grand nombre de tués gisent sur le terrain.

## 8 juillet

Les Impériaux atteignent Saint-Dizier, défendu par le comte de Sancerre, qui résiste victorieusement, tandis que les Anglais envahissent la France par le nord, mais ils ne progresseront pas au-delà de Boulogne.

Le danger, principalement du côté des Impériaux, n'en est pas moins grave, aussi François Ier rappelle-t-il à lui les soldats qui occupent le Piémont et leur donne-t-il l'ordre d'empêcher Charles Quint de traverser la Marne. L'empereur se trouve un moment en difficulté à cause du manque de vivres, mais réussit finalement à s'emparer de deux villes abondamment ravitaillées : Château-Thierry et Épernay.

Voici l'ennemi dangereusement près de Paris — et dans la capitale souffle un vent de panique.

## 4 septembre

L'assemblée des représentants de

entendre la lecture d'une lettre du roi demandant d'accélérer les travaux de fortification : « Je vous garderai bien de mal, promettait François, de peur, je ne saurais, car il n'y a que Dieu qui tient le cœur des hommes en sa main. »

Les membres de l'assemblée entourent aussitôt la ville de fortifications et ordonnent des processions. On implore particulièrement sainte Geneviève. Ce qui n'empêche pas les Parisiens d'entasser leurs biens sur « les chariotz et charrettes » pour s'en aller « hors ladite ville pour la crainte de l'armée dudit empereur qui s'approchait d'icelle ».

## 18 septembre

Ce jour-là est signé le traité de Crépy entre François Ier et Charles Quint. Les deux souverains ont l'un et l'autre le plus grand intérêt à traiter. L'armée impériale est désorganisée. De plus, l'empereur ne se sent guère soutenu par les Allemands. La paix, on s'en doute, est encore plus indispensable à François qui, outre les intrigues qui l'entourent, voit la lassitude de la France. Un événement vient le pousser à traiter au plus vite : Boulogne a été repris par Henri VIII.

Les principales clauses du traité de Crépy prévoient le mariage du duc d'Orléans avec l'infante Marie à qui son père, Charles Quint, donnera les Pays-Bas et la Franche-Comté. Il était cependant loisible à l'empereur de désigner une autre fiancée : une fille de Ferdinand qui apporterait à son mari le Milanais. Charles Quint avait quatre mois pour se décider — et ce choix sera appelé l'*alternative*.

François Ier donnait au duc d'Orléans les duchés d'Orléans, de Bourbon, de Châtellerault et d'Angoulême, et renonçait à la suzeraineté sur la Flandre, l'Artois, la Savoie et le Piémont.

## 1545, 27 juillet

A cette date, l'ambassadeur de Charles Quint écrivait à Los Covos : « Le roi a une veine rompue dessous les parties basses, par où les médecins désespèrent de sa longue vie. » François n'a plus, en effet, qu'une année et demie à vivre. Un abcès le ronge, il vieillit et se ride. Sans doute, entre deux bains chauds, deux opérations, les fêtes et les chasses reprendront-elles... mais François n'est maintenant plus qu'une ombre.

## septembre

François comble la duchesse d'Étampes de baronnies, de châtellenies, de terres, de seigneuries, de fiefs, de manoirs, de cens, de rentes, d'étangs, de moulins, de prés, de garennes, de bois de haute futaie et de taillis.

## 8 septembre

La mort de Charles d'Orléans rend caduc le traité de Crépy.

## 1546, 8 juin

Signature du traité d'Ardres. Depuis deux années, François a essayé mais en vain de chasser les Anglais, aussi se résout-il à traiter avec Henri VIII. La France rachète Boulogne pour deux millions d'écus d'or payables en huit années, mais le royaume ne devra retrouver la ville que le dernier paiement effectué.

## 8 septembre

A Meaux, on arrête les réformés

qui s'étaient réunis dans la maison d'un certain Étienne Mangin.

*Le « priant » du roi François Ier fut érigé par les sculpteurs Bontemps et Marchand pour la crypte de la basilique Saint-Denis. (Basilique de Saint-Denis. Archives photographiques.)*

## 4 octobre

Sentence du Parlement rendue contre les réformés de Meaux : la maison de Mangin sera rasée et une chapelle édifiée à sa place. Quatorze hommes sont condamnés à être torturés, puis brûlés vifs sous les yeux des autres accusés.

## 1547, 25 janvier

« Le roi, nous dit du Bellay, se retira à Saint-Germain auquel il reçut les nouvelles du trépas du roi Henri d'Angleterre (Henri VIII). Duquel trépas, le roi porta grand ennui, parce qu'ils étaient presque d'un même âge et de même complexion, et eut doute qu'il fust bientôt pour aller après. Ceux qui étaient près de sa personne trouvèrent que depuis ce temps il devint plus pensif qu'auparavant. »

## 20 mars

François Ier se confesse et appelle le dauphin à son chevet.

— Le vieux galant s'en va ! crie peu aimablement le duc François de Guise.

## 31 mars

La mort atteindra François Ier, non à Chambord, dans ce cadre qui eût si bien convenu au dernier soupir du roi chevalier, mais à Rambouillet. L'autopsie révéla des *rognons gâtés*. Le roi, contrairement à la légende, ne mourut pas du mal de Naples dont il était atteint, mais — le docteur Cabanès l'a prouvé — d'une fistule tuberculeuse... Ce qui n'est d'ailleurs pas plus agréable !

Les obsèques solennelles de François Ier sont célébrées à Paris, puis à Saint-Denis « avec un étalage de magnificence, un éclat dans la splendeur qui dépassaient tout ce qu'on avait réalisé et applaudi aux obsèques des autres rois ».

Mais on était si las de la guerre que la mort de François fut considérée par le peuple comme une véritable délivrance.

### ET PENDANT CE TEMPS...

**29 juillet 1540**
**Anne de Clèves est répudiée et Henri VIII épouse Catherine Howard.**

**30 juillet 1541**
**Soliman, qui vient d'envahir la Hongrie, remporte à Bude une grande victoire. Il tronçonne alors la Hongrie en parts égales : Ferdinand reçoit la Hongrie occidentale, Jean II, fils de Zapolya, la Transylvanie, et le sultan garde pour lui la Hongrie centrale et la Hongrie méridionale.**

**novembre 1541**
**Henri VIII fait arrêter Catherine Howard sous l'inculpation d'adultère.**

**1542**
**Les Portugais débarquent au Japon.**

**décembre 1545**
**Ouverture du concile de Trente.**

**18 février 1546**
**Mort de Luther.**

**20 juillet 1546**
**Encouragé par l'ouverture du concile et la mort de Luther, Charles Quint décide de combattre la Réforme.**

**24 avril 1547**
**A Mühlberg, les confédérés de Smalkalde, manquant d'union et de discipline, sont écrasés par Charles Quint, aidé de Maurice de Saxe. C'est un sauve-qui-peut général des Saxons. Il n'y eut que cinquante tués chez les Impériaux, contre deux mille cinq cents chez les protestants.**

**1547**
**Ivan IV le Terrible est couronné tsar.**

**1er septembre 1547**
**Charles Quint convoque à Augsbourg une assemblée appelée la « diète sous le harnois », la ville étant entourée de forces importantes.**

**10 septembre 1547**
**Pier-Luigi Farnèse, fils naturel du pape Paul III et créé par lui duc de Parme et de Plaisance, est assassiné à Plaisance, sans doute sur l'ordre du gouverneur du Milanais, le marquis de Gonzague. Le pape accuse publiquement Charles Quint d'être le complice du meurtre de son fils.**

# SOURCES ET BIBLIOG

Pour l'occupation anglaise après Azincourt, on se reportera à l'ouvrage de W. Churchill, NAISSANCE D'UNE NATION (1956), à celui de Marcelin Defourneaux, LA VIE QUOTIDIENNE AU TEMPS DE JEANNE D'ARC (1952).

## JEANNE D'ARC

Peu de personnages de notre histoire nationale n'ont, plus que Jeanne d'Arc, été l'objet d'études et de biographies. Les sources originales, on le sait, sont peu nombreuses. On trouvera la liste des principales dans l'excellent livre de Régine Pernoud, LA LIBÉRATION D'ORLÉANS (1966). Il faut au moins rappeler que le procès de condamnation et de réhabilitation de la Pucelle, avec en annexe la plupart des chroniques et des documents connus à son époque, a été publié par Jules Quicherat en cinq volumes (1841-1849). Une nouvelle édition du procès a été donnée en 1961 par la Société de l'Histoire de France. On se reportera aussi à LA MINUTE FRANÇAISE DES INTERROGATOIRES DE JEANNE DITE LA PUCELLE, éditée par le R.P. Doncœur et Yvonne Lanhers en 1952.

La JEANNE D'ARC d'Edith Thomas (1947), celles de Régine Pernoud et de Mireille Rambaud (1956) méritent d'être citées. Quant aux innombrables ouvrages tendant à prouver que Jeanne est de race royale ou qu'elle n'a jamais été brûlée, hypothèses qu'on voit reparaître régulièrement depuis un siècle et demi, ils relèvent de l'imagination et de la fantaisie. Le récent livre d'Henri Guillemin a montré qu'on peut être un corrosif historien de la littérature du XIX^e^ siècle et un historien du Moyen Age contestable.

Thomas Basin, chroniqueur des règnes de Charles VII et de Louis XI, mort en 1491, a été édité par Quicherat en quatre volumes (1855-1859). Pour la collection des classiques de l'Histoire de France au Moyen Age, Charles Samaran en publie actuellement une nouvelle édition critique. LA CHRONIQUE DE CHARLES VII de Jean Chartier a été procurée par Vallet de Viriville en trois volumes (1858), celle de Georges Chastellain par Kervin de Lettenhove en huit volumes (1863-1868). Le précieux JOURNAL D'UN BOURGEOIS DE PARIS (1405-1449) a été édité par Tuetey en 1881 et Monstrelet par Douet d'Arcq en six volumes (1857-1862).

LA CHRONIQUE DU SIÈGE D'ORLÉANS a été éditée par A. Salmon dans la Bibliothèque de l'Ecole des Chartes en 1846.

## CHARLES VII

Il est difficile de remplacer l'épaisse et minutieuse étude de G. du Fresne de Beaucourt, HISTOIRE DE CHARLES VII, en six volumes (1881-1891). A qui veut lire un exposé cursif, précis et original de ce règne, on conseillera l'excellent ouvrage de Philippe Erlanger, CHARLES VII ET SON MYSTÈRE (1945), livre dans lequel l'historien a bien mis en valeur le rôle trop négligé de Yolande d'Anjou. Cette dernière attend toujours un biographe, car le petit livre de Jehanne d'Orliac consacré à cette reine fourmille d'erreurs.

J. d'Avout a étudié LA QUERELLE DES ARMAGNACS ET DES BOURGUIGNONS (1941). Sur certains personnages qui ont joué un rôle considérable au cours du règne, les livres ne manquent pas. Le connétable de Richemont a fait l'objet d'une bonne biographie de E. Cosneau (1886). Sur le roi René, on citera les deux gros volumes de Lecoy de La Marche, LE ROI RENÉ (1875), ou le livre de Jacques Levron, LA VIE ET LES MŒURS DU BON ROI RENÉ (1953). Marguerite d'Anjou, l'épouse infortunée d'Henri VI, a été étudiée par Philippe Erlanger, LA ROSE SANGLANTE (1958); AGNÈS SOREL par Pierre Champion (1931); JACQUES CŒUR LE MAGNIFIQUE par Romain Roussel (1965). Sur le même sujet, C.-M. Chenu : JACQUES CŒUR OU LE ROYAUME SAUVÉ, de M. Mollat : LES AFFAIRES DE JACQUES CŒUR; JOURNAL DU PROCUREUR DAUVET (1952-1953).

Si l'on veut connaître le lamentable état de la France à la fin de la guerre de Cent Ans, on se reportera d'abord au célèbre ouvrage de H. Denifle, LA DÉSOLATION DES CAMPAGNES A LA FIN DE LA GUERRE DE CENT ANS (1897-1899), ouvrage dont les conclusions ont été quelque peu révisées à la suite de la publication de la thèse d'Yvonne Bézard, LA VIE RURALE DANS LE SUD DE LA RÉGION PARISIENNE DE 1450 A 1560 (1929), puis de l'étude de R. Boutruche, LA DÉVASTATION DES CAMPAGNES PENDANT LA GUERRE DE CENT ANS ET LA RECONSTRUCTION AGRICOLE DE LA FRANCE (1946) et, surtout, de la récente thèse de Guy Fourquin sur LES CAMPAGNES DE LA RÉGION PARISIENNE A LA FIN DU MOYEN AGE (1964).

Pour le Grand Schisme, on consultera l'ouvrage de Noël Valois, LA FRANCE ET LE GRAND SCHISME D'OCCIDENT en quatre volumes (1896-1904). Pour l'HISTOIRE DE LA PRAGMATIQUE SANCTION ET DE SON APPLICATION SOUS CHARLES VII, l'étude de Noël Valois (1908). La grande HISTOIRE DE L'EGLISE de Fliche et Martin consacre son tome XV à l'Eglise et la Renaissance, 1449-1517, sous la plume de R. Aubenas et R. Picard (1951).

La monographie de J. Quicherat sur RODRIGUE DE VILLANDRANDO (1879) donne une bonne idée des ravages des Ecorcheurs. Henri Courteault a étudié GASTON DE FOIX (1895), Charles Samaran LA MAISON D'ARMAGNAC (1908) et Henri Surirey de Saint-Remy, JEAN II DE BOURBON (1943).

## LOUIS XI

Le meilleur chroniqueur du règne de Louis XI est incontestablement Philippe de Commynes dont les MÉMOIRES, 1464-1498, ont été publiès, entre autres, par J. Calmette et G. Durville (1924-1925). Il convient d'y ajouter les CHRONIQUES de Georges Chastellain, 1446-1475, celles de Jean de Haynin, 1465-1477, d'Enguerrand de Monstrelet, 1453-1467, de Jean Molinet, 1464-1506, et de Jean de Roye, 1460-1479.

La grande biographie de Louis XI publiée par Pierre Champion en deux volumes (1928-1929) reste la plus fouillée, mais on fera bien aussi de se reporter à celles de Joseph Calmette, LE GRAND RÈGNE DE LOUIS XI (1938) ou d'Auguste Bailly (1936), cette dernière entachée, il est vrai, de nombreuses erreurs de détail.

L'ouvrage d'Eugène Asse, LOUIS XI ET CHARLES LE TÉMÉ-

RAIRE (1889), a vieilli. Les meilleures biographies de l'adversaire du roi de France sont celles de John Barbier (1946), de Marcel Brion (1947) et surtout l'ouvrage de Pierre Frédérix, LA MORT DE CHARLES LE TÉMÉRAIRE (1966) qui est pourvu d'une très abondante bibliographie. Les ducs de Bourgogne ont été étudiés par Joseph Calmette, LES GRANDS DUCS DE BOURGOGNE (1956) et par Henri Pirenne dans son HISTOIRE DE BELGIQUE (1902). L'histoire de la Franche-Comté a fait l'objet d'une excellente étude de Lucien Febvre, celle de Bourgogne, en dehors de l'œuvre monumentale de M. Chaume (1927-1937) d'un excellent petit livre de J. Richard (1965).

La thèse de René Gandilhon, POLITIQUE ÉCONOMIQUE DE LOUIS XI (1936), constitue un instrument de travail indispensable à qui veut connaître le relèvement de notre pays pendant le règne; celle de Georges Bricard, UN SERVITEUR ET UN COMPÈRE DE LOUIS XI, JEAN BOURRÉ (1911), reste très utile.

## CHARLES VIII

En 1684, fut publiée une HISTOIRE DE CHARLES VIII, ROI DE FRANCE, PAR GUILLAUME DE JALIGNY, ANDRÉ DE LA VIGNE ET AUTRES HISTORIENS DE CE TEMPS-LA... DEPUIS 1483 JUSQUES EN 1498. Malgré son ancienneté, l'ouvrage reste utile à consulter. On le complétera par les LETTRES DE CHARLES VIII, ROI DE FRANCE, publiées par P. Pélicier et B. de Mandrot pour la Société de l'Histoire de France en cinq volumes (1898-1905).

La bibliographie est abondante mais comporte surtout des études de détail, si l'on excepte le livre d'A. Néret, CHARLES VIII (1947), l'ouvrage ancien mais toujours utile d'H.-F. Delaborde, l'EXPÉDITION DE CHARLES VIII EN ITALIE (1868).

Etudes de détail : Ch. Higounet, CHARLES VIII, JEAN DE FOIX, NARBONNE ET LE COMTÉ DE COMMINGES (1953). Mgr Arnaud d'Agnel, LA POLITIQUE DES ROIS DE FRANCE EN PROVENCE (1914). Duc de Luynes, LA RENAISSANCE EN ITALIE ET EN FRANCE A L'ÉPOQUE DE CHARLES VIII (1885).

Sur Anne de Bretagne : Emile Gabory, L'UNION DE LA BRETAGNE ET DE LA FRANCE, ANNE DE BRETAGNE, DUCHESSE ET REINE (1941). G. Toudouze, ANNE DE BRETAGNE DUCHESSE ET REINE (1959). B.-A. Pocquet du Haut-Jussé, LA DUCHESSE ANNE.

## LES INVENTIONS

Les inventions du Moyen Age ont été passées en revue par Umberto Eco et G. Zorzoli (1961) et par P. Rousseau, HISTOIRE DES TECHNIQUES.

## LES ARTS

Toutes les grandes histoires de l'Art (André Michel, Louis Réau ou Marcel Aubert) font une place importante à l'Art du XV^e^ siècle. Les ouvrages d'Enlart, de Robert de Lasteyrie, L'ARCHITECTURE RELIGIEUSE EN FRANCE A L'ÉPOQUE GOTHIQUE (1926-1927), d'Emile Mâle, L'ART RELIGIEUX A LA FIN DU MOYEN AGE EN FRANCE (1925), restent irremplaçables. On consultera aussi l'excellent petit livre d'Elie Lambert (1943), précis et clair.

Les monographies sont innombrables. Les études de Louise Le François-Pillion sur la sculpture, de Louis Réau sur la peinture, de J.-J. Marquet de Vasselot et R.-A. Weigert sur la tapisserie, de H. Martin sur la miniature donnent d'abondantes bibliographies qui ont le malheur de vieillir vite, tant la production est abondante.

Les châteaux forts ont été étudiés par R. Ritter : DONJONS ET PLACES FORTES (1954), Jacques Levron : LE CHATEAU FORT ET LA VIE AU MOYEN AGE (1963). Le même auteur, dans CHATEAUX ET PARCS ROYAUX (1965), montre comment on est passé de la citadelle au manoir.

## LES LETTRES

On trouvera l'essentiel des bibliographies relatives aux lettres pendant le XVe siècle dans le livre de Lagarde et Michaux, LE MOYEN AGE (1948), ou dans LA LITTÉRATURE FRANÇAISE AU MOYEN AGE de Pierre Le Gentil (1968). Le petit volume de V.-L. Saulnier dans la collection Que sais-je? (1968) constitue un bon résumé. François Villon a fait l'objet de nombreuses études et éditions. La meilleure est celle de Pierre Champion (1913). Celle de Jacques Isolle (1942) mérite d'être citée. En 1954, A. Ziwès et A. de Bercy ont étudié le jargon de François Villon. On vient de traduire de l'allemand l'excellent et original ouvrage de Fritz Habeck (1970).

A partir du début du XVIe siècle, les sources deviennent de plus en plus abondantes et la bibliographie considérable. Voilà pourquoi nous ne citons ici que les références essentielles et les ouvrages qui méritent d'être mentionnés et ont été utilisés.

## LOUIS XII

Une des meilleures sources ets constituée par les CHRONIQUES DE LOUIS XII de Jean d'Autun, publiées par R. de Mauldre (4 volumes, 1889-1895). Le même R. de Mauldre avait entrepris une grande biographie de ce roi. Seul le tome I a été publié : LOUIS D'ORLÉANS 1482-1498 (3 volumes, 1889-1891). On se reportera donc surtout aux histoires générales de la France.

## FRANÇOIS Ier

Indépendamment des sources diplomatiques, particulièrement riches et qu'on publie lentement, les annalistes du règne doivent être consultés : les MÉMOIRES de Martin et de Guillaume du Bellay ont été publiés pour la Société de l'Histoire de France par V.-L. Bourilly et F. Vindry (1908-1910). Le même Bourilly a publié le JOURNAL D'UN BOURGEOIS DE PARIS SOUS FRANÇOIS Ier, 1515-1536. Pour la même Société de l'Histoire de France, Pierre de Vaissière a édité le JOURNAL de Jean Barillon, tandis que G. Guiffrey éditait la CHRONIQUE DU ROI FRANÇOIS Ier.

Rappelons que, dans la grande collection des Manuels de bibliographie historique, Henri Hauser a publié le volume consacré à François Ier et Henri II en 1909. Le défaut de cet ouvrage est de n'être plus du tout à jour.

On conçoit que François Ier ait suscité l'intérêt d'un grand nombre d'historiens. Les biographies abondent. La dernière (en date) est un ouvrage collectif publié en 1967. On y trouve les signatures du duc de Lévis Mirepoix, de Michel François, de Régine Pernoud, de Philippe Erlanger, de Jacques Levron. Plus anciennes, les biographies de Louis Madelin, FRANÇOIS Ier, SOUVERAIN POLITIQUE (1937), de Francis Hackett (1937) méritent d'être consultées. Une excellente biographie est aussi celle de Charles Terrasse, FRANÇOIS Ier, LE ROI ET LE RÈGNE (1945).

L'ouvrage d'Auguste Bailly (1954) est cursif et agréable à lire.

Quelques points de détail : Jean Giono a tracé un bon tableau de la bataille de Pavie (1963). Les rapports de François Ier et de Rome ont été étudiés par Louis Madelin, FRANCE ET ROME (1913). Les rapports avec Charles Quint ont fait l'objet d'innombrables travaux de détail qu'il est impossible d'énumérer ici.

M. Heim a étudié en 1956 FRANÇOIS Ier ET LES FEMMES. Anne de Pisseleu, duchesse d'Étampes, a été traitée par E. Desjardins (1904) et Françoise de Châteaubriant par G. Toudouze (1948).

L'ouvrage de Louis Fragues sur BAYARD, publié en 1883, n'a pas été remplacé par d'innombrables biographies plus ou moins romancées, comme celles d'Henry Bordeaux ou de Franc-Nohain.

Paule Henry-Bordeaux a donné en 1954 une excellente biographie de Louise de Savoie.

Le connétable Anne de Montmorency, dont l'histoire s'étend sur les règnes de François Ier, Henri II et la régence de Catherine de Médicis, a été étudié de façon exhaustive par François de Crue en 1889. Des études de détail ont été publiées depuis. On citera, entre autres, les travaux de P. Baillargeat.

Achevé d'imprimer sur les presses
de l'imprimerie Lescaret, à Paris,
le 15 octobre 1982

Numéro d'édition : 520
Dépôt légal : 4e trimestre 1979
ISBN 2-262-00170-7 (édition complète)
ISBN 2-262-00169-3 (vol. 3)

*Imprimé en France*

*Pages de garde : Détail d'une tenture de la fin du XV^e^ siècle, « la Vie seigneuriale ». Costumes de la haute société contemporaine de François I^er^. (Musée de Cluny. Photo Jérôme da Cunha.)*